L'autonomie financière des autorités indépendantes

Finances publiques

Collection dirigée par Thierry LAMBERT

Les finances publiques connaissent un développement important et se diversifient. Les finances de l'État, les finances communautaires, les finances internationales et comparées, la science et la technique fiscales ne sont que quelques-uns des domaines couverts par les finances publiques contemporaines.

La présente collection a pour vocation de publier des travaux originaux (thèses, essais, colloques...) ou de facture plus classique (manuels, commentaires de textes, recueils de documents...).

Elle a aussi pour ambition de rééditer des ouvrages aujourd'hui introuvables, mais fort utiles, dès lors qu'ils s'imposent comme référence et qu'ils sont agrémentés d'une préface substantielle.

Déjà parus

ALLOUARD Ophélie, *Les frontières fiscales dans l'Union européenne appliquées à la fiscalité des entreprises*, 2016.

DIOUKHANÉ Abdourahmane, *Les juridictions financières dans l'UEMOA. La Cour des comptes du Sénégal*, 2016.

EVINA OBAM Richard, *La politique discale au Cameroun depuis les années 1980*, 2016.

ONANGA OPISSINA Vianney, *Problématique de la TVA dans l'espace OHADA*, 2016.

EISINGER Thomas, *Les métamorphoses de la question tarifaire*, 2015.

CARUANA Nicolas, *La fiscalité environnementale. Entre impératifs fiscaux et objectifs environnementaux, une approche conceptuelle de la fiscalité environnementale*, 2015.

DAL VECCHIO Frédéric, *L'opposabilité des conventions de droit privé en droit fiscal*, préface de Thierry Lambert, 2014.

VAPAILLE Laurence (sous la direction de), *Refonder l'impôt sur le revenu ?*, 2013.

RIU Isabelle, *Sociétés et établissements stables en droit fiscal international et de l'Union européenne*, préface de Daniel Gutmann, 2012.

ALBERT Jean-Luc (sous la direction de), *Mélanges en l'honneur de Jean - Pierre Lassale, Gabriel Montagnier et Luc Saïdj. Figures lyonnaises des finances publiques*, 2012.

EVAH-MANGA Emmanuel, *Le contrôle de gestion dans les collectivités territoriales. Une approche sociologique. Une approche sociologique*, préface de Jean-Pierre Sueur et Christian Guyon, 2012.

PANCRAZI Laurent, *Le principe de sincérité budgétaire*, préface de Gilbert Orsoni, 2012.

GIROD Florence, *L'administrateur militaire*, préface de Luc Saïdj, 2012.

SCHWENGLER Bernard, *Déficits publics. L'inertie française*, 2012.

DION Michel, *Ethique et criminalité financière*, 2011.

BUISSON Jacques (sous la direction de), *La sécurité fiscale*, 2011.

TAUZIN Emmanuel, *L'intérêt de l'entreprise et le droit fiscal*, préface de Christophe de La Mardière, 2011.

Valérie PALMA-AMALRIC

L'autonomie financière des autorités indépendantes

L'Harmattan

5-7, rue de l'Ecole-Polytechnique, 75005 Paris

http://www.harmattan.fr

ISBN : 978-2-343-11595-5
EAN : 9782343115955

Remerciements

Je tiens à remercier tout particulièrement mon directeur de recherche, le Professeur Vincent Dussart, pour son encadrement bienveillant, ses précieux conseils, sa gentillesse et son soutien sans faille.

Mes pensées vont également vers l'ensemble des membres du Centre européen de recherches fiscales et financières de l'Université Toulouse 1 Capitole, enseignants-chercheurs et doctorants, pour ces cinq agréables années passées à leurs côtés.

Mes sincères remerciements sont par ailleurs adressés à Jacques Viguier, Nathalie Jacquinot, Florence Crouzatier-Durand, Stéphane Mouton et Francis Quérol qui m'ont permis d'enseigner à l'Université.

J'exprime également mon immense reconnaissance à mes camarades doctoraux et universitaires Mathias, François-Xavier, Audrey, Florian et surtout Romain, pour son aide précieuse et son soutien quotidien, et bien sûr ma grande amie et acolyte Marie-Pierre.

Comment oublier mes amis extérieurs à l'Université qui m'ont également été d'un soutien sans faille et d'un réconfort précieux ? Eve-Marie, Cyril, Christelle, Mey, Laure, Camille, Matthieu et Timber, un grand merci pour votre amitié sincère.

Quiero agradecer tambien a mi querido esposo Luis por su apoyo infalible en las buenas y en las malas y por ayudarme avanzar y seguir adelante continuamente. Te estoy más que agradecida por todo esto, y sobre todo por tu amor y tu manera de mirarme que me hace cada día enamorarme un poquito más de tí.

Aucun mot ne saurait exprimer l'immense affection et la profonde gratitude que je souhaite témoigner à ma famille. Mes plus sincères remerciements leur sont naturellement destinés pour le soutien, la confiance, la fierté et l'amour qu'ils me témoignent sans cesse. Merci de croire en moi et de m'avoir toujours poussée à me surpasser.

Enfin, une pensée des plus émues pour ma Mamie doit clôturer ces remerciements.

Liste des principales abréviations

AAI Autorité administrative indépendante
ACNUSA Autorité de contrôle des nuisances aéroportuaires
ACPR Autorité de contrôle prudentiel et de résolution
AFLD Agence française de lutte contre le dopage
AJDA *Actualité juridique droit administratif*
AMF Autorité des marchés financiers
API Autorité publique indépendante
ARAFER Autorité de régulation des activités ferroviaires et routières
ARCEP Autorité de régulation des communications électroniques et des postes
ARJEL Autorité de régulation des jeux en ligne
ASN Autorité de sûreté nucléaire
BCT Bureau central de tarification
BOP Budget opérationnel de programme
CAA Cour administrative d'appel
CADA Commission d'accès aux documents administratifs
CAS Compte d'affectation spéciale
CBCM Contrôleur budgétaire et comptable ministériel
CC Conseil constitutionnel
CCNE Comité consultatif national d'éthique
CCSDN Commission consultative du secret de la défense nationale
CE Conseil d'Etat
CGCT *Code général des collectivités territoriales*
CGLPL Contrôleur général des lieux de privation de liberté
CIF Commission des infractions fiscales
CJEG *Cahiers juridiques de l'électricité et du gaz*
CNAC Commission nationale d'aménagement commercial
CNCCFP Commission nationale des comptes de campagne et des financements politiques
CNCDH Commission nationale consultative des Droits de l'Homme
CNCTR Commission nationale de contrôle des techniques de renseignement
CNDP Commission nationale du débat public
CNIL Commission nationale de l'informatique et des libertés
CPPAP Commission paritaire des publications et agences de presse
CPT Commission des participations et des transferts
CRE Commission de régulation de l'énergie

CSA Conseil supérieur de l'audiovisuel
CSC Commission de la sécurité des consommateurs
DDD Défenseur des droits
EDCE *Etudes et documents du Conseil d'Etat*
H3C Haut conseil du commissariat aux comptes
HADOPI Haute autorité pour la diffusion des œuvres et la protection des droits sur internet.
HAS Haute autorité de santé
HATVP Haute autorité pour la transparence de la vie publique
HCERES Haut conseil de l'évaluation de la recherche et de l'enseignement supérieur
HCFP Haut conseil des finances publiques
JO Journal officiel
Jcl. *Jurisclasseur*
LGDJ *Librairie générale de droit et de jurisprudence*
LOLF Loi organique relative aux lois de finances du 1er août 2001
LPA *Les petites affiches*
MNE Médiateur national de l'énergie
PAP Projets annuels de performance
PGI Progiciel de gestion intégré
PLF Projet de loi de finances
RA *Revue administrative*
RAP Rapports annuels de performance
RDP *Revue du droit public et de la science politique en France et à l'étranger*
Rec. *Recueil*
RFAP *Revue française d'administration publique*
RFDA *Revue française de droit administratif*
RFDC *Revue française de droit constitutionnel*
RFFP *Revue française de finances publiques*
S. *Sirey*
UO Unité opérationnelle

Préface

Le sénateur Jacques Mézard introduisait un récent rapport parlementaire par une formule lapidaire mais non dénuée de réalité : « La prolifération et le fonctionnement des autorités administratives indépendantes sont devenus un réel problème institutionnel[1] ». La question posée par ce parlementaire méritait d'être complétée par un questionnement sur la question du financement des autorités indépendantes. Les autorités indépendantes sont-elles un problème financier ?

Si ces autorités sont qualifiées d'indépendantes, on peut légitimement poser la question de leur éventuelle autonomie financière. En effet, si l'on regarde les institutions bénéficiant d'une autonomie fonctionnelle importante on doit constater qu'elles bénéficient d'une autonomie financière plus ou moins grande. Ainsi peut-on rappeler que les pouvoirs publics constitutionnels (assemblées parlementaires, Présidence de la République, Conseil constitutionnel en particulier) bénéficient d'une autonomie financière large et consacrée par la jurisprudence constitutionnelle. Les collectivités territoriales bénéficient quant à elles d'une autonomie financière mesurée qui se fonde notamment sur l'article 72-2 de la Constitution. La problématique est simple en apparence : la soumission financière des autorités administratives au pouvoir exécutif ne les place-t-elle pas dans une situation complexe qui pourrait attenter à leur nécessaire indépendance ? Elles sont, en effet, souvent chargées de mission de régulation qui nécessite un certain nombre de compétences librement exercées.

L'autonomie financière d'une institution exige la réunion de trois facteurs mêlés dans des proportions variables. Le premier facteur tient à l'étymologie même du mot autonomie qui, doit-on le rappeler, vient du mot grec *autonomos* qui signifiait faire sa propre loi. Certaines institutions ont une marge de manœuvre sur l'édiction des règles qui les concernent. Ce facteur reste minime. Le second facteur touche aux recettes. Avoir la maîtrise de ces dernières est pour une institution un gage d'indépendance forte. Cependant et de manière générale, il est rare qu'une institution ait un réel pouvoir en la matière. Même les collectivités territoriales qui bénéficient de ressources

[1] M.-H. Des Esgaulx, J. Mézard, Rapport fait au nom de la Commission d'enquête sur *le bilan et le contrôle de la création, de l'organisation, de l'activité et de la gestion des autorités administratives indépendantes*, 28 oct. 2015, n°126, p. 9.

fiscales n'ont pas de pouvoir fiscal au sens plein de cette notion. Le Parlement reste maître des recettes fiscales au nom du principe fondamental du consentement à l'impôt issu de l'article 14 de la Déclaration des droits de l'Homme de 1789. Le versement de dotations aux collectivités ou aux autorités indépendantes semble les placer dans une situation de soumission au pouvoir exécutif. Enfin le troisième facteur de l'autonomie financière tient dans l'autonomie budgétaire c'est-à-dire dans la liberté d'emploi des recettes par les institutions bénéficiaires de l'autonomie financière. Dans un contexte financier complexe pour l'Etat, le risque est grand de voir des autorités limiter leurs activités par manque de moyens financiers sous la pression de l'Etat lui-même !

Ces facteurs se mêlent donc dans des proportions variables selon les institutions concernées.

La thèse de Valérie Palma-Amalric procède de ce questionnement fondamental sur l'autonomie financière. Si le thème de l'autonomie financière des collectivités territoriales est parfaitement identifié de la doctrine, si l'étude de l'autonomie financière des pouvoirs publics constitutionnels est maintenant mieux connue, celle des autorités indépendantes restait à faire.

Valérie Palma-Amalric s'est lancée dans un travail audacieux avec cette thèse de doctorat. La célèbre apostrophe de Danton peut finalement caractériser cette thèse : « de l'audace, encore de l'audace, toujours de l'audace ».

De l'audace d'abord, il en fallait pour aborder un sujet qui n'avait jamais été traité par la doctrine ou alors de manière très parcellaire. Il est rare aujourd'hui pour un jeune chercheur en science juridique de pouvoir visiter des champs de recherche inexplorés. Certes, le droit public financier permet encore de lancer des recherches innovantes mais l'auteure de cette thèse n'a pas choisi la voie de la facilité.

De l'audace encore, car Valérie Palma-Amalric a dû se lancer dans l'exploitation de documents administratifs et financiers arides et parfois difficiles à trouver. Il lui a fallu chercher, comparer, analyser des budgets d'institutions plus ou moins grandes. Une étude de terrain a également été menée. Le travail fourni n'est donc pas la simple compilation d'une doctrine préexistante ce qui rend cette étude si précieuse et si rare. Il s'agit bien, au sens primitif de l'expression d'un travail de recherche. Il fallait, en effet, trouver le corpus scientifique et lui appliquer des méthodes rigoureuses d'analyse.

De l'audace toujours, car les résultats obtenus sont très importants : Valérie Palma-Amalric apporte une systématisation de l'autonomie financière appliquée aux autorités indépendantes. Le résultat ne devait pas être présupposé. Il devait être démontré. Certes, cette autonomie est mesurée parfois limitée mais elle existe. C'est donc bien une contribution à la notion d'autonomie financière en droit public qui est présentée ici mais aussi, peut-être, une réflexion sur la personnalité en droit public.

Valérie Palma-Amalric a obtenu le titre de docteur en droit avec les félicitations du jury devant un jury exigeant qui ne l'a pas ménagée mais qui a su reconnaître l'ampleur du travail fourni. L'auteure y a fait montre d'une très grande maîtrise du droit public financier mais aussi du droit administratif marquant, ainsi, le caractère sans cesse renouvelé de discipline carrefour des finances publiques.

A l'heure où sont discutées, au Parlement, deux propositions de loi relatives au statut des autorités administratives indépendantes et des autorités publiques indépendantes[2], la thèse de Valérie Palma-Amalric trouve donc bien sa pleine et entière justification.

Vincent DUSSART,
Professeur à l'Université Toulouse 1 Capitole,
Institut Maurice Hauriou.

---

[2] Proposition de loi organique relative aux autorités administratives indépendantes et autorités publiques indépendantes, et proposition de loi portant statut général des autorités administratives indépendantes et des autorités publiques indépendantes, présentées par M.-H. Des Esgaulx, J.-L. Dupont et J. Mézard, Sénat, 7 décembre 2015. Voir le dossier législatif : http://www.assemblee-nationale.fr/14/dossiers/aai_api.asp

Sommaire

À ma famille,

À Raymonde,
Ma mamie, mon ange, mon étoile,

Que je remercie pour ces magnifiques moments passés avec elle, pour sa douceur, son sourire, son soutien et la force qu'elle a su me donner dans chaque moment de doute.

INTRODUCTION

Les autorités indépendantes occupent une place atypique dans le système administratif français. Elles sont annoncées d'emblée comme indépendantes mais les incertitudes du législateur quant à leur appellation[3] laisse présager toutes les difficultés qui seront les nôtres pour caractériser et définir cette catégorie juridique tant diversifiée. Entre autonomie et hétéronomie, c'est finalement peut être l'anomie qui qualifie le mieux ces « *objets juridiques non identifiés* »[4].

Ce manque de clarté vient de facteurs multiples. Le contexte de leur création, l'évolution qu'elles ont connue, la diversité de leur statut, l'antinomie de leur appellation[5], la polysémie du terme autonomie, sont autant d'éléments qui confortent cette idée de désordre et de confusion au sein de la catégorie juridique des autorités indépendantes. Si de nombreux auteurs ont déjà essayé de donner une cohérence et un sens à ces autorités, il faut noter qu'aucun n'est parvenu à un résultat satisfaisant. « *La notion d'autorité indépendante a d'ailleurs toujours présenté un certain flou en droit français. Il n'a jamais existé de modèle unique* »[6]. En effet, les études abondent sur le sujet,

---

[3] Elles sont en effet tantôt des autorités administratives indépendantes, tantôt des autorités publiques indépendantes tantôt des autorités ou organismes indépendants et il existe même une autorité constitutionnelle indépendante.

[4] Assemblée nationale, Sénat, Rapport fait au nom l'Office parlementaire d'évaluation de la législation sur *Les autorités administratives indépendantes : évaluation d'un objet juridique non identifié*, Patrice GELARD, 15 juin 2006, n°3166, n°404.

[5] Lorsqu'il s'agit d'autorité administrative indépendante (« administrative » et « indépendante » étant deux termes opposés). Or celles-ci sont majoritaires.

[6] Jean-François BRISSON, « La réception en droit national des autorités de régulation », *in Autorités de régulation et droit européen*, Journée d'étude du 20 février 2004, Bordeaux IV, *JCP E*, 2004, n°2, p. 16.

mais aucune ne donne une description précise et un état des lieux clair de cette catégorie juridique en constante évolution. D'une part, l'analyse est complexe du fait de la grande hétérogénéité de ces organismes ; d'autre part, la catégorie juridique est sans cesse en mouvement, entre la création lente des autorités administratives indépendantes à partir des années 1940, l'accélération et la généralisation de la catégorie à partir des années 1970 et notamment 1990, la mutation de ces institutions dans les années 2000, puis la rationalisation voire la suppression de certaines autorités de nos jours. Par conséquent, « *la doctrine relève, au demeurant, volontiers qu'il n'y a pas de définition complète et consensuelle de la notion d'autorité administrative indépendante* »[7].

Définir ces autorités de façon générale et précise n'est donc pas l'objet de l'étude. Les éléments essentiels permettant l'identification de cette nouvelle catégorie juridique ont par ailleurs déjà été soulignés. En revanche, l'un d'entre eux, l'indépendance[8], n'a que rarement été abordé par la doctrine, alors qu'il « *constitue la raison d'être de ces institutions* »[9], il est donc évident de s'y attarder.

Le contexte de la création des premières autorités administratives indépendantes en France. L'indépendance des autorités administratives indépendantes (AAI) a toujours été la clé de voûte de ces institutions. Le contexte de leur création met en évidence la nécessité et l'exigence d'indépendance au sein de ces organismes. C'est par la loi du 6 janvier 1978 relative à l'informatique, aux fichiers et aux libertés[10] que le législateur a évoqué pour la première fois la notion d'autorité administrative indépendante. Cette loi a ainsi créé la Commission nationale de l'informatique et des libertés (CNIL) dans un contexte où l'informatisation et la centralisation des fichiers de police allaient porter préjudice aux droits et libertés. La création d'un nouvel instrument juridique était donc nécessaire pour garantir ces droits et faire cesser la menace issue de cette mesure. A cette date, les autorités administratives indépendantes apparaissaient alors et une nouvelle catégorie juridique émergeait enfin après quelques prémices notables. En effet, si la notion d'autorité administrative indépendante a été consacrée par le législateur en 1978, il faut noter que plusieurs institutions similaires, antérieures à la CNIL, ont émergé à partir

---

[7] Conseil d'Etat, *Réflexions sur les autorités administratives indépendantes*, Rapport public 2001, EDCE n°52, p. 288.

[8] L'indépendance doit en réalité s'entendre au sens d'autonomie, cf. *infra*, p. 39.

[9] Conseil d'Etat, *Etude sur les autorités administratives indépendantes*, Rapport public 1983-1984, EDCE n°35, p. 24.

[10] Loi n°78-17 du 6 janvier 1978 relative à l'informatique, aux fichiers et aux libertés.

des années 1940. Ainsi, la première institution regroupant les caractéristiques d'une AAI voyait le jour sous le régime de Vichy en 1941[11] : la commission de contrôle des banques. Cela s'explique par la double logique technocratique et de défiance vis-à-vis du politique qui s'est développée lors de cette période. En effet, le régime de Vichy marque la première victoire des technocrates, c'est pourquoi les AAI, organismes spécialisés intervenant dans un secteur particulier, ont fait leur apparition à ce moment là. D'autres institutions analogues sont également apparues dans la période 1941-1978. Elles n'étaient pas officiellement étiquetées en tant qu'autorité administrative indépendante mais en rassemblaient tous les critères[12]. Tel était le cas de la Commission des opérations de bourse (COB) créée en 1967[13] et qualifiée d' « *institution spécialisée de caractère public* » par un décret de 1968[14]. Ce n'est qu'en 1996 qu'une loi[15] vient qualifier explicitement la COB d'autorité administrative indépendante. Tel était également le cas du Médiateur de la République institué par une loi de 1973[16] sans que son statut d'autorité administrative indépendante ne soit précisé. Une loi de 1989[17] a par la suite baptisé le Médiateur d' « autorité indépendante » *a posteriori*. La Commission de la concurrence, créée par la loi

---

[11] Loi n°41-2532 du 13 juin 1941 relative à la règlementation et à l'organisation de la profession bancaire.

[12] Ces critères ont été définis *a posteriori* par la doctrine. Le premier auteur à avoir écrit sur les autorités administratives indépendantes fut Paul SABOURIN, « Les autorités administratives indépendantes, une catégorie nouvelle », *AJDA*, 1983, n°4, p. 275. Il a cherché à souligner les différentes caractéristiques des autorités administratives indépendantes, qu'elles soient organiques ou fonctionnelles. Il a donc dressé un premier état des lieux en 1983. Il a d'ailleurs été intéressant de constater que malgré la grande qualité de cet article et son attachement à la réalité, les choses ont bien évoluées aujourd'hui.

[13] Ordonnance n°67-833 du 28 septembre 1967 instituant une commission des opérations de bourse et relative à l'information des porteurs de valeurs mobilières et à la publicité de certaines opérations de bourse.

La COB succédait au comité des bourses de valeur créé en 1942, sous le régime de Vichy, par la loi n°42-290 du 14 février 1942 tendant à l'organisation et au fonctionnement des bourses de valeur.

[14] Décret n°68-23 du 3 janvier 1968 portant organisation administrative et financière de la commission des opérations de bourse.

[15] Loi n°96-597 du 2 juillet 1996 de modernisation des activités financières. C'est l'article 89 de la loi de 1996 qui vient modifier l'ordonnance du 28 septembre 1967 notamment son article premier.

Nouvelle rédaction : « La Commission des opérations de bourse, autorité administrative indépendante, veille à la protection de l'épargne investie dans les instruments financiers et tous autres placements donnant lieu à appel public à l'épargne, à l'information des investisseurs et au bon fonctionnement des marchés d'instruments financiers ».

[16] Loi n°73-6 du 3 janvier 1973 instituant un Médiateur de la République.

[17] Loi n°89-18 du 13 janvier 1989 portant diverses mesures d'ordre social.

du 19 juillet 1977[18], se situe dans cette lignée d'organismes non qualifiés créés antérieurement à l'apparition officielle de la notion d'autorité administrative indépendante mais qui en possèdent toutes les caractéristiques. Elle a ensuite également été qualifiée d'AAI *a posteriori* par une loi de 1985[19]. Il serait possible de citer de multiples exemples, le Conseil d'Etat recensant onze autorités administratives indépendantes antérieures à 1978 et donc antérieures à l'apparition législative officielle de cette nouvelle catégorie juridique[20]. Depuis la reconnaissance des AAI, officiellement en 1978 mais officieusement depuis les années 1940, une multitude d'entre elles ont vu le jour. On en dénombre aujourd'hui une quarantaine toutes appellations confondues[21]. Beaucoup ont été créées par la loi, certaines par voie d'ordonnance, d'autres ont été découvertes par le Conseil d'Etat, une est issue d'une loi organique et une, enfin, a été créée par le constituant lui-même. Par conséquent, « *si le concept d'autorité administrative indépendante a été inventé par le législateur en 1978, sans doute l'apport jurisprudentiel et doctrinal sur la notion juridique une dizaine d'années plus tard a-t-il contribué à amplifier le recours à cette formule* »[22]. Néanmoins, la dernière proposition de loi portant statut général des autorités administratives indépendantes et des autorités publiques indépendantes déposée au Sénat le 7 décembre 2015, et toujours en discussion aujourd'hui[23], ne listait lors de son dépôt que vingt autorités indépendantes auxquelles le statut a vocation à s'appliquer. Ce chiffre a été porté à vingt-six dans la dernière version du texte actuellement en troisième lecture depuis le 8 décembre 2016. Le législateur n'entend donc tenir compte que d'un petit nombre d'autorités qu'il a lui-même qualifié. Ainsi, les autorités non listées, informellement reconnues comme des AAI ou qui auraient bénéficié d'une reconnaissance légale antérieure, seront déqualifiées si la loi est adoptée. Cela entraînerait alors une inversion de la courbe de création des AAI passant d'une augmentation exponentielle à une rationalisation profonde.

---

18 Loi n°77-806 du 19 juillet 1977 relative au contrôle de la concentration économique et à la répression des ententes illicites et des abus de position dominante.

19 Loi n°85-1408 du 30 décembre 1985 portant amélioration de la concurrence. Son article 6 vient modifier l'article 2 de la loi du 19 juillet 1977 précisant alors que « la commission de la concurrence est une autorité administrative indépendante ».

20 Conseil d'Etat, Rapport précité, 1983-1984, EDCE n°35, p.17.

21 Cf. annexe n°1, « Liste des autorités indépendantes étudiées », AAI et API recensées par *Légifrance* (dernière version du 23 novembre 2015), p. 540.

22 Conseil d'Etat, Rapport précité, 2001, EDCE n°52, p. 267.

23 La proposition est actuellement en troisième lecture au Sénat depuis le 8 décembre 2016, ce qui souligne les difficultés et les désaccords qui existent relativement à ce statut général. Cette proposition du 7 décembre 2015 succède d'ailleurs à l'échec de la proposition du même nom en date du 25 septembre 2014.

Les AAI se sont donc multipliées dans un contexte similaire de volonté d'impartialité, de neutralité, de transparence et de légitimité entrainant plus de crédibilité et d'efficacité de l'Etat ; c'est pourquoi elles représentent « *une forme d'autolimitation du pouvoir exécutif central* »[24]. La séparation des pouvoirs étant clairement déséquilibrée aujourd'hui en France et se manifestant par une opposition inégale entre un pouvoir exécutif fort, un pouvoir législatif affaibli et un pouvoir juridictionnel quasi-inexistant face aux deux autres, il fallait donc que le pouvoir exécutif se pose des limites à lui-même pour être plus facilement accepté par le peuple. C'est ainsi qu'il a tout d'abord mis en place la décentralisation et la justice administrative. L'efficacité de ces deux premières voies n'étant pas pleine et entière, il a par la suite créé les autorités administratives indépendantes dans une logique de désengagement de l'Etat (notamment du pouvoir exécutif) des secteurs sensibles, et donc d'autolimitation, s'inscrivant dans un cadre européen favorable. Ce n'est donc pas le « *hasard* »[25] qui a emporté la création des autorités administratives indépendantes mais bien la coïncidence de plusieurs facteurs, nationaux comme européens et internationaux, ainsi que l'émergence de certains besoins plus ou moins nouveaux tels que le renforcement de la démocratie, le souci de légitimité et d'efficacité.

Le facteur national. Concernant le désengagement de l'Etat au sein de secteurs sensibles tels que l'économie d'une part ou les droits et libertés d'autre part, la démarche de l'Etat a été adroite et subtile. En effet, le pouvoir exécutif a fait preuve d'une grande habileté en s'autolimitant par la création d'institutions dotées d'un double rôle « *de protection des citoyens (rempart) et d'auxiliaire du pouvoir central (relais)* », c'est-à-dire de « *rempart sérieux contre les abus du pouvoir » et de « relais efficace de son action* ».[26] Ainsi, le pouvoir exécutif créait des organismes indépendants de lui, manifestant son éloignement de certaines missions sensibles, tout en se permettant de s'en servir comme un relais d'information et de contrôle de ces mêmes secteurs, les autorités administratives indépendantes faisant partie intégrante du pouvoir exécutif sur le plan juridique. Toutefois, du point de vue de l'opinion publique, l'Etat avait accepté de s'autolimiter en créant des institutions nouvelles, indépendantes et extérieures, beaucoup plus légitimes pour agir dans des secteurs où la partialité n'avait pas sa place. Mais est-ce

---

[24] Conseil d'Etat, Rapport précité, 1983-1984, EDCE n°35, p. 27.

[25] Conseil d'Etat, Rapport précité, 2001, EDCE n°52, p. 267

[26] Conseil d'Etat, Rapport précité, 1983-1984, EDCE n°35, p. 28.

réellement le cas ? Ces autorités sont-elles réellement indépendantes, impartiales et légitimes ? C'est une des interrogations qui nous intéresse dans le cadre de notre étude. Toutefois, le Conseil constitutionnel ayant estimé en 1984, au sujet de la Haute autorité de communication audiovisuelle, que l'existence d'une autorité administrative indépendante « *[constituait] une garantie fondamentale pour l'exercice d'une liberté publique* »[27], il semblerait que l'émergence de cette catégorie juridique et tout particulièrement sa caractéristique principale, l'indépendance, soit essentielle et primordiale dans notre système juridique actuel. En effet, la création des AAI « *constitue une réponse donnée à un problème donné* »[28]. C'est donc la nécessité de réorganiser les pouvoirs de l'Etat qui a justifié cette création. L'Etat devait alors se désengager des domaines sensibles de l'exercice des droits et libertés publiques et de la réglementation de l'économie et des marchés. « *La méfiance et la suspicion vis-à-vis de l'Etat traditionnel* »[29] avait fait son chemin pour finalement avoir raison du pouvoir exécutif. Il devait alors faire place à de nouveaux modes de régulation plus souples, plus flexibles mais en définitive plus efficaces, laissant apparaître la négociation, la participation, les compromis, la neutralité et l'objectivité en lieux et place de la partialité et sans doute de l'injustice de l'Etat ressenties par l'opinion publique et les opérateurs des secteurs contrôlés lorsqu'il agissait dans ces domaines sensibles.

Ce changement de visage de l'Etat, d'un Etat puissant et directement présent à un Etat affaibli parce qu'éloigné, a débuté dans les années 1940, dans le contexte national particulier du régime de Vichy et s'est prolongé dans un contexte international influencé tant par le droit d'une Union européenne en plein essor que par la création d'institutions similaires au sein de nombreux Etats occidentaux.

Le facteur européen. L'Europe n'a pas été un facteur déterminant pour l'émergence de la catégorie juridique des autorités administratives indépendantes, celle-ci étant apparue bien avant les prémices de la construction européenne (née dans un premier temps de la communauté européenne du charbon et de l'acier – CECA – de 1951). En revanche, elle a

---

27 CC, n°84-173 DC, 26 juillet 1984, *Loi relative à l'exploitation des services de radio-télévision mis à la disposition du public sur un réseau câblé*, cons. n°5 : « *la désignation d'une autorité administrative indépendante pour exercer une attribution aussi importante au regard de la communication que celle d'autoriser l'exploitation du service de radio télévision mis à la disposition du public sur un réseau câblé constitue une garantie fondamentale pour l'exercice d'une liberté publique* » ; L. FAVOREU, *RDP*, 1986, p. 395.

28 Conseil d'Etat, Rapport précité, 2001, EDCE n°52, p. 267.

29 *Ibid.*, p. 257.

été un élément important dans l'extension de cette catégorie juridique, notamment au niveau sectoriel. Le livre blanc de la Commission sur l'achèvement du marché intérieur de 1985[30] et l'acte unique européen de 1986[31] représentent le réel commencement de l'influence européenne en matière d'autorités administratives indépendantes, dénommées d'ailleurs au niveau communautaire « *autorités de régulation nationales* »[32]. Ces actes européens avaient pour but de démanteler les monopoles publics en matière de service en réseaux. Ce démantèlement se heurtait alors à la conception française du service public industriel et commercial concernant généralement les mêmes domaines que ceux visés par l'Europe : l'énergie, les réseaux de communication, et les transports. Il serait suivi d'une ouverture du secteur à la concurrence et d'une nécessaire exigence d'égal accès au secteur entre les divers opérateurs, qu'ils soient privés ou publics. Cette libéralisation avait pour objet de réglementer ces domaines dans un sens conforme au Traité, notamment à la libre concurrence. Cela impliquait la mise en place d'un organe régulateur indépendant, compétent pour édicter ladite règlementation.

La libéralisation des secteurs en réseaux devait en principe s'accompagner d'un renforcement du rôle de la commission, mais son manque de moyen, la primauté et l'effet direct du droit de l'Union européenne sont venus limiter l'accroissement du rôle de la commission. En effet, si l'on observe le phénomène de la justice européenne, ce n'est pas le juge communautaire qui règle les différents relatifs au droit de l'union au sein de chaque Etat membre. Ce sont les juridictions nationales elles-mêmes qui règlent ces conflits. Le juge national est donc également le juge communautaire de droit commun au sein de son Etat. Il devait alors en aller de même pour la régulation. Celle-ci (notamment du point de vue sectoriel) a donc été décidée au niveau de l'Union mais est *in fine* gérée au sein de chaque Etat membre par des organismes nationaux.

---

[30] Livre blanc de la commission européenne à l'attention du conseil européen, Milan, 28-29 juin 1985, COM(85) 310 final.

[31] Acte unique européen des 17 et 28 février 1986.

[32] Il faut noter qu'en 1985 et jusqu'en 2003, les autorités administratives indépendantes étaient dénommées, au plan communautaire, « autorités règlementaires nationales ». Ce n'est que le 26 juin 2003 que les directives « électricité » et « gaz » (2003/54/CE et 2003/55/CE) du Parlement européen et du conseil sont venues consacrer leur nouveau nom : « autorités de régulation nationale », désormais usé en droit de l'union européenne. Notons également que les dates de ces actes européens (années 1980) indiquent clairement la postériorité de la dynamique communautaire impulsant l'émergence des autorités de régulation nationales, les autorités administratives indépendantes étant apparues en France officieusement dans les années 1940 et officiellement à la fin des années 1970.

Pourquoi une telle régulation a-t-elle été mise en place au niveau de l'Union européenne ? La raison est la suivante. A la suite du livre blanc de la commission de 1985, le juge communautaire a posé, dans un arrêt de la même année[33], un principe élémentaire, fondateur, relatif à la dissociation des fonctions d'opérateur et de régulateur dans les industries de réseau. L'acte unique européen de 1986 a ensuite confirmé cette orientation. Un nouvel arrêt de 1991[34] est alors venu expliquer les contours de ce principe. Ainsi, selon le juge de l'Union, une « *entité indépendante* », notamment des entreprises du secteur, devra réglementer le réseau, et ce, car le fait de confier à une entreprise du secteur diverses tâches, de formalisation des spécifications, de contrôle de l'application et d'agrément des appareils en cause « *revient à lui conférer [...] un avantage évident sur ses concurrents* ». Par conséquent, c'est bien au regard du droit de la concurrence que ce principe a été édicté en droit de l'Union européenne, pour éviter une concurrence déloyale, faussée et pour favoriser l'égalité entre les opérateurs. Le but est donc d'obtenir une dissociation entre opérateur et régulateur, voire entre actionnaire et régulateur, lorsque l'Etat régule lui même un secteur dans lequel il intervient en qualité d'actionnaire majoritaire de l'entreprise en position monopolistique. Or, rechercher cette dissociation correspond à rechercher une certaine indépendance du régulateur. En effet, « *s'agissant du statut des autorités de régulations nationales, [...] l'exigence principale est leur indépendance à l'égard, pour le moins, des opérateurs du secteur régulé et, pour le mieux, à l'égard du gouvernement* »[35]. L'indépendance est donc en Europe aussi l'exigence première des autorités de régulation. Elle demeure donc, tant sur le plan national qu'international, la clé de voûte de l'apparition de cette catégorie juridique nouvelle des autorités administratives indépendantes.

Le facteur de droit comparé. L'apparition des autorités administratives indépendantes s'inscrit dans un mouvement plus large que l'Union européenne. Nous l'avons constaté : d'une part, les dates ne coïncident pas, les autorités administratives indépendantes étant apparues près de quarante ans avant l'initiative communautaire, et d'autre part, l'Europe n'a impulsé la création que d'une fraction des AAI, seules les

---

33 CJCE, 20 mars 1985, *République italienne c/ Commission* (aff. 41/83), Rec. p. 873, concl. DARMON.

34 CJCE, 19 mars 1991, *France c/ Commission* (aff. C-202-88), obs. BAZEX, *Gazette du Palais*, 1991, n°3, p. 271 ; Obs. MATTERA, *RMUE*, 1991, n°3, p. 245.

35 Stéphane RODRIGUEZ, « Les circonstances communautaires de l'émergence des autorités de régulation nationales », *in Autorités de régulation et droit européen*, Journée d'étude du 20 février 2004, Bordeaux IV, *JCP E*, 2004, n°2, p. 4.

régulateurs sectoriels étant concernés[36]. Par conséquent, les AAI sont plutôt issues d'un « *vaste mouvement, général aux grands pays démocratiques, qui tend, par delà la politique de décentralisation ou de déconcentration, à un nouveau mode de répartition et d'exercice du pouvoir de l'Etat* »[37]. Ce nouveau modèle d'organisation du pouvoir de l'Etat a notamment été très prisé aux Etats-Unis et au Royaume-Uni. Il mettait en place la logique de défiance vis-à-vis du pouvoir politique notamment à travers la théorie des choix publics (*public choice*)[38]. Ces deux pays ont donc servi d'exemple à la France lorsqu'elle a souhaité mettre en place de nouvelles institutions chargées de réguler les secteurs sensibles que sont l'économie et les droits et libertés. Le Conseil d'Etat souligne dans son rapport de 2001 que l'expérience américaine a largement inspiré la France[39] puisqu'une référence explicite à la *securities and exchanges commission* (SEC) a été faite lors de la création de la Commission des opérations de bourse (COB) en 1967. Le système créé dans les années 1960 en France reprend d'ailleurs assez fidèlement le modèle américain de la SEC et de tous les dispositifs juridiques qui l'entourent.

Par ailleurs, d'autres pays ont pu inspirer la France pour la création de ses AAI. Tel a été le cas de la Suède notamment lors de la création du Médiateur de la République ou du défenseur des enfants, aujourd'hui regroupés au sein du Défenseur des droits, mais également du Médiateur du cinéma et de celui de l'énergie. La Suède possédait, et possède toujours, au niveau de la protection des droits et libertés le dispositif particulièrement efficace et prisé de l'*Ombudsman*[40]. C'est pourquoi cet organe a servi de base à la création de nombreux médiateurs et défenseurs des droits dans de nombreux Etats européens et au-delà.[41]

Il faut toutefois noter que si les expériences étrangères qui ont inspirées la France ont largement été reprises dans notre droit, ce n'est néanmoins pas sans adaptation à la spécificité française et aux conceptions

---

36 Les AAI sectorielles étaient par exemple : l'autorité de régulation des télécommunications (ART), aujourd'hui devenue l'autorité de régulation des communications électroniques et des postes (ARCEP) ; la commission de régulation de l'électricité (CRE), aujourd'hui devenue la commission de régulation de l'énergie (CRE), confondant désormais gaz et électricité ; etc.

37 Conseil d'Etat, Rapport précité, 2001, EDCE n°52, p. 257.

38 Cf. Jean-Jacques LAFFONT, Jean TIROLE, *Théorie des incitations et règlementation*, Paris, Economica, 2012.

39 Pas seulement la France, mais également l'Italie et l'Espagne. *Ibid.*, p. 270.

40 Sur ce point, voir la thèse d'André LEGRAND, *L'ombudsman scandinave : études comparées sur le contrôle de l'administration*, Paris, LGDJ, 1970, 549 p.

41 Le *defensor del pueblo* espagnol s'en inspire, tout comme de façon notable le médiateur européen (depuis le traité sur l'union européenne), etc. La liste serait très longue en ce qui concerne l'influence en droit comparé de l'*ombudsman* suédois.

particulières des services publics, de l'intérêt général, du régime parlementaire rationalisé et de notre Constitution au sens large.

La nécessaire autonomie. Les divers facteurs qui ont incité à la création des autorités administratives indépendantes en France, qu'ils soient nationaux, internationaux ou de droit comparé, ont tous un point commun : la nécessaire autonomie de ces institutions.

Aux niveaux national et comparé, cela s'explique aisément. Après avoir été puissants, présents et contraignants, les Etats démocratiques ont besoin de transformer leur image pour augmenter leur légitimité. Ainsi, une partie de la règlementation, celle intervenant dans les secteurs sensibles déjà évoqués des libertés et de l'économie, doit être édictée par d'autres organes. Or, plus ces organes seront autonomes vis-à-vis de l'Etat, plus ils acquerront tous deux une légitimité accrue, ce qui est nécessaire pour assouvir le « *besoin de crédibilité internationale* »[42] de l'Etat notamment en matière économique. Ces autorités ont donc été créées pour répondre aux divers besoins actuels de l'Etat : impartialité, association des acteurs et efficacité, besoins auxquels l'Etat lui-même ne pouvait pas répondre en raison de sa présumée partialité, de son action intervenant sans le consentement des administrés, et de son inefficacité à agir au regard des modes de fonctionnement traditionnels de l'administration, rigides et donc jugés trop lents.

Quant au niveau européen, l'autonomie se fait davantage ressentir comme une nécessité vis-à-vis des opérateurs des secteurs contrôlés. L'Union européenne donne une importance plus grande à cet élément dans une optique de respect du libre jeu de la concurrence et d'une égalité entre les opérateurs. La cause est ici d'une autre nature. Dans le contexte européen de création des AAI, la problématique que l'Union européenne voulait régler était celle de l'Etat actionnaire[43]. Les secteurs en cause étant largement organisés autour de grands monopoles nationaux qui règlementaient en même temps le secteur. La libre concurrence si chère à l'Union était donc en péril, c'est pourquoi il était devenu nécessaire de séparer la fonction d'opérateur (ou d'actionnaire) et de régulateur. Il faut toutefois préciser que le choix de la France de mettre en place les autorités administratives indépendantes lui est propre. En effet, les directives imposant cette règle de non cumul ne les obligeaient qu'à mettre en place une instance indépendante des parties sans en préciser le contenu. L'objectif de la directive permettait de nombreux moyens pour le mettre en place,

---

42 Conseil d'Etat, Rapport précité, 2001, EDCE n°52, p. 268.

43 Sur ce point, voir la thèse d'Anémone CARTIER-BRESSON, *L'Etat actionnaire*, Paris, LGDJ, 2010, 495 p.

mais l'Etat français a choisi le modèle des autorités administratives indépendantes pour transposer ces directives relatives à l'énergie, les télécommunications et la poste.

Le contexte apporte souvent beaucoup de précisions. Il vient ici nous donner des explications sur l'importance si essentielle de l'autonomie des autorités administratives indépendantes. Toutefois, un problème existe. Cette recherche d'indépendance se heurte à la théorie juridique et notamment au concept de séparation des pouvoirs.

D'une part, ces institutions sont censées être indépendantes, elles ont de grands pouvoirs : de décision, de contrôle, de sanction ; or dans le cadre de ces pouvoirs, elles engagent juridiquement l'Etat. Elles sont donc à la fois autonomes vis-à-vis du pouvoir exécutif et juridiquement liées à lui. Les autorités administratives indépendantes permettent donc de séparer une partie du pouvoir règlementaire du pouvoir exécutif, au profit d'une institution qui doit constitutionnellement appartenir à l'exécutif. Ce dispositif parait incohérent et fragile, mais il s'explique facilement en observant la Constitution française. L'article 20 de la Constitution précise que « *[le gouvernement] dispose de l'administration* ». De ce fait, les AAI ne possédant pas pour la plupart la personnalité morale et étant avant tout des autorités administratives, elles sont liées juridiquement de par la Constitution au gouvernement, et elles engagent ce même gouvernement et donc l'Etat lorsqu'elles prennent leurs décisions. Toutefois au regard de l'évolution de la société, et parce que l'Etat doit toujours s'adapter aux mutations sociales, le conseil constitutionnel a approuvé la possibilité pour les autorités administratives indépendantes de posséder et d'user d'un certain pouvoir règlementaire. Il a donc concilié séparation des pouvoirs et exigences actuelles de la société au sein de deux décisions de 1989 relatives au conseil supérieur de l'audiovisuel (CSA) et à la commission des opérations de bourse (COB)[44]. Le pouvoir règlementaire concédé aux autorités administratives indépendantes doit toutefois selon lui rester limité : il doit être encadré par la loi et conforme à la procédure pénale (lorsqu'il est question d'une sanction).

---

[44] CC, n°88-248 DC, 17 janvier 1989, *Loi modifiant la loi n°86-1067 du 30 septembre 1986 relative à la liberté de communication* (Conseil supérieur de l'audiovisuel) ; p. AVRIL, J. GICQUEL, Pouvoirs, 1989, n°50, p. 193 ; L. FAVOREU, L. PHILIP, Les grandes décisions du Conseil constitutionnel, Paris, Dalloz, 2009, p. 554 ; CC, n°89-260 DC, 28 juillet 1989, *Loi relative à la sécurité et à la transparence du marché financier* (Commission des opérations de bourse) ; p. AVRIL, J. GICQUEL, *Pouvoirs*, 1990, n°52, p. 189 ; B. GENEVOIS, « Le Conseil constitutionnel, la séparation des pouvoirs et la séparation des autorités administratives indépendantes », *RFDA*, 1989, n°4, p. 671.

D'autre part, les autorités administratives indépendantes « *cumulent différents pouvoirs que la théorie classique invite à séparer* »[45]. Il faut constater ces autorités possèdent un pouvoir général de régulation qui se décompose en plusieurs éléments : le fait de réglementer en amont, de contrôler en aval puis de sanctionner *in fine* en cas de non respect des spécifications de départ. Or, ces divers pouvoirs sont généralement répartis selon le principe traditionnel de séparation des pouvoirs théorisé par Montesquieu, entre plusieurs institutions. Le fait de réglementer revient en premier lieu au législateur (cadre général) puis en second lieu au gouvernement (application du cadre général posé par le législateur), le fait de contrôler revient à l'administration voire au juge, et le fait de sanctionner revient aux juridictions.

Par conséquent, les AAI regroupent des fonctions qu'il convient traditionnellement de séparer, et tout à la fois divisent le pouvoir règlementaire que la Constitution interdit de diviser. Cette construction juridique complexe se doit d'être analysée et éclaircie.

Les autorités indépendantes comme catégorie juridique nouvelle. Apparues dans les années 1940, les autorités indépendantes ont été instituées en tant que nouvelle catégorie juridique grâce à l'intervention novatrice du législateur lors de la création de la Commission nationale de l'informatique et des libertés (CNIL) en 1978[46]. Toutefois, le Conseil d'Etat avait devancé cette nouveauté par un arrêt « Ministre des armées contre Ruffin » de 1968[47] où il précisait, au sujet des conseils de révision[48], que la loi « *a conféré à ces organismes un pouvoir propre et a entendu ne pas les soumettre au pouvoir hiérarchique du ministre des armées* ». Le Conseil d'Etat admettait pour la première fois que des organismes administratifs, non dotés de la personnalité morale, pouvaient agir au nom de l'État et disposer d'un réel pouvoir sans pour autant relever de l'autorité du Gouvernement. Il faut donc noter que concernant les AAI, « *l'existence précède l'essence* »[49]. Non seulement celles-ci existaient avant même que le législateur ne les nomme et que le juge et la doctrine ne les définissent, mais en plus, leurs actions et leur destinée est rarement celle que l'on veut leur attribuer. Seuls l'existence et leur fonctionnement viennent déterminer leur place et leur futur imprévu et

---

45 Jean-François BRISSON, art. cit., p. 14.

46 Loi n°78-17 du 6 janvier 1978 relative à l'informatique, aux fichiers et aux libertés.

47 CE, Sect., 6 décembre 1968, *Ministre des armées c/ Ruffin*, Rec. p. 626.

48 Conseils chargés d'examiner dans chaque canton, lors du recrutement, si les jeunes gens appelés sont propres au service militaire. Ces conseils ont été supprimés en 1970.

49 Il est ici possible de transposer l'idée de Sartre aux autorités administratives indépendantes. Cf. Jean-Paul SARTRE, *L'existentialisme est un humanisme*, 1946.

imprévisible. Par la suite, c'est l'empirisme et la nécessité qui ont entraîné la multiplication de ces institutions par le législateur. Dans le cadre des AAI, toute volonté d'universalisation et donc de définition est vaine. Malgré tout, le conseil d'Etat, comme la doctrine se sont efforcés de fixer un cadre aux autorités administratives indépendantes. Par son arrêt « Retail »[50] de 1981, le Conseil d'Etat s'est prononcé sur les réponses adressées par le Médiateur de la République. Il a considéré que celles-ci « *n'ont pas le caractère de décisions administratives susceptibles de faire l'objet de recours par la voie contentieuse* ». Toutefois, ce sont les conclusions du commissaire du gouvernement[51] qui attirent davantage notre attention. En effet, à cette date, le Médiateur de la république était seulement régi par la loi du 3 janvier 1973[52] qui ne venait le classer dans aucune catégorie juridique. Le médiateur était alors une autorité innommée. Le législateur ne l'a qualifié d' « *autorité indépendante* » qu'en 1989 par une loi modificative[53]. Or, le commissaire du gouvernement Michel Franc a devancé le législateur en classant dès 1981 le Médiateur parmi la catégorie des AAI. Son raisonnement était le suivant : pour savoir si les réponses adressées par le Médiateur étaient susceptibles de recours devant le Conseil, il a d'abord recherché à quelle catégorie d'autorité appartenait le Médiateur. Il faut d'ailleurs remarquer qu'à cette date, aucun article ou étude n'était connu concernant les autorités administratives indépendantes qui venaient tout juste de faire leur apparition officielle trois ans auparavant. Par conséquent, le commissaire du gouvernement a ici effectué une analyse novatrice relative à cette catégorie juridique qui ne contenait alors qu'une seule institution : la CNIL. Ainsi, il a pu souligner que le Médiateur était une « *personnalité indépendante [...] tant vis-à-vis du pouvoir que des citoyens eux-mêmes* », « *une institution autonome échappant aux classifications traditionnelles* », et que cette autonomie découlait du fait que « *ne recevant aucun instruction, le Médiateur échappe à la structure hiérarchique qui est la marque de toute organisation administrative* »[54]. Il a également noté que le Médiateur n'appartenait ni au pouvoir judiciaire, ni au pouvoir législatif et qu'il relevait donc du pouvoir exécutif tout en n'y étant pas soumis. Il est même allé au-delà en précisant que « *le Médiateur ne s'insère dans aucune hiérarchie administrative existante et ne fait*

---

50 CE, Ass., 10 juillet 1981, *Retail*, Rec. p. 303 ; concl. FRANC, *RDP*, 1981, n°5, p. 1441 ; Note S. RIALS, *Revue administrative*, 1981, n°203, p. 493 ; Note J.M. AUBY *RDP*, 1981, n°6, p. 1687.

51 Désormais nommé rapporteur public depuis le 1er février 2009 suite au décret n°2009-14 du 7 janvier 2009 relatif au rapporteur public des juridictions administratives et au déroulement de l'audience devant ces juridictions

52 Loi n°73-6 du 3 janvier 1973 instituant un médiateur.

53 Loi n°89-18 du 13 janvier 1989 portant diverses mesures d'ordre social.

54 CE, Ass., 10 juillet 1981, *Retail*, Rec. p. 303, concl. FRANC.

sans doute pas partie au sens strict du terme de "l'administration" dont dispose le Premier ministre en vertu de l'article 20 de la Constitution ». Il conclut enfin : « *pour nous résumer, nous rangerions volontiers le médiateur dans une catégorie nouvelle, celle des "autorités administratives indépendantes"* ». Ce faisant, le commissaire du gouvernement Franc avait donc défini la catégorie juridique des AAI comme le fera plus tard la doctrine en prenant son exemple. En effet, ultérieurement, en « *l'étendant à de nouvelles autorités, autres que celles désignées expressément par la loi, [la doctrine] en a fait un véritable label permettant de rassembler les nouvelles instances dans une catégorie rassurante car connue et confirmée* »[55].

En 2001, le Conseil estime dans la lignée de sa jurisprudence, qu' « *il est communément admis et reconnu qu'il existe au sein de l'Etat des autorités autonomes, distinctes de l'administration, mais appartenant à l'Etat et dotées d'un pouvoir de décision* »[56]. Le Conseil d'Etat et la doctrine s'accordent donc sur les éléments communs qui composent les autorités administratives indépendantes : l'autorité, la nature administrative et l'indépendance. Or, si la doctrine est unanime sur la présence de ces trois éléments de définition des AAI, elle ne s'accorde pas toujours sur le contenu et l'acception à donner à ces caractéristiques communes. La difficulté de la définition des autorités administratives indépendantes est double. Elle vient d'une part de la polysémie des termes de l'appellation, et d'autre part, de l'oxymore présente dans cette même appellation. Par conséquent, non seulement le sens des mots « autorité », « administrative » et « indépendante », est multiple, mais en plus, ces mots ont parfois un sens opposé, c'est le cas des termes « administrative » et « indépendante » qui ont de ce fait évolué, soit vers une substitution du qualificatif « administrative », soit vers sa suppression pure et simple.

Une autorité autrefois discutée mais aujourd'hui certaine. En principe, le qualificatif d'autorité implique un pouvoir propre détenu par l'autorité administrative indépendante. Celui-ci correspond normalement à un pouvoir de décision au profit de l'AAI et non un rôle purement consultatif.

Dans le cadre des autorités administratives indépendantes, deux hypothèses se posent : soit l'AAI dispose de prérogatives de puissance publique et donc d'un pouvoir de décision, auquel cas il n'existe aucun doute sur la présence du critère de l'autorité ; soit l'AAI dispose d'un simple pouvoir d'influence, c'est-à-dire d'un unique rôle consultatif, auquel cas la

---

55 Catherine TEITGEN-COLLY, « Les instances de régulation et la Constitution », *RDP*, 1990, n°1, p. 214.

56 Conseil d'Etat, Rapport précité, 2001, EDCE n°52, p. 288.

doctrine est divisée. Si certains estiment que ce magistère d'influence suffit à octroyer le caractère d'autorité, d'autres, au demeurant minoritaires, considèrent que sans un pouvoir de décision, l'autorité est inexistante. Ainsi, le professeur Chapus a pu souligner que « *la catégorie des autorités administratives indépendantes ne peut avoir de spécificités (et le terme d' "autorité" ne peut être justifié) que si elle ne comprend que des organismes détenant, pour l'accomplissement même de leur mission, un pouvoir de décision* ». Toutefois, il souligne qu' « *elles sont généralement dotées (…) d'un "pouvoir d'influence" méritant pleine considération* »[57]. Le professeur Truchet, quant à lui, se pose la question suivante : « *les autorités indépendantes sont-elles véritablement des autorités ? C'est ici que l'on peut hésiter* »[58]. Ces positions sont néanmoins minoritaires. En effet, la majorité de la doctrine accepte la présence de cette autorité qui se justifie soit par un pouvoir de décision soit par un pouvoir d'influence souvent nommé « magistrature d'influence » ou « magistère d'influence ». Finalement, c'est l'Office parlementaire d'évaluation de la législation qui va souligner qu'il ne faut pas s'attacher aux pouvoirs de contrainte des AAI répartis de façon inégale parmi ces autorités, mais plutôt au « *pouvoir d'influence essentiel à leur mission* » qu'elles partagent toutes[59]. Ce pouvoir d'influence est double : le « *pouvoir de savoir* » par l'obtention d'information, et le « *pouvoir de faire savoir* » par la rédaction d'un rapport public annuel[60]. Ce pouvoir d'influence (ainsi que son exercice préservé du pouvoir hiérarchique) suffit donc à accueillir l' « autorité » comme un critère de définition des AAI car il implique que « *l'Etat ne commande plus et se met parfois lui-même en situation d'obéir…* »[61].

Une nature administrative autrefois indéniable mais désormais incertaine. La nature administrative des autorités administratives indépendantes correspond à leur appartenance à l'Etat, et notamment au pouvoir exécutif. Elles sont d'ailleurs présentées dans la majorité des manuels de droit administratif au sein de la présentation de l'Etat, et notamment de son administration centrale, parmi les divers services centraux, aux côtés des services ministériels. En effet, ces autorités ne bénéficiant pas pour la plupart de la personnalité morale, elles appartiennent donc, comme toute administration, au gouvernement. Cela s'explique

---

57 René CHAPUS, *Droit administratif général, Tome 1*, Paris, Montchrestien, 15e édition, 2001, p. 228.

58 Didier TRUCHET, *Droit administratif*, Paris, PUF, 4e édition, 2011, p. 109.

59 Assemblée nationale, Sénat, Rapport précité, 2006, n°3166, n°404, p. 52.

60 Marie-Anne FRISON ROCHE, *Etude dressant un bilan des autorités administratives indépendantes*, *in* Assemblée nationale, Sénat, Rapport précité, Tome 2, 2006, n°3166, n°404, p. 86 (pouvoir de savoir) et p. 97 (pouvoir de faire savoir).

61 Yves GAUDEMET, *Droit administratif*, Paris, LGDJ, 20e édition 2012, p. 238.

aisément par l'article 20 de la Constitution qui précise que « *[le gouvernement] dispose de l'administration* ». Cette nature administrative fait donc des autorités administratives indépendantes des organismes non personnalisés et non extérieurs à l'Etat. Or, sans personnalité morale, les AAI n'ont pas la capacité juridique : elles ne peuvent ni agir en leur propre nom, ni contracter, ni disposer d'un patrimoine, ni ester en justice, « *c'est au nom et pour le compte de l'Etat qu'elles agissent, et c'est sa responsabilité qu'elles engagent par leurs actes dommageables* »[62].

Bien qu' « indépendantes » et donc émancipées des structures administratives hiérarchiques traditionnelles, elles ne sont pas extérieures à l'administration centrale. Cela s'illustre par les divers moyens d'action à l'égard des autorités administratives indépendantes dont dispose le gouvernement. Tout d'abord, il faut évoquer le rattachement budgétaire des AAI à un ministère. Il est également possible de mentionner l'éventuelle présence d'un commissaire du gouvernement au sein de l'AAI, comme un relais du ministère de rattachement et de sa vision de la régulation du secteur en cause. Enfin, il faut noter que les AAI sont tenues de respecter la légalité sous peine d'un recours devant le juge et d'une annulation de leur décision.

Ce qualificatif « administrative », autrefois avéré, s'est peu à peu estompé, et ce pour plusieurs raisons : d'une part, l'oxymore issue du rapprochement entre les qualificatifs « administrative » et « indépendante » a toujours posé problème, et d'autre part, l'indépendance étant prépondérante et décisive dans la définition des AAI, le législateur a quelquefois choisi d'enlever le deuxième qualificatif « administrative ». Cela a été notamment le cas concernant l'ancien Médiateur de la république qualifié d' « *autorité indépendante* »[63], mais également dans la nouvelle vague actuelle de création d'autorités publiques indépendantes[64], où le qualificatif « publique » tend à souligner la spécificité par rapport à l'appareil administratif. Enfin, la création contemporaine d'une « *autorité constitutionnelle indépendante* »[65], le

---

[62] Conseil d'Etat, Rapport précité, 2001, EDCE n°52, p. 293.

[63] Le Médiateur de la République a été créé par la loi n°73-6 du 4 janvier 1973 modifiée par la loi n°89-18 du 13 janvier 1989.

[64] La vague de création des autorités publiques indépendantes a débuté en 2003 avec la loi n°2003-706 du 1er août 2003 de sécurité financière. Par cette loi, deux autorités publiques indépendantes ont vu le jour : l'Autorité des marchés financiers et la Commission de contrôle des assurances, des mutuelles et des institutions de prévoyance (devenue Autorité de contrôle des assurances et des mutuelles et aujourd'hui fusionnée au sein de l'Autorité de contrôle prudentiel et de résolution).

[65] Article 2 de la loi organique n°2011-333 du 29 mars 2011 relative au Défenseur des droits.

Défenseur des droits, et d'un « *organisme indépendant* »[66], le Haut conseil des finances publiques, appartenant à la catégorie des autorités indépendantes enlève tout caractère administratif à la catégorie juridique[67]. Cette nature administrative, autrefois manifeste, tend finalement aujourd'hui à s'atténuer au profit des garanties d'indépendance dont doivent inévitablement bénéficier les AAI. L'administrativité des autorités administratives indépendantes diminue donc de nos jours au profit d'une indépendance grandissante. La raison est simple : « *l'indépendance est une des justifications essentielles de la création des autorités administratives indépendantes. C'est dès lors un élément déterminant de la notion* »[68], il doit donc être privilégié ; c'est pourquoi, au final, plus l'administrativité décroît, plus l'indépendance croît. Il convient donc désormais de qualifier la catégorie juridique de façon globale grâce à l'appellation « autorités indépendantes » se substituant dès lors à celle d'autorités administratives indépendantes.

Une indépendance généralement obscure et controversée. L'indépendance est la raison d'être des autorités administratives indépendantes. Elle est la clé de voûte permettant de définir ces autorités. Néanmoins, une première interrogation apparaît : « *indépendantes, peut être, mais de qui ?* »[69]. Certainement pas du législateur qui les crée, les modifie et les supprime à sa guise[70]. Ces autorités sont en revanche indépendantes d'une part des secteurs qu'elles contrôlent, et d'autre part du pouvoir exécutif. Concernant cette indépendance vis-à-vis du gouvernement, les AAI sont prémunies de toute hiérarchie administrative. Elles sont certes

---

66 Article 11 de la loi organique n°2012-1403 du 17 décembre 2012 relative à la programmation et à la gouvernance des finances publiques.

67 Il faut toutefois souligner que le Conseil constitutionnel a indiqué que, malgré sa qualité d'autorité constitutionnelle indépendante, le Défenseur des droits constitue « *une autorité administrative dont l'indépendance trouve son fondement dans la Constitution* ». CC, n°2011-626, DC, 29 mars 2011, Loi organique relative au Défenseur des droits, (considérant n°5) ; B. DELAUNAY, « Les autorités constitutionnelles indépendantes, autorités administratives », AJDA, 2011, n°15, p. 817.

68 Conseil d'Etat, Rapport précité, 2001, EDCE n°52, p. 290.

69 Jean-Louis AUTIN, « Fasc. 75 : Autorités administratives indépendantes », *JCl. administratif*, 20 juillet 2010, p. 3.

70 A l'exception d'une autorité : le Défenseur des droits, puisqu'il est prévu par la Constitution. Néanmoins, toutes les autres autorités sont instituées par la loi qui « *fixe les règles relatives à la composition, aux attributions, à l'organisation et au fonctionnement des autorités administratives indépendantes et des autorités publiques indépendantes* » selon la proposition de loi organique n°811 relative aux autorités administratives indépendantes et aux autorités publiques indépendantes déposé par MM. Patrice GELARD et Jean-Pierre SUEUR à la présidence du Sénat le 25 septembre 2014, aujourd'hui abandonnée, mais remplacée par une nouvelle proposition de loi du nom nom déposée au Sénat le 7 décembre 2015.

internes à l'administration et appartiennent au gouvernement, mais leur statut particulier leur permet d'être placées en dehors de la hiérarchie classique de l'Etat. En effet, « *leur indépendance, qui fonde leur existence, exclut la subordination et donc la soumission au pouvoir hiérarchique comme à une tutelle* »[71]. Cela signifie que dans l'exercice de leurs pouvoirs propres, de décision ou d'influence, elles sont soustraites au pouvoir hiérarchique du gouvernement. Elles ne reçoivent donc aucun ordre et aucune instruction de leur ministère de rattachement dans le cadre de l'exercice de leur mission. Elles ne font pas davantage l'objet d'un quelconque contrôle *a priori* de leurs actes, le seul contrôle possible étant le contrôle juridictionnel exercé *a posteriori* par un juge, qu'il soit administratif (en principe) ou judiciaire (par exception). Par conséquent, les autorités administratives indépendantes exercent leur mission « *sans que leur appréciation puisse être orientée ou censurée par un supérieur hiérarchique, ni même surveillée par une autorité de tutelle* »[72].

Toutefois, le Conseil d'Etat, tout comme le premier théoricien des autorités administratives indépendantes, Paul Sabourin[73], est allé plus loin dans la qualification de l'indépendance, la divisant en indépendance organique et indépendance fonctionnelle. Déjà en 1983, le professeur Sabourin, suite au constat de l'absence de pouvoir hiérarchique, se demandait s'il n'y avait « *point d'autres éléments confortant ou infirmant cette première ébauche* »[74]. Il énonçait alors notamment les éléments financiers qui pouvaient confirmer ou contredire cette indépendance : les sources de financement et le contrôle du budget. Le Conseil d'Etat, quant à lui, détaille davantage cette double indépendance. Sur l'aspect organique, selon lui largement traité, il évoque la collégialité et le statut personnel des membres du collège, ce dernier se déclinant en une irrévocabilité du mandat, une durée fixe et assez longue du mandat, et un régime particulier d'incompatibilités. Sur l'aspect fonctionnel, beaucoup moins abordé par la doctrine, il est question d'analyser « *les données concrètes et en particulier les aspects financiers* »[75], qu'ils s'agissent de ressources budgétaires ou extrabudgétaires, de moyens financiers comme humains, mais aussi de moyens administratifs d'action de l'Etat, et notamment du gouvernement, à l'égard des AAI. L'indépendance peut, en conséquence, être analysée sous différents angles, or la diversité de l'étude qui en résulte entraîne une complexité de la notion.

---

71 Georges DUPUIS, Marie-José GUEDON, Patrice CHRETIEN, *Droit administratif*, Paris, Sirey, 12e édition 2011, p. 218.

72 René CHAPUS, *op. cit.*, p. 225.

73 Paul SABOURIN, « Les autorités administratives indépendantes, une catégorie nouvelle », *AJDA*, 1983, n°4, p. 275.

74 *Idem.*

75 Conseil d'Etat, Rapport précité, 2001, EDCE n°52, p. 292.

Cette difficulté va d'autant plus s'accentuer que dans la période récente, de nouvelles institutions ont vu le jour : les autorités publiques indépendantes.

Les transformations actuelles de la catégorie juridique : l'apparition des autorités publiques indépendantes. Dans les années 2000, de nouvelles autorités de régulation sont apparues : les autorités publiques indépendantes (API) dotées de la personnalité morale. Les deux premières ont été créées par la loi du 1er aout 2003 de sécurité financière[76] : l'Autorité des marchés financiers (AMF) et la Commission de contrôle des assurances, des mutuelles et des institutions de prévoyance (devenue Autorité de contrôle des assurances et des mutuelles en 2005[77] et aujourd'hui fusionnée au sein de l'Autorité de contrôle prudentiel et de résolution[78]).

S'il était possible de rattacher cette évolution à la crise de la trilogie classique des personnes publiques[79], initiée par l'apparition des personnes publiques *sui generis*[80], la doctrine et le Conseil d'Etat ont choisi de rapprocher les autorités publiques indépendantes (API) des autorités administratives indépendantes. Ainsi, selon eux, « *l'API constitue le dernier stade de l'AAI, la consécration d'une indépendance totale* »[81]. En effet, l'objectif du législateur était d'attribuer davantage d'indépendance et de légitimité à ces autorités publiques indépendantes par l'octroi de la personnalité morale. Mais est-ce vraiment le cas ? Le législateur a-t-il réussi à atteindre son objectif ? *A priori*, la personnalité morale, revêtant des avantages certains, allait permettre plusieurs avancées. D'une part, elle allait renforcer la

---

[76] Loi n°2003-706 du 1er aout 2003 de sécurité financière.

[77] Article 14 de la loi 2005-1564 du 15 décembre 2005 portant diverses dispositions d'adaptation au droit communautaire dans le domaine de l'assurance.

[78] Ordonnance 2010-76 du 21 janvier 2010 portant fusion des autorités d'agrément et de contrôle de la banque et de l'assurance. Il faut noter que l'organisme issu de cette fusion, l'Autorité de contrôle prudentiel et de résolution, a perdu la qualité d'API et la personnalité juridique qui allait avec. Il est néanmoins rattaché à la Banque de France et non à l'Etat.

[79] Etat, collectivités territoriales, établissements publics.

[80] Les personnes publiques *sui generis* sont apparues en 1997 et sont notamment : la Banque de France, créée en 1800 et reclassée dans la catégorie des personnes publiques *sui generis* en 1997 par un arrêt du Tribunal des conflits en 1997 : TC, 16 juin 1997, *Epoux Muet, Société la Fontaine de Mars c/ Banque de France*, Rec. p. 532, concl. ARRIGHI, *RFDA*, 1997, n°4, p. 823 ; Chron. J : PETIT, *JCP*, 1998, I. 125 ; les groupements d'intérêt public créés en 1982 mais classifiés au sein des personnes publiques *sui generis* en 2000 par un arrêt du Tribunal des conflits : TC, 14 février 2000, *GIP habitat et interventions sociales pour les mal-logés et les sans-abris c/ Mme Verdier*, Rec. p. 748 ; *GAJA*, 19e édition, 2013, p. 771.

[81] Michel DEGOFFE, « Les autorités publiques indépendantes », *AJDA*, 2008, n°12, p. 623.

souplesse de gestion et de fonctionnement des API, par la possibilité de disposer de ressources, d'un patrimoine et d'un personnel propres. D'autre part, elle permettrait aux API d'être responsables de leurs actes et décisions, par la capacité juridique de contracter et d'ester en justice. Toutefois, les autorités administratives indépendantes étant souvent présentées « *comme l'expression d'un pari d'une indépendance dissociée de l'octroi de la personnalité morale* »[82], la question se pose alors de savoir si ce pari a échoué, ou, dans l'hypothèse où celui-ci a été un succès, si les API sont une évolution nécessaire de la catégorie juridique des AAI. La question de la coexistence entre autorités publiques indépendantes et autorités administratives indépendantes, ou bien de la substitution des premières aux secondes se posaient également. En réalité, de nombreuses interrogations ont vu le jour avec la création des API. La cause est évidente : l'incompréhension initiale de cette catégorie juridique tant diversifiée s'accentue encore plus avec cette dernière extension vers l'attribution de la personnalité morale. En effet, plus une notion se développe, plus son sens diminue. Ce qu'une notion gagne en extension, elle le perd en clarté.

Néanmoins, il faut souligner que pour certains auteurs, l'AMF, première autorité publique indépendante, constituait la « *première AAI de plein exercice* »[83]. En effet, la personnalité morale attribuée semblait augmenter ses compétences, son autorité et son indépendance, mais c'était oublier que les autorités administratives indépendantes, elles aussi, avaient pour objectif l'efficacité et la légitimité par l'indépendance.

Finalement, la caractéristique immuable de la catégorie juridique des AAI paraît être leur indépendance, puisque c'est toujours elle que le législateur cherche à renforcer. Peu importe leurs pouvoirs, peu importe leur financement, elles se doivent toutes d'exercer leur mission avec impartialité et liberté. Ce point commun s'explique par le fait que l'indépendance des AAI notamment par rapport au pouvoir politique, est la cause de leur création. L'Etat étant réputé partial, il ne peut pas agir efficacement dans certains secteurs dits sensibles. Il en confie donc la gestion à des autorités qu'il crée, tout en les faisant bénéficier d'une « *irréfragable présomption*

---

[82] *Idem.*

[83] Didier LINOTTE, Guillaume SIMONIN, « L'autorité des marchés financiers, prototype de la réforme de l'Etat ? », *AJDA*, 2004, n°3, p. 143.

d'impartialité »[84] due à leur indépendance, certes imparfaite mais pleinement proclamée.

L'autonomie, une notion complexe. Il apparaît opportun de nommer l'indépendance des autorités indépendantes évoquée plus haut, « autonomie ». Plusieurs auteurs le soulignent : les uns précisant que « *la CNIL était une autorité administrative autonome plutôt qu'indépendante* »[85], les autres estimant « *quant à l'indépendance fonctionnelle des autorités administratives indépendantes* », qu' « *on lui préfère souvent, et avec raison, le terme "autonomie"* »[86]. Les justifications sont doubles. D'un côté, il est difficile de parler d'indépendance concernant une autorité administrative, cette indépendance étant notamment relative au gouvernement qui, selon l'article 20 de la Constitution, « *dispose de l'administration* ». En effet, le terme indépendance a davantage pour vocation de déterminer une émancipation totale d'une autorité publique vis-à-vis d'une autre. Ainsi, l'indépendance peut permettre de qualifier la souveraineté d'un Etat (notamment la souveraineté extérieure, vis-à-vis d'un autre Etat), ou encore l'indépendance entre les pouvoirs législatif, exécutif et judiciaire dans le cadre de la séparation des pouvoirs. D'un autre côté, si l'indépendance et l'autonomie paraissent constituer deux notions voisines ayant un sens proche « *au point de parfois se superposer, elles sont loin de se confondre* »[87]. L'une, l'indépendance, est une notion davantage politique qui s'exprime plus facilement hors du droit, quand l'autre, l'autonomie, s'exprime beaucoup mieux dans le domaine juridique. De plus, il est aisé de constater que les autorités indépendantes, avec ou sans personnalité morale, ne disposent pas d'une réelle indépendance, alors qu'elles bénéficient d'une certaine autonomie. Il faut donc comprendre que l'indépendance est le stade ultime de l'autonomie, cette dernière n'étant finalement qu'un intermédiaire entre la dépendance et l'indépendance. En effet, l'autonomie doit s'entendre d'un état transitoire, d'une indépendance inachevée, partielle, or c'est ce qui semble le mieux caractériser les autorités indépendantes.

---

84 Seydou TRAORE, « Les autorités administratives indépendantes dotées de la personnalité morale : vers une réintégration institutionnelle de la catégorie juridique ? », *Droit administratif*, 2004, n°8-9, p. 16.

85 Guy BRAIBANT, Conseiller d'Etat, cité par Paul SABOURIN, art. cit., *p.* 275.

86 Jean-Louis AUTIN, cité par le Conseil d'Etat, Rapport précité, 2001, EDCE n°52, p. 292

87 Robert HERTZOG, « L'autonomie en droit : trop de sens, trop peu de signification ? », *in* Mélanges Paul AMSELEK, dirigés par Gérard COHEN-JONATHAN, Bruxelles, Bruylant, 2005, p. 459.

Précisons tout d'abord que l'autonomie est un terme dérivé de deux mots grecs : *autos* signifiant soi-même, et *nomos* signifiant loi, règle. L'autonomie exprime donc le fait de faire et de jouir de ses propres lois. Le dictionnaire Littré prévoit que l'autonomie est le « *droit que les romains avaient laissé à certaines villes grecques, de se gouverner par leurs propres lois* ». Le Larousse emploie une définition beaucoup plus actuelle, estimant que l'autonomie est la « *situation d'une collectivité, d'un organisme public, dotés de pouvoirs et d'institutions leur permettant de gérer les affaires qui leur sont propres, sans interférence du pouvoir central* ». Dans les deux cas, l'autonomie paraît avoir une étendue et une portée très fortes. Elle impliquerait la possibilité de décider sans en référer à une hiérarchie, un pouvoir central ou tout organe extérieur. Or, « *cette conception "maximaliste" de la notion d'autonomie est à écarter aujourd'hui* »[88].

L'autonomie, dans le discours juridique, est une réalité bien plus complexe que la description qui en est faite dans les dictionnaires classiques. L'autonomie en droit possède une signification propre distincte de celle du langage ordinaire. Néanmoins, cette acception juridique se résume souvent à cela : « *l'autonomie est une auberge espagnole, un concept vide, sans contenu ni mesure propre* »[89]. L'autonomie ne possède donc pas de sens unique clair. Elle constitue une notion polysémique, difficile à définir, pour ne pas dire indéfinissable. En effet, la richesse quantitative de son sens entraîne inévitablement sa pauvreté qualitative[90]. Cela explique pourquoi les auteurs développent et précisent souvent cette autonomie : ils parlent alors d'autonomie organique, fonctionnelle, ou encore d'autonomie administrative, financière, fiscale, mais très rarement d'autonomie pure.

Il faut également noter que, de sa signification théorique *a priori* absolue à ses applications pratiques beaucoup plus limitées, le terme « autonomie » a fortement évolué. « *L'autonomie a connu plusieurs glissements sémantiques : d'une force absolue, elle est devenue un pouvoir relatif ; d'abord liberté de faire son propre droit, elle est devenue simplement une certaine liberté de faire certaines choses* »[91]. Cela manifeste particulièrement bien le caractère incomplet et partiel de l'autonomie, ainsi que la propension de la doctrine à toujours vouloir préciser cette notion par l'ajout d'un qualificatif.

Toutefois, même si la « liberté de faire » associée à l'autonomie s'est atténuée, il convient de souligner que l'autonomie est généralement liée à la

---

[88] Jean-Marie PONTIER, « La personnalité publique, notion anisotrope », *RFDA*, 2007, n°5, p. 979.

[89] Robert HERTZOG, art. cit., p. 445.

[90] C'est bien la signification du titre de l'article de Robert HERTZOG : « L'autonomie en droit : trop de sens, trop peu de signification ? ».

[91] *Ibid.*, p. 458.

notion de liberté au sens large. Selon Kant, être autonome c'est être libre[92]. D'ailleurs, c'est pourquoi en termes de philosophie, Descartes « *effaça le honteux jurare in verba magistri*[93]*, qui ôtait toute autonomie à la raison* »[94]. En effet, se conformer aux arguments d'autorité paraissait être contraire à l'autonomie de la pensée, ce qui s'applique toujours aujourd'hui, y compris vis-à-vis des relations entre institutions publiques. La liberté de penser et de décider constitue donc un élément déterminant de l'autonomie, mais cette liberté est susceptible de degrés. En effet, « *l'essence de l'autonomie n'est pas dans l'étendue ou l'objet d'un pouvoir mais dans son degré de liberté* »[95]. S'il existe plusieurs niveaux de liberté, plusieurs nuances, alors il en ira de même pour l'autonomie qui ne sera finalement jamais la même. L'autonomie n'est pas une, elle est multiple et finalement elle « *se mesure plus qu'elle ne se définit* »[96]. En effet, l'autonomie est une question de degrés, de mesure, or ce calcul diffère en fonction de la personne concernée. Ainsi, « *l'autonomie ne se vérifie pas au même degré pour toutes les personnes publiques, toutes les personnes publiques n'ont pas la même capacité, les mêmes aptitudes juridiques* »[97].

Être autonome c'est aussi être capable. Or cette capacité est double : une capacité de pouvoir, correspondant à la production de normes notamment, et une capacité d'avoir, correspondant à la possession d'un patrimoine, d'agents et de ressources propres. Ce second élément paraît être associé à la personnalité morale alors que le premier paraît s'en détacher[98].

Concernant les domaines de l'autonomie qui s'appliquent aux autorités indépendantes, nous pouvons trouver l'autonomie organique et l'autonomie fonctionnelle[99]. Nous l'avons déjà évoqué, l'aspect organique se décline en une collégialité et un statut personnel particulier des membres du collège, alors que l'aspect fonctionnel évoque une double autonomie administrative et financière. La dimension fonctionnelle, et notamment financière, est celle qui intéresse notre étude. Elle implique que chaque AAI

---

[92] Dans la pensée kantienne, expliquée par Christina CHALANOULI, *Kant et Dworkin, de l'autonomie individuelle à l'autonomie privée et publique*, Paris, L'Harmattan, 2010.

[93] *Jurare in verba magistri* est une locution latine signifiant « jurer selon les paroles du maître » c'est-à-dire, se conformer aux arguments d'autorité. « Penses par toi-même et ne juges de rien sur parole », telle est la devise de l'école cartésienne.

[94] Charles VILLERS, *Philosophie de Kant, ou principes fondamentaux de la philosophie transcendantale*, Utrecht, N. Van Der Monde, 2e édition 1830, p. 136.

[95] Robert HERTZOG, art. cit., p. 465.

[96] Vincent DUSSART, *L'autonomie financière des pouvoirs publics constitutionnels*, Paris, CNRS droit, 2000, p. 13.

[97] Jean-Marie PONTIER, art. cit., p. 979.

[98] Cf. *infra*, où des développements relatifs à la personnalité morale auront leur place (Partie I, Titre I), p. 59 s.

[99] Cf. *supra*, p. 36.

puisse se gouverner et gérer son fonctionnement par ses propres règles. Le fonctionnement implique des moyens financiers, des moyens humains et des moyens administratifs (pouvoir de décision et d'influence). L'aspect fonctionnel comprend donc davantage de données techniques à analyser et quantifier afin de mesurer efficacement l'autonomie des autorités indépendantes, c'est pourquoi nous allons davantage nous intéresser à cette autonomie et notamment l'autonomie financière, élément encore plus déterminant de l'indépendance des AAI.

L'autonomie financière, une notion essentielle. Pour mesurer l'indépendance des AAI, le volet « autonomie financière » est d'une importance capitale. En effet, « *pour l'effectivité de cette indépendance, la dimension budgétaire de l'indépendance est essentielle* »[100] ; c'est pourquoi l'autonomie financière est toujours recherchée lorsqu'une institution doit être autonome vis-à-vis de l'administration centrale. Tel est certes le cas des collectivités territoriales et des établissements publics, mais également de l'ensemble des pouvoirs publics constitutionnels. Elle prend alors des formes différentes mais représente une problématique prépondérante et récurrente. Si « *l'autonomie financière est la capacité d'un service public à isoler ses recettes et ses dépenses de l'administration* »[101], il ne semble pas toujours coïncider avec la personnalité morale. Ainsi, les collectivités territoriales et les établissements publics puisent davantage cette autonomie dans la possibilité de percevoir des ressources propres alors que l'autonomie budgétaire des juridictions notamment administratives et financières, récemment acquise grâce à la LOLF, est issue de la détention d'une mission budgétaire qui leur est propre au sein de la loi de finances[102]. Toujours est-il que l'autonomie financière est une problématique qui connaît un intérêt exponentiel depuis une dizaine d'année[103].

La notion n'est cependant pas facile à cerner et à délimiter. Plusieurs termes sont souvent employés en cette matière : autonomie financière, autonomie budgétaire, autonomie de gestion financière, autonomie comptable, autant de notions qui compliquent la définition de l'autonomie financière. En réalité, selon Jean-Claude Maitrot, l'autonomie financière est

---

[100] Marie-Anne FRISON-ROCHE, « Régulateurs indépendants *versus* LOLF », *Revue Lamy de la concurrence*, 2006, n°7, p. 69.

[101] Etienne DOUAT, « Les aspects financiers », *Droit administratif*, avril 2003, n°4, p. 10.

[102] Michel BOUVIER, Marie-Christine ESCLASSAN, Jean-Pierre LASSALE, *Finances publiques*, Paris, LGDJ, 12e édition, 2013, p. 474.

[103] Suite à un intérêt qui est né avec la décentralisation à la fin du XIXe siècle.

une « *association d'éléments hétéroclites* »[104], ce qui explique les difficultés rencontrées lorsque l'on tente de définir cette notion. Il convient donc dans un premier temps de se référer aux textes pour rechercher la signification de l'autonomie financière.

A ce jour, le législateur n'a donné aucune définition précise et satisfaisante de l'autonomie financière. Plusieurs textes ont pourtant tenté de le faire : certains ont posé quelques uns de ses critères mais en vain. Ainsi, la loi d'orientation de l'enseignement supérieur de 1968[105] prévoit dans son titre V nommé « *autonomie financière* » que les établissements publics à caractère scientifique et culturel disposent d'un « *crédit global de fonctionnement* »[106] à répartir librement et d'un comptable spécifique désigné par le Conseil de l'établissement. La loi leur permet enfin d'échapper au contrôle financier *a priori* en précisant que celui-ci « *s'exerce a posteriori* »[107]. Ainsi, cette loi de 1968 pose trois grands principes de l'autonomie financière que sont : une enveloppe financière globale, un comptable spécial et un contrôle *a posteriori*, « *qui même réunis ne donnent pas une définition de l'autonomie financière* »[108]. Il faut d'ailleurs souligner que l'ensemble de ces éléments se basent sur une souplesse de gestion et donc une autonomie dans l'utilisation des crédits alloués. Or, c'est justement ce qui a pu être critiqué et relevé dans les débats parlementaires. Certains membres du Parlement ont en effet pu souligner que « *l'autonomie financière resterait un vain mot si elle n'était pas assortie de moyens permettant de la réaliser* »[109]. L'autonomie des ressources doit donc accompagner l'autonomie de gestion pour obtenir une autonomie financière totale car sans cet élément et en présence d'un financement par l'Etat, on obtiendrait une « *autonomie semi-surveillée* »[110]. Le projet de loi de 1969[111] qui a suivi avait donc, dans le doute, abandonné totalement la notion d'autonomie financière des régions en repoussant sa définition à des textes ultérieurs. De plus, le projet de loi relatif à la région de 1969 ayant été rejeté par les citoyens après sa soumission au référendum, la définition législative de l'autonomie financière était d'autant plus repoussée. Nous pouvons

---

104 Jean-Claude MAITROT, *Recherches sur la notion d'autonomie financière en droit public*, thèse dactyl., Paris I, 1972, p. 127.

105 Loi n°68-978 du 12 novembre 1968 d'orientation de l'enseignement supérieur.

106 Article 27 de la loi précitée.

107 Article 29 de la loi précitée.

108 Jean-Claude MAITROT, *op. cit.*, p. 126.

109 *Ibid.*, p. 127.

110 *Ibid.*, p. 130.

111 Projet de loi relatif à la création de régions et à la rénovation du Sénat de 1969, soumis au référendum par un décret n°69-296 du 2 avril 1969 décidant de soumettre un projet de loi au référendum.

toutefois évoquer les débats parlementaires qui faisaient ressortir l'idée que « *l'autonomie financière de la région repose sur la faculté de posséder des ressources propres, suffisantes et localisées* »[112]. Ainsi, il faut constater que les parlementaires insistent lourdement sur cette condition préalable et nécessaire de ressources, sans toutefois définir ce qu'est l'autonomie financière. Finalement, en 2004, lors de l'adoption de la loi organique relative à l'autonomie financière des collectivités territoriales[113], le législateur examine à nouveau la notion. Or, cette nouvelle tentative de définition de l'autonomie financière est un échec. Après avoir délaissé l'aspect autonomie des ressources en amont en 1968, les parlementaires ont désormais totalement écarté l'aspect autonomie de gestion financière en aval. Ainsi, leur définition se base exclusivement sur la perception de ressources propres et donc notamment sur l'autonomie fiscale des collectivités territoriales. En effet, les articles LO. 1114-2 à LO. 1114-4 du code général des collectivités territoriales modifiés par la loi précitée n'abordent que les ressources propres, le premier listant les diverses recettes qui constituent de telles ressources[114], le deuxième fixant le montant de la part déterminante des ressources propres, et le dernier précisant qu'un rapport retraçant les modalités de calcul et l'évolution de cette part de ressources doit être transmis au Parlement par le gouvernement. Néanmoins, si l'autonomie financière correspondait uniquement à l'autonomie budgétaire au sens le plus strict c'est-à-dire, la présence d'un budget propre alimenté par des ressources propres, alors très peu d'organismes seraient autonomes. En effet, de nombreux organes sont dits autonomes alors qu'ils sont financés, en tout ou partie, par des ressources étatiques. Tel est notamment le cas des collectivités territoriales, des établissements publics, des assemblées, des tribunaux et de l'ensemble des pouvoirs publics constitutionnels. Or, la provenance des ressources ne préjuge pas forcément de l'autonomie. Ainsi, « *le caractère budgétaire des ressources des tribunaux n'empêche pas l'indépendance de la magistrature* »[115]. Toutefois, il est possible de s'accorder sur le fait qu'elle peut la faciliter : des ressources propres comme des taxes affectées sont en effet des paramètres tangibles de l'autonomie financière. Par conséquent, cette perception erronée de l'autonomie financière proposée en 2004 ne peut pas

---

112 Jean-Claude MAITROT, *op. cit.*, p. 123.

113 Loi organique n°2004-758 du 29 juillet 2004 prise en application de l'article 72-2 de la Constitution relative à l'autonomie financière des collectivités territoriales.

114 Les ressources propres des collectivités territoriales sont constituées du produit des impositions de toutes natures, des redevances pour services rendus, des produits du domaine, des participations d'urbanisme, des produits financiers et des dons et legs.

115 Conseil d'Etat, Rapport précité, 2001, EDCE n°52, p. 292.

servir de base à notre raisonnement[116]. Il convient donc de s'attarder aux définitions doctrinales de l'autonomie financière. Or, celles-ci nous indiquent qu' « *il n'y a pas une autonomie financière mais tout au plus des autonomies financières* »[117].

La doctrine s'est longtemps accordée sur l'idée que l'autonomie financière était liée à la décentralisation et donc à la présence de personnes morales distinctes de l'Etat[118]. Toutefois, si à l'origine elle constituait un attribut essentiel de la décentralisation, « *l'Etat s'est rendu compte qu'elle constituait un procédé juridique pouvant être utilisé pour la gestion des services publics indépendamment de toute décentralisation et en l'absence même de personnalisation juridique* »[119] ; c'est pourquoi il est possible de s'intéresser aujourd'hui à l'autonomie financière des autorités administratives indépendantes. Selon Jean-Claude Maitrot, cette autonomie financière technique[120] implique la mise en place de règles dérogatoires du droit commun au profit des administrations qui en sont titulaires[121]. Ainsi, la doctrine n'est pas formelle sur le lien entre autonomie financière et personnalité morale, mais il semblerait que la personnalité ne soit pas indispensable à l'autonomie financière même si elle tend à la favoriser et à la faciliter largement. Concernant les autorités administratives indépendantes, le doute persiste d'ailleurs puisque, si l'ensemble de la catégorie ne disposait pas de la personnalité morale à l'origine et constituait un pari d'une indépendance dépourvue de toute personnalité, désormais l'autonomie des AAI, notamment financière, semble passer par l'octroi de la personnalité morale[122]. Il semble donc que l'autorité publique indépendante soit le stade

---

116 En effet, si elle a pu servir de base à la thèse consacrée à l'autonomie financière des collectivités territoriales de Laurence TARTOUR qui consacre alors de longs développements à l'autonomie fiscale, notre étude relative aux autorités administratives indépendantes ne peut pas se limiter à cet aspect de l'autonomie des ressources. Cf. Laurence TARTOUR, *L'autonomie financière des collectivités territoriales en droit français*, Paris, LGDJ, 2012.

117 Jean-Claude MAITROT, *op. cit.*, p. 121.

118 Maurice DUVERGER estimait que « *l'autonomie financière est un élément essentiel de la décentralisation* » dans son ouvrages de *finances publiques* (Paris, PUF, 6e édition, 1968, p. 12). Pierre LAVIGNE constatait quant à lui que « *le degré d'autonomie financière est un excellent étalon de la décentralisation* » (*Finances publiques*, Cours 1967-1968, p. 19). Enfin, Louis TROTABAS avait manifesté la même opinion dans la préface de la thèse de Serge PASSERON, *L'autonomie de gestion des établissements publics nationaux*, Paris, LGDJ, 1968).

119 Jean-Claude MAITROT, *op. cit.*, p. 141.

120 C'est-à-dire sans personnalité juridique, par opposition à une autonomie financière organique impliquant l'octroi de la personnalité morale à un organisme.

121 Jean-Claude MAITROT, *op. cit.*, p. 143.

122 Depuis 2003, lors de la création des deux premières API. En effet, depuis ce jour, cette formule s'est multipliée pour aujourd'hui être composée de huit autorités personnalisées.

ultime de l'AAI pleinement autonome. Néanmoins, la personnalité morale ne peut pas être une condition nécessaire et indispensable de l'autonomie financière puisque de nombreux services de l'Etat n'en disposent pas et possèdent pourtant une large autonomie financière. Tel est le cas des assemblées parlementaires, du Conseil constitutionnel ou encore des diverses juridictions judiciaires, administratives et financières.

Concernant le contenu de l'autonomie financière, si les aspects autonomie des ressources et autonomie des dépenses pris isolément semblent insatisfaisants, il faut réfléchir à un ensemble d'éléments pouvant former l'autonomie financière. C'est Pierre Lalumière qui s'est davantage rapproché de ce qui peut le mieux définir l'autonomie financière en se basant sur une conception sociologique. Selon lui, trois éléments permettent de définir l'autonomie financière : la présence de ressources propres en quantité suffisante, la possibilité de déterminer ses recettes et ses dépenses et l'exercice d'un contrôle *a posteriori* sur les dépenses[123]. Si cette définition n'est pas parfaite, elle cumule néanmoins pour la première fois des éléments relatifs à l'attribution des ressources et à leur utilisation. En l'absence de ressources propres, il serait également possible de disposer d'une autonomie financière à condition de réunir plusieurs critères. Ainsi, Jean Rivoli exposait l'hypothèse où les ressources correspondent à des dotations étatiques. Dans ce cas, une exigence supplémentaire indispensable est qu'il n'existe pas d'affectation de cette dotation et que les crédits, en quantité suffisante, soient constitutifs d'une enveloppe globalisée. Toutefois, à cela devra s'ajouter le fait que l'institution ne devra pas être soumise à la comptabilité publique et que les contrôles sur ses dépenses se feront seulement *a posteriori*[124]. Jean Rivoli émettait en revanche de fortes critiques vis-à-vis de cette hypothèse.

Par conséquent, il faut conclure des éléments doctrinaux et textuels évoqués que la notion d'autonomie n'est pas univoque. En effet, son sens, comme son degré, change selon l'organisme auquel elle s'applique ; c'est pourquoi Michel Lascombe observait : « *Est-ce la même chose que de s'interroger sur l'autonomie d'un organe de l'Etat sans personnalité juridique, d'un établissement public, d'une collectivité territoriale, d'une organisation internationale ou de l'UE ? Sans doute non* »[125]. Néanmoins, il est possible d'affirmer une chose : l'autonomie financière ne se définit certes pas mais elle se mesure à l'aide d'un faisceau d'indices où chaque indice est plus ou moins nécessaire mais dans tous les

123 Jean-Claude MAITROT, *op. cit.*, p. 137.
124 *Ibid.*, p. 138.
125 Michel LASCOMBE, Préface de la thèse d'Aymeric POTTEAU, *Recherches sur l'autonomie financière de l'Union européenne*, Paris, Dalloz, 2004, pp. XI-XII.

cas insuffisant. Ainsi, plus le nombre d'éléments composant l'autonomie financière augmente au sein d'une institution, plus son degré d'autonomie financière croît. Les indices sont les suivants : la perception de ressources propres (impositions de toute nature, taxes affectées, redevances pour service rendu, éventuellement l'emprunt, etc.), la quantité suffisante des ressources, la liberté dans la définition ou l'estimation des ressources, la possession d'un budget propre ou d'un budget annexe, la personnalité morale, la libre gestion et l'utilisation des crédits sans affectation ni fléchage ni dépenses obligatoires ou contraintes impliquant la possession d'une enveloppe globalisée de crédits, l'allègement voire l'inapplication de la comptabilité publique, la dispense de contrôle financier *a priori* et l'exercice exclusif de contrôles *a posteriori*. Néanmoins, chaque indice ne dispose pas de la même valeur. Ainsi, par exemple, si la provenance des ressources fait partie des indices de l'autonomie financière elle importe moins que la suffisance de ces ressources.

Les divers éléments de définition et de mesure de l'autonomie financière précédemment énoncés peuvent être regroupés en deux catégories : l'une concerne l'attribution des ressources en amont et l'autre concerne la libre utilisation de ces ressources en aval ; ces deux catégories pouvant être respectivement appelées autonomie budgétaire et autonomie de gestion.

L'autonomie budgétaire est la liberté dans la détermination, l'élaboration et l'adoption de son budget, c'est-à-dire la définition de ses ressources et de ses dépenses. Toutefois, les dépenses ne représentant que des prévisions et n'étant pas toujours précisément définies dans le budget initial, notamment du fait de la nouvelle logique de performance et de résultats qui se développe depuis l'entrée en vigueur de la LOLF, il convient d'entendre cette autonomie comme la possibilité de déterminer le montant et l'origine de ses ressources. En font donc partie les quatre critères précédemment évoqués que sont les ressources propres, les ressources suffisantes, la libre définition ou l'estimation des ressources et l'éventuelle possession d'un budget propre ; l'ensemble de ces éléments ayant trait à l'attribution des ressources en amont.

L'autonomie de gestion se décline en autonomie de gestions financière et comptable. Elle correspond donc à la libre utilisation des ressources en aval impliquant une enveloppe globale de crédits, des règles dérogatoires de la comptabilité publique et la dispense de contrôle financier *a priori* remplacé par l'exercice de contrôles *a posteriori*.

Finalement, l'autonomie financière peut se décomposer en une autonomie budgétaire et une autonomie de gestion, c'est-à-dire, d'une part, la faculté de déterminer librement ses ressources en amont, dans une proportion suffisante et, d'autre part, la possibilité d'utiliser ses ressources au gré de ses besoins sans qu'aucun supérieur hiérarchique n'affecte les recettes à des dépenses particulières, selon une comptabilité publique assouplie et sans contrôle *a priori*.

Les enjeux de l'autonomie financière des autorités indépendantes. En effet, il est possible de s'interroger sur les enjeux réels de l'autonomie financière des AAI lorsque le montant total de leurs crédits ne représente qu'une très faible part du budget de l'Etat, correspondant environ à 0,15 %[126]. Les AAI n'ont donc pas un impact majeur sur le budget général et ne joue pas un rôle de premier plan dans les rationalisations entreprises pour limiter la dette publique. De plus, leurs financements ne sont pas très diversifiés. En effet, elles peuvent soit bénéficier de ressources propres correspondant à des redevances pour service rendu, des droits et contributions versés par les entreprises du secteur contrôlé ou encore des taxes affectées ; soit de ressources publiques constituées par des crédits issus de la loi de finances ou des subventions étatiques, ce dernier financement public étant largement majoritaire. En revanche, aucun financement privé ne pourra intervenir afin de garantir l'indépendance vis-à-vis des secteurs contrôlés[127]. Par ailleurs, concernant leurs dépenses, elles ne sont pas très variées non plus. En effet, les autorités administratives indépendantes disposent essentiellement de dépenses de personnel (titre 2) et de dépenses de fonctionnement (titre 3), les dépenses d'investissement (titre 5) étant négligeables voire inexistantes[128].

Il faut néanmoins souligner que les institutions publiques s'intéressent de très près à ces autorités indépendantes. En effet, de nombreux rapports relatifs aux AAI, issus d'institutions diverses et variées, sont à recenser. Ainsi, le Conseil d'Etat avait ouvert la marche en 1983 avec l'élaboration d'une première étude relative aux AAI[129]. Il a ensuite récidivé en 2001 en prenant à nouveau ces autorités comme thématique de son

126 L'addition de la totalité des crédits de la catégorie des autorités administratives indépendantes représente tout au plus 500 millions d'euros (étant à noter que parmi ces 500 millions d'euros une partie n'est pas issue d'un financement étatique) alors que les recettes de l'Etat s'élèvent à plus de 300 milliards d'euros.

127 Les seuls financements issus des entreprises du secteur sont donc imposés et calculés par la loi, aucun dons et legs ni financement spontané ne pourra être accepté car ils supposent que la volonté du donateur soit respecté et donc que l'autorité soit liée par le financement.

128 Cf. annexe n°5, « Les ressources et les dépenses des autorités indépendantes », p. 552.

129 Conseil d'Etat, Rapport précité, 1983-1984, EDCE n°35.

rapport annuel[130]. Une autre juridiction s'est également intéressée aux AAI, la Cour des comptes, celle-ci réalisant régulièrement des rapports thématiques ou des observations insérées dans son rapport annuel relativement auxdites autorités[131]. Par ailleurs, le Parlement ne cesse de montrer son intérêt pour ces institutions. Il a élaboré de nombreux rapports sur ce thème entre 2006 et 2016[132] en examinant notamment l'indépendance des AAI qui semble selon lui être un élément déterminant de ces organismes. Mais pourquoi attacher autant d'importances à des institutions qui paraissent marginales sur le plan financier ? Justement parce qu'elles sont loin d'être insignifiantes et secondaires sur le plan institutionnel. En effet, les AAI représentent aujourd'hui une catégorie juridique importante qui a su se faire une place au sein des institutions existantes. Quels sont donc les avantages et les bénéfices pour l'Etat ? Pourquoi a-t-il intérêt à maintenir cette catégorie et à lui offrir une autonomie financière toujours plus grande ? En réalité, l'Etat est encore actionnaire au sein des opérateurs historiques devenus des entreprises privées suite à l'ouverture du réseau à la concurrence. Les entreprises concernées telles qu'Orange France telecom, la Poste, EDF, GDF, SNCF, RFF ou encore la Française des jeux sont alors financées parfois à hauteur de 100 % de leur capital par l'Etat. Ce dernier ne peut donc pas réguler un secteur où il a un parti pris et des intérêts économiques et politiques. L'Etat ne pouvant pas être actionnaire et régulateur ou bien voulant acquérir une plus grande légitimité dans des secteurs sociaux touchant aux droits et libertés, il a donc créé les autorités administratives indépendantes pour réaliser ces missions de régulation à sa

---

130 Conseil d'Etat, Rapport précité, 2001, EDCE n°52.

131 La Cour des comptes a ainsi réalisé une quinzaine de rapports spécifiques ou d'observations sur les autorités administratives indépendantes, Cf. bibliographie, pp. 587-588.

132 1. Assemblée nationale, Sénat, Rapport fait au nom de l'Office parlementaire d'évaluation de la législation sur *les autorités administratives indépendantes*, Patrice GELARD, 15 juin 2006, n°3166, n°404. 2. Assemblée nationale, Rapport d'information fait au nom du comité d'évaluation et de contrôle des politiques publiques sur *les autorités administratives indépendantes*, René DOSIERE, Christian VANNESTE, 28 octobre 2010, n°2925. 3. Sénat, Rapport d'information fait au nom de la commission des lois constitutionnelles, de législation, du suffrage universel, du Règlement et d'administration générale sur les *autorités administratives indépendantes*, Patrice GELARD, 11 juin 2014, n°616. 4. Ensemble de rapports du Sénat et de l'Assemblée nationale réalisés par les commissions des lois sur *la proposition de loi portant statut général des autorités administratives indépendantes et des autorités publiques indépendantes et sur la proposition de loi organique relative aux autorités administratives indépendantes et des autorités publiques indépendantes.* Sénat, Rapport, Jacques MEZARD, 27 janvier 2016, n°332. Assemblée nationale, Rapport, Jean-Luc WARSMANN, 26 avril 2016, n°3689 et 3693. Sénat, Rapport, Jacques MEZARD, 25 mai 2016, n°633. Assemblée nationale, Rapport, Jean-Luc WARSMANNA, 30 novembre 2016, n°4261 et 4262.

place. C'est donc pour des questions d'incompatibilité, de légitimité, de réputation et de confiance que l'Etat a créé les AAI. En effet, de son côté, l'Etat n'exerçant plus ces missions, il prend du recul sur ces fonctions sensibles et ne peut plus être accusé d'illégitimité, quand d'un autre côté, les AAI par leur statut d'indépendance jouissent d'une légitimité accrue et d'une confiance de la part des citoyens et entreprises soumises à leur contrôle. Par conséquent, chaque partie y gagne. Toutefois, l'Etat a parfois du mal à assurer l'autonomie, notamment financière, des autorités indépendantes. En effet, il est difficile de concilier l'autonomie avec des éléments de dépendance. De ce fait, le degré d'autonomie financière restant suffit-il aux autorités indépendantes pour exercer leur mission correctement et pour ne pas dénaturer leur raison d'être qu'est l'indépendance ? C'est justement ce à quoi nous allons tenter de répondre.

Délimitation et intérêt du champ de la recherche. Le choix d'exercer notre recherche dans le domaine de l'autonomie financière des autorités indépendantes s'explique aisément. En effet, il faut évoquer les études et recherches antérieures relatives aux autorités indépendantes pour le comprendre. Généralement, celles-ci étaient limitées car spécialisées, soit à certaines AAI, soit à certaines de leurs compétences, soit à l'institution AAI[133], soit encore à la mission de régulation[134]. Il faut ajouter que la majorité de ces études ne sont pas des plus récentes, nombre d'entre elles datant des années 1990. De plus, elles n'ont pas été publiées pour la plupart d'entre elles, ce qui met bien l'accent sur l'absence d'une étude de référence majeure relative aux AAI. Pour consulter les recherches les plus notables, il faut se reporter à des articles de doctrine, certains grands auteurs n'ayant travaillé sur la notion que par ce biais là. Dans tous les cas, il est possible de référencer des études sectorielles relatives aux autorités administratives indépendantes (soit concernant une AAI en particulier, soit concernant un groupe d'AAI intervenant dans un secteur donné : la régulation économique par exemple), des études transversales relatives à l'institution « autorité

---

133 Voir notamment les thèses de Jean-Hubert BLANCHET, *Contribution à la théorie générale des autorités administratives indépendantes*, Thèse dactyl., Paris, 1997 ; Jean-Marc GROS, *La doctrine française et les autorités administratives indépendantes*, Thèse dactyl., Montpellier I, 1995 ; Philippe ICARD, *Les autorités administratives indépendantes*, Thèse dactyl., Dijon, 1991 ; Jean-Claude ODERZO, *Les autorités administratives indépendantes et la Constitution*, Thèse dactyl., Aix-Marseille 3, 2002 ; Babaly SALL, *Contribution à l'étude des autorités administratives indépendantes*, Thèse dactyl., Poitiers, 1990.

134 Voir notamment la thèse de Laurence CALANDRI, *Recherche sur la notion de régulation en droit administratif français*, Paris, LGDJ, 2009.

administrative indépendante », mais rien sur l'autonomie des AAI et encore moins sur l'autonomie financière.

Toujours est-il que « *l'histoire des AAI est sans doute loin d'être achevée avec les créations les plus récentes, les regroupements récents ou les projets de regroupement en cours* »[135]. En effet, l'autonomie des autorités indépendantes n'a que très peu été traitée, tout comme l'autonomie seule d'ailleurs. Souvent les auteurs emploient ce terme concernant de nombreuses institutions (les collectivités territoriales, les juridictions, les établissements publics, le conseil constitutionnel, etc.) sans forcément le définir, comme si le sens de ce mot était présupposé et évident. Or, nous avons pu noter que contrairement aux idées reçues, l'autonomie est un terme complexe qu'il est impératif de définir ou à défaut, de quantifier, de jauger, de mesurer.

Concernant les AAI, le Conseil d'Etat a pu souligner que « *certains prônent une conception exigeante cumulant l'indépendance organique et l'indépendance fonctionnelle* ». Or, « *c'est sur l'aspect organique de l'indépendance que le débat s'est principalement focalisé en France* »[136]. C'est pour cela qu'il convient de l'exclure de notre étude. Il est clair que l'autonomie organique des AAI, qu'elle concerne la collégialité ou le statut personnel des membres du collège, a largement été traitée par la doctrine. Au delà, le législateur s'est toujours appliqué à renforcer cette dimension organique de l'autonomie. Cela étant, ce n'est donc pas elle qui pose le plus de problème au regard de la nécessaire autonomie des autorités indépendantes. En revanche, l'autonomie fonctionnelle des autorités indépendantes a été « *peu approfondie en France jusqu'ici, elle est davantage prise en compte dans les pays anglo-saxons, où prévaut une approche plus pragmatique* »[137]. Le Conseil d'Etat avait donc noté, en 2001, que l'aspect fonctionnel de l'autonomie des AAI avait largement été délaissé en France alors que les données concrètes analysées dans le cadre de la mesure de l'autonomie fonctionnelle constituent « *un indice (précieux) du potentiel d'autonomie réelle* »[138]. Par conséquent, la dimension fonctionnelle, et notamment financière, paraît être celle qui est la plus déterminante dans le cadre de l'étude de l'autonomie d'un organisme. En effet, elle renvoie à une étude pratique, concrète et assez objective qui semble le mieux à même de mesurer l'autonomie (au sens large) d'une institution. Par ailleurs, l'analyse de l'autonomie financière des AAI n'a jamais fait l'objet d'études approfondies, c'est pourquoi nous allons nous consacrer à cette étude financière novatrice des AAI.

---

135 Assemblée Nationale, Rapport précité, 2010, n°2925, p. 28.

136 Conseil d'Etat, Rapport précité, 2001, EDCE n°52, p. 291.

137 *Ibid.*, p. 292.

138 *Idem.*

De plus, notons que ce ne sont pas les autorités administratives indépendantes au sens strict qui sont analysées, mais bien toute la catégorie des autorités indépendantes au sens large. En effet, il est impératif dans le cadre de cette étude d'analyser toutes ces institutions qu'elles soient nommées « autorités administratives indépendantes », « autorités indépendantes », « autorités publiques indépendantes », « organisme indépendant », ou « autorité constitutionnelle indépendante » par la loi (ordinaire et organique), la Constitution ou la jurisprudence. Ce n'est donc pas la conception étroite des autorités administratives indépendantes qui est étudiée mais bien la catégorie des AAI, dans sa vision la plus étendue. La raison est évidente : la prise en compte du renouveau de la catégorie, initié en 2003 par l'apparition des autorités publiques indépendantes dotées de la personnalité morale, vient apporter une réflexion supplémentaire indispensable à l'étude de l'autonomie financière des AAI du fait de sa pertinence et du lien manifeste qui existe entre autonomie financière et personnalité morale. Des développements devront être automatiquement consacrés à l'étude de ce rapport entre deux notions certes proches mais qui ne coïncident pas toujours[139].

Toutefois, l'intérêt de notre recherche est qu'elle englobe les deux types d'autorités indépendantes, celles qui sont personnalisées et celles, majoritaires, qui ne le sont pas. En effet, l'autonomie financière a souvent été analysée en ce qui concerne des institutions qui ont la personnalité morale, au premier rang desquelles on peut citer les collectivités territoriales. Il existe ainsi pléthore de thèses relatives à l'autonomie financière des collectivités territoriales[140], que ce soit en France de façon générale, mais également en ce qui concerne les collectivités d'Outre-mer ou à l'étranger[141]. Par ailleurs, on trouve également des thèses relatives à l'autonomie financière des établissements publics[142] ou encore celle de l'Union

---

[139] Il faut d'ailleurs souligner que l'acronyme « AAI » sera souvent employé pour dénommer la catégorie juridique des autorités indépendantes au sens large, celui-ci étant plus évocateur que l'acronyme « AI », jamais utilisé par la doctrine.

[140] Voir notamment Laurence TARTOUR, *L'autonomie financière des collectivités territoriales en droit français*, Paris, LGDJ, 2012 ; Jean-Marie SERREAU, *Autonomie financière des collectivités territoriales et impôts directs locaux : l'exemple des communes des Alpes-Maritimes*, Thèse dactyl., Lille 3, 2011.

[141] Voir notamment Tao WEI, *L'autonomie financière locale en Chine*, Thèse dactyl., Paris, 2012 ; Amélie COMOE, *L'autonomie financière des communes en Côte d'Ivoire*, Thèse dactyl., Caen, 1987.

[142] Serge PASSERON, *L'autonomie de gestion des établissements publics nationaux*, Paris, LGDJ, 1968.

européenne[143]. Ainsi, l'apport de cette étude se situe dans la nouveauté et donc la rareté du sujet. Peu de thèses traitent de l'autonomie financière relativement à des institutions non personnalisées. Il faut citer dans ce cadre l'autonomie financière des pouvoirs publics constitutionnels du Professeur Vincent Dussart[144], première à analyser l'autonomie financière d'autorités ne disposant pas de la personnalité morale et dépendant donc logiquement d'un autre organe plus large, l'Etat. Notre étude, quant à elle, cherche à étudier l'autonomie financière des autorités indépendantes, institutions non personnalisées pour la plupart, mais faisant état d'une évolution récente vers la personnalité morale venant quelque peu éclater la catégorie juridique. Or, cette éclatement est d'autant plus intéressant qu'il nous permet de comparer le degré d'autonomie financière d'organismes avec et sans personnalité juridique, et donc la nécessité ou au contraire l'inutilité de cette personnalisation des AAI pour sauvegarder leur autonomie financière.

Quant à l'autonomie des autorités administratives indépendantes vis-à-vis du secteur et des opérateurs contrôlés, le fait que les AAI appartiennent au pouvoir exécutif, et donc à l'Etat de manière générale, affaiblit certes leur autonomie vis-à-vis du gouvernement et du législateur, mais en revanche, contribue à renforcer et garantir leur indépendance vis-à-vis des secteurs contrôlés. En effet, les ressources extrabudgétaires, issues de redevances prélevées sur les opérateurs pour frais de contrôle, est toujours prévue par la loi[145]. Le fait que la taxe soit mise en place et rendue obligatoire par la loi, c'est-à-dire par un organe extérieur à l'AAI, vient garantir l'autonomie des autorités indépendantes vis-à-vis du secteur contrôlé. De ce fait, ce versant de l'autonomie financière peut également être exclu car il ne pose pas de problème particulier.

Finalement, en ce qui concerne l'éclatement de la catégorie juridique des AAI et la complexité de leur autonomie financière, « *la diversité et la parcellisation qui en résultent n'en facilitent pas l'analyse juridique : elles rendent aussi cette analyse plus nécessaire que jamais* »[146].

Problématique et plan. L'étude relative à l'autonomie financière des autorités indépendantes part de plusieurs constats. Premièrement, l'autonomie est la raison d'être des AAI. Elle est l'origine de leur création,

143 Aymeric POTTEAU, *Recherches sur l'autonomie financière de l'Union européenne*, Paris, Dalloz, 2004.

144 Vincent DUSSART, *L'autonomie financière des pouvoirs publics constitutionnels*, Paris, CNRS éditions, 2000.

145 Seules certaines AAI possèdent des ressources propres de ce type. Exemple : l'AMF, l'ACPR, etc.

146 Didier TRUCHET, *op. cit.*, p. 110.

leur essence même. En effet, l'Etat les a créées pour être impartiales et indépendantes. Or, pour ce faire, il a dû les doter d'autonomie certes organique mais également fonctionnelle et notamment financière. L'autonomie financière est donc un point central pour les autorités indépendantes. Deuxièmement, malgré leur autonomie caractéristique, on ne peut que constater que les AAI entretiennent des relations avec l'Etat. Celles-ci sont particulières : elles ne sont certes pas hiérarchiques mais constituent tout de même des liens de dépendance. « *Comment imaginer en effet dans un Etat de droit où les institutions sont soigneusement agencées les unes par rapport aux autres dans des relations de hiérarchie et de dépendance façonnées par l'histoire, ajustées par la tradition et consolidées par les textes, que surgissent des autorités dépourvues d'attache et affranchies de toute contrainte ?* »[147]. Cela paraît difficilement envisageable, c'est pourquoi les AAI oscillent entre autonomie et dépendance. C'est tout le paradoxe de cette catégorie juridique. Il existe en effet une contradiction avec la nécessaire autonomie financière des AAI et leur appartenance au pouvoir exécutif, même si les textes les excluent de la hiérarchie administrative. Il en va de même pour les API qui, malgré leur personnalité morale, conservent des liens de dépendance plus ou moins marqués vis-à-vis de l'Etat. Troisièmement par conséquent, si des liens de dépendance existent entre l'Etat et les autorités indépendantes, l'autonomie ne peut jamais être totale. Elle est toujours limitée et susceptible de degrés. Finalement, l'autonomie financière ne pouvant pas être totale, elle ne peut pas se définir précisément, c'est pourquoi elle se mesure, se jauge, se quantifie en fonction des indices qui la composent. Ainsi, « *l'autonomie financière se situe en réalité entre les deux extrêmes d'une totale indépendance (souveraineté financière ?) ou d'une totale assimilation aux finances de l'Etat. Mais entre ces deux bornes, le curseur peut être placé soit vers plus d'indépendance soit au contraire vers plus de soumission vis-à-vis de l'Etat* »[148]. Notre intérêt est donc de situer les autorités indépendantes sur l'échelle de l'autonomie financière et de rechercher les mécanismes qui permettent de déplacer le curseur vers davantage d'indépendance.

En revanche, si l'autonomie financière n'est jamais totale, elle est toutefois indispensable et primordiale. En effet, « *le rôle [...] des autorités administratives indépendantes françaises est, la plupart du temps, important. Il est donc*

[147] Jean-Louis AUTIN, « Le contrôle des autorités administratives indépendantes par le Conseil d'Etat est-il pertinent ? », *RDP*, 1991, n°6, p. 1536.

[148] Eric OLIVA, « Les principes de la libre administration et d'autonomie financière », *RFFP*, 1er septembre 2012, n°119, p. 49.

essentiel de leur conférer les moyens de conserver cette influence »[149]. Sans ces moyens et sans aucune autonomie financière, les AAI perdraient toute crédibilité face aux parties prenantes qui à ce jour croient en leur indépendance[150]. Il convient donc de tout mettre en œuvre pour conserver un seuil minimal d'autonomie financière afin d'assurer à ces autorités une liberté dans la réalisation de leur mission, conforme à l'impartialité et l'indépendance de décision qui doivent les caractériser.

A cette fin, il faut trouver des éléments qui, sans constituer des déterminants de l'autonomie financière des autorités indépendantes, peuvent contribuer à son renforcement. Tel est notamment le cas de l'attribution de la personnalité morale, lorsqu'elle est employée à bon escient, mais également de multiples prises en compte de la spécificité des AAI au sein de la LOLF et de la nomenclature budgétaire. Au-delà, il convient également d'améliorer l'actuelle procédure d'élaboration de la loi de finances ainsi que le libre emploi des crédits par les AAI qui, tout en étant relativement assuré, demeure enserré dans la règlementation des emplois publics.

Finalement, l'idée est de parvenir à trouver un équilibre et une cohérence entre les relations de dépendance que les autorités indépendantes entretiennent avec de l'Etat et la nécessaire autonomie financière dont elles doivent disposer. Bertrand Delcros a dans ce sens pu souligner que « *le problème consiste alors à rechercher dans quelle mesure l'autonomie peut s'accorder avec des liens mutuels de dépendance* »[151]. Telle est toute la problématique de notre étude. **Dans quelle mesure l'autonomie financière des autorités indépendantes peut-elle s'épanouir tout en étant enserrée dans des procédés étatiques assujettissants ?** Cette interrogation centrale appelle néanmoins à répondre à une multitude de questionnements. En premier lieu, il convient de se demander quels sont les éléments formels de l'autonomie financière et notamment ceux qui permettent d'en optimiser le contenu, cela ayant pour objectif de renforcer l'autonomie financière en neutralisant certains procédés néfastes. En second lieu, par l'analyse de la réalité, il convient de vérifier si les AAI usent de ces solutions et, en fonction de cela, de mesurer le degré d'autonomie financière réel atteint par

---

149 Conseil d'Etat, *L'administration française et l'union européenne. Quelles influences ? Quelles stratégies ?*, Rapport public 2007, EDCE n°58, p. 320.

150 Les parties prenantes sont diverses. Elles incluent des publics ; usagers, entreprises ou organismes régulés ; et des partenaires ; notamment les administrations traditionnelles.

151 Bertrand DELCROS, *L'unité de la personnalité juridique de l'Etat*, Paris, LGDJ, 1976, p. 280.

ces institutions. L'intérêt sera *in fine* d'étudier en quoi ce degré d'autonomie influe sur leur activité et leur nécessaire impartialité.

S'il faut noter une prise en compte croissante des autorités indépendantes par les textes, l'on ne peut que déplorer son insuffisance. Ainsi, les AAI disposent d'une certaine autonomie financière qui leur est pour partie assurée par les lois et règlements et pour une autre partie garantie par une pratique bienveillante largement favorable de la part des pouvoirs publics. Dans ce cadre, la problématique nous conduit à adopter un raisonnement qui interroge dans un premier temps les éléments de l'autonomie financière des autorités indépendantes, et notamment ceux qui contribuent à aller au-delà du cadre juridique existant, et mesure dans un second temps l'autonomie financière effectivement atteinte par ces autorités.

PREMIERE PARTIE.

LES INDICES DE L'AUTONOMIE FINANCIÈRE DES AUTORITÉS INDÉPENDANTES

DEUXIEME PARTIE.

LA MESURE DE L'AUTONOMIE FINANCIÈRE DES AUTORITÉS INDÉPENDANTES

PARTIE I.
LES INDICES DE L'AUTONOMIE FINANCIÈRE DES AUTORITÉS INDÉPENDANTES

L'autonomie représente un enjeu majeur des autorités indépendantes. Ces institutions se définissent au travers du prisme de l'autonomie et toute leur raison d'être coïncide avec cette autonomie. Elle est donc la clé de voûte des autorités indépendantes. Or, si l'autonomie se décline généralement en une multitude de domaines[152], il convient de souligner que le facteur monétaire et financier joue un rôle prépondérant. D'une part, il faut bien le souligner : « l'argent est le nerf de la guerre » et d'autre part, les autonomies organique, administrative ou encore normative sont beaucoup plus faciles à atteindre que l'autonomie financière, c'est pourquoi il fallait s'attarder notamment sur ce dernier point.

L'autonomie financière, se définissant par un faisceau d'indices, se compose d'une double autonomie budgétaire et de gestion concernant respectivement l'attribution des ressources en amont et l'utilisation de ces ressources en aval. Or, certains indices et mécanismes juridiques peuvent contribuer à améliorer et renforcer le degré d'autonomie financière sans la garantir à eux seuls. Tel est notamment le cas de l'attribution de la personnalité morale. En effet, la possession d'un patrimoine et d'un budget propres permise par la personnalisation pose un cadre favorable à l'épanouissement de l'autonomie financière des autorités indépendantes. Néanmoins, la personnalité morale est très peu répandue dans la catégorie des AAI. Seules huit autorités en sont titulaires. Elles sont alors dénommées par les textes « *autorités publiques indépendantes dotées de la personnalité morale* » disposant de « *l'autonomie financière* »[153]. Or, si cette nouveauté introduite en 2003 a été un apport majeur pour l'autonomie financière, elle reste un

---

152 Notamment l'autonomie matérielle, formelle, organique, fonctionnelle, administrative, normative et financière.

153 Il existe huit autorités publiques indépendantes : l'Agence française de lutte contre le dopage, l'Autorité des marchés financiers, l'Autorité de régulation des activités ferroviaires et routières, le Haut conseil du commissariat aux comptes, la Haute autorité pour la diffusion des œuvres et la protection des droits sur internet, la Haute autorité de santé, le Conseil supérieur de l'audiovisuel et le médiateur national de l'énergie. Il faut toutefois préciser que si ce dernier est considéré comme une API doté de la personnalité morale, il n'est pas nommé en tant que tel dans la loi. Il est une autorité innomée que l'on a qualifiée d'API du fait de ses caractéristiques : l'art 7 de la loi n°2006-1537 du 7 décembre 2006 précise que « *le médiateur dispose de la personnalité morale et de l'autonomie financière* ».

apport imparfait doté de failles non négligeables. L'octroi de la personnalité morale a renforcé de façon certaine l'autonomie administrative et normative des AAI mais tel n'a pas toujours été le cas de l'autonomie financière[154]. De plus, la personnalité morale, à l'heure actuelle limitée à huit autorités, paraît difficilement généralisable à toutes les AAI notamment pour des raisons financières, du fait d'une augmentation des coûts difficilement supportable par certaines AAI de petite envergure[155]. Dans le cadre de la personnalité morale, pour un raisonnement plus pertinent, il conviendra d'étudier l'autonomie sur un plan plus large : le plan fonctionnel, incluant l'autonomie administrative aux côtés de l'autonomie financière. Cela nous permettra ainsi de constater à quel point l'autonomie administrative est accessible quand l'autonomie financière est beaucoup plus difficile à atteindre. Par conséquent, il est indispensable de compléter ce premier élément relatif à la personnalité morale par un second purement financier voire *lolfien* : l'adaptation de la loi organique relative aux lois de finances (LOLF) aux spécificités des AAI. Toutefois, il faudra souligner que ce compromis nécessaire entre la LOLF et les AAI aura du mal à se réaliser du fait de la difficulté de modifier la LOLF et de faire de la place aux particularismes des AAI.

Finalement, les éléments contribuant à consolider l'autonomie financière des autorités indépendantes sont doubles : d'une part, la généralisation de la personnalité morale (titre I) et d'autre part, l'adaptation de la LOLF aux spécificités des AAI (titre II), le second élément pouvant venir compenser et surtout compléter le premier qui ne donne pas pleinement satisfaction.

---

154 Six API sur les huit existantes demeurent financées, en tout ou partie, par l'Etat et apparaissent dans la loi de finances.

155 Le fait pour une AAI de disposer de la personnalité morale l'oblige à réaliser par elle-même toutes les tâches de gestion qui incombent à chaque organisme décentralisé. Or, à l'heure actuelle, ce sont les services de l'Etat qui réalisent ces opérations pour elles afin qu'elles puissent se concentrer sur leurs missions spécifiques. La personnalité les contraindrait ainsi à embaucher du personnel supplémentaire et donc à dépenser davantage en dehors de leur fonction première. De plus, ces emplois empièteraient sur leur plafond d'emplois et contribueraient à limiter le nombre de personnes affectées à la fonction de base de l'autorité. Par conséquent, certaines AAI de taille modeste ne souhaitent pas disposer de la personnalité morale.

TITRE I.

Les enjeux de la personnalité morale pour le renforcement de l'autonomie fonctionnelle des autorités indépendantes

L'enjeu est évident : la reconnaissance de la personnalité morale aux autorités indépendantes permet un détachement certain de la personnalité morale Etat. Elle apporte donc *a priori* une plus grande autonomie vis-à-vis de l'Etat et une liberté d'agir plus étendue. Toutefois, si la personnalité morale paraît favoriser largement l'autonomie fonctionnelle des autorités publiques indépendantes (API), et donc leurs autonomies financière et administrative (chapitre I), il existe une réelle dissociation entre les deux notions d'autonomie financière et de personnalité morale (chapitre II). En effet, tantôt la personnalité morale n'est que purement formelle et n'implique aucune attribution particulière, tantôt les prérogatives issues de cette qualification existent sans personnalité morale. Parfois la personnalité morale est concédée par le législateur sans lui attacher l'ensemble des prérogatives et compétences qui permettent d'avoir une autonomie financière assurée. Tel est le cas des organismes personnalisés qui disposent uniquement d'un financement public par le biais de subventions ou dotations étatiques annuelles et qui sont soumis à la tutelle de l'Etat. Parfois en revanche, certains organismes non personnalisés disposent de plus de pouvoirs et d'autonomie que des institutions personnalisées. Néanmoins, les apports classiques de la personnalité morale rendent nécessaire l'association entre ces deux notions, pour faciliter l'octroi de prérogatives financières et administratives aux API, telles que la possibilité de bénéficier d'un budget autonome alimenté par des ressources propres ou encore la faculté de disposer d'un personnel propre, valorisant leur autonomie fonctionnelle.

Chapitre I.
La personnalité morale au profit des autorités publiques indépendantes : un objectif d'autonomisation fonctionnelle

En principe, l'attribution de la personnalité morale devrait favoriser l'autonomie des organismes qui en sont titulaires. En effet, elle permet de mettre fin à l'assujettissement vis-à-vis de l'Etat puisqu'elle entraîne la création d'une nouvelle personne autonome à laquelle elle offre de surcroît des prérogatives et compétences comparables à celles de l'Etat. De ce fait, la personnalité morale, reconnue récemment aux API, est un élément qui a été sélectionné par le législateur dans l'optique de renforcer et favoriser l'autonomie fonctionnelle des autorités publiques indépendantes (section 1). Dotées de la personnalité morale, ces autorités bénéficient d'une autonomie renforcée par rapport aux autorités administratives indépendantes classiques, mais en pratique, les effets concrets de la personnalité morale ne sont pas toujours déterminants (section 2). En effet, leur grande diversité et leur attribution hétérogène et différente en fonction des autorités concernées viennent largement en limiter les effets, c'est pourquoi la personnalité morale apparaît parfois comme controversée.

Section 1.
Une personnalité morale favorisant en principe l'autonomie fonctionnelle

La personnalité morale est une notion censée favoriser l'autonomie fonctionnelle, et notamment financière, des autorités qui en sont titulaires. En effet, elle a des conséquences telles que la possibilité de disposer d'un patrimoine et d'un budget propres ou encore les droits d'ester en justice et de contracter, qui sont largement favorables à l'autonomie fonctionnelle. Ainsi, la définition française de la personnalité morale prévoit des conséquences de ce statut largement favorables à l'autonomie fonctionnelle (paragraphe 1). Tel est également le cas concernant les agences de l'Union européenne. Celles-ci se voyant toutes attribuer la personnalité morale forment une catégorie uniforme d'autorités de régulation européenne. De plus, nous verrons que la personnalité morale dont elles bénéficient est largement épanouie et qu'elle leur apporte une grande autonomie fonctionnelle (paragraphe 2).

Paragraphe 1. La personnalité morale en France : de son apparition dans l'Etat moderne jusqu'aux autorités publiques indépendantes

La personnalité morale a eu du mal à voir le jour en France. La tradition individualiste bien ancrée dans le système français a en effet fait longtemps écran à la reconnaissance de la personnalité juridique au profit des groupements. L'histoire n'a donc pas toujours été favorable et propice à l'émergence de la personnalité, mais celle-ci a malgré tout fini par voir le jour au sein du droit français (A). Par la suite, la doctrine s'est emparée du sujet afin de lui donner une définition et une consistance largement bénéfique à l'épanouissement de l'autonomie financière (B).

A. Les contours historiques et juridiques de la personnalité morale

Si l'aspect historique démontre une difficile émergence de la personnalité morale (1), cette dernière a néanmoins fini par voir le jour dans le droit français (2).

1. L'aspect historique de la personnalité morale

Suivant une longue tradition individualiste, débutant au cœur des cités grecques et s'épanouissant lors de la révolution française de 1789, la personnalité morale, comme reconnaissance de droits aux groupements, a eu du mal à voir le jour en France. Cette doctrine, prônant l'individu comme l'élément central de la société, a freiné pendant très longtemps l'émergence de la notion de personne morale dans le droit français (a). Toutefois, une définition a finalement pu voir le jour (b).

a. La difficile émergence de la personnalité morale : un contexte individualiste hostile

Une longue tradition individualiste est venue freiner et perturber l'apparition des personnes morales, c'est-à-dire l'attribution de la personnalité juridique au profit des groupements. La France d'aujourd'hui est le résultat de cette longue tradition antique. L'individualisme que l'on connait en France est une doctrine qui place l'individu au centre de tout et qui fait de lui, et notamment de la protection de ses droits et libertés, une fin en soi. C'est donc « *l'affirmation que l'individu est la valeur suprême* »[156]. Or, l'individu étant une priorité, les groupements ont été délaissés voire combattus.

Lors de l'apparition de l'Etat moderne[157], faisant suite à la révolution française, l'individualisme s'est vu renforcé par sa consécration juridique au sein de la Déclaration des Droits de l'Homme et du Citoyens adoptée le 26 août 1789. C'est à ce moment là que l'individu est mis au premier plan de la scène juridique. Il revêt une importance capitale et fondamentale. La déclaration de 1789 lui reconnaît donc des « *droits naturels, inaliénables et sacrés* » également « *imprescriptibles* » qui prévalent sur les droits de la société, du gouvernement et de l'Etat lui-même.

Toutefois, cet enthousiasme pour la tendance individualiste a également causé un rejet excessif des groupes, c'est pourquoi l'émergence des groupements et de la personnalité morale dans un tel contexte individualiste a été délicate. En effet, après la révolution française, le nouveau droit qui s'est alors mis en place a interdit la constitution de tout groupement, et a radicalement ignoré les phénomènes collectifs. A cette époque, seul l'individu, personne physique, avait une existence réelle et correspondait à un sujet de droit. Par conséquent, les groupements ont été supprimés et interdits sur le fondement de l'article 3 de la Déclaration des Droits de l'Homme et du Citoyen. Aucun corps intermédiaire, aucune corporation, ni aucun groupement professionnel ne pouvait voir le jour. Les nouveaux textes révolutionnaires adoptés avaient d'ailleurs pour vocation de supprimer ceux qui existaient auparavant[158]. La reconnaissance des groupements paraissait alors compliquée. Elle ne pouvait se réaliser que de deux manières : soit les pouvoirs publics admettaient le groupe comme un être plural et acceptaient de lui octroyer la personnalité aux côtés des individus personnes physiques, soit ils n'admettaient pas la pluralité et rattachaient le groupe à une individualité[159]. Dans l'individualisme ambiant

---

[156] Charles MACCIO, *De l'individu à la personne, Qui sommes-nous ?*, Chronique sociale, 2005, p. 55.

[157] L'Etat moderne doit être entendu dans le sens d'Etat doté d'une Constitution.

[158] Tel a été le cas par exemple du décret d'Allarde et de la loi Le Chapelier de 1791 supprimant les corps de métier et les ordres professionnels. La convention montagnarde de 1793 a par la suite supprimé les académies, les universités et les sociétés commerciales par action.

[159] Il est possible de rattacher cela de la philosophie de Platon de l'un et du multiple. Il définissait en effet la dialectique comme la synthèse du multiple dans l'un. Ainsi, selon lui, un mot désignait une chose. Il ne pouvait désigner plusieurs choses, sauf à matérialiser une

des XVIIIe et XIXe siècles, seule la seconde solution paraissait envisageable : « *nier le collectif et le ramener inlassablement à l'unité de l'individu, seul intelligible par le système juridique* »[160].

La révolution industrielle du début du XIXe siècle va contribuer à changer quelque peu la vision du sujet de droit. Ainsi, si en 1789 avait été instaurée une doctrine purement individualiste, la révolution industrielle va faire perdre à l'individu son « *monopole de la qualité de sujet de droit* »[161]. A ce moment là, les phénomènes collectifs ont commencé à être introduits dans le droit malgré ses tendances individualistes issues de la révolution française de 1789.

Cependant, il faut souligner que les groupes n'ont pas été reconnus en tant que tels. Afin de les intégrer au droit, les pouvoirs publics ont assimilé le groupe à l'individu : le collectif a été ramené à l'individuel et à l'unité, seule possibilité admise par le droit et la société. La personnalité morale à ses débuts permettait donc d'apporter au groupe l'unité nécessaire pour qu'il puisse être accepté par le système juridique individualiste de l'époque. Dans ce cadre, les personnes morales étaient considérées comme des individus.

A l'origine, c'est le système de la fiction[162] qui a permis la reconnaissance de la personnalité morale. En effet, pour éviter de reconnaître le groupe comme tel, la fiction a permis de l'assimiler à l'individu. « *Tel est bien l'autre aspect de la fiction de la personnalité morale, celui de la souveraineté rampante de l'individu qui s'ajoute à celle éclatante de l'Etat : l'une et l'autre ont le visage de l'indivisible et despotique unité* »[163].

Finalement, le groupement a réussi à voir le jour dans le système juridique français. Cependant, si les groupes et les intérêts collectifs ont accédé à la qualité de sujet de droit, c'est grâce à une construction juridique faisant du collectif une unité comparable à l'individu : la personne morale.

---

caractéristique commune de ces choses. Si l'on applique cela à la personnalité morale, on se rend compte que l'un est la personne morale, le multiple le groupement et finalement la caractéristique commune des éléments et personnes qui forment le groupe correspond à la personnalité juridique.

160 Jean-Arnaud MAZERES, préface de la thèse de Florian LINDITCH, *Recherche sur la personnalité morale en droit administratif*, Paris, LGDJ, 1997, p. XVII.

161 Florian LINDITCH, *op. cit.*, p. 13.

162 Concernant l'acquisition de la personnalité morale, deux théories s'opposent : la fiction et la réalité. La première prévoit que la personnalité n'existe que proclamée par les pouvoirs publics et notamment le législateur, alors que la seconde prône l'existence réelle des groupements même sans texte, l'acte créateur ne serait alors que l'achèvement logique du processus et aucun pouvoir n'est reconnu au législateur quant à l'opportunité de la reconnaissance de la personnalité.

163 Jean-Arnaud MAZERES, préface de la thèse de Florian LINDITCH, *op. cit.*, p. XVII.

Par ce biais, les groupements se sont vus attribuer des droits et obligations similaires à ceux des individus, personnes physiques. Toutefois, ces caractéristiques s'appliquent davantage au droit privé qu'au droit public où les personnes morales se définissent moins par le détachement vis-à-vis des membres qui la composent, que par leur émancipation vis-à-vis de l'Etat.

b. La définition courante de la personnalité morale : le résultat de l'histoire

La définition actuelle et courante de la personne se confond avec celle de l'individu. En effet, le dictionnaire Larousse vient définir la personne comme un « *être humain* », un « *individu* ». Or la personne n'est pas seulement un individu. Il faut noter la progression de la première vis-à-vis du second : il est évident que « *la personne est un enrichissement de l'individu* »[164].

Le Larousse définit également la personne au sens juridique comme « tout être capable d'être titulaire de droits et soumis à des obligations (personne physique ou morale) ». C'est finalement la personnalité juridique qui est décrite ici comme l'aptitude à posséder des droits et obligations, ceux-ci pouvant appartenir soit à la personne physique, individu[165], entendue comme une unité, soit à la personne morale, groupement, comprise comme une pluralité. La personne physique correspond finalement à la définition classique de la personne, mais avec la particularité que celle-ci possédera la personnalité juridique, c'est-à-dire la capacité d'être titulaire de droits et d'obligations. La personne morale quant à elle est définie comme « *un groupement d'individus auquel est reconnue une personnalité distincte de celle de ses membres et qui est sujet de droit* », ce groupement pouvant être privé ou public. Or il faut noter que la définition courante de la personne morale que l'on peut trouver dans le Larousse est très orientée vers le droit privé. En effet, en droit public, il est davantage question de la séparation entre le groupement et la personne publique qui l'a créé[166], plutôt que de la distinction entre le groupement et ses membres.

L'étymologie vient expliquer et appuyer le sens juridique de la notion. En effet, le mot personne vient du grec *prosopon* qui signifie « visage », ou « ce qu'on a devant les yeux » (qu'il s'agisse d'un visage ou

---

164 Charles MACCIO, *op. cit.*, p. 120.

165 Il faut entendre ici « personne », c'est-à-dire une notion plus forte et plus dense que la notion d'individu.

166 Généralement, c'est l'Etat qui crée de nouvelles personnes publiques. Cela s'applique aux API. En revanche, les collectivités territoriales peuvent également créer des établissements publics locaux, personnes morales de droit public.

d'un monument)[167]. Cela permet de mettre en évidence le caractère relationnel de la personne et son rapport à autrui. Par la suite, le sens du mot *prosopon* a évolué pour se rallier à la signification latine de la personne. Le mot personne vient également du latin *persona* qui désigne le masque que portait l'acteur au théâtre antique afin que le public identifie son personnage. Ce masque servait également de porte-voix afin que le public entende les tirades de l'acteur. Ainsi, le masque serait la personnalité juridique sans laquelle la personne, physique ou morale, n'a aucune existence réelle en droit. En effet, comme le souligne Hélène PAERELS dans sa thèse, « *pour les juristes, à l'image de l'acteur qui apparaît au spectateur par son masque, un individu ne figure sur la scène du droit que sous les traits de sa personnalité juridique qui lui permet d'exister et d'agir d'un point de vue légal* »[168].

Il convient toutefois de noter que tous les groupes ne sont pas forcément des personnes morales. Il existe en effet des regroupements de plusieurs individus qui ne possèdent pas la personnalité juridique. Ces groupements ne peuvent donc pas être titulaires de droits et d'obligations. Ainsi, en droit public, de nombreux groupements ne sont pas personnalisés. Ils ne correspondent qu'à des organes d'une autre personne morale de droit public. Les seuls droits qu'ils exercent sont donc ceux de la personne à laquelle ils se rattachent et non les leurs. Tel est notamment le cas des autorités administratives indépendantes non personnalisées. Celles-ci appartiennent à l'Etat et se différencient des autorités publiques indépendantes dotées, selon les textes, de la personnalité morale et de l'autonomie financière.

2. L'émergence de la personnalité morale en droit public français

La notion de personnalité morale a fait son apparition tardivement en droit français, alors qu'elle a été utilisée très tôt dans le droit antique et au moyen âge. A ces époques, ce n'est pas vraiment la notion qui est créée, il est davantage question de l'utilisation de son contenu comme un moyen de régler le problème des groupes. En France, la personnalité morale fait réellement son apparition dans les textes quelques années après la révolution française, le temps de trouver une solution au problème de l'individualisme excessif instauré en 1789 qui empêchait le développement de la personnalité

---

167 En effet, en décomposant *prosopon*, on obtient « devant » (du grec *pros*) et « œil » (du grec *ops*), d'où la signification suivante : « ce qu'on a devant les yeux ».

168 Hélène PAERELS, *Le dépassement de la personnalité morale, Contributions à l'étude des atteintes à l'autonomie des personnes morales en droit privé et droit fiscal français*, Thèse, Dactyl., Lille, 2008, p. 3.

juridique au profit des groupements. C'est finalement la révolution industrielle qui va impulser la construction de la notion de personnalité morale au début du XIXe siècle. Il faut toutefois noter que cette notion a d'abord été créée et utilisée en droit privé avant d'être transposée en droit public.

En effet, historiquement, la notion de personnalité morale a d'abord été utilisée en droit privé, depuis le droit romain jusqu'à nos jours. Toutefois, suite à la parenthèse révolutionnaire reniant l'existence de tout groupement, la révolution industrielle a impulsé la création des sociétés commerciales. Le but était de séparer la personne morale des membres qui la composent et ainsi permettre que la responsabilité du groupement soit engagée plutôt que celle de ses membres. Personnalité et responsabilité étaient en effet deux notions intimement liées lors de la création contemporaine de la personnalité morale en droit privé. Une troisième notion était également rattachée aux deux premières : le patrimoine. En effet, les personnes morales devaient posséder un patrimoine propre afin d'éviter que les membres du groupement ne voient leur responsabilité engagée sur leurs biens propres. Certains auteurs parlent de « *propriété collective* »[169].

Malgré cet élan de création de la personnalité morale lancé par la révolution industrielle au début du XIXe siècle, celle-ci n'a pas été explicitement prévue par les nouveaux codes adoptés à la même période : le code civil et le code de commerce[170].

Aujourd'hui, la personnalité morale n'est plus un problème. Elle est abordée par les textes et possède un régime juridique bien déterminé[171].

---

169 Raymond SALEILLES, *De la personnalité juridique, histoire et théories, vingt-cinq lecons d'introduction à un cours de droit civil comparé sur les personnes juridiques*, Paris, La Mémoire du Droit, 2003, p. 388.

170 En effet, le code civil créé en 1804 n'établit pas de régime juridique particulier en ce qui concerne la personnalité morale, ni d'ailleurs les associations ou les fondations. Ce code met seulement en place les sociétés civiles sans régler le problème latent de leur personnalité morale, laissant ainsi au juge le soin de solutionner cette délicate question. Tel est également le cas du code de commerce de 1807 qui crée les sociétés commerciales sans aborder la notion de personnalité morale. Toutefois dans ce code, des textes ambigus ont facilité la reconnaissance implicite de la personnalité morale de ces sociétés selon la doctrine.

171 Ainsi, l'article 1842 du code civil prévoit que « les sociétés autres que les sociétés en participation visées au chapitre III jouissent de la personnalité morale à compter de leur immatriculation ». L'article L210-6 du code de commerce quant à lui prévoit que « les sociétés commerciales jouissent de la personnalité morale à dater de leur immatriculation au registre du commerce et des sociétés ». Ces deux codes, dans leur version actuelle, envisagent donc non seulement la personnalité morale mais aussi son régime juridique. La

Désormais, les personnes morales de droit privé ne se limitent toutefois pas à ces seules sociétés civiles et commerciales. Les personnes morales en droit privé forment une catégorie vaste où les groupements sont très nombreux et diversifiés. Toutes les branches du droit privé utilisent cette notion de personnalité morale, ainsi, outre les sociétés civiles et commerciales, il existe notamment des sociétés agricoles, des associations, des fondations, des syndicats et des groupements d'intérêt économique.

Par la suite, la notion a été transposée en droit public. Hormis l'Etat, considéré parmi la catégorie des personnes morales de droit public comme l'institution suprême et originelle, il existe désormais des catégories de personnes publiques secondaires, elles-mêmes créées par l'Etat.

Tout d'abord, les établissements publics font leur apparition. Il était fait mention de ces établissements dès 1804 dans le code civil, puis en 1813 dans la loi de finances[172]. Les établissements publics sont donc apparus progressivement au début du XIXe siècle, selon le bon vouloir de l'Etat, seule institution habilitée à autoriser leur création. C'est ensuite la doctrine et le juge qui sont venus définir les contours de cette notion.

A la fin du XIXe siècle, une nouvelle catégorie de personnes morales de droit public émerge : les collectivités locales. A l'heure de la décentralisation, les départements et les communes sont créés en tant que personnes publiques respectivement par les lois du 10 août 1871 et du 5 avril 1884[173] qui viennent organiser leur régime d'administration. La décentralisation évoluera ultérieurement avec la création d'une nouvelle collectivité en 1982 : la région.

Dans la seconde moitié du XXe siècle, les groupements d'intérêt public ont vu le jour. Ils représentent une quatrième catégorie de personne publique apparue en matière de recherche et développement avec la loi du 15 juillet 1982[174]. Leur régime juridique permet une coopération des secteurs publics et privés.

---

condition d'attribution de la personnalité morale est ainsi l'immatriculation des sociétés dans un registre, et sa conséquence est la capacité juridique, c'est-à-dire la possibilité de jouir de droits tels que le droit d'ester en justice, celui de passer des contrats, ou encore celui de posséder un patrimoine propre.

172 Conseil d'Etat, *Les établissements publics*, Rapport d'étude, 15 octobre 2009, p. 9.

173 Loi n°1871-08-10 du 10 août 1871 relative aux conseils généraux, et loi n°1884-04-05 5 avril 1884 relative à l'organisation municipale.

174 Loi 82-610 du 15 juillet 1982 d'orientation et de programmation pour la recherche et le développement technologique de la France, dite « loi Chevènement ».

D'autres personnes publiques dites *sui generis* existent également. Tel est notamment le cas de la Banque de France[175]. Dans cette lignée, les hautes juridictions ont admis la présence de cette nouvelle catégorie des personnes publiques *sui generis* comme n'appartenant ni à la catégorie des collectivités territoriales, ni à la catégorie des établissements publics[176]. Par deux décisions de 2000, le Tribunal des conflits et le Conseil d'Etat ont alors permis que des autorités administratives indépendantes soient dotées de la personnalité morale, sans pour autant dépendre de la catégorie des établissements publics. En effet, la catégorie des AAI étant notamment caractérisée par son indépendance, elle ne pouvait pas dépendre d'un régime juridique comprenant l'idée de tutelle et de soumission aux pouvoirs publics.

C'est alors que les autorités publiques indépendantes sont apparues au début du XXIe siècle en tant que personnes publiques *sui generis*[177]. Ces autorités se sont vues attribuer la personnalité morale pour la première fois par la loi de sécurité financière du 1er août 2003[178]. Cette loi créait alors les deux premières autorités publiques indépendantes : l'autorité des marchés financiers (AMF) et l'autorité de contrôle des assurances et des mutuelles (ACAM). Depuis, huit autres autorités administratives indépendantes avaient été dotées de la personnalité morale : la haute autorité de santé (HAS)[179], la commission de régulation de l'énergie (CRE)[180], l'agence

---

175 La Banque de France, créée sous la forme d'un établissement privé (société en commandite par actions) le 18 janvier 1800 et nationalisée par la loi du 2 décembre 1945, est depuis lors une société à capital entièrement public qualifiée par la loi du 4 août 1993 d'« *institution dont le capital appartient à l'État* ». Le Conseil d'Etat a précisé cette qualification en 2000 en estimant que la Banque de France est une « *personne publique* » qui « *n'a pas le caractère d'un établissement public mais revêt une nature particulière et présente des caractéristiques propres* » (CE, 22 mars 2000, Syndicat national autonome du personnel de la Banque de France c/ Banque de France).

176 TC, 14 février 2000, *Groupement d'intérêt public Habitat et interventions sociales pour mal-logés et sans-abris c/ Verdier* ; Rec. p.748 ; *GAJA*, 19e édition, 2013, p.771. CE, 22 mars 2000, *Syndicat national autonome personnel Banque de France c/ Banque de France*, Rec. p.125 ; Chron. M. GUYOMAR et p. COLLIN, *AJDA*, 2000, n°5, p. 410 ; Chron. C. BOITEAU, *JCP G*, 2000, 1251, p. 1547.

177 Sénat, Rapport fait au nom de la Commission des finances sur *le projet de loi de sécurité financière*, Philippe MARINI, 12 mars 2003, n°206, p. 51. Le rapport précise que « *l'AMF ne [ressort] d'aucune de ces catégories existantes de personnes morales. Il s'agit donc bien d'une personne publique sui generis, comparable à la Banque de France* ».

178 Loi n°2003-706 du 1er août 2003 dite de sécurité financière.

179 Loi n°2004-810 du 13 août 2004 relative à l'assurance maladie.

180 Loi n°2004-1485 du 30 décembre 2004 de finances rectificative pour 2004, venant modifier l'article 30 de la loi n°2000-108 du 10 février 2000 relative à la modernisation et au développement du service public de l'électricité.

française de lutte contre le dopage (AFLD)[181], le médiateur de l'énergie (MNE)[182], le haut conseil du commissariat aux comptes (H3C)[183], la haute autorité pour la diffusion des œuvres et la protection des droits sur internet (HADOPI)[184], l'autorité de régulation des activités ferroviaires et routières (ARAFER)[185], et plus récemment le conseil supérieur de l'audiovisuel (CSA)[186]. Il convient toutefois de noter que la CRE a perdu cette personnalité quelques mois après en avoir été dotée[187]. Quant à l'ACAM, elle a également perdu cette qualification, en fusionnant avec trois autres autorités pour former l'autorité de contrôle prudentiel et de résolution (ACPR), cette dernière n'ayant pas été dotée de la personnalité morale[188].

De façon générale, concernant les personnes morales, il faut souligner que si en droit privé le but de la personnalité morale était de séparer le groupe des membres qui le composent, la problématique en droit public est autre. Il s'agit de permettre à des groupements de se détacher de l'Etat, de se soustraire de son autorité. Par conséquent, si les personnes privées représentent un détachement des membres du groupement vis-à-vis de celui-ci, les personnes publiques quant à elles expriment un détachement du groupement, personne publique secondaire, vis-à-vis de l'Etat, personne publique primaire. Or, il faut noter que les personnes morales de droit public échappent certes à la mainmise complète de l'Etat, mais d'une manière ou d'une autre elles s'y rattachent, que ce soit au niveau financier, administratif, ou bien les deux à la fois. Les autorités publiques indépendantes en sont une parfaite illustration. La question de la personnalité morale en droit public ne se résout donc pas en termes de capacité juridique (comme en droit privé) mais plutôt en termes de compétences et d'autonomie vis-à-vis de l'Etat. Linditch estime que la compétence correspond à « *l'intégration de la capacité juridique en droit administratif* »[189]. En effet, la compétence permet d'expliquer l'autonomie

---

181 Loi n°2006-405 du 5 avril 2006 relative à la lutte contre le dopage et à la protection de la santé des sportifs.

182 Loi n°2006-1537 du 7 décembre 2006 relative au secteur de l'énergie.

183 Loi n°2007-1822 du 24 décembre 2007 de finances pour 2008.

184 Loi n°2009-669 du 12 juin 2009 favorisant la diffusion et la protection de la création sur internet.

185 Loi n°2009-1503 du 8 décembre 2009 relative à l'organisation et à la régulation des transports ferroviaires et portant diverses dispositions relatives aux transports.

186 Loi n°2013-1028 du 15 novembre 2013 relative à l'indépendance de l'audiovisuel public.

187 Loi n°2005-781 du 13 juillet 2005 de programme fixant les orientations de la politique énergétique.

188 Ordonnance n°2010-76 du 21 janvier 2010 portant fusion des autorités d'agrément et de contrôle de la banque et de l'assurance.

189 Florian LINDITCH, *op. cit.*, p.185.

juridique dont jouissent les personnes morales de droit public. Si l'Etat détient la compétence de la compétence, les personnes publiques secondaires possèdent les compétences que celui-ci a bien voulu leur transférer. L'étendue des compétences est donc susceptible de degrés comme l'est l'autonomie qui en découle.

B. L'aspect contemporain de la personnalité morale

La personnalité morale se définit selon plusieurs critères. Il convient donc d'analyser son contenu, c'est-à-dire les éléments d'identification de la personnalité morale qui permettent à un organisme de prétendre à celle-ci (1). Par ailleurs, si la personnalité juridique entraîne la capacité d'être titulaire de droits et obligations, il faut alors s'interroger sur le contenu de ces droits et obligations et donc sur les conséquences et prérogatives inhérentes à la personnalité morale (2).

1. La définition classique de la personnalité morale

Le professeur Michoud est à l'origine d'un ouvrage exhaustif sur la personnalité morale[190]. Il décrit le contenu normal de cette notion, dans le cadre des développements relatifs à la théorie de la réalité de la personnalité morale dont il est un fervent défenseur. En effet, dans le cadre de la définition du contenu de la personnalité morale, la théorie de la réalité nous est d'une aide précieuse. C'est elle qui définit les trois éléments de la personnalité morale que sont : la volonté, le groupe intéressé, et une organisation de nature à dégager la volonté, organisation qui ne se réalisera qu'une fois la personnalité morale accordée au groupement (a). Cette définition posée par Michoud peut être rapprochée de celle de l'institution théorisée par Hauriou (b). En revanche, elle s'applique beaucoup moins bien aux API (c).

a. Les trois éléments de la personnalité selon Michoud

L'élément premier de la personnalité morale est la volonté. Elle constitue le point de départ de la personnalité, son commencement, son origine : pas de personnalité sans volonté, et cette volonté doit précéder l'attribution de la personnalité juridique au groupement. Elle est une condition préalable nécessaire à la création juridique de la personnalité

---

[190] Léon MICHOUD, *La théorie de la personnalité morale et son application au droit français*, 2 tomes, Paris, LGDJ, 1924.

morale selon les défenseurs de la théorie de la réalité. Pour Michoud, « *il est clair qu'un droit subjectif* (tel que la personnalité juridique) *ne peut exister qu'au profit d'un être doué de volonté personnelle et libre* »[191]. Il n'est donc pas seulement question de volonté. Il est en réalité question d'une volonté libre du groupement assimilable à celle des individus, personnes physiques, « *puisque cette liberté seule explique les prérogatives qu'on lui attribue* »[192].

Par volonté libre, il faut entendre que le groupement doit penser et agir par lui seul afin de se déterminer librement. Sa volonté ne doit pas être définie par des forces extérieures (par l'Etat par exemple en droit public) qui lui imposeraient d'agir selon une orientation précise, mais par lui seul. Il faut en déduire qu'il n'existe pas de volonté réelle sans liberté. Or la liberté implique nécessairement l'autonomie[193]. En effet, l'autonomie est la faculté d'agir par soi-même en se donnant ses propres règles de conduite, sa propre loi, sans se laisser dominer par une autorité extérieure. Ainsi, liberté et autonomie sont deux notions intimement liées, et il n'y a pas de liberté sans autonomie, et réciproquement[194]. Par conséquent, pour disposer de la personnalité morale, il faut en réalité disposer non seulement de la volonté mais aussi de la liberté et de l'autonomie.

La critique possible dans ce cadre est qu'au lieu de rechercher si le groupe peut avoir une volonté propre, les auteurs assimilent la volonté libre à celle des personnes physiques. Ainsi, la théorie de la réalité cherche à rapprocher le groupe de l'être humain. Or, cette assimilation du groupe à l'être humain, afin de lui faire bénéficier des mêmes droits, est autant une abstraction qu'admettre fictivement que le groupement possède les mêmes droits que l'individu. Les deux théories de la personnalité morale, fiction comme réalité, possèdent donc leur part d'abstraction, comme toute théorie juridique. En effet, Michoud estime dans son ouvrage qu'« *une théorie juridique ne peut pas ne pas abstraire, c'est de son essence même* »[195].

---

[191] Léon MICHOUD, *op. cit.*, Tome premier, p. 68.

[192] *Ibid.*, p. 69.

[193] Kant estime que ces deux notions fonctionnent ensemble. Pour lui, liberté implique forcément autonomie.

[194] Etant entendu que chacune des deux notions ne doit pas être entendue comme une notion absolue du fait de la nécessité de la concilier avec les exigences de la société. Le respect de l'autre implique nécessairement la relativité tant de la liberté que de l'autonomie.

[195] Léon MICHOUD, *op. cit.*, Tome premier, p. 46. Michoud ajoute d'ailleurs : « *En vérité, c'est une tendance très louable que de chercher dans nos théories juridiques à diminuer la part d'abstraction, de fiction, et à serrer d'aussi près que possible la réalité. Mais il importe de se rendre compte que l'abstraction ne disparaîtra jamais de notre science : une théorie juridique ne peut pas ne pas abstraire, c'est de son essence même. Une théorie juridique est un produit de notre esprit, par laquelle nous cherchons à classer les faits de la vie réelle, pour déterminer à quelle règle générale ils seront soumis. Or, pour cela nous*

Ainsi, la théorie de la réalité pose certes la volonté comme élément de la personnalité morale, mais elle ne la démontre pas. Elle assimile simplement le groupement à l'individu en précisant que sa volonté propre résulte de l'« *union des volontés* »[196] des individus qui le composent.

Le deuxième élément de la personnalité est la présence d'un intérêt commun. Ainsi, le groupement en question doit être un groupe intéressé et réuni autour d'un objectif, d'un but. Cet intérêt est distinct de l'intérêt personnel, il est un intérêt collectif, commun à tout le groupe. Dans le cadre du droit public, il correspondra souvent à l'intérêt général.

La volonté, nécessaire au groupe et à la constitution de la personnalité, va en réalité permettre à celui-ci de représenter, défendre, et réaliser son intérêt collectif. Finalement, le critère de la volonté est peut être secondaire, et ne sert qu'à accomplir le critère de l'intérêt collectif. En effet, « *on ne peut pas vouloir sans vouloir quelque chose ; c'est ce quelque chose qui est l'objet de la protection légale* »[197].

La possession de ces deux premiers critères permet de constater la présence d'une personne morale de fait. Or, le passage de la personnalité de fait à la personnalité juridique par le droit se fait par une reconnaissance de l'Etat, plus précisément du législateur. De cette reconnaissance va naître la troisième caractéristique : l'organisation permettant de dégager la volonté.

Ce troisième élément de la personnalité qu'est l'organisation correspond à la mise en place effective du groupement, la construction d'une structure juridique, l'élaboration de l'institution[198]. Ainsi, grâce à cette personnalisation du groupement, une organisation structurée voit le jour et permet au groupe d'exister sur le plan juridique. Cela signifie que la volonté du groupement va pouvoir être constatée et reconnue par le droit, et que l'intérêt collectif va être protégé légalement. L'effet de la personnalisation du groupe est donc double : d'une part, il permet de dégager la volonté du groupement, et d'autre part, il permet la protection de son intérêt collectif.

Par conséquent, la personnalisation permet donc au groupe d'avoir une existence juridique et une visibilité sur la scène du droit.

---

sommes bien obligés d'employer des formules abstraites, saisissant dans les faits les caractères généraux qui les rapprochent et permettent de les grouper ».

196 *Ibid.*, p. 81.

197 *Ibid.*, p. 100.

198 La référence à Maurice Hauriou est inévitable, les trois critères de Michoud pouvant être rapprochés des trois éléments de l'institution d'Hauriou.

b. Le parallèle avec la théorie de l'institution et de la fondation d'Hauriou

Malgré l'opposition théorique qui existe entre Michoud et Hauriou, il est possible de faire un parallèle entre les critères de la personnalité morale de Michoud et ceux de l'institution d'Hauriou. En effet, les trois critères de Michoud sont la présence d'un groupe intéressé, d'une volonté, et d'une organisation de nature à dégager une volonté collective. Or, chacun des trois éléments énoncés correspond à un critère de définition de la fameuse théorie de l'institution et de la fondation de Maurice Hauriou[199]. Ainsi, rappelons qu'Hauriou définit l'institution comme « *une idée d'œuvre ou d'entreprise qui se réalise et qui dure juridiquement dans un milieu social ; pour la réalisation de cette idée, un pouvoir s'organise qui lui procure des organes ; d'autre part, entre les membres du groupe social intéressé à la réalisation de l'idée, il se produit des manifestations de communion dirigées par les organes du pouvoir et réglées par des procédures* »[200]. Hauriou pose donc trois critères à l'institution : l'idée d'œuvre ou d'entreprise, le pouvoir organisé, et les manifestations de communion. Or, il est aisé de relier l'idée d'œuvre à l'intérêt collectif du groupe, son but, l'objectif qu'il souhaite atteindre. Le pouvoir organisé d'Hauriou se calque très bien avec l'organisation de nature à dégager la volonté de Michoud. Quant aux manifestations de communion, elles coïncident avec la volonté libre du groupe. Il est également intéressant d'ajouter que selon Hauriou, il existe deux types d'institutions : les « *institutions-personnes* » ou « *institutions corporatives* » qui sont celles qui se personnifient, et les « *institutions-choses* » qui ne se personnifient pas[201]. Hauriou précise toutefois qu'il n'étudie que les « *institutions-personnes* » et donc finalement les personnes morales[202]. Les trois critères étant les mêmes chez Michoud et Hauriou, la personne morale, comme l'institution-personne, est donc un groupe qui possède un objectif correspondant à un intérêt collectif commun à tout le groupe. Cet objectif va être réalisé grâce à la volonté libre du groupe, celle-ci lui permettant d'agir librement sans dépendre d'une autorité extérieure. Ces deux éléments vont se réaliser pleinement grâce à un pouvoir organisé doté d'organes et de prérogatives réglés par des procédures et donc par le droit.

---

199 Maurice HAURIOU, « La théorie de l'institution et de la fondation (essai de vitalisme social) », *Cahiers de la nouvelle journée*, n°4, 1925.

200 Maurice HAURIOU, art. cit., p. 10.

201 Notons que les autorités publiques indépendantes rentrent dans la catégorie des « institutions-personnes » et les autorités administratives indépendantes dans celle des « institutions-choses ».

202 Maurice HAURIOU, art. cit., pp. 10-11.

De plus, la théorie de l'institution semble bien s'appliquer aux autorités administratives indépendantes. Dans ce sens, Catherine Teitgen-Coly estime que « *les AAI constituent bien une institution. On trouve en elles les éléments qui fondent l'institution ; éléments sociologiques d'une part, une idée d'œuvre à réaliser à laquelle adhère le groupe social ; éléments juridiques d'autre part, une structure propre élaborant un droit* »[203].

c. Le cas des autorités publiques indépendantes

Il convient de vérifier si les autorités publiques indépendantes possèdent ces caractéristiques propres à toute personne morale. La réponse n'est pas évidente. *A priori*, les deux éléments antérieurs à l'attribution de la personnalité morale que sont la volonté et l'intérêt collectif sont inexistants. En effet, lorsque des institutions sont créées *ex-nihilo* par le législateur, celui-ci leur attribue en une seule fois la volonté, l'intérêt et le pouvoir organisé. Par conséquent, certes les autorités publiques indépendantes peuvent posséder ces trois éléments, mais elles ne possèdent pas de volonté et d'intérêt collectif préalablement à leur création et à l'octroi de leur personnalité morale. Elles sont dotées de toutes ces caractéristiques seulement après leur personnalisation. En effet, si certaines autorités publiques indépendantes existaient déjà auparavant en tant qu'autorités administratives indépendantes[204] et donc en tant que groupement, la majorité d'entre elles a été créée de toute pièce par la loi. Tel est le cas du haut conseil du commissariat au compte, de la haute autorité de santé, de la haute autorité pour la diffusion des œuvres et la protection des droits sur internet, de l'autorité de régulation des activités ferroviaires et routières et du médiateur national de l'énergie. Par conséquent, la majorité des autorités publiques indépendantes (cinq sur huit) ne possèdent pas de volonté et

---

[203] Catherine TEITGEN-COLY, « Les autorités administratives indépendantes, histoire d'une institution », *in* Congrès sur les *autorités administratives indépendantes*, sous la direction de Gérard TIMSIT, 11 et 12 juin 1987, Paris, PUF, 1988, p. 45.

[204] Seulement trois qui existent encore aujourd'hui. Tel est le cas de l'Autorité des marchés financiers qui est le résultat d'une fusion de trois autorités administratives indépendantes qui ne disposaient pas de la personnalité morale, et de l'Agence française de lutte contre le dopage et du Conseil supérieur de l'audiovisuel qui étaient autrefois des autorités administratives indépendantes non personnalisées. L'Autorité de contrôle des assurances et des mutuelles ainsi que la Commission de régulation de l'énergie étaient dans le même cas mais la première a fusionné avec d'autres autorités au sein de l'Autorité de contrôle prudentiel et de résolution (autorité administrative indépendante non personnalisée) et la CRE a été dotée de la personnalité morale seulement pour quelques mois, elle a très rapidement perdu cette qualité pour redevenir une autorité administrative indépendante non personnalisée.

d'intérêt préalables, puisqu'aucun groupement n'existait antérieurement à leur création par la loi. Le groupe a été créé *ex nihilo* et ses caractéristiques lui viennent de la loi et non de lui-même. Les trois autorités restantes, antérieurement autorités administratives indépendantes puis personnalisées, disposaient effectivement d'une volonté propre et d'un intérêt commun. En effet, concernant la volonté, les AAI non personnalisées n'étant pas soumises à la hiérarchie administrative, elles ne reçoivent pas d'ordres ni d'instructions de la part du gouvernement. Elles décident donc par elles-mêmes et disposent d'une volonté qui leur est propre. Concernant l'intérêt commun, la mission de régulation qui leur est confiée est une mission qui leur est propre. Elles sont donc les seules à posséder cet objectif de régulation économique ou sociale.

Concernant les critères de la personnalité morale, il convient de souligner que les éléments de la personnalité morale sont bien réunis *a posteriori* au sein des autorités publiques indépendantes, une fois celle-ci créée. En revanche, les éléments de volonté et d'intérêt commun ne possèdent pas la nécessaire antériorité vis-à-vis de la création de la personne morale car ils apparaissent bien souvent au moment où l'autorité est créée.

Une nuance peut néanmoins être apportée au critère de la volonté. En effet, les autorités publiques indépendantes possèdent certes une volonté qui se manifeste par toutes les prérogatives offertes à ces autorités par le législateur lors de leur création, mais cette volonté n'est pas toujours libre. La volonté libre suppose que l'autorité pense et agisse par elle-même sans l'intervention d'une quelconque autorité extérieure, or cela n'est pas notoire chez les autorités publiques indépendantes. En effet, l'intervention de l'Etat n'est pas négligeable. Certes il n'impose pas aux autorités d'agir selon une orientation déterminée, les API n'étant pas sous tutelle administrative et le gouvernement ne pouvant leur donner ni ordre ni instruction, mais il le fait de façon indirecte. Ce n'est pas vraiment l'Etat qui impose volontairement une conduite aux autorités publiques indépendantes, c'est la menace de ne pas être reconduite ou suffisamment financée qui pourrait guider les actions des autorités publiques indépendantes, celles-ci étant majoritairement dépendantes des financements de l'Etat. Ainsi, cette menace vient contrebalancer les prérogatives offertes par l'Etat pour manifester la volonté des autorités publiques indépendantes.

2. Les droits et obligations issus de la personnalité morale

La personnalité morale implique la capacité juridique et la faculté d'être titulaire de droits et obligations. Ainsi, l'attribution de la personnalité morale a pour conséquences l'attribution de nombreuses prérogatives : des droits réels et personnels représentés tant par des droits patrimoniaux que par des droits non patrimoniaux, que l'on peut respectivement reconnaître sous le nom de conséquences financières et conséquences administratives. Cela se traduit souvent d'une part, par un patrimoine propre, un budget propre et une autonomie financière (b), et d'autre part, par le droit d'ester en justice, de contracter, et de manière générale d'être responsable de ses actes (a). Il faut néanmoins noter que le législateur joue un rôle important dans l'attribution des droits et prérogatives aux personnalités morales (c).

a. Les droits non patrimoniaux

Concernant les droits non patrimoniaux, ou les conséquences administratives, il existe des droits dits de puissance publique qui sont associés à d'autres droits. Les droits de puissance publique qui appartiennent aux personnes morales de droit public sont partiellement les mêmes que ceux qui appartiennent à l'Etat, mais ils s'exercent avec un degré moindre. Ces droits sont notamment « *le droit de s'assembler, d'accueillir de nouveaux membres, de choisir la direction, d'imposer des taxes (…)* »[205]. Ces droits peuvent aussi inclure un droit de juridiction et « *les droits suprêmes de paix et de guerre, de battre monnaie, de faire la loi* »[206], mais notons que les droits de cette dernière liste ne peuvent appartenir qu'à l'Etat et non aux autres personnes morales de droit public. Par conséquent, il est davantage question de souveraineté que de personnalité. La souveraineté semble correspondre à la réunion de l'intégralité de ces prérogatives quand la personnalité paraît en réunir seulement quelques unes. En effet, la souveraineté est la compétence de la compétence, quand la personnalité est seulement une (ou quelques) compétence(s), c'est-à-dire la réunion de quelques prérogatives. La souveraineté est donc le propre de l'Etat, et correspond à une « super personnalité morale », alors que la personnalité morale traditionnelle a vocation à s'appliquer aux autres personnes morales de droit public.

Il existe trois grandes catégories de droits de puissance publique : tout d'abord, le droit de s'organiser, en rapport avec l'organisation et la structure de la personne publique, le choix de ses agents, le droit de les commander et les contrôler ; ensuite, le droit de police, correspondant à la possibilité de réglementer des activités et de les sanctionner, la responsabilité de la personne morale pour les actes accomplis et le droit d'organiser des services publics ; et enfin, des droits publics subjectifs à

---

205 Léon MICHOUD, *op. cit.*, Tome second, p. 48.
206 *Idem.*

caractère quasi patrimonial tels que le fait d'imposer des servitudes d'utilité publique, d'exproprier, de lever des impôts.

Les autorités publiques indépendantes (API) sont des personnes morales de droit public, les dernières créées par l'Etat ; or comme les autres, elles possèdent des droits de puissance publique sur délégation de l'Etat. Elles disposent des trois catégories de droits évoqués plus haut, mais elles n'en bénéficient que de façon partielle.

- *Le droit de s'organiser :*

Tout d'abord, elles possèdent le droit de s'organiser. Celui-ci est incomplet car l'organisation et la structure sont déterminées pour partie par l'Etat et pour partie par l'autorité elle-même. Le choix de la direction appartient à l'Etat. En effet, les membres du collège, et donc les personnalités les plus importantes de l'autorité, sont généralement nommés par décret (souvent présidentiel, parfois simple) après désignation par les présidents de l'assemblée nationale et du sénat, les ministres chargés du ou des secteurs concernés, ou les personnes faisant autorité dans les hautes Cours nationales[207]. En revanche, le choix des agents appartient à l'autorité elle-même. Ainsi, les agents des API sont choisis directement par l'autorité qui n'a pour seule limite qu'un plafond d'emplois prévu par la loi de finances et, pour celles qui sont financées en tout ou partie par l'Etat, une enveloppe budgétaire plafonnée correspondant généralement à une subvention. L'article 65 de la loi de finances pour 2016[208] prévoit 2 562 emplois exprimés en équivalents temps plein travaillé (ETPT), pour les neuf autorités ne dépendant pas des emplois rémunérés par l'Etat[209]. Il convient ici de noter que, aux huit API, s'ajoute l'autorité de contrôle prudentiel et de résolution (ACPR), autorité non personnalisée. Elle est incluse parmi les autorités publiques indépendantes, car sans disposer de la personnalité morale, elle est indépendante de l'Etat car rattachée à une autre personne morale : la Banque de France. Pour 2017, le plafond est porté à 2 573 ETPT. Le tableau relatif aux plafonds d'autorisations d'emplois des API (et de l'ACPR) comprend donc neuf autorités et un plafond d'emplois relativement stable depuis 2015, c'est-à-dire depuis que le Conseil supérieur

[207] Le vice-président du Conseil d'Etat, le premier président de la Cour de cassation, le premier président de la Cour des comptes.

[208] Loi n°2015-1785 du 29 décembre 2015 de finances pour 2016.

[209] « *Pour 2013, le plafond des autorisations d'emplois des autorités publiques indépendantes dotées de la personnalité morale et des autorités administratives indépendantes dont les effectifs ne sont pas inclus dans un plafond d'autorisation des emplois rémunérés par l'Etat, exprimé en équivalents temps plein travaillé, est fixé à 2 289 emplois* ».

de l'audiovisuel, personnalisé à compter du 1er janvier 2014[210], est pris en compte dans ce plafond.

Néanmoins, les autorités publiques indépendantes en tant qu'autorités personnalisées, ont le choix de recruter les agents qu'elles souhaitent, sans contrôle, ni ordre du gouvernement ou de l'Etat. Le seul élément imposé est la quantité, le nombre d'ETPT, mais en aucun cas la qualité des agents. Une fois ces agents recrutés, ils sont dirigés et contrôlés par l'autorité elle-même. Selon leur statut, ils dépendront soit du droit de la fonction publique, soit du droit du travail classique[211], étant à préciser que les contractuels, c'est-à-dire les personnels employés dans les conditions du droit privé sont beaucoup plus fréquents au sein des API.

- *Le droit de police :*

Ensuite, les API disposent du droit de police. Chacune d'entre elles possède parmi ses missions le droit de réglementer et d'organiser les activités de service public dont elle a la charge, voire de sanctionner le non respect de la règlementation. Ainsi, l'agence française de lutte contre le dopage a le pouvoir de diligenter des contrôles et de délivrer des autorisations. Elle est également consultée et apporte son expertise en matière d'élaboration de la règlementation nationale voire internationale. L'AFLD a donc un pouvoir de contrôle et d'analyse, mais également un pouvoir d'avis, de recommandation et d'expertise qui forment son pouvoir de police. Celui-ci est par conséquent limité en ce qui concerne l'AFLD. L'autorité des marchés financiers, quant à elle, a un pouvoir de police beaucoup plus étendu. Elle a un pouvoir de règlementation et de décision, un pouvoir de contrôle et d'enquête à l'issue duquel elle a la possibilité de prononcer des injonctions et mesures d'urgence, enfin elle a un pouvoir de sanction[212]. L'AMF possède donc de nombreuses prérogatives dont l'ampleur est de surcroit considérable. En effet, son pouvoir de

---

210 L'article 33 de la loi n°2013-1028 du 15 novembre 2013 relative à l'indépendance de l'audiovisuel public prévoit qu' « *à compter du 1er janvier 2014, le Conseil supérieur de l'audiovisuel succède en tant qu'autorité publique indépendante dotée de la personnalité morale dans les droits et obligations de l'Etat au titre des activités du conseil en tant qu'autorité administrative indépendante* ».

211 Nombreux articles du code du travail précisent que « Les dispositions du présent livre [titre] sont applicables aux employeurs de droit privé ainsi qu'à leurs salariés. Elles sont également applicables au personnel des personnes publiques employé dans les conditions du droit privé, sous réserve des dispositions particulières ayant le même objet résultant du statut qui régit ce personnel. » Il en est ainsi des articles L1111-1, L1131-1, L1141-1, L1151-1, L1211-1 et L2111-1 du Code du travail qui prévoient une application du dit code aux agents contractuels de droit public.

212 Cette liste de pouvoir de l'AMF n'est pas exhaustive.

règlementation correspond à la possibilité d'édicter des règlements généraux homologués par le ministre chargé de l'économie, règlements dont elle précise elle-même l'interprétation par la publication d'instructions et de recommandations. De plus, l'AMF a la faculté d'adopter des décisions de portée individuelle. *In fine*, elle a la possibilité de sanctionner le non respect de la règlementation générale qu'elle a elle-même fixée. Les deux illustrations citées sont pertinentes car elles correspondent approximativement aux deux extrémités que l'on peut trouver au sein des API : d'un côté, des missions limitées de recommandation et d'avis, de contrôle et d'enquête, mais sans aucun pouvoir de règlementation ou de sanction, et de l'autre côté, des autorités qui possèdent tous les pouvoirs : recommandation et avis cumulés à la décision et la règlementation générale, le tout contrôlé et sanctionné par la même autorité. Par ailleurs, s'ajoute à ces pouvoirs de règlementation, la possibilité pour la personne morale de contracter, droit qui appartient à l'ensemble des autorités publiques indépendantes. Il est donc aisé de souligner que les API représentent un éventail de missions et de pouvoirs très diversifiés, dans leur étendue quantitative et qualitative.

- *Les droits publics subjectifs à caractère quasi patrimonial :*

Concernant cette dernière catégorie de droit de puissance publique, les droits publics subjectifs à caractère quasi patrimonial, les API en disposent presque toutes, mais cela ne concerne que la possibilité de percevoir des taxes. En effet, il convient de préciser qu'il n'est bien question que de la seule faculté de percevoir des taxes et non des les imposer, le législateur étant seul compétent pour imposer des taxes et contributions nouvelles au regard du principe du consentement à l'impôt contenu dans la Déclaration des droits de l'homme et du citoyens. Par conséquent, le législateur crée de nouvelles taxes, redevances et contributions, et les affecte aux API. Ainsi, les API, à l'exception de l'HADOPI et le CSA, perçoivent des ressources propres. La Haute autorité de santé (HAS), n'ayant plus la possibilité de recevoir des taxes affectées depuis le 1er janvier 2014, perçoit néanmoins des ressources propres issues « *de produits financiers, du remboursement des salaires et charges des personnels mis à disposition auprès d'autres structures administratives, de régularisations sur exercices antérieurs, des indemnités journalières versées par la sécurité sociale à la suite des arrêts maladie ou congés maternité ou encore du remboursement de prêts accordés à des personnels de la HAS* »[213].

[213] Rapport sur les autorités publiques indépendantes, annexe au projet de loi de finances pour 2017, p. 81.

L'Autorité de contrôle prudentiel et de résolution (ACPR) est financée à 100 % par des ressources propres, notamment issues des contributions pour frais de contrôle[214]. L'Agence française de lutte contre le dopage (AFLD) perçoit quant à elle environ 10 % de ressources propres correspondant au produit de prestations d'analyses ou de prélèvements qu'elle réalise pour le compte de fédérations internationales ou d'organisations antidopage étrangères. L'Autorité des marchés financiers (AMF) perçoit le produit des taxes établies à l'article L. 621-5-3 du code monétaire et financier correspondant notamment à des contributions sur chaque opération financière et des contributions pour frais de contrôle. L'Autorité de régulation des activités ferroviaires et routières (ARAFER) perçoit une taxe prélevée sur les entreprises ferroviaires qui utilisent le réseau ferroviaire. Il s'agit d'un droit fixe dû par les entreprises ferroviaires en proportion du montant des redevances d'utilisation du réseau ferré national qu'elles versent à RFF. Cette taxe affectée constitue l'ensemble des ressources de l'ARAFER. Le Haut conseil du commissariat aux comptes (H3C) se finance également par des ressources propres correspondant d'une part à une contribution annuelle de chaque commissaire au compte, et d'autre part à un droit fixe sur chaque rapport de certification des comptes. Enfin, le médiateur national de l'énergie perçoit pour son fonctionnement une part du produit de la contribution, mentionnée à l'article L. 121-10 du code de l'énergie, due par les consommateurs finaux d'électricité installés sur le territoire national, en vue de la compensation des charges imputables aux missions de service public. Le médiateur de l'énergie (MNE) perçoit quant à lui des ressources fiscales affectées correspondant à une part du produit de la contribution au service public de l'électricité (CSPE) versée par la Caisse des dépôts et consignations et une part de la contribution au tarif spécial de solidarité du Gaz (CTSSG) à partir de 2014, celles-ci contribuant à parts égales aux ressources du MNE. Il perçoit également des recettes propres générées par la refacturation du service d'information des consommateurs, nommé Énergie-info, à la commission de régulation de l'énergie, le report de trésorerie de l'exercice N-1 et les produits financiers de placement[215].

Finalement, les API ont la possibilité de percevoir des taxes de manière très déséquilibrée, cette faculté allant de 0 % de ressources propres

---

214 L'ACPR est une autorité administrative indépendante non personnalisée mais rattachée à une autre personne morale de droit public que l'Etat : la Banque de France. C'est pour cette raison qu'elle n'est pas incluse dans le budget de l'Etat.

215 L'ensemble de ces informations et chiffres relatifs aux API provient du jaune budgétaire qui leur est consacré.
Rapport sur les autorités publiques indépendantes, annexe au projet de loi de finances pour 2014.

concernant la HADOPI à 100 % concernant l'ACPR, l'AMF, l'ARAFER, le H3C et le Médiateur national de l'énergie[216].

- *Les droits non patrimoniaux n'appartenant pas aux droits de puissance publique :*

Parmi les droits non patrimoniaux autres que les droits de puissance publique, on compte notamment le droit d'ester en justice, les droits intérieurs de la personne morale, et les droits qui constituent l'état de la personne morale. Les droits intérieurs de la personne morale correspondent au droit d'édicter un règlement intérieur et de l'appliquer à ses membres tandis que les droits qui constituent l'état de la personne morale rassemblent le nom, la nationalité, le domicile, la profession. Chaque API dispose de ces droits. Toutefois, la conséquence la plus importante de la personnalité morale dans cette catégorie de droits est le droit d'ester en justice puisqu'il correspond à la faculté pour les personnes morales de défendre leurs droits en justice. Généralement, un organe ou un individu appartenant à la personne morale est désigné pour représenter la personne morale toute entière. Il agit au nom et pour le compte de la personne morale afin de défendre ses droits. Concernant les API, c'est habituellement le président de l'autorité qui a compétence pour la représenter et protéger ses droits devant le juge. Cette conséquence de la personnalité morale est importante car si l'octroi de prérogatives au profit des API leur apporte plus de pouvoirs et d'autonomie, la défense de ces mêmes droits en justice est indispensable pour qu'ils existent effectivement et qu'ils ne soient pas ignorés. En effet, il ne peut pas exister de droits si une protection juridique ne leur est pas rattachée. Cette prérogative est néanmoins à nuancer puisque la majorité des AAI non dotées de la personnalité morale en dispose également[217].

b. Les droits patrimoniaux

Concernant les droits patrimoniaux, ou les conséquences financières de la personnalité morale, chaque personne morale détient un patrimoine propre et donc un budget propre. Il convient de préciser que le patrimoine est une universalité juridique comprenant les droits (l'actif) et les obligations (le passif) d'une personne juridique. Il comprend des biens immobiliers et mobiliers, le budget, et plus généralement toutes les choses qui peuvent être

---

216 L'AFLD possède environ 12 % de ressources propres et la HAS approximativement 2 % (année 2017).

217 Cf. *infra*, p. 156.

cédées, transmises, ou saisies. Toutefois, il faut noter qu'en droit public, il existe des privilèges propres à l'administration, soit du fait de la gestion d'un service public, soit du fait de la présence d'une personne publique, qui touchent notamment le patrimoine. Ils correspondent à la soumission des patrimoines des personnes publiques au régime de la domanialité publique, la possibilité d'échapper à certaines voies de droit, comme par exemple la saisie des biens ou encore l'expulsion, l'impossibilité de faire l'objet d'une procédure de redressement judiciaire, et la prescription quadriennale. Néanmoins, les personnes morales de droit public possèdent toutes un patrimoine et ont donc la possibilité d'acquérir à titre onéreux, de posséder, et d'administrer des biens. Elles ont également un budget propre et la capacité de s'autofinancer ainsi que de recevoir des dons et legs. Tel est le cas des API qui possèdent un patrimoine propre et un budget propre. Malgré tout, il convient de souligner que la plupart d'entre elles ne possèdent pas les locaux qu'elles occupent, ceux-ci étant loués par l'Etat. Ainsi, il faut noter que l'ACPR, l'AMF et le H3C ont des charges locatives afin de disposer de leurs locaux. Elles ont également toutes la possibilité de recevoir des dons et legs.

En revanche, concernant leur budget propre, il n'est pas forcément alimenté par des ressources propres. D'une part, il faut souligner qu'il est souvent pourvu en taxes affectées, correspondant en principe à des ressources publiques mais pouvant néanmoins être assimilées à des ressources propres dans le sens où elles sont favorables à l'autonomie financière. D'autre part, quelques autorités publiques indépendantes sont financées par des subventions étatiques, soit en partie, soit en totalité. Ainsi, l'HADOPI est certainement la moins autonome des API en ce qu'elle dispose d'un financement intégralement public. Son budget est abondé par une subvention étatique qui, de surcroît, diminue chaque année. Depuis sa création, l'HADOPI a en effet vu son budget diminuer de moitié, ce qui porte largement atteinte à son autonomie. Il semble que l'Etat réduise chaque année davantage le budget de l'autorité jusqu'à sa suppression finale.

Par conséquent, les API qui retombent ainsi dans le carcan de la loi de finances et qui dépendent d'un financement étatique pour fonctionner sont plus vulnérables que les autres. Le rapport parlementaire de 2006 a d'ailleurs souligné la présence d'une « *autonomie financière à géométrie variable* »[218] concernant les API, en constatant que le lien entre personnalité morale et ressources propres était assez distendu. En 2006, trois ans après la création

[218] Assemblée nationale, Sénat, Rapport fait au nom de l'Office parlementaire de la législation sur *les autorités administratives indépendantes*, Patrice GELARD, 2006, n°3166, n°404, p. 69.

des deux premières autorités publiques indépendantes et en présence de quatre API, seules les deux premières (l'AMF et l'ACAM) bénéficient de ressources propres majoritaires voire totales alors que « *le budget des deux plus récentes* [la HAS et l'AFLD] *est constitué en premier lieu par des subventions de l'Etat* »[219].

c. La limite législative et le principe de spécialité

Finalement, les conséquences de la personnalité morale sont notamment « *la possibilité de contracter* [et plus généralement celle de réglementer et de décider], *d'ester en justice, de détenir un patrimoine, voire d'être déclaré responsable et d'en supporter les conséquences sur ce même patrimoine* »[220]. La responsabilité est également une conséquence de la personnalité. Si les API disposent de tous ces droits et prérogatives, elles devront forcément en répondre et donc en assumer le fonctionnement et l'exécution, mais aussi la réparation voire la sanction si nécessaire. Toutefois, souvent, les personnes morales de droit public du fait de la fiction de leur personnalité possèdent simplement « *les droits qui leur sont explicitement ou implicitement accordés par la loi* »[221]. En effet, la personnalité emporte normalement pleine capacité juridique sauf limitation expresse de la loi ; or en droit public, la compétence est toujours délimitée, et donc limitée, par la loi. Cette subordination des personnes morales de droit public à la loi vient donc diminuer, quantitativement et qualitativement, la liste des prérogatives qui leur sont offertes. En effet, l'exercice des droits de puissance publique par les personnes morales de droit public se fait sur délégation ou transfert de l'Etat. Il est donc évident que l'Etat est en mesure de limiter ce transfert de compétences par le texte de loi (voire constitutionnel) qui prévoit ledit transfert. Il applique aux personnes morales le principe de spécialité prévoyant une « *compétence délimitante* »[222]. Ainsi, les personnes publiques secondaires peuvent connaître d'une part une limitation quantitative de leurs compétences, l'Etat sélectionnant les compétences qu'il souhaite leur transmettre, et d'autre part une limitation qualitative de celles-ci, l'Etat modulant leur étendue et façonnant leur contenu grâce à une détermination législative libre. Par conséquent, souvent, les personnes publiques secondaires possèdent les mêmes catégories de droits que l'Etat, à quelques exceptions près, mais ces droits de puissance publique ne s'exercent que très

---

219 *Ibid.*, p. 68.
220 Florian LINDITCH, *op. cit.*, p. 219.
221 Léon MICHOUD, *op. cit.*, p. 113.
222 Florian LINDITCH, *op. cit.*, p. 202.

rarement dans leur plénitude, l'Etat les circonscrivant à des domaines limités et spéciaux. En effet, ces prérogatives s'exerçant en vertu de la loi, elles sont de ce fait définies, délimitées, et cantonnées par l'Etat qui possède ainsi la faculté de façonner les personnes publiques qu'il crée à l'image qu'il souhaite. Ainsi, si la capacité est de principe et l'incapacité l'exception, il en va autrement concernant les personnes publiques autres que l'Etat où celle-ci, plus naturellement appelée la compétence, est toujours d'attribution[223] ; ce qui signifie « *qu' à défaut d'un texte l'instituant, elle n'existe pas et ne saurait être présumée* »[224]. De plus, il faut ajouter qu'en droit public, cette capacité, ou compétence, est limitée par un autre facteur : l'intérêt général. Ainsi, la compétence ne s'exercera que dans l'intérêt du bon fonctionnement du service public, ce qui rend beaucoup plus rigide la mise en œuvre de la compétence.

Tel est le cas des API qui se voient largement appliquer le principe de spécialité. En effet, celles-ci ne peuvent agir que dans le cadre de leur objet, de la finalité qui leur a été assignée au moment de leur création. Ce principe de spécialité permet une définition législative précise de leurs missions et leur empêche de sortir de ce cadre. Ainsi, cette « *compétence délimitante* » définie par la loi vient limiter de façon significative la capacité juridique des API comme de toutes les personnes morales de droit public. Au sein de l'objet qui leur est assigné, les API possèdent ces prérogatives inhérentes à la personnalité morale. Toutefois, si les conséquences administratives et les prérogatives non patrimoniales sont clairement visibles, les conséquences financières (correspondant aux prérogatives patrimoniales) sont elles beaucoup moins évidentes. En effet, si les personnes publiques sont bien des « *[personnes morales dotées] d'attributs spéciaux* », il faut néanmoins souligner que « *le contexte a changé, le paradigme économique fait que les conséquences attachées à cette personnalité sont moins nombreuses, ou moins fortes, aujourd'hui* »[225]. Nous verrons d'ailleurs qu'il est en réalité question d'un faisceau d'indices. Les personnes publiques ne disposent pas de toutes les prérogatives inhérentes à la personnalité morale, elles ne peuvent en posséder que certaines et pour autant posséder la personnalité morale.

---

223 La compétence de principe étant réservée à l'Etat souverain.

224 Florian LINDITCH, *op. cit.*, p. 191.

225 Florian LINDITCH, « La personnalité morale de droit public aujourd'hui, libres propos », *in La personnalité juridique, traditions et évolutions*, sous la direction de Xavier BIOY, Journées des 24 et 25 novembre 2011, Toulouse, Presses de l'Université Toulouse 1 Capitole, 2013, p. 44.

Il faut également souligner que les services non personnalisés de l'Etat, tels que les AAI, ont la possibilité d'agir de la même façon que les personnes publiques : ils peuvent contracter, ester en justice, élaborer une règlementation, tout comme peut le faire une personne morale. La différence réside dans le fait que les services non personnalisés posséderont certes cette capacité d'action, mais pas en leur nom propre, ils l'exerceront au nom de leur personne morale de droit public de rattachement, l'Etat. Ils ne disposent donc pas de la responsabilité, ni d'un patrimoine propre, ils ne font que représenter la personne publique responsable qui est au-dessus d'eux. Par conséquent, soit une institution est une API personnalisée auquel cas elle exerce des compétences en son nom et pour son compte et elle en sera responsable et en supportera elle-même les conséquences, soit une institution est une AAI non personnalisée et elle exercera ces mêmes compétences au nom et pour le compte de l'Etat, celui-ci demeurant responsable des actes de l'autorité.

Paragraphe 2. La comparaison de la personnalité morale en France et en Europe : les autorités publiques indépendantes et les agences européennes

Les agences européennes sont des organismes décentralisés qui interviennent dans le cadre des affaires européennes relevant de la Commission. En effet, dans un souci de modernisation de l'administration de l'Union européenne, une décentralisation fonctionnelle a été pratiquée afin que des organismes indépendants exercent des missions spécifiques et complexes de l'Union. Ces institutions ont donc été créées afin de garantir aux citoyens : proximité, indépendance, compétence, capacité d'expertise, transparence, rationalité et efficacité, c'est-à-dire des garanties équivalentes à celles attendues des autorités administratives indépendantes françaises. Pour ce faire, ces agences ont été conçues sous forme d'« *organismes de droit public européen personnalisés et individualisés sur le plan financier* »[226]. Ainsi, elles correspondent toutes à des institutions dotées de la personnalité morale et d'un budget propre, individualisé vis-à-vis du budget de l'Union européenne (A). Or, cette généralisation de la personnalité morale a des

---

226 Isabelle MULLER-QUOY, « L'apparition et le développement des agences de l'Union européenne. Recherche sur les organismes communautaires décentralisés », *in Les agences de L'Union européenne. Recherche sur les organismes communautaires décentralisés*, études coordonnées par Jean-François COUZINET, Toulouse, Presses de l'Université des sciences sociales de Toulouse, 2001, p. 13.

conséquences assez favorables sur la catégorie des agences et leur autonomie fonctionnelle (B).

A. La généralisation de la personnalité morale au profit des agences de l'Union européenne

Au sein de l'Union européenne, il existe deux catégories d'agences : les agences exécutives et les agences décentralisées. Si l'ensemble de ces organismes disposent de la personnalité morale, elles ne sont en revanche pas toutes égales sur le plan de l'autonomie. En effet, les agences décentralisées sont beaucoup plus autonomes que les agences exécutives, les premières s'apparentant aux autorités publiques indépendantes que nous étudions, quand les autres peuvent être davantage comparées aux établissements publics caractérisés par l'idée de tutelle et de hiérarchie.

Néanmoins, l'ensemble des agences possède la personnalité morale. Cette qualité fait partie intégrante de leur statut et les caractérise toutes sans exception. Les points communs de ces agences sont divers : d'une part, elles ont toutes pour vocation d'agir dans le cadre des compétences de la Commission, d'autre part, elles possèdent un budget propre, distinct de celui de l'Union européenne, et enfin, elles sont des entités personnalisées. En revanche, si la personnalité morale est une caractéristique commune à toutes les agences européennes (1), elle possède néanmoins des limites (2).

1. La personnalité morale : une particularité profitant à toutes les agences

Les agences européennes quelles qu'elles soient, sont créées comme des « *organismes de droit public européen personnalisés* »[227]. Leur statut précise généralement qu'elles disposent d'une large capacité juridique. La palette des prérogatives offertes par la personnalité morale est donc très étendue en ce qui concerne les agences européennes. En effet, elles disposent de nombreux droits afférents à la personnalité, au premier rang desquels on trouve le budget propre et le patrimoine propre.

Ce qui est particulièrement intéressant, c'est que les agences européennes forment une catégorie diversifiée, comprenant notamment des agences décentralisées et des agences exécutives. Or, malgré la pluralité de missions, de statuts et de structures, les agences possèdent toutes la personnalité morale, accompagnée de conséquences et prérogatives

[227] Isabelle MULLER-QUOY, art. cit., p. 13.

similaires. Toutefois, il existe une différence fondamentale entre les agences exécutives et décentralisées : le caractère éphémère des premières par opposition au caractère permanent des secondes[228]. En outre, les agences décentralisées sont davantage autonomes vis-à-vis de la Commission, en comparaison aux rapports étroits que les agences exécutives entretiennent avec ladite Commission. La personnalité morale est donc limitée pour les agences exécutives (a) alors qu'elle est largement épanouie pour les agences décentralisées (b).

a. Les agences exécutives : une personnalité morale limitée

Il existe à l'heure actuelle six agences exécutives au sein de l'Union européenne[229]. Le statut des ces agences est fixé par le règlement du Conseil du 19 décembre 2002 portant statut des agences exécutives chargées de certaines tâches relatives à la gestion de programmes communautaires[230]. Celui-ci manifeste une personnalité morale certaine, mais une autonomie fonctionnelle limitée.

Les agences exécutives, tout comme les agences décentralisées, possèdent la personnalité morale. Ainsi, l'alinéa 2 de l'article 4 du règlement précité dispose que « *l'agence exécutive a la personnalité juridique. Elle jouit dans tout Etat membre de la capacité la plus large reconnue aux personnes morales par les législations nationales. Elle peut notamment acquérir ou aliéner des biens mobiliers et immobiliers et ester en justice. A cet effet, elle est représentée par son directeur* ». On note au sein de l'énumération non exhaustive opérée par le règlement que les agences exécutives possèdent le droit patrimonial d'acquérir ou d'aliéner des biens, et le droit extrapatrimonial d'ester en justice. Les agences exécutives possèdent également un budget propre. Le règlement relatif au statut de ces agences nous fait d'ailleurs savoir dans son article 13 qu'elles établissent elles-mêmes leur budget selon une procédure permettant l'intervention de l'assemblée délibérante, nommée « *comité de direction* », du directeur, mais également de la Commission. Il faut néanmoins préciser que

---

228 Une seule agence décentralisée possède une limitation de durée : l'agence européenne pour la reconstruction.

229 Les six agences exécutives sont les suivantes : l'agence exécutive « éducation, audiovisuel et culture » (EACEA), celle du conseil européen de la recherche (CER), l'agence pour la compétitivité et l'innovation (EASME), l'agence « innovation et réseaux » (INEA), celle pour la recherche (REA) et enfin l'agence exécutive pour les consommateurs, la santé, l'agriculture et l'alimentation (CHAFEA).

230 Règlement (CE) n°58/2003 du Conseil du 19 décembre 2002 portant statut des agences exécutives chargées de certaines tâches relatives à la gestion de programmes communautaires. JOUE L11 du 16 janvier 2003 p.1.

ce budget propre des agences exécutives n'est pas le même que celui des agences décentralisées. En effet, si ces deux budgets sont individualisés par rapport au budget de l'Union européenne, le budget des agences exécutives ne comprend que les dépenses de fonctionnement et non les crédits opérationnels. Les agences européennes exécutives mettant en œuvre les crédits opérationnels de la Commission en tant qu'ordonnateur délégué, ces crédits restent inscrits dans le budget de la Commission et sont donc visibles dans le budget général de l'Union. De ce fait, les agences exécutives ne sont pas responsables des programmes communautaires dont elles ont la charge. C'est la Commission qui en demeure responsable. Par conséquent, elle exerce un contrôle fort sur ces agences. En effet, les agences exécutives sont créées « *dans le but d'exécuter tout ou partie des programmes communautaires pour le compte de la Commission sous le contrôle et la responsabilité de celle-ci* »[231]. Cette exécution des programmes communautaires est en réalité une délégation temporaire de compétences de la Commission en direction des agences exécutives.

Il faut donc souligner que les conséquences de la personnalité ne sont pas les mêmes pour les deux types d'agences. Les agences exécutives sont moins autonomes que les agences décentralisées. Si les dernières s'apparentent davantage aux autorités publiques indépendantes, les premières peuvent être comparées aux établissements publics français sous tutelle étatique ou locale.

Les agences exécutives sont ainsi moins autonomes que les API françaises puisqu'elles sont dépendantes d'une autorité supérieure qui leur impose leur budget, leur action, leurs missions, et des contrôles *a priori* et *a posteriori*. En effet, les agences exécutives sont sous l'autorité de la Commission qui les crée, fixe leur durée de vie, les supprime, définit leur compétences et les contrôle strictement par le biais de l'acte de délégation les concernant.

Le règlement du Conseil fixant le statut de ces agences précise ainsi dans son article 3 que « *la Commission peut décider, après une analyse préalable coûts/avantages, d'instituer une agence exécutive* ». L'analyse coûts/avantages, décrite dans ce même article, permet en réalité à la Commission de considérer l'opportunité de la création des agences exécutives. L'article 3 prévoit aussi que la Commission « *fixe la durée d'existence de l'agence exécutive* », cette durée pouvant être prorogée, ou au contraire réduite par une

---

231 Sénat, Rapport d'information fait au nom de la commission des affaires européennes et de la commission des finances sur *l'évaluation de l'activité des agences européennes*, Denis BADRE, 7 octobre 2009, n°17, p.3.

procédure de liquidation de l'agence menant à sa suppression[232]. La Commission peut donc grandement agir et a tous les droits sur les agences exécutives.

Quant aux contrôles, ils sont présents tant sur le budget, que sur l'exécution des missions. Ces contrôles se manifestent par la présence marquée de la Commission comme autorité de « tutelle » des agences exécutives.

Concernant le budget, la première limite est que les agences exécutives ont la capacité d'établir exclusivement leur budget de fonctionnement, c'est-à-dire seulement les dépenses administratives. En effet, le budget propre de l'agence ne comprend pas les crédits opérationnels, ceux-ci étant inclus dans le budget général de l'Union européenne[233]. Les crédits opérationnels sont des crédits servant à financer des activités concrètes permettant la mise en œuvre des politiques communautaires. Par conséquent, ces crédits correspondent aux dépenses permettant effectivement de financer les missions de la Commission et par délégation des agences exécutives. Si le budget des agences ne contient pas ces crédits opérationnels, cela manifeste bien qu'elles ne font qu'exécuter les programmes communautaires dont la Commission reste seule responsable.

De plus, une seconde limite, moins restrictive que la première, concerne la procédure d'élaboration du budget des agences exécutives, ainsi que l'origine de leurs recettes. Si le budget est effectivement arrêté *in fine* par le comité de direction de l'agence[234], il convient de souligner que cette validation du budget arrive après l'intervention de la Commission dans la procédure budgétaire. Ainsi, l'article 13 du règlement prévoit tout d'abord que le projet de budget est établi conjointement par le directeur de l'agence et le comité de direction qui l'adopte et le soumet à la Commission avant le 1er mars de l'exercice N-1. En effet, le budget propre des agences exécutives

232 Concernant la suppression, l'article 3 précise dans son alinéa 2 que « *dans le cas où la Commission n'estime plus nécessaire d'avoir recours à une agence exécutive qu'elle a créée, ou constate que l'existence de celle-ci n'est plus conforme aux principes de la bonne gestion financière, elle décide de la supprimer. Dans ce cas, elle nomme deux liquidateurs pour procéder à la liquidation* ».

233 Les crédits opérationnels figurent dans la section III du budget de l'Union européenne, relative à la Commission. En effet, la Commission étant l'organe qui met en œuvre les politiques communautaires, tous les crédits opérationnels de l'Union sont contenus dans la section III du budget la concernant. Les autres sections, relatives aux autres institutions de l'Union, ne contiennent que des dépenses administratives.

234 Le comité de direction fait partie de la structure de l'agence. Il correspond à l'assemblée délibérante qui gère l'agence aux côté du directeur représentant l'exécutif de l'agence (article 7 du règlement 58/2003 du conseil portant statut des agences exécutives).

étant financé, pour une très large part, par une subvention du budget de l'Union, la Commission doit intervenir pour proposer à l'autorité budgétaire la fixation de la subvention annuelle de l'agence[235]. Par la suite, le même article 13 dans son alinéa 4 précise que « *sur la base de la subvention annuelle ainsi déterminée par l'autorité budgétaire, le comité de direction arrête le budget de fonctionnement de l'agence exécutive* », étant à noter que « *le budget de fonctionnement de l'agence exécutive ne peut être adopté de manière définitive qu'après l'arrêt définitif du budget général de l'Union européenne* » (alinéa 5). Par conséquent, certes le comité de direction de l'agence arrête le budget, mais il doit le faire en fonction de la subvention accordée par l'Union, et donc après l'intervention de la Commission. De plus, il est tributaire du budget de l'Union et ne verra son budget définitif que lorsque celui de l'Union le sera.

Concernant les missions des agences exécutives, elles sont déléguées temporairement par la Commission. L'agence exécutive, comme son nom l'indique, ne fait donc qu'exécuter un programme communautaire dont la Commission est responsable. Ses missions sont, par conséquent, déterminées et bornées par la Commission dans le cadre de l'acte de délégation. En effet, celui-ci précise d'une part « *les conditions, critères, paramètres et modalités que l'agence exécutive doit respecter dans l'accomplissement [de ses] tâches* », et d'autre part « *les modalités des contrôles exercés par les services de la Commission* »[236]. De plus, comme cela a pu être évoqué, le financement des missions n'est pas inclus dans le budget propre de l'agence, les crédits opérationnels, servant à accomplir les missions, étant inclus dans le budget général de l'Union. On peut en conclure que l'agence exécutive est également très encadrée par la Commission dans le cadre de l'exercice de ses missions.

b. Les agences décentralisées : une personnalité morale épanouie

Il existe plus de trente agences décentralisées dans l'Union européenne. Or si elles portent, comme les agences exécutives, la dénomination « agence », elles ont un statut, des compétences et des prérogatives bien plus avantageux que les agences dites exécutives. Elles ne possèdent pas de règlement particulier faisant état de leur statut. Elles sont créées sur la base de l'article 352 du Traité sur le fonctionnement de l'Union

---

235 L'article 12 alinéa 3 du règlement 58/2003 précise en effet que « *les recettes de l'agence exécutive comprennent, sans préjudice d'autres recettes, une subvention inscrite au budget général de l'Union européenne, déterminée par l'autorité budgétaire, et prélevée sur la dotation financière des programmes communautaires à la gestion desquels l'agence exécutive participe* ».

236 Article 6 alinéa 3 du règlement 58/2003.

européenne[237], celui-ci précisant seulement que si les politiques et actions de l'Union le nécessitent, le Conseil peut adopter des « *dispositions appropriées* ». On peut d'emblée souligner que concernant les agences décentralisées, la création se fait par le biais du Conseil. Ainsi, chacune d'entre elles est créée par « *le Conseil, statuant à l'unanimité sur proposition de la Commission et après approbation du Parlement européen* ». Par conséquent, contrairement aux agences exécutives où seule la Commission intervient, la création des agences décentralisées fait intervenir toutes les institutions de l'Union.

Quant à l'attribution de la personnalité morale à ces organismes décentralisés, cela n'est pas inscrit dans l'article 352 du TFUE qui ne parle que de « *dispositions particulières* »[238]. Toutefois, il faut noter, d'une part, que la logique de la décentralisation, induite par le précédent article, implique forcément l'attribution de la personnalité morale aux organismes créés. D'autre part, l'ancien règlement financier applicable à ces agences de régulation[239] fait état de cette personnalité morale. Il considère ainsi que « *des organismes communautaires institués pour assumer la charge de certaines interventions communautaires, ont été dotés de la personnalité juridique et, par voie de conséquence, d'un budget propre encadré par une réglementation financière spécifique* »[240]. Désormais, le nouveau règlement financier cadre de ces agences ne précisant rien sur la personnalité morale[241], celle-ci découle du règlement relatif aux règles financières applicables au budget de l'Union qui prévoit que les organismes créés « *ont la personnalité juridique et reçoivent des contributions à la charge du budget* »[242].

---

237 L'article 352 du TFUE précise notamment que « *si une action de l'Union paraît nécessaire, dans le cadre des politiques définies par les traités, pour atteindre l'un des objectifs visés par les traités, sans que ceux-ci n'aient prévu les pouvoirs d'action requis à cet effet, le Conseil, statuant à l'unanimité sur proposition de la Commission et après approbation du Parlement européen, adopte les dispositions appropriées* ».

238 Tel est également le cas de l'article 308 du Traité sur les communautés européennes (dit TCE) et de l'article 235 du Traité instituant la communauté économique européenne (dit traité CEE), fondant autrefois la création des agences européennes décentralisées.

239 Règlement n°2343/2002 de la Commission du 19 novembre 2002 portant règlement financier cadre des organismes visés à l'article 185 du règlement 1605/2002 du Conseil portant règlement financier applicable au budget général des communautés européennes, modifié par le règlement n°652/2008 de la commission du 9 juillet 2008.

240 Règlement n°2343/2002. Cette disposition figure au sein des considérants précédents les articles du règlement, posant le cadre de celui-ci.

241 Règlement délégué (UE) n°1271/2013 de la Commission du 30 septembre 2013 portant règlement financier-cadre des organismes visés à l'article 208 du règlement (UE, Euratom) n°966/2012 du Parlement européen et du Conseil, JOUE L 328/42 du 7 décembre 2013.

242 Règlement n°966/2012 du 25 octobre 2012 relatif aux règles financières applicables au budget général de l'Union et abrogeant le règlement n°1605/2002, JOUE L 298 du 26 octobre 2012, p. 1.

Les conséquences de la personnalité morale des agences décentralisées sont différentes de celles offertes aux agences exécutives. En effet, les premières sont beaucoup plus autonomes que les secondes. Ainsi, si toutes possèdent une capacité juridique similaire (droits patrimoniaux et extrapatrimoniaux), des distinctions sont notables à trois niveaux : les compétences et objectifs des agences, leur budget et les contrôles dont elles sont l'objet.

Concernant la capacité juridique des agences décentralisées, elle est la même que celles des agences exécutives. Celles-ci ont la faculté de posséder un patrimoine et donc d'acquérir ou d'aliéner des biens mobiliers ou immobiliers. Elles peuvent également ester en justice, passer des contrats et adopter de nombreux actes juridiques.

Concernant les compétences des agences décentralisées, il faut tout d'abord distinguer les agences de premier type, aidant la commission en amont à préparer ses décisions et actions, des agences de second type, intervenant dans le cadre de la mise en œuvre des politiques de l'Union, c'est-à-dire aidant la commission en aval à rendre effectives ses décisions. Toutefois, malgré la diversité des compétences, elles exercent toutes des tâches de nature technique, scientifique, et très spécialisée. De plus, contrairement aux agences exécutives qui ne font qu'exécuter un programme de l'Union dont la Commission demeure responsable, les agences décentralisées possèdent, quant à elles, un champ de compétences certes très varié, mais surtout autonome. Ainsi, il est possible d'opposer l'autonomie des compétences et objectifs des agences décentralisées, à la soumission des agences exécutives à un programme déterminé sous la tutelle et la responsabilité de la commission.

Il existe également une divergence entre les agences exécutives et décentralisées relativement au budget. En effet, si la procédure d'établissement du budget est approximativement la même que celles des agences exécutives, elle diffère sensiblement au regard du contenu du budget. Tout d'abord, l'agence transmet à la Commission, avant le 10

Autrefois, le règlement 1605/2002 prévoyait que ces organismes étaient « *dotés de la personnalité morale* » et recevaient des « *subventions à la charge du budget* ». Ces subventions sont devenues en 2008 lors de la modification du règlement de 2002 des « *contributions à la charge du budget* », comme c'est aujourd'hui encore le cas.

février, un projet d'état prévisionnel de ses dépenses et recettes[243], ainsi que des orientations générales le justifiant. L'agence transmet ensuite à la Commission, avant le 31 mars, son projet de programme de travail, un plan pluriannuel en matière de politique du personnel, des informations sur le nombre de fonctionnaires, d'agents temporaires, d'agents contractuels, des informations sur les contributions en nature accordées par l'Etat membre hôte, et une estimation du solde découlant du compte de résultat. Subséquemment, dans le cadre de la procédure relative à l'adoption du budget général, la Commission transmet l'état prévisionnel des dépenses et recettes de l'agence à l'autorité budgétaire et propose le montant de la « *contribution de l'Union* »[244] qui profitera à l'agence ainsi que les effectifs nécessaires. Par la suite, l'autorité budgétaire arrête le tableau des effectifs et de façon générale le budget de l'Union. Enfin, le budget définitif et le tableau des effectifs sont arrêtés par le conseil d'administration de l'agence, ceux-ci ne devenant toutefois définitifs qu'après l'arrêt final du budget général de l'Union[245].

Ces divergences sensibles dans l'établissement du budget sont dues à une double différence entre agences décentralisées et exécutives. D'une part, le budget des premières inclut certes les dépenses de fonctionnement comme cela est le cas dans les agences exécutives, mais il inclut, de surcroît, les crédits opérationnels. Ces crédits servant à financer des activités concrètes et donc les missions des agences, sont tout naturellement inclus dans le budget des agences décentralisées car celles-ci possèdent un champ de compétences autonome. Ainsi, elles exécutent leurs propres missions et non celles d'un autre organe communautaire, comme cela est le cas des agences exécutives vis-à-vis de la Commission[246]. D'autre part, les agences décentralisées ont la possibilité de s'autofinancer par des ressources propres. Ainsi, aux contributions de l'Union versées directement ou indirectement, peuvent s'ajouter des ressources propres provenant de paiements effectués

---

243 Cet état prévisionnel des dépenses et recettes inclut : un tableau des effectifs, une prévision trimestrielle de trésorerie, des informations sur la réalisation des objectifs, passés et futurs.

244 Règlement délégué (UE) n°1271/2013 de la Commission du 30 septembre 2013 portant règlement financier-cadre des organismes visés à l'article 208 du règlement (UE, Euratom) n°966/2012 du Parlement européen et du Conseil.

245 Cette procédure d'établissement du budget des agences décentralisées est prévue par le règlement financier cadre les régissant : règlement n°2343/2002 de la Commission du 23 décembre 2002 portant règlement financier-cadre des organismes

246 Le règlement financier cadre des agences décentralisées de 2013 (n°1271/2013) précise d'ailleurs dans son article 39 que « *le directeur [...] exécute le budget [...] en recettes et en dépenses [...] sous sa propre responsabilité* ».

en rémunération de services rendus, ce qui constitue un apport significatif vis-à-vis de leur autonomie financière.

Concernant les contrôles des agences décentralisées, ils sont moins contraignants que ceux qui s'appliquent aux agences exécutives. Cela s'explique tout d'abord par le fait que les agences décentralisées sont elles-mêmes responsables de l'exécution de leur propre budget[247]. Ainsi, n'étant pas sous la tutelle d'un autre organe, elles sont beaucoup plus libres dans l'exercice de leurs missions. Elles sont d'ailleurs davantage sous le contrôle des Etats membres (*via* leurs conseils d'administration) que de la Commission comme c'est le cas des agences exécutives. Enfin, il faut souligner que les contrôles internes et externes qui pèsent sur les agences sont les mêmes : la présence d'un auditeur interne qui conseille les agences en matière de maîtrise des risques, et le contrôle *a posteriori* par la Cour des comptes de l'Union.

2. Les limites de la personnalité morale et leurs justifications

Même si toutes les agences européennes disposent de la personnalité morale, celle-ci comporte néanmoins des limites. En effet, si l'on a souligné que la personnalité morale des agences leur offre une large capacité juridique et des prérogatives très étendues, il faut toutefois noter que la personnalité morale doit être mise en relation avec d'autres notions qui ont tendance à la limiter. Ainsi, « *si ces organismes disposent de la personnalité juridique, celle-ci doit être conciliée avec la nécessité d'entretenir des rapports étroits avec les autres organismes et les programmes qui existent déjà, ce qui en limite la portée effective* »[248]. En effet, les agences européennes, malgré une autonomie certaine, doivent coopérer avec d'autres organismes pour accomplir leurs missions. Elles doivent également respecter des politiques et des programmes européens qui ont été élaborés par d'autres organes de l'Union, notamment le Conseil, le Parlement et la Commission. Par conséquent, ces interactions entre organes et l'antériorité comme l'extériorité des programmes de l'Union vis-à-vis des agences, ont vocation, dans une certaine mesure, à limiter leur capacité de décision et d'initiative.

Il faut d'ailleurs remarquer que les agences exécutives subissent de plein fouet cette limite. En effet, elles sont davantage sujettes aux interactions et à la coopération avec la Commission. On peut même dire

---

247 *Idem.*

248 Isabelle MULLER, « Les organismes communautaires décentralisés », *Les Petites Affiches*, 22 janvier 1997, n°10, p. 23.

qu'elles sont soumises et subordonnées à la Commission dont elles dépendent tant du point de vue des missions que du point de vue du budget et des contrôles. En conséquence, la qualification même d'« agences exécutives » paraît limiter la portée de la personnalité morale.

De façon générale, c'est-à-dire concernant tant les agences exécutives que les agences décentralisées, la Cour de justice de l'Union européenne a depuis longtemps posé des limites à la délégation des missions communautaires et donc à l'idée de décentralisation dans l'Union. Ainsi, la création des agences n'était pas acquise au début de la construction européenne. Les agences de l'Union sont nées dans un contexte quelque peu hostile. En effet, dès 1958, la Cour de justice avait posé les bases d'une défiance vis-à-vis de la délégation des compétences communautaires grâce à sa jurisprudence « Meroni »[249]. C'est en posant le principe d'équilibre institutionnel que la Cour est venue limiter la délégation des compétences communautaires. Le principe d'équilibre institutionnel, comparable au principe de séparation des pouvoirs, implique que chaque institution de l'Union agit dans le cadre de ses attributions sans empiéter sur les attributions des autres. Ce principe prétorien permet donc au juge de faire strictement respecter la répartition des compétences entre les institutions de l'Union prévue par les traités. Or, grâce à ce principe et à la jurisprudence « Meroni », la Cour de justice est venue certes autoriser les délégations au sein de l'Union, mais elle les a strictement encadrées. Son raisonnement était le suivant : si le traité ne prévoit pas la création d'agences, ou du moins d'organismes communautaires décentralisés, il ne l'interdit pas pour autant. Ainsi, la Cour a admis les délégations de compétences à des entités externes et non prévues par le Traité, mais elle les a fortement encadrées en prévoyant un contrôle rigoureux par l'institution délégataire. Dans sa jurisprudence, la Cour distingue les « *pouvoirs d'exécution nettement définis et dont l'usage, de ce fait, est susceptible d'un contrôle rigoureux au regard de critères objectifs fixés par l'autorité délégante* », et les « *[pouvoirs discrétionnaires], impliquant une large liberté d'appréciation, susceptible de traduire par l'usage qui en est fait, une véritable politique économique* ». Seuls les premiers pouvoirs peuvent être délégués. Les seconds, impliquant une grande marge de manœuvre et une large liberté de jugement et de choix, sont quant à eux insusceptibles de délégation. En effet, la délégation des pouvoirs discrétionnaires porterait atteinte au principe d'équilibre institutionnel en entraînant une dilution des responsabilités au sein des institutions de l'Union.

---

[249] CJCE, 13 juin 1958, *Meroni c/ Haute autorité* (aff. 9/56), Rec., p. IV-11.

Par conséquent, la personnalité morale des agences européennes est limitée par plusieurs facteurs : d'une part, la nécessaire coopération avec des organes et programmes externes, et d'autre part, la limitation générale des délégations et de la décentralisation dans l'Union. Ainsi, les agences de l'Union comme les autorités publiques indépendantes, possèdent la personnalité morale, mais celle-ci n'est pas pleine et entière. Elle se voit toujours limitée par des causes et éléments variés.

B. Les conséquences de la généralisation de la personnalité morale attribuée aux agences

Contrairement aux autorités administratives indépendantes et aux autorités publiques indépendantes dont la catégorie est très diversifiée, la totalité des agences de l'Union européenne sont des organismes personnalisés. Les conséquences de la généralisation de la personnalité morale au profit des agences sont doubles : d'une part, cela entraîne la mise en place d'une sorte de modèle (1), et d'autre part, cela renforce l'autonomie de ces organismes (2), même s'il faut noter que cette autonomie n'est pas la même pour toutes les agences. En effet, les agences exécutives, nous l'avons vu, sont moins autonomes que les agences décentralisées. Nous allons donc approfondir davantage l'autonomie des agences décentralisées afin de la comparer à l'autonomie des autorités publiques indépendantes.

1. L'idée de modèle

La généralisation de la personnalité morale au profit des agences de l'Union européenne a permis la mise en évidence d'un modèle (a). Toutefois, la création des agences européennes, selon une propagation répondant aux besoins spécifiques du moment, a causé une diversification de leur statut (b). Malgré tout, une volonté marquée de l'Union de conserver une unité et une clarté parmi ces organismes[250], a permis le rassemblement de ces agences au sein d'un modèle plus ou moins souple et modulable.

---

[250] L'Union européenne a manifesté la volonté de mettre en place un modèle d'agence de l'UE notamment dans trois documents : le livre blanc sur la gouvernance européenne de 2001 (COM(2001)428, JO C 287 du 12 octobre 2001, p. 1), un projet d'accord interinstitutionnel pour un encadrement des agences européennes de régulation présenté par la Commission le 25 février 2005 (COM(2005)59 final, non publié au JO), et une communication de la Commission au Parlement européen et au Conseil « agences européennes – orientations pour l'avenir » du 11 mars 2008 (COM(2008)135 final, non publié au JO).

a. Un modèle d'agence européenne

Lors de la dernière décennie, la Commission a travaillé sur l'établissement d'un cadre commun des agences. En effet, la création d'organismes de l'Union européenne caractérisée par l'incohérence et les divergences aurait pour conséquence le désordre, la dilution des compétences et des responsabilités, et donc une atteinte à la sécurité juridique. Ainsi, la volonté d'une approche commune des agences répond à l'objectif de respect des principes permanents de l'Union qui sont ceux de la gouvernance européenne. Cette idée de gouvernance européenne contient « *les principes de cohérence [...], d'efficacité [...], de responsabilité [...], de participation et d'ouverture [...]* »[251]. Pour atteindre ce but, la création d'un cadre commun doit comprendre l'idée de classification des agences. Une fois les organismes classifiés au sein de catégories distinctes, il convient de d'homogénéiser pour chaque catégorie la procédure de création, l'organisation, le fonctionnement, la responsabilité, l'autonomie et les contrôles.

Il convient tout d'abord de préciser que selon le projet d'accord interinstitutionnel de la Commission de 2005, « *on entend par agence européenne de régulation toute entité juridique autonome établie par l'autorité législative pour participer à la régulation d'un secteur à l'échelle européenne et à la mise en œuvre d'une politique communautaire* », étant entendu que « *cette définition exclut les agences dites "exécutives"* »[252]. Le premier élément à souligner est donc que le modèle des agences de l'Union n'inclut pas les agences exécutives et ne concerne que les agences de régulation dites décentralisées[253]. Ces dernières se caractérisent toutes par les critères suivants : une création par le législateur, la permanence, la personnalité morale et l'autonomie (financière et administrative). En dehors de ces traits communs, les agences ont des missions diverses, malgré leur compétence générale en matière de régulation sectorielle et de mise en œuvre des politiques de l'Union. Elles possèdent également des degrés de pouvoirs différents allant du simple avis à la prise de décision individuelle. Néanmoins, en tant qu'organismes de droit public européen, les agences sont gouvernées par le droit de l'Union, ce qui contribue à les regrouper au sein d'un cadre commun.

---

[251] Joël MOLINIER, « L'élaboration d'un cadre commun aux agences de l'Union », *in Les agences de l'Union européenne*, 3e journées Guy Isaac, 11 et 12 mars 2010, Bruxelles, Bruylant, 2011, p. 230.

[252] Commission, Projet d'accord interinstitutionnel pour un encadrement des agences européennes de régulation, 25 février 2005 (COM(2005)59 final).

[253] Cela est visible notamment grâce à l'idée de création législative, les agences exécutives étant créées par la Commission.

Tout d'abord, les agences doivent notamment respecter les principes de responsabilité et de bonne gestion financière, inclus dans l'idée de gouvernance européenne. Or, dans ce cadre, l'idée de modèle est visible en ce que les agences sont toutes soumises au règlement relatif aux règles financières applicables au budget général de l'Union[254]. Ainsi, son article 208 précise d'abord que « *la Commission est habilitée à adopter un règlement financier cadre [...]* » pour les agences. En revanche, il ajoute que « *le règlement financier cadre se fonde sur les règles et les principes énoncés dans le présent règlement* », pour ensuite spécifier que « *la réglementation financière de ces organismes ne s'écarte du règlement financier cadre que si leurs exigences spécifiques le nécessitent et avec l'accord préalable de la Commission* ». Par conséquent, malgré la présence d'un règlement financier cadre et de quelques adaptations possibles et strictement délimitées, les agences doivent toutes respecter le règlement financier de l'Union, ce qui permet une harmonisation de leur procédure financière.

Ensuite, le statut des fonctionnaires de l'Union s'applique aux agences européennes. Ainsi, tous les agents employés au sein d'une agence, qu'ils soient fonctionnaires ou contractuels, sont soumis au règlement portant statut des fonctionnaires de l'Union[255]. Cela entraîne une uniformisation du statut du personnel des agences. En effet, malgré le personnel propre qui appartient aux agences, la Commission a voulu conserver une unité et une certaine cohérence ; en conséquence elle « *s'efforce d'imposer des règles communes afin d'éviter la multiplication des régimes dérogatoires en la matière : elle doit donner son accord avant que les conseils d'administration des agences n'adoptent les modalités du statut applicables à leur personnel* »[256]. Comme pour le respect du règlement financier de l'Union, les agences doivent obtenir l'accord de la Commission pour prendre des dispositions dérogatoires, et ce afin que ces particularités restent exceptionnelles.

De plus, les agences sont toutes assujetties à la Commission. En effet, même si elles ont des relations plus ou moins étroites en fonction de leurs missions et pouvoirs, elles ont toutes des rapports de soumission vis-à-

[254] Règlement (UE, EURATOM) n°966/2012 du Parlement européen et du Conseil du 25 octobre 2012 relatif aux règles financières applicables au budget de l'Union et abrogeant le règlement (CE, Euratom) n°1605/2002 du Conseil, JOUE L 298 du 26 octobre 2012, p. 1.

[255] Règlement (CEE, Euratom, CECA) n°259/68 du Conseil du 29 février 1968 portant statut des fonctionnaires des communautés européennes et régime applicable aux autres agents de ces communautés, JOUE L 56 du 4 mars 1968, p. 1, régulièrement modifié jusqu'à nos jours. Dernière modification le : 24 novembre 2010 (règlement (UE, Euratom) n° 1080/2010).

[256] Olivier BLIN, « Les structures des agences de l'Union européenne », *in Les agences de l'Union européenne, recherche sur les organismes communautaires décentralisés*, Journée Guy Isaac, 8 juin 2001, Presse de l'Université des Sciences Sociales, Toulouse, 2002, p. 91.

vis de la Commission. Cette dernière a notamment la possibilité d'approuver le programme de travail de l'agence. Elle intervient également dans la désignation du directeur de l'agence et peut effectuer des contrôles internes, le tout ayant pour conséquence de limiter l'autonomie des agences.

Elles sont également construites selon le même modèle structural. Elles possèdent toutes une organisation identique comprenant notamment un conseil d'administration et un directeur. Or, si les tâches respectives de ces deux organes sont généralement les mêmes pour toutes les agences, il est communément admis que leur composition et leur désignation diffèrent d'une agence à l'autre. La Commission précisait ainsi dans son projet d'accord interinstitutionnel de 2005 « *qu'il ne peut exister de formule unique pour la composition du conseil d'administration* »[257].

Subséquemment, il faut souligner que malgré la diversité des pouvoirs des agences européennes, elles sont toutes dotées de pouvoirs de « *nature instrumentaire* »[258]. Ceux-ci correspondent à des pouvoirs intermédiaires, des outils au service des organismes primaires de l'Union. Ils ne sont donc qu'une assistance, un support à la prise de décision finale par les institutions nationales et/ou européennes. Les pouvoirs des agences n'interviennent donc qu'en soutien des « *pouvoirs décisionnels finaux* »[259]. Cela est dû à la jurisprudence « Meroni » de la Cour de justice qui vient limiter les pouvoirs des agences[260] en distinguant les « *pouvoirs d'exécution* », dont peuvent bénéficier les agences, et les « *pouvoirs discrétionnaires* » qui leur sont prohibés. Cette jurisprudence de la Cour vient donc unifier les pouvoirs des agences dans leur diversité. Ainsi, si les pouvoirs des agences sont variés, ils sont tous de simples pouvoirs d'exécution subordonnés et limités, tant dans leur portée que dans leurs conditions, cette limitation stricte empêchant toute manifestation d'un pouvoir discrétionnaire[261].

Enfin, de façon générale, les agences sont soumises à une pluralité de contrôles : de la Commission, du Parlement et du Conseil, mais également des Etats membres, des juges européens (CJUE et Cour des

---

257 Commission, Projet d'accord interinstitutionnel précité.

258 Edoardo CHITI, « Existe-t-il un modèle d'agence de l'Union européenne ? », », *in Les agences de l'Union européenne*, 3e journées Guy Isaac, 11 et 12 mars 2010, Bruxelles, Bruylant, 2011, p. 52.

259 *Idem.*

260 CJCE, 13 juin 1958, *Meroni c/ Haute autorité* (aff. 9/56), Rec., p. IV-11.

261 Les pouvoirs d'assistance sous la forme d'avis, de recommandations ou de rapports sont visiblement des pouvoirs d'exécution. Concernant les agences disposant d'un pouvoir de décision individuelle, il faut souligner que ces pouvoirs s'appuient toujours sur une règlementation plus générale qui les fonde. Par conséquent, on peut aussi les considérer comme des pouvoirs d'exécution.

comptes de l'Union) et du médiateur européen. Il faut toutefois souligner que ces contrôles sont plus ou moins intenses selon les pouvoirs dont dispose l'agence en cause. Plus une agence est autonome et a des pouvoirs forts, quasi finaux, plus elle sera contrôlée, et inversement, « *les instruments de contrôle sont (...) moins développés eu égard aux agences européennes qui exercent une activité de consultation ou d'assistance technique* »[262].

En conclusion, même dans la diversité, on ramène toujours les agences à une unité, que cela concerne le personnel, les règles financières, les pouvoirs, les contrôles, ou la structure des agences, ce qui n'est pas le cas en France concernant la catégorie des autorités administratives indépendantes pour laquelle les pouvoirs publics n'ont pas fait d'effort de rationalisation et d'uniformisation. En effet, la catégorie des AAI s'est développée de manière empirique en fonction des besoins de l'Etat et des différentes conjonctures politiques. Par conséquent, aucun modèle d'AAI unique n'a vu le jour et les institutions créées ont été régies, non par un statut législatif ou constitutionnel d'ensemble, mais par les différents textes qui les ont instituées. Aujourd'hui, les parlementaires, ayant conscience de la carence patente dans ce domaine, tentent de créer un statut général des AAI et des API. Néanmoins, après un premier échec[263] et une seconde proposition de loi qui tarde à être adoptée[264], il est possible de se rendre compte de toute la difficulté de mettre en place un tel statut unifié, après avoir créé ces autorités de façon anarchique. Finalement, à l'heure actuelle, sans modèle unique reconnu, une seule ligne directrice paraît émerger de cette catégorie tant diversifiée : la nécessaire indépendance, qu'elle soit organique ou fonctionnelle. C'est d'ailleurs la raison pour laquelle les autorités publiques indépendantes ont vu le jour : afin de renforcer cette indépendance depuis toujours recherchée. Il conviendrait donc à tout le moins, et à défaut de parvenir à fixer un cadre commun à l'ensemble de la catégorie des autorités administratives indépendantes, de transposer le cadre commun des agences décentralisées aux seules API en fixant des caractéristiques générales ayant trait tant à leur création législative, qu'à leur personnalité morale et à ses conséquences, notamment celles relatives à l'autonomie. Cependant, pour ce faire, encore faudrait-il que les API disposent d'une autonomie financière identique. Or, tel n'est pas le cas.

---

262 Edoardo CHITI, art. cit., p. 57.

263 Echec de la proposition de loi portant statut général des AAI et des API du 25 septembre 2014.

264 La nouvelle proposition de loi portant statut général des AAI et des API déposée au Sénat le 7 décembre 2015 est toujours en discussion au Parlement. Elle vient de passer en troisième lecture au Sénat le 8 décembre 2016. Il semble donc que les deux chambres ne parviennent pas à un accord en termes identiques sur le texte.

b. La contestation partielle du modèle d'agence européenne

Malgré la volonté marquée d'un cadre commun des agences européennes et la tentative d'uniformisation de leur statut, il existe des atténuations à cette idée de modèle.

Ces différenciations sont notamment visibles du point de vue de l'autonomie voire de l'« *indépendance* », ce qui se manifeste grâce au degré de pouvoirs des agences et aux contrôles qui pèsent sur elles. Ainsi, si certaines nouvelles agences[265] « *[reproduisent] certains traits des agences européennes* », elles « *s'en [éloignent] sous un profil important, à savoir celui de la pleine indépendance vis-à-vis des institutions politiques ainsi que des particuliers* »[266]. Or, cette indépendance vis-à-vis des institutions politiques concerne également la Commission.

D'une part, le degré des pouvoirs des agences a tendance à augmenter. Les agences disposent alors de pouvoirs quasi finaux correspondant à un pouvoir de décision individuelle allant bien au-delà des classiques pouvoirs d'assistance. Ainsi, les agences issues du modèle consolidé traditionnel possèdent généralement des pouvoirs d'assistance qui peuvent soit se manifester sous la forme d'avis et de recommandations, soit sous la forme de rapports d'inspection. Les nouvelles agences sont dotées de pouvoirs plus forts dorénavant contraignants. Celles-ci disposent en effet de la faculté « *d'adopter des décisions individuelles produisant des effets juridiques contraignants à l'égard des tiers* »[267]. Toutefois, ce pouvoir décisionnel des agences est limité par l'ordre juridique communautaire et notamment la jurisprudence « Meroni », c'est pourquoi la Commission insiste sur le fait que les agences « *ne sont pas habilitées à adopter des mesures règlementaires de portée générale. Leurs compétences se limitent à l'adoption de décisions individuelles dans des domaines spécifiques requérant une expertise technique déterminée, dans des conditions précises et strictement définies et sans véritable pouvoir discrétionnaire* »[268]. On peut noter que la Commission souhaite fixer un cadre commun dans un but limitatif pour les agences : c'est une façon pour elle de « *reprendre en main* »[269]

---

265 Notamment l'agence de coopération des régulateurs de l'énergie.

266 Edoardo CHITI, art. cit., p. 62.

267 Joël MOLINIER, art. cit., p. 227, reprenant les différentes tâches pouvant être dévolues aux agences présentées par la Commission dans son projet d'accord interinstitutionnel de 2005 (p. 5).

268 Communication de la Commission au Parlement européen et au Conseil « agences européennes – orientations pour l'avenir » du 11 mars 2008 (COM(2008)135 final, non publié au JO).

269 Selon l'expression de Joël MOLINIER, art. cit., p. 230.

les agences et de récupérer sa compétence et ses pouvoirs, l'émancipation des agences lui faisant perdre son autorité et sa fonction exécutive.

D'autre part, les contrôles sont également très diversifiés en fonction des agences en cause. En effet, les multiples modalités de contrôle sont une conséquence des différences fonctionnelles entre les agences. Si elles sont dotées de pouvoirs plus ou moins incisifs, le contrôle sera plus ou moins fort. Au contraire, une agence exerçant une activité consultative sera moins contrôlée, notamment par le juge européen. Le contrôle est donc mesuré proportionnellement aux pouvoirs des agences : plus l'agence possède des pouvoirs contraignants, plus elle sera contrôlée.

Finalement, le phénomène d'agencification de l'Union passe par un renforcement de l'autonomie des agences. Les nouvelles agences concernées sont celles intervenant dans les secteurs de l'énergie et de la surveillance financière. Ainsi, « *la position desdites agences européennes [...] ne se borne pas à l'autonomie, par ailleurs limitée, typique du modèle consolidé, mais elle acquiert des formes d'indépendance à proprement parler, qui reflètent celle qui est requise à leurs homologues nationaux* »[270]. C'est donc peut être le phénomène d'autonomisation des autorités de régulation nationales qui a impulsé le même phénomène à l'échelle européenne, ce dernier s'avérant finalement plus abouti qu'au niveau national. En effet, depuis le début des années 2000, on assiste, notamment en France, à un renforcement de l'autonomie des autorités administratives indépendantes par la création d'autorités publiques indépendantes dotées de la personnalité morale, de l'autonomie financière et de prérogatives plus importantes, et ce, concernant les mêmes domaines que l'Union européenne : la surveillance financière, et accessoirement, l'énergie[271]. Par conséquent, on assiste à un phénomène général d'autonomisation des agences et autorités de régulation nationales, autonomie renforcée semblant s'écarter du modèle traditionnel des agences.

Parallèlement, la contestation du modèle des agences est visible grâce à la difficulté de trouver une classification cohérente des agences. Or, l'absence de classification et les diverses dénominations données aux agences contribuent à apporter davantage de confusion au modèle. Le problème est qu'il n'existe pas une classification unique des agences, il en existe une multitude, ce qui constitue une faiblesse du système.

---

[270] Edoardo CHITI, art. cit., p. 66.

[271] Exemples de l'AMF, du H3C, de l'ACPR (sans personnalité morale, mais disposant d'une large autonomie) et du médiateur de l'énergie. Il faut également évoquer la CRE qui a été doté de la personnalité morale pendant six mois entre décembre 2004 et juin 2005.

2. Une tendance au renforcement de l'autonomie des agences décentralisées

La Commission a rappelé en 2005 que « *l'autonomie d'une agence européenne de régulation est la clé de voûte de son efficacité et de sa crédibilité à long terme* »[272]. Il est donc ici question seulement des agences décentralisées qui sont nettement plus autonomes que les agences exécutives[273]. De plus, il convient de souligner que le passage des agences de première génération aux agences de deuxième génération manifeste un renforcement de l'autonomie, comme cela a pu être le cas en France, concernant le passage des autorités administratives indépendantes aux autorités publiques indépendantes dotées de la personnalité morale.

Toutefois, il a pu être souligné que « *l'autonomie induite par la personnalité juridique de ces organismes leur permet de disposer de moyens financiers et en personnel et d'une marge de manœuvre non négligeable, mais elle ne saurait en aucun cas signifier leur totale indépendance* »[274]. En effet, à défaut d'intervenir dans la gestion des compétences et des missions des agences, la Commission les contrôle sur les plans financier et fonctionnel. C'est pourquoi le Professeur Blanquet précise qu'« *il convient de distinguer la dépendance de l'établissement et l'indépendance de l'expertise* »[275].

a. Une autonomie financière globalement assurée

La personnalité morale d'un organisme implique au moins la possession d'un budget propre, c'est-à-dire d'une individualisation financière et ainsi une débudgétisation vis-à-vis du budget général de l'Union européenne. Toutefois, ce budget propre est-il autonome, que cela concerne les recettes ou les dépenses, l'attribution des ressources ou la gestion ?

Concernant l'attribution des ressources, les agences oscillent entre dépendance totale vis-à-vis de l'Union et autonomie partielle. En effet, la majorité des agences européennes sont financées par une contribution de

---

272 Projet d'accord interinstitutionnel pour un encadrement des agences européennes de régulation présenté par la Commission le 25 février 2005 (COM(2005)59 final, non publié au JO), p. 5.

273 Ces dernières dépendent plus largement de la Commission, comme nous avons pu le démontrer plus haut (p. 29).

274 Isabelle MULLER, art. cit., p. 28.

275 Marc BLANQUET, « Agences de l'Union et gouvernance européenne », *in Les agences de L'Union européenne. Recherche sur les organismes communautaires décentralisés*, études coordonnées par Jean-François COUZINET, 8 juin 2001, Toulouse, Presses de l'Université des sciences sociales de Toulouse, 2002, p. 73.

l'UE et dépendent donc de l'Union. Ainsi, dans le cadre de l'élaboration du budget de l'agence, celle-ci élabore un état prévisionnel de ses recettes et dépenses qu'elle transmet à la Commission. Puis dans le cadre de la procédure relative à l'adoption du budget général, la Commission transmet l'état prévisionnel de l'agence à l'autorité budgétaire et propose le montant de la contribution qui sera destinée à l'agence ainsi que les effectifs qu'elle estime nécessaire. Finalement, ce n'est qu'une fois la procédure d'adoption du budget général terminée[276] que l'agence, par le biais de son conseil d'administration, pourra arrêter définitivement son budget et son tableau des effectifs[277]. Par conséquent, non seulement la majorité des agences sont financées en intégralité par l'UE, mais au surplus, ce financement entraîne une réintégration du budget des agences dans la procédure budgétaire classique de l'Union. A côté de cela, certaines agences, minoritaires, peuvent recourir à un financement externe de l'Union et posséder une autonomie des ressources partielle. Elles bénéficient alors pour partie de ressources propres, celles-ci étant généralement cumulées avec une contribution de l'Union. Ces ressources propres sont des redevances pour service rendu. Ainsi, les agences qui en sont titulaires sont de « *véritables prestataires de services* » chargées toutefois d'un « *véritable service public industriel et commercial* »[278]. Ces agences sont peu nombreuses. Il est possible de citer trois agences totalement autofinancées : l'office de l'harmonisation dans le marché intérieur, le centre de traduction pour les organes de l'Union européenne, et l'office communautaire pour les variétés végétales. L'agence européenne du médicament est quant à elle financée, pour partie seulement, par des ressources propres provenant des groupes pharmaceutiques. Tel est également le cas de l'agence européenne pour l'environnement et de l'agence européenne pour la sécurité aérienne[279].

Il faut néanmoins souligner que si les agences ne disposent pas d'une autonomie des ressources totale, elles bénéficient toutefois d'un

---

276 L'autorité budgétaire arrête en effet le tableau des effectifs de l'agence et le montant de la subvention qui bénéficiera à l'agence.

277 Cette procédure d'élaboration du budget des agences est inscrite dans le règlement (CE, EURATOM) n°652/2008 de la Commission du 9 juillet 2008 modifiant le règlement (CE, Euratom) n°2343/2002 portant règlement financier-cadre des organismes visés à l'article 185 du règlement (CE, Euratom) n°1605/2002 du Conseil portant règlement financier applicable au budget général des Communautés européennes.

278 Vincent DUSSART, « L'autonomie financière des agences européennes », *in Les agences de L'Union européenne. Recherche sur les organismes communautaires décentralisés*, études coordonnées par Jean-François COUZINET, 8 juin 2001, Toulouse, Presses de l'Université des sciences sociales de Toulouse, 2002, p. 102.

279 Cette liste d'agence disposant de ressources propres n'est pas exhaustive.

financement largement suffisant voire supérieur à leurs besoins, ce qui leur assure une autonomie financière certaine à condition de pouvoir disposer librement de leurs ressources.

Concernant la gestion des ressources et donc l'exécution du budget, les agences disposent d'une large autonomie. C'est le directeur qui exerce les fonctions d'ordonnateur et qui est donc chargé d'exécuter le budget « *sous sa propre responsabilité dans la limite des crédits alloués* »[280]. La seule limite à cette gestion comptable est constituée par les contrôles sur les agences. Toutefois, ces contrôles sont généralement exercés *a posteriori* et ne portent donc pas atteinte à l'autonomie financière des agences. Au contraire, ils sont mis en place pour contrebalancer l'autonomie laissée auxdites agences.

En ce qui concerne les divers contrôles pratiqués sur les finances des agences, il faut noter qu'ils sont nombreux, que ce soit au niveau interne ou externe. Tout d'abord, un auditeur interne est présent dans chaque agence. Il a pour mission d'apprécier la qualité des systèmes de gestion et de contrôle afin d'« *améliorer les conditions d'exécution des opérations et promouvoir la bonne gestion financière* »[281]. Cet auditeur interne n'est autre que l'auditeur interne de la Commission. Il a certes un pouvoir purement consultatif, puisqu'il n'émet que des recommandations, mais le conseil d'administration de l'agence est là pour assurer leur suivi. Il faut également ajouter que les recommandations formulées ainsi que les suites qui leur sont données font l'objet d'un rapport transmis à l'autorité de décharge (le Parlement européen) et la Commission.

Par ailleurs, l'ordonnateur de l'agence doit mettre en place les systèmes de contrôle interne adaptés à l'exécution de ses tâches. Il exerce donc lui-même le contrôle financier interne de l'agence « *défini comme un processus applicable à tous les niveaux de la chaîne de gestion et conçu pour fournir une assurance raisonnable quant à la réalisation des objectifs suivants : a) l'efficacité, l'efficience et l'économie des opérations ; b) la fiabilité des informations ; c) la préservation des actifs et de l'information ; d) la prévention, la détection, la correction et le suivi de la fraude et des irrégularités ; e) la gestion appropriée des risques* »[282].

Il existe également des contrôles externes, comprenant la reddition des comptes et la procédure de décharge. Concernant la reddition des comptes, le comptable de l'agence communique les comptes provisoires au comptable de la Commission pour qu'il procède à la consolidation comptable, et à la Cour des comptes afin qu'elle formule ses observations.

---

280 Article 39 du règlement financier-cadre des agences de 2013 (n°1271/2013).

281 Article 82 du règlement précité.

282 Article 30 du règlement précité.

Le directeur de l'agence soumet par la suite, après avis du conseil d'administration de l'agence, les comptes détaillés et définitifs au comptable de la Commission, à la Cour des comptes, au Parlement européen et au Conseil. Une procédure complexe est donc présente dans le cadre de la reddition des comptes des agences. De plus, cette reddition des comptes n'est pas le seul contrôle exercé vis-à-vis de la gestion financière des agences. La Cour des comptes effectue un contrôle externe des comptes des agences au regard de l'article 287 du TFUE. Celui-ci prévoit que « *la Cour des comptes examine [...] les comptes de la totalité des recettes et dépenses de tout organe ou organismes créé par l'Union dans la mesure où l'acte de fondation n'exclut pas cet examen* ». Elle contrôle ainsi la légalité et la régularité des opérations financières des agences ainsi que la fiabilité et donc la transparence de toutes les recettes et dépenses. Toutefois, il faut souligner que si l'Union souhaitait faire échapper les agences à ce contrôle de la Cour, elle le pourrait. Il lui suffirait de manifester cette volonté dans le texte instituant l'agence. Cela n'est toutefois pas nécessaire étant donné la postériorité du contrôle. Celui-ci n'est donc pas attentatoire à leur autonomie financière. Enfin, une procédure de décharge est mise en œuvre. Elle consiste en un ultime contrôle du budget. Cette décision du Parlement européen est prise, après recommandation du Conseil, sur fondement d'un examen des comptes annuels, des états et du bilan financiers, ainsi que du rapport de la Cour des comptes accompagné des réponses du directeur de l'agence et des rapports spéciaux pertinents. Par cette décision de décharge, le Parlement valide et clôt le budget de l'exercice passé et de ce fait affranchit le directeur de l'agence de sa gestion du budget.

Malgré ces divers contrôles et le fait que les ressources des agences proviennent majoritairement du budget général de l'Union, il faut souligner que les agences décentralisées jouissent d'une autonomie financière importante car elles disposent de ressources largement suffisantes qu'elles peuvent utiliser et gérer librement. D'ailleurs un rapport d'information du Sénat de 2009 conclut sur « *l'augmentation incontrôlée de leurs moyens financiers et de leurs effectifs* »[283], or, l'aspect incontrôlé de l'augmentation des ressources illustre bien le caractère convenable et satisfaisant des moyens financiers des agences et donc leur autonomie financière. En effet, l'important grossissement du budget des agences sans calibrage préalable précis entraîne même des excédents de trésorerie assez considérables.

---

[283] Sénat, Rapport précité, 2009, n°17, p. 39.

b. Une autonomie fonctionnelle garantie

Concernant l'autonomie fonctionnelle, les agences disposent d'un personnel propre, distinct de celui de la Commission. Ce personnel propre est une nécessité étant donné la tâche confiée aux agences : une mission de nature technique, scientifique ou de gestion bien spécifique. Or la souplesse de gestion caractérisant les agences leur permet de recourir largement à un personnel non fonctionnaire des institutions européennes. Elles peuvent ainsi d'une part diminuer le coût de leur personnel, et d'autre part recruter du personnel contractuel hautement qualifié dans des domaines bien spécifiques.

L'absence de limitation à cette autonomie fonctionnelle est visible grâce à l'envolée des effectifs des agences. En effet, entre 2004 et 2009, « *les agences ont vu le nombre de leurs personnels croître de plus de 160 %* »[284], ceux-ci passant alors de 2 250 à 4 840. Cette augmentation très importante des effectifs des agences s'accompagne d'une diminution de ceux des services de la Commission. Toutefois, il faut noter que ce constat n'est pas observé proportionnellement, ce qui a tendance à entraîner une certaine opacité en ce domaine. De plus, l'augmentation des effectifs des agences, sans diminution proportionnelle des effectifs de la Commission, est contraire à l'idée actuelle de rationalisation des coûts, de mutualisation des moyens et d'économie d'échelle.

Une limite existe tout de même à l'autonomie relative à la gestion du personnel. En effet, le personnel, fonctionnaire comme contractuel, est inclus dans un tableau des effectifs au sein du budget général de l'Union. Celui-ci est certes proposé par l'agence elle-même mais il est ensuite soumis à l'autorité budgétaire. Par ailleurs, le tableau des effectifs du budget général définit un plafond d'emplois autorisés certes pour les institutions classiques de l'Union mais également pour les organismes créés par l'Union et dotés de la personnalité juridique[285]. L'article 38 du règlement financier cadre des agences prévoit ainsi que « *le tableau des effectifs [...] comporte, en regard du nombre des emplois autorisés au titre de l'exercice, le nombre des emplois autorisés au titre de l'exercice précédent ainsi que le nombre d'emplois réellement pourvus. Il constitue, pour l'organisme de l'Union, une limite impérative. Aucune nomination ne peut être faite au-delà de cette limite* ». Les agences décentralisées bénéficient donc d'une

284 *Ibid.*, p. 26.

285 Nous retrouvons au niveau européen le même système que celui qui existe en France de fixation d'un plafond d'autorisation d'emplois qui s'applique y compris aux organismes autonomes débudgétisés dans un cadre de rationalisation des dépenses publiques et notamment celles de personnel.

autonomie de gestion dans la limite impérative du plafond d'emplois prévus par l'Union. Par ailleurs, le projet de tableau des effectifs ainsi que l'estimation des effectifs en personnel contractuel réalisés par l'agence sont *in fine* arrêtés par l'autorité budgétaire. Celle-ci, disposant du dernier mot, pourrait donc décider de limiter les effectifs des agences. Il faut néanmoins noter qu'elle ne l'a jamais fait, et qu'elle a toujours respecté les états prévisionnels transmis par les agences, comme en témoigne la progression exponentielle des effectifs des agences ces dernières années, et notamment jusqu'en 2009. Cependant, la crise financière aidant, il pourrait en être autrement.

Les pouvoirs des agences, quant à eux, sont variés. Ils manifestent donc un degré différent d'autonomie allant de la simple assistance ou consultation, au véritable pouvoir de décision. Ainsi, la Commission divise les pouvoirs des agences en deux. D'une part, certaines agences peuvent « *adopter des décisions individuelles qui produisent des effets juridiques contraignants à l'égard des tiers* », et d'autre part, elles peuvent avoir une compétence consultative, non contraignante, visant l'assistance (de la Commission ou des Etats membres) ou la transmission d'informations. Dans cette seconde optique, elles formulent alors des « *avis techniques et scientifiques, et/ou des rapports d'inspection* », ou bien elles sont chargées « *de collecter, d'analyser, de transmettre, de mettre en réseau une information* »[286]. Toutefois, en ce qui concerne les pouvoirs de décision des agences, il faut noter une double limite : d'un côté, ce pouvoir décisionnel est octroyé à un petit nombre d'agences[287], et d'un autre côté, il est limité strictement par l'ordre juridique de l'Union n'autorisant en aucun cas l'adoption de mesures règlementaires de portée générale. En effet, les compétences des agences « *se limitent à l'adoption de décisions individuelles dans des domaines spécifiques requérant une expertise technique déterminée, dans des conditions précises et strictement définies et sans véritable pouvoir discrétionnaire* »[288].

---

286 Eléments rappelés par la Commission tant dans son projet d'accord interinstitutionnel pour un encadrement des agences de régulation de 2005, p. 5, que dans sa communication de 2008 « agences européennes – orientations pour l'avenir », p. 8.

287 Seule quatre d'entre elles paraissent en bénéficier : l'agence européenne des variétés végétales, l'office de l'harmonisation dans le marché intérieur, l'agence européenne pour la sécurité aérienne et l'agence européenne des produits chimiques.

288 Communication de la Commission au Parlement européen et au Conseil « agences européennes – orientation pour l'avenir », 11 mars 2008, COM(2008) 135 final (non publié au JOUE), p. 5.

Par conséquent, si l'autonomie fonctionnelle paraît pleine et entière au regard du choix du personnel propre de l'agence, elle paraît plus limitée en matière de pouvoirs des agences. Malgré tout, le rapport d'information du Sénat de 2009, relatif à l'évaluation de l'activité des agences, conclut notamment sur « *l'autonomie marquée des agences* ». En effet, il faut remarquer que finalement, ce qui est important dans le cadre de l'autonomie financière ou fonctionnelle d'organismes quelconques, c'est davantage l'indépendance de leur mission et donc la liberté dans la gestion et l'utilisation des ressources, que l'autonomie de l'établissement en lui-même. C'est pourquoi « *il convient de distinguer la dépendance de l'établissement et l'indépendance de l'expertise* » pour que finalement le principe suivant s'applique : « *personne n'a le contrôle de l'agence, pourtant l'agence est contrôlée* »[289].

Section 2.
Les effets concrets de la personnalité morale sur l'autonomie fonctionnelle des autorités publiques indépendantes

La personnalité morale a pour effet, sinon d'engendrer l'autonomie fonctionnelle, de la favoriser en lui procurant un cadre propice et avantageux. De ce fait, la personnalité morale entraine des effets concrets sur les autorités publiques indépendantes qui disposent alors de prérogatives diverses et variées (paragraphe 1). Des droits patrimoniaux et non patrimoniaux sont ainsi offerts aux API qui possèdent un budget propre constitué par des ressources propres, partielles ou totales, un patrimoine propre et un personnel propre. Elles ont également la possibilité d'agir sur l'ordonnancement juridique par la prise de décision, règlementaire, individuelle et/ou contractuelle. Enfin, tous ces pouvoirs qui leur sont offerts ont une conséquence logique : les API sont responsables de leurs actes. Or, cela se manifeste par la possibilité d'ester en justice, celle-ci leur permettant à la fois d'agir en justice et de se défendre lors d'un recours à leur encontre. Toutefois, il faut reconnaître que ces effets concrets de la personnalité morale ne sont pas distribués de manière homogène parmi les API. Des effets disparates sont donc à souligner au sein de cette catégorie juridique. De plus, la personnalité morale fait l'objet de controverses et de

289 Marc BLANQUET, art. cit, p. 73.

désaccords par les conséquences négatives qu'elle peut entrainer[290]. Par conséquent, les prérogatives et effets de la personnalité sont certes concrets, mais demeurent malgré tout limités (paragraphe 2).

Paragraphe 1. Les effets diversifiés de la personnalité morale sur l'autonomie fonctionnelle des autorités publiques indépendantes

Les conséquences de la personnalité morale sont visibles tant sur le plan financier que sur le plan administratif, comme nous l'avons précédemment souligné. Elles permettent en principe de favoriser l'autonomie fonctionnelle des autorités publiques indépendantes, mais elles contribuent également à la mesure de cette autonomie par leur présence, leur absence ou leur incomplétude. En l'occurrence, il est donc question d'analyser les effets de la personnalité sur les plans financier (A) et administratif (B).

A. Les effets sur l'autonomie financière

L'autonomie financière des autorités publiques indépendantes est permise par le cumul de certaines prérogatives de la personnalité morale qui sont : le patrimoine propre et le budget propre (1), alimenté notamment par des ressources propres (2) ; tout cela permettant à l'autorité publique indépendante de ne pas être soumise à la comptabilité publique (3).

1. Le budget propre et le patrimoine propre

La personnalité morale des autorités publiques indépendantes leur procure des avantages financiers certains. Le plus évident est le budget autonome dont elles disposent par exception à la règle de l'unité budgétaire. En effet, selon cette règle, un seul document devrait faire une synthèse de l'ensemble des finances publiques, c'est-à-dire rassembler logiquement les dépenses et les recettes de toutes les personnes et organismes publics, dans un but de transparence financière. Cette vision globale des finances publiques a notamment pour but d'éviter la dispersion des documents budgétaires entrainant inévitablement une perception faussée du budget, de son équilibre et de l'ampleur de son déficit. Toutefois, des atténuations à ce

290 Sur les conséquences négatives de la personnalité et notamment les surcoûts financiers qu'elle entraîne, cf. *infra, p.* 136.

principe et des démembrements du budget sont possibles. L'octroi de la personnalité morale et de l'autonomie financière permet la possession d'un budget autonome, comme c'est le cas pour les autorités publiques indépendantes. Cette débudgétisation fait donc partie des exceptions à l'unité budgétaire. En effet, un budget autonome concerne les recettes et les dépenses d'une personne morale distincte de l'Etat. Lorsque l'on reconnaît la personnalité morale à une institution, afin de lui permettre d'avoir son patrimoine propre et d'exercer des compétences propres, il paraît normal que ses dépenses et ses ressources soient comptabilisées à part. Elles disposent ainsi d'un budget autonome et distinct de celui de l'Etat. Cela est censé les protéger contre les diverses sujétions relatives au budget de l'Etat, notamment la soumission aux règles strictes d'élaboration de la loi de finances. Malgré tout, cette autonomie budgétaire cache souvent une certaine dépendance financière vis-à-vis de l'Etat qui les finance par le biais de subventions étatiques[291].

La personnalité morale permet également aux autorités publiques indépendantes de disposer d'un patrimoine propre, distinct de celui de l'Etat. Elles disposent donc d'une propriété publique propre. Elles font d'ailleurs partie des « *autres personnes publiques* » citées par le code général des propriétés des personnes publiques (CG3P). En effet, l'article L.2 dudit code précise qu'il a vocation à « *s'applique[r] également aux biens et aux droits, à caractère mobilier ou immobilier, appartenant aux autres personnes publiques dans les conditions fixées par les textes qui les régissent* ». Or, si l'ordonnance du 21 avril 2006, annexée au CG3P, ne cite pas de façon exhaustive les personnes publiques spécialisées de l'article L.2, elle évoque toutefois les autorités publiques indépendantes que sont, au moment de l'ordonnance, l'autorité des marchés financiers (AMF), l'autorité de contrôle des assurances et des mutuelles (ACAM), et la haute autorité de santé (HAS)[292]. Le but du CG3P, lorsqu'il laisse en suspens la notion d'« *autres personnes publiques* », est de lui permettre d'évoluer et d'englober toutes les personnes publiques, non mentionnées à l'article 1 du CG3P, que sont notamment la Banque de France, les groupements d'intérêt public et les autorités publiques indépendantes. Concernant les API, certaines sont assimilées aux établissements publics de l'Etat pour l'application du CG3P. Tel est le cas par exemple du Haut conseil du commissariat aux comptes (H3C) pour qui

---

291 Cf. *infra*, p. 162 s. : définition de la subvention et ses conséquences sur l'autonomie financière.

292 Depuis de nouvelles API ont vu le jour, et l'ACAM a disparu pour fusionner au sein de la nouvelle Autorité de contrôle prudentiel et de résolution (ACPR).

l'article L. 821-5 (VI) du code de commerce prévoit que « *les biens appartenant au Haut conseil sont soumis aux dispositions du code général de la propriété des personnes publiques applicables aux établissements publics de l'Etat* ». Leur soumission aux dispositions du code est donc totale[293]. Cependant, la séparation des autorités publiques indépendantes de l'Etat au sein du CG3P montre bien que les API disposent d'un patrimoine propre distinct de celui de l'Etat.

2. Les ressources propres

Le contenu d'un budget autonome devrait normalement être constitué de ressources propres pour garantir une autonomie financière optimale. En effet, lorsque les autorités publiques indépendantes ont un financement propre, elles ont l'avantage de ne pas voir leurs crédits inscrits dans la loi de finances de l'Etat. Or, cela n'est pas toujours exact. En effet, si leurs ressources propres sont insérées directement dans leur budget propre et ne passent pas par la procédure d'élaboration de la loi de finances, les taxes affectées qu'elles perçoivent majoritairement sont, quant à elles, permises par la loi de finances et donc incluses dans ledit texte. Toutefois, ces taxes affectées sont des ressources certes publiques mais surtout autonomes. Elles n'entament donc pas leur autonomie financière, comme cela peut être le cas d'un financement par le biais d'une subvention étatique.

Certaines API sont dotées d'une autonomie financière marquée. Tel est le cas de l'Autorité des marchés financiers (AMF), l'Autorité de régulation des activités ferroviaires et routières (ARAFER), le Haut conseil du commissariat aux comptes (H3C) et le Médiateur national de l'énergie (MNE). En effet, ces quatre API disposent de ressources propres ou de ressources fiscales affectées, intégrales ou majoritaires. Il faut néanmoins souligner que ce sont davantage les ressources fiscales affectées qui sont majoritaires ou totales, les ressources propres n'étant souvent que dérisoires en comparaison aux premières. Or, les ressources fiscales affectées peuvent être considérées comme des ressources autonomes malgré leur inscription dans la loi de finances. En effet, elles sont prévues par l'article 36 de la loi organique relative aux lois de finances[294] qui précise que « *l'affectation, totale ou partielle, à une autre personne morale d'une ressource établie au profit de l'Etat ne peut résulter que d'une disposition de loi de finances* ». Deux éléments découlent de cet article : d'une part, c'est la loi de finances qui autorise la perception de taxes

293 Hervé DE GAUDEMAR, « Un droit domanial spécial des personnes publiques spécifiques », *JCP A*, 10 juillet 2006, n°28, p. 1159.
294 Article 36 de la loi organique n°2001-692 du 1er août 2001 relative aux lois de finances.

affectées, et d'autre part, la possibilité de bénéficier de ressources fiscales affectées est soumise à la condition de disposer de la personnalité morale.

Concernant, la soumission de ces ressources à la loi de finances, le jaune budgétaire relatif aux autorités publiques indépendantes[295] recense les taxes affectées parmi les ressources provenant de l'Etat. Ainsi, chaque tableau répertoriant les ressources des API fait état de trois types de ressources : les « *ressources de l'Etat* », les « *autres ressources publiques* » et les « *ressources propres et autres* », or les ressources fiscales affectées trouvent leur place, aux côtés des subventions de l'Etat, au sein des ressources de l'Etat, et non parmi les ressources propres. Toutefois, même si ces ressources passent par la loi de finances, elles sont des ressources fixes, relativement stables, qui leur procurent une autonomie financière. Le jaune budgétaire, déjà évoqué, souligne d'ailleurs cet élément. En effet, le rapport pour 2015, rappelant ceux de 2013 et 2014, précise que « *le parlement a souhaité assurer l'autonomie financière de l'ARAF* [désormais ARAFER] *en instituant, par amendement sénatorial, une taxe affectée dont elle bénéficie* »[296]. Par ailleurs, une fois l'affectation décidée par le législateur, le montant de la taxe est automatiquement reversé à l'autorité sans limitation possible. L'affectation d'une taxe au profit d'une autorité indépendante a donc pour vocation de lui assurer une autonomie financière, ou de la consolider.

Concernant la condition de la personnalité morale, l'existence de ressources fiscales affectées est en effet conditionnée par la présence d'une personne morale distincte de l'Etat, comme c'est le cas des autorités publiques indépendantes. Elles interviennent donc au soutien de la personnalité pour renforcer l'autonomie financière des API. Elles constituent dans ce sens « *un paramètre tangible de [l'] indépendance* »[297].

Ainsi, selon le jaune budgétaire sur les autorités publiques indépendantes pour 2016[298], l'ARAFER est financée exclusivement par des

295 Rapport sur les autorités publiques indépendantes, annexe au projet de loi de finances initiale.

296 Rapport sur les autorités publiques indépendantes, annexe au projet de loi de finances pour 2015, p. 51.

297 Béatrice COSPEREC, « L'indépendance de l'autorité de régulation des activités ferroviaires et routières », *RFAP*, 2012, n°143, p. 779.

298 Rapport sur les autorités publiques indépendantes, annexe au projet de loi de finances pour 2016, p.52.

Il faut souligner que malgré l'intitulé relatif aux autorités publiques indépendantes, ce rapport contient une rubrique relative à l'autorité de contrôle prudentiel et de résolution, alors que celle-ci est une autorité administrative indépendante non personnalisée mais rattachée à une autre personne morale de droit public que l'Etat.

ressources fiscales affectées, constituées respectivement d'un droit fixe dû par les entreprises ferroviaires qui utilisent le réseau[299]. Par ailleurs, l'AMF, le H3C et le MNE disposent à la fois de ressources fiscales affectées et de ressources propres. Les ressources fiscales affectées consistent soit en un droit fixe dû par les personnes soumises au contrôle de l'AMF[300], ou dû sur chaque rapport de certification des comptes[301], soit en une part du produit de la contribution au service public de l'électricité et de la contribution au tarif spécial de solidarité du gaz[302]. Hormis ces ressources fiscales affectées, ces autorités disposent de ressources propres correspondant par exemple, en ce qui concerne l'AMF, à des ventes de publications et colloques organisés, ainsi qu'à des produits financiers et exceptionnels. Il faut souligner que le rapport pour 2017[303] vient ajouter des ressources propres au bénéfice de l'ARAFER qui percevra alors comme ces trois autorités à la fois des taxes affectées et des ressources propres.

Il convient également de souligner que l'Autorité de contrôle prudentiel et de résolution (ACPR), autorité administrative indépendante non personnalisée, figure également dans ce rapport relatif aux autorités publiques indépendantes. En effet, elle dispose d'un statut particulier, car elle possède 100 % de taxes affectées ou ressources propres au sein de son budget[304]. Son originalité tient au fait qu'elle est rattachée, non pas à la personne morale Etat, mais à la Banque de France, personne morale de droit public *sui generis*. C'est d'ailleurs ce dispositif de rattachement qui lui permet de percevoir des taxes affectées, normalement réservées aux

---

299 Article 21 de la Loi n°2009-1503 du 8 décembre 2009 relative à l'organisation et à la régulation des transports ferroviaires et portant diverses dispositions relatives aux transports, abrogée par l'article 7 de l'ordonnance n°2010-1307 du 28 octobre 2010 relative à la partie législative du code des transports, dans un but de limitation de ce droit fixe, plafonné à 11 millions d'euros par la loi de finances pour 2012.

300 Article L.621-5-3 du Code monétaire et financier, dernièrement modifié par l'article 128 d'une loi n°2010-1657 du 29 décembre 2010.

301 Article L.821-5 du Code de commerce, dernièrement modifié par l'article 86 d'une loi n°2007-1822 du 24 décembre 2007 puis par l'article 10 d'une ordonnance n°2009-80 du 22 janvier 2009.

302 Article L.121-13 du code de l'énergie, modifié par une loi n°2013-312 du 15 avril 2013 visant à préparer la transition vers un système énergétique sobre et portant diverses dispositions sur la tarification de l'eau et sur les éoliennes.

303 Rapport sur les autorités publiques indépendantes, annexe au projet de loi de finances pour 2017, p. 57.

304 Les recettes de l'ACPR sont constituées notamment de contributions pour frais de contrôle prévues par l'article L.621-20 du Code monétaire et financier, dernièrement modifié par les articles 12 et 36 d'une loi n°2010-1249 du 22 octobre 2010.

personnes morales selon l'article 36 de la LOLF[305]. En pratique, la Banque de France perçoit donc la taxe qu'elle reverse dans le budget annexe dédié à l'ACPR, la loi de finances désignant directement cette dernière comme destinataire de la taxe affectée.

A côté de ces API financièrement autonomes, trois autres disposent d'une autonomie moindre car elles voient leurs ressources propres complétées par des subventions étatiques. Toutefois ces subventions ne représentent pas le même volume pour chaque API qui en dispose[306]. La Haute autorité de santé (HAS) était la plus autonome parmi les API qui disposent d'un financement par subvention, avant la suppression des taxes affectées à son profit en 2014, car la part de ces subventions était minoritaire. En effet, les taxes affectées étaient prépondérantes par rapport aux autres ressources publiques. Elles étaient constituées, d'un côté, par une part de la taxe sur les dépenses engagées par les laboratoires pharmaceutiques pour promouvoir les médicaments et les dispositifs médicaux, et d'un autre côté, par les taxes, dites « guichets », relatives à l'inscription des médicaments et des dispositifs médicaux sur des listes spécifiques. Aujourd'hui, son budget est constitué à 98 % par une dotation de l'assurance maladie composée, d'une part, de la contribution financière au titre de la procédure de certification des établissements de santé[307], et d'autre part, de la contribution de l'assurance maladie au fonctionnement de la HAS. Cette autorité dispose enfin de ressources propres minoritaires (2 %) constituées par des produits financiers divers, notamment remboursement des salaires et charges des personnels mis à disposition, régularisation sur exercices antérieurs, indemnités journalières versées par la sécurité sociale, remboursement de prêt. L'Agence française de lutte contre le dopage (AFLD) perçoit quant à elle des ressources propres minoritaires constituées par des redevances pour service rendu auprès des fédérations internationales. Ces prestations de services correspondent à des contrôles et analyses antidopage réalisés lors de compétitions sportives. Cette recette est complétée par une subvention étatique. Enfin, la Haute autorité pour la diffusion des œuvres et la protection des droits sur internet (HADOPI)

---

305 Cf. *infra,* p. 291 s. où un paragraphe est consacré au mécanisme de l'affectation d'une ressource fiscale.

306 La HADOPI étant totalement financée par l'Etat, l'AFLD et la HAS pour une part minoritaire.

307 Cette part de la contribution financière au titre de la procédure de certification des établissements de santé est assimilable à des ressources affectées, mais non incluses dans la loi de finances car concernant l'assurance maladie. Ces ressources sont donc incluses dans la loi de financement de la sécurité sociale.

bénéficie exclusivement d'une subvention étatique. Elle ne dispose donc d'aucune autonomie dans l'attribution de ses ressources. Nous pouvons même dire qu'elle ne bénéficie d'aucune autonomie budgétaire en amont puisque non seulement ses ressources sont intégralement étatiques mais en plus elles sont largement insuffisantes[308].

Par conséquent, les autorités publiques indépendantes disposent d'une autonomie financière de par leur budget propre, mais le degré de cette autonomie est différent en fonction de l'autorité concernée, selon son niveau de dépendance financière vis-à-vis de l'Etat. En effet, le pourcentage de la subvention au regard du budget total de l'API est déterminant. Plus il est important, plus l'autorité perd son autonomie financière. En effet, « *pour qu'il y ait une véritable liberté d'action [...], il faut que leurs ressources échappent au carcan de la subvention annuelle laissée au bon vouloir des administrations centrales* »[309]. Les ressources propres sont donc indispensables pour laisser s'épanouir pleinement l'autonomie financière des API.

3. Une comptabilité publique allégée

Le décret du 7 novembre 2012 relatif à la gestion budgétaire et comptable publique et posant l'ensemble des règles relatives à la comptabilité publique exclut d'emblée de son champ d'application les autorités publiques indépendantes. En effet, son article 5 prévoit que « *les dispositions du présent décret ne s'appliquent pas [...] aux autorités publiques indépendantes* ». Par conséquent, les règles comptables de chaque API sont contenues dans leur texte de référence. C'est notamment un décret en Conseil d'Etat qui fixe les règles comptables applicables à chaque autorité. Celles-ci disposent ainsi d'un comptable propre, nommé par des autorités ministérielles comme tout comptable public. Or, « *certes ces comptables ont le statut de comptables publics et sont soumis aux règles de la comptabilité publique, mais leur indépendance est plus grande* »[310].

Concernant l'Autorité des marchés financiers (AMF), la partie règlementaire du code monétaire et financier vient nous apporter des indications sur sa gestion comptable et budgétaire. Ainsi, contrairement aux

---

308 Le budget de l'HADOPI a été diminué de moitié depuis la création de l'autorité. Il semblerait que le législateur veuille la supprime en lui « coupant les vivres ». Cela est dû à une activité des plus décevantes de l'HADOPI et des résultats très limités.

309 Jean-Claude MAITROT, *Recherches sur la notion d'autonomie financière en droit public*, Thèse dactyl., Paris I, 1972, p. 123.

310 Jean-Claude MAITROT, *op. cit.*, p. 147.

autorités administratives indépendantes non personnalisées où le Président est ordonnateur secondaire, l'ordonnateur de l'AMF est son secrétaire général. En effet, l'article R. 621-11 indique notamment que « *le secrétaire général […] est ordonnateur des recettes et des dépenses de l'Autorité des marchés financiers* ». Par ailleurs, l'article R. 621-14 du même code prévoit que « *l'Autorité des marchés financiers est dotée d'un agent comptable nommé par arrêté du ministre chargé du budget. […] Il est chargé de la tenue des comptabilités de l'Autorité des marchés financiers, du recouvrement des droits et contributions […] et de toutes autres recettes de l'Autorité des marchés financiers, du paiement des dépenses et du maniement des fonds et des mouvements de comptes de disponibilités* ». Grâce à cette comptabilité dérogatoire, l'AMF se voit certes appliquer une comptabilité publique mais elle est davantage autonome. A ce titre, l'on peut noter qu'elle recouvre directement, par le biais de son comptable, les taxes affectées dont elle est bénéficiaire.

Concernant le Haut conseil du commissariat aux comptes (H3C), le code de commerce prévoit sensiblement les mêmes règles. Ainsi, le secrétaire général est l'ordonnateur[311] et « *le Haut conseil est doté d'un agent comptable nommé par arrêté conjoint du garde des sceaux, ministre de la justice, et du ministre chargé du budget* »[312] et chargé des mêmes missions que le comptable de l'AMF : tenue de comptabilité, recouvrement des recettes et paiement des dépenses.

Les autres autorités publiques indépendantes jouissent d'un système sensiblement différent où l'ordonnateur n'est pas le secrétaire général de l'autorité mais son président. Tel est le cas de la Haute autorité de santé (HAS), l'Agence française de lutte contre le dopage (AFLD), l'Autorité de régulation des activités ferroviaires et routières (ARAFER), le Conseil supérieur de l'audiovisuel (CSA) et la Haute autorité pour la diffusion des œuvres et la protection des droits sur internet (HADOPI). Elles disposent par ailleurs d'un comptable propre nommé par arrêté conjoint du ministre chargé du budget et du ministre compétent dans le domaine de l'API[313]. L'agent comptable est alors « *chargé de la tenue des comptabilités […], du recouvrement des droits, contributions et de toutes autres recettes, du paiement des dépenses et du maniement des fonds et des mouvements de comptes de disponibilités* » selon une

311 Article R. 821-14-2 du code de commerce.

312 Article R. 821-14-4 du code précité.

313 Ministre de la santé pour la HAS, ministre des sports pour l'AFLD, ministre de la culture pour la HADOPI, ou encore Premier ministre pour le CSA.

formule identique répétée pour chaque autorité dans leur texte de référence[314].

Enfin, le médiateur national de l'énergie (MNE) est ordonnateur de ses recettes et de ses dépenses. Il dispose d'un « *agent comptable nommé par arrêté du ministre chargé du budget* »[315] chargé des mêmes missions que les autres comptables des API : tenue des diverses comptabilités du Médiateur, recouvrement des contributions dont il bénéficie et maniement des fonds et notamment paiement des dépenses du MNE. Néanmoins un arrêté du 28 novembre 2007[316] est ensuite venu préciser, voire détailler, les compétences de l'agent comptable, ce qui a tendance à « *[réduire] sa compétence* »[317].

Par conséquent, « *les autorités dotées d'un budget autonome disposent d'une réelle autonomie comptable car elles ne sont pas soumises au décret du 7 novembre 2012 relatif à la gestion budgétaire et comptable publique* »[318]. En effet, si les règles de base sont généralement fixées par décret en Conseil d'Etat, elles peuvent également prévoir des règles complémentaires dans un règlement financier qu'elles élaborent seules, par le biais de leur autorité délibérante. De plus, le cumul d'un agent comptable propre et d'un budget autonome permet aux API dotées de la personnalité morale de disposer d'un compte de dépôt de fonds au Trésor et de recouvrer directement leurs recettes, qu'elles soient des ressources propres ou des taxes affectées.

B. Les effets sur l'autonomie administrative

Les autorités publiques indépendantes disposent d'une autonomie administrative marquée, visible grâce à plusieurs facteurs : la possibilité de choisir son personnel (1), l'édiction d'actes juridiques plus ou moins

314 Article R. 161-49 du code de la sécurité sociale pour la HAS ; article R. 232-16 du code des sports pour l'AFLD ; article 19 du décret n°2010-1023 du 1er septembre 2010 relatif à l'organisation et au fonctionnement de l'Autorité de régulation des activités ferroviaires et portant diverses dispositions relatives au secteur ferroviaire pour l'ARAFER ; article R. 331-21 du code de la propriété intellectuelle pour la HADOPI ; article 9 du décret n°2014-382 du 28 mars 2014 relatif à l'organisation et au fonctionnement du Conseil supérieur de l'audiovisuel pour le CSA.

315 Article 10 du décret n°2007-1504 du 19 octobre 2007 relatif au médiateur national de l'énergie.

316 Arrêté du 28 novembre 2007 relatif aux dispositions financières et comptables applicables au médiateur national de l'énergie.

317 Eric OLIVA, « L'autonomie budgétaire et financière des autorités de régulation économique », *RDP*, 1er mars 2014, n°2, p. 340.

318 *Idem.*

contraignants (2), et la responsabilité qui découle logiquement de toutes les facultés des autorités publiques indépendantes (3).

1. Un personnel propre géré par l'autorité publique indépendante elle-même

Toutes les autorités publiques indépendantes disposent d'un personnel propre. Toutefois, la grande majorité des autorités administratives indépendantes, y compris celles qui ne sont pas personnalisées, disposent d'un personnel propre. Ainsi, il convient de s'interroger sur ce que la personnalité morale apporte de plus concernant cette faculté de disposer d'un personnel propre. En effet, « *l'indépendance et l'impartialité d'un régulateur apparaissent aussi dans la gestion de ses ressources humaines* »[319], il faut donc comprendre ce qu'implique cette notion.

Un personnel propre est normalement un personnel non rattaché à un ministère[320]. Il appartient à l'autorité qui l'emploie et ne dépend pas d'un ministère et donc du gouvernement. Cette absence de dépendance vis-à-vis du gouvernement se manifeste tant hiérarchiquement que financièrement. En effet, il est évident que le personnel de l'autorité, quel que soit son statut, ne peut recevoir d'ordre ou d'instruction du gouvernement. De plus, il n'est pas rémunéré par l'Etat, mais par l'autorité publique indépendante elle-même[321].

Sa composition est variable. Elle est choisie par chaque autorité et est permise et facilitée par la faculté des autorités publiques indépendantes de conclure des contrats (du fait de leur personnalité morale). Ainsi, deux possibilités s'offrent à elles : soit choisir des fonctionnaires (correspondant à des mises à disposition payantes ou gratuites) soit préférer un personnel contractuel. Le personnel des autorités publiques indépendantes est généralement partagé entre des fonctionnaires mis à disposition gratuitement, des fonctionnaires détachés[322], et des agents contractuels, ces derniers représentant la majorité du personnel pour des questions d'indépendance vis-à-vis de l'exécutif et du ministère de rattachement. Remarquons toutefois que les fonctionnaires mis à disposition gratuitement

---

319 Didier ISRAËL, « L'indépendance de l'autorité de contrôle prudentiel et de résolution », *RFAP*, 2012, n°143, p. 759.

320 D'emblée se pose le problème des mises à disposition gracieuses qui correspondent à des fonctionnaires mis à disposition gratuitement au profit des autorités indépendantes. Ceux-ci sont rattachés au ministère qui les prête contrairement aux fonctionnaires détachés, qui seront désormais payés par l'API.

321 Sauf en ce qui concerne les éventuelles mises à disposition gracieuses.

322 Egalement appelés respectivement : les mises à disposition gracieuses et payantes.

ne sont pas comptabilisés au sein du personnel propre des autorités indépendantes. Cela parait logique, ces emplois n'étant pas rémunérés par l'autorité elle-même, mais par leur ministère de rattachement. Ces mises à disposition gracieuses sont par conséquent exclues du plafond des autorisations d'emplois imposées aux autorités publiques indépendantes. Toutefois, l'exclusion de ces fonctionnaires du personnel propre et du plafond des autorisations d'emplois n'est pas d'une importance capitale car le nombre de ces mises à disposition gratuites est dérisoire et négligeable. Il est de l'ordre de 5 % au sein de la catégorie des autorités administratives indépendantes, et ce pourcentage diminue de façon encore plus significative lorsqu'il est question des autorités publiques indépendantes.

De plus, les API préfèrent généralement prendre des agents contractuels indépendants plutôt que des fonctionnaires, même détachés. Cela est visible sur plusieurs exercices dans le jaune budgétaire qui montre que l'ARAFER est l'autorité qui possède le plus de fonctionnaires détachés avec un pourcentage proche de 20 % depuis 2014. Les autorités qui emploient le moins de fonctionnaires détachés, que sont l'AMF et le MNE, ont un pourcentage qui tourne autour de 1 %.

Tableau : pourcentage de fonctionnaires détachés au sein des autorités publiques indépendantes.

\ Année Autorité\	**2012**	**2013**	**2014**	**2015**	**2016**	**2017**
AMF	1,1 %	Nc	Nc	Nc	Nc	Nc
ARAFER	19,1 %	15,8 %	19,4 %	18,1 %	19,2 %	20,0 %
H3C	9,0 %	8,8 %	8,3 %	8,1 %	8,2 %	6,6 %
HADOPI	7,7 %	10,5 %	12,1 %	10,7 %	8,8 %	7,1 %
HAS	5,9 %	5,0 %	4,9 %	3,9 %	3,1 %	3,3 %
MNE	1,4 %	1,5 %	1,6 %	1,6 %	1,6 %	1,6 %
AFLD	Nc	4,7 %	6,5 %	6,0 %	3,8 %	1,6 %
CSA	Sans objet	Sans objet	Sans objet	13,9 %	14,0 %	14,8 %

Source : rapport sur les autorités publiques indépendantes, annexe au projet de loi de finances des années 2012 à 2017 (les chiffres de 2016 et 2017 ne sont que des prévisions, les réalisations effectives n'étant pas encore connues).

En effet, théoriquement, l'on peut penser que malgré leur détachement les fonctionnaires appartiennent toujours à un ministère, ils pourraient donc recevoir des ordres de leur réel supérieur, le ministre et donc le gouvernement ; c'est pourquoi les autorités indépendantes préfèrent opter pour un personnel majoritairement contractuel. Or, en réalité, le détachement d'un fonctionnaire auprès d'une personne morale autre que l'Etat le place hors de la hiérarchie administrative classique. En effet, l'article 45 de la loi de 1984 relative à la fonction publique de l'Etat[323] définit le détachement et précise quelles sont les règles qui s'appliquent aux fonctionnaires détachés. Ainsi, cet article précise que « *le détachement est la position du fonctionnaire placé hors de son corps d'origine mais continuant à bénéficier, dans ce corps, de ses droits à l'avancement et à la retraite* ». Il ajoute ensuite concernant le statut des fonctionnaires détachés que « *le fonctionnaire détaché est soumis aux règles régissant la fonction qu'il exerce par l'effet de son détachement* ». Par conséquent, le fonctionnaire en position de détachement se voit appliquer les règles de la nouvelle personne morale à laquelle il est nouvellement rattaché. Les fonctionnaires détachés travaillant au sein des autorités publiques indépendantes se voient donc appliquer le statut général de l'autorité (à l'exception des droits à l'avancement et à la retraite) et non celui de leur ministère de rattachement originel. Ils sont donc soumis aux mêmes règles que les agents contractuels. La réticence vis-à-vis de l'emploi des fonctionnaires ne se justifie donc qu'en ce qui concerne les mises à disposition gracieuses, car les détachements, ou mises à disposition payantes, entrainent un détachement hiérarchique et financier vis-à-vis du gouvernement.

Concernant le personnel contractuel, la personnalité morale apporte un avantage certain aux API. En effet, si toutes les autorités indépendantes, qu'elles soient personnalisées ou non, peuvent disposer d'un personnel contractuel, seules les autorités publiques indépendantes dotées de la personnalité morale peuvent recruter des agents contractuels permanents. Ainsi, les API peuvent recruter des agents pour des durées indéterminées alors que les AAI ne peuvent recruter que des agents titulaires d'un contrat à durée déterminée. Telle est la principale différence entre les API personnalisées et les AAI non personnalisées. Or cette possibilité de recrutement d'agents permanents est très avantageuse car elle permet de pallier une difficulté certaine qui mine les AAI : le « *turn-over* ». En effet, la rotation des personnels est importante au sein des AAI. Les effectifs sont souvent renouvelés et ont une permanence très limitée. Le rapport parlementaire de 2010 fait état d'un taux de renouvellement annuel des personnels compris entre 5 et 25%. Il préconise d'ailleurs dans sa

[323] Loi n° 84-16 du 11 janvier 1984 portant dispositions statutaires relatives à la fonction publique de l'Etat.

recommandation n°16 de « *permettre aux AAI sans personnalité morale de recruter des CDI pour améliorer la permanence de leurs effectifs* »[324].

Enfin, le personnel des autorités publiques indépendantes est d'autant plus autonome qu'il se voit appliquer les mêmes garanties et obligations que celles des membres du collège. En effet, « *l'indépendance du personnel de l'autorité est garantie selon des modalités proches de celles applicables aux membres du collège* »[325]. Cela revêt plusieurs significations. En effet, les membres du collège sont indépendants car ils sont choisis en fonction de compétences notables en relation avec les missions de l'autorité. Des incompatibilités et restrictions professionnelles leur sont également applicables afin qu'ils n'aient aucun intérêt au sein du secteur régulé. Il en va de même en ce qui concerne le personnel des autorités indépendantes. D'une part, chaque agent, qu'il soit titulaire de la fonction publique ou agent contractuel, est recruté en fonction de ses compétences et de ses qualités, relativement au domaine d'action de l'autorité. D'autre part, les incompatibilités et les restrictions professionnelles qui s'appliquent aux membres des collèges des autorités indépendantes sont également utilisées pour le personnel technique. Ainsi, toute personne titulaire d'un mandat électif ou d'un emploi au sein d'un établissement ou d'une entreprise dont l'activité est en relation avec les missions de l'autorité, ne peut être recrutée par une autorité indépendante, à moins de renoncer au mandat ou emploi qu'elle occupe. Cela a pour vocation d'éviter que le personnel des API ne détienne des intérêts de nature à compromettre leur indépendance, notamment vis-à-vis du secteur régulé.

Finalement, les caractéristiques particulières s'appliquant au personnel des API lui permettent d'être autonome à deux niveaux :

- D'une part vis-à-vis du gouvernement grâce à la limitation des mises à disposition gracieuses, et l'emploi majoritaire d'un personnel non titulaire de la fonction publique ;
- D'autre part vis-à-vis des secteurs contrôlés par les incompatibilités et les restrictions professionnelles qui s'imposent au personnel technique des autorités indépendantes.

Ces divers mécanismes permettent au personnel de ne recevoir d'ordres ou d'instructions, ni du gouvernement, ni d'aucune institution, personne, entreprise, ou organisme en rapport avec le secteur régulé.

---

[324] Assemblée Nationale, Rapport d'information fait au nom du comité d'évaluation et de contrôle des politiques publiques sur *les autorités administratives indépendantes*, René DOSIERE, Christian VANNESTE, 28 octobre 2010, n°2925, p. 111.

[325] Béatrice COSPEREC, art. cit., p. 779.

2. *Les actes juridiques pris par les autorités publiques indépendantes*

Les actes juridiques des autorités publiques indépendantes peuvent prendre diverses formes. Il peut s'agir d'un pouvoir règlementaire, d'un pouvoir de décision individuelle, de la conclusion de contrats, ou d'autres actes de régulation plus souples et d'un genre relativement nouveau.

Le pouvoir règlementaire n'est pas très répandu chez les autorités publiques indépendantes. Seuls l'Autorité des marchés financiers (AMF), le Haut conseil du commissariat aux comptes (H3C) et le Conseil supérieur de l'audiovisuel (CSA) possèdent cette prérogative. En effet, le pouvoir règlementaire appartenant par principe au Premier ministre, il ne peut être exercé par une autre autorité que grâce à une habilitation législative. La controverse, désormais révolue, du pouvoir règlementaire des autorités administratives indépendantes était issue du texte de la Constitution[326], celui-ci réservant l'exercice du pouvoir règlementaire au Premier ministre et ne prévoyant de délégation possible qu'au profit des ministres pour « *prendre les mesures nécessaires au bon fonctionnement de l'administration placée sous leur autorité* »[327]. Par conséquent, pour déléguer ce pouvoir à des autorités non gouvernementales, la voie de l'habilitation législative est indispensable. Elle permet aux autorités indépendantes de disposer d'un pouvoir règlementaire spécial, l'habilitation ne pouvant concerner que des mesures « *limitées tant par leur champ d'application que par leur contenu* »[328]. Il faut toutefois souligner que certaines autorités disposent d'un pouvoir règlementaire, ce qui représente un pouvoir fort et manifeste une autonomie dans la prise de décision.

Par ailleurs, un pouvoir règlementaire supplétif est exercé par l'Autorité de régulation des activités ferroviaires et routières (ARAFER), conjointement avec le ministre des transports. Il est question de pouvoir « supplétif » car si l'ARAFER établit seule la règlementation de son secteur d'activité, le ministre des transports doit l'homologuer pour qu'elle entre effectivement en vigueur[329]. Ainsi, l'ARAFER fixe les règles, et le ministre

---

326 Article 21 de la Constitution.

327 CE, Sect., 7 février 1936, *Jamart*, Rec. p. 172 ; Note J. RIVERO, *S.*, 1937, n°3, p. 113.

328 CC., n°88-248 DC, 17 janvier 1989, *Loi modifiant la loi n°86-1067 du 30 septembre 1986 relative à la liberté de communication* (Conseil supérieur de l'audiovisuel) ; p. AVRIL, J. GICQUEL, *Pouvoirs*, 1989, n°50, p. 193 ; L. FAVOREU, *RDP*, 1989, p. 429 ; L. FAVOREU, L. PHILIP, *Les grandes décisions du Conseil constitutionnel*, Paris, Dalloz, 2009, p. 554.

329 L'article L. 2131-7 du code des transports dispose que « *l'Autorité de régulation des activités ferroviaires et routières précise [...] les règles concernant : 1° Les conditions de raccordement au réseau*

les homologue dans un délai de deux mois, le silence valant homologation et tout refus devant être motivé. Il faut néanmoins noter que « *l'homologation ne traduit pas une limitation à l'indépendance de l'autorité de régulation des activités ferroviaires et routières mais la conséquence de la répartition des pouvoirs entre une autorité de régulation sectorielle et le pouvoir exécutif* »[330]. Par conséquent, le caractère supplétif et complémentaire du pouvoir règlementaire n'est pas tant un élément de dépendance et d'assujettissement des autorités indépendantes au gouvernement. Il manifeste davantage une nécessaire entente, cohésion, ou coordination entre des autorités titulaires d'un pouvoir règlementaire limité et spécial, et le gouvernement. Cela permet au gouvernement, non pas d'avoir une autorité hiérarchique sur les AAI, mais plutôt d'harmoniser une règlementation issue de différentes institutions. Cependant, lorsque l'on est en présence d'un pouvoir règlementaire supplétif, il peut exister des tensions entre les deux autorités chargées de l'exercer, en l'occurrence API et administration, la première pouvant être tentée d'adapter les normes au secteur même si cela lui est interdit par les textes[331].

Les autorités publiques indépendantes sont majoritairement titulaires d'un pouvoir de décision individuelle. En effet, six autorités sur huit disposent de ce pouvoir, soit par le biais d'injonction ou de sanction, c'est-à-dire grâce à des pouvoirs quasi juridictionnels, soit par le biais d'autorisation ou de certification.

Ainsi, dans le cadre de leur mission, certaines autorités publiques indépendantes ont un pouvoir de quasi juridiction leur permettant de sanctionner les personnes soumises à leur contrôle, soit au regard de la règlementation, soit au regard de la discipline. Dans ce sens, l'Agence française de lutte contre le dopage (AFLD) possède un pouvoir de sanction disciplinaire dans le cadre duquel elle prononce des décisions individuelles.

---

ferroviaire ; 2° Les conditions techniques et administratives d'accès au réseau et de son utilisation ; 3° Les conditions d'accès aux services présentant un caractère de facilités essentielles et leurs conditions d'utilisation ; 4° Les périmètres de chacune des activités comptablement séparées […], les règles d'imputation comptable qui leur sont appliquées ainsi que les principes déterminant les relations financières entre ces activités. Les règles formulées en application du présent article sont transmises pour homologation au ministre chargé des transports, qui se prononce dans les deux mois. L'absence de notification dans ce délai d'une opposition par le ministre vaut homologation. Le refus d'homologation doit être motivé. Les règles homologuées sont publiées au Journal officiel ».

330 Béatrice COSPEREC, art. cit., p. 779.

331 CE, 3 juillet 2000, *Société civile des auteurs réalisateurs producteurs et autres*, Rec. p. 289 ; Obs. S. BRACONNIER, *JCP G*, 2000, 1274, p. 2123. Le Conseil a ici annulé une décision du CSA autorisant une forme de publicité interdite par un décret.

Tel est également le cas du H3C qui se prononce en appel des décisions prises par les chambres régionales des comptes pour assurer la discipline des commissaires aux comptes. Ensuite, l'AMF dispose d'un pouvoir de sanction pouvant se manifester de plusieurs manières : l'avertissement, le blâme, l'interdiction à titre temporaire ou définitif de l'exercice de tout ou partie des services fournis, la radiation du registre, ou la sanction pécuniaire. Il en va de même pour l'ARAFER qui peut, après l'éventuelle prise de mesures conservatoires, prononcer des sanctions de type interdiction temporaire d'accès au réseau, ou sanctions pécuniaires.

Par ailleurs, ce pouvoir de décision se manifeste également par le biais de la délivrance d'autorisations ou de certifications. L'AMF délivre ainsi des autorisations de communication à caractère promotionnel ; elle accorde également des visas préalables à certaines opérations soumises à son contrôle. L'AFLD, de son côté, délivre des autorisations d'usage à des fins thérapeutiques. Le CSA fournit les autorisations relatives à l'usage de bande de fréquence. Le H3C assure, comme instance d'appel, l'inscription des commissaires aux comptes. Enfin, la Haute autorité de santé (HAS) assure la certification des établissements de santé, des dispositifs médicaux et des médicaments.

Par ailleurs, en tant que personne morale, les autorités publiques indépendantes disposent du pouvoir de conclure des contrats en leur nom et pour leur compte. Chaque API a alors cette faculté lui permettant notamment de gérer librement son personnel (dans la limite du plafond d'emplois fixé par la loi de finances). Cette prérogative appartient également aux autorités administratives indépendantes non personnalisées : le président en tant qu'ordonnateur peut engager l'autorité et signer ses contrats, mais à travers l'autorité, il engage l'Etat en tant que personne morale d'appartenance des AAI.

Au-delà, les autorités publiques indépendantes, comme les autorités administratives indépendantes, disposent d'une large palette de véhicules juridiques pour exercer leur pouvoir et exprimer leur vision de la régulation. Elles ont toutes la possibilité d'émettre des avis et des recommandations, soit à l'encontre des secteurs et personnes régulés, soit à l'attention des pouvoirs publics. En effet, chacune des autorités indépendantes a généralement la possibilité, d'une part, de recommander toute modification législative ou règlementaire, et d'autre part, de rendre un avis sur tout projet de loi ou de décret relatif au secteur qu'elle régule. Par ailleurs, elles réalisent toutes un contrôle sur le secteur qu'elles ont sous leur responsabilité. Ce pouvoir de contrôle et d'investigation est une des composantes « type » de la régulation. Si une minorité d'entre elles conclut ce contrôle par le pouvoir de sanction, la majorité aboutit à un résultat, souvent similaire, grâce à un pouvoir de persuasion basé sur les recommandations et les avis. Leur principe est de convaincre plutôt que de soumettre. Elles utilisent donc ce que l'office parlementaire de la législation, aujourd'hui supprimé, appelait le « *magistère d'influence* »[332].

Ainsi, l'AFLD est consultée sur tout projet de loi ou règlement. Elle peut également être consultée par les fédérations sportives, à qui elle adresse des recommandations. L'AMF publie des instructions et des recommandations afin de préciser l'interprétation du règlement général. L'ARAFER, quant à elle, a la possibilité de prendre des avis motivés sur le document de référence du réseau. Elle délivre des avis conformes sur les redevances d'infrastructure acquittées par les entreprises ferroviaires pour utiliser le réseau. Enfin, elle émet des avis sur les projets de textes règlementaires relatifs au secteur ferroviaire. Il faut ici noter la présence d'un avis conforme. Cela manifeste un grand pouvoir entre les mains de l'ARAFER, car si elle ne donne pas d'avis favorable relativement aux redevances en cause, elle bloque la procédure. Le CSA est consulté relativement à la position de la France lors de négociations internationales sur la télévision et la radio. Il est également consulté sur tout projet de loi ou de règlement relatif au secteur de la communication audiovisuelle. Il adresse des recommandations aux éditeurs et distributeurs de service de communication audiovisuelle, ainsi qu'au gouvernement. Le H3C, ensuite, émet des recommandations relativement au suivi des contrôles dont il a la charge. Il délivre également des avis sur les normes d'exercice professionnel et sur le code de déontologie. La Haute autorité pour la diffusion des œuvres et la protection des droits sur internet (HADOPI), qui n'a pas de pouvoir de décision, ne possède que la faculté de recommander toute modification de la législation ou de la règlementation dans le domaine de la protection des œuvres, et elle peut également être consultée pour avis par le gouvernement. Concernant son contrôle, elle n'adopte que des avertissements à destination des contrevenants, ceux-ci ayant valeur d'invitation et non d'obligation à cesser les transgressions à la règlementation. La HAS émet également des recommandations et avis relatifs au secteur médical et à ses bonnes pratiques (remboursement et prise en charge par l'assurance maladie, condition de prescription et d'emploi des actes et produits), des avis médico-économiques sur les stratégies de soins, et enfin des avis sur les projets de loi ou de décret. Enfin, le Médiateur

332 Assemblée Nationale, Sénat, Rapport précité, 2006, n°3166, n°404, p. 52.

national de l'énergie (MNE) émet des recommandations pour répondre aux litiges et demandes qui lui sont adressés.

Il faut également souligner que les décisions prises par les API ne sont pas soumises à l'approbation du gouvernement. Le gouvernement ne dispose pas non plus d'un droit de véto. Cette absence d'intervention du gouvernement sur les missions et décisions des API est particulièrement importante. En effet, le Conseil d'Etat a pu juger ce critère suffisant pour qualifier d'indépendante une autorité administrative[333].

Finalement, le Conseil d'Etat a relevé que les autorités indépendantes, dans le cadre de leur mission de régulation, produisent une forme de « *quasi-réglementation* »[334] par le biais de « *quasi-normes* » qui présentent une certaine efficacité malgré les réserves qu'elles suscitent au plan juridique[335].

3. Le contentieux et la responsabilité des autorités publiques indépendantes

La personnalité morale offre aux autorités publiques indépendantes la possibilité d'ester en justice. La « *personnalité contentieuse* »[336] est une conséquence logique et systématique de la personnalité morale. Toutes les institutions personnalisées en sont titulaires. Au-delà, certaines autorités administratives indépendantes non personnalisées en sont également titulaires, soit selon un texte spécial, soit selon la jurisprudence administrative.

La personnalité contentieuse est issue du détachement des autorités publiques indépendantes vis-à-vis de l'Etat, causé par l'octroi de la personnalité morale. Ce détachement entraîne la responsabilité propre des autorités publiques indépendantes. Or, pour défendre leurs intérêts propres,

---

333 Conseil d'Etat, Rapport précité, 2001, p. 291. Le Conseil précise en effet que « *Certains prônent une conception exigeante cumulant l'indépendance organique et l'indépendance fonctionnelle 92. En tout cas, l'indépendance à l'égard de l'exécutif implique-t-elle l'absence de pouvoir hiérarchique et de pouvoir de tutelle sur l'institution qui ne reçoit ni ordre, ni instruction du Gouvernement* ».

334 Conseil d'Etat, Rapport précité, 2001, p. 338.

335 Sur ce point, voir les thèses de Benjamin LAVERGNE, *Recherche sur la soft law en droit public français*, Thèse Dactyl., Toulouse, 2011, et de Laurence CALANDRI, *Recherche sur la notion de régulation en droit administratif français*, Paris, LGDJ, 2009.

336 Clément CHAUVET, « La personnalité contentieuse des autorités administratives indépendantes », *RDP*, 2007, n°2, p. 379.

mais aussi assurer la responsabilité de leurs actes, les autorités indépendantes doivent forcément pouvoir agir au contentieux.

Deux éléments sont donc à distinguer ici : d'une part, la personnalité contentieuse qui offre la possibilité d'ester en justice, celle-ci pouvant être offerte y compris à des autorités administratives indépendantes non personnalisées, et d'autre part, la responsabilité propre des autorités publiques indépendantes, qui ne peut, quant à elle, appartenir qu'à des autorités dotées de la personnalité morale. C'est ainsi que l'on peut affirmer que l'autonomie renforcée des API a un prix. Dotée de la personnalité morale, elles doivent supporter sur leur propre budget la responsabilité pécuniaire qui pourrait être retenue contre elles du fait de leur action, « *mais n'est-ce pas le corollaire naturel de l'indépendance que d'être responsable de ses actions sur ses propres deniers ?* »[337]. Le Conseil d'Etat, dans un avis du 8 septembre 2005[338] a confirmé la responsabilité des autorités publiques indépendantes dotées de la personnalité morale « *en vertu du principe général selon lequel nul n'est responsable que de son fait* ». Il en a conclu que la commission de contrôle des assurances, des mutuelles et des institutions de prévoyance (CCAMIP), « *dès lors que la capacité juridique lui a été attribuée* » en 2003[339], devait « *assumer les conséquences des actions en responsabilité qui pourraient être engagées contre elle à l'occasion des fautes commises dans l'exercice de ses missions* ». Cette responsabilité pécuniaire est donc apparue lorsque le législateur a octroyé la personnalité morale à cette autorité indépendante.

Cela peut néanmoins poser problème. En effet, pour être responsable de ses actes, il faut en avoir les moyens en cas de condamnation pécuniaire. Se pose alors la question de la suffisance des moyens des autorités publiques indépendantes pour pouvoir être responsables de leurs actes, et notamment de celles qui sont financées en intégralité ou pour partie par subvention étatique[340]. Pour solutionner ce problème, le Conseil d'Etat, dans le même avis du 8 septembre 2005, a précisé qu'une assurance peut être en principe souscrite afin de couvrir les risques dus à cette responsabilité. Toutefois, cette solution ne s'applique pas à la CCAMIP, insusceptible de conclure un contrat d'assurance auprès d'une société qui serait susceptible de relever de son contrôle. Ainsi, une seconde solution correspondrait à la constitution de provisions pour faire face aux risques

---

[337] Béatrice COSPEREC, art. cit., p. 779.

[338] CE, Assemblée générale, avis n° 371.558, 8 septembre 2005, *in* Conseil d'Etat, *Sécurité juridique et complexité du droit*, Rapport public 2006, p. 211.

[339] Grâce à son remplacement par l'autorité de contrôle des assurances et des mutuelles (ACAM) créée en tant qu'autorité publique indépendante dotée de la personnalité morale.

[340] Cf. *infra*, p. 379 s. où un chapitre est consacré à la suffisance des ressources.

issus de condamnations pécuniaires. Les autorités publiques indépendantes qui disposent d'un régime financier et comptable favorable, c'est-à-dire financées majoritairement par des ressources propres, ont ainsi la possibilité d'évaluer leur budget à la hausse en prévision d'une éventuelle condamnation par le juge. En cas d'insolvabilité de l'API, c'est la responsabilité de l'Etat qui sera engagée à titre subsidiaire. Ainsi, soit l'Etat sera directement condamné dans le cadre d'un contentieux secondaire dirigé contre lui, soit il devra verser des ressources exceptionnelles à l'autorité pour pallier son insolvabilité.

Paragraphe 2. Les effets limités de la personnalité morale

Les effets concrets de la personnalité morale sur les autorités publiques indépendantes, et notamment sur leur autonomie, tant financière qu'administrative, ne sont pas pleins et entiers. En effet, plusieurs éléments viennent limiter les conséquences de la personnalité. D'une part, elles ne sont pas distribuées de façon identique à toutes les API, c'est-à-dire que chaque autorité ne dispose pas de toutes les prérogatives que peut offrir la personnalité. Il est davantage question d'une attribution à la carte des prérogatives de la personnalité par le législateur. D'autre part, il faut souligner que la personnalité morale elle-même n'est pas généralisée à toutes les autorités indépendantes. Ainsi, seules huit autorités publiques indépendantes disposent de la personnalité morale (A). La question de sa généralisation à toutes les autorités administratives indépendantes est souvent posée, mais également souvent rejetée du fait de la controverse qui pèse sur elle. En effet, celle-ci ne fait pas l'unanimité auprès des autorités administratives indépendantes car elle causerait une augmentation générale des dépenses et ne serait pas forcément génératrice d'une autonomie plus importante (B).

A. Des effets disparates de la personnalité morale sur les autorités publiques indépendantes

La personnalité morale a des conséquences disparates et variées sur les autorités publiques indépendantes. D'une part elle ne produit pas les mêmes effets chez toutes les autorités qui en sont titulaires (1), et d'autre part elle n'est pas permise et offerte à toute la catégorie des autorités administratives indépendantes, seules huit autorités étant personnalisées (2).

1. L'hétérogénéité des effets de la personnalité morale

Comme nous l'avons vu, la personnalité morale a des effets divers et variés qui s'appliquent aux personnes qui en sont titulaires. Les conséquences possibles de la personnalité morale sont la propriété et le budget propres, dont découlent en principe une autonomie financière, la possibilité d'ester en justice, de contracter, et de façon générale la responsabilité. Or, ces effets ne sont pas appliqués uniformément à toutes les API. En effet, toutes les autorités publiques indépendantes possèdent effectivement la faculté d'ester en justice et celle de contracter, leur permettant respectivement d'assumer la responsabilité de leurs actes et de faciliter la possession d'un personnel propre majoritairement composé de contractuels. Elles possèdent également un patrimoine propre et un budget propre. Toutefois, en ce qui concerne l'autonomie financière, il faut souligner qu'elle n'est pas évidente pour toutes les autorités publiques indépendantes. En effet, leur budget propre n'est pas toujours alimenté par des ressources propres, alors que c'est pourtant le but premier de l'attribution de la personnalité morale, notamment la possibilité d'affecter des ressources fiscales. En effet, si quatre API disposent exclusivement de ressources propres, provenant soit de taxes affectées soit de produits financiers divers, les autres sont financées pour partie, voire intégralement, par des subventions étatiques. Par conséquent, le degré d'autonomie financière est variable en fonction des autorités publiques indépendantes, alors même que l'octroi de la personnalité morale aurait pour vocation, sinon de procurer une autonomie financière pleine et entière, au moins de la renforcer.

Ainsi, les effets de la personnalité morale sont davantage visibles sur l'AMF, le H3C et l'ARAFER et le MNE qui ne bénéficient d'aucune subvention étatique et sont financés soit par des taxes affectées, soit par des ressources propres. Au contraire, les autres bénéficient pour partie ou intégralement d'une subvention étatique, ce qui diminue leur autonomie financière. Quant au CSA, la personnalité morale qui lui a été récemment attribuée, a notamment pour but de tirer les conséquences de l'augmentation de ses missions et pallier le problème de la réduction de ses moyens par un financement complémentaire constitué de ressources propres ou de taxes affectées[341]. La personnalité offerte au CSA a donc pour vocation d'augmenter son indépendance et son autonomie financière.

341 Assemblée nationale, Rapport fait au nom de la commission des affaires culturelles et de l'éducation sur le *projet de loi relatif à l'indépendance de l'audiovisuel public*, Marcel ROGEMONT, 17 juillet 2013, n°1275, p. 40.

Cependant, il convient de noter que les exercices 2015, 2016 et 2017 sont alimentés par une subvention étatique largement majoritaire, voire quasi-totale, et de façon très résiduelle par des ressources propres dont on ne peut que constater la diminution constante d'années en années. Si elles ne représentaient que 0,76 % du budget du CSA pour l'exercice 2015, elles doivent être portées à seulement 0,16 % pour 2017. L'on ne peut que constater que l'octroi de la personnalité morale au CSA dans un but de renforcement de son autonomie financière par l'affectation d'une taxe reste à l'heure actuelle lettre morte[342].

Finalement, on peut dire que l'autonomie financière est variable selon le type de ressources des autorités publiques indépendantes. La personnalité morale est donc globalement la même pour toutes les API à l'exception de l'autonomie financière, qui correspond à un effet incertain et non automatique de la personnalité.

2. Une généralisation impossible de la personnalité morale

L'hétérogénéité de la personnalité morale se manifeste tant dans ses effets diversifiés que dans son attribution limitée à certaines autorités. En effet, l'évolution tendancielle du paysage administratif français est maintenant classique. Au début, les services de l'Etat ont été délégués à des établissements publics, avant d'être remis aux autorités administratives indépendantes. Lesdites autorités ont ensuite vu leurs missions et pouvoirs s'élargir progressivement. Enfin, des autorités publiques indépendantes dotées de la personnalité morale et souvent de ressources propres sont apparues. Toutefois, ce mouvement récent de création d'autorités personnalisées a-t-il pour vocation de se généraliser ? *A priori* non. Même si un nombre croissant d'autorités indépendantes est aujourd'hui doté de la personnalité morale[343], le rapport parlementaire de 2010 évoque « *un processus de création qui ne correspond pas à une logique d'ensemble mais où chaque recours à la formule répond à un besoin spécifique* »[344]. Cela reprend l'idée défendue par le Conseil d'Etat, en 2001, selon laquelle le processus de création des autorités

---

342 Rapport sur les autorités publiques indépendantes, annexe au projet de loi de finances pour 2017, p. 67.

343 Après la création des deux premières autorités publiques indépendantes en 2003, le rythme de création s'est maintenu en moyenne à une autorité par an jusqu'en 2010 (deux autorités ayant également été dépersonnalisées ou supprimées dans ce laps de temps). Le phénomène a donc cessé en 2010 avec HADOPI puis a connu un renouveau fin 2013 avec la personnalisation du CSA.

344 Assemblée Nationale, Rapport précité, 2010, n°2925, p. 28.

administratives indépendantes est caractérisé par le « *hasard* » et « *constitue une réponse donnée à un problème donné* »[345].

Grâce ce processus de création circonstancielle, seules huit autorités disposent aujourd'hui de la personnalité morale sur les 41 recensées[346]. Si ce chiffre a connu une augmentation significative depuis une dizaine d'année[347], il faut toutefois noter que deux autorités personnalisées ont également perdu cette qualification pendant cette même période. Ce processus n'est donc pas irréversible et des conditions bien précises doivent être remplies pour acquérir, mais aussi conserver, la personnalité morale. C'est pourquoi l'office parlementaire d'évaluation de la législation préconisait en 2006 de « *limiter le développement des autorités publiques indépendantes dotées de la personnalité morale aux seules instances dont l'activité se prête à la perception de taxes ou de droits et soumettre l'adoption de ce statut à une évaluation approfondie de ses avantages et inconvénients* »[348]. Ainsi, selon le législateur, la personnalité morale doit être attribuée avec parcimonie et prudence, et ne doit être réservée qu'aux seules autorités ayant la possibilité de s'autofinancer par des ressources propres, constituées par des redevances pour service rendu prélevées sur les entreprises du secteur contrôlé. En effet, la personnalité ne doit pas être accordée dans le seul but de procurer une indépendance accrue à l'autorité. L'autorité doit avoir les moyens de cette indépendance, c'est-à-dire la faculté d'être autonome notamment au niveau financier, car celle-ci « *peut être assurée par d'autres moyens* »[349] que la personnalité morale. Par la suite, le nouveau rapport parlementaire de 2010 relatif aux autorités administratives indépendantes a rappelé cette condition de ressources propres, majoritaire ou exclusive, devant « *être constituées d'un financement par le secteur régulé, à qui il est légitime de faire supporter le coût de la régulation* »[350]. A cette condition de ressources a été ajoutée une condition de contrôle par le gouvernement et le Parlement.

Les préconisations parlementaires effectuées dans ces deux rapports, relativement à la nécessaire autonomie financière des autorités publiques indépendantes personnalisées, ont été strictement appliquées à la commission de régulation de l'énergie. En effet, la CRE s'est vu attribuée temporairement la personnalité morale entre le 1er janvier et le 14 juillet 2005. Le but de l'octroi de la personnalité morale à la CRE était de lui

345 Conseil d'Etat, rapport précité, 2001, p. 267.

346 Cf. annexe n°1, « Liste des autorités indépendantes étudiées », p. 540.

347 Le processus de personnalisation des AAI a débuté en 2003 avec la loi de sécurité financière du 1er août 2003 (n°2003-706).

348 Assemblée Nationale, Sénat, Rapport précité, 2006, n°3166, n°404, p. 12.

349 *Ibid.*, p. 74.

350 Assemblée Nationale, Rapport précité, 2010, n°2925, p. 156.

permettre de bénéficier d'une taxe affectée, possibilité offerte par l'article 36 de la LOLF aux seules personnes morales. Or, cette taxe n'ayant finalement pas été créée par le législateur et n'ayant donc jamais bénéficié à la CRE, le choix de déposséder la CRE de sa personnalité morale est rapidement intervenu[351].

Cela est moins évident pour l'ACPR qui a été créée, sans personnalité morale, par fusion de l'autorité de contrôle des assurances et des mutuelles, de la commission bancaire, du comité des entreprises d'assurance, et du comité des établissements de crédit et des entreprises d'investissement. La raison paraît ici autre : une seule des anciennes autorités ayant fusionné avait la personnalité morale. Toutefois, il existe concernant ce cas un paradoxe : l'ACPR a été créée sans personnalité morale alors qu'elle est plus autonome que de nombreuses autorités publiques indépendantes personnalisées. Elle dispose d'une forte autonomie financière, elle est financée uniquement par des ressources propres (taxes affectées) versées dans un budget annexe de la Banque de France. Elle remplit donc les conditions posées par le législateur et a donc les capacités de disposer de la personnalité morale, mais le législateur n'a pas opté pour cette solution.

En revanche, certaines autorités ont pu être créées en totale contradiction avec lesdits rapports. C'est l'exemple de la haute autorité pour la diffusion des œuvres et la protection des droits sur internet qui s'est vu dotée de la personnalité morale en désaccord avec le nécessaire lien personnalité – autonomie financière voulu par les rapports parlementaires de 2006 et 2010. En effet, la HADOPI est financée en intégralité par une subvention étatique, et ne dispose d'aucune ressource propre. Malgré tout, et contre l'avis du gouvernement, un amendement a été déposé, puis validé, dans le sens de l'octroi de la personnalité morale à la haute autorité. Dans une moindre mesure, tel est également le cas de l'agence française de lutte contre le dopage qui dispose de ressources publiques majoritaires. En effet, l'AFLD est financée par une subvention étatique à hauteur de presque 90 %. Par ailleurs, les ressources propres perçues par l'AFLD ne sont pas des taxes affectées mais des redevances pour services rendus. Or, ce type de ressources propres ne nécessite pas la personnalité morale pour être perçues par l'autorité, la mise en place d'une affectation de cette recette aux dépenses particulières de l'autorité étant possible au sein de la loi de finances.

Finalement, les autorités administratives indépendantes ne paraissent pas avoir vocation à être toutes personnalisées. Malgré une attribution

[351] Assemblée Nationale, Sénat, Rapport précité, 2006, n°3166, n°404, p. 67.

erratique de la personnalité aux AAI, celle-ci possède en principe des conditions d'attribution, notamment l'idée de financement par des ressources propres impliquant *a priori* une intervention dans des secteurs économiques. Etant donné que de nombreuses AAI n'interviennent pas dans un secteur économique mais plutôt dans un secteur dit social, elles n'ont pas toutes la possibilité d'accéder à la personnalité morale. Ces secteurs sociaux concernent notamment des secteurs sensibles où sont en cause les libertés fondamentales, et où aucun financement propre, par le biais de redevances, n'est possible. Le Défenseur des droits comme la commission d'accès aux documents administratifs (CADA) sont les AAI les plus notables dans ce domaine. Or, on constate qu'il n'est pas possible, par exemple, de faire payer la saisine du défenseur des droits par les citoyens. Il en va de même pour la CADA qui permet la communication des documents administratifs aux personnes concernées et empêche ainsi toute rétention d'information par l'administration. Par conséquent, si les préconisations des rapports parlementaires de limiter l'attribution de la personnalité morale aux seules autorités potentiellement capables de se financer par le secteur régulé, par le biais de taxes ou droits sur les entreprises contrôlées, sont respectées, alors la personnalité morale n'aura pas vocation à être généralisée et sera réservée aux seules autorités intervenant dans des secteurs économiques et financiers[352]. Ce dispositif pourrait seulement être étendu aux AAI intervenant certes dans des secteurs sociaux mais pouvant toutefois se financer sur le secteur contrôlé. Tel est notamment le cas de la Commission nationale informatique et libertés (CNIL), autorité hybride intervenant en matière de protection des droits et libertés par la protection des données personnelles mais pouvant bénéficier de ressources issues des entreprises utilisant, stockant ou commercialisant des données personnelles.

Au-delà de l'opposition qui existe entre API personnalisées et AAI non personnalisées, il faut également évoquer une variante supplémentaire de la catégorie des AAI : celle de l'autorité constitutionnelle indépendante, venant davantage diversifier le statut des AAI. Tel est le cas du Défenseur des droits, unique autorité incluse dans la Constitution, mais qui n'est pas personnalisée. Cette constitutionnalisation n'apporte donc pas davantage d'autonomie. Elle permet seulement d'interdire au législateur de modifier ou supprimer l'institution. Il est donc évident que le Défenseur des droits est le seul organisme de cette catégorie et qu'il va le rester, celle-ci n'ayant pas vocation à se généraliser.

---

352 Assemblée nationale, Sénat, Rapports précités, 2006, pp. 12 et 74, et 2010, p. 156.

B. Une personnalité morale controversée

La personnalité morale, en plus de ne pas être généralisée et généralisable, est quelque peu controversée. En effet, toutes les AAI ne sont pas favorables à son attribution à l'ensemble de la catégorie des AAI. Les raisons sont simples. D'une part, en cas de généralisation de la personnalité morale dans l'unique objectif de renforcement de l'indépendance, celle-ci ne serait qu'une personnalité « *symbolique* »[353], fictive, n'ayant aucun caractère opérationnel et réel. Elle perdrait automatiquement tout lien avec l'autonomie financière qui ne serait plus une conséquence logique et normale de la personnalité (2). D'autre part, la personnalité morale fait sortir les AAI du régime favorable qui est le leur lorsqu'elles dépendent de l'Etat. Dans ce cadre, la personnalité morale crée un surcoût évident pour les AAI et une augmentation significative de leurs dépenses que toutes ne sont pas en mesure de supporter (1).

1. L'augmentation des dépenses générée par la personnalisation des AAI

De prime abord, la personnalité morale paraît être attractive par l'autonomie qu'elle est censée procurer aux autorités publiques indépendantes, notamment au niveau financier. Toutefois, si elle possède de nombreux avantages, cela n'exclut pas la présence d'inconvénients notoires.

Tout d'abord, on peut remarquer que les autorités publiques indépendantes, en tant qu'institutions personnalisées et donc détachées de l'Etat, ont à leur charge le financement des locaux. En effet, si l'Etat met généralement à disposition (gratuite ou payante) des locaux pour les autorités administratives indépendantes, tel n'est pas le cas des autorités publiques indépendantes qui doivent alors supporter le coût des loyers privés dans leur propre budget, à moins d'être propriétaire de leurs locaux. Cela peut constituer une dépense non négligeable dans le budget d'une autorité publique indépendante personnalisée.

De plus, la personnalité morale entraîne la responsabilité juridique des décisions prises par les autorités publiques indépendantes. La responsabilité implique donc de supporter les risques d'une condamnation pécuniaire pour des montants financiers considérables, intervenant en

353 Assemblée Nationale, Sénat, Rapport précité, 2006, n°3166, n°404, p. 73.

réparation des fautes commises par les autorités dans le cadre de leurs missions. Pour couvrir ce risque, deux sujétions s'imposent aux autorités publiques indépendantes : d'une part, la constitution de provisions, et d'autre part, la souscription d'un contrat d'assurance[354]. Concernant les provisions nécessaires pour couvrir les éventuelles sanctions, cela implique la constitution d'un budget allant au-delà des simples besoins de l'autorité pour remplir ses missions. Ainsi, si l'autorité avait du mal à trouver des ressources pour répondre à ses besoins[355], il sera d'autant plus compliqué d'augmenter ses ressources pour constituer des provisions. Quant au contrat d'assurance, il est indispensable pour couvrir ce risque financier, et ce d'autant plus si les provisions sont insuffisantes. Toutefois, « *la difficulté réside dans l'évaluation du risque et dans le coût de cette assurance* »[356]. En effet, la souscription d'une assurance pourrait entrainer un surcoût important pour l'autorité publique indépendante, et ce notamment lorsque celle-ci opère dans des secteurs plus sensibles, comme la santé, la sûreté nucléaire, ou encore lorsque les décisions de l'autorité portent sur des sommes d'argent assez colossales ou sont susceptibles d'être gravement préjudiciables pour l'image des entreprises. Dans tous les cas, « *le poids budgétaire d'une telle assurance constitu[erait] le principal inconvénient de la personnalité morale des API* »[357]. Avant 2010 et la création de l'autorité de contrôle prudentiel et de résolution (ACPR), c'était l'autorité de contrôle des assurances et des mutuelles (ACAM) qui contrôlait ce secteur. Cette ancienne autorité publique indépendante personnalisée était donc responsable juridiquement de ses décisions. Or, contrôlant le secteur des assurances, elle ne pouvait pas souscrire un contrat, pour couvrir les risques liés à sa responsabilité, auprès d'une entreprise qui relevait de son contrôle. Seule lui restait la solution de constituer des provisions en vue de réparer les dommages dus à son action. Cette difficulté a désormais disparu car la nouvelle autorité qui remplace l'ACAM est une autorité administrative indépendante non personnalisée.

Enfin, les autorités publiques indépendantes sont exclues de certaines dérogations, sociales et fiscales, accordées à l'Etat, et par extension aux AAI qui en dépendent.

---

[354] CE, assemblée générale, avis n°371.558, 8 septembre 2005, *in* Conseil d'Etat, *Sécurité juridique et complexité du droit*, Rapport public 2006, p. 211. Cf. *supra*, p. 129.

[355] Il faut ici souligner que si certaines autorités publiques indépendantes disposent de ressources propres, d'autres sont exclusivement financées par des subventions étatiques, généralement gelées et insusceptibles d'augmentation.

[356] Assemblée Nationale, Sénat, Rapport précité, 2006, n°3166, n°404, p. 72.

[357] *Idem.*

Concernant les charges sociales, un calcul favorable au profit des rémunérations dues aux collaborateurs du service public s'applique à l'Etat. De ce fait, avant l'élargissement de ce dispositif de façon explicite aux API, celles-ci ne pouvaient pas en bénéficier. C'est notamment le cas de l'AFLD qui, créée en 2006, n'a bénéficié de ce calcul favorable des charges sociales, concernant les médecins-préleveurs, qu'après son évocation explicite dans une loi de 2008[358], alors que celui-ci s'appliquait au ministre chargé des sports avant la création de l'AFLD.

Par ailleurs, les rémunérations accessoires de certains fonctionnaires en position de détachement ne sont pas assujetties à certaines cotisations de sécurité sociale par application de l'article D171-11 du code de la sécurité sociale. Or, la liste exhaustive des activités accessoires permettant l'exonération ne prévoit pas celles exercées au sein des autorités publiques indépendantes. Elle évoque seulement « *une activité accessoire au service de l'Etat, d'un département, d'une commune ou d'un établissement public* ». Par conséquent, les API sont contraintes de payer toutes les cotisations sociales de leurs agents titulaires de l'Etat.

Concernant les charges fiscales, deux taxes sont notamment en cause : la taxe sur les salaires et la taxe d'habitation. Les autorités publiques indépendantes vont ainsi devoir supporter ces charges fiscales auxquelles les AAI, en tant que services de l'Etat, ne sont pas assujetties. Tel est notamment le cas de la taxe sur les salaires que l'article 231 du code général des impôts (CGI) fait supporter, à hauteur de 4,25 %[359], aux « *entreprises et organismes qui emploient [des] salariés* ». L'article 231 du CGI liste par la suite les organismes exonérés. Or, les autorités publiques indépendantes ne sont pas mentionnées, contrairement à l'Etat et, par analogie, aux autorités administratives indépendantes non personnalisées dont le personnel, fonctionnaire et contractuel, est financé par le budget général de l'Etat[360]. Les autorités publiques indépendantes devront donc s'acquitter d'une taxe sur les salaires dont le taux, non négligeable, est compris entre 4,25 % et 13,60 % en fonction du montant du salaire brut. Il faut souligner que cette taxe sur les salaires représente un surcoût considérable, notamment pour

---

358 Article 25 de la loi n°2008-650 du 3 juillet 2008 relative à la lutte contre le trafic de produits dopants.

359 4,25 % constitue le taux de principe. Ce taux peut être ramené 2,95 % concernant les départements de la Guadeloupe, de la Martinique et de la Réunion, ou à 2,55 % dans les départements de la Guyane et de Mayotte. Il peut également être porté à 8,50 %, voire à 13,60 %, en fonction du montant des rémunérations concernées.

360 L'article 231 du code de la sécurité sociale précise ainsi que « *les rémunérations payées par l'Etat sur le budget général sont exonérées de taxe sur les salaires lorsque cette exonération n'entraîne pas de distorsion dans les conditions de la concurrence* ».

des institutions dont les frais de personnel représentent la majorité des dépenses. Ainsi, en cas de transformation d'une AAI en API, la masse salariale de l'AAI se verra assujettie à la taxe sur les salaires, ce qui représenterait un surcoût substantiel pouvant aller de centaines de milliers d'euros à des millions d'euros selon l'importance du personnel de l'AAI.

Par ailleurs, les autorités publiques indépendantes vont être assujetties à la taxe d'habitation contrairement aux AAI qui en sont exonérées. En effet, si le code général des impôts n'était pas clair concernant cette exonération des AAI, le Conseil d'Etat a dissipé tous les doutes possibles par un arrêt d'assemblée de 2001 concernant la commission des opérations de bourse[361]. Par cet arrêt, il est venu apporter de précieuses explications aux dispositions du code général des impôts, notamment son article 1407. Celui-ci dispose, en ce qui concerne l'assujettissement des personnes publiques que « *la taxe d'habitation est due : [...] 3° Pour les locaux meublés sans caractère industriel et commercial occupés par les organismes de l'Etat, des départements et des communes [...]* ». Or, l'administration, comme la Cour administrative d'appel de Paris, ont pu estimer que les AAI sont des organismes de l'Etat et sont donc assujetties à la taxe d'habitation. Le Conseil d'Etat est donc venu préciser comment doivent être entendues les dispositions de l'article 1407 I-3° du CGI. Selon lui, elles « *doivent être regardées comme visant des organismes personnalisés placés auprès de ces personnes publiques* » ; les AAI n'étant pas personnalisées, elles sont donc exclues des organismes spécifiquement visés par l'article 1407 du CGI. Par ce mécanisme, le Conseil contribuait à exclure les AAI des diverses catégories de personnes assujetties à la taxe d'habitation. Toutefois, pour les dispenser du paiement de ladite taxe, il était opportun de les classer parmi une catégorie de personnes explicitement exonérées. Le Conseil a donc estimé que les AAI étaient exonérées de la taxe d'habitation car leurs locaux abritaient des « *bureaux de fonctionnaires publics* », au sens du II-4° de l'article 1407 du CGI. Toutefois, les AAI employant majoritairement des agents contractuels, le Conseil a ajouté que l'exonération s'appliquait « *que ces agents aient ou non la qualité de fonctionnaires titulaires* ». Par conséquent, on peut constater que les AAI non personnalisées ne sont pas imposables à la taxe d'habitation au regard de l'article 1407 du CGI, d'une part car elles ne constituent pas des organismes de l'Etat, au sens du I-3°, et d'autre part car leurs locaux abritent des bureaux de fonctionnaires, au sens du II-4°, et ce même si le personnel des AAI est notamment composé d'agents

---

361 CE, Ass., 23 février 2001, *Commission des opérations de bourse*, Rec. p. 80.

contractuels[362]. En revanche, les API répondent aux conditions d'assujettissement à la taxe d'habitation en tant qu'organismes personnalisés de l'Etat. Les locaux meublés à caractère administratif occupés par les autorités publiques indépendantes sont donc imposables à la taxe, ce qui constitue encore une dépense supplémentaire à la charge des API.

Finalement, les API, en tant qu'organismes personnalisés, possèdent des dépenses plus importantes que les AAI, ce qui altère l'attractivité de la formule. En effet, si les API possèdent de nombreux avantages, dont notamment la possibilité d'une autonomie financière plus grande[363], elles renferment également des inconvénients certains, par l'augmentation des dépenses que la personnalité morale génère. En effet, les autorités publiques indépendantes vont devoir supporter de nombreuses charges supplémentaires, ou du moins ne seront pas exonérées des dites charges, comme c'est le cas des AAI. Certaines charges sociales, comme les cotisations de sécurité sociale, seront systématiquement dues. Les API devront également s'acquitter de la taxe sur les salaires ainsi que de la taxe d'habitation, ce qui constitue un surcoût substantiel pour ces institutions, c'est pourquoi les plus petites AAI refusent de se voir reconnaître la personnalité morale[364]. En effet, cette dernière les obligerait à assurer elles-mêmes des tâches de gestion qui sont à l'heure actuelle assurées par leur ministère de rattachement[365]. Par conséquent, les plus petites AAI ne sont pas favorables à la généralisation de la personnalité morale.

---

362 Le Conseil d'Etat considère, pour conclure, que « *dès lors que la commission des opérations de bourse, autorité administrative non dotée de la personnalité morale, n'est pas au nombre des organismes de l'Etat dont les locaux sont assujettis à la taxe d'habitation en application du 3° du I de l'article 1407 du code général des impôts, les locaux meublés qu'elle occupe bénéficient de l'exemption de taxe prévue pour les bureaux de fonctionnaires publics en vertu du 4° du II du même article sans qu'y fasse obstacle la disposition de l'article 7 du décret du 3 janvier 1968 portant organisation administrative et financière de la commission des opérations de bourse selon laquelle le personnel des services de la commission est composé notamment d'agents contractuels* ».

363 Dans le cas où la personnalité morale est utilisée conformément aux préconisations des rapports, c'est-à-dire lorsque l'autorité en cause a la possibilité de disposer de ressources propres.

364 Cette idée ressort des auditions réalisées par le Parlement pour ses rapports relatifs aux AAI de 2006 et 2010.

365 C'est notamment la Direction des services administratifs et financiers (DSAF) rattachée aux services du Premier ministre qui réalise l'ensemble des opérations de gestion des AAI du programme 308, rattachées au Premier ministre. Or, dans le cadre de nos entretiens, la CADA nous a spécifié qu'elle appréciait la collaboration souple et la relation constructive qu'elle entretenait avec la DSAF, d'autant plus que ça lui permettait de se consacrer à ses missions fondamentales.

2. La personnalité morale et l'autonomie financière : deux éléments liés mais séparables

La personnalité morale implique en principe l'autonomie, notamment financière. Marie-Anne Frison-Roche a ainsi pu souligner que la personnalité morale revêt une dimension symbolique « *en ce que la personnalité évoque l'autonomie* ». Selon elle « *être une personne serait une condition de l'autonomie juridique* »[366]. Toutefois, cela ne représente bien qu'une vision symbolique de la personnalité morale, car dans les faits, si la personnalité facilite l'autonomie financière en permettant notamment l'affectation de taxes fiscales, elle ne l'engendre pas forcément.

Ainsi, le rapport parlementaire de 2006 relatif aux autorités administratives indépendantes précise, « *s'agissant du lien entre personnalité morale et ressources propres, [...] que le degré d'autonome financière des API est en fait variable* »[367]. Cela est visible par la confrontation entre les API totalement autonomes et celles dont le budget est notamment constitué de subventions étatiques. On constate ici que plus l'API est financée par des subventions de l'Etat, plus le lien personnalité – autonomie financière se détend, et réciproquement.

Toutefois, le Parlement souhaite faire le lien entre ces deux notions. Le rapport de 2006 souhaite en effet ne réserver la personnalité morale qu'aux seules autorités indépendantes intervenant dans le secteur économique et financier, et pouvant, de ce fait, disposer de ressources propres. La recommandation n°5 prévoit ainsi de « *limiter le développement des autorités publiques indépendantes dotées de la personnalité morale aux seules instances dont l'activité se prête à la perception de taxes ou de droits* »[368]. Par ce biais, seules les autorités indépendantes ayant la capacité de disposer d'une autonomie financière, grâce à un financement par des ressources propres, seraient personnalisées[369].

Aujourd'hui, certains rapports parlementaires récents rapprochent personnalité morale et autonomie financière. Tel est notamment le cas d'un

---

366 Marie-Anne FRISON-ROCHE, *Etude dressant un bilan des autorités administratives indépendantes*, *in* Assemblée nationale, Sénat, Rapport précité, Tome II, 2006, n°3166, n°404, p. 59.

367 Assemblée nationale, Sénat, Rapport précité, 2006, n°3166, n°404, pp. 68-69.

368 Assemblée nationale, Sénat, Rapport précité, 2006, n°3166, n°404, pp. 12 et 74.

369 Tel est notamment le cas de l'Autorité de régulation des communications électroniques et des postes (ARCEP), de la Commission de régulation de l'énergie (CRE), de l'Autorité de régulation des jeux en ligne (ARJEL) et de la Commission nationale informatique et libertés (CNIL).

rapport d'information de 2011 relatif à la concurrence en matière de jeux en ligne, qui propose de « *doter l'ARJEL de la personnalité morale, afin de lui permettre d'ester en justice et de lui conférer l'autonomie financière* »[370]. Ici, la commission des finances de l'Assemblée nationale estime donc que la personnalité morale permet de conférer l'autonomie financière, notamment parce que l'ARJEL a la possibilité de se financer grâce à des ressources propres voire une taxe affectée.

En revanche, même si la réunion de ces deux éléments, que sont la personnalité morale et l'autonomie financière, constitue le fait normal, il arrive également qu'ils soient dissociés. Nous avons déjà souligné que les API ne disposent pas toutes d'une autonomie financière. Il faut également remarquer que certaines autorités non personnalisées possèdent parfois une certaine autonomie financière. Par conséquent, « *la personnalité morale ne se confond pas avec l'individualité financière* »[371]. L'individualité financière, ou autonomie financière, consiste notamment à avoir un budget, des ressources et une gestion propres. Or, selon Michoud, « *un service public peut posséder, en tout ou en partie, ces attributs de la vie administrative sans avoir la personnalité civile, de même qu'à l'inverse il peut être investi de cette personnalité sans posséder tous ces éléments d'une existence financière indépendante* »[372]. En effet, certaines AAI possèdent l'autonomie financière et la capacité juridique, sans disposer de la personnalité morale. Tel était auparavant le cas de la commission des opérations de bourse[373], autorité non personnalisée mais fortement autonome. Aujourd'hui, l'autorité de contrôle prudentiel et de résolution est également une autorité administrative indépendante non personnalisée qui dispose d'une autonomie financière très marquée. A l'inverse, la haute autorité pour la diffusion des œuvres et la protection des droits sur internet est une autorité publique indépendante dotée de la personnalité morale mais dénuée de toute autonomie financière car intégralement financée par des subventions étatiques.

Finalement, on ne peut pas déduire l'autonomie financière de la personnalité morale et réciproquement. L'une ne suppose, ni ne présume, l'autre. Nous sommes, tout au plus, en présence d'une présomption simple,

---

370 Assemblée nationale, Rapport d'information fait au nom de la commission des finances, de l'économie générale et du contrôle budgétaire sur *la mise en application de la loi n° 2010-476 du 12 mai 2010 relative à l'ouverture à la concurrence et à la régulation du secteur des jeux d'argent et de hasard en ligne*, Aurélie FILIPPETTI, Jean-François LAMOUR, 25 mai 2011, n°3463, p. 7.

371 Léon MICHOUD, *op.cit.*, p. 383.

372 Léon MICHOUD, *op. cit.*, p. 384.

373 Assemblée nationale, Sénat, Rapport précité, 2006, n°3166, n°404, p. 70.

et en aucun cas irréfragable, où la preuve du contraire est facilement rapportable. En définitive, « *une individualité financière bien caractérisée peut, lorsqu'elle est jointe à d'autres circonstances, être considérée comme l'un des éléments qui peuvent permettre d'interpréter, dans le sens de la personnalité, la pensée du législateur* »[374]. L'autonomie financière peut donc faire partie d'un faisceau d'indices permettant de découvrir la personnalité morale, mais elle n'implique rien à elle seule. Quant à la personnalité morale, elle n'engendre pas toujours l'autonomie financière. Le lien entre ces deux notions est donc possible mais pas obligatoire, personnalité et autonomie financière étant logiquement liées mais pouvant aussi être facilement détachées.

Conclusion du chapitre.

La définition classique de la personnalité morale implique une capacité juridique certaine. En effet, la personnalité morale permet de multiples facultés telles que celles de disposer d'un patrimoine, d'avoir un budget autonome que l'on peut alimenter par des ressources propres, de posséder un personnel que l'on choisit librement grâce à une liberté contractuelle induite par la personnalité et enfin la responsabilité de ses actes. Ainsi, l'octroi de la personnalité morale aux autorités publiques indépendantes (API) paraît être un facteur d'autonomie fonctionnelle et notamment financière. En revanche, l'analyse des effets réels de la personnalité morale sur ces autorités démontre le contraire : des conséquences diversifiées et multiples parmi les API et surtout des effets limités à certaines API et non généralisables à l'ensemble des autorités administratives indépendantes. La France devrait donc s'inspirer des agences européennes afin de mettre en place un modèle uniforme d'autorités publiques indépendantes dotées de la personnalité morale. Or, tel n'a pas été le choix des pouvoirs publics français. Ils ont préféré l'option plus complexe d'une tentative de création d'un statut général de l'ensemble des autorités indépendantes (AAI et API). Il faut néanmoins souligner que la proposition de loi en cours d'examen[375] a du mal à aboutir et qu'un premier échec a déjà eu lieu[376]. En cas de deuxième échec, il serait donc

[374] Léon MICHOUD, *op. cit.*, p. 385.

[375] Proposition de loi portant statut général des autorités administratives indépendantes et des autorités publiques indépendantes, déposée au Sénat le 7 décembre 2015 par Mme Marie-Hélène DES ESGAULX, MM. Jean-Léonce DUPONT et Jacques MÉZARD, actuellement en troisième lecture au Sénat depuis le 8 décembre 2016.

[376] Proposition de loi portant statut général des autorités administratives indépendantes et des autorités publiques indépendantes, déposée au Sénat le 25 septembre 2014 par MM.

opportun de séparer les AAI des API afin de simplifier la démarche d'unification et de parvenir à un modèle d'API beaucoup plus facile à réaliser. Ce modèle d'API aurait vocation à regrouper des autorités indépendantes capables d'un autofinancement sur le secteur régulé, notamment par la voie de redevance pour service rendu et frais de contrôle, mais également par le biais de taxes affectées[377]. Il semble donc pouvoir inclure l'ensemble des autorités de régulation économique que sont l'ARCEP, l'ARJEL, la CRE, et éventuellement l'autorité de la concurrence, mais doit automatiquement évacuer les autorités ayant vocation à être financées par le budget de l'Etat comme c'est le cas de l'HADOPI.

Patrice GÉLARD et Jean-Pierre SUEUR, jamais adoptée et donc abandonnée par le Parlement.

377 Cf. *infra*, p. 292 s. L'idée d'un financement par taxes affectées devra néanmoins être relativisée du fait des nouvelles limites qui lui sont imposées par le projet de loi de programmation des finances publiques pour les années 2014 à 2019 aux articles 15 et 16 (en ce qui concerne les plafonnements : cf. pp. 295-296)

Chapitre II.
Un objectif d'autonomisation fonctionnelle des autorités publiques indépendantes difficilement atteignable

Si la personnalité morale permet normalement de tendre vers l'autonomie fonctionnelle, et donc vers un renforcement de l'autonomie financière, nous avons vu que cette relation de cause à effet n'est pas automatique. Ainsi, la personnalité morale n'implique pas toujours l'autonomie financière. Cela peut s'expliquer grâce aux théories relatives à la personnalité morale : la fiction et la réalité, la première estimant que la personnalité morale est une abstraction créée par le législateur, la seconde considérant que la personnalité résulte de la réunion de certaines circonstances de fait. Or, nous devons constater que la théorie qui s'applique au droit public et aux autorités publiques indépendantes est la fiction. Elle permet ainsi d'expliquer les restrictions à la personnalité morale par la prépondérance du législateur dans la procédure de personnalisation (section 1).

Par la suite, une nouvelle théorie a vu le jour : la réalité technique. Celle-ci vise à définir la personnalité morale, non pas par ses modalités de création, mais par ses caractéristiques intrinsèques. Cette théorie actuelle montre ainsi que la doctrine contemporaine tend à définir la personnalité morale selon les avantages qu'elle suppose. Toutefois, nous ne pourrons que constater que ces avantages sont différents d'une autorité à l'autre du fait des liens étroits qu'entretient la réalité technique avec la fiction. Ainsi, cette théorie démontre également que la personnalité n'est pas univoque mais plutôt polymorphe du fait de la présence d'un faisceau d'indices et non d'une définition précise et unique (section 2).

Section 1.
La personnalité morale comme fiction : une justification des restrictions à l'autonomie fonctionnelle des autorités publiques indépendantes

Si la personnalité morale, au regard de ses conséquences normales et des prérogatives qu'elle induit, implique l'autonomie fonctionnelle des organismes qui en sont titulaires, il faut constater que tel n'est pas toujours le cas. En effet, selon l'institution à laquelle elle se rattache, le milieu dans lequel on se trouve et la théorie qui s'applique, les effets de la personnalité morale diffèrent. Ainsi, l'application de la théorie de la fiction, systématique en droit public, entraîne une personnalité morale exorbitante propre aux autorités publiques venant expliquer pourquoi des restrictions sont apportées à la personnalité publique (paragraphe 1). Par conséquent, nous ne pourrons que constater ces restrictions à l'encontre de l'autonomie fonctionnelle des autorités publiques indépendantes tant sur le plan administratif que financier (paragraphe 2).

Paragraphe 1. La fiction : une justification des restrictions à la personnalité morale des autorités publiques indépendantes

Malgré la désuétude du débat fiction – réalité, il est possible de remarquer la présence sous-jacente des caractéristiques de chacune de ces théories dans le cadre des applications concrètes de la personnalité morale. Ainsi, en matière de droit public, la théorie de la fiction est à peine dissimulée (A), or, celle-ci a des conséquences importantes car elle vient justifier de nombreuses restrictions à la personnalité morale (B).

A. La fiction comme théorie de prédilection en droit public : une théorie s'appliquant aux autorités publiques indépendantes

Il existe deux théories classiques de la personnalité morale : la fiction et la réalité[378] (1). C'est toutefois la théorie de la fiction qui trouve à s'appliquer au cas des autorités publiques indépendantes, et de façon plus générale au droit public (2).

1. Les deux théories permettant l'attribution de la personnalité morale : l'opposition fiction – réalité

La personnalité morale s'est construite autour de deux grandes théories, la fiction puis la réalité, conçue en réaction à la première[379]. Le

---

378 La première théorie est celle de la fiction et a été défendue par Savigny et la seconde est celle de la réalité défendue par Michoud, toutes deux au début du XXe siècle.

379 Notons qu'il existe également deux autres théories, l'une très minoritaire de négation du concept de personnalité morale, que nous n'aborderons pas, l'autre, doctrine contemporaine dominante, de la réalité technique, que nous examinerons plus tard, dans le chapitre II.

débat fiction – réalité a perduré pendant très longtemps. Les deux théories ont pour vocation de définir la personnalité morale, non par ce qu'elle est, mais plutôt par comment elle est apparue. Ainsi, la première théorie, la fiction, défend une apparition purement autoritaire venant de l'Etat par le biais du législateur, et la seconde affirme que la personnalité est réelle et qu'elle existe par elle-même, l'Etat n'étant là que pour la constater et la faire passer dans le domaine du droit. Or, il faut constater que la fiction trouve davantage à s'appliquer en droit public et notamment aux autorités publiques indépendantes (a), alors que la théorie de la réalité est à rejeter dans ce même cadre (b).

a. L'application de la théorie de la fiction aux autorités publiques indépendantes

La théorie de la fiction de la personnalité morale part du postulat que seule la personne humaine, autrement dit l'individu, est une personne réelle. Elle est donc la seule à pouvoir posséder naturellement la personnalité juridique. Par la suite, la prise en compte des phénomènes collectifs par le droit s'est avérée nécessaire. Or, si les groupements ne pouvaient pas posséder naturellement la personnalité juridique, il convenait alors de leur octroyer par le biais d'un artifice. La technique juridique ne tenant compte que de l'individu, il fallait considérer le groupe comme une personne unique. Pour transformer le groupe en une unité assimilable à l'individu, et afin de lui attribuer des droits et des obligations, l'ordre juridique a par une fiction considéré le groupement d'individus « *comme formant un être factice, afin de l'ériger, lui aussi en sujet de droit* »[380]. Cette attribution fictive de la personnalité morale à des groupements est une prérogative que détient l'Etat, par le biais du législateur. C'est pourquoi, certains auteurs disent que « *l'Etat reste le maître absolu de la fiction dont il se sert* »[381]. En effet, c'est le législateur qui accorde la personnalité morale aux institutions qui le méritent ou à celles qu'il nécessite. « *Aucun groupement, même licite, ne peut élever la prétention de l'avoir par la Nature ; il lui faut la Grâce ; et cette Grâce pourra lui être retirée comme elle lui a été donnée* »[382]. Dans le cadre de cette théorie, le groupe est donc une personne fictive créée par le législateur qui lui donne alors une structure, des pouvoirs, des droits et des obligations.

Il convient de souligner que cette théorie de la fiction est toujours valable aujourd'hui, notamment en droit public. En effet, « *loin d'en provoquer*

---

380 Florian LINDITCH, *op. cit.*, p. 13.
381 Léon MICHOUD, *op. cit.*, p. 17.
382 *Idem.*

l'obsolescence, le système juridique contemporain conforte, de manière semble-t-il définitive, la thèse défendue par la plus ancienne des écoles en présence, en donnant raison à la théorie de la fiction défendue par Savigny contre celle développée par Michoud et l'école de la réalité »[383]. En effet, il est aisé de constater que l'apparition des personnes morales de droit public, autres que l'Etat, revêt un caractère autoritaire et discrétionnaire. Le législateur crée de nouvelles personnes publiques de façon très empirique et circonstancielle, en fonction des besoins de l'Etat à un moment donné. Tel est le cas des autorités publiques indépendantes. En effet, dans la logique de désengagement de l'Etat dans des secteurs sensibles comme l'économie ou les droits et libertés, les autorités administratives indépendantes ont fait leur apparition. Il était alors question de donner une autre image de l'Etat, un autre visage, certes présent mais beaucoup plus en retrait et distant. Au départ, ces autorités n'étaient pas personnalisées, mais dans les années 2000, le législateur a donné naissance aux autorités publiques indépendantes dotées de la personnalité morale et de l'autonomie financière afin de renforcer l'indépendance si chère à cette catégorie d'institutions. Dans les deux cas, la création de ces institutions était contextuelle. Le législateur a ainsi donné naissance à ces organismes dans le but de répondre aux besoins de l'Etat à un moment donné. A l'instant « t », l'Etat nécessitait des organismes spécialisés dans certains secteurs sensibles afin de se désengager et de légitimer son action, il a alors créé les autorités administratives indépendantes. A l'instant « t+1 », il a dû accroître l'autonomie de ces organismes afin d'augmenter leurs prérogatives et leur liberté d'action dans des domaines d'action spécifiques, il a alors créé les nouvelles autorités publiques indépendantes comme institutions personnalisées.

b. Le rejet de la théorie de la réalité dans le cadre des autorités publiques indépendantes

La théorie de la réalité de la personne morale estime que les êtres collectifs, comme les individus, ont une personnalité juridique réelle. Cette personnalité se démontre par la preuve d'une volonté libre des groupes, semblable à celle de l'individu et qui possède soit une explication biologique, soit une explication contractuelle. En effet, certains auteurs estiment que la volonté des groupes vient de l'interaction « *des hommes qui forment le cerveau social* »[384], au même titre que la volonté de l'homme vient de l'interaction entre les cellules qui forment son cerveau. D'autres considèrent qu'entre les

383 Florian LINDITCH, *op. cit.*, p. 5.
384 Léon MICHOUD, *op. cit.*, p. 70.

membres du groupement, il existe un acte de volonté établi par contrat qui met en évidence l'union des volontés et par là même la volonté du groupe. Cette seconde hypothèse est à relier à celle du contrat social[385] qui vient établir et justifier la personnalité morale de l'Etat.

En conséquence, cette théorie de la réalité des personnes morales prévoit que tous les groupements sont naturellement des personnes morales et que l'Etat est seulement là pour le constater. En effet, selon cette théorie, « *la personnalité est spontanée et résulte de l'union des volontés ; l'Etat intervient, non pour accorder ou refuser la personnalité, mais pour permettre ou interdire le groupement lui-même* »[386].

Il faut toutefois souligner que cette théorie possède des conséquences impossibles en droit public. En effet, d'une part, elle implique que tous les groupements ont la personnalité morale (au moins de fait), puisqu'elle est naturelle et spontanée. C'est donc seulement sur le groupement lui-même que l'Etat peut agir. Or, il est évident qu'il existe des groupements sans personnalité morale en droit public. Tel est le cas des autorités administratives indépendantes non personnalisées, qui ne possèdent pas la personnalité morale ni de fait, ni de droit. Elles n'ont d'ailleurs pas la possibilité de la posséder pour la plupart d'entre elles, c'est pourquoi elles dépendent d'une autre personne morale, l'Etat. Tel est également le cas des assemblées parlementaires ou des juridictions qui ne possèdent pas la personnalité morale malgré leur autonomie notable. D'autre part, cette théorie a pour vocation de « *limiter le caractère discrétionnaire de la dévolution de la personnalité morale telle qu'elle est conçue dans la théorie de la fiction* »[387], or il est évident qu'il existe en droit public des groupements imaginés et élaborés par l'Etat lui-même. Tel est le cas des établissements publics ou des autorités publiques indépendantes. Or, si l'Etat crée ces institutions personnalisées de toutes pièces, leur personnalité ne peut être qu'artificielle et fictive, car issue de l'Etat, et en aucun cas naturelle.

Finalement, cette théorie de la réalité ne trouve pas à s'appliquer en droit public, car dans ce cadre, la personnalité morale est toujours imaginée et reconnue par l'Etat qui crée lui-même de nouvelles personnes publiques en fonction de ses besoins et de l'évolution de la société. Cette personnalité morale est d'ailleurs précisément délimitée par le législateur qui décide alors de son étendue, plus ou moins vaste, selon le souhait de l'Etat de garder une mainmise sur ces institutions. Si la personnalité morale est

[385] Jean-Jacques ROUSSEAU, *Du Contrat Social ou Principes du droit politique*, 1762.
[386] Léon MICHOUD, *op. cit.*, p. 81.
[387] Florian LINDITCH, *op. cit.*, p. 17.

vraisemblablement réelle et naturelle en droit privé[388], elle ne l'est certainement pas en droit public où elle constitue l'objet des pouvoirs publics, objet qu'ils créent, manient, remanient et suppriment au gré de leurs envies. En effet, le droit public est toujours soumis à des sujétions particulières, or la personnalité morale en droit public ne déroge pas à la règle. Ainsi, dans ce domaine, la personnalité morale n'existe que « *dans le cadre rigoureux des règles de compétence* » fixées par le législateur et de « *l'intérêt général assigné à toute personne morale de droit public* »[389], ce qui laisse largement entrevoir l'application de la théorie de la fiction et non celle de la réalité de la personnalité morale.

2. La fiction comme théorie dédiée au droit public : la justification des restrictions par l'exorbitance de la sphère publique

Au-delà de personnes morales, il est bien question de personnes publiques lorsque l'on parle des autorités publiques indépendantes. Or, il est évident que la personnalité publique possède des spécificités qui la différencient de la personnalité privée ; c'est pourquoi il est possible de définir la personnalité publique « *par rapport à la personnalité privée en ce qu'elle renferme de plus ou de moins* »[390].

Ce qui caractérise la personnalité publique est principalement son lien avec la théorie de la fiction. Lorsqu'une personne morale appartient à la sphère publique, elle est forcément fictive. Il existe donc un lien indissociable entre droit public et fiction[391].

L'idée de fiction vient justifier une limitation de la personnalité la faisant aboutir inévitablement à une personnalité morale partielle. Or, ce qui est intéressant, c'est que le droit public a également pour vocation de limiter la personnalité morale. Ainsi, la personnalité publique est forcément partielle, soit du fait de la fiction, soit du fait de son appartenance même à la sphère publique. La conséquence est la suivante : il existe une « *parcellisation* » de la personnalité morale, « *une division en petites unités, une fragmentation, un*

---

388 Notons que les personnes morales de droit privé sont créées à l'initiative des particuliers mais les conditions d'attribution de la personnalité juridique sont fixées par les pouvoirs publics par le biais d'un cadre législatif et règlementaire précis.

389 Florian LINDITCH, *op. cit.*, p. 6.

390 Aude ROUYERE, « la personnalité publique partielle », *in La personnalité publique*, Colloque de l'AFDA des 14 et 15 juin 2007, Paris, LexisNexis, 2007, p. 91.

391 Raymond SALEILLES, *op. cit.,* p. 365. L'auteur précise d'ailleurs lorsqu'il évoque la théorie de la fiction que « *ce n'est pas une théorie de droit privé. C'est une thèse de droit public, dissimulé sous des concepts de droit privé* ».

morcellement »[392]. Ainsi, les prérogatives issues de la personnalité ne sont pas toutes offertes aux personnes publiques. Leur capacité juridique n'est donc pas pleine et entière, elle est partielle.

Ce phénomène de parcellisation des pouvoirs inhérents à la personnalité morale possède deux fondements : le caractère volontariste de la personnalité publique, et le cadre permanent du droit public qu'est l'intérêt général.

D'une part, le volontarisme de la personnalité publique est issu de la définition législative des personnes publiques. De ce fait, chaque personne morale de droit public est issue d'une création légale. Tel est le cas des collectivités territoriales, des établissements publics, des groupements d'intérêt public et des autorités publiques indépendantes. Or, « *ce principe ou système de la reconnaissance légale, contient en lui-même l'idée d'une possibilité de modulation des attributs de la personnalité morale* »[393]. La fiction, par le volontarisme qu'elle implique, suppose forcément la toute puissance du droit de l'Etat et le libre choix du législateur. Cela s'explique assez facilement par l'idée de concession et de délégation de pouvoir. Si l'Etat accepte de déléguer une partie de sa compétence, il aura nécessairement la possibilité de façonner à sa convenance la personne qu'il a choisi pour l'exercer, et ce, d'autant plus s'il créé cette personne au moment où il fait le choix de lui déléguer la compétence. En effet, dans ce domaine, l'Etat maîtrise la compétence, comme il maîtrise la création de la personnalité morale, de ce fait, il a également le pouvoir de contrôler l'étendue de la capacité juridique et des pouvoirs confiés à la personne publique délégataire. Par conséquent, si la fiction implique une création légale des personnes publiques, et que le libre choix du législateur implique la modulation de la personne publique, alors la fiction implique forcément l'idée de personne publique limitée et partielle.

D'autre part, il faut souligner que les personnes publiques appartiennent nécessairement à la sphère publique. Celle-ci contient des exigences exorbitantes du droit commun qui se répercutent sur toutes institutions possédant un régime de droit public ou agissant dans la sphère publique. Ainsi, le caractère public de ces personnes leur impose forcément le respect et la protection de l'intérêt général, ce dernier pouvant également justifier l'octroi et la détention de prérogatives de puissance publique. En effet, nous l'avons déjà évoqué, un groupe a la possibilité d'accéder à la personnalité morale s'il possède une volonté et un intérêt collectif, la

392 Aude ROUYERE, art. cit., p 91.
393 *Idem.*

personnalité juridique lui permettant par la suite d'atteindre et de protéger cet objectif commun. Or, l'intérêt du groupe n'est autre que l'intérêt général[394] lorsqu'il s'agit d'une personne publique.

Par conséquent, lorsque l'on distingue les personnes publiques des personnes privées par ce qu'elles ont de plus ou de moins, il faut souligner que les premières ont en moins la capacité juridique pleine et entière, celle-ci étant limitée et partielle, mais elles ont en plus des prérogatives de puissance publique. Or, tout cela s'explique par la présence sous-jacente et permanente de la notion d'intérêt général, venant justifier tant la restriction de la personnalité morale, que la possibilité de pouvoirs exorbitants supplémentaires. Le législateur, seul maître en matière de délimitation de la personnalité publique, façonne chaque institution personnalisée qu'il crée selon cet intérêt général qui guide son action et lui donne le cap.

B. L'influence de la théorie de la fiction : le contenu restreint de la personnalité publique

La fiction vient limiter le contenu de la personnalité publique par les modalités, précédemment décrites, du volontarisme du législateur d'une part, et de la présence d'un cadre de droit public exorbitant délimité par l'intérêt général d'autre part. Cette limitation se traduit par une fragmentation de la personnalité entraînant une division de celle-ci en plusieurs attributions, c'est-à-dire un démembrement de ses composantes, que sont notamment la propriété, la capacité d'agir en justice et la faculté de contracter.

Ce contenu restreint de la personnalité et ce démembrement de ses composantes s'explique par le critère, purement public, de la compétence, qui vient alors remplacer celui de la capacité juridique. C'est l'idée de compétence qui permet de comprendre celle de capacité juridique partielle (1). Or, la compétence pouvant être déléguée tant à des personnes morales qu'à des institutions non personnalisées, cela enlève davantage de valeur et de crédit à la notion de personnalité morale, notamment publique (2).

1. Une limitation de la capacité juridique par la compétence

La capacité juridique ne tient pas une place centrale en droit public. D'ailleurs, les publicistes se refusent de reconnaître une totale capacité

---

394 Ou l'intérêt public local pour les collectivités territoriales.

juridique aux personnes publiques[395]. Ils ne tirent pas les conséquences traditionnelles de la personnalité morale pour les personnes publiques, comme c'est le cas en droit privé. En effet, en droit public, la conséquence de la personnalité est certes la capacité juridique, mais elle est délimitée par la compétence. Or, la compétence est toujours liée à l'idée de spécialisation. La personnalité implique donc forcément la capacité juridique, mais cette capacité est variable selon les personnes morales considérées. Son degré de plénitude et l'autonomie qui en découle fluctuent en fonction d'une notion englobante qui les limite : la compétence. De ce fait, la capacité est une notion interne à la compétence, et « *à l'intérieur de cette compétence délimitante, la capacité juridique se développe pleinement* »[396].

L'idée de compétence délimitante et limitée en droit public, manifeste notamment celle du principe de spécialité qui encadre une grande partie des personnes morales de droit public[397], parmi lesquelles on trouve les autorités publiques indépendantes. Cela paraît logique puisque la compétence est la seule forme d'habilitation connue par le droit administratif. La compétence est généralement réduite pour plusieurs raisons : tout d'abord, elle est définie et encadrée par la loi[398], ensuite elle ne s'exerce que dans un but d'intérêt général, et enfin, ses modalités d'exercice manifestent une certaine rigidité propre au droit public. De ce fait, les personnes morales, ayant une finalité et un champ d'application définis par le législateur, ne peuvent pas prendre des actes en dehors de l'objet qui est le leur et pour lesquelles elles ont été créées. En effet, la capacité dont elles disposent est aussi large que le nécessite leur mission, mais elle ne peut outrepasser le champ de cette même mission. Par conséquent, les personnes publiques ne possèdent que dans une mesure limitée l'aptitude à être titulaires de droits et d'obligations, elles jouissent donc d'une capacité juridique partielle justifiée par le principe de spécialité régissant les compétences en droit public. Dans ce cadre, ce qui est paradoxal, c'est que la personnalité morale en droit public entraîne deux situations opposées : d'une part, elle limite fortement la capacité juridique par la spécialisation des personnes publiques, et d'autre part, elle reconnaît à ces mêmes personnes des compétences plus étendues qu'aux personnes privées, les prérogatives de puissance publique.

---

395 Dans ce sens, Aude Rouyère parle d'une personnalité publique partielle dans son article précité.

396 Florian LINDITCH, *op. cit.*, p. 202.

397 A l'exception de l'Etat et des collectivités territoriales.

398 Ce qui corrobore largement l'idée que la théorie de la fiction s'applique aux personnes publiques dont le régime est défini et déterminé par le législateur.

En ce qui concerne les autorités publiques indépendantes, elles sont effectivement définies par la loi qui, pour chacune d'entre elles, va détailler d'un côté leurs missions, leur champ d'application, et d'un autre côté, leurs pouvoirs, c'est-à-dire leurs compétences. Elles sont donc soumises au principe de spécialité, du fait de la fonction qui leur est assignée : réguler des secteurs sensibles comme l'économie, les marchés financiers, ou les libertés. Ainsi, en ce qui concerne l'Autorité des marchés financiers (AMF)[399] par exemple, le code monétaire et financier détermine dans son article L621-1 les missions qui sont assignées à l'autorité. Ces missions sont notamment « *la protection de l'épargne* », « *l'information des investisseurs* », et le « *bon fonctionnement des marchés d'instruments financiers et d'actifs* ». Ensuite, dans les articles L621-6 et suivants, le code fait état des pouvoirs dont dispose l'AMF pour remplir ses missions. Celle-ci possède donc des compétences variées : l'édiction d'un règlement général, la prise de décisions individuelles, de recommandations, d'instructions, la délivrance d'autorisations par voie de visa préalable, la possibilité d'exercer des missions de veille, surveillance, contrôle et enquête pouvant être sanctionnées par la faculté de formuler des injonctions voire des sanctions. L'AMF est l'autorité publique indépendante qui possède les compétences les plus élargies aux côtés du Haut conseil du commissariat aux comptes (H3C)[400], de l'Autorité de régulation des activités ferroviaires et routières (ARAFER)[401] et du Conseil supérieur de l'audiovisuel (CSA)[402]. Elles possèdent en effet des compétences consultatives, décisionnelles (règlementaire et individuelle), de contrôle et de sanction. L'ARAFER, quant à elle, a pour mission de s'assurer de l'accès

---

399 L'AMF a été créée par l'article 2 de la loi n°2003-706 du 1er août 2003 de sécurité financière. Elle est aujourd'hui régie par les articles L. 613-1 à L621-35 du code monétaire et financier dernièrement modifiés par la loi n°2013-672 du 26 juillet 2013 de séparation et de régulation des activités bancaires.

400 Le H3C a été créé par la loi n°2003-706 du 1er août 2003 de sécurité financière, codifiée à l'article L. 821-1 du Code de commerce, mais il n'est une autorité publique indépendante que depuis 2007, grâce à la loi n°2007-1822 du 24 décembre 2007 de finances pour 2008. Il est aujourd'hui régi par l'ordonnance n°2008-1278 du 8 décembre 2008 transposant la directive 2006/43/CE du 17 mai 2006 et relative aux commissaires aux comptes.

401 L'ARAFER a été créée en tant qu'autorité publique indépendante personnalisée par l'article 11 de la loi n°2009-1503 du 8 décembre 2009 relative à l'organisation et à la régulation des transports ferroviaires et portant diverses dispositions relatives aux transports.

402 Le CSA a été créé par la loi n°89-25 du 17 janvier 1989 modifiant la loi n°86-1067 du 30 septembre 1986 relative à la liberté de communication, en tant qu'autorité administrative indépendante. Il a été personnalisé par l'article 1er de la loi n°2013-1028 du 15 novembre 2013 relative à l'indépendance de l'audiovisuel public afin de tenir compte de ses importants pouvoirs et lui permettre un financement propre.

aux réseaux ferroviaire et routier du fait de leur caractère nouvellement concurrentiel. Pour ce faire, elle possède une compétence consultative (avis, recommandations), mais également une compétence décisionnelle (règlements, sanctions). Tel est également le cas du H3C dans le domaine de la surveillance de la profession des commissaires aux comptes ou encore du CSA dans le domaine de l'audiovisuel. Les autres autorités publiques indépendantes, que sont l'Agence française de lutte contre le dopage (AFLD)[403], la Haute autorité de santé (HAS)[404], le Médiateur de l'énergie (MNE)[405] et la Haute autorité pour la diffusion des œuvres et la protection des droits sur internet (HADOPI)[406], possèdent des compétences moins étendues. Elles n'ont que des facultés de contrôle, évaluation, expertise et consultation, mais en aucun cas des compétences décisionnelles. En revanche, toutes possèdent la possibilité de contracter et d'ester en justice, ceci constituant l'autonomie juridique minimale fournie à chaque personne morale de droit public.

Par conséquent, des différences dans l'étendue des compétences sont notables. Cela s'explique par le fait que, lorsqu'ils confèrent la personnalité morale à une entité particulière, les pouvoirs publics agissent de la façon suivante : soit ils ne mentionnent que la personnalité morale dans les textes institutifs, ce qui implique que les personnes publiques créées disposent d'une capacité juridique pleine et entière ; soit ils précisent rigoureusement, et séparément, les éléments de la capacité dont vont pouvoir jouir les personnes morales de droit public créées, ce qui confère à ces dernières une capacité juridique limitée et partielle entraînant une autonomie également restreinte. Cette dernière démarche est bien celle du législateur lorsqu'il met en place les autorités publiques indépendantes. Dans le même sens, il faut souligner que le Conseil d'Etat n'a pas entendu faire découler de la personnalité morale un principe général d'autonomie juridique, les conclusions du commissaire du gouvernement de l'arrêt

---

403 L'AFLD a été créée par l'article 2 de la loi n°2006-405 du 5 avril 2006 relative à la lutte contre le dopage et à la santé des sportifs. Elle est aujourd'hui régie par la loi n°2008-650 du 3 juillet 2008 relative à la lutte contre le trafic de produits dopants, codifiée à l'article L. 232-5 du code du sport.

404 La HAS a été créée par les articles 35 et suivants de la loi n°2004-810 du 13 août 2004 relative à l'assurance maladie, codifiés à l'article L. 161-37 du code de la sécurité sociale.

405 Le médiateur de l'énergie a été créé par l'article 7 de la loi n°2006-1537 du 7 décembre 2006 relative au secteur de l'énergie. Ces dispositions ont été codifiées aux articles L. 122-1 et suivants du code de l'énergie.

406 La HADOPI a été créée par l'article 5 de la loi n°2009-669 du 12 juin 2009 favorisant la diffusion et la protection de la création sur internet, codifié à l'article L. 331-12 du code de la propriété intellectuelle.

S.E.I.T.A. de 1993 émettant même une réserve sur l'autonomie des personnes morales rattachées à l'Etat[407].

Finalement, la limite de la personnalité morale de droit public met en évidence « *le paradoxe consistant à conférer la personnalité, et en même temps à la vider de son contenu* »[408]. Ainsi, si le lien de causalité entre personnalisation et capacité juridique demeure en droit public, il est susceptible de degrés, voire même d'exceptions. Ainsi, le principe est le suivant : la personnalité implique la capacité, et l'absence de personnalité implique une incapacité. Or, d'une part, lorsque l'octroi de la personnalité à une institution publique lui attribue la capacité juridique, celle-ci est variable et généralement limitée par la notion de compétence. D'autre part, quand bien même une incapacité de principe sanctionne le défaut de personnalité juridique, celle-ci possède des exceptions. Tel est le cas des autorités administratives indépendantes, dépourvues de la personnalité morale, mais dont les textes constitutifs prévoient parfois qu'elles disposent du droit d'ester en justice ou de contracter en leur nom propre pour accomplir leurs missions.

2. Des compétences indépendantes de la notion de personnalité morale

Même si un lien de causalité à sens unique existe entre la personnalité morale et la capacité juridique ou l'autonomie, il faut toutefois souligner qu'« *autonomie et personnalité juridique sont deux notions qui peuvent être dissociées* »[409]. Ainsi, d'une part, il existe des personnes morales dénuées de capacité juridique totale, ne disposant que d'une autonomie limitée. Tel est le cas des personnes publiques créées pour exercer, limitativement, certaines attributions spéciales[410], comme les établissements publics ou les autorités publiques indépendantes. D'autre part, des institutions non personnalisées possèdent des attributions aussi étendues, voire plus, que certaines personnes publiques. Il est alors question de « *la personnalisation des services*

---

407 CE, Ass., 3 mars 1993, *Comité central d'entreprise de la société d'exploitation industrielle des tabacs et allumettes S.E.I.T.A.*, Rec. p. 41, concl. SCHWARTZ, *AJDA*, 1993, n°7, p. 526 ; Note B. MALIGNER, *Quot. Jur.*, 7 octobre 1993, n°80, p. 4. Cet arrêt concernait le cas des établissements publics mais il peut s'étendre à toutes les personnes morales de droit public rattachées à l'Etat, et donc aux autorités publiques indépendantes.

408 Florian LINDITCH, *op. cit.*, p. 182.

409 Bertrand DELCROS, *L'unité de la personnalité juridique de l'Etat, Etude sur les services non personnalisés de l'Etat*, Paris, LGDJ, 1976, p. 280.

410 A l'exception de l'Etat et des collectivités territoriales, ces dernières possédant non pas une fonction limitée mais un cadre territorial.

publics de l'Etat dépourvus de la personnalité juridique »[411]. Tel est le cas de certaines autorités administratives indépendantes.

Cela s'explique aisément par le fait que « *la personnalité organique reconnue à un service de l'Etat ne pourrait pas rompre l'unité de la personnalité juridique de celui-ci* »[412]. Les personnes publiques créées dépendent donc toujours de l'Etat et possèdent une personnalité limitée car « *elle ne doit pas leur permettre, quelle que soit la mission qui leur est assignée, de s'écarter du but unique de la "personnalité juridique Etat" : la satisfaction du bien général qui est leur raison d'être* »[413]. Chaque organisme peut ainsi avoir un intérêt spécifique à sa mission mais il participera toujours à la réalisation du but unique de l'Etat qu'est l'intérêt général. Or, la théorie de la fiction et la volonté du législateur contribuent à expliquer le mécanisme par lequel l'Etat vient soit limiter la personnalité publique, soit doter des institutions non personnalisées d'une capacité juridique partielle. Ainsi, grâce à la particularisation et la parcellisation des attributs de la personnalité juridique, le législateur permet tant l'attribution d'une personnalité juridique à la carte, que la possibilité d'être titulaire de droits sans accession à la personnalité juridique.

Les autorités administratives indépendantes constituent un exemple d'institutions non personnalisées titulaires d'une capacité juridique partielle. En effet, nombre d'entre elles disposent de certains droits de personnalité, notamment la capacité d'ester en justice. Toutefois, le principe est que cette possibilité ne peut intervenir que grâce à un texte spécial ayant un objet limité. En effet, normalement, la seule faculté offerte à ces institutions est la représentation de l'Etat en justice. Les AAI n'agiraient pas en leur propre nom, mais au nom de la personne morale dont elles font partie, l'Etat. Par exception, elles pourraient, de par un texte spécial, agir en leur nom propre. Il a même été observé que les AAI aient cette faculté « *sans texte les habilitant explicitement* »[414]. Ainsi, les autorités administratives indépendantes disposeraient d'une « *personnalité contentieuse* », celle-ci consistant en « *l'aptitude à avoir une position procédurale spécifique, indépendante de la personne morale qu'est l'Etat, et découlant d'un texte ou de sa nature même* »[415].

---

[411] C'est ainsi que Bertrand DELCROS a nommé la seconde partie de son ouvrage relatif à *L'unité de la personnalité juridique de l'Etat*, p. 147.
[412] Bertrand DELCROS, *op. cit.*, p. 286.
[413] *Idem.*
[414] Clément CHAUVET, « La personnalité contentieuse des autorités administratives indépendantes », *RDP*, 2007, n°2, p. 381.
[415] *Idem.*

Dans ce cadre, une distinction doit être faite entre juridiction judiciaire et juridiction administrative. En effet, certaines AAI sont soumises, par exception, à un contentieux privé. Or, le juge judiciaire réclame la personnalité morale ou un texte spécial pour que les AAI puissent agir en justice, contrairement au juge administratif qui reconnaît cette faculté à la catégorie des autorités administratives indépendantes depuis une jurisprudence de 1993[416]. Par conséquent, le législateur avait pris l'habitude de préciser la présence d'une personnalité contentieuse pour chaque AAI dépendant du juge judiciaire. Mais de façon générale, il faut noter que toutes les AAI voient leur régime contentieux spécifié dans leur texte institutif. Ainsi, la catégorie des AAI est partagée entre une personnalité contentieuse propre et une représentation de l'Etat.

Lorsque les autorités administratives indépendantes disposent d'une personnalité contentieuse et qu'elles ont la possibilité d'ester en justice en leur nom propre, les textes les concernant ne font pas mention de la représentation de l'Etat. Tel est le cas de l'autorité de contrôle prudentiel et de résolution dont les dispositions législatives précisent que « *pour l'accomplissement des missions qui sont confiées à l'Autorité de contrôle prudentiel et de résolution, le président de l'Autorité a qualité pour agir devant toute juridiction* »[417]. Tel est également le cas de l'autorité de régulation des communications électroniques et des postes dont la loi dispose que « *le président de l'autorité a qualité pour agir en justice* »[418]. Pareillement, la Commission de régulation de l'énergie, de par le président de la commission et le président du comité, a la même faculté « *pour agir [respectivement] en justice au nom du collège et au nom du comité* »[419]. Egalement, l'autorité de régulation des jeux en ligne possède cette même personnalité contentieuse au nom d'une loi de 2010 prévoyant que « *le président de l'Autorité a qualité pour agir en justice devant toute juridiction* »[420].

---

416 CE, 5 novembre 1993, *Commission des opérations de bourse*, Non reproduit au Lebon, cité au Rec. pp. 934, 944, 955 ; Obs. M-C ROUAULT, *JCP G*, 1993, IV. 2764.

417 Article L. 612-16 du code monétaire et financier (dernière version modifié par une loi du 26 juillet 2013)

418 Article L. 134 du code des postes et communications électroniques : « *Pour l'accomplissement des missions qui sont confiées à l'Autorité de régulation des communications électroniques et des postes, le président de l'autorité a qualité pour agir en justice* » (version en vigueur depuis une loi du 20 mai 2005).

419 Article L. 132-1 du code de l'énergie : « *Pour l'accomplissement des missions qui sont confiées à la Commission de régulation de l'énergie, le président de la commission et le président du comité ont respectivement qualité pour agir en justice au nom du collège et au nom du comité* » (depuis une ordonnance du 29 mai 2011).

420 Article 37 Loi n°2010-476 du 12 mai 2010 relative à l'ouverture à la concurrence et à la régulation du secteur des jeux d'argent et de hasard en ligne : « *Pour l'accomplissement des*

Enfin, et la liste n'est pas exhaustive, l'autorité de la concurrence dispose de la même capacité d'ester en justice. Or, la particularité de cette dernière est la précision de la « *qualité pour agir en justice en son nom* »[421].

A l'opposé, d'autres autorités administratives indépendantes ne se voient pas conférer la personnalité contentieuse. Elles agissent donc au nom de l'Etat, et cette précision est indiquée dans chaque texte législatif instituant l'autorité. Tel est le cas de l'autorité de sûreté nucléaire dont le « *président a qualité pour agir en justice au nom de l'Etat* »[422]. Pareillement, le Conseil supérieur de l'audiovisuel était dans la même situation de représentation de l'Etat en justice, son texte institutif précisant que « *pour l'accomplissement des missions qui sont confiées au Conseil supérieur de l'audiovisuel par la présente loi, le président de celui-ci a qualité pour agir en justice au nom de l'Etat* »[423]. Aujourd'hui, le CSA a acquis la personnalité morale depuis le 1er janvier 2014[424]. Or, s'il est censé disposer désormais d'un droit propre d'ester en justice et de la responsabilité afférente, il faut souligner une anomalie dans la loi. En effet, la disposition précitée demeure dans le texte modifié. Cela signifie que dans la même loi, une disposition prévoit la personnalisation du CSA, quand une autre précise toujours que le président du CSA n'a le droit d'ester en justice qu'au nom de l'Etat. Cela ne peut être causé que par un oubli car, s'il est vrai que le législateur ne confère que quelques prérogatives de la personnalité aux API, il paraît impensable d'évacuer la personnalité contentieuse de la personnalité morale, celle-ci étant une des prérogatives essentielles et évidentes de la personnalité juridique.

De plus, certaines AAI non personnalisées disposent d'un financement par ressources propres. Tel est notamment le cas de l'Autorité de contrôle prudentiel et de résolution (ACPR) percevant des taxes affectées, ou encore du Haut conseil de l'évaluation de la recherche et de

---

missions qui sont confiées à l'Autorité de régulation des jeux en ligne, le président de l'Autorité a qualité pour agir en justice devant toute juridiction ».

421 Article L.461-4 code de commerce « *Un décret en Conseil d'Etat détermine les conditions dans lesquelles le président de l'autorité la représente dans tous les actes de la vie civile et a qualité pour agir en justice en son nom* » (dernière version en vigueur depuis une loi du 12 mai 2009).

422 Article 14 de la loi n°2006-686 du 13 juin 2006 relative à la transparence et à la sécurité en matière nucléaire : « *Pour l'accomplissement des missions qui sont confiées à l'Autorité de sûreté nucléaire, son président a qualité pour agir en justice au nom de l'Etat* ».

423 Article 20 Loi n°86-1067 du 30 septembre 1986 relative à la liberté de communication (Loi Léotard) : « *pour l'accomplissement des missions qui sont confiées au Conseil supérieur de l'audiovisuel par la présente loi, le président de celui-ci a qualité pour agir en justice au nom de l'Etat* » (modifié par une loi du 17 janvier 1989).

424 Le CSA s'est vu attribué la personnalité morale par l'article 1er de la loi n°2013-1028 du 15 novembre 2013 relative à l'indépendance de l'audiovisuel public.

l'enseignement supérieur (HCERES), percevant des ressources propres provenant d'évaluation d'établissements et de programmes étrangers, ou de l'Autorité de régulation des communications électroniques et des postes (ARCEP) percevant des redevances et taxes. Néanmoins, si l'ACPR et le HCERES disposent de financements propres par le biais de ces ressources fiscales ou redevances, l'ARCEP quant à elle les perçoit pour le compte du budget général de l'Etat qui ne les lui réaffecte pas. L'ARCEP a donc la possibilité de percevoir des ressources propres au titre de l'attribution et de l'utilisation du domaine public hertzien qui lui est affecté, mais celles-ci alimentent le budget général et non celui de l'autorité. Ainsi, si Michel Degoffe estime que la volonté d'obtenir une autorité financièrement autonome ne justifie pas l'octroi de la personnalité morale, cela ne paraît pas évident lorsqu'on analyse la situation de l'ARCEP. En revanche, selon lui, si la LOLF autorise par son article 36 d'affecter une taxe à une personne publique autre que l'Etat, « *elle n'interdit pas, a contrario, au législateur d'affecter une telle ressource à un organisme non personnalisé* »[425]. Cela se confirme pour l'ACPR qui bénéficie de taxes affectées sans disposer de la personnalité morale. Toutefois, cela nécessite le rattachement à une autre personne morale de droit public. Par ailleurs, rien ne s'oppose à ce qu'une autorité perçoive des redevances pour service rendu comme c'est le cas du HCERES au titre des évaluations qu'il réalise. Ainsi, les AAI peuvent également, et au même titre que les API, percevoir des ressources propres et, à titre plus accessoire, se voir affecter une ressource fiscale[426].

Il faut néanmoins souligner que si des institutions non personnalisées, comme les AAI, ont pu être dotées de certaines prérogatives de la personnalité morale, cette faculté ne peut concerner qu'un nombre limité de prérogatives. En effet, « *jamais à ce jour, la totalité des attributs juridiques liés à la capacité (…) n'a été réunie de cette façon au profit d'un service non personnalisé* »[427]. Par conséquent, l'incapacité de principe qui frappe les institutions non personnalisées, n'exclut pas la détention de certains droits de personnalité à leur profit, ceux-ci devant demeurer limités et spéciaux. Ceci est dû à la parcellisation des attributs de la personnalité morale permettant alors, d'une part, la présence d'« *entités non personnalisées détenant des attributs de la personnalité juridique* », et d'autre part, la présence d'« *entités*

---

425 Michel DEGOFFE, « Les autorités publiques indépendantes », *AJDA*, 2008, n°12, p. 622.

426 Cf. *infra, p.* 362 s. en ce qui concerne les redevances et, p. 299, en ce qui concerne les taxes affectées.

427 Florian LINDITCH, *op. cit.*, p. 184.

personnalisées ne détenant pas intégralement tous les attributs de la personnalité juridique »[428].

Ce qu'il faut souligner, c'est que, sans être autonomes vis-à-vis de l'Etat dans son intégralité, les AAI peuvent être autonomes vis-à-vis d'un pouvoir public, le gouvernement, et ne pas dépendre de lui selon des garanties fondamentales créées par le législateur. Elles peuvent donc être placées hors hiérarchie gouvernementale grâce à des garanties particulières offertes par la loi. Néanmoins, elles seront toujours soumises au législateur.

Paragraphe 2. Le constat des restrictions de l'autonomie fonctionnelle des autorités publiques indépendantes par l'application de la théorie de la fiction

La théorie de la fiction grâce à ses éléments constitutifs, que sont le volontarisme du législateur, la présence de l'intérêt général, et plus généralement le cadre exorbitant du droit public, provoque des limitations à la personnalité morale des autorités publiques indépendantes. Celles-ci se voient donc attribuer par le législateur une personnalité juridique partielle ne leur permettant pas l'accès à toutes les prérogatives de la personnalité morale. Elles disposent, en conséquence, d'une capacité juridique partielle. Ainsi, leur « *autonomie est plus ou moins importante* », mais « *elle demeure toutefois toujours présente à un niveau minimal* »[429]. Ces restrictions se manifestent à plusieurs niveaux : d'un côté, par l'absence de certains éléments de la personnalité, et d'un autre côté, par les conditions limitées d'utilisation de certaines prérogatives. Par conséquent, l'éternelle question de la mesure de l'autonomie fonctionnelle, et notamment financière, reste présente, comme celle du lien entre ladite autonomie et personnalité morale. La seule chose évidente qu'il est possible d'avancer est que, malgré quelques restrictions notables, la personnalité morale prévoit un minimum d'autonomie requise, que ce soit au niveau financier (A), comme au niveau administratif (B).

A. Les restrictions à l'autonomie financière

L'attribution de la personnalité morale aux autorités publiques indépendantes leur permet de disposer d'un patrimoine propre, d'un budget

---

[428] Aude ROUYERE, art. cit., p. 110-111.
[429] Aude ROUYERE, art. cit., p. 103.

propre, et donc de ressources propres. Toutefois, malgré cette autonomie financière apparente, les API ne sont pas toutes financées par des ressources propres. Financées pour partie par l'Etat, elles sont donc soumises aux contraintes de la loi de finances. Ainsi, l'autonomie financière se manifeste de façon inégale parmi les autorités publiques indépendantes. En effet, si certaines disposent d'une large autonomie financière, d'autres se voient appliquer des restrictions importantes.

La première restriction concerne le contenu du budget propre des autorités publiques indépendantes et la part des ressources propres dans les recettes. En effet, si certaines API possèdent des ressources propres, d'autres sont financées, pour partie ou en intégralité, par une subvention étatique. Tel est le cas de la Haute autorité pour la diffusion des œuvres et la protection des droits sur internet (HADOPI), l'Agence française de lutte contre le dopage (AFLD) et la Haute autorité de santé (HAS) qui, même si elles disposent d'un budget propre, se voient financées, partiellement ou totalement, par l'Etat (ou assimilé). Or, si l'HADOPI est financée à 100 % par une subvention étatique, les autres ne bénéficient que partiellement de subventions publiques, à hauteur de 88 % pour l'AFLD[430] et de 98 % pour la HAS[431] pour les prévisions 2017. Concernant la HAS, il faut préciser que depuis 2015, elle est financée par une dotation de l'assurance maladie versée au titre de sa contribution au fonctionnement de la Haute Autorité de Santé[432]. La subvention ne vient donc ici pas de l'Etat mais elle demeure une subvention publique. Cette dotation est constante depuis 2015 du fait de la suppression des subventions étatiques (22 % du budget total en 2014) et des taxes affectées (8 % en 2014) à compter du 1er janvier 2014[433].

Dans ce cadre, si la part des ressources propres a une incidence sur l'autonomie financière des autorités publiques indépendantes, c'est parce que la part publique qui vient compléter le montant des ressources est potentiellement variable. En effet, le principe des subventions est que

---

430 Pour l'exécution 2015, la subvention de l'Etat s'élevait à 90 % du budget total. Celle-ci est restée à 90 % en 2016 et doit baisser à 88 % pour 2017. Cf. rapport sur les autorités publiques indépendantes, annexe au projet de loi de finances pour 2017, p. 8.

431 Pour l'exécution 2015, la dotation de l'assurance maladie s'élevait à 94 % du budget total. La part de la dotation a ensuite augmenté à hauteur de 98 % en 2016 et 2017. Cf. Rapport sur les autorités publiques indépendantes, annexe au projet de loi de finances pour 2017, p. 80.

432 S'ajoutent à cette dotation des ressources propres, quasi insignifiantes au regard du montant très élevé de la dotation d el'assurance maladie.

433 Les sommes perçues en 2015 au titre des taxes affectées ne représentent que le reliquat des recettes des taxes des exercices précédents.

l'autorité compétente pour les attribuer dispose « *d'un pouvoir discrétionnaire pour les accorder ou les refuser* »[434], comme pour les augmenter ou les diminuer. Le Conseil d'Etat estime d'ailleurs que « *l'attribution d'une subvention ne constitue pas un droit pour les personnes remplissant les conditions légales pour l'obtenir* »[435]. Par conséquent, une subvention paraît être un financement précaire et spécifique qui intervient ponctuellement pour financer une mission de service public particulière.

La loi relative à l'économie sociale et solidaire de 2014[436], notamment ses travaux préparatoires, vise à « *introdui[re] une définition légale de la notion de subvention* »[437], et va également dans le sens d'une signification de la subvention comme « *contribution facultative* »[438] n'offrant aucun droit acquis à ses bénéficiaires. En effet, malgré le champ restreint de la définition de la subvention (ne concernant que les concours financiers des autorités administratives en direction des seules personnes privées, notamment les associations), certains critères de définition sont à retenir. Ainsi, selon l'article 59 de la loi « *constituent des subventions [...] les contributions facultatives de toute nature, [...] décidées par les autorités administratives [...] justifiées par un intérêt général* » et pouvant être destinées soit à des actions ou opérations temporaires, soit au financement global de l'activité de l'organisme subventionné. Ainsi, la subvention, certes facultative, pourrait financer l'activité d'un même organisme sur le long terme.

Une circulaire de 2010[439] prévoyait également des critères similaires, en précisant que « *la subvention caractérise la situation dans laquelle la collectivité apporte un concours financier à une action initiée et menée par une personne publique ou privée, poursuivant des objectifs propres auxquels l'administration, y trouvant intérêt, apporte soutien et aide* ».

Dans un arrêt de 2008[440], le Conseil d'Etat ajoute une condition supplémentaire à la subvention. Il estime que le transfert entre l'autorité

---

434 François ADAM, Olivier FERRAND Rémy RIOUX, *Finances publiques*, Paris, Presses de sciences po et Dalloz, 2e édition, 2007, p. 265.

435 CE, 25 septembre 1995, *Association C.I.V.I.C.*, Non reproduit au Lebon, cité au Rec. pp. 694 et 1000.

436 Loi n°2014-856 du 31 juillet 2014 relative à l'économie sociale et solidaire.

437 Jean-Marc PASTOR, « Vers une définition juridique des subventions publiques », *AJDA*, 2013, n°39, p. 2232.

438 Sénat, Avis n°106 (2013-2014) fait au nom de la Commission des lois relatif au *projet de loi relatif à l'économie sociale et solidaire*, Alain ANZIANI, 30 octobre 2013, p. 27.

439 Circulaire NOR: PRMX1001610C du 18 janvier 2010 sur les relations entre les pouvoirs publics et les associations : conventions d'objectifs et simplification des démarches relatives aux procédures d'agrément.

440 CE, 26 mars 2008, *Région de la Réunion*, Rec. p. 114, concl SENERS, *Droit fiscal*, 2008, n°18, comm. 308 ; Note J-D Dreyfus, *AJDA*, 2008, 2008, n°28, p. 1152 ; Note L.

publique et la personne subventionnée est attribué sans contrepartie. Il fait alors de « *l'absence de contrepartie le critère primordial, sinon exclusif, de la subvention* »[441]. Ce critère est d'ailleurs repris et souligné dans les travaux préparatoires de la loi précitée[442]. Par conséquent, sans être des libéralités, les subventions sont versées « *à titre gratuit* »[443].

Finalement, la subvention est un transfert entre une autorité publique et une personne privée ou publique, attribué de manière unilatérale et sans contrepartie, justifié par un intérêt général. Le droit international utilise une définition similaire depuis déjà vingt ans. En effet, l'accord sur les subventions et les mesures compensatoires[444], annexé aux accords de Marrakech instituant l'Organisation mondiale du commerce, prévoit la définition des subventions dès son article premier. Ainsi, une subvention est « *une contribution financière des pouvoirs publics* », ou un « *soutien des revenus ou des prix* », procurant un avantage à la personne subventionnée. Ainsi, deux critères ressortent du droit international : le concours de la personne publique, et l'avantage conféré par ce concours (financier, en bien ou en service, etc.).

Par conséquent, la subvention est certes une contribution procurant un avantage, mais elle est facultative, généralement déterminée au cas par cas. Elle ne présente en principe aucun droit à son maintien. Elle est donc à distinguer des dotations étatiques, celles-ci représentant un concours financier stable, plus ou moins fixe et renouvelé, car évalué selon des modalités de calcul établi[445]. Toutefois, en pratique, concernant les

---

ERSTEIN, *JCP A*, 2008, p. 2115. Le Conseil d'Etat précise « *qu'en relevant que la contribution financière versée par la région en application des conventions était la contrepartie du service rendu par la société pour l'exécution de ces contrats et en en déduisant que les sommes en cause, quelle que soit la dénomination qui leur avait été donnée, devaient être regardées non comme une subvention mais comme la rémunération d'une prestation effectuée pour le compte de la région relevant des règles fixées par le code des marchés publics* ».

441 Pierre BRUNET, « De l'omission des critères généraux d'identification de la subvention par les juges internes », *Revue des contrats*, 1er octobre 2008, n°4, p. 1297.

442 Sénat, Rapport fait au nom de la Commission des affaires économiques relatif au projet de loi relatif à *l'économie sociale et solidaire*, Marc DAUNIS, 16 octobre 2013, n°84, p. 74.

443 Robert HERTZOG, « Linéament d'une théorie des subventions », *RFFP*, 1988, n°23, p. 30.

444 Accord sur les subventions et les mesures compensatoires, annexe 1A « accords multilatéraux sur le commerce des marchandises » de l'acte final des accords du cycle d'Uruguay relatif à l'Organisation mondiale du commerce, 15 avril 1994, p. 249.

445 Le montant des dotations est généralement « *défini à partir de la dotation de l'année précédente recalculée en fonction des derniers indices économiques connus* », F. ADAM, O. FERRAND, R. RIOUX, *op. cit.*, p. 242.

subventions finançant les organismes stables[446], il est délicat d'en refuser le renouvellement. En effet, si les subventions sont des « *contribution[s] spéciale[s] destinée[s] à pourvoir à des besoins momentanés* », souvent, celles-ci, établies pour un certain temps, ont eu tendance à être « *indéfiniment prolongée[s]* »[447] ; c'est pourquoi les dotations et les subventions sont parfois rapprochées et jumelées au sein des manuels de finances publiques. Cependant, si ces deux concours financiers sont insusceptibles de suppression, l'Etat peut faire le choix de les réduire. Or, le possible choix discrétionnaire de diminuer le montant de la subvention rend ce dernier incertain. Et finalement, en diminuant le montant du financement, l'Etat peut mettre en péril la pérennité de ces organismes subventionnés et surtout l'exercice de leurs missions.

Ainsi, il faut souligner que l'HADOPI, entièrement financée par une subvention du ministère de la culture et de la communication, a vu son financement diminué de moitié entre 2010 et 2015. En effet, malgré une demande de subvention par le collège de la Haute autorité de 12 millions d'euros au même titre que sa première année d'existence en 2010, les services du ministère ont réduit la subvention de 5 % pour l'année 2011 (11,4 millions d'euros), et de 14,2 % pour l'année 2012 (10,3 millions d'euros). Par la suite, celle-ci a été portée à 7 millions d'euros pour 2013 et à moins de 6 millions pour 2014 et 2015. L'exemple de l'HADOPI est donc très significatif des restrictions à l'autonomie financière causées par un financement purement étatique par le biais de subventions. Néanmoins, la tendance inverse se profile depuis 2016 : la subvention augmente à nouveau. Elle a été portée à 7,8 millions d'euros en 2016 et elle doit encore croître jusqu'à 8,3 millions d'euros pour 2017[448].

Concernant l'AFLD, financée en majorité par des ressources publiques, il faut souligner que la subvention de l'Etat est constante depuis 2011. Son montant dépasse légèrement les 7 millions d'euros. Toutefois, si la subvention ne change pas, le montant des ressources propres diminue depuis 2011, quand le montant de dépenses augmente[449]. Il serait donc opportun que l'Etat compense la diminution des ressources propres par une

---

446 C'est-à-dire les associations, autorités publiques indépendantes, etc., et non pas des opérations particulières de travaux, ou des activités ponctuelles.

447 Léon SAY, *Dictionnaire de finances*, Paris, Berger Levrault, 1889, p. 1283.

448 Rapport sur les API, annexe aux projets de loi de finances pour 2013, 2014, 2015, 2016 et 2017. Le premier rapport a été réalisé en 2013 pour tenir compte de l'introduction d'un plafond d'emploi pour les API et l'ACPR (AAI dont les effectifs ne sont pas inclus dans un plafond d'autorisation des emplois rémunérés par l'État), à compter de la loi de finances pour 2012.

449 *Idem.*

augmentation de sa subvention, pour permettre à l'AFLD de remplir ses missions correctement et lui éviter des difficultés financières voire une réduction de ses objectifs initiaux. Néanmoins, la politique actuelle de restriction des moyens budgétaires, due à la crise économique, va plutôt dans le sens d'une diminution des dotations et des subventions. Par conséquent, tout espoir d'augmentation est vain, et le maintien de la subvention de l'AFLD est un élément très positif dans une période de rigueur budgétaire et d'économie d'échelle.

Enfin, concernant la HAS, le concours financier de l'Etat a beaucoup diminué avant d'être supprimé à partir de l'exercice 2015. Seules la dotation de l'assurance maladie majoritaire et quelques ressources propres limitées demeurent.

Par conséquent, les autorités publiques indépendantes disposent d'une autonomie financière de par leur budget propre, mais le degré de cette autonomie est différent en fonction de l'autorité concernée ; selon la part des ressources propres dans le budget et donc selon le niveau de dépendance financière vis-à-vis de l'Etat. En effet, la possibilité de ressources propres paraît préserver les autorités publiques indépendantes des contraintes budgétaires, quand la présence d'un financement étatique les soumet aux sujétions inhérentes à la loi de finances.

En effet, la seconde restriction à l'autonomie financière concerne la soumission des autorités publiques indépendantes aux contraintes budgétaires, et ce notamment lorsqu'elles sont financées par des ressources publiques. Dans ce cadre, les autorités publiques indépendantes se rapprochent des autorités administratives indépendantes, non personnalisées, en ce que leur financement est inclus dans la loi de finances et qu'il est assujetti à la procédure d'adoption de la loi de finances. D'une débudgétisation totale des API permise par l'octroi de la personnalité morale, les subventions ramènent ces autorités à une dépendance vis-à-vis de l'Etat par leur réinsertion dans la loi de finances.

De plus, des problèmes de gestion financière sont à déplorer. Robert Hertzog soulignait ainsi que deux cas de figure existent concernant les subventions en général. En effet, toutes doivent être inscrites au budget de l'autorité subventionnaire, mais si on trouve d'une part, celles qui sont effectivement inscrites et engagées, on trouve également d'autre part, celles qui ne sont pas inscrites dans les délais. Les premières peuvent selon lui connaître des paiements tardifs « *parce que les crédits de paiement n'ont pas suivi les autorisations de programme* », et les secondes qui sont encore plus retardées, peuvent même être « *rendues plus onéreuses* », ce qui leur enlève toutes leurs vertus[450].

Finalement, l'autonomie financière des autorités publiques indépendantes est limitée par leur financement public via les subventions étatiques. Toutefois ces restrictions financières ne concernent pas toutes les API. Ainsi se côtoient des autorités publiques indépendantes véritablement autonomes, et des API dont l'autonomie est restreinte par un financement maîtrisé par les pouvoirs publics.

Néanmoins, l'autonomie financière est également limitée en ce qui concerne les API bénéficiant de ressources fiscales affectées. En effet, ces taxes sont décidées, calculées, plafonnées et supprimées par le législateur, seul compétent en matière fiscale[451]. Elles apparaissent donc chaque année dans la loi de finances[452]. Par conséquent, que les ressources proviennent de subventions étatiques ou de ressources fiscales affectées, le législateur a toujours le pouvoir de les moduler (annuellement) de façon discrétionnaire, ce qui contribue à limiter l'autonomie financière des autorités publiques indépendantes.

B. Les restrictions à l'autonomie administrative

Les autorités publiques indépendantes, en tant qu'organismes personnalisés, possèdent un personnel propre, c'est-à-dire un personnel non rattaché à un ministère. Ce personnel est généralement partagé entre des fonctionnaires mis à disposition gratuitement, des fonctionnaires détachés[453] et des agents contractuels, ces derniers représentant la majorité du personnel pour des questions d'indépendance vis-à-vis de l'exécutif et du ministère de rattachement. Toutefois, si les autorités publiques indépendantes choisissent et disposent librement de leur personnel, une restriction leur est imposée. En effet, le nombre d'emplois par autorité publique indépendante est fixé dans la loi de finances. Ainsi, le législateur délimite le plafond des autorisations d'emplois, d'une part des autorités publiques indépendantes du fait de leur personnalité morale, et d'autre part des autorités administratives indépendantes « *dont les effectifs ne sont pas inclus dans un plafond d'autorisation des emplois rémunérés par l'Etat* »[454], cette dénomination ne concernant en réalité

[450] Robert HERTZOG, art. cit., p. 39.

[451] Cf. *infra*, p. 237 s.

[452] Article 47 de la loi n°2013-1278 du 29 décembre 2013 de finances pour 2014.

[453] Egalement appelés respectivement : les mises à disposition gracieuses et payantes.

[454] Article 68 de la loi n°2013-1278 du 29 décembre 2013 de finances pour 2014.

que l'autorité de contrôle prudentiel et de résolution[455]. Par ailleurs, il faut remarquer que les autorités administratives indépendantes non personnalisées voient également leur personnel limité par un plafond d'autorisation d'emplois. La différence entre les deux est que, les API ne faisant pas partie de la personne morale Etat, leur plafond d'emploi a une place particulière dans la loi de finances. Un article leur est en effet réservé : l'article 65 de la loi de finances pour 2016, ou l'article 36 du projet de loi de finances pour 2017.

Depuis l'entrée en vigueur de la LOLF, la loi de finances prévoit toutes les autorisations d'emplois de l'Etat certes, mais également des autres organismes publics personnalisés. Cette fixation des plafonds d'emplois s'est toutefois réalisée de manière progressive. Ainsi, les emplois de l'Etat ont été plafonnés pour la première fois avec la loi de finances pour 2006. Par la suite, les opérateurs de l'Etat ont été concernés à partir de l'exercice 2009 et les agents de droit local des « *établissements et organismes de diffusion culturelle ou d'enseignement situés à l'étranger et dépendant du ministère des affaires étrangères* »[456], depuis l'exercice 2010. Concernant les autorités publiques indépendantes, elles se voient appliquer un plafond d'emplois seulement depuis la loi de finances pour 2012[457]. La dernière loi de finances pour 2016 prévoit ainsi ces autorisations d'emplois dans son article 65.

Le plafond des autorisations d'emplois s'exprime en équivalents temps plein travaillé (ETPT). « *L'ETPT est l'unité de décompte dans laquelle sont exprimés à la fois les plafonds d'emplois et les consommations de ces plafonds* »[458]. Ainsi, l'ETPT établit un rapport entre le nombre d'agents en termes d'effectifs physiques, la quotité de temps de travail[459], et la période d'activité dans

---

455 Huit autorités étaient jusqu'en 2014 concernées par ces plafonds d'emploi : l'Agence française de lutte contre le dopage, l'Autorité de contrôle prudentiel et de résolution, l'Autorité des marchés financiers, l'Autorité de régulation des activités ferroviaires et routières, le Haut conseil du commissariat aux comptes, la Haute autorité pour la diffusion des œuvres et la protection des droits sur internet, la Haute autorité de santé et le Médiateur national de l'énergie. Le projet de loi de finances pour 2015 y a ajouté le Conseil supérieur de l'audiovisuel qui possède la personnalité morale depuis le 1er janvier 2014. Le CSA a été intégré au budget général pour l'exercice 2014 et il jouit désormais de son budget autonome depuis 2015.

456 Article 66 de la loi n°73-1150 du 27 décembre 1973 de finances pour 1974.

457 Dans son article 72.

458 Circulaire n°2MPAP-07-1469 du 14 mai 2007, du ministre de l'économie, des finances et de l'industrie, annexe 3 : définition de l'équivalent temps plein travaillé (ETPT).

459 La quotité de temps de travail fait la différence entre un agent à temps plein (100 %) et un agent à temps partiel.

l'année[460]. Selon cette formule, un agent à temps plein présent toute l'année correspond à 1 ETPT, quand un agent à temps partiel (80 %) recruté pour 6 mois représente 0,4 ETPT. Toutefois, si le plafond d'emploi inclut les agents contractuels et les fonctionnaires détachés, il ne tient pas compte des mises à disposition gracieuses. Cette catégorie correspond aux fonctionnaires mis à disposition gratuitement par un ministère. Ces agents n'étant pas rémunérés par l'autorité indépendante mais par le ministère auquel ils appartiennent, il est en effet normal que le plafond d'emplois ne tienne pas compte de cette catégorie de fonctionnaires. Il convient néanmoins de souligner que cette catégorie est dérisoire et négligeable au sein de l'ensemble des emplois des autorités indépendantes[461].

Les autorités indépendantes concernées par l'article 65 de la loi de finances pour 2016 bénéficient de 2 562 ETPT au total, répartis de façon inégale entre les huit autorités[462]. Ce plafond a augmenté de façon significative en 2015 du fait de l'intégration du CSA dans la catégorie des API. On peut constater un gain de 292 ETPT imputable en quasi-totalité au CSA. Toutefois, la maîtrise du plafond d'emplois par le législateur lui permettant de le diminuer d'une année sur l'autre, nous permet de mettre en évidence une restriction à l'autonomie administrative des autorités publiques indépendantes, notamment en ce qui concerne leur personnel propre. Elles maîtrisent certes la qualité des agents (fonctionnaires ou agents contractuels), leur quotité de temps de travail, leur période d'activité dans l'année, mais elles n'ont pas le contrôle de la quantité d'emplois, qui reste sous l'emprise du législateur. Un problème se pose alors quant à la suffisance du nombre d'agents (en ETPT) pour accomplir leurs missions correctement. En revanche, si des baisses ont pu être constatées avant 2014, il faut souligner que depuis l'intégration du CSA en 2015, le montant des ETPT est constant. Une hausse de 11 EPTP est même programmée pour 2017.

Par ailleurs, l'autonomie administrative des autorités publiques indépendantes a pour but de placer ces autorités hors de la hiérarchie administrative. En effet, les autorités administratives indépendantes dans leur ensemble, sont normalement exclues de l'exécutif et de l'administration

---

460 La période d'activité permet de distinguer les agents présent toute l'année, des agents présents une partie de l'année. Cela permet donc de tenir compte des agents recrutés en contrat à durée déterminée.

461 Au sein des API, cette catégorie est quasi nulle. Elle ne dépasse jamais les 10% y compris au sein des AAI non personnalisées.

462 Cette répartition inégale des ETPT va de 41 ETPT pour l'autorité la moins dotée (le MNE), à 1 121 ETPT pour la plus dotée (l'ACPR).

classique, caractérisée par sa soumission au gouvernement[463]. Cela est davantage permis par l'octroi de la personnalité morale au profit des API, qui bénéficient alors d'une autonomie renforcée vis-à-vis du gouvernement. Or, certaines manifestations de cette hiérarchie gouvernementale sont visibles dans certaines API, malgré leur personnalité distincte, et viennent apporter des restrictions à leur autonomie administrative. Ainsi, les deux autorités publiques indépendantes les plus autonomes que sont l'autorité des marchés financiers et le haut conseil du commissariat aux comptes, possèdent un commissaire du gouvernement. Celui-ci correspond à une personne, généralement fonctionnaire, qui représente le gouvernement ou l'administration au sein d'une institution. Il permet, d'une part, « *d'assurer une cohérence des politiques publiques* »[464], c'est-à-dire de garantir la conformité des décisions prises avec le cadre juridique existant et de maintenir une harmonie juridique, et d'autre part « *de veiller à la prise en compte permanente de l'intérêt général* »[465]. Toutefois, si son rôle est limité, il a la possibilité d'agir sur le sens des décisions et d'exprimer la position du gouvernement au sein de l'autorité. Ses prérogatives sont doubles : il peut participer aux séances du collège sans voix délibérative, et demander une seconde délibération.

Tout d'abord, l'Autorité des marchés financiers (AMF) possède un commissaire du gouvernement, représentant du ministre de l'économie, qui siège auprès de toutes ses formations. Certes il ne dispose pas de voix délibérative, mais il peut tout de même demander une seconde délibération dans l'hypothèse où la première ne le satisfait pas, sauf en matière de sanctions. Seuls les délibérés de la commission des sanctions échappent à sa présence[466]. Il faut donc souligner que ce commissaire du gouvernement dispose de « *prérogatives étendues* »[467] qui s'appliquent y compris dans le cadre de la prise de décisions à caractère individuel, ce qui ne se justifie par aucun des arguments avancés en faveur de la présence du commissaire du gouvernement au sein de ces autorités. De plus, « *l'influence [renforcée] du pouvoir exécutif* »[468] se manifeste également par une double exigence : d'une part, la nécessaire homologation du règlement général de l'AMF par le

---

463 Article 20 de la Constitution du 4 octobre 1958 : « *[le gouvernement] dispose de l'administration* ».

464 Charles-André DUBREUIL, « Fasc. 265 : Règlementation des marchés financiers », *Jcl. Administratif*, 29 mars 2010.

465 Sylvie THOMASSET-PIERRE, « Création de l'autorité des marchés financiers. Commentaire de la loi du 1er août 2003 et du décret du 21 novembre 2003 », *Recueil Dalloz*, 2003, p. 2951.

466 Article L. 621-3 I. du Code monétaire et financier.

467 Sylvie THOMASSET-PIERRE, art. cit., p. 2951.

468 *Idem.*

ministre de l'économie[469], et d'autre part, la possible substitution du ministre à l'AMF en cas de carence de cette dernière[470].

Ensuite, un commissaire du gouvernement est placé auprès du Haut conseil du commissariat aux comptes (H3C). Il siège dans toutes les formations du haut conseil où il dispose d'une voix consultative et a la possibilité de demander une seconde délibération, sauf en matière disciplinaire[471].

Enfin, l'Autorité de contrôle des assurances et des mutuelles (ACAM), avant sa fusion au sein de l'Autorité de contrôle prudentiel et de résolution (ACPR), possédait également un commissaire du gouvernement pouvant demander une seconde délibération et siéger au sein des formations du collège sans voix délibérative. Désormais, l'ACPR ne dispose plus de ce commissaire. La perte de la personnalité morale a donc entraîné le retrait du commissaire du gouvernement sans pour autant que l'ACPR ne perde son autonomie, celle-ci étant rattachée à la Banque de France (grâce à un budget annexe autonomisant) et non à l'Etat.

En réalité, la présence d'un commissaire du gouvernement est souvent constatée au sein des autorités indépendantes les plus autonomes, et notamment celles qui disposent de la faculté d'édicter des règles de droit opposables aux secteurs qu'elles régulent. En effet, lorsque les autorités disposent d'un pouvoir règlementaire, un commissaire du gouvernement est présent. Ce pouvoir étant en principe réservé au Premier ministre par la Constitution, celui-ci s'autorise un contrôle nuancé de l'autorité et de ses décisions afin qu'elles soient légitimes, c'est-à-dire en adéquation avec la volonté du Premier ministre et du gouvernement et avec l'ordre juridique existant. L'office parlementaire d'évaluation de la législation proposait dans ce sens d'« *assurer la présence d'un commissaire du Gouvernement auprès des autorités dotées d'un pouvoir réglementaire* »[472]. Toutefois, la compétence règlementaire des autorités publiques indépendantes, comme des autorités administratives indépendantes, étant limitée et présente dans très peu d'autorités, les commissaires du gouvernement sont, par conséquent, peu nombreux. En effet, parmi les autorités publiques indépendantes, seulement deux disposent d'un pouvoir règlementaire. L'AMF émet un règlement général, homologué par le ministre de l'économie, qui met en place des règles et procédures concernant les marchés financiers, et elle dispose d'un pouvoir

469 Article L. 621-6 du Code monétaire et financier.

470 Article L. 621-7-2 du Code précité.

471 Article L. 821-4 du code précité.

472 Assemblée nationale, Sénat, Rapport précité, 2006, n°3166, n°404, Recommandation n°1, p. 11.

de décision individuelle ainsi qu'un pouvoir de sanction. Le H3C, quant à lui, dispose de prérogatives quasi-juridictionnelles puisque les décisions des commissions régionales d'inscription des commissaires aux comptes, et les décisions de la chambre régionale de discipline, sont susceptibles de recours devant le H3C. De plus, dans le cadre de sa mission de surveillance de la profession, avec le concours de la Compagnie nationale des commissaires aux comptes, il fixe le cadre et les orientations des contrôles des commissaires aux comptes qui vont s'appliquer à tous les contrôleurs, ce qui correspond à la fixation d'un cadre règlementaire. En revanche, les autres autorités publiques indépendantes ne possèdent pas de pouvoir règlementaire. Elles disposent seulement d'un pouvoir consultatif, par la possibilité d'émettre des avis et recommandations, ainsi qu'un pouvoir de sanction, concernant l'Autorité de régulation des activités ferroviaires et routières (ARAFER) et l'Agence française de lutte contre le dopage (AFLD).

Section 2.
La personnalité morale comme réalité technique : une définition contemporaine finaliste montrant les failles de l'autonomie fonctionnelle des autorités publiques indépendantes

La personnalité morale peut être définie selon plusieurs théories. Les approches originaires, que sont la réalité et la fiction, correspondent à deux théories opposées permettant deux définitions de la personnalité morale distinctes. Si la première considère que la personnalité existe en elle-même avant toute dévolution législative, la seconde ne l'envisage que lorsqu'elle est créée par les pouvoirs publics, délimitée par le législateur, et donc reconnue par le droit positif. Plus tard, une doctrine contemporaine a vu le jour. Après avoir évacué la controverse relative aux théories initiales, la nouvelle théorie de la réalité technique a mis en place une conception finaliste et instrumentaliste de la personnalité morale (paragraphe 1), censée favoriser la mise en place de l'autonomie fonctionnelle, et notamment financière. Toutefois, malgré la nouvelle définition de la personnalité en fonction des prérogatives offertes, l'autonomisation fonctionnelle a échoué (paragraphe 2).

Paragraphe 1. Les contours de la théorie de la réalité technique : une conception finaliste et instrumentaliste

La théorie contemporaine de la réalité technique met en place une définition finaliste et instrumentaliste de la personnalité morale, opposée à la doctrine initiale de la fiction correspondant à une définition attributive et volontariste de la personnalité. Cela signifie qu'à partir de ce moment la personnalité ne se définit plus en fonction de son attribution, mais en fonction de son contenu, c'est-à-dire des diverses prérogatives et conséquences qu'elle implique (A). Toutefois, même si cette définition paraît mettre en avant une liste immuable de prérogatives de la personnalité morale, au nombre desquelles on compte l'autonomie financière, un doute persiste sur l'existence de l'autonomie fonctionnelle et notamment financière comme apport réel de la personnalité morale (B).

A. Une définition téléologique de la personnalité morale censée favoriser l'autonomie fonctionnelle

La théorie de la réalité technique permet une définition de la personnalité morale par un recensement de ses avantages et prérogatives. Ainsi, la thèse de la réalité technique met en exergue une définition téléologique de la personnalité morale. Selon la doctrine contemporaine, la personnalité morale possède les composantes suivantes : le patrimoine propre et la possibilité d'agir en justice en son propre nom. Le patrimoine propre peut toutefois se décomposer en une multitude de prérogatives inhérentes à la personnalité morale. Il contient notamment l'idée de budget propre, alimenté de préférence par des ressources propres, ces dernières permettant de dégager la notion d'autonomie financière. Ce patrimoine contient également un personnel propre, financé par le budget propre, et permis par la faculté de contracter en son nom.

Par cette nouvelle théorie, la doctrine contemporaine cherche en réalité à mettre en place une définition qui ne tient compte que de la technique juridique, sans donner de l'importance aux considérations conjoncturelles d'opportunité ou de politique. La doctrine actuelle ne veut tenir compte que de la méthode rigoureuse, des dispositifs et des procédés juridiques. Elle cherche à définir la personnalité morale en faisant un inventaire strict des avantages qu'elle contient. Ainsi, la technique contemporaine veut supplanter l'opportunité originelle.

Certes, de nos jours « l*e droit français considère la personnalité morale comme un instrument de technique juridique. Il s'en sert pour poursuivre des objectifs jugés commodes ou bienfaisants. Mais il l'écarte lorsqu'elle lui paraît inopportune ou inutile* »[473]. Dans ce cadre, il faut s'attarder sur le cas de la commission de régulation de l'énergie (CRE). La CRE s'est en effet vu attribuer la personnalité morale pour quelques mois seulement, celle-ci étant apparue bienfaisante au début car porteuse d'autonomie par la perspective de ressources propres abondantes. Toutefois, la possibilité de percevoir des ressources propres ne lui ayant pas été offerte, la personnalité morale, devenue sans objet, lui a été retirée six mois plus tard. En effet, par la loi de finances rectificative pour 2004, la CRE s'était vu dotée de la personnalité morale. L'idée était alors de « *doter la CRE des moyens juridiques et financiers de son indépendance* »[474]. Pour ce faire, le Sénat avait déposé des amendements, d'une part pour concéder la personnalité morale et l'autonomie financière à la CRE, d'autre part pour lui affecter une taxe fiscale afin de lui assurer un financement autonome. Malheureusement, si le premier amendement a été validé par la commission mixte paritaire, le second a été abandonné. Ainsi, la CRE possédait désormais la personnalité morale, mais son objet essentiel, la perception d'une taxe, avait été annihilé par la commission mixte paritaire. La personnalité morale, n'offrant plus d'intérêt majeur, était devenue inopportune ; le législateur a donc fait le choix de l'écarter. Dans le cas de la CRE, la théorie de la réalité technique a trouvé à s'appliquer, la personnalité morale ayant été rejetée, car jugée inutile du fait de l'absence de ses avantages notamment en ce qui concerne le financement par des ressources propres.

Il faut néanmoins souligner que le contexte était propice à cette suppression de la personnalité morale. Le législateur était, à cette époque, plus regardant sur les effets réels de la personnalité et il n'utilisait ce dispositif que s'il était utile et bienfaisant. On peut aisément constater que les seules autorités publiques indépendantes existantes à l'époque, l'Autorité des marchés financiers (AMF), l'Autorité de contrôle des assurances et des mutuelles (ACAM) et la Haute autorité de santé (HAS), étaient toutes financées, sinon intégralement[475], au moins pour une partie majoritaire[476],

---

473 Jean-Pierre GRIDEL, « La personne morale en droit français », *Revue internationale de droit comparé*, avril-juin 1990, n°2, p. 505.

474 Assemblée nationale, Sénat, Rapport précité, 2006, n°3166, n°404, p. 67.

475 Concernant l'AMF et l'ACAM.

476 Concernant la HAS qui détenait un financement majoritaire (70 %) par ressources propres ou taxes fiscales affectées. Désormais les taxes affectées dont elle bénéficiait ont été supprimées. Elle ne bénéficie donc que de ressources propres très minoritaires, à hauteur de 2 % désormais.

par des taxes affectées ou des ressources propres. Or, si la CRE était personnalisée sans disposer d'un financement par taxe fiscale affectée, elle n'avait pas intérêt à devenir une autorité publique indépendante dotée de la personnalité morale. C'est *a priori* ce qui semblait ressortir de la volonté du législateur. Toutefois, un an plus tard, en 2006, l'agence française de lutte contre le dopage (AFLD) a été créée en tant qu'autorité publique indépendante[477] et a bouleversé cette idée que l'on se faisait d'une personnalité morale voulue utilitariste par le législateur. En effet, l'AFLD a été dotée de la personnalité morale malgré une autonomie financière limitée, celle-ci ne disposant de ressources propres que de façon minoritaire (11 %). C'est à partir de ce moment là que la personnalité morale a perdu un peu de son sens, et a laissé entièrement place à la fiction. Cela s'est d'ailleurs confirmé avec la création de la Haute autorité pour la diffusion des œuvres et la protection des droits sur internet (HADOPI) en 2009 entièrement financée par une subvention étatique.

Enfin, le cas plus récent du conseil supérieur de l'audiovisuel (CSA) met en évidence les limites de la formule de l'autorité administrative indépendante non personnalisée et la nécessité de contrecarrer ces limites par un changement de statut et l'octroi de la personnalité morale. Cela manifeste également la présence de la nouvelle théorie de la réalité technique car sont pris en compte les avantages de la personnalité morale. En effet, le CSA a été doté de la personnalité morale pour deux raisons : une augmentation de ses missions et une diminution constante de ses ressources. La personnalité avait donc ici pour objet de tirer les conséquences de l'extension du champ d'intervention de l'autorité, et de lui offrir la possibilité de se financer par des ressources propres pour qu'elle dispose d'une autonomie financière accrue.

A la suite de nombreux gels et annulations de crédits en direction du CSA, les moyens du CSA ont été drastiquement réduits. Ses crédits ont connu une diminution de 20 % en cinq ans[478], alors que dans le même temps, ses compétences ont été élargies. La personnalité morale était donc ici une solution pour attribuer une plus grande autonomie financière au CSA et lui permettre de posséder de nouvelles sources de financement. Certes le statut d'autorité publique indépendante ne garantit pas les ressources provenant de l'Etat, mais il permet toutefois de disposer de ressources

---

477 Loi n°2006-405 du 5 avril 2006 relative à la lutte contre le dopage et à la protection de la santé des sportifs.

478 Sénat, Avis n°162 fait au nom de la commission des lois sur *le projet de loi de finances pour 2014, Protection des droits et libertés*, Virginie KLES, 21 novembre 2013, p. 23.

propres pour faire face à une diminution des dotations étatiques, concomitante à une augmentation des compétences.

Finalement, même si ce n'est pas systématique, le législateur essaye d'appliquer, autant que possible, la théorie de la réalité technique. Il attribue souvent la personnalité à des autorités qui la nécessitent, ou qui remplissent ses conditions de par leurs prérogatives. C'est pourquoi il a préconisé dans ses derniers rapports que la personnalité morale devait être attribuée avec parcimonie, à des autorités qui interviennent notamment dans un secteur économique et qui ont la possibilité de disposer de ressources propres[479]. Les parlementaires souhaitent donc appliquer plus rigoureusement la théorie de la réalité technique.

B. Les prérogatives inhérentes à la personnalité morale : un réel faisceau d'indices en contradiction avec l'idée d'autonomie fonctionnelle

Après avoir vu que la théorie de la réalité technique met en place une définition finaliste de la personnalité morale, il convient de souligner que les différents avantages et prérogatives inhérents à la personnalité morale ne sont pas constitutifs d'une liste exhaustive sans quoi la personnalité morale n'existe pas. En effet, les différents avantages de la personnalité correspondent davantage à un faisceau d'indices (1) où la réunion de plusieurs indices est certes nécessaire, mais il n'est pas indispensable que tous soient réunis. D'ailleurs, il faut souligner que l'autonomie financière n'est pas constitutive d'un critère déterminant de la personnalité morale (2).

1. L'utilisation d'un faisceau d'indices pour la définition de la personnalité morale

Selon la théorie de la réalité technique, la personnalité morale est reconnaissable par les avantages qu'elle procure aux institutions qui en sont titulaires. Ainsi, dans le silence des textes, la doctrine et le juge se sont accordés pour faire un inventaire des critères servant à la reconnaissance de la personnalité morale. Toutefois, si la démarche de lister les indices de la personnalité morale est commune à la doctrine et au juge, ils ne sont toutefois pas d'accord quant aux critères à retenir. D'un côté, le juge

479 Cf. rapports parlementaires précités de 2006 et 2010.

privilégie la recherche des effets normalement rattachés à la personnalité morale, et d'un autre côté, la doctrine fait un rapprochement entre la notion d'autonomie et celle de personnalité morale.

Le raisonnement du juge et l'importance qu'il attache à chacun des indices de la personnalité morale donne des renseignements précieux sur la liste des critères à prendre en compte et la hiérarchie que l'on peut faire entre eux. Ainsi, trois critères sont notamment évoqués par le juge administratif.

Tout d'abord, le juge pose le principe suivant : sans personnalité morale, il n'existe pas de droit de former un recours contentieux. Il est ici question de la faculté d'ester en justice en son propre nom. Le Conseil d'Etat reconnaissait à l'origine que les institutions non personnalisées devaient se faire représenter en justice par leur personne morale de rattachement[480]. Toutefois, la personnalité ne peut pas être réduite à la possibilité d'ester en justice. En effet, il existe de nombreuses exceptions à ce principe, particulièrement en ce qui concerne des organes non personnalisés qui disposent malgré tout de ce droit. Tel est notamment le cas des autorités administratives indépendantes qui disposent, pour une large part, de la personnalité contentieuse, c'est-à-dire une capacité d'ester en justice en leur propre nom et sans nécessaire représentation de l'Etat. Généralement, le texte institutif de chaque AAI précise son régime contentieux, mais le Conseil d'Etat lui-même a reconnu le droit d'ester en justice, même sans texte, à la catégorie des autorités administratives indépendantes depuis une jurisprudence de 1993 relative à la commission des opérations de bourse[481]. Ainsi, dans la majorité des cas, la loi prévoit la personnalité contentieuse de chaque AAI, mais en l'absence de texte, le Conseil reconnaît aux AAI cette faculté[482]. De ce fait, la faculté d'ester en justice est un indice nécessaire mais insuffisant de reconnaissance de la personnalité morale, car si toutes les autorités personnalisées disposent automatiquement de ce droit, des organismes non personnalisés peuvent également avoir cette possibilité de défendre leurs intérêts en justice.

---

[480] CE, 7 mai 1971, *Institut des Etudes de Développement Economique et Social*, Rec. p. 349. En l'espèce, ces instituts, non personnalisés, devaient se faire représenter par le recteur.
[481] CE, 5 novembre 1993, *Commission des opérations de bourse*, Non reproduit au Lebon, cité au Rec. pp. 694 et 1000.
[482] Cf. *supra*, p. 128 et p. 157 s.

Ensuite, le droit de contracter paraît être un indice plus décisif que le droit de former un recours contentieux. En principe, le juge administratif estime qu'il est impossible de contracter sans détenir la personnalité morale. Toutefois, cette règle juridique n'est pas toujours respectée dans la pratique. En effet, cette caractéristique n'a pas vocation à s'appliquer aux AAI non personnalisées, celles-ci ayant la possibilité de contracter par l'intermédiaire de leur président, ordonnateur[483], et donc de choisir leur personnel. Elles peuvent donc conclure des contrats de travail avec des agents en vue de les embaucher en contrat à durée déterminée. Cela leur est permis du fait de l'indépendance de gestion dont elles jouissent. En effet, une fois leur budget accordé par la loi de finances, les AAI peuvent le gérer comme elles l'entendent[484], elles peuvent ainsi recruter leur personnel librement parmi les agents contractuels afin de ne pas disposer de fonctionnaires *a priori* rattachés à un ministère. Par ailleurs, il a pu être souligné que la commission des opérations de bourse avait la faculté de contracter en son propre nom en matière d'assurance[485]. Ici aussi, nous sommes donc encore en présence d'un critère nécessaire mais insuffisant pour conclure à l'existence d'une personnalité morale.

Le droit d'ester en justice et la faculté de contracter sont bel et bien deux indices de la personnalité morale, le premier étant moins convaincant que le second, même si tous deux sont à relativiser. En effet, de nombreuses autorités ont cette possibilité mais elles engagent l'Etat et non pas l'autorité elle-même du fait de son irresponsabilité. La personnalité permettrait donc de posséder ces droits et de les réaliser en son nom et pour son compte. Par ailleurs, la personnalité ayant pour intérêts pratiques de permettre aux personnes morales de recevoir des libéralités et de réaliser tous les actes juridiques classiques tels que les contrats ou les procès, il est normal que ces deux premiers éléments forment des indications relativement à la présence de la personnalité morale. Le dernier élément est, quant à lui, d'ordre patrimonial et correspond à l'existence d'un patrimoine, d'un budget et d'un personnel propres.

---

483 Le président contracte néanmoins au nom et pour le compte de l'Etat.

484 Dans la limite de l'enveloppe budgétaire dont elles disposent et du plafond d'emplois qui s'impose à elles.

485 Florian LINDITCH, *op. cit.*, p. 150.

Enfin, le dernier critère de l'existence d'un patrimoine « *paraît être un facteur d'unité* »[486] des personnes publiques. Ainsi, chaque organisme public personnalisé est censé posséder une propriété publique. Au-delà, en matière de propriété, il semble impossible de pouvoir se passer de la personnalité morale[487]. Une institution non personnalisée ne peut donc en principe pas posséder de patrimoine propre. Toutefois, il faut distinguer patrimoine propre et propriété publique, patrimoine étant une notion plus large englobant certes la propriété publique mais également le fait de disposer d'un budget propre et d'un personnel propre. Dans ce cadre, seules les autorités publiques indépendantes dotées de la personnalité morale ont un patrimoine propre. Les autorités administratives indépendantes, au contraire, ne disposent d'aucune propriété propre ; elles peuvent gérer leur budget librement, mais celui-ci fait partie du budget général de l'Etat ; et leur personnel appartient à la masse des employés de l'Etat et est soumis au plafond d'emplois qui s'applique à l'Etat et plus particulièrement à chaque ministère. Toutefois, le patrimoine propre est aussi le critère qui engendre l'autonomie financière par le budget propre, celui-ci devant normalement être alimenté par des ressources propres. Or, les AAI non personnalisées peuvent disposer d'une autonomie financière sans pour autant disposer de la personnalité morale.

Ce dernier critère de l'existence d'un patrimoine propre paraît néanmoins être plus convaincant que les deux autres. Il constitue donc un élément nécessaire, quasi suffisant pour conclure à la présence d'une personne morale.

Ces caractéristiques de la personnalité morale rappellent une liste d'avantages procurés par la personnalité reconnue par Michoud et constituée de droits patrimoniaux (patrimoine propre : propriété, personnel, budget et comptabilité propres) et non patrimoniaux (la faculté d'ester en justice, celle de contracter, et plus généralement de faire tous les actes de la vie courante)[488]. L'inventaire des critères posés par le juge fournit un apport non négligeable à la liste autrefois posée par Michoud : il met en place une hiérarchie des critères. Cela est dû au lien que l'on peut faire entre personnalité morale de droit public et compétence ou encore principe de

486 Jean-Marie PONTIER, « La personnalité publique, notion anisotrope », *RFDA*, 2007, n°5, p. 979.

487 Sur ce point, cf. Philippe YOLKA, *La propriété publique, éléments pour une théorie*, Paris, LGDJ, 1997.

488 Cf. *supra*, p. 77 s.

spécialité[489]. Ainsi, tous les critères ne doivent pas nécessairement être réunis. Il est bien question d'un faisceau d'indices où chaque critère est nécessaire mais pas forcément suffisant. Toutefois, dans la majorité des cas, le juge s'en tient à l'examen des textes de loi : parfois il analyse les éléments appartenant à l'institution en cause afin de lui reconnaître la personnalité morale, souvent il ne fait que constater la création explicite d'une personne morale par le législateur.

La doctrine, quant à elle, a une autre vision de la personnalité morale. Elle propose donc des critères différents de ceux suggérés par le juge. Ainsi, la doctrine choisit de faire un lien entre la personnalité morale et l'autonomie fonctionnelle. Elle « *considère qu'en cas de doute il faut faire pencher la balance du côté de la personnalité morale si l'organisme est doté de l'autonomie administrative et financière* »[490]. Le critère doctrinal de la personnalité morale est donc l'autonomie fonctionnelle et le fait que la personne publique puisse « *se déterminer librement, avec toutes les réserves que l'on peut y apporter* »[491]. Par conséquent, les auteurs admettent communément que l'autonomie fonctionnelle découle de la personnalité morale, tout en reconnaissant que ce lien de causalité n'est pas automatique : il peut être partiel, ou même rompu. L'autonomie fonctionnelle engendrée par la personnalité morale est donc susceptible de degrés et n'entraine pas les mêmes aptitudes juridiques pour toutes les personnes publiques. Cette dissociation entre ces deux notions se vérifie d'ailleurs au niveau des autorités publiques indépendantes.

Finalement, on s'accorde souvent pour dire que la personnalité morale fournit des droits et obligations aux institutions qui en sont titulaires, « *mais pour autant, peut-on dire qu'il existe des effets inéluctablement, intrinsèquement attachés à la personnalité morale, lorsqu'il s'agit de personnes publiques ? On peut éprouver les plus grands doutes à cet égard, au vu, tout au moins, des personnes publiques reconnues récemment dans notre droit* »[492] qui ne sont autres que les autorités publiques indépendantes. Cela résume bien le fait que le contenu de la personnalité morale de droit public est fluctuant et variable selon la personne publique concernée.

---

489 Cf. *supra*, p. 84 s.
490 Florian LINDITCH, *op. cit.*, p. 148.
491 Jean-Marie PONTIER, art. cit., p. 979.
492 Jean-Marie PONTIER, art. cit., p. 979.

2. L'autonomie financière comme critère non déterminant de la personnalité morale

Comme nous venons de le voir, l'autonomie financière fait partie du faisceau d'indices permettant de démontrer l'existence d'une personne morale. Or il faut souligner que contrairement aux trois critères jurisprudentiels qui sont nécessaires mais insuffisants pour conclure sur la présence de la personnalité morale, ce critère doctrinal de l'autonomie, notamment financière, n'est ni nécessaire, ni suffisant. En effet, dès le début du XXe siècle, Michoud estimait que « *la personnalité morale d'un service public ne découle pas nécessairement de [...] son individualité financière* »[493], entendue comme le fait de posséder un budget, un ordonnateur, un payeur, des comptes. Celui-ci ajoutait d'ailleurs que cette individualité financière peut exister sans personnalité morale, et réciproquement, les personnes morales ne sont pas forcément investies d'une autonomie financière.

Dans un sens, l'autonomie financière peut exister sans la personnalité morale. Ainsi, certaines autorités administratives indépendantes non personnalisées disposent de l'autonomie financière. Tel est notamment le cas de l'autorité de contrôle prudentiel et de résolution qui n'est pas dotée de la personnalité morale mais qui dispose d'une large autonomie financière et administrative, par un financement intégral par des ressources propres et une libre gestion de ses ressources. La commission des opérations de bourse, autorité administrative indépendante non personnalisée aujourd'hui fusionnée au sein de l'AMF, était également très autonome financièrement. Tel était également le cas du Médiateur de la République qui malgré un financement public disposait d'une autonomie de gestion renforcée. Il possédait ainsi un carnet de chèque et un compte de dépôt au Trésor au même titre que des organismes personnalisés. De même, certains mécanismes assurent une autonomie financière modérée à toutes les AAI, notamment en ce qui concerne l'utilisation des ressources. Chacune se voit normalement soustraite à tout contrôle financier *a priori*, leur texte institutif prévoyant généralement que les dispositions de la loi du 10 août 1922 relative à l'organisation du contrôle des dépenses engagées ne lui sont pas applicables.

Dans l'autre sens, la personnalité morale peut exister sans autonomie financière. Ainsi, certaines autorités publiques indépendantes dotées de la personnalité morale ne disposent pas de l'autonomie financière. En effet, le lien entre ces deux notions s'est distendu lorsque des autorités publiques indépendantes ont été créées sans que leur budget soit alimenté

[493] Léon MICHOUD, *op. cit.*, p. 384.

par des ressources propres. Financées en intégralité ou pour partie par des subventions étatiques, leur degré d'autonomie diminue lorsqu'augmente le montant des ressources provenant de l'Etat[494]. Cela se constate tout particulièrement dans le cadre de l'HADOPI qui a vu sa subvention étatique considérablement diminué par l'Etat sans respecter les demandes budgétaires de la Haute autorité[495].

D'ailleurs, si le législateur trouve nécessaire de préciser que chaque autorité publique indépendante est dotée de la personnalité morale et que, de surcroît, elle dispose de l'autonomie financière, c'est bien qu'il distingue les deux, qu'il les considère séparément. En effet, chaque loi créant ou modifiant une autorité publique indépendante prévoit d'une part que celle-ci est « *dotée de la personnalité morale* », et d'autre part qu'elle « *dispose de l'autonomie financière* »[496]. Cela montre bien que le législateur dissocie ces deux notions pour les concéder séparément, l'une n'impliquant pas systématiquement l'autre. Elles ne doivent donc pas être associées par principe. De plus, si les deux notions étaient réellement liées, et si l'autonomie financière découlait de la personnalité morale, il semblerait « *superfétatoire* »[497] de préciser que l'autorité détient les deux prérogatives. Cela « *abouti[rait] finalement à une redondance* »[498]. Toutefois, lorsque cette autonomie financière est totalement absente, la loi se refuse à l'accorder. Tel est le cas de l'HADOPI, financé en intégralité par une subvention étatique et ne bénéficiant d'aucune ressources propres ou taxes affectées. Son texte constitutif prévoit certes dans son article 5 qu'elle est « *dotée de la personnalité morale* », mais à aucun moment ne

---

494 C'est notamment le cas de la HADOPI et de l'AFLD.

495 En effet, son budget a diminué de 12 millions d'euros à 6 millions alors que l'HADOPI maintenait ses demandes budgétaires à 12 millions d'euros.

496 Ainsi, la loi n°2006-405 du 5 avril 2006 prévoit dans son article 2-II que l'AFLD est « *dotée de la personnalité morale* » et dans son article 5 qu'elle « *dispose de l'autonomie financière* ». La loi n°2003-706 du 1er août 2003 prévoit dans son article 2 que l'AMF est « *une autorité publique indépendante dotée de la personnalité morale* » et dans son article 7 qu'elle « *dispose de l'autonomie financière* ». La loi n°2009-1503 du 8 décembre 2009 prévoit dans son article 11 que l'ARAFER est « *dotée de la personnalité morale* » et dans son article 21 qu'elle « *dispose de l'autonomie financière* ». La loi n°2007-1822 du 24 décembre 2007 prévoit dans son article 86 que le H3C « *dispose de l'autonomie financière* » (86-I) et plus loin que cette autorité publique indépendante est « *dotée de la personnalité morale* » (86-VI). La loi n°2004-810 du 13 août 2004 prévoit dans son article 35 que la HAS est « *dotée de la personnalité morale* » et qu'elle « *dispose de l'autonomie financière* ». Enfin, la loi n°2006-1537 du 7 décembre 2006 prévoit dans son article 7 que « *le médiateur dispose de la personnalité morale et de l'autonomie financière* » en ce qui concerne le médiateur national de l'énergie.

497 Florian LINDITCH, *op. cit.*, p. 140.

498 *Idem.*

parle de l'autonomie financière[499]. Il en va de même pour le Conseil supérieur de l'audiovisuel (CSA) nouvellement doté de la personnalité morale par la loi du 15 novembre 2013 relative à l'indépendance de l'audiovisuel public[500]. A l'heure actuelle, le législateur n'a pas fait mention de l'autonomie financière du CSA dans la loi, car celui-ci est financé en intégralité par des ressources étatiques. Toutefois, étant donné le projet de lui faire bénéficier de ressources propres ou de taxes affectées, le législateur devrait ajouter, « *le moment venu* »[501], à la loi relative au CSA le fait que l'autorité dispose de l'autonomie financière. Cela étant, cette possibilité de perception de ressources propres n'a pas encore été exploitée. Le CSA n'est financé que par une subvention étatique (et des ressources propres résiduelles représentant moins de 1 % de son budget, cela valant pour les exercices 2014, 2015, 2016 et 2017).

Nonobstant, pour chaque autorité publique indépendante personnalisée, le législateur trouve nécessaire de préciser si elle dispose ou non de l'autonomie financière, ce qui apporte une indication sur l'importance relative de ce critère au sein de la définition de la personnalité morale. Florian Linditch conclut d'ailleurs sur ce point qu'« *il apparaît nécessaire de désolidariser les notions de personnalité morale et d'autonomie financière* »[502].

Par ailleurs, les autorités publiques indépendantes dotées de la personnalité morale, au même titre que les autorités administratives indépendantes non personnalisées, bénéficient toutes d'une autonomie de gestion financière. Elles ne se voient pas appliquer les dispositions de la loi du 10 août 1922 relative à l'organisation du contrôle des dépenses engagées. Ainsi, l'autonomie de gestion appartenant à toutes les autorités indépendantes, sans tenir compte du critère de la personnalité, la plénitude de l'autonomie financière se manifeste donc surtout par la possibilité de percevoir des ressources propres. Or, selon Martine Lombard, la

---

499 Loi n°2009-669 du 12 juin 2009 favorisant la diffusion et la protection de la création sur internet.

500 Loi n°2013-1028 du 15 novembre 2013 relative à l'indépendance de l'audiovisuel public.

501 Sénat, avis présenté au nom de la commission des lois sur le projet de loi de finances pour 2014, tome XVII, protection des droits et libertés, Mme Virgine KLES, 21 novembre 2013, n°162, p. 26. Le Sénat parlant du CSA estime que « du point de vue budgétaire, ce statut lui assurerait une plus grande autonomie financière dans la mesure où il bénéficierait d'une dotation annuelle négociée annuellement avec l'État. Il pourrait en outre disposer d'un fonds de roulement lui permettant de conduire des actions pluriannuelles. Enfin, il pourrait se voir affecter, le moment venu, des ressources propres afin de diversifier ses ressources budgétaires dans un contexte de réduction des moyens de l'État et d'extension des compétences du CSA ».

502 Florian LINDITCH, *op. cit.*, p. 141.

personnalité n'est pas nécessaire à l'affectation d'une taxe et à l'autonomie financière. Elle estime en effet que si « *la personnalité morale des institutions de régulation semble conçue essentiellement comme un moyen d'accroître leur indépendance* », pourtant « *elle n'est pas synonyme, par elle-même, ni d'indépendance de gestion, ni même toujours d'autonomie réellement accrue en matière financière* ». Ce n'est donc pas parce que « *l'attribution de la personnalité morale à une entité facilite [...] l'affectation de ressources propres à son bénéfice* » qu'il faut en conclure que l'entité personnalisée dispose de l'autonomie financière ; d'autant plus qu'« *il est possible de douter [...] que l'indépendance réelle d'une institution se mesure à l'affectation à son bénéfice de ressources propres* »[503].

Paragraphe 2. L'échec de la théorie de la réalité technique : une définition finalement volontariste

S'il existe bien un faisceau d'indices permettant de découvrir la personnalité morale d'une autorité publique indépendante, il faut néanmoins souligner que faisceau d'indices n'est pas synonyme de définition exhaustive. En effet, le principe d'un faisceau d'indices est de tenir compte de la réunion de quelques indices pertinents, et non de tous les avantages que la personnalité morale peut procurer. Ainsi, la théorie de la réalité technique correspond à une définition téléologique de la personnalité morale. Cela signifie qu'elle tient compte des prérogatives inhérentes à la personnalité pour la définir. Or ces prérogatives ne sont pas exhaustives, et la réalité technique n'est finalement réduite qu'à un faisceau d'indices trahissant la présence sous-jacente de la fiction (A) et expliquant toutes les limites inhérentes à la personnalité morale (B).

A. Le lien entre les théories de la réalité technique et de la fiction : la soumission au législateur

La réalité technique, en tant que définition téléologique de la personnalité morale, tient compte des prérogatives et avantages rattachables à ladite personnalité. Toutefois, la personnalité morale peut se manifester lorsque seulement quelques prérogatives apparaissent, et non lorsqu'une liste exhaustive de celles-ci appartient à une institution. La réalité technique est donc un instrument, un procédé juridique, qui permet de définir la

---

503 Martine LOMBARD, « Brèves remarques sur la personnalité morale des institutions de régulation », *RJEP/CJEG*, avril 2005, n° 619, p. 127.

personnalité morale selon la méthode du faisceau d'indices. Or, les indices étant octroyés par le législateur, le lien entre réalité technique et fiction entre en ligne de compte. En effet, il ne faut pas oublier le rôle du législateur en matière de reconnaissance des groupements, et ce notamment en droit public. Sans reconnaissance législative de la personnalité, les personnes publiques ne peuvent pas voir le jour, c'est pourquoi la doctrine de la réalité technique entretient des rapports étroits avec la théorie de la fiction. Le professeur Linditch estime d'ailleurs que « *la thèse de la «réalité technique», loin d'innover, ressemble à s'y méprendre… à la doctrine de Savigny* »[504], qui n'est autre que celle de la fiction.

Ainsi, les ressemblances entre les deux théories se font dans les deux sens. D'une part, la réalité technique se rapproche de la fiction en ce que la personnalité morale est reconnue par le législateur. Les avantages de la personnalité, analysés par la théorie actuelle de la réalité technique, reposent ainsi sur le volontarisme et donc « *sur des considérations d'opportunité et de politique* »[505], comme cela est le cas de la fiction. D'autre part, la fiction se rapproche aujourd'hui de la réalité technique en ce que sa définition contemporaine la caractérise comme étant « *un procédé technique destinés à permettre certains résultats* »[506], ce qui correspond à une approche instrumentale s'apparentant à la doctrine de la réalité technique. En effet, la théorie de la fiction permet au législateur de modeler la personnalité morale comme il l'entend, de lui attribuer les avantages qu'il souhaite pour aboutir au résultat qu'il ambitionne, ce qui s'apparente à la technique du faisceau d'indices.

Toutefois, la nouvelle théorie de la réalité technique a pu être critiquée, notamment car elle liste machinalement les avantages de la personnalité morale, sans les hiérarchiser et sans préciser si un des critères posés est déterminant pour l'existence de la personnalité morale. Or, cette théorie met de côté un problème prépondérant de la personnalité morale : celui de savoir quelles prérogatives ou caractéristiques sont davantage pertinentes pour donner droit à personnalisation ? Problème auquel la théorie de la fiction ne répond pas non plus, puisqu'elle prévoit que la personnalité est attribuée arbitrairement par le législateur qui l'agrémente par les avantages qu'il estime nécessaires à un instant *t*, et donc opportuns. Ces avantages peuvent donc différer selon la période, et les objectifs que l'on souhaite assigner à la personne publique en cause.

Finalement, Linditch clôt le débat en précisant que « *pour l'heure, il suffit de constater que la doctrine contemporaine décrit la personnalité morale comme un*

---

504 Florian LINDITCH, *op. cit., p.* 27.

505 *Ibid.*, p. 28.

506 *Idem.*

procédé, une "technique", et en cela se borne à substituer une nouvelle expression, au terme classique, et non péjoratif à l'époque de "fiction" »[507].

Concernant les autorités publiques indépendantes, que leur personnalité morale soit définie selon la théorie de la fiction ou la nouvelle doctrine de la réalité technique, la personnalité morale échoue de manière générale à autonomiser les API. En effet, le législateur décidant de l'étendue de la personnalité morale, il peut la vider de son contenu, comme il peut fournir les mêmes prérogatives aux AAI non personnalisées. En effet, les caractéristiques normalement attachées à la personnalité morale sont le patrimoine propre, qui permet la perception de ressources propres ou la capacité d'ester en justice et de contracter en son propre nom. Or, il n'existe pas de réelle différence entre les API et AAI à ces niveaux là : d'une part, « *il n'y a pas de lien de causalité entre la possession de la personnalité morale et l'attribution de ressources propres* »[508]. D'autre part, les AAI comme les API ont la possibilité d'ester en justice.

Par conséquent, que ce soit la doctrine de la réalité technique qui se rapproche de la théorie de la fiction, ou que ce soit cette dernière théorie qui s'applique encore actuellement de manière renouvelée, l'influence du législateur reste notable et prépondérante en matière de création des personnes publiques, ce qui a tendance à apporter des limites à la notion de personne morale en droit public.

B. Les limites inhérentes à la personnalité morale

La réalité technique comme la fiction sont deux théories qui apportent des restrictions à la personnalité morale. Ces limites sont visibles par l'hétérogénéité des prérogatives rattachables à chaque autorité publique indépendante et l'absence d'autonomisation causée par la personnalité (1), mais également par le rapprochement qu'il est possible de faire entre les AAI non personnalisées et les nouvelle API dotées de la personnalité morale (2).

---

507 Florian LINDITCH, *op. cit.*, p. 29.

508 Sébastien MARTIN, « Les autorités publiques indépendantes : réflexions autour d'une nouvelle personne publique », *RDP*, 2013, n°1, p. 53.

1. Une personnalité sans effet sur l'autonomie financière

L'hétérogénéité des prérogatives et avantages que procure la personnalité morale à chaque autorité publique indépendante manifeste aisément la présence du faisceau d'indices correspondant à la doctrine de la réalité technique. Cela démontre par ailleurs les limites de la personnalité morale et de l'autonomie financière.

Nous avons déjà démontré dans ce sens que la capacité juridique provoquée par la personnalité morale n'est pas seulement rattachable à l'idée de personnalisation, une institution non personnalisée pouvant en être partiellement titulaire[509]. De plus, les prérogatives classiques de la personnalité morale ne sont pas davantage rattachables à l'idée d'indépendance et d'autonomie. En effet, certains auteurs estiment que la « *personnalité morale [est] sans effet sur l'indépendance des autorités publiques indépendantes* »[510], et ce pour plusieurs raisons.

Tout d'abord, « *l'octroi de la personnalité morale n'empêche pas l'exercice d'un pouvoir de tutelle* »[511]. Les établissements publics se voient notamment contrôlés par une autorité de tutelle qui dispose de pouvoirs très étendus, tels que l'annulation, l'approbation, l'autorisation ou encore la substitution d'action. La personnalité morale pouvant s'accompagner de la tutelle, elle ne peut pas être à elle seule un facteur d'indépendance. Il faut néanmoins souligner que la catégorie des autorités administratives indépendantes n'est pas touchée par l'exercice d'un pouvoir de tutelle, que les autorités soient personnalisées ou non. La catégorie juridique est préservée de toute tutelle gouvernementale et se situe en dehors de la hiérarchie administrative classique.

Ensuite, les prérogatives engendrées par la personnalité morale peuvent appartenir à des entités non personnalisées, telles que les autorités administratives indépendantes. La fiction et la souveraineté du législateur expliquent aisément ce phénomène. En effet, il a pu être démontré que la loi accorde parfois une capacité juridique partielle aux autorités administratives indépendantes, alors même qu'elles ne sont pas dotées de la personnalité morale. Néanmoins, cela est possible si seulement quelques prérogatives juridiques sont attribuées aux institutions non personnalisées, sinon il sera nécessaire d'accorder la personnalité morale à l'institution en cause. La personnalité morale est donc au moins utile en un point : elle permet le cumul des prérogatives.

---

509 Cf. *supra*, p. 156 s.

510 Sébastien MARTIN, art. cit., p. 53.

511 *Idem.*

Enfin, « *les vecteurs de l'indépendance apparaissent dans les éléments organisant la structure administrative et son fonctionnement* »[512]. La structure administrative d'une institution tient compte de sa composition, c'est-à-dire de la présence ou l'absence d'une tutelle sur les personnes, tenant compte du mode de nomination des membres ou encore de la collégialité. Or, dans ce cadre, la personnalité morale n'a aucune incidence, et l'indépendance des AAI, comme des API, est généralement assurée. Il n'en va pas de même en ce qui concerne leur fonctionnement, c'est pourquoi « *à cet égard, l'octroi de la personnalité morale peut paraître plus intéressant* »[513]. En effet, l'autonomie fonctionnelle concerne notamment deux éléments : l'autonomie administrative, c'est-à-dire celle qui concerne le processus décisionnel, et l'autonomie financière.

L'autonomie administrative des autorités publiques indépendantes touche aux moyens humains de l'autorité, la suffisance du personnel et ses garanties d'indépendance. Or, nous avons pu voir que cette autonomie administrative est quasiment assurée[514]. L'autonomie financière, quant à elle, l'est beaucoup moins, et c'est dans ce cadre qu'apparaissent des disparités entre les autorités publiques indépendantes. Le contraste est en effet très significatif, certaines API disposant uniquement de ressources propres, quand d'autres sont financées exclusivement par des subventions étatiques. De plus, en matière de ressources propres, non seulement certaines autorités publiques indépendantes n'en disposent pas, alors même que l'octroi de la personnalité morale traduit en principe la volonté d'affecter une ressource fiscale à l'autorité ; mais en plus les autorités administratives indépendantes non personnalisées peuvent en bénéficier. Dans ce sens, Michel Degoffe estime que « *si la loi organique sur les lois de finances autorise une loi de finances à affecter une imposition de toutes natures à une personne publique ou privée chargée d'une mission de service public (art. 2 et 36), elle n'interdit pas, a contrario, au législateur d'affecter une telle ressource à un organisme non personnalisé* »[515]. Peu avant lui, Martine Lombard avait précisé, dans le même sens, que « *le principe de l'universalité budgétaire [...] s'est cependant toujours accommodé de certaines dérogations au sein même du budget de l'Etat, sans que cela implique l'attribution de la personnalité morale comme support de l'affectation de certaines recettes à certaines dépenses* »[516]. Le mécanisme de l'affectation d'une taxe fiscale n'est donc pas

---

512 *Idem.*

513 *Idem.*

514 Cf. *supra*, p. 120 s.

515 Michel DEGOFFE, art. cit., p. 622

516 Martine LOMBARD, art. cit., p. 127.

réservé aux seules personnes juridiques[517]. La loi du 26 juillet 1996 de règlementation des télécommunications avait d'ailleurs permis à l'autorité de régulation des télécommunications (ART, aujourd'hui autorité de régulation des communications électroniques et des postes, dite ARCEP) de percevoir des rémunérations pour service rendu[518] ainsi que des taxes et redevances. Par ailleurs, en matière d'autonomie financière, l'autonomie de gestion, permettant une utilisation libre des ressources, appartient tant aux AAI qu'aux API[519]. Toute la catégorie des autorités administratives indépendantes, personnalisées comme non personnalisées, en est donc pourvue. Ainsi, une hétérogénéité des prérogatives appartenant aux API est notable, au même titre qu'une similitude entre AAI et API.

En résumé, ce que l'on attend principalement de la personnalité morale, c'est l'indépendance par le biais d'une certaine efficacité dans l'action, ainsi que des moyens, juridiques, humains et financiers, permettant cette efficacité. Or, nous l'avons vu, « *l'indépendance n'est pas nécessairement mieux affirmée par l'octroi de la personnalité morale* »[520]. En effet, si la personnalité morale facilite l'autonomie, elle ne l'engendre pas automatiquement.

2. L'absence de singularité des API par rapport aux AAI

A l'origine de la création des autorités publiques indépendantes, la volonté du législateur était de renforcer l'indépendance de la catégorie des AAI ; car si « *chacun s'accordait pour présenter l'AAI comme l'expression d'un pari d'une indépendance dissociée de l'octroi de la personnalité morale [...] Pourtant, à compter de 2003, cela n'a plus semblé suffire ; l'octroi de la personnalité morale a de nouveau paru nécessaire pour assurer l'indépendance* »[521]. Ainsi, par la loi de sécurité financière du 1er août 2003, les deux premières API sont créées : l'AMF et l'ACAM. Toutes deux ont été dotées de la personnalité morale et de l'autonomie financière. Cette autonomie a été accompagnée des moyens suffisants pour la réaliser aux niveaux financier, humain et juridique. Ainsi, chacune de ces deux autorités disposait de ressources propres intégrales et

---

517 Cf. *infra*, p. 299 s.

518 Les services rendus peuvent correspondre à des publications, à l'organisation de colloques, ou à des prestations informatiques, selon un décret pris en conseil d'Etat n°98-585.

519 Toute la catégorie des AAI ne se voit pas appliquer les dispositions de la loi du 10 août 1922 relative à l'organisation du contrôle des dépenses engagées, prévoyant un contrôle financier *a priori* des dépenses.

520 Michel DEGOFFE, art. cit., p. 622.

521 *Idem.*

abondantes, leur permettant de contourner les contraintes budgétaires de la loi de finances et les limites d'un financement purement étatique. Elles disposaient alors d'un patrimoine, et notamment d'un budget, non négligeable grâce auquel elles possédaient un personnel dense, indépendant et compétent choisi par leurs soins, sans plafonnement du nombre d'emploi en ETPT[522]. Au niveau décisionnel, ces deux autorités étaient également fort bien dotées : elles disposaient de grands pouvoirs décisionnels, tant au niveau règlementaire, qu'individuel et même des sanctions. Ces deux API se distinguaient donc bien des AAI classiques par leur autonomie très marquée aux niveaux financier et décisionnel. En 2003, les API étaient donc singulières et différentes des AAI.

En effet, l'esprit de la création de ces nouvelles API était d'offrir de nouvelles prérogatives aux autorités administratives indépendantes afin de les rendre davantage autonome. Le législateur avait donc entendu octroyer la personnalité morale aux seules autorités pouvant l'exploiter et pour qui elle était utile et autonomisante. Les seules institutions à pouvoir en bénéficier paraissaient donc être celles intervenant dans les domaines économique et financier, afin qu'elles puissent se financer sur le secteur par le biais de redevances pour service rendu ou de taxes et contributions et qu'elles soient véritablement autonomes.

Toutefois, si la situation était claire en 2003, elle s'est rapidement complexifiée. En effet, dès 2004, le législateur a créé des autorités publiques indépendantes dotées de la personnalité morale sans leur affecter obligatoirement une majorité de ressources propres. A partir de ce moment-là, le législateur a donc adopté une méthode très peu cohérente et sans réelle logique, partant de la création d'autorités financées pour partie par une subvention étatique à la création de l'HADOPI en 2009, intégralement financée par l'Etat. Enfin, en 2010, il a retiré la personnalité morale à l'ACAM alors qu'elle représentait une API qui usait de toutes les prérogatives de la personnalité morale, pour la faire fusionner au sein de l'ACPR, autorité administrative indépendante non personnalisée qui pourtant dispose d'une autonomie financière très marquée, par l'affectation de taxes, justifiant l'octroi de la personnalité morale[523]. Par conséquent, si la démarche du législateur paraissait claire et constante jusqu'en 2003, il faut remarquer qu'elle est devenue totalement incohérente et décousue depuis

---

522 Le plafond d'autorisation d'emploi en ETPT n'est apparu pour la première que concernant la loi de finances pour 2012 (article 72).

523 Ordonnance n°2010-76 du 21 janvier 2010 portant fusion des autorités d'agrément et de contrôle de la banque et de l'assurance.

l'apparition des API dotées de la personnalité morale. On aurait pu croire en 2003, que la personnalité morale allait être réservée aux seules autorités intervenant dans le domaine économique et pouvant réellement profiter du statut de personne morale de droit public. Or, avec la création de la HAS ou de l'AFLD, intervenant dans un secteur intermédiaire, ni totalement économique, ni totalement social, et ne disposant pas de ressources propres exclusives, un premier doute est apparu. La création de la HADOPI en 2009, dans un secteur social de protection des droits d'auteur et de la création, est finalement intervenue en totale contradiction avec la volonté initiale du législateur de réserver le statut d'API aux AAI dites économiques. On a alors pu croire, avec juste raison, que le législateur avait finalement décidé que toutes les nouvelles AAI créées à compter de 2003 seraient des API dotées de la personnalité morale. En réalité non, puisque le législateur, totalement imprévisible, est venu supprimer une API (l'ACAM) en 2010. Par ailleurs, il a également octroyé la personnalité morale à la CRE pour quelques mois, entre décembre 2004 et juillet 2005, ce qui manifeste bien son indécision et son hésitation quant au devenir de la catégorie des AAI et notamment du statut d'API.

Or, plutôt que de clarifier la situation de la catégorie des AAI, cette démarche erratique et désordonnée du législateur la complexifie ; d'autant plus qu'elle tend à rapprocher les API des AAI non personnalisées. Elle enlève toute originalité au statut d'API, car certaines d'entre elles ne bénéficient d'aucune particularité par rapport aux AAI et certaines AAI, totalement originales et autonomes, ne sont pas personnalisées. Certains auteurs estiment alors qu'il n'existe qu'une « *singularité relative de l'API par rapport à l'AAI* » et que finalement « *rien dans la composition ou les missions des API ne justifi[e] de les traiter différemment* »[524]. En effet, au niveau de la composition, il n'existe aucune différence entre les AAI et les API. La composition des collèges, les modes de nomination des membres, la durée des mandats et leur caractère renouvelable ou non, sont similaires. Concernant les missions des autorités indépendantes, il n'existe pas plus de différences entre les deux types d'autorités. Il est impossible de démontrer que la personnalité morale intervient pour confier des missions nouvelles aux AAI. En effet, les API disposent, pour une large part, de missions d'expertise, comme c'est le cas des AAI non personnalisées. Enfin, même en matière d'autonomie financière et de ressources propres, il n'existe pas vraiment de différences entre API dotées de la personnalité morale et AAI non personnalisées. En effet, l'autonomie financière n'est pas impossible pour les AAI, comme elle n'est pas obligatoire pour les API.

---

524 Michel DEGOFFE, art. cit., p. 622.

Par ailleurs, voulant sans doute réparer ses erreurs et clarifier la catégorie juridique particulièrement complexe des autorités indépendantes, le législateur tente aujourd'hui de créer un statut général des AAI et des API[525]. Or cette proposition de loi, visant à unifier la catégorie juridique et donc à rapprocher les AAI et les API, souligne à nouveau l'absence de singularité des API par rapport aux AAI.

Finalement, on constate aisément que les API ne se différencient pas fondamentalement des AAI initiales, et qu'il n'existe pas de justifications à l'octroi de la personnalité morale aux API. Tout au plus, la personnalité morale permet le cumul de toutes les prérogatives, administrative et financière, permettant aux autorités indépendantes de disposer d'une autonomie fonctionnelle totale. En effet, si le législateur a pu, grâce à sa souveraineté, offrir des prérogatives juridiques à des autorités administratives indépendantes non personnalisées comme si elles étaient des personnes morales, ce phénomène n'a pu être réalisé que de manière partielle. Ainsi, le législateur accorde des prérogatives de la personnalité juridique à des institutions non personnalisées, mais il ne leur accorde que quelques éléments de la capacité juridique, et jamais une capacité pleine et entière. Or, il faut souligner que les autorités publiques indépendantes personnalisées sont, elles aussi, titulaires d'une simple capacité juridique partielle.

Conclusion du chapitre.

Le constat des restrictions de la personnalité morale et des limitations causées à l'autonomie fonctionnelle et notamment financière s'explique par le biais des théories de la personnalité morale. Ainsi, d'une part la théorie classique de la fiction, toujours valable aujourd'hui en droit public, explique ces restrictions par la soumission au législateur et par les notions de compétence et de spécialité qu'il applique aux nouvelles autorités personnalisées. La loi délimite donc le champ de la personnalité morale et limite généralement les prérogatives qui lui sont attachées. D'autre part, la théorie contemporaine de la réalité technique d'apparence téléologique et favorable à l'autonomie financière démontre la présence d'un faisceau d'indices permettant de définir la personnalité morale. Or, il ressort que

---

525 Proposition de loi portant statut général des autorités administratives indépendantes et des autorités publiques indépendantes, déposée au Sénat le 7 décembre 2015 par Marie-Hélène DES ESGAULX, Jean-Léonce DUPONT et Jacques MÉZARD, en troisième lecture au Sénat depuis le 8 décembre 2016.

l'autonomie financière n'est pas un critère déterminant de la personnalité morale et qu'au-delà, elle peut tout aussi bien appartenir à des autorités non personnalisées. Cela est dû au fait que la théorie de la réalité technique se rapproche bien plus de la fiction que ce qu'elle ne le laisse transparaître. En effet, le législateur tient toujours une place prépondérante dans la définition de la personnalité morale et c'est lui qui décide de son contenu. Cela entraîne alors une parcellisation de la personnalité morale et l'existence d'hypothèses variées telles que des autorités personnalisées très autonomes (AMF, H3C, MNE), des autorités personnalisées dénuées de toute autonomie financière (HADOPI), et des autorités non personnalisées qui disposent de certaines facultés *a priori* inhérentes à la personnalité morale et notamment de l'autonomie financière (ACPR). Pour unifier la personnalité morale et le statut des autorités publiques indépendantes qui en bénéficient, il faut donc que le législateur octroie la personnalité morale de façon globale et à bon escient, c'est-à-dire en transmettant l'ensemble des prérogatives qui lui sont rattachées et uniquement en direction d'autorités pouvant bénéficier de ressources propres. Dans le cas contraire, la dissociation des éléments de la personnalité limite son contenu et affaiblit l'autonomie financière de certaines API, c'est pourquoi il faut y remédier.

Il aurait également été préférable que le législateur crée un statut général des AAI et un statut général des API distincts ; la confusion des deux dans la proposition de loi portant statut général des autorités administratives indépendantes et des autorités publiques indépendantes du 7 décembre 2015 tendant davantage à obscurcir la catégorie juridique de ces autorités plutôt qu'à la clarifier.

Conclusion du Titre I.
Une personnalité morale limitée

Initialement, les autorités administratives indépendantes avaient été créées comme un pari d'une indépendance dénuée de toute personnalité morale. Or, « *alors qu'à l'origine [...], la doctrine avait expressément exclu de les doter de la personnalité morale, celle-ci semble devenir l'étape ultime dans l'indépendance* »[526]. Aujourd'hui, l'autorité publique indépendante et la personne morale semblent devenir le dernier stade de l'autorité administrative indépendante, la consécration d'une totale indépendance. Cependant, cette personnalité morale n'est pas déterminante car de nombreuses autorités n'en sont pas dotées et remplissent néanmoins les critères d'indépendance notamment fixés par le droit de l'Union européenne. Tel est notamment le cas des autorités de régulation sectorielles que sont l'Autorité de régulation des communications électroniques et des postes (ARCEP), de la Commission de régulation de l'énergie (CRE), de l'Autorité de régulation des jeux en ligne (ARJEL) ou encore de l'Autorité de la concurrence. Par ailleurs, la personnalité morale ne semble pas non plus être déterminante pour l'autonomie financière en ce que certains services publics non personnalisés de l'Etat sont parfaitement autonomes, sans pour autant disposer de la personnalité morale. Ainsi, les juridictions sont financées par le budget général de l'Etat mais la doctrine s'accorde à dire qu'elles jouissent d'une « *indépendance budgétaire* »[527]. Tel est également le cas des pouvoirs publics constitutionnels qui disposent d'une « *réelle spécificité budgétaire et comptable* » caractéristique d'une sorte « *d'autonomie financière constitutionnelle* »[528] alors même qu'ils sont enserrés dans les lois de finances annuelles.

Finalement, « *s'agissant de la personnalité morale, elle n'est pas du tout indispensable aux autorités indépendantes. Ce n'est pas une garantie fondamentale mais une facilité, proposée par le Gouvernement et acceptée par le Parlement dans certains cas, pour autonomiser le financement desdites autorités et les soustraire au principe d'unité et d'universalité budgétaires* »[529]. Ainsi, si la personnalité morale et l'autonomie financière peuvent être dissociées, il semble tout de même que la personnalité morale facilite l'épanouissement de l'autonomie financière

---

526 Assemblée nationale, Rapport précité, 2010, n°2925, pp. 155-156.

527 Michel BOUVIER, Marie-Christine ESCLASSAN, Jean-Pierre LASSALE, *Finances publiques*, Paris, LGDJ, 12e édition, 2013, p. 474.

528 Vincent DUSSART, *L'autonomie financière des pouvoirs publics constitutionnels*, Paris, CNRS éditions, 2000, p. 307.

529 Assemblée nationale, Rapport précité, Tome II : auditions, 2010, n°2925, p. 62.

lorsque les organismes qui en bénéficient ont la possibilité de se financer par le biais de ressources propres. La personnalité morale doit donc être réservée à ces seules autorités qui correspondent en principe à celles qui interviennent dans les secteurs économiques voire hybrides.

Finalement, l'octroi de la personnalité morale aux autorités indépendantes semble être une solution intéressante pour augmenter leur autonomie financière mais seulement si le législateur la réserve aux autorités de régulation économique, seules à pouvoir s'autofinancer. Ce mécanisme juridique s'est en effet avéré être un échec en cas de financement exclusif par des subventions issues du budget de l'Etat. Tel est le cas de l'HADOPI. Dans ce cadre, l'absence de personnalité morale compensée par une prise en compte de l'autorité indépendante dans la nomenclature budgétaire, notamment par l'octroi d'un budget opérationnel de programme, doit être privilégiée.

TITRE II.
L'amélioration du cadre juridique de l'autonomie financière : les autorités indépendantes et la loi organique relative aux lois de finances

Les autorités administratives indépendantes, en tant qu'organismes non personnalisés, sont rattachées à l'Etat, ce qui a pour effet de les enfermer dans le carcan *lolfien* qui limite leur autonomie, notamment budgétaire et plus largement financière. En effet, la logique de classement par politique publique de la LOLF morcelle la catégorie juridique des AAI en les répartissant au sein de plusieurs missions et plusieurs programmes de la loi de finances, ce qui tend à enlever toute cohésion à la catégorie qui manque déjà cruellement d'unité et d'harmonie. Cet éclatement des autorités administratives indépendantes au sein de la loi de finances entraine une dilution de ces organismes au sein de l'ensemble des administrations classiques alors que leur spécificité et leur indépendance exigeraient une prise en compte particulière. On assiste alors à une banalisation des AAI puisqu'elles se voient appliquer les mêmes procédures et principes financiers que les administrations traditionnelles, c'est-à-dire non indépendantes. Cette banalisation entraine corrélativement une diminution du degré d'autonomie des AAI ; ce degré pouvant s'analyser comme un degré intermédiaire entre l'autonomie effective, demeurant imparfaite, et l'autonomie purement formelle, et donc inexistante (chapitre 1). Il convient alors de trouver des solutions pour améliorer l'autonomie financière des AAI. Sans forcément atteindre l'autonomie effective, certaines modifications de la LOLF ou de la nomenclature budgétaire permettraient d'augmenter le degré d'autonomie des AAI tout en les maintenant dans le cadre de la LOLF[530] (chapitre 2). La question de l'influence d'un financement en tout ou partie par l'Etat se pose alors. La réponse n'est pas aisée car la soumission à la LOLF entraine forcément une dépendance vis-à-vis de l'Etat. Il faut alors comprendre que le but de modifier la LOLF n'est pas tant de rendre les AAI plus autonomes, mais davantage de les rendre moins dépendantes, notamment au regard de leur assujettissement aux procédures classiques. Toutefois, une difficulté va entrer en ligne de compte : celle de la difficulté de modifier la

530 L'idée serait donc de trouver un compromis entre AAI et LOLF afin de dénaturer le moins possible chacune des deux notions juridiques.

LOLF du fait de son statut de loi organique et des réticences déjà manifestées vis-à-vis des modifications souhaitées.

Chapitre I.
Le degré d'autonomie financière atteint par les autorités indépendantes

Comme nous l'avons déjà souligné, l'autonomie ne se définit pas, elle se mesure. Or, il existe différents niveaux d'autonomie manifestant soit une « *autonomie effective* », réelle, celle-ci ne pouvant toutefois pas être parfaite ; soit une « *autonomie encadrée* », limitée ; soit enfin une autonomie purement « *formelle* »[531], c'est-à-dire inexistante. Les autorités administratives indépendantes paraissent entrer dans la catégorie de l'autonomie encadrée correspondant à un degré intermédiaire d'autonomie. Cela s'explique par le fait qu'elles sont intégrées dans le budget de l'Etat. Par ce biais, elles sont soumises aux diverses obligations issues de la LOLF, et ce, alors même qu'il existe une opposition de nature entre les AAI et la LOLF. En effet, une antinomie manifeste existe entre des autorités nécessairement indépendantes et leur soumission aux règles strictes de la LOLF, impliquant nécessairement une dépendance vis-à-vis de l'Etat (section 1). L'intégration des AAI dans la loi de finances annuelle entraîne donc un encadrement et des restrictions diverses de l'autonomie financière des AAI (section 2).

Section 1.
Une opposition de nature entre AAI et LOLF venant diminuer leur degré d'autonomie financière

Dans le système juridique français, deux corps de règles se sont développés indépendamment, l'un mettant en place la catégorie des autorités administratives indépendantes, et l'autre venant organiser les finances publiques. Or, ce développement cloisonné, sans tenir compte des éventuelles interactions entre les deux corpus juridiques, a entraîné inévitablement une contradiction entre les deux. Aujourd'hui, il existe une opposition évidente entre la catégorie des autorités administratives indépendantes dont le critère principal est l'autonomie, et leur soumission à la LOLF, créant une dépendance vis-à-vis de l'Etat (paragraphe 1). Cette

531 Loïc PHILIP, *Finances publiques, Les dépenses publiques, Le droit budgétaire et financier*, Paris, Editions Cujas, 1999, pp. 275-277.

incohérence ayant été soulignée tardivement, une fois les règles venues à maturité, aucune solution n'a, à ce jour, été mise en place. « *Le système juridique en devient de ce fait lacunaire, puisque l'absence d'une règle de résolution des antinomies peut être ramenée à une hypothèse de lacune* »[532]. Pour contourner cette difficulté, des solutions diverses ont été proposées par le législateur afin de permettre l'expression de l'autonomie financière des AAI dans le cadre de la LOLF à travers une soumission allégée aux contraintes budgétaires et à l'Etat (paragraphe 2).

Paragraphe 1. L'antinomie AAI – LOLF ou l'échec de l'autonomie dans des rapports de dépendance

Traditionnellement, il est très rare de rencontrer une institution autonome insérée dans des rapports de dépendance[533]. En effet, l'autonomie a beaucoup de mal à se développer dans de tels rapports. Dans ce cadre, elle existe mais de manière limitée. C'est ce que l'on peut constater en ce qui concerne les autorités administratives indépendantes. Soumises aux règles de la LOLF et donc intégrées dans des rapports de dépendance, les AAI voient leur autonomie financière enserrée dans un cadre restrictif, ce qui les condamne à posséder un degré intermédiaire d'autonomie difficilement améliorable. Ainsi, l'antinomie qui existe entre les AAI et la LOLF porte atteinte à l'autonomie financière des AAI (A). Or, il faut souligner que si les AAI ne parviennent pas à augmenter le degré de leur autonomie, d'autres institutions, insérées dans la loi de finances et dans des rapports de dépendance, possèdent une autonomie certaine, bien ancrée dans notre système juridique (B). Tel est notamment le cas des juridictions qu'elles soient judiciaires, administratives ou financières. Ainsi, une autonomie réelle dans des rapports de dépendance est bien possible.

---

532 Marie-Anne FRISON-ROCHE, « Régulateurs indépendantes versus LOLF », *Revue Lamy de la concurrence*, 2006, n°7, p. 69.

533 Il en existe quelques unes mais leur autonomie est due à des dispositions constitutionnelles. Il est question notamment des pouvoirs publics constitutionnels tels que la Présidence de la République, les assemblées parlementaires, le Conseil constitutionnel et les juridictions.

A. Le constat de l'antinomie AAI – LOLF : une atteinte à l'autonomie financière des AAI

La catégorie des autorités administratives indépendantes impliquant l'autonomie et la LOLF impliquant la dépendance, nous sommes en présence d'une antinomie préjudiciable pour les AAI. En effet, si les statuts des AAI prévoit qu'elles sont nécessairement indépendantes (1), elles sont également automatiquement intégrées dans la loi de finances puisqu'elles n'ont pas la personnalité morale et dépendent formellement de l'Etat (2).

1. Des AAI nécessairement indépendantes

L'autonomie est la justification première de la création des AAI. Elle est une évidence, leur raison d'être, c'est pourquoi dire qu'une autorité administrative indépendante est autonome est une tautologie. En effet, le Conseil d'Etat précisait dans son rapport sur les AAI que celles-ci « *semblent parées dès leur naissance d'une onction qui les ferait bénéficier d'une irréfragable présomption d'impartialité* ». Ainsi, selon lui, « *l'objectif poursuivi par les pouvoirs publics lorsqu'ils créent une autorité administrative indépendante est désormais clair : ils s'attendent à ce que ces institutions s'acquittent de leur tâche comme le feraient des magistrats, c'est-à-dire avec "impartialité, objectivité et indépendance"* »[534]. L'autonomie n'est donc pas simplement une facilité ou un confort offert aux AAI, elle représente une véritable nécessité sans laquelle elles ne peuvent pas exercer correctement leur mission de régulation[535]. En effet, « *l'indépendance est [...] une des justifications essentielles de la création des autorités administratives indépendantes. C'est dès lors un élément déterminant de la notion* »[536] qui ne dépend pas forcément de l'Etat. L'autonomie est imposée par les textes, soit par la loi, soit par le droit de l'Union européenne. L'Etat ne dispose pas du principe d'autonomie des AAI, c'est l'autonomie qui s'impose à lui.

Il convient toutefois de distinguer les autorités de régulation sectorielle, des autorités administratives indépendantes classiques. Si l'autonomie des premières est imposée par le droit de l'Union européenne, les secondes ne sont autonomes que grâce à la volonté instable et changeante du législateur.

---

534 Conseil d'Etat, *Les autorités administratives indépendantes*, Rapport public 2001, EDCE n°52, p. 275.

535 Il est possible de dire que l'ensemble des autorités administratives indépendantes exercent des missions de régulation dans des domaines différents. Ainsi, si certaines AAI pratiquent une régulation sociale dans le domaine de la protection des droits et libertés, d'autres exercent une régulation économique dans le domaine concurrentiel.

536 Conseil d'Etat, Rapport précité, 2001, *p.* 290.

En effet, la Cour de justice de l'Union européenne a posé, il y a une vingtaine d'années, un principe relatif à la dissociation des fonctions d'opérateur et de régulateur dans les industries de réseau. Cela avait pour but de faire coexister concurrence et impartialité. L'explication est simple : si l'Etat conserve des intérêts patrimoniaux au sein des opérateurs historiques, il ne peut plus prétendre réguler car il n'est plus impartial. Un conflit d'intérêts entraîne donc la nécessité de confier la régulation du secteur à une entité distincte de l'Etat. Pour ces raisons, les autorités de régulation doivent nécessairement être indépendantes, pour agir et réguler en toute impartialité, là où l'Etat ne l'est plus. En cas de non respect de ce principe, l'Union européenne pourrait d'ailleurs sanctionner les Etats par une action pour abus de position dominante. Ensuite, suivant la jurisprudence de la Cour, des directives sectorielles ont été prises pour imposer ce principe de séparation des opérateurs et des régulateurs. C'est donc la hiérarchie des normes qui impose l'indépendance des autorités de régulation sectorielle[537].

En revanche, aucun texte supra-législatif n'impose que les autres AAI soient indépendantes du gouvernement. Seuls l'esprit de leur création dans un but d'impartialité et la définition classique des AAI guident les pouvoirs publics. Celles-ci ne sont donc indépendantes que grâce au bon vouloir du législateur, aucune obligation juridique ne s'imposant à lui. Le législateur a ainsi le choix soit de privilégier l'indépendance des AAI en faisant reculer la LOLF, soit de privilégier la LOLF en insérant les AAI dans son fonctionnement général et en les assimilant à des administrations classiques. Néanmoins, dans ce cadre, « *la logique de l'action efficace et crédible de l'Etat [va] se substituer à l'ordre reçu de l'Europe pour poser que les régulateurs ne peuvent qu'être indépendants du gouvernement* »[538]. C'est finalement l'idée de réputation, de crédibilité et d'efficacité des AAI, et par extension de l'Etat, qui va imposer l'autonomie des AAI.

Or, en matière d'autonomie, la dimension financière est primordiale. En effet, l'insertion des AAI dans la LOLF limite, en apparence, ladite autonomie. Il faut d'ailleurs remarquer que même lorsque l'autonomie est imposée par la hiérarchie des normes, les autorités de régulation sectorielle concernées sont intégrées dans la loi de finances annuelle au sein de programmes gouvernés. Tel est le cas de la commission de régulation de l'énergie (CRE), de l'autorité de régulation des communications

[537] CE, Ass., 28 février 1992, *SA Rothmans International France et SA Philip Morris*, Rec. p. 81, concl. LAROQUE, *Gazette du Palais*, 20-22 décembre 1992, n°355-357, p. 6 ; Chron. C. MAUGUE, R. SCHWARTZ, *AJDA*, 1992, n°5, p. 329 ; Etude L. DUBOUIS, *RFDA*, mai-juin 1992, n°8, p. 425 ; Note p. SABOURIN, CJEG, décembre 1992, n°483, p. 525.
[538] Marie-Anne FRISON-ROCHE, art. cit., p. 69.

électroniques et des postes (ARCEP), ou de l'autorité de régulation des jeux en ligne (ARJEL). *A contrario*, l'intégralité du budget de l'autorité de régulation des activités ferroviaires et routières (ARAFER, autorité disposant de la personnalité morale) est composée de ressources fiscales affectées. Celles-ci apparaissent donc certes dans la loi de finances mais sont beaucoup plus autonomes : elles répondent à des aménagements prévus par la LOLF en faveur des autorités personnalisées[539]. Par conséquent, si l'autonomie des autorités de régulation sectorielle est imposée par le droit de l'Union européenne mais qu'elles sont tout de même intégrées dans la loi de finances, quels mécanismes leur procurent leur indépendance ? Hormis la personnalisation qui ne concerne que l'ARAFER, deux dispositifs s'appliquent : d'une part le contrôle financier *a priori* ne s'exerce pas vis-à-vis de ces autorités qui ne connaissent alors qu'un contrôle *a posteriori* par le juge et le Parlement, et d'autre part le gouvernement tente de ménager les budgets des AAI afin qu'ils soient suffisants et qu'ils leur permettent d'exercer leur mission correctement[540]. Toutefois, cela ne suffit pas et comme le précise le professeur Frison-Roche, « *l'indépendance des régulateurs, comme celles des juridictions, doit "se donner à voir". [...] Or, la LOLF a compromis cette apparence, c'est-à-dire cette indépendance qui se donne objectivement à voir* »[541]. Il va donc falloir rechercher les mécanismes qui s'appliquent aux AAI pour limiter leur soumission à la LOLF afin que l'autonomie des AAI se donne réellement à voir.

2. Des AAI soumises aux règles budgétaires

Malgré leur nécessaire autonomie, les AAI sont intégrées dans les lois de finances et notamment dans des programmes pilotés par le gouvernement, ce qui paraît en totale contradiction avec l'idée que les AAI sont placées en dehors de la hiérarchie administrative.

Il paraît opportun de distinguer la place des AAI d'une part sous l'empire de l'ordonnance organique de 1959[542], et d'autre part sous l'ère nouvelle de la LOLF de 2001[543], afin de savoir lequel des deux systèmes permet le mieux l'expression et l'épanouissement de l'autonomie financière des AAI. S'il est évident que les deux nomenclatures budgétaires portent

---

539 Article 36 de la LOLF : « *l'affectation, totale ou partielle, à une autre personne morale d'une ressource établie au profit de l'Etat ne peut résulter que d'une disposition de la loi de finances* ».
540 Cf. *infra*, Partie II, p. 311 s.
541 Marie-Anne FRISON-ROCHE, art. cit., p. 69.
542 Ordonnance n°59-2 du 2 janvier 1959 portant loi organique relative aux lois de finances.
543 Loi organique n°2001-692 du 1er août 2001 relative aux lois de finances.

atteinte à l'autonomie financière des AAI, l'une d'entre elles est peu être plus souple ou davantage respectueuse de ladite autonomie.

a. L'ordonnance du 2 janvier 1959 portant loi organique relative aux lois de finances

L'ordonnance de 1959 prévoyait une répartition par titres, qui étaient ensuite sous-divisés en parties, chapitres et articles. Or, si la spécialisation des crédits en chapitres était prévue par l'ordonnance de 1959 (article 7), la division en parties se constatait seulement en pratique dans les différentes lois de finances et elle n'apparaissait pas dans l'ordonnance de 1959. Ainsi, l'ordonnance prévoyait l'existence de sept titres, le troisième, relatif aux « Moyens des ministères », étant le plus conséquent[544]. Chaque titre comprenait sept parties, non officiellement inscrites dans l'ordonnance de 1959, mais bien présentes dans chaque loi de finances : personnel - rémunérations d'activité, personnel en retraite - pensions allocations, personnel en activité et en retraite - charges sociales, matériels et fonctionnement des services, travaux d'entretien, subvention de fonctionnement et dépenses diverses. Une neuvième partie était ensuite apparue à compter de loi de finances pour 2005 précédant l'entrée en vigueur de la LOLF. Elle se nommait « Expérimentation dans le cadre de la LOLF » et avait pour but de réaliser une transition précédant l'entrée en vigueur intégrale de la LOLF dès la loi de finances pour 2006.

Chaque partie était spécialisée par chapitres selon l'article 7 de l'ordonnance organique. Ces chapitres étaient ensuite divisés en articles.

Au sein de cette nomenclature budgétaire, les AAI étaient inscrites au sein d'articles souvent concentrés dans un même chapitre, mais également parfois éparpillés dans plusieurs chapitres. Elles étaient généralement incluses dans la partie « Dépenses diverses » d'un ministère. Ainsi, l'Autorité de régulation des télécommunications (ART) était présente dans le bleu « Economie », à la 7e partie « Dépenses diverses », au chapitre 37-06 nommé « Autorité de régulation des télécommunications ». La Commission nationale des comptes de campagnes et des financements politiques (CNCCFP) était quant à elle inscrite au bleu « Justice », à la 7e partie « Dépenses diverses », au chapitre 37-61 nommé « Commission nationale des comptes de campagnes et des financements politiques ». Elle comprenait donc l'intégralité de ce chapitre. Toutefois, elle apparaissait

544 Les sept titres étaient les suivants : dette publique, pouvoirs publics, moyens des ministères, dépenses d'intervention, dépenses d'investissement, subventions d'investissement et réparation des dommages de guerres.

également dans le même bleu « Justice » aux chapitres 31-90, 31-96, 33-90, 33-91 et 34-05, inclus dans l'agrégat 31 « Administration générale », à chaque fois dans un article 90. La CNCCFP constituait donc un exemple de dilution du budget d'une AAI dans la loi de finances, ce qui lui faisait perdre toute autonomie financière. Par ailleurs, la Commission nationale informatique et libertés (CNIL) apparaissait elle aussi dans le bleu « Justice », mais elle n'était présente que dans la présentation par mesures de dépenses ordinaires (acquises ou nouvelles) et non pas dans la présentation classique par parties et chapitres où elle n'est évoquée que dans un chapitre 57-60 « Equipement » prévoyant le « Relogement de la CNIL – équipement du bâtiment des archives ». Enfin, le bleu « Service du premier ministre – services généraux », faisait apparaitre sept AAI dans l'agrégat 32 qui leur était consacré et se prénommait « Autorité administrative indépendante ». Cela paraît à l'heure actuelle assez avant-gardiste quand on sait que le programme 308 réunissant l'ensemble des AAI de la mission « Direction de l'action du gouvernement » n'a vu le jour qu'en 2009 avec le projet de loi de finances pour 2009.

Finalement, l'ordonnance de 1959 n'était pas le système le plus adapté aux AAI, celle-ci mettant en place une nomenclature budgétaire très désordonnée et confuse portant atteinte à leur autonomie financière. En effet, la présentation de leur budget diffère d'une AAI à l'autre, certaines voyaient leur budget disséminé au sein de plusieurs chapitres différents quand d'autres étaient recentrées au sein d'un chapitre qui leur était consacré, et enfin, des agrégats incluant les AAI faisaient leur apparition alors qu'ils n'étaient pas prévus par l'ordonnance. Le désordre de l'ordonnance de 1959 et l'absence de transparence qu'il provoquait n'était donc pas favorable à l'épanouissement de l'autonomie financière des AAI. Il impliquait une absence de budget consolidé au profit des AAI sans que cela ne soit visible du fait de l'opacité remarquable et remarquée du système de l'ordonnance de 1959.

L'insatisfaction provoquée par ce système a entraîné la refonte des règles budgétaires et notamment de la présentation du budget de l'Etat par l'élaboration d'une nouvelle loi organique relative aux lois de finances votée en 2001 et entrée totalement en vigueur lors de l'adoption de la loi de finances pour 2006.

b. La loi organique du 1er août 2001 relative aux lois de finances

La nouvelle LOLF se décline en un triptyque « mission – programme – action ». Après une répartition des crédits par ministère sous l'empire de l'ordonnance de 1959, la LOLF met en place une nouvelle organisation des dépenses publiques selon une logique de politiques publiques, chacune correspondant à une mission de la loi de finances. Par conséquent, certains ministères conservent une mission entière, alors que d'autres missions sont interministérielles. Concernant les AAI, étant donné qu'elles appartiennent à des politiques publiques différentes, elles sont dispersées au sein de la loi de finances. En effet, cela est particulièrement visible grâce à la séparation entre les régulateurs économiques intervenant en matière d'économie et de marché, et les régulateurs sociaux intervenant en matière de protection des droits et libertés, cette deuxième catégorie pouvant intervenir autant en matière de protection des données personnelles, de droit de communication de certains documents, de débat public, que de sûreté nucléaire, d'enseignement et de recherche, ou encore de santé. Les politiques publiques concernées par les AAI sont donc diverses et variées. La conséquence est que les AAI sont disséminées et placées à des niveaux variables au sein de la loi de finances. Ainsi, d'un budget non consolidé et éparpillé parmi plusieurs programmes constaté pour certaines AAI, l'une d'entre elle dispose d'un programme propre. Le degré d'autonomie financière des AAI est donc différent pour chaque autorité. Les diverses formules constatées dans la loi de finances, par ordre croissant de degré d'autonomie financière, sont les suivantes :

- Deux AAI ne disposent pas d'un budget consolidé. Elles sont financées par plusieurs actions au sein de plusieurs programmes appartenant parfois à des missions différentes. Tel est le cas du Haut conseil de l'évaluation de la recherche et de l'enseignement supérieur (HCERES)[545] et de l'Autorité de sûreté nucléaire (ASN)[546].
- D'autres AAI sont incluses dans une action englobant également d'autres organismes. Tel est le cas de l'Agence française de lutte contre le dopage (AFLD), de la Haute autorité pour la diffusion des œuvres et la protection des droits sur internet (HADOPI), de la Haute autorité de santé (HAS), en ce qui concerne les autorités publiques indépendantes dotées de la personnalité morale pour le versement de leur subvention annuelle. Concernant les autorités administratives indépendantes non personnalisées, sont notamment concernées les AAI rattachées aux services du Premier ministre par

---

545 Le HCERES est inclus dans la mission « Recherche et enseignement supérieur » au sein de plusieurs programmes différents (notamment 150 et 172). Il ne possède donc pas de budget consolidé.

546 L'ASN est incluse dans la mission « Ecologie, développement et mobilité durables », notamment au sein du programme 181 « Prévention des risques », action 9, mais en réalité, il est question d'un financement partiel qui se réalise concurremment avec trois autres programmes.

leur insertion dans la mission « Direction de l'action du gouvernement ». Elles font partie du programme 308 « Protection des droits et libertés », mais dépendent d'actions différentes. Ainsi, la Commission d'accès aux documents administratifs (CADA), le Comité consultatif national d'éthique (CCNE) et la Commission nationale consultative des droits de l'homme (CNCDH) sont présentes dans l'action 6 « Autres autorités indépendantes », alors que la Commission consultative du secret de la défense nationale (CCSDN) et la Commission nationale de contrôle des techniques de renseignements (CNCTR)[547] sont intégrées dans l'action 7 « Sécurité et protection des libertés ».

- D'autres AAI possèdent une action propre, c'est-à-dire qu'une action de la loi de finances dans son intégralité leur est consacrée. Tel est le cas de l'Autorité de régulation des communications électroniques et des postes (ARCEP)[548], l'Autorité de la concurrence[549], l'autorité de régulation de la distribution de la presse (ARDP)[550], la Commission nationale informatique et libertés (CNIL)[551], le Contrôleur général des lieux de privation de libertés (CGLPL)[552], la Commission de régulation de l'énergie (CRE)[553], le Conseil supérieur de l'audiovisuel (CSA)[554] qui est une autorité

547 La CNCTR remplace la commission nationale de contrôle des interceptions de sécurité (CNCIS) depuis sa création par la loi n°2015-912 du 24 juillet 2015 relative au renseignement.

548 L'ARCEP est incluse dans la mission « Economie », au sein du programme 134 « Développement des entreprises et du tourisme », à l'action n°13 « Régulation des communications électroniques et des postes (ARCEP) ».

549 L'autorité de la concurrence est incluse dans la mission « Economie », au sein du programme 134 « développement des entreprises et du tourisme », à l'action n°15 « Mise en œuvre du droit de la concurrence (autorité de la concurrence) ».

550 L'ARDP est incluse dans la mission « Direction de l'action du gouvernement », au sein du programme 308 « Protection des droits et libertés », à l'action n°11 nommée « régulation de la distribution de la presse ».

551 La CNIL est incluse dans la mission « Direction de l'action du gouvernement », au sein du programme 308 « Protection des droits et libertés », à l'action n°2 qui porte son nom.

552 Le CGLPL est inclus dans la mission « Direction de l'action du gouvernement », au sein du programme 308 « Protection des droits et libertés », à l'action n°5 qui porte son nom.

553 La CRE est incluse dans la mission « Economie », au sein du programme 134 « Développement des entreprises et du tourisme », à l'action n°14 « Régulation et contrôle des marchés de l'énergie (CRE) ».

554 Le CSA est inclus dans la mission « Direction de l'action du gouvernement », au sein du programme 308 « Protection des droits et libertés », à l'action n°3 qui porte son nom.

publique indépendante personnalisée, le Défenseur des droits[555] et la Haute autorité pour la transparence de la vie publique (HATVP)[556] qui est une nouvelle AAI ayant été créée fin 2013.

- Enfin, une seule AAI dispose d'un programme propre. Ainsi, le nouveau Haut conseil des finances publiques (HCFP) créé en 2012 dispose d'un programme qui lui est consacré dans son intégralité et qui porte son nom. Il est question du programme n°340 inséré dans la mission « Conseil et contrôle de l'Etat ».

Par conséquent, il est possible de constater que parmi les autorités administratives indépendantes non personnalisées, deux possèdent un budget non consolidé éparpillé au sein de plusieurs programmes, ce qui leur confère un degré d'autonomie financière très limité. *A contrario*, une autorité administrative indépendante, le Haut conseil des finances publiques, dispose d'un programme à elle seule ce qui a pour effet de lui procurer une autonomie financière renforcée et assurée. En effet, lorsque l'autorité dispose d'un programme propre, le président de l'autorité est également le responsable du programme. Cette double position procure au président de l'autorité certes la direction de l'AAI et l'ordonnancement de ses dépenses, mais également un statut privilégié au stade de l'attribution des ressources à l'autorité en amont[557]. A côté de ces deux extrêmes, la majorité des autorités administratives indépendantes dispose d'un degré intermédiaire d'autonomie financière, soit en faisant partie d'une action aux côtés d'autres organismes, soit en disposant d'une action propre.

Finalement, si la possession d'un programme propre au profit d'une AAI paraît être très avantageuse et bénéfique pour leur autonomie financière, il est impossible de faire bénéficier toutes les AAI d'un programme propre. Ainsi, « *les solutions ne peuvent que tendre vers la moins mauvaise organisation possible, c'est-à-dire non pas vers une réconciliation mais vers un équilibre dans lequel chaque corpus mis en balance avec l'autre ne perd que ce qui est*

---

555 Le défenseur des droits est inclus dans la mission « Direction de l'action du gouvernement », au sein du programme 308 « Protection des droits et libertés », à l'action n°9 qui porte son nom.

556 La HATVP est incluse dans la mission « Direction de l'action du gouvernement », au sein du programme 308 « Protection des droits et libertés », à l'action n°10 qui porte son nom.

557 Le responsable de programme a en effet la possibilité de négocier directement son budget avec son ministère de rattachement et avec la direction du budget. Il dispose d'une place de choix au sein du dialogue de gestion : il détermine et négocie lui-même son budget et il est l'intermédiaire entre les responsables de BOP et la direction du budget. Cf. *infra*, p. 264 s.

strictement nécessaire à l'absence de dénaturation de l'autre »[558]. Ainsi, les solutions possibles ne pourront pas tendre vers la création d'un programme pour chaque AAI, mais au moins d'une action par autorité (notamment dans un programme ne regroupant que des AAI) et dans tous les cas d'un budget consolidé[559]. Il faut d'ailleurs noter que la présence d'un programme unique pour le Haut conseil des finances publiques est exceptionnelle. Elle répond à une nécessité de l'Union européenne. Le HCFP est en effet issu du traité sur la stabilité, la coordination et la gouvernance du 2 mars 2012 qui a exigé la création d'un organisme indépendant. La loi organique du 17 décembre 2012 relative à la programmation et à la gouvernance des finances publiques[560] et un décret du 18 février 2013[561] sont donc venus mettre en place le HCFP sous cette forme particulièrement autonome y compris au niveau financier. D'ailleurs, le cas du HCFP n'est pas si rare et quelques autres institutions enserrées dans des rapports de dépendance existent.

B. La possibilité d'une autonomie réelle dans des rapports de dépendance

Si l'on constate que l'épanouissement de l'autonomie financière n'est pas total lorsque celle-ci est incluse dans des rapports de dépendance, il faut toutefois souligner qu'une autonomie réelle d'action sans autonomie financière totale, ou une autonomie financière sans personnalité morale, sont toutefois possibles. Ainsi, les juridictions ne disposent pas de la personnalité morale et sont financées en intégralité par des ressources publiques, puisqu'elles sont intégrées dans la loi de finances, et pourtant elles disposent d'une réelle autonomie dans leurs missions (1). A côté des juridictions, sans autonomie financière totale mais réellement indépendantes, il existe des organismes ou des directions qui disposent d'une individualité financière sans pour autant bénéficier de la personnalité morale. Ils font donc partie d'une personne morale et sont inclus dans des rapports de dépendance, mais ils disposent d'une autonomie financière et d'un compte individualisé. Tel est notamment le cas de la direction des fonds d'épargne intégrée à la Caisse des dépôts et consignations (2).

---

558 Marie-Anne FRISON-ROCHE, art. cit., p. 69.

559 Cf. *infra*, p. 264 s. pour la création d'un programme par AAI ; p. 273 s. pour la détention d'un budget consolidé ; p. 217 s. de manière générale.

560 Loi organique n°2012-1403 du 17 décembre 2012 relative à la programmation et à la gouvernance des finances publiques.

561 Décret n°2013-144 du 18 février 2013 relatif à la Constitution initiale du Haut Conseil des finances publiques.

1. L'exemple des juridictions

Les juridictions sont des institutions dont l'indépendance n'est pas à prouver car elle est profondément ancrée dans notre système juridique. Toutefois, si elles sont réellement autonomes dans l'exercice de leurs missions et dans leur fonction de juger, elles ne disposent pas d'une autonomie financière totale. En effet, celles-ci sont insérées dans les lois de finances annuelles et sont donc soumises à des rapports de dépendance vis-à-vis de l'Etat.

Ainsi, les juridictions, qu'elles soient administratives, judiciaires ou financières, disposent d'un programme qui leur est propre. Les juridictions administratives et financières font partie de la mission « Conseil et contrôle de l'Etat » et sont respectivement intégrées dans les programmes 165 « Conseil d'Etat et autres juridictions administratives » et 164 « Cour des comptes et autres juridictions financières ». Les juridictions judiciaires, quant à elles, font partie de la mission « Justice ». Elles possèdent un programme propre qui porte le numéro 166 et se nomme « Justice judiciaire ».

Il faut tout d'abord remarquer que les juridictions sont incluses dans les missions englobant les organismes les plus autonomes. Ce sont des missions qui laissent davantage s'exprimer l'autonomie. Ainsi, ce rattachement « *est incontestablement plus conforme au principe énoncé par le Conseil constitutionnel d'une juridiction administrative dont «la Constitution garantit l'indépendance par rapport au pouvoir législatif et au pouvoir exécutif»* »[562]. De plus, elles disposent toutes d'un programme propre qui leur est consacré dans son intégralité. Néanmoins, aucune des juridictions évoquées ne dispose de ressources propres. Or, « *nul ne songerait* [à leur faire bénéficier d'une autonomie financière et de ressources propres, [ni] *a fortiori, à revendiquer à leur bénéfice l'attribution de la personnalité morale pour consolider une indépendance fortement ancrée par ailleurs dans nos institutions* »[563]. Les raisons qui viennent justifier la force de cette indépendance sont issues de la théorie de la séparation des pouvoirs. Les juridictions devant être indépendantes tant du pouvoir exécutif que du pouvoir législatif, leur autonomie se manifeste de

---

562 Michel BOUVIER, Marie-Christine ESCLASSAN, Jean-Pierre LASSALE, *Finances publiques*, Paris, LGDJ, 12e édition, 2013, p. 474. Les auteurs évoquent ici la décision CC, n°2001-488 DC, 25 juillet 2001, *Loi organique relative aux lois de finances* ; J-E SCHETTL, « La nouvelle Constitution financière de la France », *LPA*, 13 septembre 2001, n°183, p. 3 ; p. JAN, « Le conseil constitutionnel et la nouvelle loi organique du 1er août 2001 relative aux lois de finances », *AJDA*, 2002, n°1, p. 59 ; E. OLIVA, *RFDC*, 2002, n°49, p. 152.

563 Martine LOMBARD, « Brèves remarques sur la personnalité morale des institutions de régulation », *RJEP/CJEG*, n°619, avril 2005, p. 129.

plusieurs façons, d'un point de vue certes organique et fonctionnel, mais également grâce à une séparation des deniers publics. Or, étant donné que cette autonomie des juridictions ne peut pas correspondre à la liberté en matière de ressources, elle va essentiellement se traduire par une liberté en matière d'exécution, c'est-à-dire en ce qui concerne l'utilisation des ressources et donc les dépenses. Ces dépenses libres permettent alors de mettre en exergue une liberté d'action des juridictions et une totale autonomie de décision. Ainsi l'autonomie des juridictions « *se donne à voir* »[564] et se réalise effectivement.

De plus, cumulée à la notion de séparation des pouvoirs, une seconde justification vient expliquer et fonder l'indépendance des juridictions. Malgré l'absence d'autonomie financière réelle, les juridictions possèdent une indépendance constitutionnalisée[565]. Ainsi, la juridiction judiciaire est autonome selon l'article 64 de la Constitution ; et la juridiction administrative l'est grâce aux décisions du Conseil constitutionnel des 22 juillet 1980[566] et 23 janvier 1987[567] qui posent respectivement le principe fondamental reconnu par les lois de la République de l'indépendance de la juridiction administrative et celui de son domaine de compétence irréductible. En effet, en 1980, le Conseil a précisé que ni le législateur ni le gouvernement ne peuvent s'immiscer dans le jugement des affaires relevant

---

564 Selon l'expression précitée de Marie-Anne FRISON-ROCHE.

565 Il convient de souligner à ce titre que la catégorie des autorités administratives indépendantes contient une autorité constitutionnelle indépendante qu'est le Défenseur des droits (DD) dont l'autonomie est Constitutionnalisée (elle est inscrite à l'article 2 de la loi organique n°2011-333 du 29 mars 2011 prise en application de l'article 71-1 de la Constitution). Toutefois, le DD ne dispose pas d'une autonomie financière effective au même titre que les juridictions. En effet, il ne possède pas un programme propre mais seulement une action au sein du programme 308 réunissant les AAI de la mission « Direction de l'action du gouvernement ». Son action correspond certes à un budget opérationnel de programme (BOP) qui lui est propre, mais est-ce que cela suffit à répondre à son statut constitutionnel ? Est-ce qu'il ne devrait pas être titulaire d'un programme propre au même titre que les juridictions ? A l'heure actuelle, cette éventualité n'est pas d'actualité.

566 CC, n°80-119 DC, 22 juillet 1980, *Loi portant validation d'actes administratifs*, considérant n°6. G. CARCASSONNE, *AJDA*, 1980, p. 602 ; L. FAVOREU, L. PHILIP, « Validation d'actes administratifs », Les *grandes décisions du Conseil constitutionnel*, Paris, Dalloz, 2009, p. 324.

567 CC, n°86-224 DC, 23 janvier 1987, *Loi transférant à la juridiction judiciaire le contentieux des décisions du Conseil de la concurrence*, considérant n°15. J. CHEVALIER, *AJDA*, 1987, p. 345 ; D. TRUCHET, « Mauvaises et bonnes raisons de mettre fin au dualisme juridictionnel », *Justice – Revue générale de droit processuel*, 1996, n°3, p. 53 ; L. FAVOREU, L. PHILIP, « Compétences du juge administratif », *Les grandes décisions du Conseil constitutionnel*, Paris, Dalloz, 2009, p. 537.

de la compétence de la juridiction administrative, et en 1987 il a déclaré que l'annulation et la réformation des décisions prises par les autorités administratives dans l'exercice de prérogatives de puissance publique relèvent du juge administratif. Ainsi, les juridictions administratives et judiciaires disposent d'une indépendance de valeur constitutionnelle. Cela a pour conséquence que l'autonomie n'est pas laissée à la libre interprétation du législateur car le Conseil constitutionnel contrôle le respect de cette indépendance. En effet, « *la décision 2012-241-QPC montre combien le conseil constitutionnel peut juger du respect des principes d'indépendance et d'impartialité, non pas par application d'une grille de contrôle "standard", mais en fonction de ce qu'il trouve dans la loi : en l'occurrence sa motivation se fonde donc sur les conditions dans lesquelles le mandat des juges des tribunaux de commerce peut prendre fin ainsi que sur les possibilités législatives de récusation et de renvoi* »[568].

De plus, cette indépendance des juridictions est reconnue et rappelée par de nombreux instruments internationaux tels que le Pacte relatif aux droits civils et politiques (article 14), la Convention européenne des droits de l'homme (article 6)[569] et la Charte des droits fondamentaux de l'Union européenne (article 47)[570]. De ce fait, l'indépendance des juridictions dispose d'un double fondement, constitutionnel et international, très protecteur, c'est pourquoi les juges, connaissant ses fondements basés sur la séparation des pouvoirs, se sont affirmés dans ce sens là et ont par leur pratique accentué cette indépendance.

Par ailleurs, il est également possible d'évoquer le statut budgétaire particulier du Conseil constitutionnel. Cette juridiction constitutionnelle fait partie de la mission « Pouvoirs publics » qui regroupe également le Président de la République, les assemblées parlementaires et la Cour de justice de la République. Selon la LOLF, cette *« mission spécifique regroupe les crédits des pouvoirs publics, chacun d'entre eux faisant l'objet d'une ou de plusieurs dotations* »[571]. Or les dotations au sens de l'article 7 de la LOLF sont constitutives d'enveloppes globales de crédit dont l'utilisation est libre, voire non contrôlée. Le Conseil constitutionnel jouit néanmoins d'une autonomie financière plus marqué que les juridictions. En effet, dans le cadre de l'attribution de ses crédits, le Conseil définit lui-même son budget. Ses

568 Caroline PICHERAL, « L'indépendance et l'impartialité des juridictions spécialisées », *RFDA*, 2012, n°4, p. 636.

569 Les juridictions administratives nationales se voient également appliquer ce principe.

570 Commission nationale consultative des droits de l'homme, *Avis sur l'indépendance de la justice*, n°0176, 31 juillet 2013.

571 Article 7 de la LOLF.

demandes de crédits sont ensuite centralisées au ministère de l'économie et des finances qui doit les inscrire automatiquement dans le projet de loi de finances de l'année. Par la suite, la dotation du Conseil n'est pas discutée au Parlement puis elle est enfin adoptée sans modification par ce dernier.

De plus, le Conseil constitutionnel dispose d'une autonomie financière *a posteriori*. En effet, il n'est soumis à aucun contrôle : ni celui des dépenses engagées au regard de la loi du 10 août 1922[572], ni celui du décret du 13 novembre 1970 relatif au contrôle déconcentré des finances de l'Etat aujourd'hui abrogé et remplacé *in fine* par le décret du 7 novembre 2012 relatif à la gestion budgétaire et comptable publique[573]. En effet, « *le Conseil dispose directement de ses fonds et règle ses dépenses sans intervention directe des services du payeur général, ce qui est la traduction de son autonomie financière* »[574]. Même la Cour des comptes est incompétente pour vérifier *a posteriori* les comptes du Conseil constitutionnel[575].

Finalement, si les juridictions ne disposent pas d'une autonomie financière totale (notamment en amont, à l'exception du Conseil constitutionnel), elles sont tout de même indépendantes. Ainsi, une certaine autonomie financière au profit d'institutions non personnalisées est possible. Toutefois, les juridictions possèdent une protection constitutionnelle de leur autonomie, ce qui n'est pas le cas des autorités administratives indépendantes[576]. Il existe néanmoins d'autres autorités

---

[572] Loi du 10 août 1922 relative à l'organisation du contrôle des dépenses engagées.

[573] Le décret n°70-1049 du 13 novembre 1970 a été abrogé et remplacé par un décret n°96-629 du 16 juillet 1996 relatif au contrôle financier déconcentré, lui-même abrogé et remplacé par un nouveau décret n°2005-54 du 27 janvier 2005 relatif au contrôle financier au sein des administrations de l'Etat, également abrogé et remplacé par le dernier décret n° 2012-1246 du 7 novembre 2012 relatif à la gestion budgétaire et comptable publique.

[574] Vincent DUSSART, *L'autonomie financière des pouvoirs publics constitutionnels*, Paris, CNRS éditions, 2000, p. 304.

[575] Le Conseil constitutionnel l'a d'ailleurs souligné dans sa décision CC, n°2011-642 DC, 15 décembre 2011, *Loi de financement de la sécurité sociale pour 2012*. Il a alors considéré que la modification législative de l'article 41 du Code de la sécurité sociale consistant à permettre à la Cour des comptes de « *contrôler l'application des dispositions du présent code en matière de cotisations et contributions sociales aux membres du gouvernement, à leurs collaborateurs, ainsi qu'aux organes juridictionnels mentionnés dans la Constitution* » entendait viser Conseil constitutionnel. Or, ce dernier a censuré le législateur en estimant qu'il « *a méconnu l'étendue de sa propre compétence* » en ignorant que le Conseil « *figure au nombre des pouvoirs publics constitutionnels* ». Le Conseil a donc écarté toute possibilité de contrôle de la Cour des comptes à son égard. Considérant n°6, 7 et 8.

[576] A l'exception du Défenseur des droits, constitutionnellement garanti. En revanche, si son existence est garantie et reconnue par la constitution, tel n'est pas le cas de son indépendance.

administratives non constitutionnalisées qui disposent d'une autonomie financière sans personnalité morale.

2. L'exemple de la direction des fonds d'épargne de la Caisse des dépôts et consignations

Parmi les autres organismes qui sont véritablement autonomes financièrement alors même qu'ils sont insérés dans des rapports de dépendance par l'absence de personnalité morale qui les caractérise, l'on trouve la direction des fonds d'épargne de la Caisse des dépôts et consignations (CDC). Celle-ci est donc, comme les autorités administratives indépendantes, un service non personnalisé qui fait partie d'une personne morale, en l'occurrence la Caisse des dépôts et non pas l'Etat, mais elle dispose d'une individualité financière. En effet, la CDC ne présente pas de comptes d'ensemble : elle présente de façon séparée les états financiers des fonds gérés par la direction des fonds d'épargne[577] alors même que celle-ci ne constitue qu'une division opérationnelle interne à la CDC.

Au sujet de telles situations, Michoud précisait qu'il s'agissait d'organismes qui « *ont une individualité financière incontestable sans que cela démontre l'existence à leur profit de la personnalité morale* »[578].

Il convient de préciser que la CDC est un établissement public créé en 1816 et composé de deux entités indépendantes du pouvoir exécutif : le directeur général et la commission de surveillance. Elle n'est toutefois pas indépendante du législateur puisque c'est lui qui est compétent pour la créer, la modifier et la supprimer. L'autonomie de la CDC est donc issue certes de son statut et de sa personnalité morale mais aussi de la volonté du législateur. Selon une jurisprudence administrative constante, « *le directeur général de la Caisse des dépôts et consignations [...] ne dépend des liens de hiérarchie directe d'aucune autorité ministérielle* »[579]. Le Conseil d'Etat et notamment son rapporteur public L'Hopital l'ont souligné dans une décision « Bergerat » de 1852[580]. Quant à la commission de surveillance, elle ne doit rendre des comptes qu'au Parlement sous la protection duquel la CDC est placée.

---

577 Cette direction a été créée en 1922.

578 Léon MICHOUD, *La théorie de la personnalité morale et son application au droit français*, Paris, LGDJ, 2e édition, 1924, p. 385

579 Jean-François BOUDET, *La Caisse des dépôts et consignation*, Paris, L'Harmattan, 2006, p. 73.

580 CE, 18 décembre 1852, Bergerat, Rec. p. 814, concl. L'HOPITAL. Le rapporteur public L'HOPITAL a notamment précisé dans ses conclusions que « *ce n'est pas le ministère des*

Par ailleurs, la CDC est titulaire d'un degré très élevé d'autonomie financière, celle-ci se décomposant en une autonomie budgétaire renforcée et une autonomie comptable assurée.

Concernant l'autonomie budgétaire, le budget de la CDC est autonome et alimenté par des ressources propres issues de son activité. En effet, « *l'essentiel de ses ressources provient de ses missions d'intérêt général des dépôts et consignations* »[581]. Notons toutefois qu'une petite partie des ressources de la CDC a pu être incluse dans la loi de finances pour 2014, au sein de la mission « économie », programme 406 « innovation ». Cela correspondait en réalité à une prise de participations de l'Etat à hauteur de 100 000 000 euros. Tel n'est plus le cas dans la loi de finances pour 2016. Néanmoins, c'est en principe le directeur général qui propose son budget qui est ensuite approuvé par le ministre de l'économie et des finances. Le contenu du budget ne fait état que de seules dépenses. Il ne retrace pas les recettes. Il se nomme d'ailleurs « état des dépenses administratives » (EDA). Ainsi, si le directeur maîtrise les ressources de la CDC, il n'a pas de mainmise sur ses dépenses, notamment celle de personnel et d'équipement, puisqu'elles sont approuvées pas le ministre. Toutefois, le directeur peut ordonner certaines dépenses de fonctionnement grâce aux bénéfices de la CDC, car il existe une distinction entre l'EDA entériné par le ministre, et le hors EDA. Ainsi, le directeur possède une marge de manœuvre en ce qui concerne le hors EDA. Ainsi, le fait que l'EDA soit approuvé par le ministre de l'économie et des finances manifeste certes un rattachement mais en aucun cas une tutelle.

Concernant l'autonomie comptable, le directeur de la CDC est l'ordonnateur des dépenses. Il agit en collaboration avec le caissier général. Celui-ci peut être assimilé à un comptable public spécial subordonné au directeur et chargé des recettes et du paiement des dépenses. Il est également le garant de l'indépendance du directeur général. Le caissier n'est néanmoins pas un réel comptable public même si son statut paraît le faire correspondre à un agent comptable soumis à la comptabilité publique. En effet, le seul élément de son statut qui paraît s'écarter de la qualification de comptable public est sa position hiérarchique : il est soumis au directeur général, chargé de la gestion des dépenses. Ainsi, le directeur gère les deniers et le caissier ne fait que les manier. C'est d'ailleurs le directeur général, et notamment ses services de comptabilité, qui tiennent les comptes et établissent la comptabilité générale de la CDC, et non pas le caissier. De

finances qui administre la Caisse ; il n'est nullement exact de dire que la Caisse soit placée sous son autorité ; sous son contrôle supérieur, voilà tout ».

581 Jean-François BOUDET, *op. cit.*, p. 124.

plus, la comptabilité publique ne s'applique que de manière supplétive pour les opérations administratives (financières et comptables) de la CDC, les autres opérations en numéraire sont soumises aux règles des établissements bancaires.

Une autre particularité de la comptabilité de la CDC est bien évidemment l'individualisation financière des fonds de la direction des fonds d'épargne. En effet, les comptes de la CDC se scindent en deux. Sont ainsi séparés la section générale et les fonds d'épargne, alors même que la direction chargée de ces fonds est dénuée de la personnalité morale et qu'elle n'est qu'une division purement interne de la CDC.

L'absence de compte d'ensemble de cet établissement public et l'individualisation financière – sans personnalité morale – d'une des directions internes constituent une spécificité en totale contradiction avec les principes comptables traditionnels qui s'appliquent tant dans le secteur public que dans le secteur privé.

Par conséquent, il faut souligner que la Caisse des dépôts et consignations dispose d'une autonomie financière importante[582] et qu'au-delà, elle offre une autonomie financière à une direction interne non dotée de la personnalité morale.

Par conséquent, certains organismes non personnalisés ont eux aussi la possibilité de disposer de ressources propres et de voir leur budget écarté de celui de leur personnalité morale de rattachement. Tel est d'ailleurs le cas de l'Autorité de contrôle prudentiel et de résolution (ACPR), autorité non personnalisée disposant d'une autonomie financière renforcée. Au lieu d'être rattachée à un ministère et donc à l'Etat, elle est accolée à une autre personne morale de droit public : la Banque de France. Ainsi, elle dispose de ressources propres intégrales et son budget correspond à un budget annexe

---

582 En effet, son budget est essentiellement constitué de ressources propres tirées de son activité. Son autonomie budgétaire en amont est donc totale, et ce d'autant plus qu'elle réalise des bénéfices ; son budget est donc largement suffisant pour qu'elle exerce correctement ses missions. Par ailleurs, elle dispose également d'une autonomie comptable en aval, car c'est le directeur qui est l'ordonnateur et gère les dépenses de l'établissement. De plus, la comptabilité publique ne s'applique que de façon secondaire, la majorité des opérations (en numéraire) n'y étant pas soumises. La seule limite à cette autonomie comptable est le rattachement au ministre de l'économie et des finances qui approuve l'état des dépenses administratives et décide donc d'une partie de la destination des recettes, impliquant en quelque sorte une part de dépenses obligatoires. Toutefois, comme le directeur conserve une marge de manœuvre sur la destination des bénéfices de la CDC, l'autonomie de gestion et l'autonomie comptable sont assurées.

de celui de la Banque de France, ce qui lui fait échapper à la loi de finances[583]. Cela peut donc constituer une solution pour renforcer l'autonomie financière des AAI.

Paragraphe 2. Des solutions augmentant la compatibilité entre AAI et LOLF

Si le droit, et notamment le droit public, a du mal à générer l'indépendance, il se doit toutefois de permettre son épanouissement et son développement lorsque cela est nécessaire. Concernant les AAI et au regard de leur statut impliquant une autonomie indispensable à leur bon fonctionnement et à l'exercice effectif de leurs missions, il est donc essentiel que le droit permette à cette autonomie d'exister. Or, la LOLF et l'architecture budgétaire qu'elle implique, tendent à limiter significativement l'autonomie financière des AAI. Par conséquent, il convient de trouver des solutions pour augmenter la compatibilité entre l'autonomie des AAI et la dépendance qu'implique la LOLF. Si des solutions *lolfiennes* sont envisageables, malgré la difficulté de leur mise en place (A), la sortie du régime de la LOLF par la personnalisation des AAI a été privilégiée pour certaines d'entre elles (B).

A. Des solutions relatives à la LOLF

A l'heure actuelle, il n'existe aucune disposition dans la LOLF permettant d'insérer les AAI dans un cadre budgétaire adapté à leur spécificité et aux exigences de leur indépendance. Toutefois, des solutions sont envisageables pour améliorer la prise en compte de la nécessaire autonomie des AAI. Plusieurs propositions sont possibles et ont déjà été faites : la modification des mécanismes prévus par la LOLF (1) et la modification du contenu de la nomenclature budgétaire (2).

1. La modification de la loi organique relative aux lois de finances

La prise en compte directe des particularités des autorités administratives indépendantes et de leur autonomie financière par la LOLF

[583] Sauf en ce qui concerne les plafonds d'emplois qui restent inscrits dans les lois de finances annuelles, et notamment à l'article 68 de loi de finances_n°2013-1278 du 29 décembre 2013 pour 2014.

est une manière d'augmenter la compatibilité entre les deux notions. Or, celle-ci a été explorée pour la première fois au moment des discussions qui ont précédées l'adoption de la LOLF, mais elle n'a pas été suivie d'effets. Depuis, aucune nouvelle proposition de changement n'a été présentée. Une double raison vient expliquer l'absence de nouvelle proposition permettant l'expression de l'autonomie financière des AAI dans le cadre de la LOLF : d'une part, la LOLF est une loi organique difficilement modifiable, et d'autre part au cours des trois seules modifications qu'a connu la LOLF en 2005[584], 2012[585] et 2013[586], aucun amendement en faveur des AAI n'a été proposé[587].

Lors de l'adoption de la LOLF en revanche, un amendement déposé par Alex Türk, alors sénateur et président de la CNIL, visait à augmenter l'autonomie financière des autorités administratives indépendantes. Il prévoyait d'un côté que « *les AAI figurant sur une liste annexée au projet de loi de finances et constituant une action au sein d'un programme fixent les objectifs et les résultats attendus associés à cette action* », et d'un autre côté que « *sous réserve des dispositions de l'article 14 de la LOLF, aucune décision ayant pour objet ou pour effet de réduire les crédits qui leur ont été attribués en loi de finances ne peut être prise sans l'accord de l'autorité concernée* »[588]. Le sénateur souhaitait donc deux choses : d'un part que les AAI (les plus importantes) déterminent elles-mêmes leurs objectifs de performance et d'autre part que leur dotation ne puisse pas être réduite sans leur accord. L'amendement visait donc à préserver leur autonomie financière en sauvegardant leur budget et en interdisant à une autorité quelle qu'elle soit de diminuer ledit budget arbitrairement. Seule l'AAI aurait alors pu permettre des modifications de sa dotation. Or, l'amendement a finalement été retiré.

Toutefois, « *MM. Alain Lambert, sénateur, et Didier Migaud, député, chargés d'une mission sur la mise en oeuvre de la LOLF, auprès de MM. Thierry*

---

584 Loi organique n°2005-779 du 12 juillet 2005 modifiant la loi organique n°2001-692 du 1er août 2001 relative aux lois de finances.

585 Loi organique n°2012-1403 du 17 décembre 2012 relative à la programmation et à la gouvernance des finances publiques.

586 Loi organique n°2013-906 du 11 octobre 2013 relative à la transparence de la vie publique.

587 Pourtant la loi organique de 2012 venait créer le Haut conseil des finances publiques et la loi organique de 2013 a été prise le même jour que la loi ordinaire qui créait la Haute autorité pour la transparence de la vie publique. L'on aurait pu penser que le législateur organique était alors dans de bonnes dispositions pour prendre des décisions favorables aux AAI, mais tel n'a pas été le cas.

588 Assemblée nationale, Sénat, Rapport de l'office parlementaire d'évaluation de la législation sur *les autorités administratives indépendantes*, Patrice GELARD, 2006, n°3166, n°404, pp. 101-102.

Breton, ministre de l'économie, des finances et de l'industrie, et Jean-François Copé, ministre délégué au budget et à la réforme de l'Etat, ont estimé que la LOLF n'avait pas pour objet de remettre en cause l'indépendance des AAI, qui devaient cependant être soumises aux mêmes aléas budgétaires que les autres administrations. Ils ont considéré que certaines autorités avaient ainsi indûment interprété des contraintes issues de la mise en place du nouveau cadre budgétaire et affectant tous les organismes publics, comme une tentative de réduire leur indépendance »[589].

Pour rassurer les AAI qui voient la LOLF comme une menace pour leur autonomie financière, le gouvernement en place au moment de la première loi de finances intégralement régie par la LOLF a apporté des précisions sur la manière de procéder en pratique avec ces institutions, c'est-à-dire le traitement qui sera le leur dans la nouvelle architecture budgétaire prévue par la LOLF. Trois éléments ont alors été soulignés par Jean-François Copé, alors ministre du budget et de la réforme de l'Etat[590]. En premier lieu, des réunions budgétaires doivent être organisées au profit des principales autorités administratives indépendantes. Ces rencontres se déroulent généralement entre la direction du budget et les services de chaque ministère. Or le gouvernement souhaite que certaines AAI puissent participer à ces réunions budgétaires afin qu'elles définissent elles-mêmes leurs perspectives budgétaires, c'est-à-dire l'élaboration de leur prévision de recettes en fonction de l'exercice N-1 et la réalisation de leur demande de crédits. En deuxième lieu, les crédits de chaque AAI doivent faire l'objet d'un budget opérationnel de programme (BOP). Le président de l'AAI sera bien évidemment le responsable du BOP. Celui-ci dispose d'une partie des crédits d'un programme pour réaliser une partie des actions de ce programme relevant de son périmètre d'activité ou de son ressort géographique. En l'occurrence, il ne sera responsable que d'une action, celle de l'AAI, au niveau de l'administration centrale. Pour ce faire, il dispose d'une enveloppe de moyens globalisés qui lui confère une certaine souplesse de gestion, associée à des objectifs mesurés par des indicateurs de résultats. Ainsi, le regroupement des crédits d'une AAI au sein d'un BOP dont le responsable est le dirigeant de l'autorité permet aux AAI d'être titulaires de prérogatives augmentant leur autonomie financière : l'enveloppe de crédits mise à leur disposition et la souplesse de gestion qui lui est associée, mais également le fait que le responsable du BOP élabore un projet de budget opérationnel de programme (en accord avec les orientations générales définies par le responsable du programme). C'est donc lui qui propose les opérations ou activités à mener et qui gère ensuite librement l'enveloppe de

---

589 Assemblée nationale, Sénat, Rapport précité, 2006, n°3166, n°404, p. 101.
590 *Ibid.*, p. 102.

crédits globalisés qu'il a obtenu. Il rend ensuite des comptes au responsable du programme sur sa gestion et sa contribution aux résultats du programme. Ce dialogue de gestion permettra d'ailleurs au responsable du BOP de mettre en avant ses besoins au responsable de programme. En dernier lieu, les responsables de programme ont été encouragés et incités à conclure des conventions de gestion avec les présidents des autorités administratives indépendantes afin que les crédits de l'autorité soient préservés en exécution. Ces conventions ont pour but de faire en sorte qu'aucune décision entrainant une diminution des crédits des AAI ne puisse être prise. Elles visent donc à anéantir l'application du principe de fongibilité asymétrique des crédits vis-à-vis des AAI et de façon générale à limiter la mise en œuvre de mécanismes de régulation budgétaire, notamment les gels et annulations de crédits. L'idée de vouloir préserver les budgets des AAI vise donc également à sauvegarder l'autonomie financière de ces autorités. Toutefois, l'ensemble de ces éléments n'est pas inscrit dans la LOLF. En effet, aucune disposition écrite de la LOLF ne vient officialiser ces allègements au profit des AAI, ce qui apparaît insatisfaisant au regard de la nécessaire préservation de l'autonomie, notamment financière des AAI. En effet, les préconisations pratiques effectuées par le ministre ne représentent qu'« *une relative protection des AAI* »[591]. L'adaptation du cadre juridique de l'autonomie financière des AAI n'est donc que pur relationnel et ne représente en aucun cas des mesures écrites contraignantes.

Cette adaptation inscrite dans la LOLF n'a d'ailleurs pas non plus eu lieu lors des modifications de la LOLF par les lois organiques de 2005, 2012 et 2013 qui n'ont prévu aucune disposition en faveur des autorités administratives indépendantes. Pourtant, divers aménagements étaient requis. Tel est notamment le cas de la nécessaire présentation directe de ses besoins en matière financière par l'AAI elle-même au ministre du budget lors des négociations budgétaires, sans l'intermédiaire du ministre de rattachement ; mais également de l'absence de soumission du budget de l'AAI en exécution à de quelconques pressions agissant sur son budget et pouvant le modifier arbitrairement.

Finalement, une nouvelle modification de la LOLF n'étant pas à nouveau envisagée et envisageable à ce jour, les AAI devront se contenter de l'aspect relationnel et pratique de la protection de leur autonomie financière, qui est certes relatif mais qui a partiellement fait ses preuves à ce jour, notamment grâce à son cumul avec l'aménagement de la nomenclature budgétaire par la loi de finances.

---

591 Assemblée nationale, Sénat, Rapport précité, 2006, n°3166, n°404, p. 102.

2. *La modification de la nomenclature budgétaire dans les lois de finances*

Au moment de son adoption, la LOLF aurait pu permettre une prise en compte des exigences de l'indépendance des AAI dans l'architecture budgétaire qu'elle a construite, mais tel n'a pas été le cas. C'est au donc aujourd'hui au gouvernement et au législateur dans le cadre de l'élaboration et de l'adoption de la loi de finances qu'incombe cette tâche. En effet, la modification de la nomenclature budgétaire est réalisée annuellement par le législateur, sur initiative gouvernementale, en respectant le triptyque mission – programme – action imposé par la LOLF. Celle-ci ne désignant pas exhaustivement et nommément les missions[592] ou les programmes de la loi de finances, c'est le législateur, sur proposition du gouvernement, qui élabore annuellement la liste des missions, programmes et actions. Néanmoins, l'article 7 de la LOLF précise que « *seule une disposition de loi de finances d'initiative gouvernementale peut créer une mission* ». Ainsi, une mission ne pourra être ajoutée que si elle apparaît dans le projet de loi de finances du gouvernement. Le législateur ne pourra pas créer une mission par voie d'amendement sans aller à l'encontre des articles 40 de la Constitution et 47 de la LOLF. Son droit de modification ne lui permet donc que de réorganiser les programmes qu'il peut créer et aménager comme il le souhaite dans la limite du plafond de crédits de la mission. De plus, si le législateur a tenté d'adapter la nomenclature budgétaire aux spécificités des AAI, « *il n'a pu le faire que dans les limites imposées par la LOLF, qui ne lui permet pas de transférer des éléments d'une mission à une autre* »[593]. Cela paraît logique étant donné que la répartition se fait selon une logique de politiques publiques et que le plafond de crédits des missions ne peut pas être augmenté par voie d'amendement. En réalité, cela peut se réaliser mais uniquement dans le cadre du PLF du gouvernement. De plus, un organisme pourrait correspondre à plusieurs politiques publiques et non pas à une seule, ce qui lui permettrait de changer de mission[594].

---

592 A l'exception des missions spécifiques, exhaustivement énumérées à l'article 7 de la LOLF, que sont celle qui regroupe les crédits des pouvoirs publics et celle qui regroupe les crédits de la dotation pour dépenses accidentelles et de la dotation pour mesures générales en matière de rémunérations dont la répartition par programme ne peut être déterminée avec précision au moment du vote des crédits. Ainsi, l'ajout d'une telle mission implique forcément une modification de la loi organique.

593 Assemblée nationale, Sénat, Rapport précité, 2006, n°3166, n°404, p. 103.

594 Tel est notamment le cas des régulateurs économiques. Prenons l'exemple de la CRE. Elle est incluse dans la mission « économie » au programme « développement des entreprises et de l'emploi » alors qu'elle aurait très bien pu être dans des missions relatives à

Plusieurs aménagements de la nomenclature budgétaire ont pu être proposés : la création d'une mission réunissant toutes les autorités administratives indépendantes, la création d'un programme regroupant plusieurs AAI ou encore la création d'un programme par AAI.

D'une part a été proposée la création d'une mission regroupant l'intégralité des autorités indépendantes. L'idée est la suivante : toutes les AAI illustrent la même volonté de l'Etat d'agir en toute indépendance et impartialité dans des secteurs dits sensibles. Cela « *devrait conduire à leur attribuer une place adéquate au sein de l'architecture budgétaire* »[595] même si la lettre et l'esprit de la LOLF empêchent de tenir compte de la spécificité des organismes. Or deux missions spécifiques consacrées à des institutions spécifiques sont déjà présentes dans la loi de finances : les missions « Pouvoirs publics »[596] et « Conseil et contrôle de l'Etat » contenant les pouvoirs publics constitutionnels ou les institutions issues de la séparation des pouvoirs et dont l'indépendance est capitale. Par conséquent, pourquoi refuser aux AAI la création d'une mission propre au regard de leur nécessaire indépendance imposée tant par le législateur que par la Constitution[597] et le droit international ? Une telle proposition a été faite dans le rapport parlementaire de 2006 sur les AAI. La recommandation n°19 prévoyait donc que « *pourrait être créée une mission "Régulation et protection des libertés", qui comprendrait un programme "Régulation économique", regroupant les AAI chargées d'une mission de régulation, et un programme "Défense et protection des libertés", rassemblant les autorités exerçant en premier lieu une mission de protection des droits et libertés fondamentaux* »[598]. Cette nouvelle mission regroupant les deux fonctions et objectifs fondamentaux des AAI que sont les régulations économique et sociale aurait plusieurs avantages. Tout d'abord, elle tiendrait compte de la spécificité et de l'unité des AAI, ensuite elle préserverait leur autonomie financière par leur regroupement, et enfin elle permettrait au Parlement de mieux exercer son contrôle démocratique par une visibilité

---

l'énergie (éventuellement rattachable à la mission écologie) ou à la régulation si une mission spéciale pour les AAI était créée.

595 Assemblée nationale, Sénat, Rapport précité, 2006, n°3166, n°404, p. 105.

596 Créer une mission regroupant les autorités indépendantes est possible dans le cadre du projet de loi de finances initiale du gouvernement. En revanche, créer une mission spécifique au même titre que celle des « Pouvoirs publics » impliquerait une modification de la LOLF. Il est donc ici question d'une proposition d'ajout d'une mission traditionnelle.

597 La prise en compte constitutionnelle d'une AAI ne concerne que le Défenseur des droits.

598 Assemblée nationale, Sénat, Rapport précité, 2006, n°3166, n°404, p. 106.

accrue des autorités indépendantes. Or, cette recommandation effectuée en 2006 n'a pas été suivie d'effets.

Le rapport de 2006 avait donc prévu une solution palliative. Ainsi, à défaut de créer une mission consacrée aux AAI, l'Office parlementaire d'évaluation de la législation avait proposé « *que certaines AAI exerçant des missions de protection des droits et libertés, et dont le budget atteint un montant suffisant, fassent l'objet d'un programme spécifique au sein des missions ministérielles où elles figurent déjà* »[599]. En effet, il paraissait logique de regrouper notamment les autorités administratives indépendantes de la mission « Direction de l'action du gouvernement » dans un nouveau programme qui leur serait consacré. Cela aurait pour objectif et pour conséquence de neutraliser le principe de fongibilité asymétrique des crédits qui vise à modifier la répartition des crédits au sein d'un programme en cours d'exécution. Une telle proposition avait été faite lors de la discussion du projet de loi de finances pour 2006. La sénatrice Jacqueline Gourault avait proposé un amendement tendant à créer un nouveau programme « Autorités administratives indépendantes » au sein de la mission « Direction de l'action du gouvernement » afin de regrouper les AAI incluses dans cette mission. L'amendement n'a pas été retenu alors qu'il aurait permis de tenir compte de la spécificité des AAI et de leur assurer une autonomie financière, tout en respectant l'esprit de la LOLF. Ce regroupement a seulement été mis en place lors de l'adoption de la loi de finances pour 2009 créant un programme 308 « Protection des droits et libertés » au sein de la mission précitée, contenant aujourd'hui onze autorités indépendantes.

Ce dispositif pourrait d'ailleurs être appliqué dans chaque mission. Il serait en effet opportun de réunir les AAI de chaque mission au sein d'un programme, nommé « Autorités administratives indépendantes » ou « Régulation ». Par exemple, il serait également possible de réunir les six AAI présentes dans la mission « Economie »[600] au sein d'un programme dédié, ou encore faire de même pour les quatre autorités présentes dans la mission « Ecologie »[601]. Toutefois, un problème va se poser vis-à-vis du respect de la logique et de l'esprit de la LOLF lorsque les AAI, même réunies, n'atteindront pas un budget suffisant. En effet, « *l'ordre financier d'un*

---

599 *Idem.*

600 La Commission nationale d'aménagement commercial (CNAC), l'Autorité de régulation des communications électroniques et des postes (ARCEP), la Commission de régulation de l'énergie (CRE), le Médiateur national de l'énergie (MNE), l'Autorité de la concurrence et la commission de sécurité des consommateurs (CSC).

601 L'Autorité de sûreté nucléaire (ASN), la Commission nationale du débat public (CNDP), l'Autorité de contrôle des nuisances aéroportuaires (ACNUSA) et l'Autorité de régulation des activités ferroviaires et routières (ARAFER).

programme est environ de l'ordre d'un milliard d'euros »[602]. En réalité, il dépasse souvent des centaines de millions d'euros et peut aller jusqu'à dépasser le milliard d'euros[603]. Par conséquent, si les AAI ne franchissent pas ce seuil, il sera difficile de les hisser au rang de programme sous peine d'écorner la LOLF. En effet, les seuls programmes faisant exception à cet ordre financier et se situant tout juste au dessus du million d'euros voire en dessous, sont généralement ceux qui appartiennent à des institutions indépendantes telles que le Conseil économique et social (40,4 millions d'euros demandés pour 2017) ou le Haut conseil des finances publiques (504 144 euros demandés pour 2017). Il convient également d'évoquer la dotation de la Haute Cour au sein de la mission « Pouvoirs publics » qui n'a pas de crédits. En effet, les crédits ouverts pour 2016 et demandés pour 2017 possèdent un montant de 0 euro ! Or, si l'on hisse les AAI au rang de programme, il serait possible de rencontrer de nombreux programmes de cet ordre, possédant un montant de crédits allant de quelques centaines de milliers d'euros au million d'euros, notamment lorsqu'une AAI est isolée dans une mission. Tel est le cas de la Haute autorité de santé, seule au sein de la mission « Santé » et de l'Agence française de lutte contre le dopage au sein de la mission « Sport ». Toutefois, ces deux autorités étant des autorités publiques indépendantes, elles ont la possibilité de bénéficier de ressources propres, ce qui renforce leur autonomie financière par un autre moyen. En revanche, concernant la Commission nationale des comptes de campagne et des financements politiques ou encore le Haut conseil de l'évaluation de la recherche et de l'enseignement supérieur, respectivement inclus dans les missions « Administration générale et territoriale de l'Etat » et « Recherche et enseignement supérieur », leur faible budget, dépassant tout juste les dix millions d'euros, paraît insuffisant pour constituer un programme, d'autant plus s'il faut réaliser cette opération pour une quarantaine d'autorité. Néanmoins, cette solution n'est pas totalement à écarter. Elle permettrait un compromis entre les exigences de la LOLF et celles de l'autonomie financière sans les altérer de façon démesurée. D'ailleurs, de nombreux dirigeants d'AAI ou universitaires souhaitent la Constitution d'un programme pour chaque autorité indépendante. Ceux-ci estiment en effet

---

602 Marie-Anne FRISON-ROCHE, art. cit., p. 69.

603 Une analyse minutieuse de chaque programme et de leurs montants respectifs nous permet de donner cette fourchette. Finalement, rares sont les programmes qui ne confirment pas cette hypothèse, mais ils existent tout de même. Or, lorsque des programmes sont en dessous de cette fourchette, c'est généralement pour des raisons d'indépendance budgétaire que nécessite une institution. Tel est notamment le cas des programmes « Conseil économique et social » et « Haut conseil des finances publiques » présents dans la mission « Conseil et contrôle de l'Etat.

« *que la création d'un programme budgétaire par AAI serait la réponse appropriée à la préservation de leur indépendance* »[604]. Le professeur Frison-Roche réalise le même constat grâce à un syllogisme : « *le directeur de programme est le maître* », les autorités de régulation doivent être indépendantes et maîtres de leur budget, il faut donc « *transformer toute autorité administrative de régulation en programme* » afin de « *transformer le président de l'autorité de régulation en chef de programme* ». Elle conclut ensuite que « *ce tour bien joué réconcilierait l'indépendance des régulateurs et la logique de la LOLF* »[605]. Or, le double problème de cette solution est d'une part que cela augmenterait significativement le nombre de programmes (la catégorie des AAI comptant aujourd'hui 41 autorités, incluant les API[606]) et d'autre part que chaque AAI ne dispose pas d'un budget significatif et suffisant, c'est pourquoi le rapport parlementaire de 2010 avait conclu que « *le bon niveau d'intégration des AAI dans la nomenclature budgétaire est plutôt l'action* »[607].

Finalement, la meilleure solution paraît être de regrouper les AAI présentes dans une même mission au sein d'un programme lorsque cela est possible. En effet, si les AAI regroupées réunissent un budget suffisant alors d'un côté, la logique de la LOLF n'est pas altérée et d'un autre côté, cela permet de neutraliser le principe de fongibilité asymétrique des crédits à l'égard des AAI et de renforcer et respecter l'autonomie financière de ces autorités. Lorsque le seuil financier ne peut pas être atteint par une AAI ou un groupe d'AAI alors soit le législateur pourra choisir de privilégier l'autonomie financière des AAI par rapport à la LOLF en créant tout de même ces programmes[608], soit le niveau de l'action et du budget opérationnel de programme sera privilégié. Dans ce dernier cas, il faudra toutefois cumuler l'octroi d'un BOP avec la solution déjà évoquée de la conclusion de convention de gestion avec le responsable de programme et donc d'un dialogue de gestion renforcé.

604 Assemblée nationale, Rapport du comité d'évaluation et de contrôle des politiques publiques sur *les autorités administratives indépendantes*, René DOSIERE, Christian VANNESTE, 2010, n°2925, p. 149.

605 Marie-Anne FRISON-ROCHE, art. cit., p. 69.

606 Même si la proposition de loi du 7 décembre 2015 portant statut général des AAI et des API venait à être adoptée, il resterait encore 26 autorités indépendantes.

607 Assemblée nationale, Rapport précité, 2010, n°2925, p. 149.

608 Il l'a déjà fait pour le Haut conseil des finances publiques.

B. Les limites de la sortie de la LOLF par l'octroi de la personnalité morale

Si la majorité des AAI ont un degré d'autonomie financière limitée inséré le cadre strict de la LOLF, un petit nombre d'entre elles s'orientent vers une autonomie effective. En effet, depuis le début des années 2000, certaines autorités administratives indépendantes se sont vu dotées de la personnalité morale[609] ou ont été créées avec cette caractéristique particulière[610]. Or, si l'autonomie financière requiert une autonomie budgétaire en amont et une autonomie de gestion en aval, « *elle trouve une plus forte protection dans la véritable "indépendance budgétaire", par le biais d'un budget sur lequel le gouvernement ne puisse avoir prise dans son attribution même* »[611]. Tel est le cas des autorités publiques indépendantes personnalisées dont le budget autonome n'est en principe pas inscrit dans la loi de finances. Il n'est donc pas soumis à la procédure budgétaire classique incluant tant les négociations budgétaires annuelles que la traditionnelle régulation budgétaire en cours d'exercice. Leur budget paraît donc totalement indépendant du gouvernement duquel il ne subit aucune pression. Toutefois, il n'est pas opportun d'attribuer la personnalité morale à toutes les autorités administratives indépendantes. En effet, si cette personnalisation a des avantages certains et des conséquences positives sur l'autonomie financière, elle possède également des inconvénients. Ceux-ci sont visibles lorsqu'on observe les huit autorités publiques indépendantes dotées de la personnalité morale. Elles possèdent effectivement une autonomie renforcée et supérieure à celles des AAI classiques par le budget et le patrimoine propres dont elles disposent. Toutefois, tout comme la catégorie juridique des AAI est vaste et polymorphe, ces huit API sont aussi inégales dans l'autonomie financière. Leur diversité rend difficilement atteignable l'autonomie effective pour toutes, et cette situation n'a d'ailleurs pas forcément vocation à évoluer.

En effet, ce budget autonome et propre permis par la personnalisation perd tout son intérêt lorsqu'il est alimenté par une subvention étatique, et notamment lorsque cette subvention est majoritaire voire intégrale. Or, parmi les huit autorités publiques indépendantes, trois possèdent un financement par voie de subvention étatique, ou plus largement publique. La haute autorité pour la diffusion des œuvres et la protection des droits sur internet (HADOPI) est intégralement subventionnée par l'Etat. La haute

---

609 L'AFLD et le CSA.

610 L'AMF, la HAS, le H3C, le MNE, la HADOPI et l'ARAFER.

611 Marie-Anne FRISON-ROCHE, art. cit., p. 69.

autorité de santé (HAS) est financée de façon majoritaire par une dotation de l'assurance maladie, à hauteur de 98 %, complétée par des ressources propres depuis la suppression en 2014 des taxes affectées dont elle bénéficiait. Quant à l'autorité française de lutte contre le dopage (AFLD), elle voit son budget alimenté par une subvention étatique majoritaire, à hauteur de 89 %[612]. Ainsi, ces autorités sont certes personnalisées et disposent donc d'un budget propre, mais ce budget est alimenté en tout ou partie par l'Etat. Or, cela a pour vocation de réinsérer leur budget dans le cadre de la loi de finances (ou de la loi de financement de la sécurité sociale). Ces API sont donc soumises au gouvernement en ce qu'elles doivent obtenir de lui chaque année une subvention afin d'être financées et de pouvoir fonctionner. Cet assujettissement au gouvernement est d'autant plus visible concernant l'HADOPI. En effet, créée en 2009, elle a vu son budget diminuer de moitié, avant d'augmenter à nouveau. Ainsi si l'exercice 2011 lui offrait une subvention de 11,4 millions d'euros, elle ne disposait plus que de moins 6 millions d'euros pour l'exercice 2015. Aujourd'hui, cette subvention a augmenté pour être porté à 8 millions d'euros pour 2017. Il faut néanmoins noter que le gouvernement sanctionne ici une activité non concluante de l'autorité en proposant des diminutions du budget jusqu'à proposer au législateur son éventuelle suppression

Il a d'ailleurs été question d'une telle suppression concernant l'HADOPI. En effet, les pouvoirs publics souhaitaient transférer ses compétences au CSA pour pouvoir la supprimer du fait de son innefficacité. Néanmoins, après des contraintes budgétaires maximales en 2015 avec la suppression de nombreux postes, l'HADOPI a continué l'exercice de ses missions pendant qu'une étude sur elle était menée. « *Un dialogue particulièrement étroit avec le Parlement, à travers une mission d'information sur l'Hadopi, créée à l'initiative de la commission de la culture, de l'éducation et de la communication du Sénat, et par une commission d'enquête sur le bilan et le contrôle de la création, de l'organisation, de l'activité et de la gestion des autorités administratives et indépendantes* »[613] a en effet été mis en place. Malgré le prolongement des questionnements sur la légitimité de l'HADOPI au début de l'année 2016, il semblerait que cette autorité parte sur de nouvelles bases pour 2017 ; ce qui est notamment visible par l'augmentation de sa subvention depuis 2016, confirmée en 2017.

---

612 Données chiffrées issues du rapport sur les autorités publiques indépendantes, annexe au projet de loi de finances pour 2017.

613 Rapport sur les autorités publiques indépendantes, annexe au projet de loi de finances pour 2017, p. 110.

Un financement par des subventions publiques permet donc au Parlement (sur proposition du gouvernement) de tenir compte de l'efficacité et de l'utilité de ces institutions et ainsi de limiter les moyens d'une autorité inefficace. L'HADOPI manifeste donc de façon évidente que la personnalité morale n'évite pas à elle seule les pressions exercées par le gouvernement par le biais de l'élaboration de la loi de finances et qu'elle ne permet pas automatiquement l'épanouissement de l'autonomie financière. « *La seule solution réside dans la fixation, par la loi, d'une taxe abondant automatiquement le budget du régulateur, ou d'un prélèvement ou redevance à son profit* »[614]. La personnalité morale n'est donc efficace et efficiente que lorsqu'elle est cumulée avec la possibilité de percevoir des ressources propres, des redevances pour service rendu ou des taxes affectées. La seule limite qui s'appliquerait aux API dans cette hypothèse serait la définition législative de la redevance ou la taxe affectée, d'autant plus aujourd'hui en période de rationalisation et de diminution des taxes affectées dont la HAS a subi les conséquences. Les autorités ne seraient plus soumises au gouvernement mais au législateur. Cette subordination au législateur n'est néanmoins pas inopportune puisque les autorités indépendantes sont toutes soumises au contrôle démocratique du Parlement. « *La solution consistant à se débarrasser du problème en offrant aux régulateurs économiques et la personnalité morale et des ressources publiques est une solution au prix fort* »[615]. En effet, d'une part l'Etat ne sera plus maître des finances publiques et d'autre part, les autorités indépendantes seront seules responsables de leurs actes et devront réparer les préjudices subis du fait de leur action, ce qui peut avoir un poids financier très lourd.

Section 2.
Le constat d'une autonomie encadrée : un degré intermédiaire à améliorer

Les autorités administratives indépendantes, à l'exception de celles qui bénéficient d'une autonomie renforcée[616], possèdent un degré

[614] Marie-Anne FRISON-ROCHE, art. cit., p. 69.

[615] *Idem.*

[616] Tel est le cas des API non subventionnées que sont l'AMF, le H3C, l'ARAFER, et le MNE, auxquelles on peut ajouter l'autorité de contrôle prudentiel et de résolution (ACPR). En effet, les API précédemment évoquées qui sont financées, soit intégralement soit

intermédiaire d'autonomie financière, c'est-à-dire une autonomie encadrée et limitée, tant en amont au stade de l'élaboration du budget du fait de leur soumission à la LOLF (paragraphe 1) qu'en aval au stade de l'exécution du budget. Ainsi, sur ce dernier point, de nombreuses restrictions relatives à la comptabilité publique, à la liberté de trésorerie ou au nécessaire respect de la performance s'appliquent aux AAI (paragraphe 2). La catégorie des autorités administratives indépendantes se voit donc imposer des sujétions particulières tant *a priori* et qu'*a posteriori*.

Paragraphe 1. Les restrictions à l'autonomie budgétaire : une soumission partielle à totale à la LOLF et au législateur

Concernant les restrictions à l'autonomie financière que l'on observe en amont, il faut souligner que les AAI sont intégrées dans le cadre juridique de la LOLF. Celui-ci leur impose des contraintes variées. Il les soumet notamment aux grands principes budgétaires que sont l'unité, l'universalité, l'annualité, la spécialité et la sincérité budgétaires (A). De façon plus générale et à défaut d'être hiérarchiquement soumises au gouvernement, les AAI sont soumises au Parlement puisqu'elles possèdent une délimitation législative de leur autonomie financière, et ce qu'elles soient personnalisées ou non (B). En effet, le législateur vote la loi de finances chaque année. Par ce biais, il définit le montant des ressources des AAI. De plus, même lorsque les autorités indépendantes sont personnalisées, c'est lui qui fixe le montant des redevances ou des taxes affectées qui seront versées aux API.

A. La soumission aux grands principes budgétaires

Le cadre juridique de la LOLF entraîne une soumission des autorités administratives indépendantes aux grands principes budgétaires que sont l'annualité, l'unité, l'universalité, la spécialité et la sincérité budgétaires (1). Cela est néanmoins totalement logique au regard de l'appartenance des AAI à la personne morale Etat et à leur financement par le budget général de l'Etat. Or, nous allons voir grâce à un parallèle avec le droit de l'Union européenne que les agences européennes se voient également imposer des principes similaires, ce qui est plus étonnant étant donné la personnalisation de l'ensemble des desdites agences. Cependant, cela se justifie par leur

---

majoritairement, par une subvention étatique sont également soumises partiellement à la LOLF puisqu'elles apparaissent dans les lois de finances.

financement inclus dans le budget de l'Union européenne qui les ramène à la procédure budgétaire européenne (2). Cet éclairage issu du droit européen nous montre donc que les API françaises les plus autonomes qui ne se voient pas appliquer les dispositions de la LOLF sont finalement bien plus autonomes que les agences européennes.

1. La soumission des AAI aux principes budgétaires

Les autorités administratives indépendantes étant financées par le budget de l'Etat, et donc par des crédits inscrits dans la loi de finances, elles sont soumises aux règles et principes posés par la LOLF. Ces principes budgétaires permettent une organisation des finances publiques transparente, sincère et globale entraînant *in fine* une bonne gestion financière et un contrôle efficace du Parlement. Ces principes ont donc pour objectif de respecter l'exigence constitutionnelle du « *bon usage des deniers publics* » posée par le Conseil constitutionnel[617]. Ils doivent être respectés par le législateur et par ricochet par toutes les institutions non personnalisées appartenant à l'Etat et plus généralement à tous les organismes qui sont insérées dans la loi de finances. Les règles budgétaires en cause sont l'annualité, l'unité, l'universalité, la spécialité et la sincérité budgétaires.

Concernant l'annualité, l'article 6 de la LOLF énonce que « *le budget décrit, pour une année, l'ensemble des recettes et des dépenses budgétaires de l'Etat* ». De plus, l'article 1 de la LOLF apporte une précision sur le commencement de cette année budgétaire en prévoyant que « *l'exercice s'étend sur une année civile* », c'est-à-dire du 1er janvier au 31 décembre d'une année N. Ce principe de l'annualité suppose donc qu'un budget sera adopté chaque année pour une période d'une année. En effet, l'autorisation budgétaire accordée par le Parlement et l'exécution comptable doivent se renouveler tous les ans, d'une part pour permettre un contrôle fréquent de l'autorité budgétaire et d'autre part car l'année paraît correspondre à « *une période raisonnable pour faire des prévisions sérieuses* »[618]. Toutefois ce principe a connu des aménagements afin de se concilier avec les exigences d'une nécessaire gestion pluriannuelle des finances publiques, mais aussi afin que l'annualité ne devienne pas un principe trop strict entraînant une mauvaise gestion des deniers publics.

---

617 CC, n°2003-489 DC, 29 décembre 2003, *Loi de finances pour 2004*, considérant n°33. J-E SCHOETTL, « La loi de finances pour 2004 devant le Conseil constitutionnel (1e partie) », *LPA*, 24 février 2004, n°39, p. 3 ; L. PHILIP, « Les décisions du Conseil constitutionnel relatives aux lois de finances », *Droit fiscal*, 2004, n°17, p. 782.

618 Jean-Luc ALBERT, avec la collaboration de Luc SAIDJ, *Finances publiques*, Dalloz, 8e édition, 2013, p. 92.

Ainsi, d'un côté, un dépassement de l'annualité a été prévu grâce à la programmation pluriannuelle des finances publiques, celle-ci ayant d'ailleurs été constitutionnalisée (article 34) lors de la révision constitutionnelle du 23 juillet 2008. D'un autre côté, d'autres aménagements sont venus tempérer une annualité trop stricte qui pouvait s'avérer néfaste à une bonne gestion. Tel est le cas de la possibilité d'adopter des actes modificatifs en cours d'année permettant de rectifier le budget primitif, qui n'est autre qu'un acte de prévision, en fonction de l'évolution réelle de l'économie ou de la faisabilité des dispositions du budget. De plus, l'exécution comptable de l'année N peut déborder sur l'année N+1 afin de pouvoir rattacher à l'année N des opérations qui le nécessitent et qui ont été réalisées dans une période complémentaire de vingt jours. Enfin, les procédures de report de crédits ou de reconduction de crédits de l'année N vers l'exercice N+1 permettent également de dépasser l'annualité budgétaire.

Ce principe de l'annualité s'applique aux autorités administratives indépendantes en ce qu'elles sont financées par l'Etat, auquel elles appartiennent, par le biais de la loi de finances. Cette annualité se reporte d'ailleurs sur les AAI en ce qu'elles doivent élaborer un rapport annuel d'activité faisant état de leurs actions et de l'exécution budgétaire de l'exercice clos (année N) au début de l'année qui suit (N+1).

Concernant l'unité budgétaire, l'article 6 de la LOLF prévoit que « *toutes les recettes et toutes les dépenses sont retracées sur un compte unique, intitulé budget général* ». Ainsi, la loi de finances correspond en principe à un seul document afin de permettre un contrôle efficace. Or, la règle de l'unité a très rapidement connu des aménagements du fait d'un démembrement apparent du budget. En effet, ce document unique est rapidement devenu un ensemble de documents constitué du budget général et de ses annexes (les bleus, les jaunes, *etc.*). Cela ne tient d'ailleurs pas compte des exceptions réelles à l'unité que sont la débudgétisation des dépenses et la multiplication des budgets autonomes, comme cela se manifeste au travers des autorités publiques indépendantes. L'unité se cumule avec le principe d'universalité budgétaire pour lequel l'article 6 de la LOLF précise qu' « *il est fait recette du montant intégral des produits, sans contraction entre les recettes et les dépenses* », et ajoute également que « *l'ensemble des recettes [assure] l'exécution de l'ensemble des dépenses* ». L'universalité permet donc à la fois la non-contraction et la non-affection des recettes et des dépenses. La première règle de la non-contraction, ou de la non-compensation, vise à empêcher que les prévisions de dépenses soient présentées en leur ayant déduit le montant des recettes escomptées. Les dépenses comme les recettes doivent donc être inscrites dans leur intégralité selon la méthode dite du budget brut. La seconde règle de la non-affectation prévoit que des recettes déterminées ne doivent pas spécialement être destinées à couvrir des dépenses déterminées. En effet, l'ensemble des dépenses doit être financé par l'ensemble des recettes de façon indifférenciée. Toutefois, par exception, l'article 16 de la LOLF prévoit que « *certaines recettes peuvent être directement affectées à certaines dépenses* » par divers mécanismes tels que les budgets annexes, les comptes spéciaux ou les fonds de concours. Or, si les autorités administratives indépendantes se voient appliquer ces principes d'unité et d'universalité par leur intégration dans les lois de finances annuelles, les autorités publiques indépendantes en revanche sont un exemple de débudgétisation. Ainsi, elles traduisent soit une débudgétisation faible qui s'explique par un financement par voie de subventions, soit une débudgétisation forte lorsqu'elles sont financées par des taxes fiscales affectées, grâce à l'article 36 de la LOLF permettant « *l'affectation, totale ou partielle, à une autre personne morale d'une ressource établie au profit de l'Etat* ». Il serait d'ailleurs opportun que les AAI non personnalisées puissent également se voir affecter des taxes ou des redevances pour service rendu par exception au principe d'universalité budgétaire[619].

L'article 7 de la LOLF énonce quant à lui le principe de spécialité budgétaire. Il précise que « *les crédits sont spécialisés par programme ou par dotation* ». Cela évoque donc la nomenclature budgétaire et le triptyque classique « mission – programme – action » de la loi de finances. Le programme regroupe les crédits destinés à mettre en œuvre une action ou un ensemble cohérent d'actions auxquels sont associés des objectifs précis. La dotation est quant à elle constituée par des crédits qui visent à financer des institutions davantage autonomes : celles appartenant à la mission « Pouvoirs publics »[620]. Ainsi, la dotation est un financement global d'une institution n'impliquant pas de présentation détaillée et spécifique des dépenses accompagnée d'objectifs et d'indicateurs de performance ainsi que de résultats à atteindre[621], ce qui manifeste une autonomie plus grande de l'organisme qui s'en voit doté. De plus, l'autonomie de ces institutions se manifeste également en ce qu'elles élaborent leur budget elles-mêmes sans

---

619 En effet, il faut souligner que l'ARCEP perçoit presque 2 milliards d'euros de recettes (taxes ou redevances) pour le compte de l'Etat sans que celles-ci ne lui soient affectées. Elle a donc un énorme potentiel de financement propre qui profite au budget général.

620 Il ne faut pas confondre les dotations des pouvoirs publics constitutionnels dont il est question ici des dotations perçues par les collectivités territoriales qui sont davantage semblables à des subventions annuelles versées à des organismes personnalisés.

621 La mission « Pouvoirs publics » n'est pas accompagnée de projets annuels de performance, elle fait seulement état d'un récapitulatif des autorisations d'engagement et des crédits de paiement ouverts pour les institutions de cette mission.

interférence, ou presque, du gouvernement, qui inscrit automatiquement leurs demandes budgétaires, et du Parlement, qui ne peut que voter la loi de finances sans pouvoir discuter ces dotations. Les autorités administratives indépendantes apparaissent quant à elles dans les projets annuels de performance de chaque mission et sont assorties d'indicateurs de performance et d'objectifs. Ainsi, elles sont incluses dans des programmes et ne sont pas financées par des dotations. Elles sont donc soumises à la performance nouvellement imposée par la LOLF de 2001, alors qu'un financement par voie de dotations serait davantage conforme à la nécessaire autonomie qui caractérise la catégorie des autorités administratives indépendantes.

Enfin, un chapitre entier de la LOLF est consacré au principe de sincérité budgétaire. Il contient deux articles dont le premier prévoit que « *les lois de finances présentent de façon sincère l'ensemble des ressources et des charges de l'Etat* »[622]. Ce principe de sincérité budgétaire a pour la première fois été invoqué par les parlementaires devant le conseil constitutionnel en 1993[623]. Le Conseil a donc rapidement rattaché la sincérité aux principes budgétaires[624], mais il n'a jamais retenu l'insincérité comme motif d'inconstitutionnalité pour invalider une loi de finances[625]. Toutefois, si la sincérité s'applique aux autorités administratives indépendantes par leur insertion dans les lois de finances, il faut souligner qu'elle pose des difficultés. En effet, lorsque les AAI ne disposent pas d'un budget consolidé qui est éclaté entre plusieurs programmes, cela porte atteinte à la transparence de la loi de finances et donc à sa sincérité. Or, tel est le cas de deux autorités : l'autorité de sûreté nucléaire (ASN) « *financée par cinq programmes budgétaires différents* » et la Commission de sécurité des consommateurs (CSC) dont les crédits « *sont retracés dans deux programmes relevant de deux missions différentes* »[626]. Un budget consolidé pour chaque

---

622 Il s'agit de l'article 32 de la LOLF.

623 CC, n°320 DC, 21 juin 1993, *Loi de finances rectificative pour 1993* ; p. AVRIL, J. GICQUEL, *Pouvoirs*, 1993, n°67, p. 168 ; L. PHILIP, *RFDC*, 1993, p. 576 ; B. MATHIEU, *LPA*, 5 janvier 1994, p. 16.

624 CC, n°369 DC, 28 décembre 1995, *Loi de finances pour 1996* ; B. MATHIEU, *LPA*, 13 mars 1996, n°32, p. 4 ; L. PHILIP, *RFDC*, 1996, p. 119 ; X. PRETOT, *RFFP*, 1996, n°55, p. 191.

625 Ce principe a ensuite été étendu aux comptes des administrations publiques. L'article 47-2 de la Constitution issu de la révision constitutionnelle de 2008 exige ainsi que « *les comptes des administrations publiques [soient] réguliers et sincères* » afin qu' « *ils donnent une image fidèle du résultat de leur gestion, de leur patrimoine et de leur situation financière* ».

626 Sénat, Rapport fait au nom de la commission d'enquête sur *le bilan et le contrôle de la création, de l'organisation, de l'activité et de la gestion des autorités administratives indépendantes*, Marie-Hélène DES ESGAULX, Jacques MEZARD, 28 octobre 2015, n°126, p. 85

autorité indépendante constitue donc une nécessité avérée pour augmenter la lisibilité des lois de finances.

2. Une soumission à ces mêmes principes dans l'Union européenne

Les agences européennes sont des organismes décentralisés qui disposent de la personnalité morale. En principe, les institutions personnalisées ne se voient pas appliquer les règles du budget général puisqu'elles disposent d'un budget autonome distinct. Ainsi, dans un but d'harmonisation du financement de ces institutions mais aussi de conciliation avec les règles du budget général, la commission, sur ordre du Parlement européen et du Conseil, a élaboré un règlement financier cadre pour les agences européennes décentralisées dont la dernière version date du 30 septembre 2013[627]. En effet, l'article 208 du règlement relatif aux règles financières applicables au budget général de l'Union[628] prévoit que « *la Commission est habilitée à adopter un règlement financier cadre [...] pour les organismes qui [...] ont la personnalité juridique et reçoivent des contributions à la charge du budget* ». Toutefois, celui-ci « *se fonde sur les règles et les principes énoncés dans le [...] règlement* » financier de l'Union, qui prévoit également que « *la réglementation financière de ces organismes ne s'écarte du règlement financier cadre que si leurs exigences spécifiques le nécessitent et avec l'accord préalable de la Commission* »[629]. Ainsi, les agences décentralisées vont être soumises aux mêmes règles que les autres institutions européennes, et notamment aux principes budgétaires qui encadrent l'élaboration du budget de l'Union. En effet, l'article 3 du règlement financier cadre applicables aux agences européennes décentralisées précise que « *l'établissement et l'exécution du budget de l'organisme communautaire [...] respectent les principes d'unité et de vérité budgétaire, d'annualité, d'équilibre, d'unité de compte, d'universalité, de spécialité, de bonne gestion financière –*

---

627 Règlement délégué (UE) n°1271/2013 de la Commission du 30 septembre 2013 portant règlement financier-cadre des organismes visés à l'article 208 du règlement (UE, Euratom) n°966/2012 du Parlement européen et du Conseil.

628 Règlement (UE, EURATOM) n°966/2012 du Parlement européen et du Conseil du 25 octobre 2012 relatif aux règles financières applicables au budget général de l'Union et abrogeant le règlement (CE, EURATOM) n°1605/2002 du Conseil.

Ce règlement financier est toujours en vigueur, mais il faut noter qu'une proposition de nouveau règlement financier a été adoptée par la commission le 14 septembre 2016. Celui-ci a pour objectif de fusionner les deux textes juridiques actuels (règlement financier et règles d'application) en un ensemble unique de règles et d'apporter un certain nombre d'améliorations en matière de simplification.

629 Article 208 du règlement n°966/2012 du Parlement européen et du Conseil du 25 octobre 2012 relatif aux règles financières applicables au budget général de l'Union et abrogeant le règlement (CE, EURATOM) n°1605/2002 du Conseil.

qui suppose un contrôle interne efficace et efficient – et de transparence ». Or, ces principes sont les mêmes que ceux énoncés dans le règlement financier de l'Union. Ils sont évoqués dans le titre II de la première partie du règlement au sein de huit chapitres dédiés.

Le premier principe d'unité et de vérité budgétaire prévoit que le budget est un document unique qui prévoit et autorise les recettes et les dépenses des agences. Les articles précisant ce principe visent à indiquer la composition du budget des agences. Ainsi, leur budget comprend des ressources propres (redevances ou taxes), d'éventuelles contributions financières des Etats membres qui accueillent l'organisme, une subvention de l'Union, des recettes affectées et les dépenses de l'organisme. Néanmoins il faut souligner que « *la plupart des agences dépendent pour leur financement d'une subvention communautaire inscrite au budget général de l'Union européenne* »[630]. Le principe d'annualité évoque ensuite que l'exercice budgétaire commence le 1er janvier et termine le 31 décembre d'une année. Il correspond donc à l'année civile. De plus, le principe d'équilibre prévoit que le budget doit être équilibré en recettes et en dépenses. Les crédits d'engagement ne doivent donc pas dépasser l'ensemble des recettes de l'agence puisque celle-ci n'a pas le droit de recourir à l'emprunt. Les agences se voient donc appliquer un équilibre mathématique strict interdisant tout déficit budgétaire. Par ailleurs, le principe d'unité de compte propre à l'Union européenne impose que la monnaie qui s'applique au budget est l'euro. La réalisation d'opérations dans les monnaies nationales doit donc rester exceptionnelle et est strictement règlementée. Par la suite, le principe d'universalité implique, à l'identique de la France, la non-contraction et la non-affectation des recettes et des dépenses. Toutefois, les articles du règlement financier des agences qui suivent précisent les nombreuses exceptions qui s'appliquent à ces principes. Le principe de spécialité concerne quant à lui la nomenclature budgétaire des agences. Celles-ci, tout comme l'Union, possèdent des crédits spécialisés par titres et chapitres, ces chapitres étant subdivisés en articles et postes. En ce qui concerne les agences, une triple fongibilité des crédits paraît exister, ce qui leur offre une grande liberté de gestion budgétaire de leurs crédits. En effet, des virements de crédits peuvent se faire de titre à titre, dans la limite de 10 % des crédits de l'exercice, de chapitre à chapitre et d'article à article, sans limitation. De plus, le principe de bonne gestion financière évoque les principes d'économie, d'efficience et d'efficacité. Tout d'abord, le principe d'économie suggère le choix du meilleur rapport qualité – prix. Ensuite, le principe d'efficience vise le meilleur rapport moyens mis en œuvre –

---

630 Joël MOLINIER, « Fasc. 198 : Budget – principes budgétaires », *JCl. Europe Traité*, 15 mai 2010.

résultats obtenus. Enfin, le principe d'efficacité concerne l'obtention des objectifs fixés et des résultats escomptés. La bonne gestion financière prévoit donc une exécution budgétaire économe remplissant les objectifs assignés et obtenant des résultats concluants. Enfin, le principe de transparence décrit la nécessaire information du public relativement à la gestion financière qui a été faite par les agences. Ainsi, il évoque l'idée de publication des documents budgétaires au journal officiel de l'Union européenne et sur le site internet de chaque agence : le budget annuel certes mais également les budgets rectificatifs, le tout dans le cadre d'une synthèse. Celle-ci « *indique les cinq principales lignes budgétaires de recettes, les cinq principales lignes budgétaires de dépenses pour les budgets administratif et de fonctionnement, le tableau des effectifs et une estimation des effectifs en personnel contractuel, exprimée en équivalents temps plein pour lesquels les crédits sont budgétisés, ainsi que des experts nationaux détachés. Elle mentionne également les chiffres de l'exercice précédent* ». Ce principe de transparence prévoit également la transmission de ces documents, pour information, à l'autorité budgétaire, à la Cour des comptes de l'Union et à la Commission.

Finalement, même si les agences sont des institutions personnalisées disposant de budgets autonomes, ces derniers se voient imposer les mêmes règles budgétaires que celles applicables au budget de l'Union. *A contrario*, les autorités publiques indépendantes françaises sont, tout comme les agences, débudgétisées (et donc exclues de la loi de finances) mais aucun règlement financier ne vient unifier leurs règles budgétaires. Chaque statut pose ainsi ses propres règles. Or, il serait opportun de définir un ensemble de règles commun aux API afin de les harmoniser et qu'elles soient toutes soumises aux mêmes principes dans l'élaboration de leur budget autonome.

B. La délimitation législative de l'autonomie financière

L'autonomie financière, si elle n'est pas prévue par la Constitution, est toujours conçue par le législateur. En effet, hormis les pouvoirs publics constitutionnels, tous les organismes qui en bénéficient sont créés par la loi. Tel est notamment le cas des autorités administratives indépendantes et des autorités publiques indépendantes. Toutefois, si le législateur délimite l'autonomie financière, il la définit rarement. En effet, de nos jours, aucune définition de l'autonomie financière satisfaisante n'a été posée par le législateur.

Avant 2004, aucune définition législative n'existait. C'est le constat que faisait Maitrot dans sa thèse relative à ce sujet. Celui-ci avait constaté que jusqu'en 1972, la « *loi ne nous fournit aucun élément de définition de l'autonomie financière* ». Il précisait d'ailleurs que « *si les parlementaires mettent en avant une condition préalable et nécessaire à la réalisation de l'autonomie financière, aucun n'aborde le point de savoir ce qu'il faut entendre par autonomie financière* »[631]. Ainsi, à cette époque le législateur estimait que la condition des ressources propres était indispensable à l'expression de l'autonomie financière. Or, donner un élément permettant la réalisation de cette autonomie ne permet pas de définir la notion elle-même.

De 1972 à 2004, aucune loi visant, de près ou de loin, l'autonomie financière n'est à recenser. C'est en 2004 que le législateur a tenté de définir la notion par la loi organique relative à l'autonomie financière des collectivités territoriales visant à appliquer l'article 72-2 de la Constitution[632], mais il a échoué à la définir. La principale raison est qu'il a continué à se focaliser sur la condition des ressources propres pour déterminer le contenu de l'autonomie financière et en donner une définition. La loi organique a procédé en trois étapes. Dans un premier temps, elle a énuméré les ressources propres dont étaient titulaires les collectivités territoriales. Dans un deuxième temps, elle a précisé quelle devait être la part de ces ressources propres au regard de la totalité des ressources des collectivités. Dans un dernier temps, elle a prévu un contrôle du respect de cette part déterminante des ressources propres par le Parlement. Ainsi, l'article 3 de la loi organique prévoit que « *les ressources propres des collectivités territoriales sont constituées du produit des impositions de toutes natures dont la loi les autorise à fixer l'assiette, le taux ou le tarif, ou dont elle détermine, par collectivité, le taux ou une part locale d'assiette, des redevances pour services rendus, des produits du domaine, des participations d'urbanisme, des produits financiers et des dons et legs* ». L'article 4 prévoit ensuite le calcul de la part des ressources propres en application de l'article 72-2 de la Constitution précisant que celles-ci doivent représenter « *une part déterminante de l'ensemble de leurs ressources* ». Il se clôture donc par l'idée que « *la part des ressources propres ne peut être inférieure au niveau constaté au titre de l'année 2003* ». Cependant, le Conseil constitutionnel a censuré des dispositions de l'article 4. En effet, le législateur avait précisé que la part déterminante devait permettre de garantir la libre administration des collectivités territoriales. Or, le Conseil a estimé que cette disposition revêtait une « *portée normative incertaine* » ne satisfaisant pas au « *principe de clarté de la loi [et à] l'exigence de précision que l'article 72-2 de la Constitution requiert du*

---

631 Jean-Claude MAITROT, *Recherches sur la notion d'autonomie financière en droit public*, thèse dactyl., Paris I, 1972, p. 124.

632 Loi organique n°2004-758 du 29 juillet 2004 prise en application de l'article 72-2 de la Constitution relative à l'autonomie financière des collectivités territoriales.

législateur organique »[633]. Ainsi, l'échec de la définition de l'autonomie financière est confirmé par l'idée d'incertitude évoquée par le Conseil. Enfin, l'article 5 de la loi organique prévoit un contrôle de la part des ressources propres par le Parlement après transmission par le gouvernement d'un rapport « *faisant apparaître [...] la part des ressources propres dans l'ensemble des ressources ainsi que ses modalités de calcul et son évolution* ».

Toutefois, la loi organique de 2004 n'est pas allée au-delà de cette idée de ressources propres pour définir la notion d'autonomie financière. Elle a donc contribué à donner un élément de définition de la notion permettant seulement de mesurer le degré d'autonomie sans apporter de définition précise. Le Conseil constitutionnel a d'ailleurs souligné que le calcul de la part de ressources propres par rapport aux ressources totales des collectivités territoriales « *permet de mesurer leur degré d'autonomie financière* »[634]. La Commission des lois du Sénat assimile d'ailleurs dans son rapport le « *calcul de la part des ressources propres* » avec le « *calcul du taux de l'autonomie financière* »[635]. Ainsi, selon elle, si la part des ressources propres atteint un seuil de 45 %, alors le degré d'autonomie financière sera également fixé à 45 %. Cela paraît assez réducteur, d'autant plus que le législateur ne donne pas de seuil précis au dessus duquel l'autonomie financière est assurée, et ce même si la Commission des lois du Sénat avait proposé de fixer à 33 % le seuil plancher[636]. De plus, l'autonomie financière ne se résume pas à la présence de ressources propres. L'autonomie des ressources va au-delà de ce simple critère et elle sera d'autant plus assurée par des ressources « suffisantes » permettant de couvrir l'ensemble des missions de l'institution concernée, peu importe l'origine desdites ressources. Ainsi, l'importance des ressources et notamment de leur montant est capitale. En effet, « *il arrive assez souvent que des collectivités ou des établissements publics disposent juridiquement de larges compétences, mais qu'ils ne peuvent effectivement exercer, faute de ressources suffisantes* »[637]. Le Conseil constitutionnel a d'ailleurs considéré « *qu'une*

---

633 CC, n°2004-500 DC, 29 juillet 2004, *Loi organique relative à l'autonomie financière des collectivités territoriales*, considérant n°15. R. HERTZOG, « La loi organique relative à l'autonomie financière des collectivités territoriales : précisions et implications », *AJDA*, 2004, n°36, p. 2003 ; C. PILONE, « L'autonomie financières des collectivités territoriales et le juge constitutionnel », *Revue du Trésor*, 2005, n°10, p. 513.

634 *Ibib.*, Cons. n°11.

635 Sénat, Rapport fait au nom de la commission des lois constitutionnelles, de législation, du suffrage universel, du règlement et d'administration générale sur *le projet de loi organique adopté par l'Assemblée nationale pris en application de l'article 72-2 de la Constitution relatif à l'autonomie financière des collectivités territoriales*, Daniel HOEFFEL, 26 mai 2004, n°324, p. 28

636 Sénat, Rapport précité, 2004, n°324, p. 27.

637 Loïc PHILIP, *Finances publiques*, Paris, Editions Cujas, 2000, pp. 272-273.

réduction substantielle des recettes locales est de nature à porter atteinte au principe de libre administration »[638].

Par ailleurs, l'autonomie financière se compose également d'une autonomie de gestion ou d'exécution budgétaire en aval que le législateur organique a totalement délaissé en 2004 alors qu'elle est d'une importance capitale dans la définition de l'autonomie financière. Le législateur n'a donc défini qu'une infime partie de la notion d'autonomie financière. Il a seulement évoqué un de ses indices non déterminant et a seulement contribué à délimiter partiellement l'autonomie financière sans la définir, comme il le fait toujours.

Il faut donc se résoudre à constater qu'il n'existe pas de définition législative satisfaisante de l'autonomie financière. Toutefois, c'est bien le législateur qui délimite et module l'autonomie financière des organismes à qui il l'accorde. Pour ce faire, il utilise des instruments tels que le vote de la loi de finances, lui permettant à la fois de déterminer les ressources des autorités administratives indépendantes, de voter les taux et pourcentages des prélèvements des AAI bénéficiant de ressources propres, notamment les autorités publiques indépendantes, et enfin de déterminer les plafonds d'emplois des autorités qui paraissent échapper au cadre de la loi de finances. Il possède donc un grand pouvoir en ce qui concerne la détermination des ressources des autorités indépendantes, qu'elles soient personnalisées ou pas. En effet, concernant les autorités administratives indépendantes non personnalisées, elles vont entrer dans le cadre de la loi de finances et donc voir leurs ressources déterminées par le législateur. Quant aux autorités publiques indépendantes dotées de la personnalité morale, elles sont en principe débudgétisées et donc hors de portée du législateur. Or, d'une part celui-ci va maîtriser leurs ressources, notamment fiscales, en ce qu'il va lui-même en définir l'affectation et le taux, mais également le champ d'application et les personnes assujetties, et d'autre part il va réintégrer les autorités publiques indépendantes débudgétisées dans le cadre de la loi de finances par la fixation du plafond de leurs autorisations

[638] CC, n°2013-685 DC, 29 décembre 2013, *Loi de finances pour 2014*, considérant 64. « *que les règles fixées par la loi sur le fondement du dernier alinéa de l'article 72-2 de la Constitution ne doivent pas restreindre les ressources des collectivités territoriales au point de dénaturer le principe de libre administration de ces collectivités, tel qu'il est défini par l'article 72 de la Constitution* ». O. FOUQUET, « Abus de droit : la sécurité juridique rédactionnelle : à propos de la censure des articles 96 et 100 de la loi de finances pour 2014 », *Droit fiscal*, 9 janvier 2014, n°1-2, pp. 8-9 ; D. PALMA, J-L VASSEUR, « Censure par le Conseil constitutionnel des dispositions de la loi de finances 2014 validant rétroactivement les contrats d'emprunts toxiques pour omission pour erreur de TEG », *JCP A*, 3 février 2014, n°5, p. 25.

d'emplois[639]. En effet, les autorités publiques indépendantes ne disposant pas d'un pouvoir fiscal, c'est la loi qui va déterminer et délimiter à leur place les taux des taxes constituant leurs recettes. Il va également délimiter le champ d'application des redevances dues aux autorités pour les services qu'elles rendent aux usagers. Par ailleurs, ces autorités étant des personnes publiques utilisant des deniers publics, elles doivent respecter une certaine bonne gestion financière malgré leur autonomie financière proclamée, ce qui permet au législateur de leur fixer un plafond d'emplois comme c'est le cas pour les opérateurs de l'Etat et les établissements à autonomie financière mentionnés à l'article 66 de la loi de finances pour 1974[640].

Paragraphe 2. Les restrictions à l'autonomie de gestion dues à la LOLF

Les AAI voient également leur autonomie financière limitée en aval, au stade de l'exécution budgétaire, c'est-à-dire de l'utilisation de leurs ressources. Dans ce cadre, plusieurs éléments dus à l'adoption de la LOLF causent des restrictions. En effet, la nouvelle nomenclature budgétaire imposée par la LOLF est venu modifier le droit de la comptabilité publique qui s'insère désormais dans la logique de répartition en programmes. De ce fait, un comptable va avoir la responsabilité d'un programme entier et va devoir non seulement assurer un contrôle budgétaire mais également un contrôle comptable afin de juger la soutenabilité du programme. Par conséquent, les AAI sont soumises aux règles strictes de la comptabilité publique de la même façon que les administrations classiques car elles appartiennent à l'Etat et côtoient les autres administrations au sein des programmes de la loi de finances (A). De plus, les règles générales relatives à la trésorerie publique s'appliquent à elles, ce qui les empêche de disposer d'une autonomie de trésorerie (B). Enfin, le nécessaire respect de la performance nouvellement imposée par la LOLF s'impose aux AAI du fait de leur insertion dans les lois de finances (C).

---

[639] Article 68 de la loi n°2013-1278 du 29 décembre 2013 de finances pour 2014.

[640] Article 66 et 67 de la loi de finances pour 2014.

A. Une autonomie comptable limitée mais bien réelle en pratique

La comptabilité publique permet d'établir des règles et principes ayant « *pour objet de décrire et d'encadrer l'exécution des budgets et, plus généralement, des opérations financières publiques* »[641]. Elle était auparavant régie par un décret du 29 décembre 1962 portant règlement général sur la comptabilité publique[642]. Elle est désormais règlementée par un décret du 7 novembre 2012 relatif à la gestion budgétaire et comptable publique[643]. Ce dernier a pour vocation de promouvoir « *une vision d'ensemble de la gestion financière publique [en associant] le volet budgétaire et le volet comptable et [en intégrant] les nouveaux concepts de la logique d'objectifs et de résultats* »[644]. Cette évolution, due à l'adoption de la LOLF et à la réforme générale des finances publiques, a entraîné des changements au niveau de l'utilisation des ressources publiques par les organismes publics. Si les autorités administratives indépendantes non personnalisées n'ont pas vu la règlementation les concernant évoluer substantiellement, tel n'est pas le cas des autorités publiques indépendantes dotées de la personnalité morale. En effet, les AAI appartenant à l'Etat, la comptabilité publique s'applique à elles au même titre qu'à l'Etat. Concernant les API, le décret de 1962 ne s'imposait pas à elles, puisqu'il ne les visait pas explicitement. Il ne concernait que l'Etat, les établissements publics nationaux, les collectivités territoriales et leurs établissements publics ; ainsi de 2003 à 2012 les API échappaient au champ d'application du décret de 1962 et donc à l'application des règles strictes de la comptabilité publique[645]. Quant au nouveau décret de 2012, il a certes un champ d'application plus large, en ce qu'il a vocation à s'étendre à la catégorie des administrations publiques et même au-delà[646], mais cette

---

[641] Jean-Luc ALBERT, *op. cit.*, p. 104.

[642] Décret n°62-1587 du 29 décembre 1962 portant règlement général sur la comptabilité publique.

[643] Décret n°2012-1246 du 7 novembre 2012 relatif à la gestion budgétaire et comptable publique.

[644] Michel BOUVIER, Marie-Christine ESCLASSAN, Jean-Pierre LASSALE, *op. cit.*, p. 371.

[645] L'absence de prise en compte des API dans le décret de 1962 est normale : celles-ci n'existaient pas en 1962, elles sont apparues en 2003. Or, le règlement n'a pas connu de modifications entre 2003 et 2012 lors de son abrogation par le nouveau décret relatif à la gestion budgétaire et comptable publique.

[646] Le décret tient notamment compte de la définition de l'Union européenne des administrations publiques. Celles-ci réunissent les organismes produisant à titre de fonction principale des services non marchands financés majoritairement par des fonds publics. De manière plus précise, le Conseil de l'Union définit la notion d'administration publique dans

application extensive de la comptabilité publique exclut explicitement les autorités publiques indépendantes de son champ d'application. L'article 5 du décret de 2012 prévoit en effet que « *les dispositions du présent décret ne s'appliquent pas [...] aux autorités publiques indépendantes, [...]* ». Il faut donc pour chacune d'entre elles rechercher dans leurs textes constitutifs comment s'exécute leur budget, selon quelles règles particulières[647].

La comptabilité publique s'impose donc aux autorités administratives indépendantes en tant qu'organismes non personnalisés de l'Etat, mais elle ne s'applique que de façon atténuée aux autorités publiques indépendantes. Les autorités publiques indépendantes disposent donc d'une certaine autonomie comptable c'est-à-dire une application allégée de la comptabilité publique par la détention d'un comptable et de règles comptables propres.

Les autorités administratives indépendantes non personnalisées se voient quant à elles appliquer les dispositions du décret de 2012, notamment les titres I et II relatifs d'une part aux principes fondamentaux de la comptabilité publique (articles 7 à 62) et d'autre part à la gestion budgétaire et comptable de l'Etat (articles 63 à 173). De ce fait, l'exécution administrative et comptable du budget des AAI, c'est-à-dire la réalisation des opérations de recettes et dépenses, relève du même cadre juridique que celui de l'Etat correspondant au droit de la comptabilité publique. Ainsi, les autorités administratives indépendantes sont organisées selon une division organique et fonctionnelle des compétences. Celles-ci sont réparties entre un ordonnateur, chargé de prescrire l'exécution des recettes et des dépenses,

---

son système européen des comptes de 1995, nommé SEC 95 (Conseil de l'Union européenne, règlement CE n°2223/96 du 25 juin 1996 relatif au système européen des comptes nationaux et régionaux dans la communauté), comme comprenant « *toutes les unités institutionnelles qui sont des producteurs non marchands dont la production est destinée à la consommation individuelle et collective et dont la majeure partie des ressources provient de contributions obligatoires versées par des unités appartenant aux autres secteurs et/ou toutes les unités institutionnelles dont l'activité principale consiste à effectuer des opérations de redistribution du revenu et de la richesse nationale* ». Ce secteur comprend quatre types d'administrations : l'administration centrale, celle des Etats fédérés, les administrations locales et celles de sécurité sociale. Si les AAI non personnalisées paraissent entrer dans la sous catégorie de l'administration centrale, les API semblent en être exclues. En revanche, le décret de 2012 tend à aller au-delà de cette catégorie puisqu'il dispose en effet au 6° de son article 1er que les dispositions des titres I et III sont applicables aux « *personnes morales de droit public ne relevant pas de la catégorie des administrations publiques, sauf si leurs statuts en disposent autrement* ». Néanmoins, l'article 5 du présent décret vient mettre un terme à tous les doutes concernant l'application des règles de la comptabilité publique aux autorités publiques indépendantes dotées de la personnalité morale.

647 Cf. *supra*, p. 117 s.

et un comptable, chargé exclusivement de manier les fonds, qui agissent en respectant le principe traditionnel de séparation des ordonnateurs et comptables publics.

L'ordonnateur est celui qui détient le rôle principal dans la décision d'utilisation des crédits. Cette fonction est donc réservée aux plus hautes autorités administratives. L'article 74 du décret désigne les ministres comme seuls ordonnateurs principaux des recettes et des dépenses du budget de l'Etat. Ils peuvent toutefois déléguer cette fonction à des ordonnateurs secondaires. Selon l'article 75, les présidents des autorités administratives indépendantes sont des ordonnateurs secondaires, sauf disposition législative contraire. Dans ce cadre, ils reçoivent des délégations de crédits des ordonnateurs principaux afin de pouvoir engager, liquider et ordonnancer les dépenses. Ils exercent également des fonctions au niveau des recettes puisque ce sont eux qui constatent les droits et obligations, liquident les recettes et émettent les ordres de recouvrer.

Concernant les dépenses, l'ordonnateur est chargé de la phase administrative. Elle commence par l'engagement. Il consiste à engager juridiquement l'administration afin de la rendre débitrice et de bloquer les crédits en vue de la dépense. Une fois celui-ci réalisé, l'étape de la liquidation intervient. Elle consiste à calculer le montant de la dépense après constatation du service fait. Enfin, l'ordonnancement, ou le mandatement en l'occurrence, correspond à l'ordre de payer donné par l'ordonnateur au comptable.

Concernant les recettes, l'ordonnateur est en charge de déterminer l'assiette, c'est-à-dire de liquider ou calculer la recette, avant d'émettre un ordre de recouvrer au comptable.

Une fois l'ordonnateur intervenu, c'est au tour du comptable public d'exercer ses missions. Dans le cadre des autorités administratives indépendantes comme des services centraux des ministères, l'article 88 du décret prévoit que le comptable public correspond au contrôleur budgétaire et comptable ministériel (CBCM), c'est-à-dire l'équivalent des anciens comptables principaux de l'Etat. Les AAI ne se différencient donc pas des administrations centrales classiques. En réalité, les CBCM exercent une double mission : d'une part, ils effectuent un contrôle budgétaire par l'octroi des visas financiers *a priori*, et d'autre part ils réalisent un contrôle comptable classique. Ces deux missions *a priori* et *a posteriori* ont été rapprochées afin d'offrir au CBCM une vision globale améliorant la sécurité et la fiabilité de la chaîne des dépenses publiques. Ce CBCM contrôle ainsi le président de l'autorité dans sa fonction d'ordonnateur.

En ce qui concerne les dépenses, une fois l'ordre de payer transmis, la phase comptable du paiement commence. Dans ce cadre, le CBCM dans son rôle de comptable contrôle la régularité de l'ordre de paiement avant le décaissement, c'est-à-dire le paiement effectif au créancier. C'est un simple contrôle de légalité externe qui porte notamment sur la compétence de l'ordonnateur, la disponibilité des crédits, l'imputation de la dépense, la validité de la créance, et le caractère libératoire du règlement.

Concernant les recettes, le CBCM va effectuer le recouvrement. Celui-ci consiste à contrôler l'ordre de recette, par l'existence d'un texte et d'une autorisation de recette, avant sa perception effective consistant en un encaissement.

Il convient de noter que le comptable a l'exclusivité du maniement des fonds publics, c'est pourquoi une lourde responsabilité pécuniaire personnelle pèse sur lui[648].

Finalement, il faut souligner que l'exécution du budget des AAI, c'est-à-dire l'utilisation de leurs crédits, ne se distingue pas de l'exécution des budgets des administrations classiques insérées dans la hiérarchie administrative et ministérielle. Si elles disposent d'un ordonnateur propre en la personne du président de l'autorité, leur comptable ne diffère pas de celui de leur ministère de rattachement. Toutefois, ce CBCM n'est censé exercer que sa mission comptable sur les AAI. En effet, celles-ci étant dispensées du contrôle financier *a priori*, le CBCM ne peut pas exercer son contrôle budgétaire sur ces organismes. Or, pour examiner la soutenabilité générale du programme dont il a la charge, il est censé octroyer les visas et donc effectuer son contrôle financier avant de réaliser sa mission comptable, et ce sur l'intégralité de son programme. Si un élément n'est pas soumis à son étude préalable, il n'est plus en mesure de remplir sa mission de contrôle. Par conséquent, il effectue son contrôle budgétaire sur les AAI sans tenir compte de leur nécessaire autonomie.

Toutefois, il faut remarquer que la pratique n'est pas aussi stricte que le texte. En effet, plusieurs assouplissements se réalisent dans le cadre de l'exécution du budget des AAI. En principe, les crédits de la loi de finances ne sont débloqués que lorsque le CBCM a délivré son visa, c'est-à-dire son accord quant à la soutenabilité du programme dont il est chargé. Or, si les autres administrations attendent effectivement le visa du CBCM, les AAI voient leurs crédits débloqués dès le 1er janvier, même en l'absence du visa

648 Cf. *infra*, p. 418 s. et p. 514 s.

du contrôleur[649]. De plus, les services du défenseur des droits auditionnés nous ont fait part d'une relation privilégiée avec le comptable public. En effet, les textes ne prévoient aucune différence entre les AAI et les autorités administratives classiques vis-à-vis de la comptabilité publique. Or, en pratique, le comptable sait qu'il a affaire à une AAI constitutive d'une administration dérogatoire nécessitant une autonomie renforcée. Ainsi, les autorités indépendantes ont la possibilité de discuter avec le comptable afin qu'il essaye de trouver des solutions plus favorables, dans la limite de ce que lui permet sa mission sans mettre en jeu sa responsabilité. Néanmoins, il n'est question ici que de pur relationnel non inscrit dans les textes.

B. Une absence de liberté de trésorerie

La trésorerie publique est un ensemble de fonds et valeurs appartenant aux organismes publics. Anciennement gérée par le Trésor public, elle est aujourd'hui administrée par les directions (générale et territoriales) des finances publiques qui assurent sa gestion et sa protection par l'application d'un régime spécial prévoyant l'insaisissabilité des biens publics et leur maniement par une catégorie de personne unique : les comptables publics. En principe, la trésorerie publique obéit également aux principes de l'unité de trésorerie et de l'unité de caisse empêchant toute liberté de trésorerie pour les organismes publics.

L'unité de trésorerie prévoit que toutes les institutions publiques doivent déposer leurs fonds au Trésor, même si elles disposent de la personnalité morale. En effet, « *si les organismes décentralisés ont en principe un budget propre, tous n'ont pas matériellement une trésorerie propre, ou pour être plus exact, une caisse individualisée* »[650]. Depuis l'adoption de la LOLF en revanche, cette unité ne concerne que l'Etat et les collectivités territoriales. En effet, ceux-ci ont l'obligation de déposer l'intégralité de leur trésorerie au Trésor. *A contrario*, la loi de finances prévoit des dérogations pour les autres personnes publiques. Les autorités publiques indépendantes ne disposent pas d'une telle dérogation au sein de la loi de finances. Les autorités administratives indépendantes quant à elles appliquent le principe de l'unité de trésorerie au même titre que l'Etat qui les englobe ; c'est pourquoi seul leur comptable, correspondant au CBCM responsable du programme auquel elles

---

649 Un entretien avec un responsable financier au sein du Défenseur des droits a permis de dégager ces pratiques favorables aux AAI. Cf. annexe n°9, « Liste des personnes auditionnées », p. 557.

650 Jean-Claude MAITROT, *op. cit.*, p. 146.

appartiennent, peut manier les deniers publics que la loi de finances met à leur disposition.

L'unité de caisse se rapproche de l'unité de trésorerie, appliquée à une micro-échelle, celle des diverses caisses composant la trésorerie. Ainsi, elle signifie que chaque comptable dispose d'une caisse appliquant le principe de non affectation posé par la loi de finances. Celui-ci implique que les fonds de la caisse doivent être utilisés indistinctement selon les besoins du moment.

Disposer d'une autonomie de trésorerie consiste donc à posséder des fonds gérés en dehors du Trésor. Elle est normalement permise par la personnalisation, celle-ci entrainant la constitution d'un patrimoine propre juridiquement distinct de celui de l'Etat. Par conséquent, les autorités publiques indépendantes personnalisées peuvent posséder une autonomie de trésorerie, tout comme elles disposent d'un agent comptable particulier nommé par les autorités ministérielles. Toutefois, chaque règlementation relative à la trésorerie des API élaborée par décret en Conseil d'Etat prévoit que l'autorité « *dépose ses fonds au Trésor. Elle peut également ouvrir des comptes auprès d'un établissement de crédit. Les fonds de [l'autorité] peuvent donner lieu à rémunération et faire l'objet de placements selon les conditions générales définies par le collège* ». Tel est notamment le cas de l'AMF[651], du H3C[652] et de la HAS[653]. Ces autorités disposent donc d'une autonomie de trésorerie partielle car si elles déposent en principe leurs fonds au Trésor, elles ont également la possibilité d'ouvrir des comptes dans des établissements de crédits. Selon l'article L. 511-1 du code monétaire et financier, ces organismes « *sont des personnes morales qui effectuent à titre de profession habituelle des opérations de banque au sens de l'article L. 311-1. Ils peuvent aussi effectuer des opérations connexes à leurs activités, au sens de l'article L. 311-2* ». Les opérations de banque en cause sont la réception de fonds remboursables du public, les opérations de crédit, ainsi que les services bancaires de paiement. De ce fait, les API peuvent grâce à leur personnalité morale disposer d'une trésorerie qui sera gérée par leur comptable propre, certes selon les règles de la comptabilité publique, mais de façon plus autonome.

En revanche, les AAI classiques dépendent du Trésor et n'ont pas d'autonomie de trésorerie car elles ne disposent pas de la personnalité morale et sont rattachées à l'Etat. Toutefois, il semblerait que cette absence

---

651 Article R. 621-24 du Code monétaire et financier.

652 Article R. 821-14-17 du Code de commerce.

653 Article R. 161-99 du Code de la sécurité sociale.

d'autonomie de trésorerie ne soit pas une fatalité pour les AAI non personnalisées. En effet, certaines institutions étatiques connaissent des procédures dérogatoires. Elles ne disposent pas de caisses classiques auprès du Trésor, mais plutôt de comptes spécifiques fonctionnant selon les règles du droit bancaire. Tel est notamment le cas des pouvoirs publics constitutionnels. Ainsi, les assemblées parlementaires, la Présidence de la République ou le Conseil constitutionnel possèdent une trésorerie propre à leur disposition qu'elle soit gérée par le Trésor ou en dehors de celui-ci. Les assemblées parlementaires disposent d'une trésorerie confortable qui leur est versée de manière régulière sur ordonnance du ministre des finances. Ensuite, « *elles gèrent leurs fonds en dehors de la garantie du Trésor public* »[654]. Le Président de la République et le Conseil constitutionnel connaissent également un mode particulier de trésorerie. En effet, « *la gestion de l'Elysée s'apparente en grande partie à une comptabilité privée* »[655]. Après mise à disposition des fonds nécessaires par le ministre des finances, ceux-ci sont déposés sur un compte de dépôt de fonds particuliers ouvert à la paierie générale du Trésor. Ces comptes fonctionnent comme des comptes bancaires classiques. Ils permettent à leurs titulaires, en l'occurrence le Président, le directeur de cabinet et le chef des services financiers, de posséder des carnets de chèques ou des cartes de paiement et de réaliser des opérations bancaires. Quant au Conseil constitutionnel, il dispose de deux comptes : un compte chèque postal et un compte à la paierie générale du Trésor. Il use donc librement de ses fonds en établissant des chèques ou des virements de compte à compte comme le ferait un particulier. Ces pouvoirs publics constitutionnels disposent donc d'une autonomie de trésorerie, ou à tout le moins d' « *une application des principes classiques mais adaptés en raison de leurs modes comptables particuliers* »[656]. Ainsi, les contrôles traditionnels sont considérablement allégés par rapport aux organismes publics classiques.

Or, ce système ne semble s'appliquer qu'aux institutions intégrées dans la mission spécifique consacrée aux pouvoirs publics, celles-ci recevant des dotations et non des crédits ; la distinction étant que les premières constituent un versement global à utiliser librement, quand les seconds sont strictement définis dans la loi de finances. Par conséquent, ce dispositif ne paraît pas applicable aux AAI malgré la nécessité d'un statut autonome à leur bénéfice. Néanmoins, il faut souligner que si le Défenseur des droits fonctionne désormais selon le régime strict de la comptabilité publique,

---

654 Vincent DUSSART, *L'autonomie financière des pouvoirs publics constitutionnels*, Paris, CNRS éditions, 2000, p. 283

655 *Ibid.*, p. 284.

656 *Ibid.*, p. 286.

l'ancien Médiateur de la république disposait d'un compte de dépôt de fonds au Trésor et de son propre carnet de chèque qu'il employait comme il le souhaitait. Il possédait donc une autonomie de trésorerie alors même qu'il n'était pas doté de la personnalité morale. Ce dispositif pourrait donc avoir vocation à s'appliquer aux AAI non personnalisées pour augmenter le degré de leur autonomie financière. Néanmoins, si le Médiateur a conservé « *à titre transitoire, et jusqu'au 31 décembre 2008, le compte de dépôt de fonds au Trésor dont il dispos[ait], sans qu'il lui soit possible de l'abonder* », celui-ci a disparu fin 2008 après que le Médiateur ait « *rend[u] compte au 31 décembre 2008 de l'utilisation des fonds directement à la Cour des comptes* »[657]. Le législateur a donc supprimé ce dispositif particulier et favorable dont disposait une AAI et n'a pas souhaité le reconduire au profit du Défenseur des droits alors même que ce dernier dispose désormais d'une protection constitutionnelle. Or, s'il est vrai que le fait pour une institution de posséder son propre carnet de chèque comporte des risques et peut entraîner des dérives, cela lui apporte une grande autonomie de gestion coïncidant parfaitement avec le statut d'autonomie financière des AAI. Il est donc regrettable que le législateur n'ait pas reconduit ce mécanisme au profit du Défenseur des droits voire élargi celui-ci à d'autres autorités.

C. La soumission des autorités administratives indépendantes à la nouvelle logique de performance de la LOLF

Au-delà d'une absence d'autonomie comptable et de liberté de trésorerie, un troisième élément vient limiter l'autonomie de gestion des AAI : la soumission à la logique de performance. En effet, la réforme des finances publiques par l'adoption de la LOLF a engendré une nouvelle logique de performance et de résultats dans la sphère étatique. L'ensemble des finances publiques a été organisé de façon à prendre en compte l'efficacité, l'efficience et la bonne gestion des deniers publics. Pour ce faire, le triptyque « mission – programme – action », tout comme la présence de divers documents budgétaires tels que les projets annuels de performance (PAP) et les rapports annuels de performance (RAP) sont orientés vers une logique managériale, de rendement et d'efficacité. En effet, le programme est la nouvelle unité de spécialisation des dépenses publiques, et pour chacun d'entre eux est élaboré un projet annuel de performance. Ce dernier vient définir des objectifs et des indicateurs de performance. La mesure des résultats qui s'en suit vise à améliorer le processus de décision budgétaire et

[657] Loi n°2007-1822 du 24 décembre 2007 de finances pour 2008, article 98 II.

la gestion des administrations. Il faut donc constater que « *la notion de programme exprime le passage d'une culture de moyens à un culture de résultats* »[658].

Cette logique de performance est double. Elle cherche d'une part à limiter les gaspillages au niveau des dépenses publiques, et d'autre part à réaliser des économies d'échelle et un gain de productivité grâce à l'efficacité recherchée.

Dans ce cadre, les services centraux des ministères, et notamment du ministère du budget, élaborent des PAP. Ces documents mettent en place des objectifs à atteindre pour chaque administration dans le cadre pertinent du programme. Toutefois, « *Ces perspectives ne sauraient nous faire oublier que les indicateurs calculés à cette fin demeurent très frustes* » c'est pourquoi « *ces mesures de performances devraient être utilisées seulement en tant qu'indicateurs, et non pas en tant qu'outils de gestion* »[659].

Il faut néanmoins souligner que les PAP auxquels correspondent les RAP en fin d'exercice ne constituent pas une obligation juridique contraignante. En effet, ils sont inclus dans les annexes de loi de finances, les bleus budgétaires. Leur non respect n'est donc pas sanctionné. En effet, ces PAP ne sont « *ni amendables, ni juridiquement impératifs* »[660]. En revanche, ils représentent l'essentiel du volet prévisionnel du budget puisqu'ils viennent donner des précisions et des justifications aux crédits ouverts par les programmes. En effet, grâce aux PAP, le gouvernement va indiquer au Parlement le détail de la finalité des crédits afin qu'il les autorise ; ceux-ci n'étant pas obligatoirement reconduits chaque année de manière automatique, le Parlement pouvant les diminuer.

En revanche, l'absence de sanction juridique n'empêche pas l'éventualité d'une sanction politique. La sanction pourrait alors être le non renouvellement des crédits l'année suivante pour les institutions « non performantes ». En effet, des objectifs sont fixés avant le début de l'exercice budgétaire en N-1 dans le cadre de la définition des PAP par le gouvernement, puis, en fin d'exercice les administrations visées par les PAP vont transmettre leurs résultats afin que soient élaborés les RAP faisant état du bilan annuel relatif à la performance. Ceux-ci présentent la réalisation effective des crédits en fin d'exercice avec la justification de tous les écarts par rapport aux prévisions. Ce compte rendu d'exécution est ensuite contrôlé par le Parlement qui pourra en tenir compte ou l'ignorer lors du

658 Michel BOUVIER, Marie-Christine ESCLASSAN, Jean-Pierre LASSALE, *op. cit., p.* 313.
659 Conseil d'analyse économique, *Performance, incitations et gestion publique*, Dominique BUREAU, Michel MOUGEOT, La documentation française, 2007, p. 12.
660 Jean-Luc ALBERT, *op. cit.*, p. 465.

vote de loi de finances pour l'année suivante. En effet, si tous les projets de loi de finances sont issus du gouvernement, le Parlement peut prendre la décision de baisser les dépenses lors de la phase du vote. Il peut alors choisir de supprimer les crédits des administrations les moins efficaces qui ne respecteraient pas les objectifs fixés dans les PAP. *A contrario*, il pourrait également choisir de maintenir les crédits des administrations non performantes puisqu'il n'a aucune obligation de tenir compte des résultats de l'exercice antérieur illustrés par les PAP et les RAP.

Concernant les autorités administratives indépendantes, nous avons déjà souligné que le législateur possède un grand pouvoir sur elles : il peut certes diminuer leurs crédits mais aussi modifier leur statut ou les supprimer, que ce soit en tenant compte de la performance, ou pour d'autres raisons. Le risque pour ces organismes serait alors « *soit que l'Etat les rende mendiants par l'attribution de budgets insuffisants, soit qu'il sanctionne indirectement une décision déplaisante du régulateur en diminuant son budget* »[661].

Ainsi par exemple, concernant la mission « Direction de l'action du gouvernement » regroupant les crédits de onze autorités administratives indépendantes sous la direction du Premier ministre, des objectifs sont fixés selon une certaine souplesse. Ainsi, « *pour l'année 2016, ces objectifs peuvent se décliner en ces termes :*

- défendre et protéger efficacement les droits et les libertés ;

- éclairer la décision politique en offrant une expertise reconnue ;

- renforcer l'efficacité de la régulation du secteur audiovisuel au profit des auditeurs et des téléspectateurs ;

- accompagner les professionnels dans leur démarche de conformité à la loi ;

- optimiser la gestion des fonctions support »[662].

Pour l'année 2017, seulement trois de ces objectifs ont été conservés : « *défendre et protéger efficacement les droits et les libertés ; éclairer la décision politique en offrant une expertise reconnue ; optimiser la gestion des fonctions support* »[663].

La souplesse constatée vient du fait que les objectifs sont précisés de façon plus ou moins vagues afin de laisser une marge de manœuvre aux AAI. De ce fait, toutes les AAI se voient fixer un dispositif de performance, mais « *le libellé des objectifs, volontairement large, offre une grande transversalité au programme* ». Ainsi, « *la performance de la plupart des autorités administratives*

---

661 Marie-Anne FRISON-ROCHE, art. cit., p. 69.

662 Annexe au projet de loi de finances pour 2016, *Direction de l'action du gouvernement*, p. 106.

663 Annexe au projet de loi de finances pour 2017, *Direction de l'action du gouvernement*, p. 112.

indépendantes est mesurée par des indicateurs transversaux »[664]. Le premier objectif : « *défendre et protéger efficacement les droits et libertés* », se décline en quatre indicateurs de performance basés sur le nombre de dossiers traités par chaque autorité, le délai d'instruction des demandes, la prévention des violations aux droits et libertés et le nombre de contrôles et visites effectués. S'il est parfois question de délais raisonnables ou incompressibles, la CADA doit par exemple remplir un quota de 620 dossiers par agent et par an. L'objectif n°2 : « *éclairer la décision politique en offrant une expertise reconnue* », possède deux indicateurs également basés sur des délais de transmission des avis et sur la contribution aux rapports gouvernementaux et aux projets de loi, selon que les autorités sont saisies par le gouvernement ou sur la base d'une autosaisine. La qualité des contributions s'analyse également par le débat sociétal qu'elle provoque, permettant « *d'apporter un éclairage à la décision politique* »[665]. Les objectifs n°3 et 4 (seulement présents en 2016 et supprimés pour 2017) respectivement nommés « *renforcer l'efficacité de la régulation du secteur audiovisuel au profit des auditeurs et des téléspectateurs* » et « *accompagner les professionnels dans leur démarche de conformité à la loi* » ne possèdent qu'un seul indicateur. Enfin, le dernier objectif : « *optimiser la gestion des fonctions support* », dispose de quatre indicateurs permettant de mesurer l'efficience bureautique, et celle de la gestion immobilière et des ressources humaines.

Concernant les autorités publiques indépendantes, en principe, elles ne sont pas soumises à la performance car elles sont débudgétisées. Toutefois, il faut souligner deux éléments. D'une part, certaines API sont financées majoritairement voire intégralement par des crédits étatiques insérés dans la loi de finances. Elles sont donc incluses dans les PAP et se voient imposer des objectifs et des résultats à atteindre. D'autre part, le rapport de l'Office parlementaire de la législation a jugé que « *cette logique de performance devrait également s'appliquer aux autorités publiques indépendantes, bien qu'elles échappent au cadre de la LOLF du fait de leur personnalité morale* »[666]. En effet, le contrôle démocratique du Parlement serait facilité par la mise en place d'outils de performance équivalents à destination des API.

Dans ce cadre, l'exemple de la Haute autorité pour la diffusion des œuvres et la protection des droits sur internet (HADOPI) est assez parlant. Créée par une loi du 12 juin 2009, elle a commencé à fonctionner en 2010 avec un budget de 12 millions d'euros. Pour l'année 2011, la subvention, votée à 12 millions d'euros, a été réduite de 5 % par les services du ministère

664 *Idem.*

665 *Ibid.*, p. 124.

666 Assemblée nationale, Sénat, Rapport précité, 2006, n°3166, n°404, p. 123.

de la culture et de la communication, correspondant au taux de gel des crédits. Elle s'élevait donc à 11,4 millions d'euros. En 2012, la haute autorité a reçu une subvention de 10,3 millions d'euros alors que le collège avait demandé 12 millions d'euros. Elle a donc été diminuée de 14,2 % par rapport à la demande initiale faite par l'autorité, incluant un taux de gel de 6,36 %. Concernant l'exercice 2013, la subvention de la haute autorité a été diminuée de 32 %. En effet, sur les 9 millions pressentis, 7 millions ont été effectivement versés, après application du taux de gel de 6,36 % et diminution significative de 17 % décidée par le ministère de la culture et de la communication à la moitié de l'exercice en cours. En 2014 et 2015, cette subvention ne s'élevait plus qu'à 5,5 millions d'euros.

Il est donc possible de se rendre compte que la subvention initiale de la Haute autorité d'un montant 12 millions d'euros (2010) a été abaissée à 5,5 millions d'euros (2014 et 2015), ce qui correspond à une diminution de plus de 50 % en seulement quatre ans. Cela témoigne certes d'une période de crise impliquant des gels de crédits à l'encontre de toutes les administrations, mais également d'une volonté politique de délaisser une activité non performante jusqu'à la supprimer *in fine*. Cette volonté de suppression était d'ailleurs inscrite dans le projet de loi de finances pour 2014. En effet, le bleu « Médias, livre et industries culturelles » de 2014 prévoyait que « *conformément aux propositions du rapport LESCURE, les missions de l'HADOPI devraient être transférées au CSA* »[667]. Finalement, et après une étude menée par le Parlement, l'HADOPI a été maintenue et sa subvention a augmenté à compter de 2016 pour être portée à 7,8 millions d'euros en 2016 et 8,2 millions d'euros en 2017.

S'il paraît normal de pouvoir supprimer des institutions inefficaces afin de ne pas gaspiller l'argent public, il semble beaucoup plus étonnant de pouvoir agir de la sorte à l'encontre d'une autorité indépendante, qui plus est dotée de la personnalité morale. Néanmoins, le législateur est l'institution compétente pour créer, modifier et supprimer les AAI. Il est également celle qui vote la loi de finances et contrôle le bon usage des deniers publics. Par conséquent, il est parfaitement légitime pour diminuer les crédits de l'HADOPI en vue de la supprimer, et inversement. Néanmoins, même si la suppression de l'HADOPI n'a pas eu lieu, cette volonté de supprimer une institution récemment créée démontre que le législateur doit davantage tendre vers une réflexion plus approfondie lorsqu'il prend des décisions touchant à la catégorie des autorités indépendantes. Il conviendrait donc de réaliser des études techniques poussées afin d'analyser les conséquences de

[667] Annexe au projet de loi de finances pour 2014, *Médias, livre et industries culturelles*, p. 70.

chaque projet de création, de modification ou de suppression d'une autorité et d'en limiter les effets négatifs. Cela tendrait à optimiser et à rationaliser chaque choix politique certes voté par le Parlement mais bien souvent initié par le gouvernement.

Conclusion du chapitre.

Du fait de l'opposition de nature qui existe entre les AAI (autonomes) et la LOLF (créant des rapports de dépendance), le degré d'autonomie financière des autorités administratives indépendantes n'est *a priori* pas élevé. N'étant pas évoquées dans la LOLF, ces autorités sont englobées dans la catégorie des administrations centrales traditionnelles et sont traitées comme telles alors qu'elles sont constitutives d'organismes particuliers et dérogatoires. Or, si des autorités telles que les juridictions ou les pouvoirs publics constitutionnels voire même une AAI (le Haut conseil des finances publiques) disposent déjà d'un statut particulier d'autonomie financière au sein de la LOLF et même sans personnalité morale, alors tel devrait également être le cas de l'ensemble de la catégorie des autorités administratives indépendantes.

En effet, à l'heure actuelle, le positionnement des AAI dans les lois de finances entraîne de nombreuses restrictions à leur autonomie financière tant *a priori*, entraînant une soumission au législateur dans la définition des budgets et l'attribution des ressources, qu'*a posteriori*, au niveau de l'exécution budgétaire et comptable. Il convient donc de prendre davantage en compte les AAI, soit directement dans la LOLF, soit indirectement dans la nomenclature budgétaire décidée par le législateur lors du vote de la loi de finances afin d'augmenter leur degré d'autonomie financière et tenir compte de leur statut indépendant.

Chapitre II.
Une amélioration possible de l'autonomie financière des autorités indépendantes

Il est possible de faire un constat : les AAI ne bénéficient pas de toute l'autonomie financière nécessaire à la bonne réalisation de leurs missions et surtout au respect de leur statut indépendant. L'amélioration de l'autonomie financière des autorités administratives indépendantes est alors nécessaire pour les raisons suivantes. C'est l'Etat lui-même qui a créé ces institutions dans le but d'exercer des missions sensibles en toute impartialité et indépendance. Or, l'indépendance de décision et d'action requiert une autonomie financière pour exister réellement. En effet, sans un minimum d'autonomie financière, les ressources des AAI risqueraient d'être insuffisantes et de ne pas leur permettre d'exercer l'ensemble de leur mission ou de les exercer pleinement et de façon satisfaisante. Un plafonnement ou une diminution du budget des AAI par l'Etat aurait donc une influence certaine sur l'exécution budgétaire et la réalisation des missions. Si les ressources manquaient, les AAI seraient amenées à faire des choix de gestion visant à rationaliser et à hiérarchiser leurs dépenses, celles-ci devant pour partie être supprimées du fait de l'insuffisance de leurs crédits. C'est pourquoi si l'Etat a voulu créer des institutions indépendantes, il doit leur donner les moyens de leur indépendance.

Les ressources propres paraissent être la solution la plus favorable à l'autonomie financière en amont. Toutefois, certaines AAI ne peuvent pas et ne pourront jamais bénéficier de ressources propres du fait de leur intervention dans des domaines non concurrentiels dans un but de régulation sociale et de protection des droits et libertés. Pour celles là, il convient de trouver d'autres solutions. En effet, l'octroi de la personnalité morale parait être purement fictif et sans grande conséquence en l'absence de ressources propres. Le réaménagement de la LOLF est donc nécessaire pour faire échapper les AAI à toutes les règles contraignantes contraires à leur statut qu'elles subissent du fait de leur assujettissement à la LOLF (section 1). De plus, des ressources affectées, par exception au principe d'universalité de la LOLF, seraient les bienvenues (section 2).

Section 1.
L'amélioration de l'autonomie financière des AAI par le réaménagement de la LOLF et des lois de finances

Le réaménagement de LOLF permettrait de donner plus de cohérence et d'autonomie financière à la catégorie des AAI. En effet, cette catégorie juridique nécessite que ses spécificités soient prises en compte par le cadre juridique posé par la LOLF qui détermine l'autonomie financière des institutions qui le compose. Toutefois, il convient de souligner qu'une modification de la LOLF paraît *a priori* peu envisageable du fait des nombreuses difficultés qu'elle pose.

Plusieurs solutions seraient possibles, certaines plus facilement réalisables que d'autres. La solution la plus favorable à l'autonomie financière est aussi la plus difficile à mettre en place. Elle correspond à la création d'une mission spécifique aux autorités administratives indépendantes. Une autre solution tout aussi complexe consisterait à les réunir dans un même programme.

Toutefois, si ces quelques solutions très favorables à l'autonomie financière et idéales sont peu envisageables ou du moins peu réalisables (paragraphe 1), d'autres solutions plus limitées mais évidentes telles que le fait d'avoir un budget consolidé pour chaque AAI, paraissent indispensables mais ne sont toujours pas en place (paragraphe 2).

Paragraphe 1. Des solutions très favorables à l'autonomie financière difficiles à instaurer

Les solutions les plus favorables à l'autonomie financière consistent à réunir l'intégralité des autorités administratives indépendantes soit dans une mission (A), soit dans un programme (B). En effet, grâce à cela, les mécanismes de fongibilité des crédits et, de façon générale, de soumission à un responsable de programme totalement étranger à la problématique de l'autonomie des AAI, ne s'imposeraient pas à cette catégorie d'institutions. Toutefois, ces réponses au problème de l'autonomie financière seraient certes la panacée pour les AAI mais elles ont très peu de chances d'aboutir ; c'est pourquoi une solution de compromis consisterait à neutraliser les mécanismes de la LOLF néfastes pour les AAI, notamment en gelant le pouvoir de régulation du responsable de programme en cours d'exercice (C). D'autres solutions tendent également à se mettre actuellement en place. C'est notamment le cas de la présentation par le gouvernement d'un rapport sur la gestion des autorités administratives indépendantes et des autorités publiques indépendantes en annexe générale du projet de loi de finances (c'est-à-dire la création d'un nouveau jaune budgétaire) prévue par l'article 24 de la proposition de loi portant statut général des AAI et des API du 7 décembre 2015 actuellement en troisième lecture au Sénat depuis le 8 décembre 2016[668]. L'adoption de cette proposition de loi aurait pour effet d'augmenter la visibilité des autorités indépendantes afin de prendre davantage en compte leur spécificité.

A. La solution la plus favorable : la création d'une mission spécifique aux AAI

La création d'une mission regroupant l'ensemble de la catégorie des autorités administratives indépendantes constituerait la solution idéale pour renforcer et même assurer l'autonomie financière des AAI ; et ce d'autant plus si était créée une mission spécifique au même titre que celle consacrée aux pouvoirs publics constitutionnels.

L'idée serait la suivante, conformément à la proposition déjà effectuée par le rapport parlementaire de 2006 : créer « *une mission "Régulation et protection des libertés", qui comprendrait un programme "Régulation économique", regroupant les AAI chargées d'une mission de régulation, et un programme "Défense et protection des libertés", rassemblant les autorités exerçant en premier lieu une mission de protection des droits et libertés fondamentaux* »[669]. Cette mission serait destinée à regrouper toutes les AAI insusceptibles de percevoir de ressources propres, mais également celles qui perçoivent de telles ressources mais qui nécessitent le complément d'une subvention étatique pour financer une partie de leur budget.

La création d'une mission pour les AAI anéantirait alors toutes les procédures et techniques de la loi de finances néfastes à leur autonomie financière. Tel serait notamment le cas de la fongibilité asymétrique des crédits qui ne trouverait pas à s'appliquer dans une mission dédiée à ces autorités sans leur accord préalable, mais également de toutes les mesures de régulation budgétaire. Cette solution serait également bénéfique car elle augmenterait la visibilité des AAI et les intégrerait dans les procédures

---

668 La séance publique de vote précédant le passage à l'Assemblée nationale doit se dérouler le 10 janvier 2017.

669 Assemblée nationale, Sénat, Rapport précité, 2006, n°3166, n°404, p. 106.

budgétaires[670]. En effet, si les autorités administratives indépendantes sont insérées dans une mission qui leur est propre, les responsables de chaque programme seront forcément des présidents d'AAI qui assureront ce rôle selon une présidence tournante au profit de chaque autorité[671]. Or, les responsables de programme participent aux diverses conférences budgétaires contribuant à la préparation du projet de loi de finances. Les responsables de programmes pourront donc défendre le budget de chaque AAI lors des réunions techniques visant à répartir les crédits et les emplois par programme. Le regroupement des AAI au sein d'une mission permettrait alors de tenir compte de la spécificité des AAI et de préserver leur autonomie financière.

Toutefois, chaque mission étant rattachable à un ministère, quel serait le responsable de cette mission ? Il semble que pour exclure toutes considérations relatives à l'hétérogénéité des politiques publiques concernées, le Premier ministre soit le mieux à même de diriger cette mission de régulation, tant économique que sociale. Hormis l'idée de transversalité qui se dégage d'un rattachement au Premier ministre, une autre raison peut justifier un tel rattachement : l'indépendance qu'il implique. En effet, la mission « pouvoirs publics », correspondant à celle regroupant le plus d'organismes autonomes, est également rattachée au Premier ministre.

De plus, concernant le montant des crédits de la mission, il semble que les crédits de l'ensemble des AAI dépassent ceux de la mission la moins dotée de la loi de finances : la mission « provision » réunissant 34 millions d'euros de crédits pour l'année 2013 contre 155 millions demandés pour l'année 2014. Ceux de l'ensemble de la catégorie des AAI avoisinent les 150 à 200 millions d'euros, ce qui est susceptible de constituer une mission au sein de la loi de finances.

Pour mettre en place une nouvelle mission, l'article 7 de la LOLF prévoit que « *seule une disposition de loi de finances d'initiative gouvernementale peut créer une mission* ». C'est donc au gouvernement lors de l'élaboration du projet de loi de finances qu'incombe une telle tâche. Le législateur se verrait en effet automatiquement censuré s'il proposait un amendement visant à créer une nouvelle mission car cela serait contraire à l'article 40 de la Constitution

---

670 Notamment la procédure d'élaboration du projet de loi de finances au stade des négociations et diverses conférences budgétaires. Une réelle association des AAI aux travaux de préparation des projets de loi de finances serait en effet mise en place.

671 Il serait également possible de créer un programme par autorité, par mimétisme de la mission « Pouvoirs publics », mais le nombre trop élevé d'AAI avec un budget réduit semble empêcher cette solution à l'heure actuelle.

interdisant la création de toute charge publique par le législateur[672]. Néanmoins, chaque mission doit correspondre à une politique publique déterminée. Il convient donc respecter l'esprit de la LOLF souhaitant éviter « *un trop grand fractionnement des politiques publiques dans l'espace et dans le temps* »[673]. Or, il semblerait que « *toutes les AAI illustrent la volonté de l'Etat d'exercer de façon indépendante et impartiale certaines missions* »[674] que l'on peut regrouper sous l'appellation « régulation », que celle-ci soit économique ou sociale, c'est-à-dire correspondant à la protection des droits et libertés. Il faut toutefois souligner que le nombre de missions est relativement stable. Le budget général en compte une trentaine[675]. Il paraît donc assez difficile de troubler cette stabilité reconnue et pérenne au sein de la loi de finances.

Au-delà de la création d'une mission regroupant les autorités administratives indépendantes, un dispositif encore plus avantageux pour ces institutions serait de créer une mission spécifique comme celle qui existe au profit des pouvoirs publics constitutionnels. Celle-ci permet un financement dérogatoire excluant l'unité de spécialité de principe qu'est le programme. Ainsi, les pouvoirs publics sont financés par des dotations. Celles-ci visent à regrouper des crédits qui ne s'intègrent dans aucun programme en raison de leur impossibilité de s'accorder avec la logique de performance. Cette spécialisation par dotation exclut donc d'une part la présence de PAP et de RAP reposant sur les notions d'objectifs, de résultats et de performance, et d'autre part l'application de la fongibilité asymétrique des crédits entre les différentes dotations de la mission. De plus, le montant des dotations est défini par les institutions financées elles-mêmes : elles demandent une dotation lors de l'élaboration du projet de loi de finances qui est automatiquement inscrite dans ce dernier. Enfin, contrairement à la classification par programmes entraînant une vision opérationnelle et détaillée des crédits, les dotations représentent des versements globaux que les administrations concernées utilisent librement[676]. En revanche, les missions spécifiques étant énumérées de façon exhaustive à l'article 7 de la

---

672 Cf. *infra*, p. 336 s.

673 Michel BOUVIER, Marie-Christine ESCLASSAN, Jean-Pierre LASSALE, *op. cit.*, p. 312.

674 Assemblée nationale, Sénat, Rapport précité, 2006, n°3166, n°404, p. 105.

675 Michel BOUVIER, Marie-Christine ESCLASSAN, Jean-Pierre LASSALE, *op.cit.*, p. 316. L'intégralité du budget contient une cinquantaine de missions en incluant les budgets annexes et les comptes spéciaux, correspondant chacun à une mission.

676 Le bleu « Pouvoirs publics » distingue cinq grandes catégories de dépenses : les charges de personnel, de fonctionnement, les déplacements, les équipements et travaux et les charges exceptionnelles.

LOLF, la création d'une telle mission impliquerait la modification de la loi organique et non seulement une initiative gouvernementale inscrite dans le PLF et votée par le Parlement.

Les AAI paraissent néanmoins correspondre à ce profil par la nécessaire autonomie qui doit les caractériser au même titre que les pouvoirs publics. En effet, ces institutions s'acclimatent très mal à la place qui leur est faite dans la loi de finances. Leur éparpillement actuel porte atteinte à leur autonomie financière. Celles-ci nécessitent donc une nouvelle situation plus favorable au sein de la loi de finances. En effet, la volonté de l'Etat d'exercer la régulation de façon indépendante correspond à la « *double logique matérielle et institutionnelle [ayant] déjà conduit à la création de deux missions spécifiques, l'une rassemblant les pouvoirs publics, l'autre les instances chargées de conseiller et de contrôler l'Etat* »[677]. La logique voulue et recherchée pour les AAI est donc la même que celle déjà présente dans ces deux autres missions comprenant des institutions nécessairement indépendantes telles que les juridictions administratives et financières, le Président de la République, les assemblées parlementaires, le Conseil constitutionnel, ou encore le Haut conseil des finances publiques. Ces missions incluent donc des organismes indépendants soit au regard de la séparation des pouvoirs, soit au regard de leur statut particulier. Or, il est intéressant de souligner que le Haut conseil des finances publiques (HCFP) inséré dans la mission « Conseil et contrôle de l'Etat » est un « *organisme indépendant* »[678], appartenant à la catégorie des autorités indépendantes, créé sous l'impulsion de l'Union européenne[679]. Cela nous permet constater que le statut autonome des AAI est parfois pris en compte par la loi de finances. Le HCFP constitue en effet un programme à lui seul dans le cadre d'une mission spécifique. Il disposait d'un budget de 522 842 euros pour l'année 2016 ; montant qui doit être porté à 504 144 euros pour 2017, ce qui fait partie des plus petits budgets pour un programme donné. La loi de finances prend donc en compte la nécessaire autonomie financière du HCFP au dépend de la logique et de l'esprit voulu par la LOLF. De telles autorisations d'engagement d'un montant si faible n'existent que dans le cadre de ces deux missions spécifiques. Le seul autre petit budget constaté dans la loi de finances pour 2016 est celui de la Cour

---

677 Assemblée nationale, Sénat, Rapport précité, 2006, n°3166, n°404, p. 105.

678 Article 11 de la loi organique n°2012-1403 du 17 décembre 2012 relative à la programmation et à la gouvernance des finances publiques.

679 Le HCFP a été créé par l'article 11 de la loi organique n°2012-1403 du 17 décembre 2012 relative à la programmation et à la gouvernance des finances publiques venant tirer les conséquences de la signature du Traité sur la stabilité, la coordination et la gouvernance au sein de l'Union économique et monétaire en date du 2 mars 2012 et précédant son entrée en vigueur au 1er mars 2013.

de justice de la République, incluse dans la mission pouvoirs publics : son montant s'élève à 861 500 euros (montant devant être conservé pour 2017). Il est même possible de relever la présence d'une institution sans crédits. La Haute Cour dispose en effet d'autorisations d'engagement et de crédits de paiement pour un montant de 0 euros !

B. La solution alternative : la réunion des AAI au sein d'un programme

La création d'une mission de la loi de finances dédiée aux autorités administratives indépendantes n'ayant pas été retenue suite à sa suggestion dans le rapport de 2006, une solution palliative peut exister : celle de la réunion de ces institutions au sein d'un programme. Deux cas peuvent être évoqués : soit le rassemblement de toutes les AAI au sein d'un programme (ou d'une dotation) insérée dans une mission spécifique (1), soit la réunion de certaines AAI au sein d'un programme spécifique dans le cadre de la mission à laquelle elles appartiennent déjà (2).

1. La création d'un programme dédié aux AAI inséré dans une mission spécifique

Le premier cas visant à rassembler toutes les AAI au sein d'un même programme, n'aurait d'intérêt que si ce programme appartenait à la mission « Conseil et contrôle de l'Etat » ou s'il constituait une dotation appartenant à la mission spécifique « Pouvoirs publics ». En effet, les AAI étant des organismes particuliers devant bénéficier d'une autonomie financière, elles devraient posséder une place adéquate dans la loi de finances. La prise en compte de leur statut spécifique et dérogatoire par rapport aux administrations traditionnelles impliquerait alors leur insertion dans une mission qui tienne compte de ces éléments. Or, les missions « Pouvoirs publics » ou « Conseil et contrôle de l'Etat » ont déjà fait leurs preuves concernant le respect de l'autonomie des organismes qu'elles contiennent. En effet, celles-ci regroupent d'une part les pouvoirs publics constitutionnels qui doivent être indépendants au regard du principe de séparation des pouvoirs, et d'autre part des organismes nécessairement autonomes soit du fait de la Constitution soit du fait de leur statut particulier de juridiction spéciale ou d'autorité indépendante. La mission « Pouvoirs publics » regroupe ainsi la Présidence de la République, les assemblées parlementaires, le Conseil constitutionnel et la Cour de justice de la République. La mission « Conseil et contrôle de l'Etat » inclut quant à elle le Conseil d'Etat et les diverses juridictions administratives, le Conseil économique et social, la Cour des comptes et les autres juridictions financières, et le Haut conseil des finances publiques.

Etant donné que les autorités administratives indépendantes ne sont pas des autorités constitutionnelles, à l'exception du Défenseur des droits, elles trouveraient davantage leur place au sein de la mission « Conseil et contrôle de l'Etat » aux côtés des juridictions administratives et financières ainsi que du HCFP. De plus, il faut souligner que cette mission contient déjà une autorité indépendante qu'est le HCFP, ce qui signifie que l'autonomie de cette catégorie d'institutions est parfois déjà envisagée et respectée à juste titre. Ainsi, cette prise en compte a vocation à s'élargir. Enfin, la fonction de réguler ayant été comparée à plusieurs reprises à celle de juger, il serait opportun de considérer qu'elle constitue une mission de contrôle et qu'elle devrait être insérée dans ladite mission.

Toutefois, plusieurs problèmes se posent. Tout d'abord, la principale difficulté réside dans le fait que la LOLF interdit au législateur « *de transférer des éléments d'une mission à une autre* »[680]. Ainsi, la création d'un programme dédié aux AAI au sein de la mission « Conseil et contrôle de l'Etat » doit automatiquement être issue de la volonté du gouvernement manifestée dans un projet de loi de finances. Dans ce sens, dès la mise en œuvre de la LOLF et à la suite de la présentation de la nouvelle architecture du budget de l'Etat par le ministre du budget le 21 janvier 2004, la commission des finances du Sénat avait fait une proposition tendant à isoler l'ensemble des AAI au sein d'un programme. Cette suggestion figure dans le rapport d'information de 2004 portant sur la mise en œuvre de la loi organique du 1er août 2001 relative aux lois de finances[681]. Dans ce cadre, la commission avait proposé de créer une mission « Transparence et régulation de l'action publique » comprenant deux programmes, l'un consacré aux « Juridictions financières » et l'autre aux « Autorités administratives indépendantes ». Le but était de séparer les crédits des régulateurs et des administrations compétentes afin de rendre impossible l'application du principe de fongibilité asymétrique au détriment des régulateurs. La commission soulignait que « *cette option serait ainsi de nature à conforter et à harmoniser le statut d'autonomie dont jouissent les*

680 Assemblée nationale, Sénat, Rapport précité, 2006, n°3166, n°404, p. 103

681 Sénat, Rapport d'information faut au nom de la Commission des finances du contrôle budgétaire et des comptes économiques de la Nation sur *la mise en œuvre de la loi organique du 1er août 2001 relative aux lois de finances*, Jean ARTHUIS, Philippe MARINI, 5 mai 2004, n°292, pp. 40-41.

autorités administratives indépendantes »[682]. En revanche, cette proposition n'a jamais été reprise par le gouvernement au sein d'un PLF.

Par ailleurs un autre problème se pose, celui de la cohérence du regroupement des AAI au sein d'un programme de la loi de finances. En effet, la logique de la LOLF veut mettre en place un classement des crédits par politiques publiques et non par organismes. Les AAI intervenant généralement dans des politiques publiques distinctes, il paraît donc difficile de les regrouper dans un programme au sein d'une seule et même mission, à moins que celle-ci ne soit interministérielle et transversale. Le choix actuel du gouvernement a été de les faire figurer dans la loi de finances en fonction de leur finalité, c'est-à-dire selon la politique publique dans laquelle elles interviennent, ce qui a entraîné un émiettement dommageable de la catégorie des AAI dans la loi de finances. Or, pour permettre le regroupement des AAI au sein d'un programme et donc d'une mission, une possibilité serait de tenir compte de leur fonction, la régulation économique ou sociale, et d'insérer cette fonction très diversifiée dans une mission transversale. La commission des finances, dans le rapport d'information précité, estimait alors que « *compte tenu de cette diversité et du statut spécifique des autorités administratives indépendantes, il semble que le responsable de ce programme pourrait relever des services du Premier ministre. La mission « Transparence et régulation de l'action publique » revêtirait ainsi un caractère interministériel* »[683].

Cette proposition de la commission des finances n'ayant pas été reprise par le gouvernement lors de l'élaboration des projets de loi de finances initiale, aucun dispositif n'existe aujourd'hui. Il serait donc bénéfique qu'il prenne l'initiative de modifier la nomenclature budgétaire dans un prochain projet de loi de finances afin de pouvoir réunir les AAI au sein d'un programme « Autorités administratives indépendantes » intégré à la mission « Conseil et contrôle de l'Etat », ou le cas échéant, de créer une dotation au sein de la mission spécifique « Pouvoirs publics ».

2. La réunion des AAI au sein d'un programme dans le cadre de leur mission d'appartenance

La solution palliative la moins aboutie mais la plus simple serait de hisser chaque AAI au rang de programme dans la mission à laquelle elles appartiennent déjà. Deux possibilités s'offrent à nous : transformer chaque AAI en programme (a), ou réunir les AAI d'une même mission dans un programme (b). Le but de ces dispositifs serait toujours de neutraliser le

---

682 *Ibid.*, p. 41.
683 *Idem.*

principe de fongibilité asymétrique des crédits, permettant au responsable d'un programme de modifier la répartition et la destination des crédits en cours d'exercice. En revanche, il n'empêche pas l'utilisation des mécanismes de régulation budgétaire que ce sont les gels et les annulations de crédits utilisés par le gouvernement pour diminuer certains crédits.

a. La création d'un programme budgétaire par AAI

Une réponse simple et adéquate à la sauvegarde de l'autonomie financière des autorités administratives indépendantes serait sans doute la constitution d'un programme pour chaque AAI. Un rapport parlementaire de 2010 a souligné que « *plusieurs voix s'élèvent (dirigeants d'AAI, universitaires) pour estimer que la création d'un programme budgétaire par AAI serait la réponse appropriée à la préservation de leur indépendance* »[684]. De ce fait, plutôt que de faire correspondre les AAI à des actions, voire sous-actions, et à des BOP, il serait opportun de les hisser au rang de programme.

Toutefois, une telle modification possède des difficultés certaines. La première tient au fait qu'elle est totalement contraire à l'esprit de la LOLF. En effet, nous l'avons déjà souligné, la loi organique recherche une « *nomenclature budgétaire permettant de constituer des politiques publiques à coût complet, indépendamment de la nature des structures institutionnelles qui y concourent* »[685]. La loi de finances ne doit donc pas tenir compte des organismes, elle doit seulement prendre en considération leurs finalités. Or, constituer un programme pour chaque AAI correspond à donner de l'importance à l'institution et à son statut autonome en laissant de côté la LOLF. Reste à savoir ce qui importe le plus : écorner l'esprit de la LOLF et renforcer l'autonomie des AAI, ou entamer cette autonomie pour préserver la LOLF. Or, cet arbitrage relève tant du gouvernement dans le cadre de l'élaboration du projet de loi de finances que du législateur dans le cadre de son droit d'amendement[686].

La seconde difficulté de cette éventuelle modification réside dans l'augmentation considérable du nombre de programmes qu'elle provoquerait. En effet, la nomenclature budgétaire est stable. Elle est généralement reconduite d'années en années. Le projet de loi de finances pour 2016 contient 114 programmes réunis dans 31 missions en ce qui

---

684 Assemblée nationale, Rapport d'information fait au nom du comité d'évaluation et de contrôle des politiques publiques sur les autorités administratives indépendantes, René DOSIERE, Christian VANNESTE, 28 octobre 2010, n°2925, p. 149.

685 *Idem.*

686 Le fait de hisser une AAI au rang de programme ne changeant pas le montant de la mission, il est conforme aux articles 40 de la Constitution et 47 de la LOLF.

concerne le budget général. Or faire correspondre chaque AAI à un programme reviendrait à créer 37 programmes supplémentaires dans la loi de finances[687], ce qui reviendrait à augmenter leur nombre de plus de 25 %[688]. Par ailleurs, ces nouveaux programmes budgétaires disposeraient d'un financement largement en deçà de la moyenne de crédits que l'on peut constater pour un programme. En effet, la majorité des programmes disposent de crédits à hauteur de centaines de millions d'euros. Ils atteignent parfois même le milliard d'euros. Or les AAI disposent d'un budget beaucoup plus faible de l'ordre du million d'euros dans la majorité des cas, mais il ne dépasse que très rarement la dizaine de millions d'euros. En effet, si la Commission d'accès aux documents administratifs (CADA), la Commission nationale du débat public (CNDP), l'Autorité de contrôle des nuisances aéroportuaires (ACNUSA), le Contrôleur général des lieux de privation de libertés (CGLPL) et la grande majorité des AAI disposent d'un budget entre un et cinq millions d'euros, voire parfois moins, quelques unes se démarquent. Tel est le cas du Haut conseil de l'évaluation de la recherche et de l'enseignement supérieur (HCERES) et de la Commission nationale de l'informatique et des libertés (CNIL) qui disposent d'un peu moins de 20 millions d'euros de budget, de l'Autorité de régulation des communications électroniques et des postes (ARCEP, 21 millions d'euros) et du Conseil supérieur de l'audiovisuel (CSA, 37 millions d'euros de subvention de l'Etat). Finalement, les budgets de nombre d'AAI dépassent ceux de certains programmes existants tels que celui du Haut conseil des finances publiques (HCFP) ou de la Cour de justice de la République. En effet, le HCFP dispose d'un budget de 522 842 euros pour 2016. La Cour de justice de la République possède un budget similaire d'un montant de 861 500 euros pour 2016. Par conséquent, il est possible de se demander pourquoi les AAI ne bénéficieraient pas d'un programme chacune lorsque ce dispositif favorable existe déjà pour d'autres institutions.

---

687 Il existe 41 autorités administratives indépendantes et autorités publiques indépendantes. A ce chiffre, il faut enlever l'AMF, le H3C et l'ACPR qui disposent de ressources propres intégrales et ne figurent pas dans la loi de finances. Il faut également exclure le HCFP qui dispose déjà d'un programme à lui seul au sein de la mission « Conseil et contrôle de l'Etat ». En revanche, si la proposition de loi portant statut général des AAI et des API déposée au Sénat le 7 décembre 2015 était adoptée, seules 26 autorités indépendantes demeureraient, et donc 22 programmes seraient à créer, ce qui représente malgré tout un chiffre trop élevé.

688 Ce qui est contraire à l'esprit de la LOLF et à la tendance actuelle à la diminution des programmes. Ainsi, la loi de finances est passée de 137 programmes en 2014 à 114 en 2016 pour le même nombre de mission (31).

b. La réunion des AAI d'une même mission au sein d'un programme

Pour pallier la difficulté de mise en œuvre de la solution précédente, c'est-à-dire un seuil parfois insuffisant de crédits pour qu'une AAI constitue à elle seule un programme, une autre solution serait de regrouper toutes les AAI d'une même mission dans un programme qui leur serait dédié. Le rapport parlementaire de 2006 a également fait une proposition dans ce sens. Il recommande en effet « *que certaines AAI exerçant des missions de protection des droits et libertés, et dont le budget atteint un montant suffisant, fassent l'objet d'un programme spécifique au sein des missions ministérielles où elles figurent déjà* »[689]. Cette recommandation a d'ailleurs été suivie d'effets puisqu'elle a été proposée par la sénatrice Jacqueline Gourault lors de l'adoption de la loi de finances pour 2006. En effet, elle avait déposé un amendement visant à la création d'un nouveau programme « Autorités administratives indépendantes » au sein de la mission « Direction de l'action du gouvernement » afin de regrouper toutes les AAI déjà incluses dans cette mission. Malheureusement, cet amendement n'a pas été retenu alors qu'il aurait permis de neutraliser la fongibilité asymétrique des crédits, tout en respectant l'esprit de la LOLF. En effet, le programme « Coordination du travail gouvernemental » dans lequel étaient insérées les AAI en 2006 contenait également d'autres institutions administratives non indépendantes telles que le secrétariat général du Gouvernement, le secrétariat général de la défense nationale, la direction générale de l'administration et de la fonction publique, ainsi que la Documentation française, ce qui paraît « *beaucoup plus hétéroclite et, partant, beaucoup moins conforme à l'esprit de la LOLF, que ne le serait un programme rassemblant des AAI dédiées, en l'occurrence, à la protection des droits fondamentaux* »[690]. Cette organisation combinant au sein d'un même programme autorités indépendantes et administrations traditionnelles avait pour conséquence de mettre en péril l'autonomie financière des AAI.

Par conséquent, la réunion des AAI ayant pour mission d'assurer la protection des droits et libertés au sein d'un programme dédié a finalement été réalisée en 2009. En effet, la loi de finances pour 2009 a réorganisé la mission « Direction de l'action du gouvernement » en créant un nouveau programme n°308 « Protection des droits et libertés ». Les AAI ont donc quitté le programme « Coordination de l'action du gouvernement » pour être insérées dans un nouveau programme réservé aux autorités administratives indépendantes. Celui-ci comprenait alors sept actions pour

689 Assemblée nationale, Sénat, Rapport précité, 2006, n°3166, n°404, p. 106.

690 Assemblée nationale, Sénat, Rapport précité, 2006, n°3166, n°404, p. 105.

onze AAI. Le Médiateur de la République, la Commission nationale informatique et libertés, le Conseil supérieur de l'audiovisuel, la Haute autorité de lutte contre les discriminations et le Contrôleur général des lieux de privation de liberté disposaient d'une action propre[691]. L'action 6 nommée « Autres autorités indépendantes » regroupait la Commission d'accès aux documents administratifs, le Comité consultatif national d'éthique et la Commission nationale consultative des droits de l'homme. Enfin l'action 7 « Sécurité et protection des libertés » englobait également trois AAI que sont la Commission nationale de contrôle des interceptions de sécurité, la Commission consultative du secret de la défense nationale et la Commission nationale de déontologie de la sécurité. Aujourd'hui, la physionomie de ce programme a évolué. En effet, trois autorités administratives indépendantes présentes en 2009 dans le programme 308 ont fusionné au sein du Défenseur des droits. De plus, une nouvelle autorité a vu le jour en 2013, la Haute autorité pour la transparence de la vie publique[692] et une dernière a été insérée dans le programme 308 à compter de la loi de finances pour 2016 : l'Autorité de régulation de la distribution de la presse (ARDP)[693]. Ainsi, le programme 308 contient désormais huit actions. Celles dédiées au Médiateur et à la HALDE ont été supprimées au profit de trois nouvelles actions : une concernant le Défenseur des droits, une autre concernant la Haute autorité pour la transparence de la vie publique et une dernière au profit de l'Autorité de régulation de la distribution de la presse.

Ce dispositif pourrait par ailleurs être appliqué dans chaque mission. Il serait en effet opportun de réunir les AAI de chaque mission dans un programme dédié, en appliquant de préférence une logique finaliste et non institutionnelle afin de ne pas écorner la LOLF. Ainsi, les autorités présentes dans la mission « Economie » et notamment l'ARCEP, la CRE et l'Autorité de la concurrence pourraient être réunies dans un programme « Régulation des activités économiques ». Tel serait également le cas des autorités intégrées dans la mission « Ecologie, développement et mobilité durables » où pourrait être créé un nouveau programme « Conseil et régulation en matière de politiques environnementales ». Cela pourrait s'appliquer aux diverses missions incluant plusieurs autorités telles que les

691 Il était question des actions 1 à 5.

692 Loi organique n°2013-906 et loi n°2013-907 du 11 octobre 2013 relatives à la transparence de la vie publique.

693 L'ARDP, autorité administrative indépendante, a été créée par la loi n°2011-852 du 20 juillet 2011 relative à la régulation du système de distribution de la presse.

missions « Culture » ou « Gestion des finances publiques et des ressources humaines ». En revanche, d'autres missions ne possèdent qu'une seule AAI. Dans ce cas là, la seule solution serait d'octroyer un programme propre à l'AAI en question à condition qu'un certain seuil de crédits soit atteint. Plusieurs AAI ou API sont dans ce cas : la HAS dans la mission « Santé », l'AFLD dans la mission « Sport, jeunesse et vie associative », et le HCERES dans la mission « Recherche et enseignement supérieur ».

Finalement, si la meilleure solution serait de regrouper toutes les autorités administratives indépendantes au sein d'une nouvelle mission qui leur serait consacrée, leur regroupement au sein d'un programme dans le cadre de la mission à laquelle elles appartiennent déjà paraît être un bon compromis, tenant compte à la fois de la spécificité des AAI et de l'esprit de la LOLF. Etant donné que l'on a pu observer que les AAI sont souvent présentes par trois au minimum dans chaque mission (ce chiffre pouvant aller jusqu'à onze au sein de la mission « Direction de l'action du gouvernement »), cette solution paraît facilement réalisable. Il serait donc impératif d'effectuer ces modifications au sein des prochaines lois de finances afin de permettre à l'autonomie financière des AAI d'exister réellement et de s'épanouir dans le cadre *a priori* hostile de la LOLF.

Toutefois, dans les cas de la HAS, de l'AFLD et du HCERES où cette solution ne paraît pas envisageable, le niveau de l'action et du budget opérationnel de programme pourra être maintenu. Cela devra toutefois être cumulé avec le gel du pouvoir de régulation des responsables de programme par la conclusion de convention de gestion entre ces derniers et les présidents d'AAI.

Malgré un exemple étranger, l'Italie, ayant fait le « *choix du rapprochement* » via « *un fond destiné à l'ensemble des autorités administratives indépendantes* »[694], la France n'a pas encore pratiqué de tels regroupements dans la loi de finances. Dans ce contexte, il convient alors de souligner l'intérêt de la proposition faite de « *prévoir chaque année la remise au Parlement d'un rapport, en annexe générale au projet de loi de finances (un "jaune"), présentant les principales données financières et budgétaires relatives aux autorités administratives indépendantes […] afin de faire ressortir la vérité des coûts des AAI* »[695] comme cela est déjà le cas pour les autorités publiques indépendantes. Cette mesure a été reprise à l'article 24 de la proposition de loi portant statut général des AAI et des API du 7 décembre 2015 en cours d'examen.

---

694 Sénat, Rapport précité sur le bilan et le contrôle des AAI, n°126, 2015, p. 84.
695 *Ibid.*, p. 86.

C. Une solution de compromis : le gel du pouvoir de régulation du directeur de programme vis-à-vis des AAI

Le budget de l'Etat repose sur la règle de spécialisation des crédits par programmes imposée par l'article 7 de la LOLF. Celui-ci prévoit que « *les crédits sont spécialisés par programme ou par dotation* », le programme étant l'unité de principe et la dotation l'exception. Ces programmes sont ensuite présentés selon les sept titres mentionnés à l'article 5 de la LOLF : les dotations des pouvoirs publics, les dépenses de personnel, les dépenses de fonctionnement, les charges de la dette de l'Etat, les dépenses d'investissement, les dépenses d'intervention et les dépenses d'opérations financières. Ces titres viennent classer les crédits, à titre purement indicatif, selon leur nature économique. Or, étant donné le caractère facultatif et non contraignant de la subdivision en titre, le responsable du programme va disposer en réalité de crédits globalisés et fongibles.

Cette nomenclature budgétaire est justifiée par le fait que la LOLF a introduit une logique de performance au sein des finances publiques. Le responsable de programme doit s'engager sur des objectifs. Cette culture du résultat a pour conséquence une responsabilisation du gestionnaire. Elle doit donc forcément s'accompagner d'une grande liberté de gestion offerte au responsable de programme afin qu'il puisse s'adapter en cours d'exercice en fonction des besoins. De ce fait, le programme devient une enveloppe de crédits globalisés au sein duquel le gestionnaire peut utiliser les crédits comme il le souhaite dans le but de remplir ses objectifs. Les crédits globalisés deviennent alors fongibles, c'est-à-dire que leur destination ou leur nature peut être librement modifiée par le responsable de programme. Ils peuvent être déplacés d'un titre vers un autre ou d'une action vers une autre. Ainsi, des dépenses de fonctionnement peuvent être redirigées afin de couvrir des dépenses d'investissement ou encore d'intervention, et inversement. De même, des crédits d'une action, éventuellement relative à une AAI, peuvent être reventilés au profit d'une autre action.

Toutefois, cette fongibilité des crédits n'est pas totalement libre. En effet, elle est dite asymétrique. L'article 7 de la LOLF précise que si « *la présentation des crédits par titre est indicative* », en revanche, « *les crédits ouverts sur le titre des dépenses de personnel de chaque programme constituent le plafond de dépenses de cette nature* ». De ce fait, tous les titres de chaque programme peuvent être librement augmentés ou diminués, à l'exception du titre 2 relatif aux dépenses de personnel. En effet, ce dernier peut certes être réduit pour enrichir un autre titre, mais il ne peut en aucun cas être majoré. Cela résulte de la volonté de maîtriser les dépenses de personnel, celles-ci représentant un peu moins de 40 % des dépenses de l'Etat et constituant donc un enjeu majeur[696]. De ce fait, la LOLF a mis en place un plafonnement des autorisations d'emplois par ministère qui se mesure en équivalents temps plein travaillé (ETPT), afin que les administrations ne puissent recruter de nouveaux agents, cela pouvant aggraver l'état des finances publiques sur le long terme.

De plus, d'autres limites viennent encadrer la fongibilité des crédits. D'une part, les responsables de programme possèdent certes une liberté de gestion des crédits, mais elle s'exerce sous la condition que la modification de la destination des crédits n'empêche pas la couverture de toutes les dépenses obligatoires. D'autre part, les choix de gestion effectués par le responsable de programme dans le cadre de la fongibilité des crédits doivent posséder un caractère soutenable.

Néanmoins en dehors de ces limites, la fongibilité asymétrique des crédits peut être utilisée librement par le gestionnaire du programme. Les autorités administratives indépendantes étant généralement insérées dans des programmes aux côtés de structures administratives classiques, elles peuvent donc se voir appliquer ce dispositif caractérisé par une diminution de leurs crédits au profit d'une autre institution. Or, cela est contraire à leur statut autonome. Il apparaît donc nécessaire de neutraliser la fongibilité des crédits pour les AAI. De la même façon que l'on ne peut pas augmenter les dépenses de personnel, il conviendrait d'admettre que les dépenses des AAI ne peuvent pas être diminuées.

Certaines propositions ont été faites dans ce sens. Tout d'abord, lors de la discussion du projet de loi organique modifiant la LOLF de 2001[697], Alex Türk, alors sénateur et président de la CNIL, avait proposé un amendement visant à neutraliser la fongibilité des crédits à l'encontre des AAI. Il souhaitait que « *sous réserve des dispositions de l'article 14 de la LOLF, aucune décision ayant pour objet ou pour effet de réduire des crédits qui leur ont été attribués en loi de finances ne peut être prise sans l'accord de l'autorité concernée* »[698]. Malheureusement, cet amendement a été retiré. Il a toutefois eu un impact

---

696 Les dépenses de personnel représentent 39,6 % des charges budgétaires de l'Etat pour 2014. Il faut néanmoins souligner que si la part des dépenses de personnel par rapport au budget général a diminué en raison de la crise économique et budgétaire, la valeur absolue des dépenses de personnel continue d'augmenter.

697 Loi organique n°2005-779 du 12 juillet 2005 modifiant la loi organique n°2001-692 du 1er août 2001 relative aux lois de finances.

698 Assemblée nationale, Sénat, Rapport précité, 2006, n°3166, n°404, p. 102.

sur la prise en compte de l'autonomie des AAI par le gouvernement. Ce dernier a en effet apporté des précisions quant à la conduite à tenir à leur encontre. Ainsi, il a encouragé la conclusion de conventions de gestion entre les responsables de programme et les présidents d'AAI afin de protéger les crédits de ces autorités contre l'application de la fongibilité asymétrique des crédits et plus généralement de la régulation budgétaire ; et ce même si les nombreux rapports relatifs à la mise en œuvre de la LOLF ont souligné la rareté de l'utilisation de ce principe dans le cadre de l'ensemble du budget de l'Etat. Ces conventions permettraient donc d'assurer, en pratique, la préservation des crédits des AAI lors de l'exécution du budget.

Ensuite, le rapport parlementaire de 2010 souligne « *qu'il est possible de concilier l'intégration des AAI dans le cadre budgétaire de la LOLF avec leur nécessaire indépendance, sous réserve de leur faire bénéficier de quelques garanties assurant le respect de cette indépendance* »[699]. Aux nombres de ces garanties, on compte notamment « *l'établissement de chartes de gestion entre le responsable de programme et l'AAI* »[700]. Ces chartes ont pour vocation de garantir aux AAI un certain pouvoir quant à la maîtrise et la gestion de leurs crédits, en concurrence avec le responsable de programme. Ainsi, elles précisent les conditions d'application des dispositions de la LOLF au cas particulier des AAI, que ce soit au stade de la préparation ou de l'exécution de leurs budgets. Elles vont notamment préciser les conditions d'application de la fongibilité à l'égard des AAI, que ce soit pour l'exclure ou pour lui permettre de fonctionner après accord de leur président.

Si ces conventions de gestion étaient assez courantes dans le cadre du programme « Coordination du travail gouvernemental » intégré à la mission « Direction de l'action du gouvernement », elles se sont désormais généralisées dans le cadre du nouveau programme 308 « Protection des droits et libertés ». En effet, l'ensemble des AAI de ce programme a conclu une charte de gestion avec le secrétaire général du gouvernement (correspondant au responsable du programme 308) qui l'a agréée le 20 avril 2009. En revanche, ces conventions ne se sont pas encore étendues à l'ensemble des AAI.

Toutefois, une autre menace touche les AAI par l'éventuelle modification de leurs crédits : la possibilité des virements et transferts de crédits. Ces deux procédures viennent assouplir le principe de spécialité applicable aux lois de finances au-delà du cadre du programme. En effet, les virements de crédits permettent de modifier la répartition des crédits entre

699 Assemblée nationale, Rapport précité, 2010, n°2925, p. 149.
700 *Ibid.*, p. 150

programmes relevant d'un même ministère. Les transferts de crédits, quant à eux, viennent modifier la répartition des crédits entre programmes ne relevant pas d'un même ministère. Toutefois, s'il peut y avoir un changement de destination de la dépense dans le cas des virements, tel n'est pas le cas des transferts où, selon l'article 12-II de la LOLF, les crédits transférés doivent « *[correspondre] à des actions du programme d'origine* ». De ce fait, seuls les virements de crédits paraissent pouvoir toucher les AAI. En effet, il est peu probable que l'action d'une AAI se répercute sur plusieurs ministères, à moins que cette autorité dispose d'un budget éclaté. Seuls les virements de crédits au sein d'un même ministère et permettant les changements de destination pourraient alors toucher les AAI et venir diminuer leur autonomie financière. Il conviendrait donc de neutraliser également ces dispositifs et notamment les virements de crédits. La proposition de modification de l'article 7 de la LOLF par Alex Türk en 2005 visait à empêcher la prise de toutes décisions « *ayant pour objet ou pour effet de réduire des crédits* » attribués à une AAI, cela pouvant correspondre tant à l'application de la fongibilité des crédits qu'aux virements et transferts de crédits, à la seule exception des annulations de crédits de l'article 14 de la LOLF. Cela n'ayant pas été retenu, les conventions de gestion doivent également prévoir d'écarter l'application de ces deux dispositifs à l'encontre des crédits des AAI.

Hormis ces solutions très favorables portant sur la LOLF et la nomenclature budgétaire, des modifications indispensables, minimes mais déterminantes, doivent être réalisées pour préserver l'autonomie financière des AAI.

Paragraphe 2. Des solutions évidentes et indispensables mais non appliquées à l'heure actuelle

A côté des solutions très favorables à l'autonomie évoquées plus haut telles que la création d'une mission ou le cas échéant d'un programme au profit des AAI, il existe des remaniements incontournables. En effet, la place offerte à certaines AAI au sein de la nomenclature budgétaire et l'absence de prise en compte de leurs demandes budgétaires lors de l'élaboration du projet de loi de finances représentent un danger pour l'autonomie financière des AAI. Deux éléments sont ici à souligner : d'une part, deux autorités administratives indépendantes ne possèdent pas de budget consolidé et sont éparpillées au sein de la loi de finances, et d'autre part, les AAI sont traitées comme des autorités administratives classiques et n'ont donc pas leur mot à dire dans le cadre de la préparation et de la réalisation du projet de loi de finances (PLF). Il conviendrait donc de mettre en place un budget consolidé et unifié pour chaque AAI (A), mais également une prise en compte effective des prévisions et demandes budgétaires de chaque autorité lors l'élaboration du PLF (B).

A. Un budget consolidé pour chaque AAI

La présence d'un budget consolidé pour chaque autorité administrative indépendante devrait être un présupposé. Elle est essentielle et indispensable à leur autonomie financière. En effet, un budget non consolidé entraîne l'éparpillement des crédits dans la loi de finances et la dislocation du budget de l'AAI. De ce fait, la détermination du montant de ses crédits peut devenir délicate et malaisée du fait de l'opacité causée par la dissémination des crédits. Or, il faut constater que deux autorités administratives indépendantes ne disposent pas d'un budget consolidé (1), cela empêchant la Constitution d'un budget opérationnel de programme à leur profit (2).

1. Le constat de l'absence de budget consolidé

Un budget consolidé est un budget unifié et entier qui ne se divise pas en plusieurs documents distincts. Dans un sens large, une approche consolidée des finances publiques consiste, selon l'Union européenne, à « *ne plus séparer artificiellement l'analyse des finances de l'Etat de celle des finances sociales mais, au contraire, de fusionner dans un même budget, celui de la Nation, voté par le Parlement, l'ensemble des ressources et charges de l'Etat et de la sécurité sociale* »[701], mais également celles des collectivités territoriales. Dans un sens plus restreint, le budget consolidé d'une institution incluse dans la loi de finances correspond à un budget concentré dans une même mission, un même programme, voire une même action. Ainsi, un budget non consolidé est généralement éparpillé dans la loi de finances. Il est donc difficile de connaître son montant précis étant donné l'opacité causée par cette dislocation des crédits d'une même institution. Or, concernant les autorités administratives indépendantes, « *le manque de transparence des budgets et des effectifs des AAI cache une forte croissance tendancielle. Plusieurs AAI ne présentent pas de budget consolidé, même de façon*

701 Sénat, Rapport d'information fait au nom de la commission des finances, du contrôle budgétaire et des comptes économiques de la Nation *sur les prélèvements obligatoires et leur évolution*, Philippe MARINI, 25 octobre 2006, n°41, p. 34.

analytique ; certaines ne connaissent pas même leur coût global »[702]. De nombreuses AAI sont dans ce cas, certaines parce qu'une partie de leurs moyens, humains ou immobiliers, est supportée par un autre organisme, d'autres car leur budget est disséminé au sein de la loi de finances.

De très nombreuses autorités administratives indépendantes ne disposent pas de budgets globaux incluant toutes les dépenses, y compris celles supportées par d'autres organismes publics. En effet, certaines autorités se voient prêter du personnel par leur ministère de rattachement et d'autres sont hébergées dans des locaux qui appartiennent à d'autres organismes. Plusieurs autorités sont dans ce cas. Tout d'abord, trois AAI sont adossées au Conseil d'Etat : la Commission nationale de contrôle de la campagne électorale relative à l'élection du Président de la République, la Haute autorité pour la transparence de la vie publique et le Conseil supérieur de l'agence France presse. Ensuite, d'autres autorités disposent de moyens mis à disposition par leur ministère de rattachement, ces moyens pouvant être immobiliers ou humains. Le rapport parlementaire de 2010 cite notamment la Commission nationale d'aménagement commercial, la Commission d'accès aux documents administratifs et la Commission des participations et des transferts[703]. Par ailleurs, le Médiateur du cinéma est rattaché au Centre national du cinéma. Enfin, l'Autorité de contrôle prudentiel et de résolution est reliée à la Banque de France. En effet, elle constitue un budget annexe du budget de la Banque de France. En revanche, dans ce cadre, si les feuilles de paye du personnel de l'ACPR ou encore ses loyers sont libellés au nom de la Banque de France, celle-ci refacture tous les coûts à l'ACPR[704].

Ainsi, si l'ACPR retrace dans son budget annexé à la Banque de France tous ses coûts, tel n'est pas le cas des autres organismes hébergés par le Conseil d'Etat ou pourvus en personnel par les ministères. En effet, ces autorités ne réalisant pas de comptabilité analytique, les coûts supportés par d'autres administrations ne sont pas pris en compte dans leur budget et donc pas véritablement connus. Or, une comptabilité analytique permettrait de mesurer la réalité du coût des autorités administratives indépendantes. En effet, l'article 59 du décret de 2012 relatif à la comptabilité publique prévoit qu'« *elle a pour objet […] de mesurer les coûts d'une structure […] en vue*

702 Assemblée nationale, rapport précité, 2010, n°2925, p. 13.
703 *Ibid.*, p. 132.
704 Informations en provenance du service financier et comptable de l'ACPR (entretien du 10 janvier 2013), cf. annexe n°9, « Liste des personnes auditionnées », p. 557.

d'éclairer les décisions d'organisation et de gestion »[705]. Les AAI ont donc deux possibilités : soit présenter une comptabilité analytique faisant état de l'intégralité des coûts de l'autorité comprenant les personnels et les bureaux mis à disposition gracieusement par d'autres administrations ; soit « *présenter un budget global incluant tous les coûts concourant à son fonctionnement, y compris ceux supportés par le budget d'autres organismes publics* »[706]. Cela permettrait d'assurer une transparence totale des budgets des AAI et faciliterait également le contrôle du Parlement par la vision globale que cela engendrerait.

Par ailleurs, deux autorités administratives indépendantes disposent d'un budget non consolidé car éparpillé au sein de la loi de finances : la Commission de sécurité des consommateurs (CSC) et l'Autorité de sûreté nucléaire (ASN). Celles-ci sont en effet financées par plusieurs actions au sein de plusieurs programmes différents voire plusieurs missions distinctes.

La CSC est en effet financée par deux programmes différents relevant de deux missions distinctes : « Economie » et « Gestion des finances publiques et ressources humaines »[707].

L'ASN est incluse dans la mission « Ecologie, développement et aménagement durables », notamment au sein du programme n°181 « Prévention des risques », à l'action n°9, mais en réalité, il est question d'un financement partiel qui se réalise concurremment avec trois autres programmes. En effet, « *le budget de l'ASN est éclaté entre quatre programmes budgétaires distincts* »[708] inclus dans trois missions différentes. Tout d'abord, les programmes n°181 « Prévention des risques » et n°217 « Conduite et pilotage des politiques de l'écologie, de l'énergie, du développement durable et de la mer » de la mission « Ecologie, développement et aménagement durables » financent respectivement les dépenses de personnel, de fonctionnement et d'intervention de l'ASN, et le fonctionnement de ses onze divisions territoriales. Ensuite, le programme n°190 « Recherche dans les domaines de l'énergie, du développement et de l'aménagement durables » de la mission « Recherche et enseignement supérieur » finance l'appui technique de l'Institut de radioprotection et de sûreté nucléaire à l'ASN. Enfin, le programme n°218 « Conduite et pilotage des politiques économique et financière » de la mission « Gestion des finances publiques et

---

[705] Décret n°2012-1246 du 7 novembre 2012 relatif à la gestion budgétaire et comptable publique.

[706] Assemblée nationale, rapport précité, 2010, n°2925, p. 134.

[707] Sénat, Rapport précité sur le bilan et le contrôle des AAI, n°126, 2015, p. 85.

[708] Assemblée nationale, rapport précité, 2010, n°2925, p. 108. Le Sénat a d'ailleurs fait un constat similaire dans son rapport de 2015 précité faisant le bilan et le contrôle des AAI, 28 octobre 2015, n°126, p. 85.

des ressources humaines » finance le fonctionnement des services centraux de l'ASN.

Or, l'ASN nécessite une vision globalisée de son budget afin de pouvoir participer à la préparation, au suivi et à l'exécution de celui-ci. Il conviendrait donc de regrouper les financements de l'ASN au sein d'une même mission et d'un même programme. Si la création d'un programme dédié à l'ASN se heurte à la logique de la LOLF, voulant éviter le regroupement des crédits par organisme et privilégier une logique de politiques publiques, il semble opportun de réunir les crédits de l'ASN au sein d'une action. Le programme 181 de la mission « Ecologie, développement et aménagement durables » paraissant être le plus pertinent, « *la création d'une action spécifique au sein de ce programme 181 pourrait donc constituer le bon compromis* »[709].

Finalement, le minimum requis pour respecter l'autonomie financière des AAI correspond à un budget consolidé pour chacune d'entre elles, c'est-à-dire un budget non éclaté au sein de la loi de finances. En effet, la présence de budgets non consolidés et d'un éclatement budgétaire des crédits a des conséquences néfastes tant sur l'autonomie financière que sur la transparence des budgets des AAI. Un budget consolidé *a contrario* permettrait en premier lieu de respecter et de renforcer l'autonomie financière des AAI. Il favoriserait en deuxième lieu le contrôle du Parlement. Et en dernier lieu, la réunion des crédits au sein d'une même mission et d'un même programme permettrait aux AAI de participer à l'élaboration et l'exécution de leur budget par la possibilité de créer un budget opérationnel de programme pour chaque autorité.

2. La nécessité d'un budget consolidé au sein d'une action : la création essentielle d'un BOP par AAI.

Un budget consolidé au profit de chaque autorité administrative indépendante permettrait la Constitution d'un budget opérationnel de programme (BOP) pour chacune d'elles. Or, le BOP constitue le minimum requis pour assurer un degré minimal d'autonomie financière. Sans cela, les autorités ne sont plus véritablement autonomes d'un point de vue financier. La raison est la suivante : « *un BOP est un lieu de programmation, d'allocation des ressources et de liberté de gestion* »[710], il procure à son gestionnaire une enveloppe

709 Assemblée nationale, rapport précité, 2010, n°2925, p. 109.
710 Stéphanie DAMAREY, *Exécution et contrôle des finances publiques*, Gualino éditeur, 2007, p.141.

globale de crédits qu'il peut gérer librement selon des objectifs qu'il a lui-même contribuer à définir. Le gestionnaire dispose donc de grands pouvoirs tant au niveau de l'élaboration que de l'exécution de son budget. Ainsi, si les AAI sont constitutives d'un BOP, leur dirigeant sera le gestionnaire responsable du BOP. Plusieurs prérogatives importantes s'offriront à lui.

D'une part, le responsable du BOP participe à l'élaboration de son budget. En effet, c'est lui qui réalise le projet de budget opérationnel de programme selon les orientations générales du programme dont il dépend. C'est donc lui qui contribue à définir d'un côté, ses besoins et ses crédits selon les opérations à mener et donc les dépenses qu'il va effectuer et, d'un autre côté, les objectifs à atteindre ainsi que les indicateurs de performance afférents.

D'autre part, le responsable de BOP participe au dialogue de gestion avec le responsable de programme. Pour ce faire, il va conclure les conventions de gestion, matérialisant ce dialogue et permettant de déterminer les conditions d'exécution du budget, et notamment les conditions dans lesquelles la fongibilité asymétrique des crédits ainsi que la régulation budgétaire trouveraient à s'appliquer à l'AAI dans le cadre du programme.

Enfin, le responsable du BOP exécute librement les crédits qui lui ont été confiés. En effet, il dispose d'une enveloppe globale de crédits qu'il répartit comme il le souhaite en fonction des objectifs qu'il s'est fixé. Il peut alors utiliser la fongibilité asymétrique des crédits à l'intérieur du BOP. Or, les AAI constituant une sous-action et non une action peuvent alors se voir appliquer la fongibilité asymétrique non seulement dans le cadre du programme mais également dans le cadre du BOP ; c'est pourquoi il est important non seulement que chaque AAI soit au minimum constitutive d'une action et d'un BOP, mais également qu'elle conclue une charte de gestion avec le responsable de programme dont elle dépend afin de prévoir à son encontre un exécution budgétaire favorisant son autonomie financière.

Par ailleurs, il existe tout au long de l'exécution budgétaire un dialogue de gestion continu entre le responsable de programme et le responsable de BOP, celui-ci pouvant avoir un effet bénéfique pour les AAI en tenant compte de leur spécificité.

Finalement, pour détenir un degré minimal et convenable d'autonomie financière les autorités administratives indépendantes incluses dans la loi de finances doivent au moins disposer d'une action propre et d'un budget opérationnel de programme dédié à leur activité. Par ailleurs, pour optimiser cette position particulière dans la nomenclature budgétaire, elles doivent conclure une convention de gestion avec le responsable de programme afin d'aménager les mécanismes de la LOLF à leur profit.

B. La détermination de leur budget par les AAI elles-mêmes : une nécessaire prise en compte par le gouvernement et le Parlement

Les autorités administratives indépendantes, en tant qu'autorités administratives non personnalisées, sont soumises aux mêmes procédures budgétaires que les administrations classiques. Ainsi, « *le budget des AAI suit le sort commun des budgets, c'est-à-dire qu'il fait l'objet d'arbitrages gouvernementaux et qu'il est soumis au vote du Parlement* »[711]. En effet, la LOLF n'évoquant pas les AAI, ni pour les inclure, ni pour les exclure de son champ d'application, cela signifie qu'elle ne tient pas compte de leur spécificité et qu'elle les traite comme des administrations classiques. Or, cela paraît contraire à la nécessaire autonomie financière des AAI.

Toutefois, si le texte de la LOLF ne se réfère pas aux AAI et qu'elles paraissent totalement soumises à un pouvoir de décision budgétaire extérieur, en réalité, « *le tableau de l'autonomie budgétaire des AAI [...] ne doit pas être totalement noirci* »[712]. En effet, en pratique, plusieurs mécanismes dérogatoires s'appliquent à elles.

Concernant la détermination de leur budget, c'est le collège de l'autorité qui arrête le budget prévisionnel avec l'aide du secrétariat général. Celui-ci est ensuite transmis au gouvernement, et notamment à la direction du budget, afin de rentrer dans le cadre plus large de l'élaboration de la loi de finances. Ainsi, certes l'AAI détermine elle-même ses besoins et son budget annuel, mais ceux-ci sont par la suite soumis aux divers arbitrages gouvernementaux.

Le premier mécanisme dérogatoire applicable aux autorités administratives indépendantes dans le cadre de la réalisation du projet de loi de finances, est la possibilité offerte à leur dirigeant de s'exprimer face au gouvernement. En effet, les présidents de certaines AAI sont invités à participer aux conférences budgétaires afin de proposer à la direction du

---

711 Louis SCHWEITZER, « Qu'est ce qu'une haute autorité indépendante ? », *in* colloque de rentrée du Collège de France, *De l'autorité*, 18 et 19 octobre 2007.

712 Cédric GUILLERMINET, « L'autonomie budgétaire : une ombre au tableau de l'indépendance des AAI », *in* Mélanges Jean-Louis AUTIN, *Indépendances*, Montpellier, Presses de la faculté de Montpellier, 2012, p. 368.

budget les crédits nécessaires à la réalisation de leurs missions. Cela ne s'applique toutefois qu'à certaines autorités et depuis peu de temps. En effet, le rapport parlementaire de 2006 recommandait que « *les AAI dont le budget et les effectifs le justifient (CSA, ARCEP, CRE, CNIL, HALDE, Médiateur de la République ...) puissent négocier chaque année leurs crédits directement avec le ministère du budget, au cours d'une conférence budgétaire* »[713]. De ce fait, avant 2006, cette procédure n'existait pas. Elle a ensuite été mise en place, mais elle a été réservée aux autorités disposant des plus gros budgets. Le rapport de 2010 souligne alors que « *la direction du budget assure déjà des réunions spécifiques avec la plupart des AAI les plus importantes pour examiner leurs crédits* »[714] et il suggère que ce dispositif soit étendu à toutes les AAI.

Ce mécanisme favorisant l'autonomie financière des AAI en leur permettant de défendre leur budget directement avec la direction du budget, le rapport parlementaire de 2010 propose qu'il soit généralisé par son inscription dans les conventions de gestion tripartites que doivent conclure les dirigeants des autorités indépendantes avec les responsables de programme et le directeur du budget « *afin de préciser les « règles du jeu » de la préparation et de l'exécution des budgets concernés* »[715]. Le seul élément manquant serait de faire en sorte que ces prévisions budgétaires effectuées par les AAI soient respectées par la direction du budget, car en effet, un problème demeure : « *si l'AAI propose, le gouvernement dispose* »[716]. Pour ce faire, il serait indispensable de cumuler la détermination de son budget par l'AAI avec l'évaluation des besoins de l'autorité par un organisme indépendant, celui-ci pouvant être un comité d'audit assurant une expertise impartiale des états financiers de l'AAI. L'audit interne assuré par des structures relevant du gouvernement ou du Parlement n'étant pas neutre, il faudrait recourir à un audit externe assuré par la Cour des comptes au moyen d'un rapport annuel.

L'élaboration de budgets prévisionnels contraignants par les AAI, très bénéfique à leur autonomie financière, paraît toutefois poser des problèmes de constitutionnalité. En effet, s'il constitue un partage du pouvoir d'initiative budgétaire entre le gouvernement et les autorités indépendantes alors il est contraire aux articles 39 et 47 de la Constitution prévoyant que seuls les projets de loi de finances seront analysés. Par conséquent, même si les AAI participent aux réunions d'arbitrages budgétaires, le dernier mot sera toujours celui du gouvernement, seul compétent pour élaborer les

713 Assemblée nationale, Sénat, rapport précité, 2006, n°3166, n°404, p. 106
714 Assemblée nationale, rapport précité, 2010, n°2925, p. 151.
715 *Ibid.*, p. 150.
716 Marie-José GUEDON, *Les autorités administratives indépendantes*, Paris, LGDJ, 1991, p. 44.

projets de loi de finances. « *L'initiative gouvernementale apparaît donc incontournable en matière budgétaire* »[717].

Finalement, il ne reste aux AAI que la possibilité de défendre directement leur budget devant le Parlement, et notamment les commissions compétentes de chaque assemblée. Un autre mécanisme dérogatoire avait été proposé dans ce sens par le Conseil d'Etat avant l'adoption de la LOLF. Néanmoins, celui-ci n'a pas été retenu. Le Conseil estimait dans son rapport que « *dans le cadre de la réforme en cours de l'ordonnance n° 59-2 du 2 janvier 1959, il pourrait être envisagé de permettre [aux AAI] dont l'importance des moyens le justifie de discuter plus directement de leur budget devant le Parlement* »[718] lors du vote de la loi de finances. Ainsi, il pourrait être procédé à des auditions des responsables d'AAI en commission. Chacun exposerait son bilan annuel et ferait part de ses besoins pour l'année suivante. Or, un problème persiste : l'article 40 de la Constitution empêche les parlementaires de déposer des amendements ayant pour conséquence la création ou l'aggravation d'une charge publique. De ce fait, les AAI paraissent ne pas pouvoir voir leur budget, éventuellement insuffisant, renforcé et augmenté par les parlementaires (via des propositions des commissions parlementaires). Néanmoins, l'article 47 de la LOLF prévoit que dans le cadre de l'article 40 de la Constitution, « *la charge s'entend, s'agissant des amendements s'appliquant aux crédits, de la mission* ». Par conséquent, les parlementaires peuvent moduler à la hausse ou à la baisse les crédits de chaque programme à condition que le plafond de la mission qui englobe lesdits programmes ne soit pas atteint. Les parlementaires ont donc le pouvoir d'augmenter les budgets des AAI si elles le nécessitent, celui-ci étant strictement encadré.

Dans le cas du dépassement du plafond de la mission, la seule possibilité serait que le gouvernement accepte d'effectuer l'augmentation de charge lui-même. Celui-ci est donc prédominant dans le cadre de la détermination du montant des crédits offerts aux AAI malgré quelques assouplissements de la procédure budgétaire au profit de ces institutions.

---

717 Martine LOMBARD, art. cit., p. 131.

718 Conseil d'Etat, Rapport précité, 2001, EDCE n°52, p. 371.

Section 2.
L'amélioration de l'autonomie financière par l'affectation des ressources aux AAI

Au-delà de l'aménagement des lois de finances et de la LOLF et pour améliorer l'autonomie financière des AAI, il faut leur permettre de bénéficier de ressources propres ou, le cas échéant, de ressources fiscales affectées par exception au principe d'universalité budgétaire. Ce principe, prévu à l'article 6 de la LOLF, a pour double conséquence la non-compensation et la non-affectation des recettes et des dépenses. La LOLF prévoit en effet qu'au sein du budget de l'Etat « *il est fait recette du montant intégral des produits, sans contraction entre les recettes et les dépenses* »[719]. Par ailleurs, « *l'ensemble des recettes assurant l'exécution de l'ensemble des dépenses, toutes les recettes et toutes les dépenses sont retracées sur un compte unique, intitulé budget général* »[720]. Néanmoins, si le principe d'universalité applicable aux lois de finances interdit d'affecter une ressource à une dépense particulière, la LOLF a prévu des exceptions le permettant. Celles-ci sont prévues aux articles 16 et suivants. L'article 16 précise notamment que « *certaines recettes peuvent être directement affectées à certaines dépenses. Ces affectations prennent la forme de budgets annexes, de comptes spéciaux ou de procédures comptables particulières* » telles que les dons et legs, les fonds de concours, la procédure d'attribution de produits ou de rétablissement de crédits. On constate donc que « *des exceptions au principe de non affectation des recettes aux dépenses restent prévues, qui mériteraient sans doute d'être exploré en priorité avant la solution de la création d'une personne morale nouvelle* »[721].

Toutefois, les autorités administratives indépendantes paraissent ne pas pouvoir bénéficier d'un budget annexe ou d'un compte spécial (paragraphe 1). Ainsi, il convient d'explorer d'autres voies d'affectation des recettes aux dépenses afin qu'elles puissent percevoir des ressources affectées par opposition au principe d'universalité budgétaire, cela étant d'autant plus facilité par l'octroi de la personnalité morale (paragraphe 2).

---

719 Article 6 alinéa 2 de la loi organique n°2001-692 du 1er août 2001 relative aux lois de finances.

720 Article 6 alinéa 3 de la LOLF.

721 Martine LOMBARD, art. cit., p. 129.

Paragraphe 1. L'impossible Constitution d'un budget annexe ou d'un compte spécial

Pour affecter certaines ressources à certaines dépenses, deux procédés sont notamment évoqués par la LOLF : les budgets annexes (A) et les comptes spéciaux (B). Malheureusement, les autorités administratives indépendantes ne semblent pas remplir les critères permettant la création d'un de ces deux mécanismes d'affectation de recettes à leur profit.

A. L'impossible création d'un budget annexe pour les AAI

La définition classique du budget annexe et son évolution (1) mettent en évidence des critères qui ne sont pas remplis par les autorités administratives indépendantes (2). Celles-ci ne peuvent donc pas, par conséquent, constituer un budget annexe.

1. La définition des budgets annexes

Les budgets annexes sont des budgets spéciaux qui permettent l'affectation de recettes à certaines dépenses par exception aux principes d'unité et d'universalité budgétaires. En effet, « *la technique des budgets annexes permet d'isoler, au sein de la loi de finances, certains crédits budgétaires* »[722]. Elle entraîne donc une individualisation des opérations de certains services publics de l'Etat afin de leur appliquer une gestion commerciale dérogatoire, ce qui a vocation à les rendre davantage autonomes et responsables.

Ils sont définis à l'article 18 de la LOLF qui précise que « *des budgets annexes peuvent retracer, dans les conditions prévues par une loi de finances, les seules opérations des services de l'Etat non dotés de la personnalité morale résultant de leur activité de production de biens ou de prestation de services donnant lieu au paiement de redevances, lorsqu'elles sont effectuées à titre principal par lesdits services* ». Avant cela, l'article 20 de l'ordonnance organique de 1959 prévoyait une définition plus large qui n'était pas en accord avec la pratique[723]. Dans un but de rapprochement de la théorie et de la pratique, la LOLF est venue restreindre le champ d'application des budgets annexes, ce qui a entraîné la suppression de nombre d'entre eux pour n'en conserver que deux : « contrôle et

722 Stéphanie DAMAREY, *op. cit.*, p. 92.

723 La notion de « *redevances* » a remplacé celle de « *prix* » et, si les types d'activités restent les mêmes, la LOLF est venue préciser qu'elle devait s'exercer « *à titre principal* » et de façon exclusive (« *les seules opérations* ») afin de restreindre la possibilité de constituer un budget annexe.

exploitation aériens » et « publications officielles et information administrative ».

L'article 18 de la LOLF pose donc plusieurs conditions restrictives. Tout d'abord, le premier critère pour posséder un budget annexe est l'absence de personnalité morale. Aucun organisme personnalisé ne peut être constitutif d'un budget annexe. Cela paraît logique car les institutions personnalisées disposent d'un budget dit autonome qui n'apparaît pas dans la loi de finances. Dans ce dernier cas, il est question d'un démembrement de l'administration, contrairement aux budgets annexes qui permettent de financer des services appartenant effectivement à l'Etat et qui apparaissent dans la loi de finances.

Ensuite, la deuxième condition de l'article 18 concerne l'activité du service en cause. Deux types de fonctions sont alors évoqués : la production de biens et la prestation de services. Les deux budgets annexes existants à ce jour correspondent à ce critère, celui relatif au contrôle et à l'exploitation aériens réalisant des prestations de services et celui relatif aux publications officielles et à l'information administrative consistant en une activité de production de biens : les documents officiels. Il convient toutefois de préciser que la LOLF de 2001 a restreint cette condition. En effet, « *l'usage de l'adjectif "seule" cantonne le champ des budgets annexes aux "seules opérations [...] de production de biens ou de prestation de services" ; or manifestement, l'activité des journaux officiels et des monnaies et médailles ne se limitait pas à ces seules opérations...* »[724]. L'entrée en vigueur de la LOLF a donc entraîné la suppression de tous les budgets annexes qui n'exerçaient pas ces activités non seulement « *à titre principal* » comme le précise l'article 18, mais également de façon exclusive. Les raisons de cette limitation par la LOLF correspondent au fait que l'établissement d'un budget annexe, c'est-à-dire d'un compte à part, et l'utilisation de techniques comptables dérogatoires se justifient précisément par leur activité économique qui nécessite une autonomie et une responsabilité renforcées.

Enfin, la dernière condition posée par l'article 18 est la perception de redevances. Pour être titulaire d'un budget annexe, le service de l'Etat doit avoir une capacité à s'autofinancer. En effet, deux modes de financement lui sont ouverts : les redevances pour service rendu et l'emprunt ; les premières étant clairement inscrites dans l'article 18 et le second étant induit par l'idée de « *variation de l'endettement* » présente dans ce même article. En revanche, le financement d'un budget annexe par l'impôt ou par une participation du budget général est exclu. En effet, la LOLF précise qu' « *aucun des mouvements de crédits prévus aux articles 11 et 12 ne peut être*

[724] Stéphanie DAMAREY, *op. cit.*, p. 94.

effectué entre le budget général et un budget annexe »[725]. De ce fait, la procédure de répartition des crédits par voie règlementaire de l'article 11 est impossible, que cela concerne la dotation pour dépenses accidentelles et imprévisibles ou celle pour mesures générales en matière de rémunérations. Par ailleurs, les virements et transferts de crédits, prévu par l'article 12, sont interdits par l'article 18 de la LOLF. Ainsi, les budgets annexes ne peuvent que s'autofinancer, soit par le biais de redevances, soit grâce à l'emprunt. L'absence de tout mouvement de crédits entre le budget général et les budgets annexes justifie donc une des particularités de ces derniers qui ont la possibilité de constituer des réserves permettant de faire face aux aléas de gestion et à des charges futures, contrairement aux services ordinaires de l'Etat qui, bloqués par la règle de l'annualité, ne peuvent ni constituer des réserves de précaution ni effectuer des reports de crédits, ceux-ci n'étant qu'exceptionnels et mis en œuvre par des autorités supérieures (arrêté conjoint du ministre des finances et du ministre intéressé).

Finalement, la détention d'un budget annexe permet aux services non personnalisés de l'Etat qui en sont titulaires d'être autonomes. En effet, ces derniers possèdent d'une part, une autonomie financière du fait de l'autofinancement par des ressources propres et d'autre part, une autonomie de gestion par l'usage d'une comptabilité dérogatoire plus souple ; c'est pourquoi ce système serait donc très favorable pour les AAI. Il a néanmoins vocation à disparaître.

2. L'application aux autorités administratives indépendantes

Si ce système paraît très avantageux pour l'autonomie financière des autorités administratives indépendantes, il faut néanmoins analyser si sa mise en œuvre est possible et si lesdites autorités remplissent les conditions de création d'un budget annexe.

Tout d'abord, les AAI ne disposent pas de la personnalité morale. Elles sont des services non personnalisés de l'Etat. En effet, hormis les huit autorités publiques indépendantes dotées de la personnalité morale et d'un budget autonome, les autres AAI remplissent le premier critère d'existence d'un budget annexe.

En revanche, concernant leur activité, de sérieux doutes existent quant au respect des conditions de création d'un budget annexe. Selon Martine Lombard, « *il est vrai que [cette formule] ne paraît guère adaptée* »[726]. Il convient toutefois de décortiquer les conditions tenant à l'activité du

[725] Article 18 de la LOLF.

[726] Martine LOMBARD, art. cit., p. 129.

service. Concernant sa nature, si les autorités administratives indépendantes n'exercent jamais une mission de production de biens, leur fonction de régulation pourrait néanmoins être constitutive d'une prestation de services. En effet, la régulation implique plusieurs pouvoirs au profit des AAI : l'évaluation et le contrôle en amont, grâce à des fonctions d'expertise, d'enquête et d'investigation, et la prise de décision en aval, qu'elle soit contraignante ou non, par le biais de propositions, de recommandations, d'avis, d'accréditations, d'homologations ou de sanctions.

Concernant l'exclusivité de l'activité de prestation de services et son exercice à titre principal, il semble que la régulation soit la seule et unique mission des AAI. Toutefois, cette activité étant plurale et très diversifiée en fonction des AAI, un doute demeure.

Or, les hésitations disparaissent lorsque l'on aborde la dernière condition du financement du service par le biais de redevances, voire de l'emprunt. En effet, les autorités administratives indépendantes sont exclusivement financées par des crédits inscrits au budget général. De plus, si la régulation des secteurs économiques se prête facilement à la perception de redevances, la protection des droits et libertés et l'idée de régulation sociale ne permet pas aux AAI qui remplissent ces missions de s'autofinancer. Ainsi, par exemple, la Commission de régulation de l'énergie (CRE), l'Autorité de régulation des communications électroniques et des postes (ARCEP) ou encore l'Autorité de régulation des jeux en ligne (ARJEL), intervenant dans le domaine de la régulation économique, auraient éventuellement la possibilité de percevoir des redevances[727]. Néanmoins, ces redevances ne pourraient pas toujours financer la totalité du budget, et les AAI nécessiteraient parfois une autre source de financement. Or, l'emprunt n'étant pas une possibilité offerte aux AAI, ces institutions ne remplissent donc pas toutes les conditions de Constitution d'un budget annexe à leur profit.

---

[727] A titre d'exemple, l'ARCEP a perçu 241 millions d'euros de taxes et redevances pour le compte du budget général en 2015, auxquels s'ajoutent les 2,8 milliards d'euros rapportés aux finances publiques par l'attribution des fréquences de la bande 700 MHz. L'autorité a donc largement la possibilité de se financer par des redevances pour service rendu à condition que celles-ci lui soient affectées et qu'elle les perçoive pour son propre compte. Les seules redevances ont rapporté 213 millions d'euros en 2015 (données issues du rapport public 2015 de l'ARCEP, publié en juin 2016) alors que l'Etat ne finance l'ARCEP qu'à hauteur d'une vingtaine de millions d'euros…

B. L'impossible création d'un compte spécial au profit des AAI

Selon la LOLF, il existe quatre catégories de comptes spéciaux (1) qui possèdent des définitions différentes mais qui ont toutes pour objectif d'affecter des ressources à des dépenses particulières. En revanche, les autorités administratives indépendantes ne paraissent pas pouvoir posséder un compte spécial (2).

1. La définition des comptes spéciaux

Les comptes spéciaux permettent une affectation des recettes et des dépenses, comme l'indique l'article 16 de la LOLF. Ainsi, lorsque des opérations nécessitent un suivi et des règles dérogatoires, car elles supportent mal l'application des règles classiques du budget général, les comptes spéciaux leur apportent un cadre privilégié notamment en rapprochant certaines recettes de certaines dépenses. Ils constituent donc une exception au principe de non-affectation, mais également parfois au principe de non-compensation issus de la règle de l'universalité budgétaire. Ces comptes sont ouverts par la loi de finances qui les crée et les supprime. A l'heure actuelle, on dénombre une trentaine de comptes spéciaux alors qu'il en existait plus du double sous le régime de l'ordonnance de 1959, et des centaines avant l'entrée en vigueur de la dite ordonnance.

L'article 19 prévoit qu'il existe quatre catégories de comptes spéciaux : les comptes d'affectation spéciale, les comptes de commerce, les comptes d'opérations monétaires et les comptes de concours financiers. Or, parmi ces quatre types de comptes, deux sont dotés de crédits et sont couramment appelés « *comptes à crédits* » et deux autres ne sont pas dotés de crédits et sont dénommés « *comptes à découvert* »[728].

Les comptes d'affectation spéciale et les comptes de concours financiers font partie des comptes à crédits. Ceux-ci mettent en place une affectation de recettes à des dépenses accompagnée d'une prévision de recettes et de crédits.

Les comptes d'affectation spéciale correspondent à la catégorie de droit commun. Ils sont définis à l'article 21 de la LOLF qui précise qu'ils « *retracent des opérations budgétaires financées au moyen de recettes particulières qui sont,*

---

[728] Jean-Luc ALBERT, *op. cit.*, pp. 353-358.

par nature, en relation directe avec les dépenses concernées ». Il existe donc une correspondance nécessaire et évidente entre les recettes et les dépenses, toutes deux déterminées par l'opération en cause. Par ailleurs, ces recettes peuvent être complétées, de façon minoritaire, par un versement du budget général, à condition que celui-ci ne dépasse pas 10 % des crédits initiaux. En 2016, dix comptes d'affectation spéciale étaient présents dans la loi de finances. Parmi eux, les plus importants sont le compte des « Pensions » regroupant 57 milliards d'euros et celui relatif aux « Participations financières de l'Etat » dont le montant s'élève à 4,5 milliards d'euros. Les autres comptes, quant à eux, ne dépassent pas le milliard d'euros.

Les comptes de concours financiers sont prévus par l'article 24 de la LOLF. Ils « *retracent les prêts et avances consentis par l'Etat* », que cela concerne par exemple les prêts consentis par le Trésor aux Etats étrangers ou les avances accordées aux collectivités territoriales. Par conséquent, chaque débiteur ou chaque catégorie de débiteurs doit posséder un compte propre. A titre d'exemple, le compte le plus important n'est autre que celui relatif aux « Avances aux collectivités territoriales ». Il vise à retracer les avances d'impôts directs revenant aux collectivités territoriales dont les sommes s'élevaient pour 2016 à près de 110 milliards d'euros.

Par ailleurs, deux autres catégories de comptes spéciaux sont des comptes à découvert qui ne sont pas dotés de crédits. En effet, ces comptes réalisent non seulement une affectation mais également une compensation des recettes et des dépenses. Ainsi, la contraction des montants entraîne une autorisation parlementaire qui ne porte que sur un découvert maximal. Dans ce cadre, l'évaluation des recettes et des dépenses n'a qu'un caractère indicatif alors que le découvert fixé par chaque compte a un caractère limitatif.

D'une part, les comptes de commerce, prévus par l'article 22 de la LOLF, « *retracent des opérations de caractère industriel et commercial effectuées à titre accessoire par des services de l'Etat non dotés de la personnalité morale* » ni d'un budget annexe. Cette catégorie de comptes spéciaux se justifie par la nécessité d'isoler ce type d'activité industrielle et commerciale afin de lui permettre d'avoir une gestion différente et dérogatoire. Tel est notamment le cas de la gestion de la dette et de la trésorerie de l'Etat.

D'autre part, les comptes d'opérations monétaires « *retracent les recettes et les dépenses de caractère monétaire* » selon l'article 23 de la LOLF, « *et notamment celles relatives aux pertes et bénéfices de change ainsi qu'aux émissions de monnaies métalliques* »[729].

---

[729] Stéphanie DAMAREY, *op. cit.*, p. 98

Le régime juridique s'appliquant à tous ces comptes spéciaux est notamment fixé à l'article 20 de la LOLF. Ainsi, chaque compte spécial est constitutif d'une mission. Or, aucun virement ou transfert de crédits ne peut être réalisé entre un compte spécial et le budget général ou un budget annexe. Par ailleurs, le solde de chaque compte spécial est reporté sur l'année suivante, selon la procédure de reports de crédits de l'article 15, dans la limite de 3 % des crédits initiaux.

2. L'application aux autorités administratives indépendantes

Suite à l'analyse des diverses catégories de comptes spéciaux, il convient d'étudier la possibilité pour une autorité administrative indépendante non personnalisée de constituer un compte spécial. Si les AAI ne paraissent pas remplir les critères pour être titulaires d'un compte spécial, il semblerait que l'une des catégories posées par l'article 19 soit la plus adaptée à leur régime spécifique.

Dans un premier temps, il faut écarter les comptes à découvert. En effet, ils ne paraissent pas répondre à la nécessaire constitution de prévisions de recettes et de dépenses au profit des AAI. De plus, les AAI ne répondent pas aux conditions posées pour chaque compte. D'un côté, le compte de commerce, ayant trait à des opérations industrielles et commerciales effectuées à titre accessoire, ne correspond pas aux missions de régulation pratiquées par les AAI, notamment car la majorité d'entre elles n'interviennent pas dans ce secteur concurrentiel mais davantage en matière de droits et libertés. D'un autre côté, le compte d'opérations monétaires est d'autant plus à exclure qu'il ne concerne que des recettes et dépenses de caractère monétaire totalement étrangères aux AAI.

Dans un deuxième temps, parmi les comptes à crédits, il est possible de rejeter la catégorie des comptes de concours financiers. En effet, ceux-ci retraçant les prêts et avances consentis par l'Etat ne peuvent en aucun cas permettre de financer les AAI.

Dans un dernier temps, il convient d'analyser l'éventuelle constitution d'un compte d'affectation spéciale au profit des autorités administratives indépendantes. Après avoir rejeté l'éventualité d'un budget annexe en faveur des AAI, Martine Lombard soulignait que « *la technique des comptes spéciaux, visée à l'article 21 de la loi organique, pourrait apparaitre plus adéquate, sous forme notamment des comptes d'affectation spéciale* »[730]. En effet, ce dispositif permettrait aux AAI, et notamment aux régulateurs économiques, de disposer d'une autonomie financière renforcée par l'affectation des ressources tirées de la mission de régulation des AAI à leurs dépenses diverses. Ainsi, les AAI seraient financées directement par des recettes issues de leur activité. Leurs ressources, en lien direct avec leur mission, pourraient alors correspondre notamment à des taxes et redevances pour service rendu, mais également, de façon accessoire, aux sanctions pécuniaires prononcées. Néanmoins, la mise en place de ces ressources impliquerait l'intervention du législateur. Celui-ci devrait alors créer des taxes et/ou redevances en rapport avec la mission des AAI afin d'alimenter, de façon exclusive et spécifique, leur budget. Il aura ensuite vocation à intervenir de nouveau afin de mettre en place une affectation de ces recettes aux dépenses des AAI par la création d'un compte d'affectation spéciale.

Ces comptes finançant des opérations « *au moyen de recettes particulières [...] en relation directe avec les dépenses concernées* »[731], ils entraîneraient donc un financement des AAI au moyen des recettes tirées du secteur régulé. Par ailleurs, une autre modalité de ce compte favorable aux AAI est la possibilité de compléter le financement par le secteur régulé grâce à un versement du budget général. De ce fait, si les ressources procurées par la mission des AAI ne suffisent pas pour couvrir l'ensemble des dépenses, le compte pourrait être enrichi d'une contribution issue du budget général. Toutefois, celle-ci ne pourra pas dépasser 10 % des crédits initiaux. Ce financement complémentaire par le budget général est donc minime, mais il reste une possibilité intéressante et satisfaisante pour la catégorie des AAI, et ce d'autant plus que le mouvement inverse est impossible. En effet, il est très positif que les comptes spéciaux, même bénéficiaires, ne servent pas à renflouer les crédits du budget général, d'un budget annexe ou d'un autre compte spécial.

Un compte d'affectation spéciale permettrait donc, notamment à l'ARCEP, de percevoir ses recettes (241 millions d'euros pour 2015) pour son propre compte plutôt que de les percevoir pour le compte du budget général et ne pas profiter d'un financement propre alors qu'elle en a la possibilité.

Toutefois, plusieurs entraves à la création d'un compte d'affectation spéciale au profit des AAI existent.

---

730 Martine LOMBARD, art. cit., p. 129.

731 Article 21 de la LOLF.

La première est qu'il ne peut profiter qu'aux seules autorités pouvant se financer sur le secteur régulé. En d'autres termes, seuls les régulateurs économiques ont la possibilité de constituer un tel compte. Or, ces autorités, intervenant dans un secteur concurrentiel et pouvant prélever des taxes sur celui-ci, ne sont pas très nombreuses. En effet, si l'on exclut les autorités qui ont été dotées de la personnalité morale et celles qui ne sont pas incluses dans la loi de finances, il ne reste plus que quelques rares autorités dont notamment la Commission de régulation de l'énergie (CRE), l'autorité de régulation des communications électroniques et des postes (ARCEP) et l'autorité de régulation des jeux en ligne (ARJEL). Concernant l'ARCEP, une loi du 26 juillet 1996 de règlementation des télécommunications avait prévu que l'autorité de régulation des télécommunications (ART, ancêtre de l'ARCEP) percevrait « *des rémunérations pour services rendus et des taxes et redevances dans les conditions fixées par les lois de finances ou par décret en Conseil d'Etat* ». Or, si le décret n°98-585 du 9 juillet 1998 « *énonce que les rémunérations [pour services rendus] sont assimilées à des fonds de concours* »[732], les taxes et redevances évoquées pourraient correspondre à des taxes affectées d'une autre nature[733]. En revanche, aucun compte d'affectation spéciale relatif à une AAI ou à un groupe d'AAI n'a encore vu le jour. D'ailleurs, les montants de crédits atteints par les différents comptes[734] dépassent largement la somme que pourraient atteindre les trois autorités énoncées ci-dessus réunies[735].

La seconde entrave à la création d'un compte d'affectation spéciale au profit des AAI, et la plus contraignante, est issue de l'article 20 de la LOLF. Cet article « *précise qu'il est interdit d'imputer à un compte spécial des dépenses résultant du paiement de traitements et salaires, qui sont pourtant l'essentiel des dépenses des institutions de régulation* »[736]. Ainsi, un compte d'affectation spéciale, comme tous les comptes spéciaux, ne peut pas contenir de dépenses de personnel. Cela suit la logique générale de la LOLF de limiter ce type de dépenses par plusieurs mécanismes dont la fixation d'un plafond d'autorisations d'emplois par ministère ou encore le caractère asymétrique de la fongibilité. Or, comme le souligne Martine Lombard, la majorité des dépenses des AAI sont des dépenses de personnel, pour une proportion allant de 50 % à 75 %

---

732 Martine LOMBARD, art. cit., p. 129.

733 Ces taxes sont désormais perçues par l'ARCEP pour le compte du Budget général de l'Etat.

734 Nous avons évoqué le rang du milliard d'euros. Or, celui-ci n'est même pas atteint par l'ensemble des AAI et API réunies.

735 Néanmoins cela ne constitue pas un élément rédhibitoire et les AAI pourraient posséder un CAS malgré leur faible budget.

736 Martine LOMBARD, art. cit., p. 129.

de leur budget total. Ainsi, le Conseil constitutionnel ayant une approche restrictive des comptes d'affectation spéciale[737], il est peu probable qu'il valide un compte d'affectation spéciale pour les régulateurs économiques du fait de leurs dépenses de personnel majoritaires.

Finalement, cela bloque toute création d'un compte d'affectation spéciale au bénéfice des AAI qui ne peuvent donc être titulaires d'aucun type de comptes spéciaux permettant une affectation de recettes particulières à leurs dépenses.

Paragraphe 2. La mise en place de ressources affectées par exception au principe de l'universalité budgétaire

Si les autorités administratives indépendantes ne peuvent pas posséder de budgets annexes ou de comptes spéciaux, il existe d'autres façons de les faire bénéficier de ressources affectées. La LOLF de 2001 a en effet réformé le droit budgétaire en introduisant d'une part, une exception générale à la règle de l'universalité[738] et d'autre part, l'affectation de ressources de l'Etat au bénéfice d'autres personnes morales[739]. De ce fait, deux possibilités s'offrent aux autorités administratives indépendantes pour se voir affecter des taxes : d'une part, la personnalisation juridique et d'autre part, les procédures particulières de l'article 17 de la LOLF. En effet, lorsque les autorités indépendantes sont dotées de la personnalité morale, cela facilite l'affectation des recettes à leur profit grâce au mécanisme mis en place par l'article 36 de la LOLF. Certaines autorités publiques indépendantes bénéficient déjà de ce dispositif (A). Par ailleurs, en l'absence de personnalisation, un espoir d'affectation reste possible par la mise en place des divers dispositifs créés par la LOLF que sont les fonds de concours, l'attribution de produits et le rétablissement de crédits (B).

---

737 CC, n°2005-530 DC, 29 décembre 2005, *Loi de finances pour 2006* ; L. PHILIP, « Le contrôle de constitutionnalité des lois de finances en 2005 », *Droit fiscal*, 2006, n°8, p. 446 ; p. DURAND, « La complexité à la lanterne ! », *Revue administrative*, 2006, n°350, p. 152. En l'espèce, le Conseil appréciait le lien direct entre les recettes et les dépenses.

738 Article 16 notamment, mais la LOLF possède tout un chapitre III relation aux « *affectations de recettes* ».

739 L'article 36 de la LOLF précise en effet qu'une disposition de la loi de finances peut prévoir l'affectation d'une ressource établie au profit de l'Etat à une autre personne morale.

A. L'affectation de ressources fiscales par la personnalisation des AAI

La nouvelle vague de création des autorités publiques indépendantes personnalisées ou d'octroi de la personnalité morale aux AAI existantes n'est pas apparue par hasard. Elle avait pour but de renforcer l'autonomie, notamment financière, des diverses AAI. En effet, l'apparition de la personnalité morale au profit des AAI a eu lieu en 2003. Elle fait suite à l'établissement d'une nouvelle règlementation des finances publiques par l'adoption de la LOLF en 2001. Or, ceci n'est pas une coïncidence. La LOLF ayant créé un nouveau dispositif d'affectation de taxes à des personnes morales autres que l'Etat, le législateur souhaitait que celui-ci s'applique aux AAI. Néanmoins, la possibilité de faire bénéficier les AAI de l'affectation d'une ressource fiscale, si elle était de nature à accroître leur autonomie financière, supposait que ces AAI disposent d'une personnalité juridique distincte de celle de l'État. En effet, s'il n'existe aucune définition juridique de la notion de taxe affectée, le Conseil des prélèvements obligatoires avait relevé dans un rapport de 2013 que « *deux critères semblent pourtant pouvoir définir une taxe affectée […] :*

- *Son caractère ITN*[740] *au sens de l'article 34 de la Constitution ;*
- *Son affectation, en dehors du budget général de l'Etat, à une entité dotée de la personnalité morale* »[741].

Ces deux critères reprennent ceux posés par la LOLF à l'alinéa 2 de son article 2. Celui-ci prévoit que « *les impositions de toute nature ne peuvent être directement affectées à un tiers qu'à raison des missions de service public confiées à lui et sous les réserves prévues par les articles 34, 36 et 51* ». Il reprend donc la notion d'ITN et il évoque celle de tiers qui renvoie à une institution personnalisée.

Concernant le critère de l'imposition de toute nature, il ne possède pas de définition positive. Les ITN se définissent donc *a contrario* comme des prélèvements obligatoires, perçus par voie d'autorité en raison de la présence d'une mission de service public et qui n'ont le caractère « *ni [d']une redevance, c'est-à-dire une contribution trouvant une contrepartie directe dans une prestation fournie par l'entité affectataire ; ni [d']une cotisation sociale, laquelle ouvre droit à des prestations ; ni [d']un prélèvement sur recettes, lequel ne peut bénéficier qu'aux collectivités locales et à l'Union européenne ; ni [d']une contribution obligatoire,*

---

740 ITN = imposition de toute nature.

741 Conseil des prélèvements obligatoires (CPO), *La fiscalité affectée, Constats, enjeux et réformes*, Rapport, juillet 2013, p. 21.

généralement versée par un secteur d'activité économique pour des actions communes »[742]. Les ITN paraissent ne pas fournir de contrepartie directe et personnelle ou de droits particuliers aux contributeurs, ce qui les différencie des redevances et des cotisations sociales impliquant une contrepartie. Toutefois, comme la frontière entre les ITN et les redevances ou les contributions obligatoires n'est pas toujours nette et perceptible, en raison d'une qualification erronée du législateur ou des difficultés des juges, constitutionnel et administratif, de donner une qualification arrêtée, « *le critère d'ITN doit être relativisé* »[743]. Lorsque le Conseil des prélèvements obligatoires donne sa définition des taxes affectées, il étend d'ailleurs de manière marginale le critère de l'imposition de toute nature aux « *contribution[s] rendue[s] obligatoire[s] par un acte législatif ou règlementaire* »[744].

Par ailleurs, cette ITN (au sens large) doit être perçue par une personne morale distincte de l'Etat. L'affectation d'une ressource fiscale à un tiers n'est donc rendue possible que par le phénomène de personnalisation juridique. Cela est d'ailleurs explicitement évoqué à l'article 36 de la LOLF qui précise que « *l'affectation, totale ou partielle, à une autre personne morale d'une ressource établie au profit de l'Etat ne peut résulter que d'une disposition de loi de finances* ». Outre la nécessaire présence d'une institution personnalisée, cet article 36 ajoute que toute affectation nécessite une autorisation parlementaire dans le cadre du vote des lois de finances. Celles-ci autorisent, dans leur première partie, la perception des impositions de toute nature affectées à des personnes morales autres que l'Etat[745].

A titre d'exemple, il est possible d'évoquer la loi de finances pour 2016 qui prévoit dans le titre premier de sa première partie les ressources affectées (dans un II)[746], celles-ci se décomposant en fonction de leur destinataire : les collectivités territoriales (A), les tiers (B), les budgets annexes et les comptes spéciaux (C) pour finir par des dispositions diverses (D). Concernant les tiers, il est notamment question des ressources affectées aux personnes morales autres que les collectivités territoriales. Or, parmi elles, on retrouve habituellement, aux côtés de nombreux établissements publics et de quelques groupements d'intérêt public, des autorités publiques indépendantes, notamment l'Autorité de régulation des activités ferroviaires

---

742 *Ibid.*, p. 22.
743 *Ibid.*, p. 23.
744 *Ibid.*, p. 38.
745 C'est ce que prévoit l'article 34 de la LOLF.
746 Loi n°2015-1785 du 29 décembre 2015 de finances pour 2016, articles 33 à 56. Tel est également le cas dans le projet de loi de finances pour 2017 (articles 14 à 27).

et routières (ARAFER), l'Autorité des marchés financiers (AMF) et le Médiateur national de l'énergie (MNE). Pour l'année 2016, de nouvelles dispositions concernent l'ARAFER. Elles viennent mettre en place des taxes pour frais de contrôle. Elles apparaissent certes à l'article 41 modifiant le tableau des taxes affectées aux tiers, mais également à l'article 70 inclus dans le titre IV « Dispositions permanentes I. - Mesures fiscales et budgétaires non rattachées ». Deux taxes sont ainsi créées notamment du fait de l'extension de la compétence de l'ARAFER vers les activités routières[747] : une taxe pour frais de contrôle sur les activités de transport public routier de personnes et une taxe annuelle pour frais de contrôle est due par les concessionnaires d'autoroutes. D'autres API sont exclues de ce dispositif du fait de leur financement par une subvention étatique : la Haute autorité pour la diffusion des œuvres et la protection des droits sur internet (HADOPI), l'Agence française de lutte contre le dopage (AFLD)[748], le Conseil supérieur de l'audiovisuel (CSA) et la Haute autorité de santé (HAS), ces ressources affectées ayant été supprimées depuis le 1er janvier 2014. Elles étaient autrefois majoritaires et constituées par « *d'une part, le versement d'une fraction de la taxe sur les dépenses engagées par les laboratoires pharmaceutiques pour promouvoir les médicaments et les dispositifs médicaux et d'autre part, les taxes dites « guichet » versées à la HAS par les laboratoires lors de leur première demande d'inscription, de renouvellement ou de modification des conditions d'inscription des médicaments et dispositifs médicaux sur la liste des spécialités pharmaceutiques remboursables* »[749]. Par ailleurs, le Haut conseil du commissariat aux comptes (H3C) n'apparaît pas dans la loi de finances en raison de son financement au moyen de droits et contributions versés par les commissaires aux comptes, ceux-ci correspondant à des redevances ou des contributions obligatoires n'appartenant pas à la catégorie des ITN.

Les conséquences de l'affectation d'une taxe au profit des autorités publiques indépendantes sont bénéfiques car l'affectation de ressources fiscales est un dispositif largement utilisé et peu encadré. Ainsi, grâce à lui, d'une part, l'autonomie budgétaire des autorités indépendantes concernées augmente, puisqu'elles sont moins soumises à un pouvoir de décision

747 En effet, l'ARAF est devenue l'ARAFER à la suite de l'adoption de la loi n°2015-990 du 6 août 2015 pour la croissance, l'activité et l'égalité des chances économiques, dite loi Macron.

748 L'AFLD dispose toutefois de ressources propres accessoires correspondant à des revenus au titre de prestations fournies, soit des redevances, ne figurant pas dans la loi de finances.

749 Rapport sur les autorités publiques indépendantes, Annexe au projet de loi de finances pour 2014 (non paginé).

budgétaire extérieur, et d'autre part, la taxe affectée leur offre une plus grande autonomie de gestion.

Concernant l'autonomie budgétaire, l'affectation « *prive le Parlement d'une partie de son pouvoir de décision et de contrôle en matière budgétaire* »[750]. Le projet de loi de finances étant élaboré par le gouvernement, l'affectation de taxes est décidée avant même que le Parlement n'intervienne. Par la suite, ce dernier n'a pas la possibilité de modifier la fiscalité affectée, c'est pourquoi le rapport du CPO conclut que « *sauf appui ou initiative de l'exécutif, l'affectation de ressources fiscales à des organismes tiers peut constituer une sorte de cliquet anti-retour quant au niveau de financement de la politique publique concernée, et partant, quant au niveau de la dépense publique* »[751]. Néanmoins, le Parlement n'est pas totalement exclu de la procédure d'affectation car c'est toujours lui qui crée les taxes à l'origine, en sachant pertinemment qu'elles seront par la suite affectées à des organismes personnalisés puisqu'il les crée lui-même à cette fin et vote personnellement l'affectation dans le cadre du vote de la loi de finances.

Par ailleurs, une fois la taxe affectée mise en place, l'autonomie de gestion est considérablement renforcée, à tel point qu'elle a tendance à neutraliser l'exercice de la tutelle.

D'une part, il est quasiment impossible de modifier une taxe affectée en cours d'exercice. En effet, la régulation budgétaire permettant les ajustements des crédits par les responsables de programme ou les ministres en cours d'année ne trouvent pas à s'appliquer aux taxes affectées, celles-ci nécessitant l'intervention d'une nouvelle loi. Or, « *si l'intérêt de la ressource affectée réside pour son bénéficiaire dans le fait que cette dernière ne pourra pas être le cas échéant affectée par la régulation budgétaire, cet intérêt s'est réduit depuis l'adoption de la loi de finances pour 2012 : son article 46 prévoit en effet un plafonnement annuel des ressources affectées, c'est-à-dire un contrôle proche de celui qui existe en matière de fixation de subventions* »[752]. Ce type de plafonnement qui a désormais vocation à se généraliser, affecte également les API. A titre d'exemple, le plafond d'affectation pour 2012 de ressources fiscales affectées à l'ARAFER s'est élevé à 11 millions d'euros, et a été reconduit à ce montant en 2013[753]. L'année 2016 a prolongé cette logique puisque les ressources affectées de l'ARAFER « *ont été plafonnées comme suit : 8,3 M€ pour le secteur ferroviaire, 2,6 M€ pour le secteur autoroutier et 1,1 M€ pour le transport public routier de*

---

[750] CPO, Rapport précité, p. 78.

[751] *Idem.*

[752] Romain BOURREL, *Emploi public et finances publiques*, LGDJ, 2015, pp. 321-323. Concernant le plafonnement des ressources affectées des opérateurs de l'Etat.

[753] *Rapport sur les autorités publiques indépendantes*, annexe au projet de loi de finances pour 2014 (non paginé).

voyageurs »[754]. Ces plafonnements suivent le projet de loi de programmation des finances publiques pour les années 2014 à 2019[755] qui pose dans son article 16 un principe général de plafonnement ou de budgétisation des taxes affectées à l'horizon 2017. Pour ce faire, ce projet de loi contribue également à diminuer les taxes affectées par la fixation de critères justifiant le recours à une telle affectation. Ainsi, « *la ressource devrait soit pouvoir s'assimiler à une quasi-redevance, c'est-à-dire être en relation avec le service rendu par l'affectataire à son usager […] soit revêtir le caractère d'un prélèvement sectoriel et financer des actions d'intérêt commun au sein d'un secteur d'activité ou d'une profession […] soit se rapprocher d'une contribution assurantielle* »[756]. Ainsi, si la majorité des autorités publiques indépendantes semblent répondre aux deux premiers critères posés et donc pouvoir continuer à percevoir des taxes affectées, celles-ci seront dans tous les cas plafonnées d'ici trois ans, ce qui limite fortement le caractère bénéfique des taxes affectées. La suppression des taxes affectées à la Haute autorité de santé au 1er janvier 2014 s'inscrit d'ailleurs dans ce mouvement général de rationalisation des taxes affectées.

D'autre part, « *les ressources fiscales affectées tendent à apparaître comme des "ressources propres" pour les organismes affectataires, bien plus que comme des ressources publiques à part entière* »[757]. C'est effectivement en tant que ressources propres qu'elles apparaissaient dans le jaune budgétaire relatif aux API pour 2014, concernant l'autorité de contrôle prudentiel et de résolution. Dans le tableau faisant état de ses ressources, l'ACPR faisait apparaître l'intégralité de ses recettes dans la ligne « *ressources propres et autres* », alors qu'elle laissait la ligne « *ressources fiscales affectées* » vide. Or, ses ressources provenaient bien d'une taxe affectée recensée au sein de la loi de finances pour 2014[758]. En revanche, cette erreur a été corrigée dans les rapports suivants. Aujourd'hui le jaune budgétaire de 2017 recense bien les ressources de l'ACPR sur la ligne « *ressources fiscales affectées* »[759]. Tel est le cas de toutes les autorités publiques indépendantes qui perçoivent de telles taxes. Les pouvoirs publics

---

754 *Rapport sur les autorités publiques indépendantes*, annexe au projet de loi de finances pour 2017, p. 57.

755 Projet de loi de programmation des finances publiques pour les années 2014 à 2019, n°2236, déposé le 1er octobre 2014 à l'Assemblée nationale, et désormais en discussion en 2e lecture à l'Assemblée nationale, après réunion de la commission mixte paritaire.

756 Sénat, Rapport fait au nom de la commission des finances sur *le projet de loi de programmation des finances publiques pour les années 2014 à 2019*, Albéric DE MONTGOLFIER, 29 octobre 2014, n°55, p. 170.

757 CPO, Rapport précité, *p.* 80.

758 Article 47 de la loi n°2013-1278 du 29 décembre 2013 de finances pour 2014.

759 *Rapport sur les autorités publiques indépendantes*, annexe au projet de loi de finances pour 2017, p. 14.

différencient donc désormais clairement les ressources propres des taxes affectées.

Par conséquent, les ressources fiscales affectées sont constitutives d'une certaine autonomie financière pour les organismes qui en sont titulaires. Les AAI ont donc un intérêt à percevoir de telles taxes affectées afin de renforcer tant leur autonomie budgétaire en amont que leur autonomie de gestion en aval et ce d'autant plus en l'absence de plafonnement d'une telle taxe. Toutefois, des problèmes demeurent, le premier étant que les autorités indépendantes doivent forcément bénéficier de la personnalité morale. Le second correspond quant à lui au fait que l'affectation, mal maîtrisée et néfaste pour les finances publiques, tend à être rationalisée et donc limitée. En effet, malgré les avantages certains de la personnification et de la perception de taxes affectées pour l'organisme affectataire[760], Jèze soulignait déjà cent ans auparavant que des abus étaient possibles. En effet, ce dispositif « *peut faciliter le gaspillage financier* » car « *l'assignation des recettes contribue à affaiblir le contrôle dans l'examen de l'utilité des dépenses du service* » alors même que l'affectataire se demande « *pourquoi marchander les crédits [...] pourquoi restreindre les dépenses puisque le service donne des bénéfices considérables !* ». Jèze proposait donc « *de prendre des précautions contre ces abus possibles* »[761]. Or, telle est justement la tendance actuelle retenue par le gouvernement suite au rapport du Conseil des prélèvements obligatoires relatif aux taxes affectées. Une rationalisation et une diminution du recours à l'affectation de ressources fiscales est en train de se mettre en place.

La fiscalité affectée a connu un développement très important. Or, « *la multiplication des taxes affectées se révèle très couteuse pour les finances publiques* »[762] car si la taxe se révèle insuffisante, l'Etat comble le manque de revenu par le biais de versement de subventions. Si, au contraire, la taxe possède des rendements élevés, les personnes morales qui en bénéficient peuvent constituer des réserves ou augmenter le périmètre de leur intervention, c'est pourquoi désormais le plafonnement des taxes affectées, encore incomplet, est quasi systématique afin que l'Etat et les finances publiques n'y perdent pas. Par ailleurs, suite à la préconisation d'une telle rationalisation par le rapport du CPO de juillet 2013, le gouvernement a repris cette idée dans

---

[760] Jèze en évoquait notamment trois : la possibilité de percevoir des libéralités ; la meilleure administration du patrimoine par l'exclusion des politiciens ; l'incitation à l'ordre et à l'économie par la possibilité de profiter des économies réalisées. Gaston JEZE, *Cours de science des finances et de législation financière française, Théorie générale du budget*, Paris, Marcel Giard, 6e édition, 1922, p. 98.

[761] Gaston JEZE, *op. cit.*, p. 100.

[762] CPO, Rapport précité, p. 63.

son projet de loi de programmation des finances publiques 2014-2019 qui a vocation à généraliser ce plafonnement d'ici 2017 voire même à supprimer les taxes affectées qui ne répondent pas aux nouveaux critères posés[763] afin de les budgétiser ; ce qui ne tend pas à élargir le champ d'application de ces taxes affectées à l'ensemble des autorités indépendantes, qui de surcroît ne disposent pas de la personnalité morale. Le jaune budgétaire fait en effet apparaître ce plafonnement des taxes affectées pour l'AMF, l'ACPR et l'ARAFER[764].

La réduction du plafond des taxes affectées par rapport à l'année précédente

(en millions d'euros)

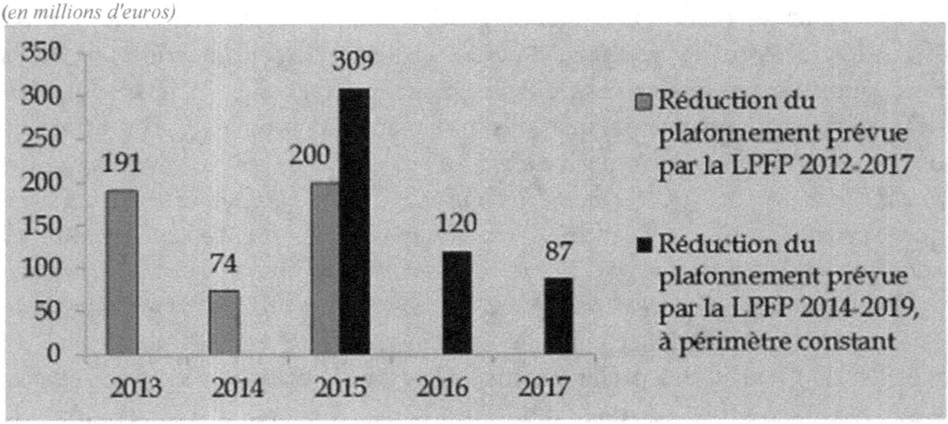

Source : commission des finances du Sénat, d'après les documents budgétaires

En effet, la rationalisation, proposée par le CPO et reprise par le gouvernement dans son projet de loi, se veut double : d'une part, les caractères exceptionnel et dérogatoire de l'affectation de ressources fiscales ont été établis, en restreignant les possibilités de leur mise en place et en les plafonnant systématiquement, et d'autre part, une « *stratégie de rebudgétisation* »[765] doit être mise en place, notamment via un remplacement des taxes affectées par des dotations étatiques, mais également par la création de comptes spéciaux[766].

---

763 Trois critères alternatifs : quasi-redevance ; prélèvement sectoriel ; contribution assurantielle.

764 *Rapport sur les autorités publiques indépendantes*, annexe au projet de loi de finances pour 2017, pp. 11 s., 25 s., 49 s.

765 CPO, Rapport précité, p. 145.

766 Sénat, Rapport précité, 2014, n°55, p. 171. « *Le CPO […] a établi dans son rapport que : - 75 taxes, d'un rendement de 16,1 milliards d'euros, avaient vocation à être remplacées par des dotations budgétaires ; - 5 taxes d'un montant de 6,2 milliards d'euros devaient être affectées à un compte spécial* ».

Malgré la tendance actuelle au plafonnement des taxes affectées, les autorités indépendantes qui sont financées par ce biais ne manquent pas de souligner qu'elles « *bénéficient de marges de manœuvre financières plus importantes, à la fois s'agissant de la détermination du niveau de ressources nécessaire, mais aussi en ce qui concerne les mesures de régulation budgétaire en cours d'exercice (gels, surgels, etc.)* »[767]. C'est pourquoi l'Autorité de sûreté nucléaire (ASN) réclame un tel financement.

Finalement, en dehors du système de la fiscalité affectée au tiers, il convient de rechercher les exceptions au principe de non affectation des recettes aux dépenses « *qui mériteraient d'être explorées en priorité avant la solution de la création d'une personne morale nouvelle* »[768].

B. L'affectation de ressources aux AAI non personnalisées

Si la fiscalité affectée au sens des articles 2 et 36 de la LOLF semble réservée aux autorités personnalisées, le Conseil des prélèvements obligatoires a relevé quelques exceptions dont l'une concerne une AAI (1). Par ailleurs, les autres techniques d'affectation dérogatoires évoquées dans la loi organique que sont les dons et legs, les fonds de concours, l'attribution de produits ou le rétablissement de crédits ne nécessitent pas que les institutions qui en bénéficient soient personnalisées. En effet, « *le principe de l'universalité budgétaire s'est […] toujours accommodé de certaines dérogations au sein même du budget de l'Etat, sans que cela implique l'attribution de la personnalité morale comme support de l'affectation de certaines recettes à certaines dépenses* »[769] (2).

1. La fiscalité affectée au profit des AAI non personnalisées

Concernant l'application des articles 2 et notamment 36 de la LOLF, nous avons évoqué que les deux critères de définition de la fiscalité affectée sont en principe le caractère d'imposition de toute nature de la taxe et son affectation à une personne morale distincte de l'Etat. Or, le second critère est à relativiser. En effet, si l'exigence de la personnalité morale posée par la LOLF est généralement respectée, quelques exceptions sont à souligner. La personnalité morale ne paraît donc pas déterminante : elle est certes utile et facilite largement la mise en œuvre de la fiscalité affectée, mais les AAI non

---

767 Sénat, Rapport précité sur le bilan et le contrôle des AAI, 28 octobre 2015, n°126, pp. 51-52.

768 Martine LOMBARD, art. cit., p. 129.

769 *Idem.*

dotées de la personnalité morale ne sont pas condamnées à bénéficier de simples crédits étatiques. En effet, « *si la loi organique sur les lois de finances autorise une loi de finances à affecter une imposition de toutes natures à une personne publique ou privée chargée d'une mission de service public (art. 2 et 36), elle n'interdit pas, a contrario, au législateur d'affecter une telle ressource à un organisme non personnalisé* »[770]. D'ailleurs, « *le lien entre personnalité morale et ressources propres n'a pas été maintenu* »[771]. D'une part, certaines API personnalisées possèdent un financement public majoritaire, par le biais de subvention et, d'autre part, certaines AAI non personnalisées sont financées par des ressources propres.

Ainsi, dans les faits, une affectation peut parfois, de manière marginale, bénéficier à des institutions non personnalisées. Tel est notamment le cas de l'Autorité de contrôle prudentiel et de résolution (ACPR)[772]. Cette AAI non dotée de la personnalité morale et adossée, non pas à l'Etat, mais à la Banque de France, se voit affecter des contributions pour frais de contrôle au nom de l'article L. 612-20 du code monétaire et financier. Celui-ci prévoit tout d'abord que la contribution « *est acquittée auprès de la Banque de France* » pour ensuite préciser que cette dernière « *affecte intégralement le produit de la contribution au budget de l'Autorité de contrôle prudentiel et de résolution* ».

Il faut toutefois souligner que ces taxes ne sont pas affectées à n'importe quels organismes non personnalisés. En effet, « *dans la pratique, ces entités sont adossés à un établissement public* »[773], ou du moins à une personne morale distincte de l'Etat[774].

Par conséquent, le CPO finissait par définir positivement la fiscalité affectée selon quatre nouveaux critères pour aboutir à une définition plus souple reflétant davantage la réalité. Ainsi, « *Une taxe affectée […] :*

est soit une imposition de toutes natures […] soit de manière plus marginale, une contribution rendue obligatoire par un acte législatif ou règlementaire ;

elle est affectée à une entité, dotée ou non de la personnalité morale, et non au budget de l'Etat ;

elle finance une mission d'intérêt général ;

sa suppression ou son remplacement par une dotation budgétaire sont possibles constitutionnellement »[775].

---

770 Michel DEGOFFE, « Les autorités publiques indépendantes », *AJDA*, 2008, n°12, p. 622.

771 *Idem.*

772 Article 47 de la loi n°2013-1278 du 29 décembre 2013 de finances pour 2014.

773 CPO, Rapport précité, p. 28.

774 La Banque de France est une personne morale de droit public *sui generis.*

775 CPO, Rapport précité, p. 38.

Les AAI non personnalisées ont donc la possibilité de bénéficier de taxes affectées. Toutefois, pour ce faire, il faut qu'elles soient adossées à une personne morale autre que l'Etat ayant un secteur d'activité équivalent au leur.

A titre d'exemple, le Centre national pour le développement du sport (CNDS) perçoit un prélèvement sur les paris sportifs et un autre sur les jeux de la FDJ sans rapport avec le sport. De même, l'institut national de prévention et d'éducation pour la santé (INPES) perçoit une fraction du prélèvement sur les paris hippiques et sportifs. Ces deux établissements publics se voient donc affecter des taxes qui pourraient tout aussi bien bénéficier à l'ARJEL. Ainsi, pourquoi ne pas rattacher l'ARJEL à un établissement public tel que l'INPES afin de lui affecter une taxe sur l'ensemble des paris sportifs et jeux en ligne.

De même, les exploitants publics ou privés d'aérodromes perçoivent une taxe sur les nuisances sonores aériennes. Or, il existe une AAI qui contrôle les dispositifs de lutte contre les nuisances générées par le transport aérien : l'autorité de contrôle des nuisances aéroportuaires (ACNUSA). Cette autorité pourrait donc également trouver une source de financement dans cette taxe. Néanmoins, pour ce faire, elle a besoin d'être rattachée à un établissement public ou une personne morale distincte de l'Etat.

Par ailleurs, l'autorité de sûreté nucléaire (ASN), réclamant un financement par le biais de taxes affectées, aurait la possibilité d'être rattachée à l'Institut de radioprotection et de sûreté nucléaire percevant une contribution annuelle due par les exploitants des installations nucléaires de base, afin de permettre la perception de ressources fiscales affectées à son profit.

Enfin, la commission de régulation de l'énergie (CRE) aujourd'hui non personnalisée a été dotée de la personnalité morale pour une courte durée. Le but affiché était d'ailleurs de faire bénéficier la CRE d'une taxe affectée selon le dispositif de l'article 36 de la LOLF. Or, lors de la personnalisation de l'autorité[776], l'amendement relatif à la création de la taxe a été supprimé, ceci faisant perdre tout intérêt à la personnalité morale alors créée. Celle-ci a donc été retirée à la CRE six mois plus tard. Cela démontre tout de même l'importance de ce mode de financement au profit des AAI par l'autonomie financière qu'il procure. Les autorités qui en bénéficient

[776] La CRE s'est vue dotée de la personnalité morale par l'article 117 de la loi n°2004-1485 du 30 décembre 2004 de finances pour 2005. Elle s'est vu retirer ce statut six mois plus tard par l'article 103 de la loi de programme n°2005-781 du 13 juillet 2005 fixant les orientations de la politique énergétique.

l'ont d'ailleurs globalement souligné dans le cadre des auditions qui ont permis l'élaboration du rapport sénatorial du 28 octobre 2015[777].

Les AAI et notamment les régulateurs économiques, tireraient un avantage certain de l'application de ce dispositif de la fiscalité affectée à leur bénéfice. Cela nécessiterait toutefois l'adossement de ces autorités à une personne morale distincte de l'Etat ; qu'elle soit un établissement public, un groupement d'intérêt public ou encore un personne publique *sui generis*, correspondant à la Banque de France ou pourquoi pas à une autorité publique indépendante. En effet, la CRE pourrait être adossée au médiateur de l'énergie dans l'optique de la perception d'une taxe affectée.

Il convient néanmoins de nuancer ce propos du fait de la nouvelle politique de rationalisation des taxes affectées qui vise davantage à les plafonner voire les supprimer plutôt que d'en créer de nouvelles. Dans tous les cas, si une nouvelle affectation était réalisée, elle serait automatiquement plafonnée.

2. Les autres affectations de ressources aux dépenses prévues par la LOLF

En dehors de la fiscalité affectée, d'autres techniques permettent l'affectation de recettes à certaines dépenses par exception au principe d'universalité budgétaire. Elles correspondent aux procédures comptables particulières énoncées à l'article 17 de la LOLF. Il en existe trois : les fonds de concours, les attributions de produits et les rétablissements de crédits, qui permettent d'assurer une affectation au sein même du budget général.

Tout d'abord, les fonds de concours sont des versements volontaires alloués à l'Etat afin de concourir soit à une activité d'intérêt général spécifique, soit à une opération ou un investissement particulier. Selon l'article 17-II de la LOLF, ils sont de deux natures : ils correspondent tantôt à des fonds à caractère non fiscal versés de façon volontaire par des personnes – physique ou morale, publique ou privée – pour concourir à des

---

777 Sénat, Rapport précité sur le bilan et le contrôle des AAI, n°126, 2015, p. 52. L'AMF souligne que « *le principe de l'autonomie financière […] a pour conséquence que l'AMF n'a pas d'autorité de tutelle sur le plan budgétaire. Par ailleurs, dans la mesure où l'AMF dispose de ressources propres, elle ne perçoit pas de subventions, ni de dotations financières inscrites au budget de l'Etat. L'AMF n'est donc pas associée au "dialogue de gestion", en particulier, pour l'application des mesures de régulation budgétaire* ». L'ARAFER souligne également que « *compte tenu de son mode de financement (fiscalité affectée), l'Autorité ne fait pas l'objet d'une association particulière des services de l'Etat aux travaux de préparation du projet de loi de finances ni au dialogue de gestion. […] La seule question examinée dans le cadre de la procédure budgétaire porte aujourd'hui sur le plafond d'emploi* ».

dépenses d'intérêt public, tantôt aux produits de legs et donations attribués à l'Etat. Dans tous les cas, leur emploi doit respecter l'intention de la partie versante. C'est justement ce dernier critère ainsi que l'idée de versement volontaire qui empêchent les AAI de pouvoir disposer de telles ressources. En effet, ces autorités doivent agir et exercer leur mission en toute impartialité et de façon indépendante tant des pouvoirs publics que des secteurs qu'elles contrôlent et régulent. Or, si en acceptant ces financements elles doivent agir dans le sens voulu par leurs donateurs, elles perdent toute indépendance et sont soumises au bon vouloir des personnes qui les financent. En effet, selon le Conseil constitutionnel, le non respect de l'intention de la partie versante pourrait « *porter atteinte au droit de propriété garanti par l'article 2 de la Déclaration des droits de l'homme et du citoyen de 1789* »[778]. Cette condition est donc indissociable du fonds de concours et s'oppose totalement à l'idée d'autonomie, notamment financière, des AAI. La procédure des fonds de concours telle qu'elle est conçue aujourd'hui est donc inapplicable aux AAI.

En revanche, avant l'entrée en vigueur de la LOLF, l'ordonnance de 1959 prévoyait une procédure de fonds de concours « *par assimilation* ». Ceux-ci permettaient d'affecter à un service les recettes qu'il tirait de prestations fournies de façon régulière. Certaines AAI non dotées de la personnalité morale ont pu bénéficier de ce dispositif. Tel était notamment le cas de l'autorité de régulation des télécommunications (ART), ancêtre de l'ARCEP, qui s'est vue dotée de telles ressources par la loi du 26 juillet 1996 de règlementation des télécommunications[779]. Celle-ci prévoyait que les ressources de l'ART « *comprennent des rémunérations pour services rendus et des taxes et redevances dans les conditions fixées par les lois de finances ou par décret en Conseil d'Etat* ». Or deux décrets sont venus, d'une part, fixer une liste des prestations pouvant donner lieu à une rémunération pour service rendu[780] et d'autre part, « *énonce[r] que les rémunérations visées ci-dessus sont assimilées à des fonds de concours et "affectées au budget du ministère de l'économie, des finances et de*

---

778 CC, n°2001-448 DC, 25 juillet 2001, *Loi organique relative aux lois de finances*, considérant 47 ; J-E SCHOETTL, « La nouvelle Constitution financière de la France », *LPA*, 13 septembre 2001, n°183, p. 3 ; J-P CAMBY, « Le conseil constitutionnel et la réforme de la procédure budgétaire », *LPA*, 10 octobre 2001, n°202, p. 5 ; L. FAVOREU, L. PHILIP, « Loi organique relative aux lois de finances (LOLF) », *Les grandes décisions du Conseil constitutionnel*, Paris, Dalloz, 2009, p. 704.

779 Loi n°96-659 du 26 juillet 1996 de règlementation des télécommunications.

780 Décret n°98-585 du 9 juillet 1998 relatif à la rémunération de certains services rendus par l'Autorité de régulation des télécommunications.

l'industrie (Autorité de régulation des télécommunications)"[781] »[782]. Ce dispositif s'appuyait sur l'article 19 de l'ordonnance de 1959, mais il a aujourd'hui été supprimé, car de nombreux abus ont pu être constatés, et ce d'autant plus que ces fonds n'apparaissaient pas dans la loi de finances. Il n'existait donc pas de contrôle parlementaire. A ce jour, la nouvelle procédure d'attribution de produits succède aux fonds de concours « *par assimilation* ». Elle est désormais mieux délimitée et à nouveau budgétisée afin de permettre un contrôle efficace du Parlement et ainsi éviter les abus.

Ainsi, l'article 17-III de la LOLF prévoit que « *les recettes tirées de la rémunération de prestations régulièrement fournies par un service de l'Etat peuvent, par décret pris sur le rapport du ministre chargé des finances, faire l'objet d'une procédure d'attribution de produits* ». Celle-ci ne se distingue pas fondamentalement de l'ancienne procédure qu'elle remplace puisque les règles relatives aux fonds de concours s'appliquent à l'attribution de crédits. Toutefois, une rationalisation de la procédure a eu lieu afin, non seulement, de la restreindre aux seuls cas légitimes où les affectations de recettes paraissent justifiées, mais également de permettre un contrôle parlementaire. Cette procédure pourrait trouver à s'appliquer aux AAI comme c'était le cas de l'ancienne technique de fonds de concours par assimilation. En effet, plusieurs possibilités sont ouvertes par ce mécanisme. Il serait ainsi possible d'affecter aux AAI diverses rémunérations tirées de leur activité courante : soit le résultat de leur mission principale qu'est la régulation et le contrôle, soit la réalisation de publications, de colloques et de documents divers. Dans le cadre de leur mission de régulation et de contrôle, il serait par exemple question de faire payer aux entreprises du secteur chaque intervention de l'autorité : chaque autorisation ou homologation délivrée, chaque agrément concédé, chaque inscription sur un registre quelconque accordée, ceux-ci devant être imposés par la loi. Ce dispositif permettrait alors à l'ARCEP de percevoir pour son compte les redevances qu'elle perçoit à l'heure actuelle pour le compte de l'Etat et qui s'élèvent à des centaines de millions d'euros.

Par ailleurs, une autre possibilité serait d'affecter aux AAI les recettes tirées des sanctions pécuniaires qu'elles prononcent. Toutefois, des difficultés existent. En effet, ces ressources peuvent être insuffisantes. Or, cela peut avoir pour effet de tenter les AAI de gonfler le montant des sanctions pour garantir un budget plus important à leur profit. Ainsi,

---

[781] Décret n°98-586 du 9 juillet 1998 relatif à l'assimilation de rémunérations à des fonds de concours et portant affectation de ces fonds.
[782] Martine LOMBARD, art. cit., p. 129.

l'affectation du produit des sanctions pécuniaires aurait pour conséquence de rendre les AAI dépendantes non plus de l'Etat mais des entreprises du secteur qu'elles contrôlent. Elles deviendraient mendiantes non plus des crédits du budget général, mais des sanctions pécuniaires. Or, cette situation les inciterait à prononcer davantage de sanctions pécuniaires et donc à ne plus être totalement impartiales, puisqu'elles devront rendre leur décision en gardant à l'esprit que le produit des sanctions alimente leur budget.

Finalement, la procédure comptable particulière de l'attribution de produits est applicable aux AAI, mais il ne serait pas opportun de la mettre en place dans le but d'affecter aux AAI les sanctions pécuniaires qu'elles prononcent. De ce fait, concernant les autorités de régulation sectorielles telles que la CRE, l'ARJEL ou l'ARCEP, des prestations ouvrant droit à rémunérations se rencontreront facilement. En revanche, cela sera beaucoup moins évident pour les autres AAI intervenant en matière de protection des droits et libertés.

Néanmoins, l'attribution de produit étant décidée « *par décret pris sur le rapport du ministre chargé des finances* »[783], cela aurait pour effet de soumettre les autorités administratives indépendantes au bon vouloir du gouvernement et de laisser leur autonomie financière entre ses mains. Or, nous avons pu souligner que même si les AAI doivent être exclues de la hiérarchie administrative et ne pas être soumises à la tutelle du gouvernement, ce dernier est généralement bienveillant avec elles et il cherche souvent à favoriser tout ce qui pourrait les rendre autonomes. Toutefois, cette bienveillance a ses limites, c'est pourquoi il convient de s'en remettre aux textes et d'affirmer davantage cette autonomie financière dans la loi et les règlements.

Enfin, une dernière procédure est évoquée à l'article 17-IV de la LOLF, le rétablissement de crédits, mais elle ne concerne que des reversements de crédits à un service lorsqu'il a indument ou provisoirement payé certaines sommes. Cette procédure n'a donc aucun intérêt dans le cadre du renforcement de l'autonomie financière des AAI.

Conclusion du chapitre.

L'autonomie étant la clé de voûte des autorités indépendantes et la raison de leur création, il serait opportun d'améliorer leur degré d'autonomie financière afin de leur garantir des ressources suffisantes et une liberté de

783 Article 17-III de la LOLF.

gestion plus grande, celle-ci impliquant la liberté de décision. Pour ce faire, en l'absence de personnalité morale et de budget autonome, il faut rechercher des solutions permettant une prise en compte réelle des particularités et de l'autonomie financière des AAI dans les procédures d'élaboration du projet de loi de finances, de vote de la loi de finances initiale et d'exécution budgétaire *a posteriori*. Or, cela découle pour partie du positionnement des organismes dans les lois de finances et de la nomenclature budgétaire. En effet, si une mission réunissant l'ensemble de la catégorie des AAI paraît être une solution très bénéfique, mais trop ambitieuse, il serait facile et autonomisant de réunir les AAI d'une même mission au sein d'un programme, tout en dotant chacune d'entre elles d'un budget opérationnel de programme. Enfin, celles qui sont isolées dans une mission pourraient soit être hissées au rang de programme soit au moins être titulaires d'un BOP leur offrant des responsabilités mais aussi une écoute grâce au dialogue de gestion. Par ailleurs, il est nécessaire de réaliser d'autres modifications relatives à la LOLF, notamment le gel du pouvoir de régulation du responsable de programme et ainsi la neutralisation des procédures visant à diminuer les crédits des AAI, mais également la facilitation de la perception de ressources propres pour permettre aux AAI de disposer de ressources suffisantes.

Conclusion du titre II.
La nécessaire amélioration du cadre juridique des autorités indépendantes pour augmenter leur degré d'autonomie financière

La catégorie des autorités indépendantes dispose d'une autonomie financière limitée du fait de son absence de prise en compte par les textes et donc de son assimilation aux administrations centrales classiques. Or, les AAI se distinguent totalement desdites administrations en ce qu'elles se situent en dehors de la hiérarchie administrative. La cadre juridique de l'autonomie financière, constitué par la LOLF et ignorant les AAI, doit donc être amélioré.

Si une proposition de loi portant statut des autorités administratives indépendantes et des autorités publiques indépendantes a été déposée à la Présidence du Sénat le 8 décembre 2015[784], les sept articles concernant le fonctionnement et le cadre financier ont totalement été remaniés. L'article 15 prévoyant que « *les autorités administratives indépendantes et les autorités publiques indépendantes disposent des moyens humains et techniques nécessaires à l'accomplissement de leurs missions ainsi que des ressources correspondantes, dans les conditions fixées en loi de finances* » a même été supprimé alors qu'il représentait un article fort et symbolique : celui qui prévoyait la suffisance des ressources des autorités indépendantes, critère déterminant de l'autonomie financière à côté de l'autonomie de gestion. Ne restent donc que des dispositions portant sur le règlement intérieur (article 16), la possibilité de saisir les autorités indépendantes pour avis (article 16 bis), le personnel (article 17 et 18), les finances (article 19 et 20) et le patrimoine (article 21). Il faut néanmoins souligner que l'aspect financier, à l'origine prometteur, a été totalement dénué de son contenu par les différentes lectures des assemblées. Ainsi, le texte initial prévoyait dans son article 19 que « *le président de l'autorité [...] est ordonnateur des recettes et des dépenses* » et que « *la loi du 10 août 1922 relative à l'organisation du contrôle des dépenses engagées n'est pas applicable à la gestion des autorités [...] indépendantes* [qui] *présentent leurs comptes au contrôle de la Cour des*

---

784 Proposition de loi n°225 portant statut des autorités administratives indépendantes et des autorités publiques indépendantes, présentée par Mme Marie-Hélène DES ESGAULX, MM. Jean-Léonce DUPONT et Jacques MEZARD, enregistrée à la Présidence du Sénat le 7 décembre 2015. La proposition de loi en est au stade de la troisième lecture devant le Sénat depuis le 8 décembre 2016. La séance publique est programmée pour le 10 janvier 2017, avant le passage du texte en troisième lecture à l'Assemblée nationale. L'on ne peut que constater les difficultés des deux assemblées à se mettre d'accord sur un texte commun.

comptes ». L'article 20 précisait ensuite que « *toute autorité publique indépendante dispose de l'autonomie financière* » et que « *le budget de l'autorité publique indépendante est arrêté par le collège sur proposition de son président* ». Enfin, l'article 21 prévoyait que « *les biens immobiliers appartenant aux autorités publiques indépendantes sont soumis aux dispositions du code général de la propriété des personnes publiques applicables aux établissements publics de l'État* ». Or, l'Assemblée nationale a tenté de supprimer les dispositions les plus intéressantes, le Sénat les réinsérant à chaque nouvelle lecture à l'exception d'une sur laquelle il a cédé : la proclamation de l'autonomie financière de l'ensemble des API…

Il faut donc souligner les difficultés qui entourent cette proposition de loi. Les assemblées ne parviennent pas à un accord commun alors que le texte est déjà en troisième lecture. Or, ne souhaitant pas que la proposition soit délaissée et abandonnée comme cela a été le cas de l'ancienne proposition déposée le 25 septembre 2014, le Sénat cède face aux réticences de l'Assemblée, ce qui tend globalement à dénaturer le texte initial et à lui faire perdre tout son intérêt, notamment en matière d'autonomie financière.

La suffisance des ressources était un élément à inclure dans cette proposition. Or il n'apparaît plus. Par ailleurs, aucune précision n'était donnée sur les moyens pour atteindre cette suffisance des ressources. Or, cela implique une certaine maîtrise de leur budget par les AAI, qui peut être rendue possible d'une part, par le réaménagement de la nomenclature budgétaire et la prise en compte de l'autonomie financière des AAI au même titre que ce qui s'applique pour les juridictions financière et administrative et, d'autre part, par l'affectation de ressources propres venant compenser l'éventuelle insuffisance des crédits du budget général. Toutefois, ces dispositifs auront du mal à s'appliquer à l'ensemble de la catégorie des autorités indépendantes étant donné sa grande diversité ; c'est pourquoi la proposition de loi de 2015, notamment la rationalisation des autorités indépendantes qu'elle prévoit, demeure intéressante. En effet, elle envisage de diminuer le nombre d'autorités en les faisant passer de 41 (chiffre actuel) à 26 (chiffre qui ressort de la dernière lecture), ce qui semble bénéfique.

Conclusion de la partie I.
Une personnalité morale limitée compensée par les adaptations du cadre juridique de l'autonomie financière des AAI

Pour consolider l'autonomie financière des autorités administratives indépendantes, plusieurs mécanismes peuvent être utilisés : d'un côté, l'octroi de la personnalité morale afin de faciliter le financement par des ressources propres et d'un autre côté, la modification du cadre juridique de l'autonomie financière par le réaménagement de la nomenclature budgétaire et un remaniement sensible de la LOLF, visant à prendre en compte la spécificité des AAI et à neutraliser certains dispositifs défavorables à l'autonomie financière car permettant de diminuer les crédits des AAI.

La personnalité morale permet en effet de détenir un budget autonome et favorise son alimentation par des ressources propres. Or, la personnalité morale ayant été utilisée à mauvais escient par le législateur, c'est-à-dire sans l'associer à l'affectation d'une taxe et donc à la perception de ressources propres, les autorités publiques indépendantes ne jouissent pas toutes d'une autonomie financière réelle et totale comme cela pourrait être le cas[785]. L'exemple de la Haute autorité pour la diffusion des œuvres et la protection des droits sur internet (HADOPI) est très parlant. Financée par une subvention étatique, cette Haute autorité est soumise à l'ensemble des principes budgétaires qui s'appliquent aux administrations centrales, et notamment la soumission à un pouvoir de décision budgétaire extérieur. Or, celui-ci a contribué à diminuer de moitié la subvention de l'HADOPI entre 2010 et 2015 en vue de la supprimer et de transférer ses missions au Conseil supérieur de l'audiovisuel (CSA), ce qui démontre particulièrement bien les insuffisances de l'octroi de la personnalité morale lorsque celle-ci n'est pas assortie d'un financement par des ressources propres ; malgré un retournement de situation en 2016 et la nouvelle augmentation de la subvention de l'HADOPI suivant la décision de la maintenir.

Par conséquent, il convient de compenser les insuffisances de la personnalité morale par l'aménagement de la LOLF et de la nomenclature budgétaire des lois de finances dans un sens favorable aux AAI, grâce à une prise en compte effective de leur statut dérogatoire. La réunion de l'ensemble de ces autorités au niveau d'une mission dédiée ou, à défaut, d'un

---

785 Et comme c'est d'ailleurs notamment le cas de l'Autorité des marchés financiers (AMF) et du Haut conseil du commissariat aux comptes (H3C).

programme, paraît nécessaire à l'augmentation du degré d'autonomie financière des autorités administratives indépendantes. Par ailleurs, la détention d'un budget opérationnel de programme par chaque autorité est quant à elle bénéfique à l'autonomie financière, elle doit donc avoir vocation à s'étendre à l'ensemble de la catégorie des autorités indépendantes.

En effet, il faut constater qu'actuellement l'autonomie financière des AAI existe mais qu'elle est limitée. Nous allons donc désormais mesurer le degré d'autonomie financière des AAI et analyser ses composantes (partie II) afin de constater la nécessité voire l'urgence de modifier le cadre juridique des autorités administratives indépendantes.

PARTIE II.
LA MESURE DE L'AUTONOMIE FINANCIÈRE DES AUTORITÉS INDÉPENDANTES

Après avoir défini des critères certes non déterminants mais néanmoins très favorables et utiles pour augmenter l'autonomie financière des autorités indépendantes, il convient désormais d'en mesurer le degré. Le Conseil d'Etat a pu souligner que « *l'indépendance fonctionnelle des autorités administratives indépendantes implique, par-delà l'absence de contrôle hiérarchique ou de tutelle, qu'elles disposent des moyens humains et financiers nécessaires et qu'elles jouissent d'une réelle autonomie de gestion matérielle et financière* »[736]. Ainsi, l'indépendance fonctionnelle comprenant une double indépendance administrative et financière, implique d'une part, l'absence de tutelle et un pouvoir administratif certain et, d'autre part, une autonomie financière. Selon le Conseil, les critères déterminants de cette dernière semblent être de deux ordres : d'une part, l'adéquation des moyens aux missions, et donc la suffisance des ressources des autorités indépendantes, et d'autre part, la libre gestion de ces ressources sans limites ni contraintes.

Il est alors possible de se demander, à bon droit, quel est l'intérêt et l'utilité de mesurer l'autonomie financière, à la fois budgétaire et de gestion, des AAI lorsque l'on sait que celles-ci ont de simples dépenses de fonctionnement et de personnel[787], négligeables par rapport au budget général[788], et que les critères les plus importants de l'autonomie financière sont l'adéquation des moyens et des missions ainsi que l'autonomie dans l'utilisation de ces moyens en aval.

Une double réponse s'impose à nous. D'une part, l'exercice impartial de leur mission et leur autonomie vis-à-vis des pouvoirs publics sont leur raison d'être. L'Etat les a en effet créées dans l'unique but d'être distinctes de lui et d'exercer les missions pour lesquelles il est partial et donc

---

786 Conseil d'Etat, *Les autorités administratives indépendantes*, Rapport public 2001, EDCE n°52, p. 353.

787 Seules les API disposent de dépenses d'investissement.

788 La catégorie des autorités administratives indépendantes représente moins d'un milliard d'euros de dépenses (601,8 millions d'euros selon le rapport sénatorial relatif au bilan et au contrôle des AAI du 28 octobre 2015, n°126) quand le budget général compte 409,9 milliards de dépenses pour 2016 (loi n°2015-1785 du 29 décembre 2015 de finances pour 2016) et 427,4 milliards d'euros pour 2017 (loi n°2016-1917 du 29 décembre 2016 de finances pour 2017).

inapte. Il est alors indispensable de se poser la question de l'autonomie financière et de la résoudre afin d'optimiser cette caractéristique principale et primordiale des AAI. D'autre part, même si le seuil de suffisance des moyens de l'autorité est l'indice déterminant de son autonomie financière, il ne sera total et absolu que s'il est complété par des facteurs à la fois antérieurs et postérieurs au vote du budget. Ce critère est donc tributaire de l'ensemble de la procédure d'élaboration, de vote, d'exécution et de contrôle de la loi de finances. Ainsi, sans autonomie budgétaire, l'adéquation des moyens aux missions a très peu de chance d'exister. En effet, celle-ci nécessite la prise en compte des besoins de l'autorité dans le cadre d'une procédure budgétaire adaptée, sans quoi le gouvernement pourrait définir le budget des AAI largement en deçà de ce qu'elles nécessitent. Par ailleurs, l'autonomie de gestion financière est également primordiale et incontournable pour garantir à l'autorité la libre utilisation de ces moyens dits suffisants. En effet, si la régulation budgétaire ou la fongibilité des crédits entraîne une diminution des ressources de l'autorité en cours d'année, ou si celle-ci n'a pas la possibilité de disposer d'un personnel suffisant en raison du plafond d'autorisation d'emplois pratiqué, cela peut porter atteinte à la bonne réalisation des missions de l'autorité.

Finalement, pour arriver à mesurer l'autonomie financière des autorités indépendantes, il faut comprendre comment fonctionnent les finances de l'Etat et donc l'ensemble de la procédure d'élaboration et de vote de la loi de finances en amont, ainsi que l'exécution et le contrôle du budget en aval ; afin d'analyser en quoi les AAI se rapprochent ou parfois s'éloignent de la procédure classique et des principes applicables aux finances étatiques. On se rend alors compte que les AAI bénéficient d'une part, des mêmes principes budgétaires et d'une adoption du budget similaire, malgré une procédure de préparation de leur budget adaptée et, d'autre part, d'une exécution et d'un contrôle du budget quelque peu différenciés. L'autonomie financière va donc se mesurer grâce aux particularismes mis en place au profit de la catégorie des AAI dans le cadre tant de l'élaboration et de la négociation de leur budget que de l'exécution de celui-ci. Elle va également se mesurer par comparaison, et donc par assimilation ou différenciation, à d'autres organismes disposant également d'une autonomie financière tels que les collectivités territoriales ou les établissements publics, pour qui cette notion a déjà été définie. L'idée serait alors d'établir une échelle de l'autonomie financière hiérarchisant les organismes qui en sont titulaires en fonction du degré d'autonomie financière qu'ils ont atteint. Cela nous permettra à la fois de constater que l'autonomie financière ne possède pas de définition unique et arrêtée, mais au contraire qu'elle est plurielle, et d'observer où se situe la catégorie des AAI au sein de cette échelle de l'autonomie financière. Nous pourrons également voir si les autorités indépendantes se situent toutes au même niveau ou, si la catégorie se divise tant en fonction de la personnalité morale que détiennent les API que du secteur d'activité dans lequel elles interviennent.

Nous serons donc amenés à étudier les deux aspects de l'autonomie financière, à savoir l'autonomie budgétaire et l'autonomie de gestion financière et comptable, afin de pouvoir constater que les autorités indépendantes se caractérisent par une très faible maîtrise de l'attribution de leurs ressources en amont (titre I), compensée par une gestion libre de ces mêmes ressources en aval (titre II).

TITRE I.
Une faible maîtrise du budget en amont : une autonomie budgétaire restreinte

L'autonomie budgétaire « *comprend les mécanismes qui vont de l'élaboration du budget à son adoption* »[789]. Ainsi, elle permet à celui qui en est titulaire de posséder des prérogatives dans le cadre de l'attribution de ses crédits, que ce soit en dehors du cadre de la loi de finances ou bien, lors de l'élaboration ou du vote du projet de loi de finances.

L'autonomie budgétaire est très caractéristique des institutions autonomes insérées dans des liens de dépendance. Elle est la plus aboutie lorsqu'elle correspond à une débudgétisation par le biais de la création de personnes morales nouvelles dotées d'un budget propre. Or, cette autonomie n'est jamais totale puisque les institutions créées sont généralement financées pour partie par l'Etat. Ainsi, le budget en cause n'est souvent qu'un budget autonome, c'est-à-dire un budget certes distinct de celui de l'Etat car appartenant à des organismes personnalisés, mais utilisant des fonds publics issus du budget de l'Etat. Le financement de ces organismes débudgétisés est donc généralement visible dans la loi de finances car ceux-ci perçoivent des dotations ou des subventions du budget général ainsi que des taxes affectées. Les autorités publiques indépendantes ainsi que l'Autorité de contrôle prudentiel et de résolution correspondent à cette hypothèse.

La débudgétisation peut aussi se réaliser, hormis l'hypothèse « *d'un retrait d'une dépense de la loi de finances, [par] celle d'un transfert d'une dépense du budget général de l'Etat à un budget annexe ou à un compte spécial* »[790]. Dans ce cadre, la dépense demeure inscrite dans la loi de finances et est de ce fait soumise à la même procédure, ce qui nous amène à une autonomie budgétaire intermédiaire, impossible pour les AAI et API qui ne peuvent bénéficier ni d'un budget annexe, ni d'un compte d'affectation spéciale[791].

Enfin, une dernière hypothèse d'autonomie budgétaire, la plus limitée néanmoins, correspond à l'intégration totale des moyens d'un organisme dans le budget général de l'Etat avec la possibilité de participer à

---

789 Vincent DUSSART, *L'autonomie financière des pouvoirs publics constitutionnels*, Paris, CNRS Droit, 2000, p. 166.
790 Loïc PHILIP, *Dictionnaire encyclopédique de finances publiques*, Paris, Economica, 1991, p. 553.
791 Cf. *supra*, p. 282 s.

la procédure d'élaboration de la loi de finances. Cette participation est susceptible de degrés en fonction des institutions concernées. Certaines disposent d'une autonomie budgétaire plus grande en fonction de leur positionnement dans la nomenclature budgétaire. Ainsi, l'inscription des crédits d'une institution dans la loi de finances n'est donc pas forcément défavorable à l'autonomie financière puisque certains organismes sont hautement autonomes malgré un financement intégral par le budget de l'Etat. Tel est notamment le cas des pouvoirs publics constitutionnels et des juridictions. Les autorités administratives indépendantes non personnalisées, à l'exception de l'ACPR, correspondent à cette hypothèse sans être aussi autonomes que les institutions précédemment évoquées.

De façon générale, il semble que l'établissement du budget des autorités indépendantes mette en évidence une autonomie financière relative de ces institutions. En effet, la procédure d'élaboration du budget et le vote de la loi de finances révèlent deux phénomènes : d'une part, la présence d'un pouvoir de décision budgétaire extrinsèque (chapitre 1) et d'autre part, la conséquence de cette extériorité correspondant parfois à l'insuffisance des ressources proposées par le gouvernement et votées par le Parlement (chapitre 2).

Chapitre I.
L'octroi des crédits en faveur des autorités indépendantes : la soumission à un pouvoir de décision budgétaire

Au sein de la catégorie juridique des autorités indépendantes, il faut distinguer deux types de financement.

Originellement, les AAI étaient financées uniquement par des crédits issus de la loi de finances. Or, ceux-ci existent encore de nos jours et nombreuses AAI disposent de crédits alloués par l'Etat. Etant insérées dans les lois de finances, elles sont donc soumises à un pouvoir de décision budgétaire qui leur est extérieur et qui peut créer une dépendance vis-à-vis du gouvernement, compétent pour élaborer les projets de loi de finances, et du Parlement, compétent pour voter les lois de finances en raison du principe traditionnel du consentement à l'impôt[792] (section 1).

De nos jours, un nouveau mode de financement s'est développé dans une atmosphère de réforme de l'Etat, d'augmentation de sa transparence et de sa légitimité. Dans ce cadre, une volonté de rendre les AAI davantage impartiales, autonomes et donc indépendantes de l'Etat est apparue. Ainsi, aujourd'hui, de plus en plus d'AAI possèdent la personnalité morale et/ou des ressources propres. Ces ressources sont de plusieurs ordres : soit elles correspondent à des taxes affectées, soit elles sont constituées par des redevances pour services rendus. Toutefois, la grande majorité des AAI demeure financée exclusivement par l'Etat par le biais de crédits insérés dans des programmes. Or, ce mode traditionnel de financement peut porter atteinte à l'autonomie financière des autorités indépendantes en ce qu'il peut rendre ces organismes dépendants voire mendiants de l'Etat par l'attribution de budgets insuffisants ; c'est pourquoi il est opportun de comparer le mode de financement des AAI à celui d'autres institutions voisines telles que les API, les collectivités territoriales, les établissements publics ou encore les autorités de contrôle européennes, afin de voir si une amélioration du financement des AAI est possible (section 2).

---

792 Article 14 de la Déclaration des droits de l'homme et du citoyen et article 34 de la Constitution.

Section 1.
Une majorité d'autorités indépendantes financée par le budget de l'Etat : le décalage théorique de la dépendance du gouvernement vers le Parlement

Le financement de nombreuses autorités indépendantes par le biais de crédits budgétaires les soumet à l'architecture budgétaire des lois de finances et conditionne l'élaboration de leur budget. Ainsi deux étapes de la procédure budgétaire s'imposent aux AAI, la première se réalisant sous l'autorité du gouvernement, et notamment de la direction du budget, et la seconde étant réservée au Parlement.

En premier lieu, la préparation du budget des AAI s'intègre dans le cadre plus large de la préparation du budget de l'Etat et donc de la loi de finances annuelle. Tout d'abord, ce sont elles qui évaluent leurs besoins et établissent leur proposition de budget en direction du gouvernement. Ensuite, de façon dérogatoire par rapport aux administrations classiques, elles négocient directement leur budget avec la direction du budget avant l'élaboration finale du projet de loi de finances par celle-ci (paragraphe 1). Enfin, une fois le projet achevé et délibéré en conseil des ministres, il est transmis au Parlement qui a pour rôle de l'adopter (paragraphe 2).

Si les AAI doivent normalement être indépendantes des pouvoirs publics, il faut constater que cette indépendance n'est recherchée que vis-à-vis du gouvernement. En effet, nous verrons que cette volonté d'indépendance accrue envers le gouvernement a décalé le phénomène de dépendance des AAI vers le Parlement. Or, au vu de l'organisation actuelle des pouvoirs publics, n'est ce pas sensiblement la même chose ?

Paragraphe 1. La préparation du projet de loi de finances : la soumission des AAI au pouvoir d'initiative budgétaire du gouvernement

La majorité des autorités administratives indépendantes est financée par des crédits issus des lois de finances initiales. Elles sont donc soumises aux diverses procédures d'élaboration et de vote des lois de finances aujourd'hui prévues par la LOLF de 2001, et antérieurement présentes dans l'ordonnance de 1959. Par conséquent, elles subissent la nouvelle architecture budgétaire se déclinant en missions, programmes, et actions, mais également une préparation de la loi de finances totalement maîtrisée par l'exécutif, ce qui peut parfois les désavantager.

Nous l'avons déjà vu, « *la nouvelle architecture budgétaire de l'Etat, à travers le LOLF, semble menacer cette indépendance, puisque les régulateurs s'insèrent dans des programmes budgétaires dirigés par des personnes appartenant à l'administration hiérarchisée* »[793].

Nous allons maintenant voir que la LOLF menace également l'indépendance des AAI vis-à-vis du gouvernement en ce que la phase de préparation de la loi de finances initiale relève d'un monopole gouvernemental. L'article 38 de la LOLF, reprenant quasiment à l'identique l'article 37 de l'ordonnance de 1959, prévoit en effet que « *sous l'autorité du Premier ministre, le ministre chargé des finances prépare les projets de loi de finances, qui sont délibérés en Conseil des ministres* ». Or, cette formulation lapidaire concerne en réalité la phase la plus longue de l'élaboration de la loi de finances. Celle-ci n'étant pas développée dans la loi, ce sont le Premier ministre et le ministre chargé du budget qui adoptent des circulaires pour déterminer le calendrier et les modalités de la préparation administrative du budget[794]. Ainsi, la préparation de la loi de finances initiale se décompose en cinq phases étalées sur l'année N :

- Tout d'abord, en janvier, le Premier ministre détermine la stratégie et les orientations budgétaires d'ensemble pour l'année suivante par l'envoi d'une lettre de cadrage en direction de chaque ministère. Celle-ci a pour but d'encadrer les négociations budgétaires qui vont suivre. Parallèlement, chaque ministère évalue ses besoins avant de les transmettre au ministère chargé du budget.
- Ensuite, de février à mars, se déroulent les conférences budgétaires pendant lesquelles les ministres et leurs services négocient respectivement avec le ministre du budget et la direction du budget.
- En avril, les réunions de performance ont lieu, entre les ministères et la direction du budget, afin de fixer une liste des objectifs et indicateurs de performance (pouvant être transmise au Parlement) et donc de préparer les projets annuels de performance. En parallèle, les Etats doivent présenter leur programme de stabilité entre le 1er et le 30 avril. Ils reçoivent ensuite les observations de la commission courant juin afin de pouvoir les intégrer au futur PLF.
- En mai, des réunions de restitution sont organisées par le Premier ministre afin d'une part, de déterminer les réformes et les mesures nouvelles retenues et intégrées au projet de loi de finances et d'autre part, d'arrêter le

793 Marie-Anne FRISON-ROCHE, « Régulateurs indépendants versus LOLF », *Revue Lamy de la concurrence*, n°7, 2006, p. 69.
794 Circulaire NOR: PRMX0508060C du Premier ministre du 21 janvier 2005 relative à la préparation du projet de loi de finances pour 2006 dans le nouveau cadre budgétaire.

plafond de crédits et d'emplois par ministère. Cette période se clôture par l'envoi d'une lettre plafond à chaque ministère établissant le montant des crédits par mission.

- Enfin, de juin à septembre a lieu la finalisation des documents budgétaires. Les ministères répartissent leurs crédits entre les différents programmes qui composent leur mission. Les responsables de programme travaillent sur leur stratégie de performance. Les projets annuels de performance sont ensuite édités au cours du mois d'août. En septembre, après les derniers arbitrages effectués par le Premier ministre, le projet de loi de finances est transmis au Haut conseil des finances publiques qui analyse la faisabilité et la crédibilité du projet au regard des prévisions économiques, puis au Conseil d'Etat qui se prononce sur sa légalité. Enfin, celui-ci passe en Conseil des ministres avant d'être déposé à l'Assemblée nationale afin que débute la phase de vote. En parallèle, le gouvernement doit transmettre son PLF à l'Union européenne avant le 15 octobre. La Commission a ensuite la possibilité de demander la révision du projet avant l'examen par le Parlement, sinon elle émet un simple avis avant la fin du mois de novembre. Cet avis est alors transmis au Parlement national.

Les AAI sont intégrées à cette procédure d'élaboration des lois de finances. Elles évaluent donc leurs besoins en janvier afin d'établir leur budget pour l'année suivante (A), puis elles le transmettent à leur ministre de rattachement. De façon dérogatoire, elles ont la possibilité de participer aux négociations budgétaires, normalement réservées aux responsables de programmes (B). En revanche, la fixation finale des crédits relève exclusivement du ministre du budget et du Premier ministre (C).

A. L'évaluation et l'établissement du budget par l'AAI elle-même

Lors de la préparation du projet de loi de finances, et parallèlement à l'envoi de la lettre de cadrage par le Premier ministre, une phase interne à chaque ministère se déroule au mois de janvier de l'année N. Dans ce cadre, les différents services de chaque ministère évaluent leurs besoins pour l'année suivante. Ils doivent alors analyser leur budget précédent afin de conclure sur les éléments à maintenir et les mesures nouvelles à demander. Toutefois, une justification des moyens qu'ils nécessitent s'impose, notamment lorsqu'il s'agit de mesures nouvelles sollicitées par ces services. Ils devront se montrer convaincants face à leur direction financière, afin que le ministre responsable leur accorde *in fine* des moyens financiers convenables ; lors d'un arbitrage budgétaire qui précède la transmission d'un dossier récapitulatif des besoins au ministère chargé du budget courant février. Or, c'est également dans ce cadre que les autorités administratives indépendantes vont évaluer leurs besoins avant de les transmettre à leur ministère de rattachement. En effet, au sens de la LOLF, les AAI sont des administrations incluses dans la même procédure budgétaire que les autres services des ministères.

Ainsi, lors de la préparation du budget général en N, les autorités administratives indépendantes évaluent elles-mêmes leurs besoins afin d'élaborer leur budget prévisionnel pour l'année N+1 et d'établir les demandes qu'elles vont formuler auprès de leur ministère de rattachement.

Généralement, l'évaluation des besoins permettant l'élaboration des prévisions budgétaires vient toujours d'en bas, c'est-à-dire des services ministériels, pour remonter jusqu'en haut de la hiérarchie administrative[795].

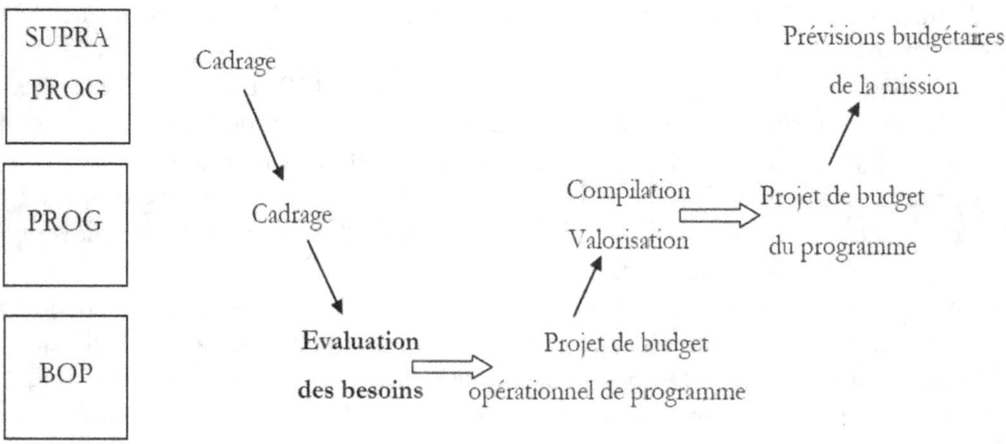

[795] Cf. annexe n°2, « Les étapes du processus d'élaboration du projet de loi de finances », p. 545.

La LOLF n'évoquant pas les AAI, elle les considère comme des services ministériels traditionnels. Dans le même sens, leurs textes constitutifs prévoient que leurs « *crédits sont inscrits au budget général de l'Etat* »[796]. Parfois même, ces textes peuvent être plus complets et prévoir que « *les crédits et les emplois nécessaires au fonctionnement* [de l'autorité] *sont inscrits au budget général de l'Etat* »[797]. En revanche, aucune disposition ne vient préciser qui élabore les prévisions budgétaires de l'autorité. Parfois, mais cela concerne davantage les autorités publiques indépendantes, nous pouvons constater que le « *budget est arrêté par le collège* » tantôt sur proposition du secrétaire général tantôt sur proposition du directeur de l'autorité[798]. En dehors de ces dispositions relatives aux API, aucune précision n'est présente concernant les AAI sur le fait de savoir qui transmet à l'administration centrale leur budget prévisionnel et donc leurs demandes budgétaires.

Toutefois, si l'on recoupe les informations relatives aux AAI et celles relatives à la LOLF, cela nous apporte de plus amples informations.

En effet, nous savons que la grande majorité des AAI est présente dans la nomenclature budgétaire au niveau de l'action et est, dans ce cadre, titulaire d'un budget opérationnel de programme (BOP)[799]. Le responsable de chacun de ces BOP est le président de l'autorité qui en est détentrice. Or, un des principaux rôles du responsable de BOP dans le cadre de l'élaboration de la loi de finances initiale est celui de responsable du projet de budget[800]. Dans ce cadre et à l'échelon du BOP, il construit et actualise le projet de budget. Cela signifie qu'il prévoit le montant des crédits qu'il nécessite et leur destination. Il doit également évaluer le coût des emplois et la masse salariale. Par ailleurs, il doit s'assurer de la soutenabilité de son budget prévisionnel. Il semble donc que ce soit le président de chaque autorité administrative indépendante, en tant que responsable de BOP, qui coordonne et dirige l'élaboration du projet de budget de l'autorité qu'il administre. C'est donc lui, assisté des services financier et comptable de

---

796 Tel est notamment le cas des autorités suivantes : ARCEP, ARJEL, CRE, CSA, HADOPI, CNIL, ASN, Commission des infractions fiscales, Contrôleur général des lieux de privation de libertés et de la Commission nationale des comptes de campagne et des financements politiques ; cette liste n'étant pas exhaustive.

797 Tel est notamment le cas de la Commission nationale des comptes de campagne et des financements politiques, cette précision figurant à l'article L. 52-14 du code électoral.

798 Tel est notamment le cas de l'ACPR, l'AFLD, l'AMF, le H3C ou la HAS.

799 Cf. *supra*, p. 276 s.

800 Cf. annexe n°3 « Les fonctions des différents acteurs de l'élaboration du projet de loi de finances », p. 546, et annexe n°4 « les rôles des différents acteurs de l'élaboration du projet de loi de finances », p. 547.

l'autorité, qui a la charge d'établir le montant des moyens que nécessite l'AAI afin de les transmettre à son ministère de rattachement. Or, sa tâche n'est pas aisée. En effet, il doit s'assurer de la qualité de son projet de budget. Il doit ainsi vérifier l'exactitude et la sincérité des données transmises, la soutenabilité du budget et sa conformité aux instructions du programme et celles supra-programmes issues des divers cadrages[801]. Par ailleurs, son projet de budget doit être justifié. Il doit donc s'assurer de la pertinence des explications accompagnant le budget et de la traçabilité des décisions budgétaires prises.

Cette procédure de préparation du budget des AAI est confirmée par certains textes constitutifs qui prévoient que « *l'autorité propose aux ministres compétents, lors de l'élaboration du projet de loi de finances de l'année, les crédits nécessaires à l'accomplissement de ses missions* »[802]. La proposition de loi du 7 décembre 2015 portant statut général des AAI et des API abandonne totalement cette idée, puisqu'aucune disposition ne concerne l'élaboration du budget des AAI ou l'association de ces autorités à la procédure budgétaire étatique[803].

Finalement, si les autorités administratives indépendantes évaluent elles-mêmes leurs besoins, ce n'est qu'en tant que services ministériels traditionnels. En revanche, c'est bel et bien leur statut de BOP qui leur permet d'élaborer un projet de budget à leur échelon qui doit certes respecter les divers cadrages des échelons supérieurs mais qui a vocation à être pris en compte tant par leur ministère de rattachement que par le ministère du budget. En effet, ce budget prévisionnel élaboré par l'AAI en tant que BOP sera le fondement des négociations avec la direction du budget, ce qui constitue l'étape suivante de la procédure d'élaboration de la loi de finances.

En principe, pour la construction du budget opérationnel de programme final de l'année N+1, plusieurs éléments sont pris en compte :

801 A la lettre de cadrage du Premier ministre succèdent des cadrages supra-programmes émis par les ministères et des cadrages au sein des programmes émis par les responsables de programme. Ils ont vocation à fixer la stratégie annuelle des finances publiques et notamment des plafonds financiers qui seront la base des négociations budgétaires.

802 Tel est notamment le cas de l'ARCEP, la CRE, l'ARJEL, la CNIL, l'ASN, le contrôleur général des lieux de privation de libertés et la Commission nationale des comptes de campagne et des financements politiques.

803 La seule disposition présente sur l'élaboration des budgets concerne les API et prévoit que « *le budget de l'autorité publique indépendante est arrêté par le collège sur proposition de son président* » (article 20 de la proposition de loi).

- L'analyse de l'exécution N-1 et du budget programmé pour l'année N ;
- Le résultat des négociations et conférences budgétaires ;
- Les indications relatives à la performance.

Néanmoins au stade de l'élaboration de la proposition de budget opérationnel de programme préalable aux négociations budgétaires, seule l'analyse des budgets N-1 et N est prise en compte.

L'autorité administrative indépendante intervient donc dans un premier temps pour évaluer ses besoins et les communiquer à son ministère de rattachement sous la forme d'un projet de budget opérationnel de programme. Or, grâce au statut de BOP offert aux AAI, il semblerait que leur projet de budget ne soit pas simplement formel, mais que les ministères en tiennent réellement compte, du fait de son insertion dans la logique de la LOLF.

B. La possibilité offerte aux AAI de participer aux conférences budgétaires menées par la direction du budget

Après l'évaluation des besoins en crédits et emplois des services ministériels, parmi lesquels on recense les AAI, une phase de négociation se déroule entre février et avril de l'année N. En effet, la circulaire du Premier ministre du 21 janvier 2005 indique aux ministères que « *[leurs] services rencontreront la direction du budget lors de réunions budgétaires pour instruire [leurs] demandes de crédits qui intégreront les prescriptions de la lettre de cadrage* »[804]. Ces négociations ont lieu entre les différents niveaux de la hiérarchie administrative : les responsables de BOP et de programme négociant avec la direction du budget[805] et chaque ministre négociant avec le ministre du budget. Cette phase d'échange se base sur les demandes budgétaires et les projets de budget des services ministériels et des AAI.

---

804 Circulaire NOR: PRMX0508060C du Premier ministre du 21 janvier 2005 relative à la préparation du projet de loi de finances pour 2006 dans le nouveau cadre budgétaire.

805 La direction du budget est un service ministériel rattaché au ministère de l'économie et des finances. Elle est notamment composée d'agents dont plus de deux tiers appartiennent à la catégorie A de la fonction publique, c'est pourquoi on parle d'une direction « *d'état major* » (François ADAM, Olivier FERRAND, Rémy RIOUX, *Finances publiques*, Presses de Sciences Po, Dalloz, 3e édition, 2010, p. 93). Elle occupe une place centrale dans le cadre de l'élaboration et de l'exécution de la loi de finances depuis sa création en 1919. Ses missions sont notamment la définition de la politique budgétaire de l'Etat ainsi que l'élaboration et le suivi des lois de finances qui en découlent.

En effet, schématiquement, des projets de budgets opérationnels de programme sont élaborés par les responsables de BOP au niveau d'une ou plusieurs actions. C'est à ce niveau là que se situent les AAI. Ils remontent jusqu'au programme où le responsable va les compiler pour obtenir un projet de budget du programme. Enfin, la réunion de ces derniers projets au niveau des programmes va permettre l'élaboration des prévisions budgétaires d'une mission. Cet ensemble de demandes de crédits nécessaires à l'accomplissement des fonctions, allant des BOP et remontant jusqu'aux ministères, vont servir de fondement pour la négociation qui va suivre.

Entre février et mars, se déroulent donc les conférences budgétaires. C'est une phase de dialogue et de collégialité qui permet un examen conjoint des perspectives budgétaires pour l'année N+1. Ces conférences budgétaires sont de deux ordres. D'un côté, des réunions d'économies structurelles ont lieu entre les différents ministres et le ministre du budget. Elles permettent d'examiner les projets de réformes et d'identifier les éléments permettant un gain de productivité, afin d'en tirer les conséquences en termes de crédits et d'emplois. D'un autre côté, des réunions budgétaires, également appelées conférences de budgétisation, se tiennent entre les services des ministères et la direction du budget. Ce sont ces dernières qui concernent notamment les autorités administratives indépendantes. En avril, ont ensuite lieu les conférences relatives à la performance. Elles ont pour but de préparer l'élaboration des projets annuels de performance qui accompagneront le projet de loi de finances initiale.

Les deux types de réunions budgétaires ayant lieu entre la direction du budget et les services ministériels, dont les autorités administratives indépendantes, sont donc les conférences de budgétisation et les conférences dites de performance.

Les conférences de budgétisation « *permettent l'instruction des demandes de crédits des ministres dépensiers* »[806]. Elles se déroulent entre février et mars de l'année N et réunissent la direction du budget et les services ministériels. Or, que doit-on entendre par cette notion ? Qu'englobe le terme « services ministériels » ? Comment savoir si les autorités administratives indépendantes sont incluses dans ces services ? *A priori*, les AAI ne disposant pas de la personnalité morale, elles appartiennent à l'Etat et dépendent donc forcément d'un ministère. Chacune dispose en effet d'un ministère de rattachement en fonction de la politique publique à laquelle elle

---

806 Aurélien BAUDU, *Contribution à l'étude des pouvoirs budgétaires du Parlement en France*, Paris, Dalloz, 2010, p. 329.

concourt. Ainsi, les AAI intervenant dans le secteur de la protection des droits et libertés sont rattachées au Premier ministre[807]. L'Autorité de régulation des communications électroniques et des postes (ARCEP), la Commission de régulation de l'énergie (CRE) et l'Autorité de la concurrence sont rattachées au ministère de l'économie. D'autres sont encore rattachées à la culture ou la santé. Les autorités administratives indépendantes sont donc bien des services ministériels.

Toutefois, ces services ont-ils tous la faculté de négocier avec la direction du budget ? Les AAI disposent-elles de cette possibilité ? Cette prérogative n'est-elle pas réservée aux services les plus élevés dans la nomenclature budgétaire ? En réalité, le principe de la négociation budgétaire implique que seuls les responsables de programme participent aux conférences budgétaires. Ceux-ci sont généralement désignés par les ministres et placés sous leur autorité. Ils correspondent la plupart du temps à des directeurs d'administrations centrales ou des secrétaires généraux soit, en d'autres termes, des hauts fonctionnaires. Par conséquent, même si la majorité des AAI dispose d'un budget opérationnel de programme propre, elle n'a pas en principe la possibilité de participer à ces conférences budgétaires[808] ; c'est pourquoi le rapport parlementaire de 2006 avait préconisé dans sa recommandation n° 20 « *que les AAI dont le budget et les effectifs le justifient (CSA, ARCEP, CRE, CNIL, HALDE, Médiateur de la République, ...) puissent négocier chaque année leurs crédits directement avec le ministère du budget, au cours d'une conférence budgétaire* »[809]. Il semblerait que le gouvernement ait suivi cette recommandation et permette désormais aux AAI de négocier leurs moyens financiers. Beaucoup constate que « *les dirigeants de ces autorités sont en effet invités à participer aux traditionnelles réunions d'arbitrage budgétaire afin de proposer aux ministres concernés le volume de crédits qu'ils*

---

807 Tel est le cas de la CADA, du Comité consultatif national d'éthique pour les sciences de la vie et de la santé, de la Commission consultative du secret de la défense nationale, la Commission nationale consultative des droits de l'homme, la Commission nationale de contrôle des interceptions de sécurité, la Commission nationale de l'informatique et des libertés, le Contrôleur général des lieux de privation de libertés, le Conseil supérieur de l'audiovisuel, le Défenseur des droits et la Haute autorité pour la transparence de la vie publique, tous présents dans le programme 308 de la mission « direction de l'action du gouvernement » retraçant les services du Premier ministre.

808 Pas de façon directe certes, mais les responsables de BOP agissent conjointement avec les responsables de programme et ils sont consultés relativement à leur demande de crédits. En effet, les demandes budgétaires sont verticales et interviennent selon un mouvement ascendant, des plus petits services ministériels jusqu'aux ministères.

809 Assemblée nationale, Sénat, Rapport de l'Office parlementaire d'évaluation de la législation sur *les autorités administratives indépendantes*, Patrice GELARD, 15 juin 2006, n°3166, n°404, p. 106.

estiment nécessaires à l'exécution des missions confiées aux institutions qu'ils président ainsi que la destination de ces derniers »[810].

Une exception aux règles classiques d'élaboration des lois de finances s'applique donc aux AAI. La possibilité d'une négociation budgétaire est offerte au président de chaque autorité afin qu'il puisse défendre son budget directement devant la direction du budget. A défaut d'un cadre favorable au moyen de la LOLF, la pratique s'adapte ainsi quelque peu à la spécificité de la catégorie des AAI[811].

Dans ce cadre, les qualités propres au président de l'autorité ont été soulignées. Il doit disposer de deux aptitudes. La première « *est celle d'imposer l'autorité de l'institution, c'est-à-dire de disposer d'un prestige personnel* »[812]. La seconde « *est celle de maîtriser les rouages de l'Etat, non seulement parce que les Autorités administratives indépendantes en relèvent mais encore parce que l'observation pratique montre que les négociations, notamment budgétaires, requièrent cette habilité* »[813].

En effet, les négociations budgétaires ne sont pas aisées. Elles nécessitent compétences et savoir-faire, c'est pourquoi un président d'autorité ayant précédemment fait carrière au sein de l'Etat ou sortant de l'ENA est largement préférable à un président nommé en fonction du secteur régulé et ayant, par exemple, des compétences médicales ou industrielles[814]. Or, le choix du Président doit parfois obligatoirement s'orienter vers des personnalités compétentes vis-à-vis des missions de l'autorité, cela pouvant correspondre aux domaines de la santé, du nucléaire ou encore de l'économie et des marchés. Nous savons alors que la négociation leur sera plus difficile.

---

810 Cédric GUILLERMINET, « L'autonomie budgétaire : une ombre au tableau de l'indépendance des AAI », *in* Mélanges Jean-Louis AUTIN, *Indépendances*, Presses de la faculté de Montpellier, 2011, p.368.

811 Dans ce cadre, il est possible de faire une comparaison avec les agences américaines. En effet, « *l'Office of Management and Budget (OMB)* [apparenté à la direction du budget française] *[…] négocie avec l'ensemble des Agences indépendantes, les demandes d'allocation de crédits. L'OMB n'analyse pas en général les demandes dans le détail et se contente le plus souvent d'indiquer l'enveloppe globale et la répartition entre les principaux services internes à l'Agence* », ce qui est largement favorable à leur autonomie financière. Après cela, le Congrès vote le budget. Or, dans ce cadre, il est amené à « *accepter en bloc* » les demandes de crédits des agences. Assemblée nationale, Sénat, Rapport précité, 2006, n°3166, n°404, Tome II, p. 297.

812 Marie-Anne FRISON-ROCHE, *Etude dressant un bilan des autorités administratives indépendantes*, *in* Assemblée nationale, Sénat, Rapport précité, Tome II, 2006, n°3166, n°404, p. 82. L'auteur oppose alors la « *dimension charismatique* » du Président à « *l'anonymat technocratique* » du collège.

813 *Idem.*

814 *Ibid.*, p. 140.

Finalement, il faut souligner que cette possibilité de négociation offerte à la catégorie des AAI est certes favorable à l'autonomie financière mais elle peut être laborieuse et connaît des limites. Nous avons déjà évoqué les nécessaires qualités du Président pour accomplir cette mission, mais cela n'est pas suffisant. En effet, la taille de l'autorité en cause va également avoir un impact sur le déroulement des négociations. Ainsi, « *certaines Autorités administratives indépendantes sont assez puissantes et connues pour faire poids lors de la négociation, mais d'autres sont très petites et peu connues, lesquelles n'accèdent pas aux mêmes interlocuteurs et la négociation ne se fait pas à part égale* »[815]. Par conséquent, plus l'AAI sera importante et aura de la renommée, plus elle aura de facilités à négocier une légère augmentation de son budget annuel.

Par ailleurs, concernant l'aboutissement des conférences budgétaires, la direction du budget devant tenir compte des nouveaux impératifs de soutenabilité des finances publiques imposés par l'Union européenne, elle dispose alors d'un rôle prépondérant dans la maîtrise et la rationalisation des dépenses. Elle tend alors souvent à imposer des réformes allant dans le sens d'économies structurelles et d'une meilleure gestion des deniers publics. Dans ce sens, elle va « *devoir arbitrer entre les ressources d'une autorité de régulation et les ressources de l'administration centrale* »[816]. Or, le fait de pouvoir trancher entre des services administratifs traditionnels et des autorités administratives indépendantes, notamment en faveur des premiers, porte grandement atteinte à l'autonomie financière des AAI[817].

Il ne serait d'ailleurs pas préférable d'arbitrer entre plusieurs autorités indépendantes. C'est ce que provoque la constitution d'un programme spécifique à certaines autorités. En effet, Marie-Anne FRISON-ROCHE souligne le risque que cela comporte au regard de la pression des négociations budgétaires. Elle précise que si les AAI passent en principe inaperçues de la direction du budget au regard de la modicité des crédits qu'elles nécessitent, en revanche, la réunion des AAI au sein d'un programme semble avoir un caractère néfaste par la mise en évidence que cela provoque. Ainsi, « *la constitution d'un programme unique mettant en masse leurs budgets respectifs attirera la vigilance accrue de cette Direction, ce qui pourrait tendre à une négociation plus difficile, voire à des arbitrages opérés entre les Autorités administratives indépendantes, ce qui du fait qu'elles n'ont pas une fonction commune,*

---

815 *Idem.*

816 Béatrice COSPEREC, « L'indépendance de l'autorité de régulation des activités ferroviaires et routières », *RFAP*, 2012, n°143, p. 779.

817 Dans la pratique, les arbitrages défavorables à l'encontre des AAI ne doivent toutefois pas être très nombreux.

serait très dommageable »[818]. Or, il faut souligner qu'au sein de la mission « Direction de l'action du gouvernement » réunissant les services du Premier ministre, un programme est exclusivement composé d'AAI qui participent à la mission de « Protection des droits et libertés » : le programme n°308.

Il serait donc tout simplement préférable que les négociations soient rendues inutiles pour les AAI par leur placement à l'extérieur de la disette budgétaire et en maintenant leurs demandes de crédits telles qu'elles les formulent[819]. Cela n'impliquerait pas l'absence totale de contrôle, mais la simple présence d'un contrôle parlementaire, celui-ci pouvant alors diminuer les crédits des AAI lorsqu'elles abuseraient de ce pouvoir.

Par ailleurs, les réunions « performance » se tiennent courant avril. Elles visent à préparer les projets annuels de performance par la détermination d'objectifs et d'indicateurs de performance. Elles réunissent également les services des différents ministères et la direction du budget. Toutefois, dans ce cadre, la négociation est moins délicate car elle ne concerne plus le montant des crédits qui sera inscrit en loi de finances, mais plutôt des précisions en principe non contraignantes car seulement présentes en annexe de la loi de finances.

Après le déroulement des négociations et des diverses réunions évoquées, le ministre du budget communique au Premier ministre les demandes de chaque ministère.

C. La prise de décision finale par le gouvernement

Pour clôturer la procédure d'élaboration du projet de loi de finances, et malgré la possibilité offerte aux AAI de négocier leur budget, la prise de décision finale appartient toujours au Premier ministre, aidé par le ministre chargé du budget, qui réalise les derniers arbitrages, établit les lettres de plafond et arrête les projets annuels de performance.

En effet, suite aux négociations budgétaires qui ont lieu entre février et avril, le Premier ministre organise des réunions de restitution, courant mai. Celles-ci permettent de confronter les propositions budgétaires faites

---

818 Marie-Anne FRISON-ROCHE, Rapport précitée, Tome II, 2006, n°3166, n°404, p. 136.

819 Comme cela est déjà le cas du Conseil constitutionnel dont les demandes budgétaires doivent être automatiquement inscrites au projet de loi de finances par le ministère de l'économie et des finances.

par les ministères, le cadrage d'ensemble et les économies structurelles à réaliser afin d'élaborer *in fine* les lettres de plafond fixant les seuils maximums de crédits et d'emplois par mission. Le Premier ministre peut donc diminuer les crédits préalablement demandés par les différents ministres pour le financement de leur politique[820]. Ensuite, c'est la direction du budget qui va distribuer les crédits au sein de chaque mission, c'est-à-dire au profit des programmes. Ainsi, « *il appartient à la direction du budget d'arrêter conjointement avec les services la répartition par programme des plafonds de crédits arrêtés* »[821]. Elle va donc arbitrer entre les différents services des ministères et éventuellement confronter des AAI avec des administrations classiques, ou des AAI entre elles.

Le Premier ministre et la direction du budget se partagent la compétence de finaliser la répartition des crédits au sein de la loi de finances. En effet, c'est le Premier ministre qui décide, dans un premier temps, du plafond de crédits pour chaque ministère, puis la direction du budget répartit, dans un second temps, ces crédits au sein des programmes. Ces deux autorités ont donc le pouvoir de diminuer, maintenir ou augmenter le seuil des crédits, chacun à son niveau, en fonction des économies à réaliser et des projets de réforme à retenir.

De juin à septembre ont ensuite lieu les travaux relatifs à la performance et à la finalisation des divers documents budgétaires. Si cette période permet de déterminer des objectifs et des résultats à atteindre grâce à des indicateurs de performance spécifiques, elle ne permet pas de rouvrir le débat relatif au montant des crédits, ceux-ci étant déjà arrêtés.

Courant septembre, les derniers arbitrages sont rendus par le ministre chargé du budget et le Premier ministre, avant que le projet de loi de finances enfin achevé ne soit transmis au Haut conseil des finances publiques. En vertu de l'article 14 de la loi organique relative à la programmation et à la gouvernance des finances publiques[822], ce dernier doit être saisi par le gouvernement au plus tard une semaine avant que le Conseil d'Etat soit saisi. Il intervient en vue de rendre un avis relatif aux projets de loi de finances et de loi de financement de la sécurité sociale. Celui-ci porte

---

820 Cette politique ministérielle se concrétise notamment au niveau des programmes, les missions pouvant être interministérielles.

821 Raymond MUZELLEC, Matthieu CONAN, *Finances publiques*, Paris, Dalloz, Sirey, 2013, p. 167.

822 Loi organique n°2012-1403 du 17 décembre 2012 relative à la programmation et à la gouvernance des finances publiques.

sur les prévisions macroéconomiques sur lesquelles reposent lesdits projets et sur la cohérence de l'article liminaire du projet de loi de finances avec les orientations pluriannuelles de solde structurel définies dans les lois de programmation des finances publiques. À titre d'exemple, le HCFP a précisé lors de son avis relatif au projet de loi de finances pour 2014 que « *le scenario macroéconomique du Gouvernement présente des éléments de fragilité* »[823]. Après une accalmie en 2015 et 2016, l'avis relatif au PLF pour 2017 a en revanche été beaucoup plus virulant. En effet, « *le Haut Conseil estime que les risques pesant sur les dépenses sont plus importants en 2017 que pour les années précédentes : caractère irréaliste des économies prévues […], incertitudes également sur l'évolution des dépenses de l'État et des collectivités territoriales (compte tenu notamment des facteurs d'accélération de la masse salariale). […]À ces risques s'ajoutent ceux portant sur les prévisions de recettes du fait des hypothèses économiques favorables retenues dans le PLF* ». Le gouvernement retient des hypothèses de croissance de 1,5 % pour 2016 et 2017, ce que le Haut Conseil considère comme « *un peu élevée au regard des informations connues à ce jour* ». En conséquence, « *le Haut Conseil estime improbables les réductions des déficits prévues par le PLF pour 2017* »[824].

L'avis du HCFP est certes un avis obligatoire mais il n'est pas un avis conforme que le gouvernement doit obligatoirement suivre. Il n'entraîne pas une modification du projet de loi de finances avant son adoption par le Conseil des ministres[825]. Toutefois, il est joint au PLF lors de son dépôt à l'Assemblée nationale et publié au Journal officiel. Sa publicité et sa transmission au Parlement peuvent donc permettre au législateur d'amender le projet dans un sens conforme à l'avis du HCFP, ou bien au gouvernement de réviser ses prévisions macroéconomiques, mais le PLF initial restera lui intact.

Ce qui est paradoxal dans ce cadre, c'est que le HCFP est une autorité administrative indépendante non dotée de la personnalité morale. C'est donc une AAI intégralement financée par l'Etat qui contrôle les finances publiques de l'Etat. Il faut toutefois souligner que cette AAI dispose d'un statut privilégié : d'une part, elle est placée auprès de la Cour des comptes et est présidée par son Premier président et d'autre part, elle possède une place de choix au sein de la loi de finances – elle dispose d'un programme propre au sein d'une mission particulière. En effet,

---

823 Avis n°HCFP-2013-03 relatif aux projets de lois de finances et de financement de la sécurité sociale pour 2014.

824 Avis n°HCFP-2016-3 relatif aux projets de lois de finances et de financement de la sécurité sociale pour 2017, pp. 1-2.

825 Les délais d'élaboration et d'adoption de la loi de finances ne le permettraient d'ailleurs pas.

« *l'indépendance du HCFP est assurée par le fait qu'il est placé auprès de la Cour des comptes (art. 11 LOPGFP) et que ses crédits, gérés par son président, sont regroupés au sein d'un programme spécifique de la mission "Conseil et contrôle de l'Etat" (art. 22 LOPGFP)* »[826]. Elle représente donc, sans aucun doute, un exemple pour l'autonomie financière des AAI non personnalisées. Toutefois, cela se justifie par le fait que « *l'indépendance du HCFP et de ses membres est essentielle et imposée par le TSCG* »[827]. L'autonomie financière réalisée grâce à la détention d'un programme propre au profit du Haut conseil répond donc à une exigence de l'Union européenne.

Une fois l'avis du Haut conseil rendu, le Conseil d'Etat est saisi approximativement mi-septembre. Une fois son avis rendu, le Conseil des ministres adopte le projet de loi de finances au cours de la seconde quinzaine de septembre.

Finalement, les arbitrages et les choix les plus déterminants sont effectués par le Premier ministre, avec l'aide de la direction du budget qui les exécute par la suite. En revanche, certes ces choix sont ceux du Premier ministre, mais ils se basent à la fois sur les demandes des ministères, et donc de leurs services dont font partie les AAI, et sur les économies structurelles à réaliser en période de rigueur budgétaire. Reste à savoir lequel de ces deux éléments a le plus de poids… Il est difficile d'occulter qu'actuellement, la crise des finances publiques entraine des restrictions budgétaires qui touchent toutes les autorités administratives de l'Etat ainsi que les organismes indépendants tels que les collectivités territoriales, les établissements publics, les API et les AAI.

Paragraphe 2. Le vote de la loi de finances : la soumission des AAI au pouvoir de décision budgétaire du Parlement

Sous la Ve République et malgré la révision constitutionnelle de 2008 rééquilibrant les pouvoirs au profit du Parlement, ce dernier a été exclu de la préparation et de la rédaction du budget de l'Etat. En effet, contribuant de longues dates à augmenter le déficit de l'Etat par le vote de « *dépenses démagogiques* »[828], le pouvoir constituant de 1958 a décidé de l'exclure de l'initiative budgétaire et de l'élaboration du projet de loi de finances lui laissant seulement la possibilité de s'informer et de discuter sans décider lors

826 Michel LASCOMBE, « La nouvelle gouvernance financière », *AJDA*, 2013, n°4, p. 228.
827 *Idem.*
828 Aurélien BAUDU, *op. cit.*, p. 314.

d'un débat relatif au projet de loi de finances (PLF) du gouvernement. Le pouvoir exécutif a donc désormais la mainmise totale sur le processus d'élaboration budgétaire et il ne laisse que très peu de place au Parlement. Le pouvoir de réécriture budgétaire des commissions des finances a été supprimé et remplacé par une information accrue des parlementaires lors de la préparation du projet de loi de finances de l'année donnant lieu à un nouveau débat d'orientation des finances publiques[829].

Le Parlement étant écarté de la préparation du budget, il demeure toutefois présent lors de la phase du vote de la loi au nom du principe constitutionnel du consentement à l'impôt. Ainsi, ce sont les parlementaires qui disposent du pouvoir de décision budgétaire, même si celui-ci est remis en cause par certaines procédures contraires tels que le recours aux crédits additionnels ou à la régulation budgétaire en cours d'exercice (B). De plus, lors du vote de la loi de finances, le législateur dispose d'un droit d'amendement limité, ce qui restreint les possibilités de modification des crédits en faveur des AAI (A). Enfin, concernant le rapport des AAI à l'Etat, il semblerait que le pouvoir de décision budgétaire du Parlement ait tendance à décaler la dépendance[830] des AAI du gouvernement vers le Parlement, afin de conserver un contrôle sur ces institutions (C). Or si la tutelle du gouvernement à l'égard des AAI est prohibée par les textes, le contrôle démocratique du Parlement est lui préconisé.

A. La possible modification raisonnable du PLF par les parlementaires : un droit d'amendement limité

Sous les IIIe et IVe République, l'élaboration du budget n'était pas le monopole du gouvernement. Il se réalisait grâce à une collaboration entre l'exécutif et le Parlement. Au contraire, le régime qui s'applique aujourd'hui, issu de la Constitution de 1958, ne permet plus au Parlement d'intervenir. Le pouvoir constituant de 1958 a en effet considérablement réduit le rôle du Parlement par l'idée de rationalisation du régime parlementaire, dont l'article 42 de la Constitution est une parfaite illustration du fait des restrictions qu'il présente. Ces dernières ont d'ailleurs continuellement été maintenues malgré la récente « rationalisation inversée » de 2008, au profit du Parlement[831].

---

829 Celui-ci prévu à l'article 48 de la LOLF remplace l'ancien débat d'orientation budgétaire.
830 Il faut entendre l'idée de « dépendance » dans le sens d'un contrôle. En effet, toute institution publique même indépendante est l'objet de contrôle, notamment *a posteriori*, par le Parlement certes mais également par le juge.
831 Loi constitutionnelle n°2008-724 du 23 juillet 2008 de modernisation des institutions de la Ve République.

En matière de modification du projet de loi de finances par les parlementaires, deux éléments sont à distinguer : d'une part, le droit d'amendement de la commission des finances de chaque assemblée et d'autre part, celui des députés et sénateurs. Or, si le pouvoir de réécriture budgétaire des commissions des finances a été supprimé (1), les députés et sénateurs retrouvent cette possibilité par le biais de leur droit d'amendement lors de l'examen du projet de loi de finances au sein des deux assemblées. Celui-ci est en principe libre mais il a été limité en matière budgétaire (2). Nous verrons d'ailleurs que ces restrictions ne permettent pas aux parlementaires de modifier réellement les dépenses de personnel. Or, ces dépenses du titre 2 représentent les dépenses majoritaires des AAI.

1. La suppression du droit de réécriture budgétaire des commissions des finances

L'examen en commission est un préalable obligatoire à tout débat parlementaire selon l'article 43 de la Constitution, celui-ci prévoyant que « *les projets et propositions de loi sont envoyés pour examen à l'une des commissions permanentes* ». Toutefois, se pose la question du rôle de ces commissions : ont-elles une fonction purement consultative ou peuvent-elles modifier le texte qui leur est soumis ? Depuis la révision constitutionnelle de 2008, le principe posé par l'article 42 de la Constitution est le suivant : « *la discussion des projets et des propositions de loi porte, en séance, sur le texte adopté par la commission* ». La commission compétente saisie a donc le pouvoir d'amender le texte qui lui a été soumis ; et c'est ce nouveau texte qu'elle a adopté qui sera débattu en séance. Elle possède ainsi un pouvoir de réécriture des projets et propositions de loi. Néanmoins, plusieurs exceptions sont posées à l'alinéa suivant du même article 42. Celui-ci prévoit, pour ce qui nous intéresse, que « *la discussion en séance […] des projets de loi de finances […] porte, en première lecture devant la première assemblée saisie, sur le texte présenté par le Gouvernement […]* ». Ainsi, par exception, le pouvoir de réécriture des commissions parlementaires n'existe pas en matière budgétaire[832]. Cela se justifie par l'idée que si la commission saisie modifie le projet de loi de finances du gouvernement, celui-ci peut s'avérer totalement changé et n'avoir plus vraiment de rapport avec le projet initial. Or, il paraît anormal

832 Le rapport Balladur de 2007 avait pourtant proposé la modification de l'article 42 afin que les PLF examinés par le Parlement soient ceux de la commission et non du gouvernement. Cette proposition n'a toutefois pas été retenue pour « *ne pas retoucher le travail technique et complexe effectué par le ministre des finances* » (Aurélien BAUDU, *op. cit.*, p. 340) et ses services, notamment la direction du budget.

que le gouvernement soit responsable d'un texte modifié, éventuellement de façon substantielle, qui s'éloigne alors de sa perception initiale des finances publiques[833]. La commission des finances « *ne peut donc plus substituer sa vision budgétaire à celle dont elle a été saisie* »[834]. L'article 42 assure ainsi au gouvernement une certaine immunité et l'assurance que son projet restera intact jusqu'à la discussion en séance. La seule possibilité de modifier le projet de loi de finances serait alors que le gouvernement fasse sien un des amendements proposés par la commission afin de l'intégrer au projet avant qu'il soit examiné par les parlementaires (en séance).

Il convient de souligner que malgré la possibilité offerte par l'article 43 de la Constitution de saisir soit une des huit commissions permanentes, soit une commission spéciale créée à cet effet, le gouvernement a toujours joué le jeu en saisissant la commission des finances de chaque assemblée. Il n'a ainsi jamais recouru à la méthode, permise par la rédaction de l'article 43, du renvoi des projets de loi de finances à une commission spéciale, dans le but de contourner et d'éviter l'intervention de la commission des finances[835].

Concernant les autorités administratives indépendantes, des procédures avantageuses et intéressantes pourraient être mises en place à ce stade de la procédure d'adoption de la loi de finances. Malgré l'absence de pouvoir de réécriture budgétaire des commissions des finances de l'Assemblée nationale et du Sénat, elles sont toutefois en mesure de proposer des amendements. Ainsi, il serait intéressant de prévoir, lors de l'examen du texte en commission, une audition de chaque autorité administrative indépendante afin qu'elles puissent présenter leurs demandes de crédits et les justifications afférentes. Or, « *chaque commission [étant] maîtresse de ses travaux* »[836], le rapporteur peut déjà « *procéde[r] aux auditions qu'il juge utiles, ou propose[r] à la commission d'entendre les personnalités compétentes* »[837]. Il serait néanmoins opportun de rendre cette option obligatoire pour les AAI.

---

833 Michel Debré a déclaré le 27 août 1958 pour justifier cette limite que « *les commissions sont d'utiles organes […] à condition qu'elles donnent un avis sur le texte qui leur est présenté, sans avoir l'inadmissible responsabilité d'en établir un autre, contre lequel le gouvernement, qui lui est responsable, se trouverait dans une situation défensive* », *in* Aurélien BAUDU, *op. cit.*, p. 337.

834 Aurélien BAUDU, *op. cit.*, p. 337.

835 Le gouvernement a fait intervenir une commission spéciale seulement à deux reprises concernant les lois de finances rectificatives pour 1961 et 1981.

836 Article 40 alinéa 5 du règlement de l'Assemblée nationale.

837 Pierre AVRIL, Jean GICQUEL, *Droit parlementaire*, Paris, Montchrestien, 4e édition, 2010, pp. 181-182.

La présentation détaillée et motivée de leurs prévisions budgétaires pourrait en effet aboutir à des propositions d'amendement du projet qui pourraient être soit directement repris par le gouvernement soit par les parlementaires en séance. Ainsi, « *la CRE estime que la présentation de ses demandes budgétaires directement devant la commission compétente de chacune des assemblées parlementaires combinerait heureusement les principes d'indépendance et de responsabilité auxquels elle est particulièrement attachée* »[838]. Le Conseil d'Etat soulignait également, après avoir suggéré la possibilité pour les AAI de discuter et négocier leur budget directement devant le Parlement, que « *les présidents des collèges pourraient être amenés à s'exprimer plus souvent devant les Commissions parlementaires compétentes* ». Cela vaudrait donc dans le cadre de l'examen du projet de loi de finances en commission. Toutefois, la procédure la plus favorable à l'autonomie financière des AAI serait un cumul de la présentation des demandes budgétaires en commission et de la discussion de leur budget directement devant les députés et sénateurs. Cette double prise en compte de la spécificité des AAI permettrait un détachement plus important des AAI vis-à-vis du gouvernement. Il convient néanmoins de souligner les diffucultés d'un tel cumul au regard des délais restreints qui encadrent l'adoption des lois de finances.

2. Un droit d'amendement spécifique en matière budgétaire

En principe, les parlementaires, comme le gouvernement, disposent du droit de modifier les textes qui leur sont présentés selon l'article 44 alinéa 1er de la Constitution. Celui-ci prévoit que « *les membres du Parlement et le Gouvernement ont le droit d'amendement. Ce droit s'exerce en séance ou en commission selon les conditions fixées par les règlements des assemblées, dans le cadre déterminé par une loi organique* ». Or, ce droit connaît de nombreuses limites. Les premières sont présentées dès le deuxième alinéa du même article 44, « *le Gouvernement [pouvant] s'opposer à l'examen de tout amendement qui n'a pas été antérieurement soumis à la commission* ». Enfin, le dernier alinéa prévoit la possibilité d'un vote bloqué ne permettant pas au droit d'amendement de s'exercer sauf accord du gouvernement.

Néanmoins, d'autres limites existent encore, notamment en matière financière. Tel est le cas de l'article 40 de la Constitution. Celui-ci précise que « *les propositions et amendements formulés par les membres du Parlement ne sont pas recevables lorsque leur adoption aurait pour conséquence soit une diminution des ressources publiques, soit la création ou l'aggravation d'une charge publique* ». Ainsi, les

---

838 Martine LOMBARD, « Brèves remarques sur la personnalité morale des institutions de régulation », *Revue juridique de l'économie publique* 2005, n°619, p. 131.

propositions du Parlement ne doivent avoir aucun effet négatif sur les finances publiques, afin de ne pas creuser le déficit. Cette restriction du droit d'amendement des parlementaires ne s'applique pas seulement pour les lois de finances. Elle s'applique à toutes les initiatives parlementaires que cela concerne une proposition de loi ou le dépôt d'un amendement. De plus, l'irrecevabilité présente ici un « *caractère absolu* »[839]. En effet, « *les amendements sont obligatoirement irrecevables s'ils ne répondent pas aux conditions [...]. Leur constitutionnalité doit donc être examiné de manière systématique*[840] *[...] au moment de leur dépôt [...] par l'autorité chargée d'exercer ce contrôle dans chaque assemblée*[841] »[842].

La limitation du droit d'amendement pour les lois de finances paraît normale et logique en raison de l'interdiction faite aux parlementaires de préparer et rédiger le projet de loi de finances. En effet, si on empêche les parlementaires d'élaborer la loi de finances en amont en les excluant de la procédure technique de préparation du PLF, on ne peut pas les autoriser par la suite à réécrire le texte à souhait et de modifier substantiellement le montant des crédits. Or, au-delà d'une limitation du droit d'amendement, une interprétation stricte et à la lettre de l'article 40 aurait pour conséquences de « *supprimer purement et simplement toute initiative parlementaire, car il n'y a quasiment aucune mesure législative qui n'ait pas de répercussions sur les finances publiques* »[843]. Cependant, les interprétations de l'article 40 de la Constitution ont évolué.

A l'origine, une interprétation stricte a été faite de cet article 40. En effet, d'une part, la commission des finances de l'Assemblée nationale en avait donné une telle interprétation au début de la Ve République. D'autre part, l'article 42 de l'ordonnance de 1959, par sa lecture littérale de l'article 40, a considérablement limité la possibilité pour les parlementaires de modifier le projet de loi de finances. Celui-ci prévoyait qu' « *aucun article*

---

[839] Michel LASCOMBE, *Le droit constitutionnel de la Ve République*, Paris, L'Harmattan, 12e édition, 2012, p. 159.

[840] CC, n°2006-544 DC, 14 décembre 2006, *Loi de financement de la sécurité sociale pour 2007*, considérant n°12 et 13. S. MARASCO, « Le Conseil constitutionnel confirme le renforcement de son contrôle sur la procédure législative », *Le courrier juridique des finances et de l'industrie*, 2007, n°42, p. 134 ; F. AUBERT, « La loi de financement de la sécurité sociale après la censure du Conseil constitutionnel », *AJDA*, 2006, n°44, p. 2426.

[841] A l'Assemblée nationale, l'examen est réalisé par le président de la commission ou son bureau pour les amendements déposés en commission, et par le Président de l'Assemblée nationale pour les autres amendements.

[842] Michel LASCOMBE, *op. cit.*, p. 159.

[843] Aurélien BAUDU, *op. cit.*, p. 352.

additionnel, aucun amendement à un projet de loi de finances ne peut être présenté, sauf s'il tend à supprimer ou à réduire effectivement une dépense, à créer ou à accroître une recette ou à assurer le contrôle des dépenses publiques. Tout article additionnel et tout amendement doit être motivé et accompagné des développements des moyens qui le justifient. La disjonction des articles additionnels ou amendements qui contreviennent aux dispositions du présent article est de droit ». Ainsi, l'ordonnance de 1959 permettait le dépôt d'amendement dans seulement trois cas :

- Lorsqu'il diminuait une dépense publique ;
- Lorsqu'il augmentait une ressource publique ;
- Lorsqu'il permettait d'assurer le contrôle des dépenses publiques ;

C'est-à-dire lorsqu'il visait à garantir la bonne gestion des deniers publics, à augmenter leur montant et donc à ne pas aggraver l'état des finances publiques.

Le maintien de cette vision restrictive de l'article 40 aurait pu mener à des absurdités et le rejet de tous les amendements ou propositions parlementaires, car toute mesure a un coût. Par conséquent, cette vision de 1959 a été assouplie d'abord par le Conseil constitutionnel et ensuite par la LOLF de 2001 afin d'éviter la paralysie du droit d'amendement et de rouvrir ce droit aux parlementaires.

Ainsi, le Conseil constitutionnel, pour interpréter l'article 40 de la Constitution, a défini les notions de ressources et charges[844]. Or, il les a distinguées sur un point : la compensation. Selon lui, si la compensation d'une diminution de ressources est possible sous conditions[845], aucune compensation n'est envisageable concernant les augmentations de charges[846]. Par conséquent, le Conseil n'a rendu possible le droit d'amendement que dans un sens : la diminution d'une recette, qui doit être contrebalancée par la mise en place d'une ressource de substitution, mais en aucun cas par la promesse d'une économie sur les dépenses.

Par la suite, l'adoption de la LOLF de 2001 a substitué son nouvel article 47 à l'article 42 de l'ordonnance. Celui-ci précise qu' « *au sens des articles 34 et 40 de la Constitution, la charge s'entend, s'agissant des amendements s'appliquant aux crédits, de la mission* ». La LOLF est donc venue rénover le

---

[844] Selon lui, cela va au-delà de la loi de finances et des simples ressources et dépenses de l'Etat. Cela comprend également les collectivités territoriales et les établissements publics.

[845] CC, n°76-54 DC, 2 juin 1976, *Résolution tendant à modifier et à compléter certains articles du règlement du Sénat*, considérant n°1.

[846] CC, n°63-21 DC, 12 mars 1963, *Loi portant réforme de l'enregistrement, du timbre et de la fiscalité immobilière*, considérant n°4. L. HAMON, *Dalloz*, 1964, p. 489.

droit d'amendement des parlementaires en apportant une interprétation plus souple de l'article 40 de la Constitution. Si la charge publique correspond à la mission au sein de la loi de finances, alors les parlementaires ont la possibilité de majorer ou de diminuer les crédits d'un ou plusieurs programmes, du moment que le montant total des crédits de la mission ne change pas. Ainsi, ils peuvent « *choisir de répartir autrement les crédits entre programmes d'une même mission, ou encore supprimer un ou plusieurs programmes d'une mission* »[847] à condition que la mission concernée conserve au moins deux programmes[848]. Ainsi, le droit d'amendement peut désormais s'exercer « *en vue d'un redéploiement de crédits entre les programmes ou les dotations à l'intérieur d'une même mission* »[849], à la condition de la motivation et de la justification de l'amendement, car tout amendement non conforme sera irrecevable[850]. « *Cette "adaptation" de l'article 40 Const., audacieuse mais admise par le Conseil constitutionnel (25 juill. 2001, 448 DC, cons. 45 et 97), pourrait avoir, au moins en théorie, une portée pratique d'autant plus considérable que la "mission" est (ou peut être) une subdivision particulièrement vaste, à l'intérieur de laquelle figurent les programmes, entre lesquels les crédits peuvent faire l'objet de propositions parlementaires de redéploiement* »[851].

Ainsi, grâce à la rénovation récente du droit d'amendement des parlementaires par la LOLF, les autorités administratives indépendantes pourraient donc voir leurs crédits augmenter grâce à une proposition législative dans ce sens. En effet, étant donné leur insertion dans la loi de finances au niveau des actions, voire des programmes, leur budget pourrait être modifié lors de la phase de la discussion du projet de loi de finances devant les assemblées. Or, dans ce cadre, il faut souligner l'intérêt qu'auraient ces autorités de négocier directement leur budget en séance. En effet, en mettant en évidence leurs demandes budgétaires lors de la discussion du projet de loi de finances en séance, elles pourraient attirer l'attention des parlementaires sur leur manque de moyens. Cette proposition avait d'ailleurs été faite par le Conseil d'Etat dans son rapport de 2001, au moment même où les finances publiques allaient être réformées. Il suggérait

---

847 Michel BOUVIER, Marie-Christine ESCLASSAN, Jean-Pierre LASSALE, *op. cit.*, p. 346.

848 L'article 7 de la LOLF prévoit en effet qu'une mission comprend « *un ensemble de programmes* ». Cela a été confirmé par le Conseil constitutionnel qui estime qu' « *une mission ne saurait comporter un programme unique* » (CC, DC, n°2005-530, 29 décembre 2005, *Loi de finances pour 2006*).

849 Aurélien BAUDU, *op.cit.*, p. 362.

850 Article 47 de la loi organique n°2001-692 du 1er août 2001 relative aux lois de finances.

851 Jean-Luc ALBERT, *Finances publiques*, Dalloz, 8e édition, 2013, p. 406.

alors que « *dans le cadre de la réforme en cours de l'ordonnance n°59-2 du 2 janvier 1959, il pourrait être envisagé de permettre* [aux AAI] *dont l'importance des moyens le justifie de discuter plus directement de leur budget devant le Parlement* »[852]. En effet, si celles-ci pouvaient défendre leur budget devant les assemblées et effectuer des demandes de crédits supplémentaires, il serait probable que les parlementaires en tiennent compte et déposent des amendements favorables aux AAI, suite à un arbitrage entre ces autorités indépendantes et les administrations classiques. Cela nécessiterait néanmoins aujourd'hui une modification de la LOLF et éventuellement du règlement des assemblées.

Selon le Conseil, cette démarche devait être constitutive d'un simple débat ayant pour but que « *la représentation nationale [passe] plus systématiquement en revue leur activité et, le cas échéant, [qu'elle débatte] des grandes orientations de l'exercice de leur mission* »[853]. Néanmoins, il serait préférable pour les AAI que la discussion de leur budget devant le Parlement aboutisse sur des demandes chiffrées motivées.

En revanche, si ce droit d'amendement des parlementaires est favorable aux autorités administratives indépendantes, c'est grâce à leur insertion dans la loi de finances au niveau des actions. Grâce à cette place dans la nomenclature budgétaire, le Parlement a la possibilité d'arbitrer entre les AAI et les administrations traditionnelles[854]. Or, si une mission regroupant toutes les AAI était créée, cette possibilité pour les parlementaires de modifier les crédits de la loi de finances aurait une incidence négative sur ces autorités. En effet, le redéploiement des crédits ne pouvant s'effectuer que dans le cadre de la mission, cela conduirait à arbitrer entre plusieurs AAI. Ainsi, l'augmentation du budget d'une autorité indépendante provoquerait automatiquement la diminution des crédits d'une autre, ce qui porterait grandement atteinte à leur autonomie financière. L'amendement des parlementaires constitue donc une solution favorable dans le cadre juridique actuel des AAI, mais pas dans l'hypothèse de la création d'une mission dédiée aux AAI. Si la réalisation de cette dernière hypothèse avait lieu, il faudrait alors que la voix du comité Balladur soit entendue et suivie d'effets. En effet, une réforme avait été proposée par ce comité en 2007 afin d'élargir le droit d'amendement en matière

[852] Conseil d'Etat, rapport précité, 2001, p. 371.

[853] *Idem.*

[854] A ce jour le niveau le plus élevé atteint par une AAI ou un groupe d'AAI est le programme. Tel est le cas du Haut conseil des finances publiques qui dispose d'un programme à lui seul dans la mission « Conseil et contrôle de l'Etat », mais également des onze AAI regroupées au sein du programme n°308 « Protection des droits et libertés » de la mission « Direction de l'action du gouvernement ».

financière. Le comité avait alors suggéré que la notion de « *charge publique* » présente dans l'article 40 de la Constitution soit mise au pluriel. Ainsi, le seul amendement prohibé, en matière de dépenses, aurait été celui qui aggrave les charges publiques. Or, les charges publiques, au pluriel, correspondent au budget de l'Etat dans sa globalité. Cette modification de l'article 40 aurait donc permis les compensations non seulement à l'intérieur des missions, mais également entre les différentes missions de la loi de finances, ce qui aurait été favorable aux AAI en cas de mission dédiée. Toutefois, cette proposition de réforme n'a pas été retenue lors de l'adoption de la loi constitutionnelle de 2008. En l'état actuel de la place des AAI dans la nomenclature budgétaire, l'exclusion de cette réforme n'est pas problématique.

Il faut néanmoins relever une limite du droit d'amendement des parlementaires en direction des autorités administratives indépendantes. Si la faculté offerte aux parlementaires d'amender le PLF en modifiant la répartition des crédits entre les programmes peut être utilisée sur tous les titres de chacun des programmes, cette possibilité n'est pas massivement utilisée en ce qui concerne le titre 2 relatif aux dépenses de personnel. En effet, la politique de recrutement et de plafonnement des effectifs est fixée par le gouvernement. Elle est généralement calculée de façon restrictive donc il est difficile pour le Parlement de la limiter davantage, d'autant plus du fait des particularités de l'emploi public et de la définition de la politique salariale et des rémunérations qui dépend du gouvernement. Par ailleurs, s'il souhaite augmenter les dépenses de personnel d'une AAI ou son plafond d'emplois, cela est totalement possible et souhaitable mais cela signifierait qu'il devrait compenser cette hausse par une baisse des effectifs d'une autre administration. Or, d'une part, il n'est pas forcément le mieux placé pour connaître les besoins en personnel de l'ensemble des administrations et d'autre part, il ne pourra peut être pas diminué des crédits de personnel d'autres administrations traditionnelles contenant une majorité de fonctionnaires dont l'emploi ne peut pas être remis en cause et dont les crédits et plafonds d'emplois ont été strictement comptabilisés par le gouvernement[855]. Les amendements relatifs au titre 2 s'avèrent donc délicats,

[855] Souvent, le gouvernement fixe un plafond d'emplois et des crédits de personnel assez resserrés sur les effectifs existants, ce qui laisse une marge de manœuvre très faible au Parlement pour diminuer les crédits de personnel. Or, toute augmentation des crédits de personnel d'une autorité devant être compensée par une diminution desdits crédits d'une autre au sein d'une mission, le Parlement aura beaucoup de mal à augmenter les crédits du titre 2 à destination des AAI.

ce qui limite le droit d'amendement vis-à-vis des AAI étant donné que les dépenses de personnel constituent la majorité des dépenses des AAI (elles représentent toujours une part nettement supérieure à 50 % des dépenses totales). Néanmoins, la présentation des crédits étant indicative, elle pourra donc être modifiée en cours d'exercice par les gestionnaires.

Finalement, le droit d'amendement des parlementaires paraît être bénéfique pour les AAI, malgré son utilisation limitée en pratique, mais il le serait d'autant plus s'il était cumulé avec la possibilité pour celles-ci de discuter et négocier leur budget devant le Parlement afin de leur permettre de souligner leurs carences et les éventuels besoins supplémentaires à combler. Cette discussion, rappelant les caractères indépendant et dérogatoire de ces autorités aux parlementaires, aurait par ailleurs pour effet d'éviter que les arbitrages financiers ne se fassent au détriment des AAI.

B. Le vote par le Parlement : un pouvoir de décision budgétaire remis en cause par diverses pratiques

Si les parlementaires détiennent en principe exclusivement le pouvoir de décision budgétaire en vertu des articles 14 de la Déclaration des droits de l'homme et du citoyen et 34 de la Constitution (1), celui-ci est néanmoins limité ; certes par les restrictions relatives au droit d'amendement, mais également au regard de certaines pratiques du pouvoir exécutif. Ainsi, les nombreuses atteintes à l'annualité budgétaire, le recours permanents aux dépenses additionnelles et l'éventuelle régulation budgétaire en cours d'exercice viennent restreindre le pouvoir de décision budgétaire du Parlement (2).

1. Un pouvoir de décision budgétaire du Parlement enfermé dans des délais stricts : la rationalisation temporelle

Parallèlement au pouvoir d'initiative budgétaire du gouvernement en amont, le Parlement dispose d'un pouvoir de décision budgétaire par le vote de la loi de finances. Toutefois, « *tout est fait [...] pour que, d'une part, le gouvernement puisse rester maître de son projet de loi et que, d'autre part, la version du texte qu'il propose soit modifiée a minima notamment dans l'appréciation de ses grandes masses financières* »[856]. Ainsi, si le Parlement vote effectivement la loi de finances, il ne décide pas de son contenu. Son pouvoir de décision est donc

[856] Raymond MUZELLEC, Matthieu CONAN, *op. cit.*, p. 253.

quelque peu contraint : ne pouvant pas modifier substantiellement le projet de loi de finances, son seul réel pouvoir est de voter le texte ou de le rejeter.

Le Parlement dispose du pouvoir de décision budgétaire en vertu de l'article 14 de la Déclaration des droits de l'homme et du citoyen. Selon cet article, « *tous les Citoyens ont le droit de constater, par eux-mêmes ou par leurs représentants, la nécessité de la contribution publique, de la consentir librement, d'en suivre l'emploi, et d'en déterminer la quotité, l'assiette, le recouvrement et la durée* ». Ce principe du consentement à l'impôt implique que les lois de finances soient votées par le Parlement en tant qu'organe de représentation. L'article 34 de la Constitution prévoit deux choses. La première est que « *la loi fixe les règles concernant [...] l'assiette, le taux et les modalités de recouvrement des impositions de toutes natures* ». La seconde correspond à des précisions relatives aux lois de finances. Ainsi, l'article précise que « *les lois de finances déterminent les ressources et les charges de l'Etat dans les conditions et sous les réserves prévues par une loi organique. [...] Des lois de programmation déterminent les objectifs de l'action de l'État. Les orientations pluriannuelles des finances publiques sont définies par des lois de programmation. Elles s'inscrivent dans l'objectif d'équilibre des comptes des administrations publiques* ». Deux éléments apparaissent alors : la compétence législative pour le vote des lois de finances et la tendance à la baisse des dépenses publiques avec la mise en évidence de l'objectif d'équilibre.

Il existe un « *particularisme procédural* »[857] pour le vote des lois de finances. Les différentes phases de la procédure de vote en séance sont ainsi prévues par les articles 39, 42 et 47 de la Constitution ainsi que par les articles 40 et 45 de la LOLF. Or, plusieurs d'entre elles démontrent le caractère contraint et obligatoire du vote par le Parlement[858] :

- Selon l'article 39 de la Constitution, « *les projets de loi de finances [...] sont soumis en premier lieu à l'Assemblée nationale* ». Toutefois, plusieurs particularités existent. La première est que le texte initial soumis à l'Assemblée est celui du gouvernement[859]. Cela permet à ce dernier de garder la mainmise sur le contenu de son budget. La seconde est que l'Assemblée doit se prononcer dans un délai de quarante jours après le dépôt du projet. Ce délai dérogatoire est certes court mais il est compensé par une information accrue du Parlement lors de la phase d'élaboration du projet de loi de finances par le

857 Pierre AVRIL, Jean GICQUEL, *op. cit.*, p. 229.
858 Il sera ici question du vote en séance, sans tenir compte de l'examen du projet de loi de finances en commission.
859 Article 42 de la Constitution.

gouvernement, qui se concrétise par un débat d'orientation des finances publiques[860].

- Ensuite, après le vote de la loi de finances par l'Assemblée nationale, le Sénat est saisi. Selon l'article 40 de la LOLF, il « *doit se prononcer en première lecture dans un délai de vingt jours après avoir été saisi* ».
- Néanmoins, les délais d'adoption de la loi de finances initiale étant très courts, il existe des procédures d'urgence qui sont de droit. En effet, le Parlement a soixante-dix jours pour se prononcer sur le texte. De ce fait, si l'Assemblée n'a pas respecté son délai de quarante jours, « *le Gouvernement saisit le Sénat du texte qu'il a initialement présenté, modifié le cas échéant par les amendements votés par l'Assemblée nationale et acceptés par lui. Le Sénat doit alors se prononcer dans un délai de quinze jours après avoir été saisi* »[861]. Par ailleurs, si c'est le Sénat qui ne s'est pas prononcé dans le délai imparti, « *le Gouvernement saisit à nouveau l'Assemblée du texte soumis au Sénat, modifié, le cas échéant, par les amendements votés par le Sénat et acceptés par lui* »[862]. De façon dérogatoire, après une seule lecture par chaque assemblée, le gouvernement a la possibilité de déclencher les procédures d'urgence de l'article 45 de la Constitution, c'est-à-dire la mise en place d'une commission mixte paritaire dans un premier temps, puis le dernier mot à l'Assemblée nationale dans un second temps. Enfin, si le Parlement ne s'est toujours pas prononcé dans le délai de soixante-dix jours, les dispositions du projet de loi de finances peuvent être mises en vigueur par voie d'ordonnance. Néanmoins ce dispositif prévu par l'article 47 de la Constitution n'a jamais été utilisé.

Ainsi, la procédure de vote de la loi de finances démontre que le Parlement détient certes le pouvoir de décision budgétaire, mais que ce pouvoir est limité au regard des nombreuses interdictions et restrictions qui s'imposent à lui. En effet, « *outre l'exclusivité de l'initiative des projets de loi de finances (art. 47 C), le gouvernement, investi de la fonction décisionnelle (art. 20 C), conserve la haute main sur le déroulement de la procédure* »[863]. La commission saisie

---

860 Il correspond à l'ancien débat d'orientation budgétaire et a lieu « *au cours du dernier trimestre de la session ordinaire* » du Parlement, c'est-à-dire entre avril et juin, selon l'article 48 de la LOLF.

861 Articles 40 de la LOLF et 47 de la Constitution, confirmés par une décision du Conseil constitutionnel : CC, n°71-43 DC du 17 juin 1971, *Loi organique modifiant l'article 39 de l'ordonnance du 2 janvier 1959 portant loi organique relative aux lois de finances.*

862 *Idem.*

863 Pierre AVRIL, Jean GICQUEL, *op. cit.*, p. 233.

n'a pas le pouvoir d'amender le projet de loi de finances. L'inscription à l'ordre du jour demeure prioritaire, même en semaine parlementaire. Les délais sont très courts et non extensibles, ce qui a pour conséquence l'application facilitée de procédures d'urgence telles que la mise en place d'une commission mixte paritaire (après une seule lecture), le dernier mot à l'Assemblée nationale, le vote bloqué ou la délégation législative. En dehors de toute urgence, le droit d'amendement des parlementaires est par ailleurs limité.

Ainsi, « *par rapport aux grandes masses de la LFI, le taux de modifications du Parlement est quasi nul* »[864]. Peut-on alors parler de réel pouvoir de décision budgétaire si celui-ci est en réalité piloté et contrôlé par le gouvernement ? Il est possible d'en douter.

Toutefois, la petite marge de manœuvre que le Parlement conserve peut éventuellement concerner les AAI, dont l'ensemble des budgets ne représente d'ailleurs qu'une infime partie du budget de l'Etat.

2. Les limites concrètes au pouvoir de décision budgétaire du Parlement : la rationalisation matérielle

Hormis les limites procédurales traditionnelles attachées au vote de la loi de finances, d'autres éléments viennent restreindre le pouvoir de décision budgétaire du Parlement ; certains sont dus à la transposition de la règlementation européenne, d'autres sont des armes à la disposition du gouvernement.

Tout d'abord, il existe de nombreuses atteintes à l'annualité budgétaire qui empêchent le législateur de renouveler librement son autorisation financière chaque année. En effet, la programmation pluriannuelle des finances publiques impulsée par l'Union européenne et l'idée de « *chaînage vertueux* »[865] entre les différents textes budgétaires encadrent l'adoption des lois de finances annuelles et amoindrissent sensiblement le pouvoir du législateur.

Par ailleurs, le recours permanent aux dépenses additionnelles a également contribué à remettre en cause l'autorisation budgétaire du Parlement, notamment sous les IIIe et IVe République. Les crédits additionnels sont des dépenses complémentaires qui vont être ajoutées au budget général en cours d'exercice, après sollicitation du gouvernement et

864 Raymond MUZELLEC, Matthieu CONAN, *op. cit.*, p. 256.
865 *Ibid.*, p. 260.

nécessaire accord du Parlement. Or, malgré une procédure encadrée et un recours en principe exceptionnel à ces crédits, le gouvernement a eu tendance à en abuser du fait de la pratique souple qui existait, « *amplifiée par le désordre parlementaire* »[866] ambiant. Par conséquent, l'ordonnance organique de 1959 puis la LOLF sont venues encadrer plus strictement leur utilisation. Les nouvelles procédures permettant de recourir à des dépenses additionnelles qui ont été mises en place sous la Ve République, sont celles des décrets d'avance ou encore des crédits évaluatifs. Ces derniers, prévus à l'article 10 de la LOLF, sont simplement indicatifs et sont donc susceptibles d'augmenter en cours d'exercice si le besoin se fait ressentir. En revanche, ce dispositif ne s'applique que vis-à-vis des « *crédits relatifs aux charges de la dette de l'Etat, aux remboursements, restitutions et dégrèvements et à la mise en jeu des garanties accordées par l'Etat* »[867]. Ils n'ont donc pas vocation à être employés au profit des autorités administratives indépendantes. Quant aux décrets d'avance, prévus à l'article 13 de la LOLF, ils permettent d'augmenter les crédits au cours d'un exercice lorsqu'ils s'avèrent insuffisants. Ils interviennent à l'initiative du gouvernement et particulièrement du Premier ministre qui ne peut les adopter définitivement qu'après réception de l'avis de la section des finances du Conseil d'Etat et des commissions des finances de chaque assemblée. Si l'avis est obligatoire, il n'est en aucun cas conforme et le Premier ministre n'est pas obligé de renoncer à adopter un décret d'avance en cas d'avis négatif de l'une des institutions consultées. Des conditions de fond s'imposent néanmoins. Tel est le cas de l'urgence, entendue comme la nécessité de couvrir une charge imprévisible ; le respect de l'équilibre financier, impliquant un solde inchangé et donc une compensation de toute dépense complémentaire soit par une annulation d'autres crédits, soit par le constat de recettes complémentaires ; et le plafond de 1 % des crédits ouverts par la loi de finances. Finalement, il faut souligner qu'encore une fois, la possibilité de modifier le montant des crédits revient à l'exécutif et non au Parlement. Ce dispositif pourrait toutefois permettre de renflouer un budget insuffisant d'une autorité administrative indépendante.

De plus, une autre arme existe au profit du gouvernement afin de limiter la portée de l'autorisation budgétaire du Parlement : le pouvoir de régulation budgétaire en cours d'exercice. Or, cette arme est d'autant plus redoutable qu'elle ne nécessite pas l'accord des assemblées parlementaires pour être utilisée, contrairement aux crédits additionnels et évaluatifs

---

866 Aurélien BAUDU, *op. cit.*, p. 201.

867 Article 10 de la loi organique relative aux lois de finances du 1er août 2001.

précédemment évoqués. La régulation budgétaire est la modification, en cours d'année, du volume et du rythme de consommation des crédits. Elle se décline en deux mécanismes : le gel de crédits et l'annulation de crédits. Il est également possible de rapprocher la fongibilité asymétrique des crédits de la régulation budgétaire. En effet, si elle ne modifie pas le volume des crédits, elle en modifie la destination au sein d'un programme sans l'accord préalable du législateur. Toutefois, elle porte moins atteinte au pouvoir de décision budgétaire du Parlement que la régulation budgétaire puisqu'elle ne touche pas au montant global des finances publiques. Si la fongibilité des crédits n'est pas couramment utilisée, elle a toutefois déjà servie en matière d'autorités administratives indépendantes. En effet, en 2010, lorsque le ministère de rattachement de l'Agence française de lutte contre le dopage a fait le choix de diminuer sa subvention de moitié en la compensant par l'augmentation d'une taxe finalement supprimée par le Sénat, l'AFLD a connu un manque de 4 millions d'euros dans son budget. Cette charge imprévisible a donc été couverte « *par fongibilité sur le programme budgétaire de rattachement* »[868]. En revanche, si la fongibilité a servi l'AFLD en 2010, elle pourrait également desservir les AAI[869].

Enfin, si la procédure normale d'adoption de la loi de finances ne fonctionne pas, le gouvernement dispose de différentes armes pour encadrer le vote du budget par le Parlement. En effet, nous avons déjà évoqué que l'article 45 de la Constitution s'applique beaucoup plus facilement, le renvoi en commission mixte paritaire ne se réalisant qu'après une seule lecture par chaque assemblée. Par ailleurs, le gouvernement a la possibilité de demander à l'assemblée saisie de se prononcer par un seul vote sur tout ou partie du texte en discussion en ne retenant que les amendements proposés ou acceptés par lui. Ce mécanisme du vote bloqué permet au gouvernement d'imposer à l'assemblée parlementaire un choix limité. Deux possibilités s'offrent à elle : le vote du texte tel qu'il a été élaboré par le gouvernement, ou son rejet. L'article 44 alinéa 3 de la Constitution restreint donc largement le pouvoir de décision budgétaire du Parlement en lui enlevant toute initiative et tout pouvoir d'amendement du texte en discussion. Sa seule prérogative est de décider de refuser le PLF. Dans la pratique néanmoins, ce dispositif n'est pas aussi attentatoire aux

---

868 Assemblée nationale, Rapport fait au nom du comité d'évaluation et de contrôle des politiques publiques sur *les autorités administratives indépendantes*, René DOSIERE, Christian VANNESTE, 28 octobre 2010, n°2925, p. 102.
869 Cf. *infra, p.* 269 s.

droits des parlementaires car il s'applique dans la majorité des cas à une partie du texte et non à l'ensemble.

La même idée ressort de l'article 49 alinéa 3 de la Constitution, cet article permettant également au gouvernement de contraindre l'Assemblée nationale dans son vote du budget. Ce dispositif est néanmoins beaucoup plus contraignant que l'article 44 alinéa 3. En effet, si les deux procédés n'offrent au Parlement que l'unique possibilité de rejeter une partie ou la totalité du PLF, l'engagement de responsabilité du gouvernement sur son projet de budget permis par l'article 49 alinéa 3 rend très difficile ce rejet. En principe, les députés renoncent toujours au rejet du PLF pour éviter toute crise politique, et ce d'autant plus que l'Assemblée nationale, généralement du même bord politique que le Président et donc son gouvernement, est la chambre la moins rétive. En revanche, si elles décidaient d'exercer ce droit, une majorité simple suffirait à rejeter le texte dans le cadre de l'article 44 alinéa 3 alors qu'une majorité renforcée serait nécessaire dans le cadre de l'article 49 alinéa 3[870].

Dans tous les cas, l'ensemble des procédures évoquées visent à remettre en cause le pouvoir budgétaire du Parlement. Or, la nécessaire autonomie financière des AAI supporte mieux le contrôle démocratique du Parlement qu'une quelconque soumission au gouvernement. Or, le pouvoir du Parlement n'étant finalement que très limité vis-à-vis du PLF, le décalage de la « dépendance »[871] des AAI du gouvernement vers le Parlement n'est donc qu'un leurre.

C. Un pouvoir de décision budgétaire entraînant un décalage fictif de la dépendance des AAI du gouvernement vers le Parlement

Le principe de toute autorité administrative est sa soumission à la hiérarchie du pouvoir exécutif. Ainsi, chaque administration dépend, selon son domaine d'intervention, d'un ministère particulier, le gouvernement constituant le sommet de la hiérarchie administrative.

---

[870] Pour que le rejet du PLF (par l'adoption d'une motion de censure) soit valide selon l'article 49, il nécessite la réunion de la majorité des membres qui composent l'assemblée (et non pas des membres présents à l'assemblée), ce qui correspond généralement à une majorité renforcée (les députés n'étant jamais présents dans leur intégralité) plus difficilement atteignable qu'une majorité simple (se calculant sur la base des membres présents).

[871] L'idée de dépendance doit s'entendre dans le sens de contrôle.

Or, les autorités indépendantes ne correspondent pas à des administrations classiques en ce qu'elles disposent d'une double autonomie, organique et fonctionnelle, notamment vis-à-vis des pouvoirs publics, c'est-à-dire du gouvernement. Elles ont donc pour particularité de se soustraire à la hiérarchie administrative malgré leur absence de personnalité morale et leur appartenance à l'Etat. Toutefois, cette idée d'émancipation des AAI vis-à-vis de la tutelle du gouvernement ne signifie pas pour autant une absence totale de contrôle. En effet, « *le transfert de responsabilité du gouvernement vers une autorité administrative indépendante* [ne doit pas empêcher le] *contrôle du Parlement sur l'action du gouvernement* ». Aussi, ce contrôle se justifie par le fait que « *certains autorités administratives indépendantes mettent en œuvre, sous leur seule responsabilité, une politique publique qu'il appartient au Parlement, en application de l'article 24 de la Constitution*[872]*, d'évaluer* »[873]. Les AAI demeurent donc des institutions publiques utilisant des deniers publics pour la réalisation d'une politique publique, elles doivent donc être contrôlées afin de vérifier leur gestion financière et le bon usage des fonds publics. Ces contrôles sont néanmoins effectués par le Parlement, en tant que représentant de la Nation[874], et le juge, en tant qu'organe indépendant et neutre[875], c'est-à-dire par des institutions considérées comme démocratiques.

Les AAI ne devant pas être dépendantes du gouvernement, elles ont donc été rapprochées du législateur. Celui-ci a ainsi la faculté de les créer, de les supprimer, et il décide en théorie de l'attribution de leur budget par le vote de la loi de finances. En effet, le pouvoir de décision budgétaire détenu par le Parlement implique qu'il décide de l'octroi des crédits en faveur des AAI. Il est donc évident de permettre au Parlement de contrôler les AAI afin d'avoir une vision d'ensemble de la catégorie juridique. « *Il faut d'ailleurs signaler que les présidents des autorités administratives indépendantes peuvent être demandeur d'un tel contrôle, comme le montrent les propos du président de l'Autorité de contrôle des nuisances aéroportuaires (ACNUSA) […] : "Je ne revendique aucune indépendance vis-à-vis du Parlement et je protesterais même si elle m'était imposée car c'est*

---

872 L'article 24 de la Constitution prévoit que « *Le Parlement vote la loi. Il contrôle l'action du Gouvernement. Il évalue les politiques publiques* ».

873 Sénat, Rapport précité sur le bilan et le contrôle des AAI, n°126, 2015, p. 79.

874 Le Parlement effectue un double contrôle *a priori* et *a posteriori*. Par la création des AAI ainsi que le vote de la loi de finances, le Parlement intervient *a priori*. Il contrôle également ces institutions *a posteriori*, en fin d'exercice, par le contrôle démocratique de l'activité des AAI exposée dans les rapports annuels de chaque autorité.

875 Le juge n'effectue qu'un contrôle *a posteriori* des AAI, que ce soit le juge administratif en ce qui concerne le contentieux classique des AAI (recours contre les actes des AAI, actions disciplinaires, etc.), ou bien le juge financier concernant le contrôle de la gestion financière des AAI.

la loi et donc le Parlement qui crée les AAI. J'ai demandé à plusieurs reprises ce contrôle" »[876]. Or, nous l'avons vu, le pouvoir de décision budgétaire, et donc de contrôle des AAI, est largement remis en cause par de nombreuses procédures favorisant le gouvernement. Le législateur ne semble finalement disposer que d'un simple droit de vie ou de mort sur les AAI, leur existence, notamment financière, étant largement maîtrisée par le gouvernement. Il faut alors effectuer un constat : le déplacement de la dépendance des AAI vers le Parlement est purement fictif. La justification est la suivante : « *l'effet combiné du fait majoritaire et de la rationalisation parlementaire en matière budgétaire* »[877] laisse facilement entrevoir la prépondérance du rôle du gouvernement derrière le pouvoir de décision budgétaire du Parlement. En effet, en cette matière, il serait presque possible de parler de Parlement transparent.

La rationalisation au profit du Parlement qui a eu lieu lors de la révision constitutionnelle de 2008[878] n'a pas touché le domaine budgétaire, soit qu'il n'y ait pas eu de propositions faites dans ce sens, soit que les propositions aient été rejetées. La procédure en matière de lois de finances est donc restée intacte et aucune mesure n'a été adoptée pour renforcer les pouvoirs du législateur en cette matière. D'une part, le Comité Balladur mis en place en 2007 pour réfléchir sur la modernisation et le rééquilibrage des institutions de la Vᵉ République a certes proposé une modification renforçant le pouvoir du législateur dans le domaine budgétaire, mais celle-ci n'a pas abouti. Tel est le cas de proposition du Comité visant à modifier l'article 40 de la Constitution en mettant le terme « *charge publique* » au pluriel. Cela aurait impliqué le changement de signification de cette notion et l'extension du pouvoir d'amendement du législateur en matière budgétaire et notamment dans le cadre de l'adoption des lois de finances. Néanmoins, cette proposition n'a pas été retenue. D'autre part, concernant les finances publiques, le rapport du comité a révélé sa volonté de maintenir l'encadrement du Parlement et la rationalisation initialement prévue en 1958. En effet, les modifications proposées en faveur d'un renforcement du Parlement contiennent toutes une exception touchant aux lois de finances et aux lois de financement de la sécurité sociale. Tel est le cas des propositions touchant aux articles 49 alinéa 3 et 42 de la Constitution et de l'absence de

---

876 Sénat, Rapport précité sur le bilan et le contrôle des AAI, n°126, 2015, p. 86.
877 Aurélien BAUDU, *op. cit.*, p. 487.
878 Loi constitutionnelle n°2008-724 du 23 juillet 2008 de modernisation des institutions de la Vᵉ République.

proposition de modification de l'article 47[879]. Tout d'abord, concernant l'article 49 alinéa 3 permettant qu'un texte soit adopté sans avoir été voté du fait de l'engagement de responsabilité du gouvernement, le comité a souligné qu' « *il apparaît que parmi les textes le plus souvent adoptés grâce à l'article 49, alinéa 3, figurent au premier rang les lois de finances* »[880]. Il a donc proposé de maintenir l'application dudit article au profit des « *seules lois de finances et lois de financement de la sécurité sociale, c'est-à-dire aux textes les plus essentiels à l'action du gouvernement* »[881]. Ensuite, l'article 42 de la Constitution précisant la nature du texte présenté devant la première assemblée saisie en matière de vote des lois, a été modifié dans un sens favorable au Parlement. Désormais, les projets et propositions de loi discutés en séance porteront sur le texte adopté par la commission saisie, et non sur le texte présenté par le gouvernement. Or, le comité a prévu une exception en faveur des lois de finances. Il a ainsi précisé que « *la règle nouvelle ne s'appliquerait pas aux projets de lois de finances [...] qui sont au cœur des prérogatives du gouvernement dans la conduite de l'action publique* »[882]. Enfin, il n'a été proposé aucune modification de l'article 47 qui pose des règles spécifiques quant aux délais d'adoption des lois de finances et aux procédures d'urgence applicables en cas de non respect de ces délais. Cela démontre assez bien la volonté des pouvoirs publics de maintenir le Parlement en dehors de l'élaboration du budget tout en l'enfermant dans une procédure d'adoption de la loi de finances très stricte afin que le gouvernement garde la mainmise sur son projet de budget initial. La rationalisation parlementaire n'a donc pas eu lieu en matière budgétaire et la procédure d'élaboration et d'adoption de la loi de finances fait la part belle au gouvernement.

Ce phénomène est d'ailleurs renforcé et accentué par le fait majoritaire, pérennisé par la révision constitutionnelle de 2000[883] mettant en place le quinquennat afin de faire coïncider les mandats du Président de la République et des députés. Le fait majoritaire traduit ainsi la concordance des majorités de l'Assemblée nationale et du Président. Il garantit alors à ce dernier et à son gouvernement la présence d'une majorité fidèle et dévouée au sein de l'Assemblée nationale.

---

879 L'article 47-1 concernant les lois de financement de la sécurité sociale n'a pas non plus été modifié par le comité.

880 Comité de réflexion et de proposition sur la modernisation et le rééquilibrage des institutions de la Ve République, Rapport, *Une Ve République plus démocratique*, La documentation française, 27 octobre 2007, p. 34.

881 *Idem.*

882 *Ibid.*, p. 48.

883 Loi constitutionnelle n°2000-964 du 2 octobre 2000 relative à la durée du mandat du Président de la République.

Il faut préciser qu'à l'origine, les mesures de rationalisation adoptées en 1958 avaient pour vocation de contrer la lutte constante des partis politiques et l'opposition entre le législatif et l'exécutif affaiblissant considérablement ce dernier. Elles visaient à donner plus de pouvoirs à l'exécutif afin de lui permettre de lutter et surtout de faire le poids face au législateur autrefois tout puissant. Or, l'apparition du fait majoritaire a entraîné le dépassement de la volonté du constituant de 1958. Finalement, le cumul du fait majoritaire et de la rationalisation du parlementarisme ont fait de l'exécutif un organe tout puissant ; c'est pourquoi la révision de 2008 visait à rétablir l'équilibre rompu par le fait majoritaire.

Le rééquilibrage n'ayant pas eu lieu en matière budgétaire lors de la révision de 2008, le Parlement continue de s'effacer en laissant apparaître un exécutif prépondérant et incontournable dans le cadre de l'adoption de la loi de finances. La possible action du législateur sur les budgets des autorités administratives indépendantes demeure de ce fait très limitée.

Section 2.
Une comparaison utile avec les modes de financement d'autres institutions autonomes

Les autorités administratives indépendantes ne sont pas les seules autorités publiques qui ont la particularité d'être autonomes. En effet, de nombreuses institutions bénéficient, à leur façon, d'une autonomie, notamment financière. Certaines disposent alors de la personnalité morale, d'autres pas ; certaines possèdent un statut particulier au sein de la nomenclature budgétaire, d'autres bénéficient de ressources propres et d'autres encore ont recours à l'emprunt, mais toutes disposent normalement d'une autonomie de gestion selon un degré variable. En effet, si la doctrine trouve utile de préciser que « *la classification selon le statut juridique est essentielle pour identifier les règles de gestion financière de chaque organisme* »[884], c'est justement parce l'autonomie financière se manifeste de différentes façons en fonction de l'organisme auquel elle est rattachée.

Il est donc intéressant d'analyser les différents types de financement des autres organismes publics autonomes afin de voir, d'une part, si ceux-ci sont transposables aux AAI et d'établir, d'autre part, une échelle de

---

[884] François ADAM, Olivier FERRAND, Rémy RIOUX, *Finances publiques*, Dalloz, 2010, p. 266.

l'autonomie budgétaire en tentant de classer les divers modes de financement existants. Pour ce faire, il convient de distinguer d'une part, les établissements publics et les collectivités territoriales (paragraphe 1) et d'autre part, les autres autorités de régulation existantes, qu'elles soient personnalisées (API) ou européennes (paragraphe 2).

Paragraphe 1. Le financement des collectivités territoriales et des établissements publics

Les collectivités territoriales et les établissements publics peuvent être rapprochés en ce qu'ils constituent des formes différentes de décentralisation, les premières au niveau territorial, les seconds au niveau fonctionnel. Ces deux catégories d'institutions disposent donc, comme l'implique l'idée même de décentralisation, de la personnalité morale. Toutefois, il est possible de comparer ces organismes personnalisés aux AAI en ce que le degré d'autonomie financière ne dépend pas forcément de la personnalisation. En effet, si elle facilite largement la mise en place de mécanismes permettant un degré optimal d'autonomie financière, les institutions qui en bénéficient ne sont pas toujours pleinement autonomes[885]. Il faut notamment souligner que les établissements publics restent malgré tout soumis à la tutelle de l'Etat. Parfois ce manque d'autonomie est dû à un mauvais emploi de la personnalité par le législateur, ou encore, à l'insuffisance des ressources propres devant être complétées par des ressources étatiques. En revanche, cette insuffisance budgétaire peut aussi être compensée par le recours à l'emprunt. Cela constitue une des particularités des organes décentralisés (A). En dehors de cette spécificité, d'autres modes de financement sont certes différents de ceux existants pour les AAI mais ils ont parfois la faculté d'être transposables (B).

A. Les modes de financement spécifiques aux institutions décentralisées

Les institutions décentralisées bénéficient de deux modes de financement particulier : l'impôt (1) et l'emprunt (2).

---

885 Alors que d'autres institutions non personnalisées disposent d'une autonomie, aux sens général et financier, plus grande. Tel est le cas des juridictions.

1. L'impôt : un mode de financement a priori fermé aux autorités indépendantes

L'impôt est un mode de financement des personnes publiques. En effet, il « *peut être défini comme un prélèvement à caractère obligatoire et sans contrepartie directe, qui est perçu au profit d'une collectivité publique* »[886]. Il est donc la ressource première et pérenne de nombreuses personnes publiques.

L'impôt est réservé à un petit nombre de personnes : l'Etat[887], les collectivités territoriales[888], la Sécurité sociale[889], les établissements publics[890] et l'Union européenne[891]. Il convient néanmoins de préciser que si ces personnes publiques sont bénéficiaires de l'impôt, elles n'ont pas la possibilité de le percevoir directement, cette prérogative régalienne étant réservée à l'administration fiscale. Cette dernière perçoit donc les recettes issues de l'impôt puis les reverse à leurs bénéficiaires.

La question est ici celle du lien entre autonomie financière et autonomie fiscale : une autonomie financière peut-elle ainsi exister sans autonomie fiscale ? Si « *l'impôt constitue une ressource autonome, qu'il est un attribut essentiel du pouvoir et qu'il en constitue un enjeu primordial pour son indépendance* »[892], permet-il d'engendrer à lui seul l'autonomie financière ? Si certains estiment que l'autonomie fiscale est un « *élément essentiel de l'autonomie financière* »[893],

---

886 Jacques GROSCLAUDE, Philippe MARCHESSOU, *Droit fiscal général*, Paris, Dalloz, 9e édition 2013, p. 2.

887 L'Etat perçoit notamment l'impôt sur le revenu, l'impôt sur les sociétés, l'impôt de solidarité sur la fortune, les droits de mutation et de successions et la TVA.

888 Les collectivités territoriales sont notamment bénéficiaires de la taxe foncière, de la taxe d'habitation et de la taxe sur les ordures ménagères.

889 Les impôts prélevés au profit de la sécurité sociale sont la contribution sociale généralisée et la contribution pour le remboursement de la dette sociale.

890 A titre d'exemple, les universités perçoivent (directement ou indirectement) une taxe d'apprentissage. L'Office national interprofessionnel des céréales (ONIC) perçoit quant à lui une taxe spéciale sur les céréales. Enfin, les intercommunalités, constitutives d'établissements publics de coopération intercommunale, sont bénéficiaires de la contribution économique territoriale. En effet, celle-ci « *est perçue par les communes et leurs établissements publics de regroupement* » (Jacques GROSCLAUDE, Philippe MARCHESSOU, *op. cit.*, p. 563).

891 L'Union européenne est bénéficiaire des droits de douanes (ayant tendance à diminuer), des droits agricoles (sur les produits en provenance de pays tiers) et la TVA.

892 Michel BOUVIER, « Le Conseil constitutionnel et l'autonomie fiscale des collectivités territoriales : du quiproquo à la clarification », *Nouveaux cahiers du Conseil constitutionnel*, n°33, octobre 2011, p. 55

893 Conseil économique et social, *L'avenir de l'autonomie financière des collectivités territoriales*, séance des 12 et 13 juin 2001, JO 20 juin 2001, p. II - 24.

d'autres au contraire réduisent l'autonomie financière à l'autonomie de la dépense en considérant les limites, les inconvénients et les fondements juridiques incertains de l'autonomie fiscale. La raison de ce doute s'explique par la détention d'une autonomie fiscale limitée des collectivités territoriales. Cette limite est issue de deux facteurs : au-delà du monopole législatif de la création, de la définition des bases de calcul et de la suppression des impôts[894], les facultés restantes aux collectivités territoriales ne sont pas réellement exploitées. En effet, un rapport du Conseil économique et social de 2001 est venu souligner les insuffisances suivantes : « *non création de la taxe d'enlèvement des ordures ménagères, abattements peu utilisés, mimétisme sur les taux* »[895].

Par conséquent, l'autonomie financière des collectivités territoriales pourrait exister sans autonomie fiscale ou avec une autonomie fiscale réduite. Elle se résumerait alors en une autonomie de la dépense[896].

Par ailleurs, le Conseil constitutionnel a récemment choisi de dissocier autonomie financière et autonomie fiscale[897] en raison de l'évolution initiée par la suppression de la taxe professionnelle en 2010 entraînant un partage du pouvoir fiscal entre les collectivités locales. « *Dans ce cadre, l'autonomie financière se définit comme une autonomie de gestion assortie d'une autonomie fiscale limitée* »[898].

Par conséquent, les autorités administratives indépendantes n'étant pas financées par l'impôt garde l'espoir d'une autonomie financière dénuée de toute autonomie fiscale, cette dernière ne constituant pas un élément déterminant de définition de la première. Les raisons sont les suivantes. En premier lieu, l'autonomie des dépenses est un facteur prépondérant de

---

894 Cette autonomie fiscale « *n'est pas un pouvoir normatif et [...] ne peut ni créer, ni modifier, ni supprimer un impôt* » (M. BOUVIER, art. cit., p. 55), cette prérogative appartenant au législateur en vertu de l'article 34 de la Constitution. Selon, Louis FAVOREU et *al.* dans leur ouvrage de *Droit constitutionnel* (Précis Dalloz, 12e édition, 2009, p. 496) « *tout au plus peuvent-elles décider de recourir ou non à un impôt local préalablement autorisé par la loi et d'en fixer les taux dans les conditions déterminées par le législateur* » selon la décision du Conseil constitutionnel : CC, n°90-277 DC, 25 juillet 1990, Etablissement d'impôts directs locaux.

895 Conseil économique et social, Rapport précité, 2001, p. II - 25.

896 Celle-ci étant limitée par la masse importante de dépenses obligatoires imposées aux collectivités territoriales. Cf. *infra*, p. 437 s.

897 CC, n°2009-599 DC, 29 décembre 2009, *Loi de finances pour 2010* ; W. MASTOR, « La contribution carbone à la lumière de la décision du Conseil constitutionnel du 29 décembre 2009 : chronique d'une mort – ou d'une renaissance ? – annoncée », *AJDA,* 2010, n°5, p. 277 ; J-L PISSALOUX, « Taxe professionnelle « taxe carbone » : le Conseil constitutionnel a tranché ! », *Gestion et finances publiques*, mai 2010, n°5, p. 332.

898 Michel BOUVIER, art. cit., p. 55

l'autonomie financière. En deuxième lieu, d'autres ressources propres peuvent bénéficier aux AAI en dehors de toutes ressources fiscales. En dernier lieu, une autonomie financière peut exister sans ressources propres à condition que les crédits issus du budget général soient suffisants pour couvrir l'ensemble des dépenses des AAI.

Une possibilité peut néanmoins leur être offerte en matière fiscale : un financement par le biais de taxes affectées, perçues « *à raison du fonctionnement d'un service public* »[899]. Néanmoins, ce financement implique la personnalisation des autorités. En effet, ces ressources autonomisantes ne peuvent bénéficier qu'aux autorités publiques indépendantes dotées de la personnalité morale, l'article 36 de la LOLF limitant l'affectation d'une ressource initialement établie au profit de l'Etat aux seules institutions personnalisées[900].

Finalement, les impositions constituent des ressources non nécessairement transposables aux AAI du fait de leurs nombreuses limites et de leur dissociation possible de l'autonomie financière. En effet si les collectivités territoriales disposent de ressources fiscales pour une part déterminante[901], il faut souligner que cette autonomie fiscale est toute relative car lesdites ressources sont complétées par des dotations étatiques intégrées dans la loi de finances. Nous pouvons alors constater que si l'autonomie fiscale et le financement par le biais de ressources propres favorisent l'existence d'une autonomie financière, ils ne lui assurent que très rarement un degré optimal d'autonomie. De plus, nous verrons que la carence de l'autonomie financière des collectivités territoriales réside dans la contrainte des dépenses obligatoires qui vient noircir le tableau de l'autonomie de gestion en aval[902].

---

899 Martin COLLET, *Droit fiscal*, Paris, PUF, 4e édition, 2013, p. 23.

900 Cf. *supra*. p. 292 s.

901 Les seuils minimums constatés en 2003 (selon la définition donnée par la loi organique n°2004-758 du 29 juillet 2004 prise en application de l'article 72-2 de la Constitution relative à l'autonomie financière des collectivités territoriales) sont les suivants : 60,8 % pour les communes et les EPCI, 58,6 % pour les départements, 41,7 % pour les régions. En effet, la loi organique de 2004 a créé un article LO. 1114-3 qui prévoit que « *pour chaque catégorie de collectivités, la part des ressources propres est calculée en rapportant le montant de ces dernières à celui de la totalité de leurs ressources, à l'exclusion des emprunts, des ressources correspondant au financement de compétences transférées à titre expérimental ou mises en œuvre par délégation et des transferts financiers entre collectivités d'une même catégorie* ». Il ajoute également que « *la part des ressources propres ne peut être inférieure au niveau constaté au titre de l'année 2003* ».

902 Cf. *infra*, p. 437 s.

2. L'emprunt : un mode de financement réservé aux collectivités territoriales et aux établissements publics

L'emprunt est un mode de financement des organismes publics « *généralement provisoire […], non obligatoire […] et, en principe, rémunéré* »[903] impliquant la conclusion d'un contrat de prêt entre une personne publique et un établissement de crédit. Le contrat implique naturellement une contrepartie : la personne publique reçoit une somme d'argent en échange de quoi elle possède une dette envers l'organisme de crédit qu'elle va lui rembourser accompagnée d'intérêts. L'emprunt a donc un coût pour la personne publique. En revanche, elle peut négocier ce coût avec plus ou moins de poids. En effet, l'emprunt public se distingue de l'emprunt privé en ce qu'une personne publique est partie au contrat et qu'elle dispose d'une position forte dans la bilatéralité qui l'oppose à l'établissement de crédits. Pour autant, si l'emprunt public paraît être un contrat spécial, il n'est pas constitutif d'un contrat de droit public. En l'absence de qualification législative ou règlementaire, c'est la jurisprudence qui détermine le caractère public ou privé du contrat d'emprunt. En principe, un contrat entre une personne publique et une personne privée n'est pas un contrat de droit public. Il satisfait tout au plus au critère organique de la jurisprudence correspondant à la présence, directe ou indirecte, d'une personne publique en tant que partie au contrat. Toutefois, pour obtenir un contrat administratif, il faut doubler ce critère organique d'un second critère cumulatif dit matériel impliquant soit la présence de clauses exorbitantes du droit commun[904], soit que l'objet du contrat soit l'exécution d'un service public[905]. En l'absence de ces éléments, le contrat d'emprunt conclu par une collectivité territoriale[906] ou un établissement public[907] est un contrat de droit

---

903 Jean-Luc ALBERT, *op. cit.*, p. 126.

904 CE, 31 juillet 1912, *Société des granites porphyroïdes des Vosges*, Rec. p. 909, concl. BLUM, GAJA p. 149.

905 CE, Sect., 20 avril 1956, *Epoux Bertin et ministre de l'agriculture c/ consorts Grimouard*, Rec. pp. 167-168, GAJA p. 471.

906 La conclusion d'un contrat d'emprunt par les collectivités territoriales est rendue possible par le Code général des collectivités territoriales. Ainsi, Article l'article L. 2337-3 CGCT prévoit que « *les communes peuvent recourir à l'emprunt sous réserve des dispositions des articles L. 1611-3* ». Ensuite, l'article L. 3212-4 CGCT précise que « *le conseil général décide : 1° Des emprunts du département […]* ». Enfin, l'article 4333-1 CGCT prévoit que les dispositions relatives à la Commune s'appliquent à la Région.

907 La conclusion de contrats d'emprunt par les établissements publics est permise par la loi, mais elle est largement limitée par voie de décrets. Tel est notamment le cas des établissements publics de santé. L'article L. 6141-2-1 du code de la santé publique prévoit que leurs ressources peuvent comprendre « *les emprunts et avances, dans les limites et sous les*

privé[908]. Néanmoins des hésitations existaient concernant les contrats d'emprunt des collectivités territoriales. En effet, une directive de 1992[909] tendait à les soumettre à des mesures de publicité et de mise en concurrence alors même que l'article 3-5° du Code des marchés publics les excluait expressément de son champ d'application. La France étant exposée à une sanction de la Cour de Justice de l'Union européenne, le Conseil d'Etat a rendu un arrêt « Association pour la transparence et la moralité des marchés publics » le 23 février 2005[910] annulant les dispositions de l'article précité et soumettant les contrats d'emprunt des collectivités au Code des marchés publics. Par la suite, un décret du 27 mai 2005 a réintroduit les dispositions litigieuses dans le Code dans le respect d'une nouvelle directive du Conseil du 31 mars 2004[911]. Désormais, il est possible d'affirmer que « *les contrats d'emprunt souscrits par les collectivités territoriales auprès des établissements de crédit sont donc des contrats de droit privé, relevant, en cas de litige, de la compétence du juge judiciaire* »[912].

Concernant les collectivités territoriales, les emprunts sont nécessaires pour financer leurs investissements et uniquement eux. « *Il ne saurait donc être question d'emprunter pour financer des dépenses de fonctionnement ou pour couvrir le remboursement en capital des annuités d'emprunt* »[913].

Quant aux établissements publics, les emprunts revêtent un « *caractère exceptionnel et [font] l'objet d'un contrôle très strict par les autorités de tutelle* »[914] lorsqu'ils sont contractés par des établissements publics administratifs. Au contraire, ce mode de financement est beaucoup plus

---

réserves fixées par décret ». Ainsi, le décret n° 2011-1872 du 14 décembre 2011 relatif aux limites et réserves du recours à l'emprunt par les établissements publics de santé, est venu restreindre les possibilités d'emprunt de ces établissements publics en fonction de leur situation financière ou encore de la durée du contrat de prêt (soumis à autorisation s'il dépasse douze mois). Il a créé la section 4 « emprunts » au sein de la partie règlementaire du code de la santé publique.

908 TC, 12 janvier 1987, *Ville d'Eaubonne c/ GOBTP*, Rec. p. 640, concl. MASSOT, *D.*, 1987, p. 205.

909 Directive du Conseil n°92/50/CEE du 18 juin 1992 portant coordination des procédures de passation des marchés publics de services.

910 CE, 23 février 2005, *Association pour la transparence et la moralité des marchés publics*, concl. CASAS, *RFDA*, 2005, p. 433 ; Note J.-D. DREYFUS, *AJDA*, 2005, p. 668.

911 Directive du Conseil n°2004/18/CE du 31 mars 2004 relative à la coordination des procédures de passation des marchés publics de travaux, de fournitures et de services.

912 Lamy gestion et finances des collectivités territoriales, n°374-24, Un cadre plus souple pour l'emprunt.

913 Stéphanie DAMAREY, *Finances publiques*, Paris, Gualino, 2010, p. 52.

914 Serge PASSERON, *L'autonomie de gestion des établissements publics nationaux*, Paris, LGDJ, 1968, p. 63.

fréquent en ce qui concerne les établissements publics industriels et commerciaux. En revanche, dans tous les cas, le recours à l'emprunt est certes décidé par le conseil d'administration de l'établissement mais « *la délibération qui en fixe l'époque et le mode de réalisation n'est exécutoire qu'après approbation de l'autorité de tutelle et du ministre des finances* »[915].

L'emprunt peut donc être contracté tant par une collectivité territoriale qu'un établissement public, mais son régime juridique est toujours limité.

Concernant les autorités administratives indépendantes, il est aisé de comprendre pourquoi la conclusion d'un contrat de prêt est impossible. Deux raisons viennent justifier cette restriction. La première est que les AAI ne sont pas personnalisées. Par conséquent, si elles concluent un contrat d'emprunt, c'est en réalité l'Etat qui sera endetté. En effet, si certaines prérogatives appartenant normalement aux organismes décentralisés sont offertes aux AAI[916], tel n'est pas le cas de l'emprunt. Par ailleurs, la seconde justification tient au fait que les AAI ne possèdent que des dépenses de fonctionnement et notamment de personnel. Or, nous venons de souligner que les pouvoirs publics ont cherché à restreindre la conclusion des contrats de prêt afin de limiter l'endettement des organismes décentralisés. L'emprunt a donc été cantonné au seul financement des dépenses d'investissement (des collectivités territoriales). Si l'emprunt est limité pour les collectivités, il le serait forcément pour les AAI. Ces dernières n'ayant aucune dépense d'investissement, l'emprunt ne peut donc logiquement pas financer leur budget. En revanche, il serait possible d'y réfléchir en ce qui concerne les autorités publiques indépendantes qui possèdent des dépenses d'investissement allant de l'ordre de centaines de milliers d'euros à l'ordre du million d'euros[917]. Ainsi, en présence de ressources insuffisantes, elles pourraient malgré tout investir grâce au recours à l'emprunt. Toutefois, l'intérêt d'une telle transposition serait minime. D'une part, les autorités publiques indépendantes qui disposent de ressources propres intégrales disposent généralement de ressources suffisantes et, d'autre part, le recours

---

915 *Idem.*

916 Les AAI non personnalisées ont notamment une personnalité contentieuse leur permettant d'ester en justice en leur propre nom. Cf. *supra*, p. 156 et 187.

917 A titre d'exemple, l'AFLD dispose de dépenses d'investissement pour un montant de 620 000 euros pour 2014. L'AMF, quant à elle, voit ces mêmes dépenses s'élever à 1,2 million d'euros (hors dépense informatique).
Les dépenses d'investissement des API sont de plusieurs ordres : dépenses informatiques et petit matériel technique, site internet, aménagement des locaux, amélioration des conditions de travail, sécurité des immeubles, achat de matériels et de mobiliers de bureau, etc.

à l'emprunt contribuerait à les endetter alors même qu'elles peuvent subvenir à leurs besoins d'investissement sans y recourir du fait de leur faible montant et de la possibilité de les remettre à l'année suivante. L'échelonnement des dépenses d'investissement dans le temps serait donc une solution plus adaptée aux API que le recours à l'emprunt.

B. Les autres modes de financement : une éventuelle transposition aux AAI

Hormis l'emprunt et l'impôt, les autres modes de financement des établissements publics et des collectivités territoriales sont parfois les mêmes que ceux des autorités administratives indépendantes (1). Ils peuvent également être différents mais éventuellement transposables aux AAI (2). Enfin, certains ne sont pas transposables aux AAI (3). Ils sont de diverses natures. En premier lieu, sont présentes les dotations et subventions versées par l'Etat ; en deuxième lieu, ces organismes décentralisés peuvent être financés par des revenus du patrimoine et des services ; et en dernier lieu, il est possible de constater la présence de financement par des acteurs privés que ce soit sous la forme de dons, legs, mécénats ou fondations, ou bien sous la forme de participations dans des sociétés privés et de façon générale d'intervention dans les secteurs économique et des affaires.

1. Des modes de financement non autonomisants similaires à ceux des autorités administratives indépendantes

Concernant les modes de financement similaires, on trouve l'ensemble des versements provenant de l'Etat. Pour les collectivités territoriales et les établissements publics, ils prennent notamment la forme de dotations[918] et de subventions. Ils apparaissent dans le budget de l'Etat soit sous forme de prélèvement sur recettes[919] soit sous forme de crédits inscrits dans la loi de finances. Ces dotations et subventions sont multiples et diversifiées mais elles revêtent essentiellement deux formes. On trouve ainsi soit des dotations ou subventions de fonctionnement destinées à

---

918 Le terme dotation ne doit pas s'entendre ici au sens de l'article 7 de la LOLF (concernant la dotation des pouvoirs publics constitutionnels). Il doit être compris dans son sens courant c'est-à-dire celui correspondant à de simples crédits visant à financer les CT, ceux-ci étant issus de la loi de finances et insérés dans des programmes au même titre que les subventions.

919 Il faut souligner que les ¾ des aides de l'Etat sont versés aux collectivités territoriales sous la forme de prélèvements sur recettes. La dotation globale de fonctionnement est notamment versée sous cette forme là.

financer les dépenses de fonctionnement courant de l'organisme, soit des dotations ou subventions d'équipement visant à financer les dépenses d'investissement. Celles-ci correspondent généralement à des versements globalisés de crédits dont l'emploi est relativement libre. En effet, les dépenses obligatoires ou inéluctables des collectivités et établissements publics doivent toutes être couvertes.

Concernant les autorités administratives indépendantes, il faut constater que, comme les établissements publics administratifs[920], elles sont majoritairement financées par des ressources étatiques, notamment budgétaires. En effet, les ressources fiscales issues de l'application de l'article 36 de la LOLF ne bénéficient pas aux autorités administratives indépendantes car elles ne sont pas dotées de la personnalité morale. Seules les autorités publiques indépendantes personnalisées en disposent. Tel est ainsi le cas de l'Autorité des marchés financiers, de l'Autorité de régulation des activités ferroviaires et routières, du Médiateur national de l'énergie et de la Haute autorité de santé (jusqu'au 1er janvier 2014, les taxes affectées à la HAS ayant été supprimées à compter de cette date).

Par ailleurs, si les AAI sont également financées par des ressources budgétaires étatiques, celles-ci n'ont pas la même place dans la loi de finances que celles des collectivités territoriales et des établissements publics. En effet, à titre d'exemple, si trois missions du budget général permettent le financement des collectivités territoriales[921], celles-ci disposent également d'une mission particulière « Avances aux collectivités territoriales »[922] qui est en réalité un compte de concours financiers faisant exception au principe d'universalité en ce qu'il permet à la fois une contraction entre les recettes brutes et les dépenses ainsi traitées en minoration des recettes, et une affectation de recettes au profit des dépenses des collectivités territoriales. Cette option de financement n'est pas ouverte aux autorités administratives indépendantes qui voient leurs crédits insérés

---

920 En effet, un établissement public administratif tire essentiellement ses ressources des crédits, budgétaires ou fiscaux, que lui affecte la personne publique de rattachement.

921 Les missions du budget général qui intéressent les collectivités territoriales sont celles nommées « relations avec les collectivités territoriales », retraçant les aides de l'Etat inscrites au budget du ministère de l'intérieur, « travail et emploi » et « financement national du développement et de la modernisation de l'apprentissage » comprenant toutes deux les crédits de la dotation générale de décentralisation de la formation continue.

922 Le compte « Avances aux collectivités territoriales » est composé de deux programmes : « Avances aux collectivités et établissements publics et à la Nouvelle Calédonie » et « Avances sur le montant des impositions revenant aux départements, communes et établissements et divers organismes », ce dernier servant à alimenter la trésorerie des collectivités territoriales par douzième jusqu'au recouvrement de leurs impôts à l'automne.

dans les missions du budget général mais ne peuvent en aucun cas être financées par des comptes spéciaux[923]. De plus, les prélèvements sur recettes (PSR), représentant les trois quarts des versements effectués par l'Etat au profit des collectivités territoriales, ne peuvent pas non plus exister au profit des AAI. Ils sont régis par l'article 6 de la LOLF prévoyant qu' « *un montant déterminé de recettes de l'Etat peut être rétrocédé directement au profit des collectivités territoriales ou des Communautés européennes en vue de couvrir des charges incombant à ces bénéficiaires ou de compenser des exonérations, des réductions ou des plafonnements d'impôts établis au profit des collectivités territoriales. Ces prélèvements sur les recettes de l'Etat sont, dans leur destination et leur montant, définis et évalués de façon précise et distincte* ». Les PSR sont donc un mode de financement particulier, réservé aux collectivités territoriales et à l'Union européenne, qui ne constitue pas une dépense mais une diminution des recettes de l'Etat. En effet, « *par dérogation au principe de l'universalité, les ressources brutes de l'Etat se voient amputées de prélèvements sur recettes au profit des collectivités territoriales* »[924] afin de compenser les diverses exonérations, allègements ou plafonnements de la fiscalité locale. Ces prélèvements ne peuvent donc pas exister au profit des autorités administratives indépendantes car elles ne sont pas financées par des impôts, mais seulement pas des crédits budgétaires étatiques ou éventuellement des ressources propres non fiscales.

Si les dispositifs des comptes spéciaux et des prélèvements sur recettes ne trouvent pas à s'appliquer aux AAI, celles-ci perçoivent néanmoins des aides de l'Etat, sous la forme de crédits inscrits dans la loi de finances au sein des missions du budget général, au même titre que les collectivités territoriales et les établissements publics. Ainsi, il faut souligner que l'ensemble des organismes disposant d'une autonomie financière voit ses ressources propres complétées par des crédits étatiques. L'autonomie financière s'accommode donc sans souffrir de la présence d'un financement partiel par l'Etat.

2. Les modes de financement transposables et généralisables aux autorités administratives indépendantes

Aux côtés des financements étatiques perçus tant par les institutions décentralisées que les autorités administratives indépendantes, on trouve notamment les revenus des services et du patrimoine. Ces ressources non

---

923 Cf. *supra*. p. 288 s.

924 Raymond MUZELLEC, Matthieu CONAN, *op. cit.*, p.443.

étatiques sont procurées soit par le paiement des services et fonctions qu'il exécute, soit par les loyers et rémunérations issus des biens de l'organisme.

Les revenus des services sont notamment des redevances. Celles-ci correspondent au « *prix d'un service rendu par une entité publique au client qui en fait la demande* »[925]. Elles sont donc perçues en contrepartie et proportionnellement au service rendu à l'usager.

Les redevances pour services rendus dont bénéficient tant les collectivités territoriales que les établissements publics (notamment industriels et commerciaux), peuvent également alimenter les budgets des autorités administratives indépendantes. A titre d'exemple, en ce qui concerne les communes et les intercommunalités, une redevance d'enlèvement des ordures ménagères a été mise en place. Elle permet de financer la collecte, le stockage et l'élimination des ordures ménagères. Au contraire, d'autres communes ont préféré opter pour une taxe d'enlèvement des ordures ménagères qui est une recette fiscale additionnelle à la taxe foncière sur les propriétés bâties, pouvant faire l'objet d'exonérations spéciales.

Les autorités administratives indépendantes, quant à elles, exercent une mission de régulation, qu'elle soit économique ou sociale, qui pourrait donner lieu à rémunération. Elles auraient ainsi la possibilité de percevoir des redevances pour services rendus en raison des missions particulières qu'elles exercent. Or, si certaines d'entre elles se financent déjà pour partie grâce à ce type de redevance[926], tel n'est pas le cas de toutes les AAI. D'une part, la majorité des régulateurs économiques, tels que l'ARCEP, l'ARJEL ou la CRE, a la possibilité de percevoir un tel financement, mais elle n'en bénéficie pas de façon réelle[927] ou substantielle[928]. D'autre part, certains régulateurs hybrides, tels que le HCERES, disposent déjà d'un tel financement, toutefois minime[929]. Le HCERES a ainsi reçu en 2009, 2010 et 2011 des ressources propres à hauteur de 79 000 euros, 259 450 euros et

---

925 Jacques GROSCLAUDE, Philippe MARCHESSOU, *op. cit.*, p. 2.

926 Il faut toutefois souligner que ce financement par voie de redevance n'est que partiel et minoritaire, la majorité du budget de l'AAI étant alimenté par des crédits issus du budget de l'Etat.

927 L'ARCEP perçoit des recettes issues de redevances pour service rendu, mais elle les perçoit pour le compte de l'Etat et donc au bénéfice du budget général.

928 L'ARJEL est titulaire d'une régie de recettes afin de percevoir les recettes éventuelles issues de ses activités de lutte contre les sites illégaux de jeux d'argent, versées sur un compte de dépôt de fonds au Trésor public.

929 Moins de 2 % des ressources totales de l'autorité.

20 000 euros « *provenant d'évaluation d'établissements et de programmes étrangers* »[930]. La prévision de ressources propres pour 2013 dépasse les 250 000 euros. En revanche, les exercices suivants ne font plus état de ces ressources propres depuis la transformation de l'AERES en HCERES en 2014[931]. Enfin, il faut souligner qu'aucune autorité agissant en matière de protection des droits et libertés ne perçoit de telles ressources.

Ce type de financement paraît donc se développer plus facilement dans le milieu économique, comme le démontre d'ailleurs sa présence au niveau des établissements publics industriels et commerciaux. Il est vrai qu'il serait *a contrario* assez surprenant de faire payer aux usagers la saisine du Défenseur des droits, de l'Autorité de la concurrence, ou de la Commission d'accès aux documents administratifs. En revanche, parmi les diverses autorités administratives indépendantes, si certaines interviennent purement dans le domaine économique et d'autres exclusivement en matière de droits et libertés, d'autres encore se situent entre ces deux domaines du fait de leur mission hybride, *a priori* de protection des droits et libertés mais rattrapée par le domaine économique. Tel est notamment le cas de l'Autorité de contrôle des nuisances aéroportuaires, de l'Autorité de sûreté nucléaire ou du Conseil supérieur de l'audiovisuel. Or, concernant le CSA, c'est justement ce potentiel de réception de redevances et de ressources propres qui a encouragé le législateur à lui octroyer la personnalité morale en fin d'année 2013, ce dispositif facilitant leur perception sans pour autant être indispensable. Le CSA ne perçoit néanmoins toujours pas de ressources propres significatives puisqu'il doit recevoir en 2017 seulement 60 000 euros de ressources propres, représentant 1,6 % de son budget.

Globalement, il serait opportun de réfléchir à une extension de ce mode de financement au profit des AAI, certainement pour tous les régulateurs économiques, assurément pour les AAI hybride, mais potentiellement aussi pour quelques AAI sociales. Néanmoins, pour être optimal, ce type de financement par redevances implique une affectation des recettes issues du service aux AAI[932]. En effet, l'ARCEP a certes perçu, en 2015, 241 millions d'euros de taxes et redevances auxquels il faut ajouter les 2,8 milliards d'euros perçus à l'issue d'une procédure d'enchères visant à l'attribution des fréquences de la bande 700 MHz[933], mais ceux-ci sont

---

930 AERES, Rapport d'activité, 2012, p. 62.

931 La loi n°2013-660 du 22 juillet 2013 relative à l'enseignement supérieur et à la recherche substitue le Haut Conseil de l'évaluation de la recherche et de l'enseignement supérieur (HCERES) à l'Agence d'évaluation de la recherche et de l'enseignement supérieur (AERES). Cette disposition a pris effet le 17 novembre 2014.

932 Cf. *supra*, p. 302 s.

933 ARCEP, Rapport d'activité 2015, juin 2016, p. 41.

perçus par l'autorité pour le compte de l'Etat et donc pour alimenter le budget général. Ces ressources ne visent donc pas à abonder le budget de l'ARCEP.

En revanche, les AAI ne bénéficient pas de produits du domaine. Ce type de ressources peut être de plusieurs sortes. Il est possible de citer deux types de revenus à titre d'exemple : d'une part les loyers prélevés du fait des baux afférents à des biens du domaine privé et, d'autre part, les rémunérations des conventions d'occupation du domaine public. Ce type de rémunération n'est pas transposable aux autorités administratives indépendantes car elles sont des organismes non personnalisés qui ne disposent pas d'un patrimoine propre. Par ailleurs, si ce type de financement pourrait bénéficier aux autorités publiques indépendantes, en réalité cela ne se réalise jamais car les API n'ont pas un patrimoine immobilier riche. Elles louent généralement leurs locaux ou se les font prêter par d'autres personnes publiques.

3. Les modes de financement non transposables aux autorités administratives indépendantes

Certains modes de financement des collectivités territoriales et des établissements publics ne sont pas transposables aux autorités administratives indépendantes. Parmi eux, on trouve les aides et soutiens des acteurs privés, ainsi que les participations dans des sociétés et, de façon générale, l'intervention dans le secteur économique et des affaires.

La raison de l'impossible transposition de ces modalités de financement aux AAI vient de leur nécessaire indépendance qui doit s'exprimer tant à l'égard des pouvoirs publics que vis-à-vis des opérateurs régulés. Or, les aides issues de ces opérateurs ou la participation des AAI à leur capital rendraient les AAI financièrement dépendantes des secteurs qu'elles sont censées réguler de manière impartiale.

Cette impartialité, permise par l'autonomie financière, se réalise notamment de deux manières. D'une part, les AAI ne doivent pas participer ou intervenir dans le secteur qu'elles régulent. En effet, l'Etat a créé ces institutions du fait de son incapacité à contrôler un secteur d'activité dans lequel il était partie prenante, soit dans un premier temps du fait de son intervention directe dans le secteur par le biais d'établissements publics étatiques, soit dans un second temps par le biais d'entreprises à capitaux majoritairement publics, c'est l'idée de l'Etat actionnaire. D'autre part, les AAI ne doivent pas recevoir d'aides quelconques des opérateurs du secteur régulé. Tout concours financier desdits opérateurs doit obligatoirement être imposé par la loi, sans quoi il impliquerait une dépendance. En effet, les aides spontanées des acteurs privés tels que les dons, legs ou mécénats impliquent nécessairement un comportement à suivre. C'est la définition même de ce type de financement : ils doivent être utilisés conformément aux souhaits des donateurs. Ils ne peuvent donc en aucun cas alimenter les budgets des AAI.

Cette dernière formule de financement est donc totalement exclue pour les autorités administratives indépendantes car elle les rendrait dépendantes non plus de l'Etat mais désormais des opérateurs régulés.

En revanche, ce dispositif bénéficie curieusement aux autorités publiques indépendantes en tant qu'organismes personnalisés. En effet, à titre d'exemple, l'AFLD peut percevoir des dons et legs selon l'article 5 de la loi n°2006-405 du 5 avril 2006 relative à la lutte contre le dopage et à la protection de la santé des sportifs codifié à l'article L. 3612-3 du code de la santé publique. Celui-ci prévoit ainsi que « *les ressources de l'Agence française de lutte contre le dopage comprennent : a) Les subventions de l'Etat ; b) Les revenus des prestations qu'elle facture ; c) Les autres ressources propres ; d) Les dons et legs* ». Néanmoins, ce type de financement n'est pas à privilégier y compris pour les API, du fait des risques qu'il comporte.

Paragraphe 2. Le financement des autres autorités de régulation

Les autorités administratives indépendantes doivent être autonomes. Or, cette autonomie se traduit notamment au niveau financier. Après avoir comparé les AAI avec les collectivités territoriales et les établissements publics du fait de la nécessaire autonomie financière qui les caractérise, il convient de les comparer à d'autres organismes similaires ayant les mêmes missions. Deux types d'institutions sont concernées : les API car elles sont le prolongement des AAI, les autorités de contrôle européennes car elles sont leurs sœurs jumelles au niveau de l'Union.

Concernant les premières, la LOLF représentant une architecture budgétaire difficilement compatible avec les AAI et le principe d'autonomie notamment financière qui les caractérise, le législateur a tenté de trouver une méthode pour les sortir de la loi de finances. Il a ainsi offert aux dernières autorités créées, les autorités publiques indépendantes, la personnalité morale, qu'il a souvent accompagnée (mais pas toujours) de la possibilité de bénéficier de ressources propres. Ce faisant, les nouvelles API disposent d'une autonomie plus grande non seulement du fait de leur personnalisation mais aussi du fait des ressources propres et fiscales qui ont pu leur être transférées grâce à elle. L'idée de ressources propres, malgré sa définition législative, augmente donc le degré d'autonomie financière de ces nouvelles AAI personnalisées (A). Par ailleurs, concernant les secondes institutions évoquées : les autorités de contrôle européennes, elles sont comparables aux AAI du fait de leur mission de régulation similaire mais elles possèdent une autonomie financière plus grande. Il convient donc d'étudier pourquoi leur degré d'autonomie est plus élevé malgré l'absence de personnalité morale à leur profit[934] (B).

A. Le financement des autorités publiques indépendantes : une évolution des AAI vers la personnalisation

Les autorités publiques indépendantes correspondent à l'évolution récente de la catégorie des autorités administratives indépendantes. Les deux avancées sont les suivantes : d'une part, la majorité des nouvelles AAI créées après 2003 ont été dotées de la personnalité morale et de l'autonomie financière, d'autre part, elles se sont parfois vues attribuer des ressources propres. Ainsi, la catégorie des AAI a vu son autonomie budgétaire croître par la possibilité d'un financement par voie de ressources dites propres (1). Par ailleurs, même si la définition législative de l'autonomie financière paraît encadrer et limiter ce type de financement, elle contribue en réalité à écarter toute hypothèse de dépendance des autorités vis-à-vis des secteurs contrôlés (2).

1. Une autonomie budgétaire grandissante vis-à-vis de l'Etat : la possibilité de ressources propres

Le financement par des ressources propres est une des caractéristiques des autorités publiques indépendantes, notamment du fait de leur personnalité morale. En effet, si la personnalité n'est pas toujours une condition *sine qua non* à la réception de ressources propres, elle la facilite largement du fait du budget autonome qu'elle implique. Ce type de budget « *prévoit et autorise les recettes et les dépenses des […] organismes utilisant des fonds publics pour financer des actions d'intérêt général mais qui ont été dotés d'une existence juridique distincte de celle de l'Etat* »[935]. Il permet donc la sortie de la loi de

---

934 Les autorités de contrôle européennes se distinguent des agences européennes dotées de la personnalité morale. Elles sont des organismes non personnalisés constitués par le Médiateur européen et le contrôleur européen de la protection des données.

935 Loïc PHILIP, *Dictionnaire encyclopédique de finances publiques*, Paris, Economica, 1991, p. 228.

finances et la débudgétisation des autorités publiques indépendantes, offrant un cadre privilégié à la perception de ressources propres. En effet, grâce à leur budget autonome, les autorités personnalisées encaissent leurs ressources propres directement ; alors que les autorités non personnalisées, rattachées à l'Etat, font perdre tout intérêt à un financement par ressources propres, puisque celles-ci seront forcément reversées à l'Etat en l'absence de budget autonome à créditer[936].

La notion de ressources propres parait avoir une définition *a contrario*. Ces dernières représenteraient tout ce qui ne provient pas du budget de l'Etat, et plus précisément tout ce qui n'apparait pas dans la loi de finances de l'année. Concernant les AAI, les ressources propres paraissent constituer un financement en lien avec le secteur régulé. Elles seront versées, soit du fait des services que l'autorité propose (selon une définition législative préalable), soit exclusivement du fait de la loi. Il est ainsi possible de citer deux types de ressources propres bénéficiant aux autorités indépendantes : les droits ou contributions versés par les personnes soumises à leurs contrôles[937] et, les redevances pour service rendu[938]. Il serait également possible d'ajouter un troisième type de recettes à cette liste malgré leur présence au sein de la loi de finances : les taxes affectées. Régies par l'article 36 de la LOLF, celles-ci correspondent à des impositions de toutes natures établies au profit de l'Etat, mais qu'il affecte à une tierce personne morale grâce à une disposition de la loi de finances. Or, certes ces ressources sont définies par la loi et d'origine étatique avant d'être affectées aux autorités publiques indépendantes, mais elles sont bien porteuses d'autonomie financière car une fois les modes de calcul définis et la taxe affectée par la loi, l'Etat n'a plus le pouvoir de contrôler ce financement qui s'applique alors automatiquement.

Parmi les autorités publiques indépendantes, toutes disposent de ressources propres telles que définies ci-dessus, à l'exception de l'HADOPI exclusivement financée par une subvention du budget général. Toutefois, il serait possible d'imaginer des ressources propres pour cette autorité. Elle pourrait ainsi percevoir une taxe prélevée sur chaque abonnement internet.

---

936 Cas précédemment évoqué de l'ARCEP.

937 Ces taxes et contributions correspondent à des impositions de toutes natures.

938 La conception nationale évoquée est éloignée de celle de l'Union européenne qui possède une « *conception exclusivement fiscale des ressources propres* » correspondant à « *des recettes fiscales transférées aux communautés et acquittées par les particuliers en application d'un pouvoir communautaire d'imposition* », selon Aymeric POTTEAU, Recherches *sur l'autonomie financière de l'Union européenne*, Dalloz, p. 74.

Le CSA[939] perçoit quant à lui quelques ressources propres, mais elles sont très limitées. Le CSA pourrait néanmoins être financé par des droits fixes sur chaque attribution de fréquence ainsi que des contributions annuelles versées par chaque opérateur utilisant lesdites fréquences. Il semblerait cependant que l'autorité ne perçoive de telles ressources que de façon très résiduelle étant donné la faiblesse des ressources propres du CSA prévues pour 2017 (0,16 % du budget total)[940].

Hormis, ces deux autorités, les autres sont toutes financées, intégralement ou partiellement, par des ressources propres.

Ainsi, l'Agence française de lutte contre le dopage (AFLD) ainsi que la Haute autorité de santé (HAS) disposent d'un financement partiel par voie de ressources propres. L'AFLD perçoit des revenus au titre de prestations de services à hauteur d'environ 10 %[941], alors que la HAS est financée, en plus d'une dotation majoritaire de l'assurance maladie, par des ressources propres issues « *de produits financiers, du remboursement des salaires et charges des personnels mis à disposition auprès d'autres structures administratives, de régularisations sur exercices antérieurs, des indemnités journalières versées par la sécurité sociale à la suite des arrêts maladie ou congés maternité ou encore du remboursement de prêts accordés à des personnels de la HAS* »[942] et représentant approximativement 2 % du budget total[943].

L'Autorité de régulation des activités ferroviaires et routières (ARAFER) perçoit des ressources fiscales affectées largement majoritaires complétées par des ressources propres à hauteur de 2 %[944].

Le Médiateur national de l'énergie (MNE) ainsi que l'Autorité des marchés financiers (AMF) perçoivent également des taxes affectées aux côtés d'autres ressources propres issues de prestations de service, correspondant respectivement à la refacturation du service énergie-info à la

---

939 Le CSA est devenu une personne morale au 1er janvier 2014 à la suite de l'adoption de la loi n°2013-1028 du 15 novembre 2013 relative à l'indépendance de l'audiovisuel public. A cette période, le projet de loi de finances pour 2014 ayant déjà été déposé, il n'a donc pas prévu de ressources fiscales affectées à son profit. La capacité du CSA de percevoir des ressources propres que ce soit au titre de prestations de services ou de droits et contributions pour frais de contrôle devrait donc être prise en compte prochainement.

940 Les crédits du CSA pour 2017 s'élèvent à 37,7 millions d'euros dont seulement 60 000 euros au titre des ressources propres.

941 Pour les années 2012, 2013, 2014, 2015, 2016 et 2017. C'est donc relativement constant.

942 Rapport sur les autorités publiques indépendantes, annexe au projet de loi de finances pour 2017, p. 80.

943 Pour les années 2015, 2016 et 2017. *Idem.*

944 Pour les années 2016 et 2017. *Ibid.*, p. 57.

Commission de régulation de l'énergie (CRE) et, à la vente de publications et l'organisation de colloques ainsi qu'à des produits financiers divers.

Enfin, le Haut conseil du commissariat aux comptes (H3C) perçoit des ressources propres intégrales constituées de droits et contributions pour frais de contrôle. Ce qui est paradoxal, c'est que les articles L. 821-5 et L. 821-6-1 du code de commerce qui énumèrent ces recettes évoquent des droits et contributions similaires à ceux perçus par l'AMF, alors que cette dernière voit ses ressources classifiées parmi les taxes affectées énumérées dans la loi de finances. La conséquence est que les recettes du Haut conseil n'apparaissent pas dans la loi de finances. Le H3C est complètement extérieur au budget de l'Etat, sauf en ce qui concerne la fixation du plafond d'autorisation d'emplois auquel aucune institution publique, autonome ou pas, n'échappe.

Comme nous venons de le voir, s'il est vrai que souvent, ressources propres et personnalité morale fonctionnent ensemble, cela ne se confirme pas toujours. D'une part, toutes les autorités dotées de la personnalité morale ne disposent pas forcément de ressources propres et d'autre part, certaines autorités non personnalisées sont financées par le biais de ressources propres[945]. La personnalité morale ne parait donc pas être un critère d'attribution de ressources propres au profit des AAI même si elle la facilite. D'ailleurs, des AAI non personnalisées ont par le passé été dotées de ressources propres. Tel est notamment le cas de la Commission des opérations de bourse (COB) dont le système financier a été repris pour l'AMF au sein de laquelle elle a fusionnée. En effet, si l'article 1 de l'ordonnance du 28 septembre 1967 prévoyait à l'origine que « *les frais de fonctionnement de la commission sont pris en charge par l'Etat* », celui-ci a été modifié par l'article 117 de la loi de finances pour 1985[946] précisant que « *la commission perçoit sur les personnes publiques et privées des redevances dans la mesure où ces personnes rendent nécessaire ou utile l'intervention de la commission ou dans la mesure où elles y trouvent leur intérêt* ». Le Conseil constitutionnel a d'ailleurs pu juger en 1989 que « *le produit des « redevances » que la loi a autorisées s'est substitué aux dotations budgétaires inscrites à la loi de finances [et] que ce mode de financement n'est pas incompatible avec l'indépendance de la commission* »[947]. Bien au contraire… La

945 Tel est notamment le cas de l'ACPR qui est intégralement financées par des taxes affectées.

946 Loi n°84-1208 du 29 décembre 1984 de finances pour 1985.

947 CC, n°89-260 DC, 28 juillet 1989, *Loi relative à la sécurité et à la transparence du marché financier*, considérant 14. p. AVRIL, J. GICQUEL, *Pouvoirs*, 1990, n°52, p. 189 ; B. GENEVOIS, « Le conseil constitutionnel, la séparation des pouvoirs et la séparation des autorités administratives indépendantes », *RFDA*, 1989, n°4, p. 671.

COB percevait donc des redevances pour service rendu alors même qu'elle ne disposait pas de la personnalité morale.

En revanche, cette dernière est une condition nécessaire à l'affectation de ressources fiscales prévue par l'article 36 de la LOLF. Toutefois, il faut constater que l'ACPR profite de ce dispositif alors même qu'elle ne dispose pas de la personnalité morale[948]. Par ailleurs, les régulateurs économiques, comme les AAI hybrides, intervenant dans le secteur des droits et libertés mais non dénuées de tout lien avec le secteur économique, ont un grand potentiel de perception de ressources propres qu'il est nécessaire d'exploiter afin d'augmenter l'autonomie financière des AAI. Le rapport parlementaire de 2010 relatif aux AAI a d'ailleurs effectué une proposition dans ce sens. « *Le financement par ressources propres est un dispositif qui pourrait être envisagé pour les AAI de régulation économiques (Autorité de la concurrence, CRE, ARCEP et autres AAI de régulation économique : ARAFER, ARJEL, CSA…), mais pas exclusivement (par exemple CNIL, ASN, AFLD, HAS)* »[949].

Finalement, même si en théorie, la personnalité morale facilite l'expression d'un degré fort d'autonomie financière, ces deux notions n'ont pas de relations de cause à effet. Nous l'avons vu certaines API ne disposent que d'une autonomie financière très limitée, même si elles possèdent un patrimoine propre et un budget autonome, en raison d'une alimentation dudit budget par une subvention étatique. De ce fait, si l'on se place sous l'angle du patrimoine pour justifier la présence de l'autonomie financière alors effectivement celle-ci « *est une caractéristique commune à toutes les entités personnifiées* »[950]. En revanche, si l'on analyse plus profondément son contenu et son degré alors il est aisé de remarquer que la détention d'un patrimoine n'est pas un facteur d'autonomie financière forte si celui-ci est pris isolément. Il nécessite le support de ressources propres et surtout d'une autonomie de gestion financière assurée en aval.

---

948 Son rattachement à une personne morale de droit public autre que l'Etat suffit à permettre l'application de l'article 36 de la LOLF à son égard.

949 Assemblée Nationale, Rapport précité, 2010, n°2925, p. 106.

950 Jean-Claude MAITROT, *Recherches sur la notion d'autonomie financière en droit public*, Thèse dactyl., Paris, 1972, p. 150. Maitrot estime en effet que « *la personnalité morale implique l'autonomie financière* » et que « *l'autonomie financière suppose la personnalité morale* », mais pour justifier ses affirmations, il se place exclusivement du point de vue de la détention d'un patrimoine.

2. Une autonomie budgétaire encadrée par le législateur

L'autonomie grandissante des autorités publiques indépendantes vis-à-vis des pouvoirs publics par la perception de ressources propres revêt toutefois une limite : celles-ci sont prévues, définies et délimitées par le législateur. En effet, le Parlement détermine non seulement le type de ressources propres qui sera perçu mais également leur montant ou leur taux. Ainsi, d'une part, le législateur a le choix entre les différents financements autonomes qu'il va accorder à l'autorité indépendante : soit il lui octroie des droits et contributions prélevés sur les entreprises du secteur régulé, soit il met en place des redevances pour service rendu, soit il décide de leur affecter une recette fiscale, soit enfin il peut choisir de cumuler plusieurs de ces modalités de financement. D'autre part, une fois le type de ressources propres choisi, il va en définir le contenu. Ainsi, lorsqu'il s'agit d'impositions de toutes natures, constituées tant par les droits et contributions prélevés sur le secteur que par les taxes affectées, le législateur en fixe le montant ou le taux. A titre d'exemple, la loi établit des ressources issues du secteur régulé au profit du Haut conseil du commissariat aux comptes (H3C). Ainsi, le H3C perçoit une contribution annuelle des commissaires aux comptes, inscrits sur la liste les désignant, fixée à 10 euros[951]. Il touche également un droit fixe pour chaque établissement d'un rapport de certification des comptes (allant de 20 à 1000 euros selon le rapport considéré)[952]. Enfin, il perçoit une « *cotisation à la charge de la Compagnie nationale des commissaires aux comptes dont le taux, déterminé par décret, est supérieur ou égal à 0, 65 % et inférieur ou égal à 1 % du montant total des honoraires facturés au cours de l'année précédente par ses membres dans l'exercice de leurs fonctions de contrôle légal des comptes* »[953]. Nous pouvons constater que la loi ne détermine pas précisément le taux applicable à cette cotisation. Elle fixe une variation de taux en laissant au pouvoir exécutif le soin de décider le taux qu'il appliquera. Il faut toutefois noter que la marge de manœuvre offerte à l'exécutif est dans ce cadre relativement réduite.

Concernant les redevances pour service rendu, elles sont également prévues par le législateur. Ainsi, l'article L. 3612-3 du code de la santé publique[954] précise ainsi que « *les ressources de l'Agence française de lutte contre le dopage comprennent : […] b) Les revenus des prestations qu'elle facture* ». Ces recettes

---

951 Article L. 821-5 du Code de commerce.

952 *Idem.*

953 Article L. 821-6-1 du Code de commerce.

954 Issu de la loi n°2006-405 du 5 avril 2006 relative à la lutte contre le dopage et à la protection de la santé des sportifs.

sont notamment issues des opérations de contrôle et/ou d'analyse effectuées par l'Agence lors des manifestations auxquelles elle est associée[955].

Enfin concernant les taxes affectées, elles doivent résulter d'une disposition de la loi de finances, ce qui implique également l'intervention du législateur. Pour 2017, l'article 36 de la loi de finances[956] fixe les plafonds de taxes affectées aux divers organismes chargés d'une mission de service public dont font partie les autorités publiques indépendantes et l'Autorité de contrôle prudentiel et de résolution. Ainsi, pour chaque institution, elle renvoie au texte législatif qui prévoit la taxe et elle en fixe le montant maximal.

Nous devons donc constater que la fixation des montants et des taux de chaque ressource propre est extérieure aux autorités publiques indépendantes. N'ayant pas la possibilité de fixer elles-mêmes leurs ressources propres, leur autonomie financière en est d'autant plus limitée. Néanmoins, il ne faut pas oublier qu'une définition législative des ressources propres a l'avantage d'écarter toute hypothèse de dépendance vis-à-vis des secteurs contrôlés, en plus d'éloigner le Gouvernement. De telles ressources « *permet[tent] aux autorités administratives indépendantes d'échapper à la capture par le Gouvernement sans succomber à la capture par les entreprises concernées par leur action* »[957]. En effet, d'une part, la loi neutralise l'action du gouvernement en faisant sortir les autorités titulaires de telles ressources de la loi de finances et de son élaboration par le gouvernement, d'autre part, la seule marge d'action restant à l'exécutif de choisir un taux au sein de la fourchette établie par la loi est faible et ne lui offre pas de moyen de pression sur les AAI. Par ailleurs, la définition législative des ressources propres prémunit les autorités indépendantes de toute dépendance vis-à-vis des entreprises du secteur « *car ce n'est point à la demande de l'autorité qu'elles procèdent au versement des sommes convenues mais bien sur ordre de la loi, ce qui préserve donc l'autorité* »[958].

De plus, la définition du taux par le législateur paraît rentrer dans le cadre du contrôle démocratique exercé par le Parlement. Elle ne pose donc

---

955 L'AFLD dispose d'un partenariat avec l'Union cycliste internationale (UCI), ce qui lui permet de couvrir un nombre constant de manifestations internationales pour un montant de recettes issues des prestations de services estimé à 911 000 euros pour l'année 2014. Cf. délibération du collège de l'AFLD n°321 du 21 novembre 2013 portant adoption du budget prévisionnel de l'Agence française de lutte contre le dopage pour l'année 2014.

956 Loi n°2016-1917 du 29 décembre 2016 de finances pour 2017.

957 Marie-Anne FRISON-ROCHE, *Etude dressant un bilan des autorités administratives indépendantes*, *in* Assemblée nationale, Sénat, Rapport précité, Tome II, 2006, n°3166, n°404, p. 131.

958 *Idem.*

aucun problème au regard de l'autonomie financière, qui doit notamment exister vis-à-vis du gouvernement et des secteurs contrôlés.

Finalement, les ressources propres paraissent être un critère intéressant de l'autonomie financière, d'une part parce qu'elles permettent aux autorités qui en sont titulaires « *d'échapper au temps général de disette budgétaire* »[959], mais elles écartent également toutes pressions du gouvernement et des secteurs régulés, car une fois ces recettes établies par la loi, elles sont automatiquement perçues et ne connaissent pas d'obstacle particulier. En revanche, étant en relation avec le secteur régulé, elles sont dépendantes de la bonne santé économique dudit secteur. Ainsi, si le domaine d'activité se situe dans un contexte économique difficile, les droits et contributions prélevés risquent de diminuer, étant donné leur lien étroit avec le secteur. Or, si les ressources propres régressent, c'est bien l'Etat par le biais de subventions qui devra compléter les budgets des autorités indépendantes concernées.

B. Le financement des autorités européennes de contrôle indépendantes

Les autorités de contrôle européennes sont comparables aux autorités administratives indépendantes en ce qu'elles exercent une mission similaire et qu'elles ne disposent pas de la personnalité morale. En effet, l'analogie est d'autant plus évidente que le Médiateur européen peut être assimilé au Défenseur des droits français au sein duquel le Médiateur de la République a fusionné. Le Contrôleur européen de la protection des données serait quant à lui assimilable à la Commission nationale informatique et libertés du fait de leur mission semblable. Or, un élément les distingue bel et bien : le degré d'autonomie financière des autorités de contrôle européennes est plus élevé que celui des autorités administratives indépendantes françaises. En effet, les deux autorités européennes évoquées correspondent à de véritables autorités budgétaires car toutes deux disposent d'une section propre au sein du budget de l'Union européenne (1). Or, ce statut leur octroie une position intéressante au sein de la procédure d'adoption du budget de l'Union (2).

---

959 *Idem.*

1. Des autorités de contrôle européennes dotées d'une section budgétaire propre

Le budget de l'Union européenne se compose d'un état général des recettes et des dépenses de l'Union et de dix sections. Chaque section est également subdivisée en état des recettes et des dépenses, le personnel étant considéré à part. La présentation en sections respecte une logique purement organique. Il existe ainsi une section par institution, à l'exception du Conseil européen et du Conseil qui se partagent la même section. Le Médiateur européen et le Contrôleur européen de la protection des données constituent respectivement les sections VIII et IX du budget. Disposant tous deux d'une section budgétaire propre, ils sont alors considérés comme des autorités budgétaires susceptibles de participer activement à la définition et à l'élaboration de leur propre budget. En effet, les sections constituent le niveau le plus élevé de la subdivision budgétaire. Elles sont alors comparables aux missions organisant les lois de finances françaises, celles-ci correspondant au plus haut niveau de la nomenclature budgétaire nationale. En revanche, la comparaison n'est possible qu'en ce qui concerne l'échelon de la division budgétaire et, en aucun cas, la logique de cette division. En effet, nous avons évoqué que les sections européennes répondent à une logique institutionnelle alors que les missions françaises permettent une répartition par politiques publiques. Le seul élément qui rapproche donc ces deux subdivisions est bien le fait qu'elles correspondent à l'échelon le plus élevé de la nomenclature budgétaire.

Les autorités administratives indépendantes françaises sont intégrées dans les lois de finances à différents niveaux : généralement l'action, parfois la sous-action, et exceptionnellement, concernant le Haut conseil des finances publiques, le programme. A l'exception de ce dernier, elles sont donc bien loin de détenir une quelconque autorité budgétaire comme c'est le cas des autorités de contrôle européennes. Il serait néanmoins opportun, non pas de créer une mission pour chaque autorité, mais au moins d'en créer une pour réunir l'ensemble des AAI[960]. Or, la logique de division budgétaire française selon les politiques publiques rend cette manœuvre difficile. Par ailleurs, le seuil des montants pour chaque mission étant élevé, celui d'une mission consacrée aux AAI serait infime, en comparaison aux autres missions. Cela nous amène à souligner que cet élément importe peu au sein de l'Union européenne. En effet, la répartition des crédits parmi les sections est très inégalitaire. Sur les dix sections que contient le budget général, neuf d'entre elles comportent 5 % des dépenses de l'Union alors

[960] Cf. *supra*, p. 257 s.

que la section III, relative à la Commission, détient à elle seule 95 % des dépenses, sous la forme de crédits opérationnels placés sous la responsabilité de la Commission. Tel est d'ailleurs le cas du financement des agences décentralisées de l'Union[961].

2. Un statut privilégié des autorités de contrôle européennes lors de la procédure d'adoption du budget de l'Union européenne

Il faut tout d'abord préciser que la procédure d'adoption du budget de l'Union se décompose en plusieurs étapes prévues à l'article 314 du Traité sur le fonctionnement de l'Union européenne. La première est la préparation du projet de budget sous la direction de la Commission. La deuxième est la prise de position du Conseil relativement à ce projet. La dernière étape correspond enfin à l'amendement et au vote du budget par le Parlement européen suivant la position du Conseil. En cas de désaccord entre le Parlement et le Conseil, le Parlement européen a le dernier mot. Ainsi, s'il approuve le budget, il sera adopté même en cas de rejet du Conseil. *A contrario*, s'il le rejette, le budget ne sera pas adopté, et ce même si le Conseil l'a approuvé.

L'étape budgétaire durant laquelle les autorités de contrôle européennes possèdent un pouvoir de décision, ou du moins une influence certaine, est celle de la préparation du projet de budget en collaboration avec la Commission. L'élaboration du projet se déroule de la façon suivante. Tout d'abord, le Conseil et la Commission se mettent d'accord sur les orientations budgétaires et les dépenses administratives de l'ensemble des institutions. Une fois le cadrage du budget défini, « *chaque institution, à l'exception de la Banque centrale européenne, dresse, avant le 1er juillet, un état prévisionnel de ses dépenses pour l'exercice budgétaire suivant. La Commission groupe ces états dans un projet de budget* »[962]. Ainsi, la Commission ne semble ni retoucher ni finaliser les états prévisionnels des organismes constitutifs d'une section budgétaire au sein du budget de l'Union. Toutefois, les institutions de l'Union ne disposent que de la possibilité de s'adresser à la Commission alors que l'article 272 de l'ancien Traité instituant les communautés européennes permettait au Conseil de consulter au besoin la Commission et, le cas échéant, les autres institutions intéressées[963]. Désormais, avec le

---

961 Cf. *supra*, p. 86 s.

962 Article 314 Traité sur le fonctionnement de l'Union européenne (2012).

963 En effet, avant l'adoption du nouveau TFUE, avaient lieu des conférences budgétaires entre la direction générale chargée du budget et chaque service, un « *trilogue sur les priorités budgétaires* »[963] entre la Commission, le Conseil et le Parlement, à partir du mois de mars de l'année N-1, et éventuellement une délibération entre le Conseil et les autres institutions.

TFUE, cette possibilité n'est plus évoquée. De plus, la Commission peut modifier le projet de budget au cours de la procédure. Elle pourrait donc sensiblement remanier l'état prévisionnel des dépenses des autorités de contrôle européennes.

En tant que section budgétaire propre, le Médiateur européen et le Contrôleur européen de la protection des données effectuent donc leurs demandes budgétaires personnellement, lorsqu'elles dressent leur état prévisionnel de dépenses. Ces demandes peuvent toutefois faire l'objet de modifications sensibles par la Commission qui a la faculté de remanier le projet de budget.

Conclusion du chapitre.

L'octroi des crédits en faveur des AAI est l'étape budgétaire qui manifeste le plus leur assujettissement à un pouvoir de décision extrinsèque. En effet, la grande majorité des autorités indépendantes étant financées par des crédits issus du budget général, elles sont intégrées à la procédure d'élaboration du projet de loi de finances par le gouvernement et celle de vote par le Parlement. Ainsi, si elles évaluent leurs besoins, effectuent leurs demandes budgétaires et les négocient avec la direction du budget en amont, elles ne décident pas *in fine* du montant de leurs crédits ; c'est pourquoi il serait opportun de compléter les crédits étatiques par des ressources propres afin que les AAI ne soient pas totalement soumises au gouvernement et au Parlement en ce qui concerne l'attribution de leurs ressources. Il convient donc de leur transposer un type de financement qui appartient à d'autres organismes autonomes[964] : les redevances pour service rendu, celles-ci ne nécessitant pas l'octroi de la personnalité morale. En effet, malgré leur définition législative, elles sont une source d'autonomie financière car elles permettent à l'autorité de compenser un montant de crédits étatiques trop faible et ainsi de disposer de ressources suffisantes pour réaliser l'ensemble de ses missions. A défaut d'un tel financement, il faudrait faire bénéficier les AAI d'une autorité budgétaire leur permettant d'avoir une influence certaine dans la procédure d'élaboration de la loi de finances ; tous ces dispositifs concordant vers le même objectif : la

---

En effet, « *le Conseil consulte la Commission et, le cas échéant, les autres institutions intéressées toutes les fois qu'il entend s'écarter de cet avant projet* » (article 272 TCE). Ainsi, les institutions évoquées pouvaient négocier tant avec la commission qu'avec le Conseil, en plus de fixer l'état prévisionnel de leurs dépenses.

964 Collectivités territoriales, établissements publics, autorités publiques indépendantes, etc.

nécessaire adéquation des moyens et des missions et la suffisance des ressources des AAI.

Chapitre II.
L'insuffisance des moyens accordés à certaines autorités administratives indépendantes

« *Dès lors que le principe a été retenu de créer une autorité administrative indépendante chargée d'une mission de régulation d'un marché ou d'un secteur, au sens plein du terme, il convient par contre de "jouer le jeu" et de lui donner les pouvoirs et les moyens nécessaires à l'accomplissement de cette mission* »[965]. Ainsi, lorsque le législateur crée une autorité indépendante sans personnalité morale, qui sera alors financée par l'Etat, il doit s'assurer de la pourvoir en moyens financiers et humains suffisants. En effet, le critère de la suffisance des moyens, aussi obscur et imparfait qu'il soit, est un des critères déterminants de l'autonomie financière, aux côtés de la libre utilisation des ressources en aval. Ce critère est même si déterminant que Louis Schweitzer, alors Président de la Haute autorité de lutte contre les discriminations et pour l'égalité, disait qu' « *une autorité sans moyen n'a pas de capacité d'indépendance* »[966].

Or, ce critère dépend de l'attribution des ressources en amont[967]. « *Peu d'organismes publics sont maîtres de la fixation de leurs ressources, les autorités administratives indépendantes pas plus que les autres* »[968]. Le financement des AAI se fait globalement par l'Etat. La suffisance des moyens de chaque autorité dépend donc des ressources que l'Etat a bien voulu lui concéder. Cependant, nous avons pu constater que le gouvernement dispose d'un fort pouvoir budgétaire puisque c'est lui qui élabore le projet de loi de finances. Ainsi, il peut décider d'attribuer aux AAI des ressources trop faibles ne permettant pas la réalisation intégrale, et en toute impartialité, de leur mission ; ce qui constitue l'élément le plus attentatoire à l'autonomie financière des AAI.

Un double problème s'impose alors à nous : d'une part, celui d'une insuffisance des ressources constatées et avérées, malgré un traitement accommodant et bienveillant des AAI par l'Etat y compris le pouvoir exécutif (section 1) et, d'autre part, celui de la signification de cette insuffisance (section 2). En effet, si l'idée de suffisance est souvent évoquée,

---

965 Conseil d'Etat, *Les autorités administratives indépendantes*, Rapport public 2001, EDCE n°52, p. 379.

966 Louis SCHWEITZER, « Qu'est ce qu'une haute autorité indépendante ? », *in* Colloque de rentrée sur la régulation, Collège de France, 18 et 19 octobre 2007.

967 Cf. *supra*, p. 317 s.

968 Conseil d'Etat, rapport précité, 2001, EDCE n°52, p. 436.

personne n'a jamais précisé quel était le seuil de cette suffisance des moyens en ce qui concerne les AAI.

Section 1. L'insuffisance des ressources : une attribution de moyens trop faibles par l'Etat malgré une évaluation du budget par l'AAI elle-même.

Dans un premier temps, un constat s'impose : l'attribution de moyens financiers par l'Etat est parfois trop limitée pour permettre aux AAI de réaliser pleinement leur mission. En effet, l'Etat ne fournissant pas toujours assez de revenus aux AAI, elles n'ont pas les moyens d'exercer leurs fonctions avec toute l'impartialité et l'autonomie dont elles doivent faire preuve, et que la loi leur impose.

Les autorités administratives indépendantes doivent exercer une mission de régulation, soit d'un secteur économique, soit d'un secteur social. Or, le législateur étend bien souvent le champ de leurs compétences. Par conséquent, l'évolution du montant des ressources octroyées par la loi de finances n'est pas proportionnelle à l'augmentation constante du nombre de leurs missions (paragraphe 1). Le rapport du Sénat du 28 octobre 2015 souligne en effet une « *hausse globale des dépenses (+10 % en cinq ans)* ». Néanmoins, si le dynamisme des dépenses des AAI « *entre 2010 et 2014, s'explique essentiellement par l'extension du champ de leurs missions et plus marginalement, par la création de nouvelles autorités* »[969], en réalité l'augmentation évoquée n'est pas aussi importante que l'augmentation des missions, qu'elle ne parvient pas à compenser. D'ailleurs, il arrive que certaines autorités soulignent ce manque de ressources dans leur rapport public annuel faisant le bilan de leur activité en fin d'exercice (paragraphe 2).

Paragraphe 1. Une évolution des ressources des AAI non proportionnelle à l'augmentation de leur activité

Malgré la nécessaire autonomie financière des autorités administratives indépendantes, il faut constater deux éléments : d'une part,

---

[969] Sénat, Rapport fait au nom de la commission d'enquête sur *le bilan et le contrôle de la création, de l'organisation, de l'activité et de la gestion des autorités administratives indépendantes*, Mme Marie-Hélène DES ESGAULX, M. Jacques MEZARD, 28 octobre 2015, n°126, p. 55.

les ressources des AAI sont issues du budget de l'Etat et, d'autre part, celles-ci ont tendance à se stabiliser voire à diminuer avec le temps, et ce, malgré l'augmentation des missions des AAI (A). En effet, ces institutions ne sont pas, pour la grande majorité, dotées de la personnalité morale. Elles font donc partie de l'Etat et sont traitées comme toutes les autres administrations. Ainsi, elles se voient imposer les mêmes règles de rigueur que l'ensemble des administrations et organismes financés par l'Etat (B).

A. La stabilisation des budgets des AAI *versus* l'augmentation des missions

Si les crédits des AAI cachaient autrefois une forte croissance tendancielle, tel n'est désormais plus le cas depuis le début de la crise économique. En effet, « *les crédits consommés par les AAI, telles que comptabilisées par la direction du budget, s'[élevaient] à 387,1 millions d'euros en 2009. Là aussi ces données [étaient] certainement sous-évaluées car elles ne compren[aient] pas les dépenses des AAI qui sont prises en charge sur les budgets d'autres administrations publiques (Banque de France, Conseil d'État, ministères…). Par rapport aux 303,8 millions d'euros consommés en 2006, l'augmentation des crédits s'élève à 27,4 % en trois ans, soit une croissance annuelle moyenne de 8,4 % par an* »[970]. Les crédits ont donc fortement augmenté jusqu'en 2009. Ils ont continué de croître jusqu'en 2014 puisque le coût constaté en 2014 est d'environ 600 millions d'euros, en hausse de 10 % par rapport à 2010[971]. On constate que l'augmentation des crédits tend aujourd'hui à se stabiliser. Or, il faut souligner que ces statistiques incluent également les nouveaux crédits des autorités nouvellement créées et l'augmentation des crédits consécutive à l'augmentation des missions mais en revanche non proportionnelle et insuffisante.

Depuis quelques années, et notamment depuis la crise économique de 2008, les budgets des autorités administratives indépendantes ont tendance (à missions égales) soit, au mieux, à se maintenir, soit, au pire, à diminuer. Or, il faut constater qu'aujourd'hui leurs missions connaissent une croissance constante. Dans ce cas, leur budget augmente mais pas aussi sensiblement que leurs missions, ce qui aboutit finalement (à missions égales) à une diminution de leur budget. Ces deux logiques opposées posent donc problème au regard de l'autonomie financière des AAI. Il existe en

---

970 Assemblée nationale, Rapport fait au nom du Comité d'évaluation et de contrôle des politiques publiques sur *les autorités administratives indépendantes*, René DOSIERE, Christian VANNESTE, 28 octobre 2010, n°2925, p. 49.

971 Sénat, Rapport précité sur le bilan et le contrôle des AAI, n°126, 2015, p. 53.

effet « *un hiatus dommageable entre, d'une part, l'accroissement de leur activité et l'extension de leurs missions […] et, d'autre part, la relative stagnation de leurs moyens financiers. Il en résulte une tension susceptible de menacer la bonne exécution de leurs missions* ». Ainsi, « *cette question des moyens est une des pierres de touche de l'indépendance réelle de ces AAI* »[972].

La diminution constatée des budgets des AAI s'explique par l'origine de leur financement. Ces institutions étant majoritairement financées par l'Etat, elles sont soumises à la rigueur budgétaire ambiante issue de la crise financière. « *Concrètement, ce financement sur fonds publics peut se traduire, pour certaines autorités administratives indépendantes, par l'attribution de moyens financiers calculés au plus juste qui ne leur permettent pas, qu'il s'agisse des effectifs budgétaires, du fonctionnement ou de l'équipement, d'exercer l'ensemble de leurs compétences de veille, d'information, de surveillance et de contrôle* »[973].

La diminution des crédits octroyés aux AAI est clairement visible. En effet, la grande majorité d'entre elles voit leur budget décroître d'année en année. Il est ici question du budget pris dans sa globalité. En effet, parfois les dépenses de fonctionnement augmentent au détriment des dépenses de personnel, parfois l'inverse se produit. En revanche, les dépenses d'investissement, généralement négligeables chez les AAI, sont purement et simplement supprimées. Tel est le cas de nombreuses autorités, qu'elles soient personnalisées ou pas. La grande majorité des autorités indépendantes a ainsi vu son budget annuel réduit. Tel était le cas de la Commission nationale de contrôle des interceptions de sécurité[974] (CNCIS) qui voyait son budget diminuer sensiblement chaque année jusqu'à la perpétration des attentats de janvier 2015 ayant initié la création de la nouvelle Commission nationale de contrôle des techniques de renseignements (CNCTR) dotée d'un budget bien plus élevé[975]. Tel est le cas du Défenseur des droits qui connait une diminution de ses crédits de près de huit millions d'euros pour 2017[976]. Tel est également le cas de l'Autorité de contrôle des nuisances aéroportuaires (ACNUSA) qui souligne chaque année la diminution de sa dotation dans son rapport annuel : de

---

972 Louis SCHWEITZER, « Qu'est ce qu'une haute autorité indépendante ? », *in* Colloque de rentrée sur la régulation, Collège de France, 18 et 19 octobre 2007.

973 Conseil d'Etat, rapport précité, 2001, p. 354.

974 CNCIS, rapport d'activité, 2013-2014, p. 61.

975 Les crédits alloués à la CNCIS se sont élevés à 551 673 euros en 2013, 607 803 euros en 2012 et 619 897 euros en 2011, alors que la CNCTR a été dotée de 2,5 millions d'euros de crédits pour 2017.

976 Les crédits du Défenseur des droits s'élevaient à 30,1 millions d'euros pour 2016 et ils ont été abaissés à 22,6 millions d'euros pour 2017.

17 842 euros pour 2015 et de 5 000 euros pour 2014[977]. Il en va de même de la Commission nationale de l'informatique et des libertés (CNIL) dont le budget a connu une baisse de deux millions d'euros entre 2016 et 2017, alors qu'il était en constante augmentation depuis 2010.

Enfin, d'autres autorités indépendantes possèdent *a contrario* un budget en pleine croissance. Tel est notamment le cas de la Haute autorité pour la transparence de la vie publique (HATVP) dont le budget est passé de 4 à 6,4 millions d'euros entre 2016 et 2017, et plus sensiblement de la Commission d'accès aux documents administratifs (CADA) dont la dotation a légèrement augmenté de 200 000 euros pour 2017.

Ces diminutions des crédits des AAI peuvent avoir une influence négative sur leur autonomie financière et notamment sur leur autonomie de gestion. Le degré d'atteinte est toutefois différent selon qu'il touche les dépenses de personnel ou de fonctionnement, mais également selon l'autorité concernée, certaines ayant besoin de davantage de moyens de fonctionnement pour se déplacer et effectuer des contrôles et évaluations sur place. En effet, la majorité des AAI sera plus affectée par une diminution des crédits de personnel. Bien souvent une réduction des moyens de fonctionnement peut être compensée par des économies d'échelles ou une rationalisation des dépenses alors que si le personnel manque, l'autorité aura plus de mal à exercer sa mission.

Par ailleurs, ces variations du montant du budget concernent également les autorités dotées de ressources propres. Si le constat aboutit souvent à une augmentation des recettes lorsque le budget est consitué de ressources propres, il faut toutefois relativiser ce lien ressources propres – augmentation des moyens. En effet, le fait de bénéficier de ressources propres issues de prestations de services, de taxes affectées ou de droits et contributions n'est pas nécessairement un facteur d'augmentation du budget d'une autorité indépendante. En effet, de nombreuses autorités publiques indépendantes financées par de telles ressources voient leur budget diminuer d'année en année. L'Autorité de contrôle prudentiel et de résolution (ACPR), se finançant exclusivement par des ressources propres correspondant à des contributions pour frais de contrôle, connaissait une augmentation constante de son budget jusqu'en 2016 avant de constater une diminution pour 2017. Le Haut conseil du commissariat aux comptes (H3C) ou la Haute autorité de santé (HAS) voient au contraire leur budget stagner et se maintenir. En revanche, l'Autorité de régulation des activités

[977] ACNUSA, Rapport d'activité, 2015, p. 118 ; Rapport d'activité, 2014, p. 82.

ferroviaires et routières (ARAFER) ou le Médiateur national de l'énergie (MNE) ont vu leurs ressources diminuer, parfois lourdement, depuis quelques années[978].

Par ailleurs, la diminution des budgets n'est pas nécessairement synonyme d'insuffisance des ressources. Certaines autorités voient leur budget décroître mais sont néanmoins en mesure de couvrir l'intégralité de leurs dépenses. Cela peut s'expliquer par un allègement simultané desdites dépenses résultant d'une optimisation budgétaire permettant la réalisation d'économies structurelles grâce à un pilotage efficient de la gestion des ressources humaines et des dépenses de fonctionnement. Ainsi, le MNE possède certes des ressources en constante régression, mais ses dépenses suivent le même chemin[979]. Par ailleurs, l'ARAFER avait proposé de fixer la taxe affectée à son bénéfice à 0 % pour 2014 du fait de la constitution d'une réserve financière importante susceptible de couvrir l'ensemble de ses dépenses pour 2014[980]. Le Défenseur des droits développait également cette problématique dans son rapport annuel de 2013. Il estimait en effet que « *la réduction des crédits imposée par la situation des finances publiques a accéléré l'optimisation des dépenses. Les crédits consommés en 2012 passent de 13 390 601 à 12 175 462 euros en 2013* »[981].

Finalement, la diminution des budgets des AAI ne paraît avoir d'effets négatifs que dans le cas où le budget ainsi réduit ne permet plus de couvrir l'ensemble des dépenses. Les difficultés à obtenir un budget décent et suffisant paraissent également atteindre l'autonomie financière des AAI. En effet, l'ancien président de l'Agence française de lutte contre le dopage (AFLD), Pierre Bordry, estimait que « *devoir pleurer chaque année pour obtenir un budget est contraire à l'idée d'indépendance que doit avoir notre agence* »[982]. Cela a d'ailleurs conduit à sa démission en septembre 2010.

En définitive, « *certes, le droit délivre les régulateurs indépendants du contrôle budgétaire, mais il demeure que c'est l'État, et plus concrètement le Gouvernement, qui*

978 Chiffres issus du rapport sur les autorités publiques indépendantes, annexe au projet de loi de finances pour 2017.

979 Rapport sur les autorités publiques indépendantes, annexe au projet de loi de finances pour 2017, p. 139.

980 *Idem.*

981 Défenseur des droits, rapport annuel d'activité, 2013, p. 170.

982 Cédric GUILLERMINET, « L'autonomie budgétaire : une ombre au tableau de l'indépendance des AAI », *in* Mélanges Jean-Louis AUTIN, *Indépendances*, Montpellier, Presses de la faculté de Montpellier, 2012, p. 368.

conçoit et attribue les budgets aux autorités administratives, ce qui peut présenter un risque pour les régulateurs, soit que l'État les rende mendiants par l'attribution de budgets insuffisants, soit qu'il sanctionne indirectement une décision déplaisante du régulateur en diminuant son budget »[983].

B. L'inévitable soumission des AAI à la rigueur budgétaire

Nous venons de démontrer que si, globalement, les budgets des autorités administratives indépendantes avaient tendance à augmenter jusqu'en 2008, voire 2010, ils se sont désormais stabilisés ou ont considérablement diminué dans un contexte de tension budgétaire, de démarche de rigueur et de nécessaire effort de gestion économe. Ainsi, deux actions cumulées ont touché les AAI : la diminution de leur budget et le gel de leurs crédits. Or, cela ne concerne pas seulement les AAI mais également les autres administrations, voire l'ensemble des institutions financées en tout ou partie par l'Etat et apparaissant dans la loi de finances. Concernant les administrations traditionnelles, cela se justifie par leur absence de personnalité morale, leur appartenance à l'Etat et leur soumission à la hiérarchie administrative. Concernant les institutions personnalisées telles que les collectivités territoriales ou les établissements publics, cela s'explique par leur financement partiel par voie de dotations ou subventions étatiques apparaissant dans la loi de finances. Ainsi, la même règle s'impose à tous les organismes dont le financement est partiellement ou intégralement issu du budget de l'Etat. Pour les collectivités territoriales par exemple, les pouvoirs publics ont décidé qu'un gel des dotations aurait lieu à partir de 2011[984], souhait réitéré en 2012[985] et 2013, et qu'une diminution serait appliquée à compter de l'exercice 2014. En effet, « *la poursuite du gel des dotations* »[986] a bien eu lieu en 2013, le « *projet de loi de finances 2013 prévo[yant] une stabilisation des concours de l'État et un montant global de transferts financiers en légère diminution par rapport à la loi de finances initiale 2012* »[987]. Par la suite, la loi de finances pour

---

983 Marie-Anne FRISON-ROCHE, « Régulateurs indépendants versus LOLF », *Revue Lamy de la Concurrence*, n°7, 2006, p. 69.

984 Loi n°2010-1645 du 28 décembre 2010 de programmation des finances publiques pour les années 2011 à 2014, annexe.

985 Loi n°2012-1558 du 31 décembre 2012 de programmation des finances publiques pour les années 2012 à 2017, notamment son article 9.

986 Assemblée nationale, Rapport fait au nom de la Commission de finances, de l'économie générale et du contrôle budgétaire, *sur le projet de loi de finances pour 2013, annexe n°40 relations avec les collectivités territoriales, avances aux collectivités territoriales*, Christian ECKERT, 10 octobre 2012, n°251, p. 11.

987 *Idem.*

2014 est allée plus loin en « *intégr[ant] une diminution du concours financier de l'Etat aux collectivités territoriales de 1,5 milliard d'euros* »[988], celle-ci ne s'appliquant qu'à la dotation globale de fonctionnement et proportionnellement aux recettes totales de chaque collectivité territoriale.

Ainsi, l'ensemble des institutions dont les ressources sont inscrites dans la loi de finances se voient imposer un taux de gel des crédits augmentant d'années en années et éagal, pour l'exercice 2016, à 8 % en ce qui concerne les dépenses de fonctionnement, hors masse salariale, et 0,5 % relativement aux dépenses de personnel[989]. Les budgets des AAI diminuent donc du fait de deux facteurs : ajouté au choix politique contraint de diminuer les crédits de la loi de finances, l'application d'un taux de gel permet la mise en réserve des crédits et leur blocage temporaire jusqu'à procéder *in fine* soit à leur déblocage, soit à une annulation de crédits afin de financer des dépenses nouvelles ou imprévues, ou bien lorsque les crédits sont devenus sans objet pour l'AAI[990].

Par conséquent, les AAI se voient imposer des gels et surgels[991] de crédits, permettant que tous les crédits ne soient pas totalement répartis dès le début de l'année, ou bien qu'ils soient gelés en cours d'exécution budgétaire. De très nombreuses autorités administratives indépendantes connaissent une amputation de leurs crédits systématique soit dès l'attribution des ressources, soit en cours d'année, par des mesures de gels budgétaires. Il est possible de citer notamment l'Autorité de contrôle des nuisances aéroportuaires (ACNUSA), l'Autorité de régulation des communications électroniques et des postes (ARCEP), la Commission consultative du secret de la défense nationale (CCSDN), le Contrôleur général des lieux de privation de liberté (CGLPL), la Commission de régulation de l'énergie (CRE), le Défenseur des droits, la Commission nationale des comptes de campagne et des financements politiques (CNCCFP), la Commission nationale de l'informatique et des libertés (CNIL), le Conseil supérieur de l'audiovisuel (CSA), la Haute autorité de

---

988 Sénat, Rapport fait au nom de la Commission des finances, *sur le projet de loi de finances pour 2014 : le Budget de 2013 et son contexte économique et financier*, François MARC, 21 novembre 2013, n°156, p. 45.

989 Circulaire NOR : FCPB1530298C) du 15 décembre 2015 relative à la mise en oeuvre des mesures visant à assurer le respect en gestion du plafond de dépenses global de la loi de finances initiale pour 2016.

990 Article 14 de la LOLF.

991 Les surgels de crédits correspondent à l'application d'un taux de gel supplémentaire là où les crédits ont déjà été gelés. Ce nouveau taux est généralement au-dessus du minimum imposé par la loi.

santé (HAS) ou encore la Haute autorité pour la diffusion des œuvres et la protection des droits sur internet (HADOPI). Les API sont donc également concernées par cette régulation budgétaire du fait de leur financement partiel par des subventions étatiques prévues par les lois de finances.

Ces mesures de gel correspondent généralement à la réserve de précaution constituée par le Gouvernement. « *En principe, [celle-ci] a été conçue pour assurer le respect en gestion des plafonds de dépenses votés par le Parlement* »[992]. Toutefois, les gouvernements successifs s'en servent également pour geler les crédits afin de faire face au déficit et aux diminutions des hypothèses de croissance. Le 4° bis de l'article 51 de la LOLF prévoit que les parlementaires devront être informés du « *taux de mise en réserve prévu pour les crédits ouverts sur le titre des dépenses de personnel et celui prévu pour les crédits ouverts sur les autres titres* », ceux-ci visant à « *assurer en exécution le respect du plafond global des dépenses du budget général voté par le Parlement* ». La réserve de précaution est donc censée permettre de remédier aux aléas de gestion et de couvrir des dépenses nouvelles qui pourraient faire leur apparition en cours d'exercice. Les taux proposés pour 2016 (0,5 % pour le titre 2 et 8 % pour les autres titres) dépassent ceux de 2015 (0,5 % T2 et 7 % HT2) et ceux de 2014 (0,5 % T2 et 7 % HT2) qui étaient déjà considérés comme « *le[s] plus élevé[s] depuis la mise en place, avec la LOLF, de la réserve de précaution* »[993].

Finalement, il faut souligner que cette mise en réserve vise certes à assurer le respect des plafonds de dépenses votés par le Parlement, mais elle a également pour effet de diminuer les crédits sur lesquels elle s'applique, dont ceux des autorités administratives indépendantes. Si cette diminution des moyens financiers est susceptible d'être temporaire, grâce à un éventuel dégel des crédits permettant leur usage dans l'objectif initialement prévu, elle peut tout autant être définitive, en cas d'annulation. Ces mécanismes de gel, voire d'annulation, des crédits entraînent donc une diminution des budgets des AAI qui pourrait s'avérer préjudiciable si celles-ci ne parviennent plus à exercer l'ensemble de leurs missions. La régulation budgétaire a donc un potentiel effet néfaste sur l'autonomie financière des AAI.

---

[992] C'est ainsi que Nicole BRICQ, rapporteure générale de la commission des finances du Sénat, a défini la réserve de précaution dans un communiqué de presse du 26 janvier 2012. Cette définition a par la suite été reprise dans le rapport du Sénat relatif au *projet de loi de finances pour 2014 : le Budget de 2013 et son contexte économique et financier*, 21 novembre 2013, n°156, p. 125

[993] Sénat, Rapport précité sur le projet de loi de finances pour 2014, n°156, p. 126.

Paragraphe 2. Une insuffisance des moyens parfois soulignée par les AAI et le législateur

La diminution des budgets des AAI, non proportionnelle à l'augmentation de leurs missions, peut entraîner une insuffisance des ressources préjudiciable à leur autonomie financière. En effet, en cas de réduction des crédits, l'autorité peut avoir des difficultés à couvrir l'ensemble de ses dépenses, et de ce fait remplir l'intégralité de ses missions. Or, il arrive que ces insuffisances soient soulignées d'une part par les AAI au sein de leur rapport annuel d'activité (A) et d'autre part par le législateur à l'occasion de ses rapports évaluant les autorités en cause (B), afin de relever et mettre en évidence les situations difficiles et inconfortables dans lesquelles se trouvent parfois les AAI.

A. L'insuffisance des ressources soulignée par les autorités administratives indépendantes

L'insuffisance des ressources des AAI est souvent soulevée par celles-ci à l'occasion de l'édiction de leur rapport annuel d'activité. En effet, ces rapports possèdent un rôle d'information et de contrôle (1) particulièrement adapté pour permettre aux AAI de rendre public le caractère insuffisant de leurs ressources (2).

1. Le rapport annuel d'activité : un rôle d'information et de contrôle

L'édiction d'un rapport annuel d'activité est une prérogative dont disposent toutes les autorités administratives indépendantes. Chaque année[994], elles élaborent ainsi un dossier exhaustif faisant état du bilan de leur action concernant l'exercice N-1. Celui-ci a un double rôle : d'une part, il assure l'information des citoyens par son caractère public et, d'autre part, il constitue un instrument de contrôle entre les mains du Parlement, mais également du gouvernement ou du Président de la République. Le rapport d'activité des AAI est donc un document public[995] d'information et de

[994] Ce rapport d'activité n'est pas annuel chez toutes les autorités administratives indépendantes. A titre d'exemple, l'ancienne Commission pour la transparence de la vie publique (aujourd'hui Haute autorité pour la transparence de la publique depuis 2013) avait la possibilité d'établir un rapport chaque fois qu'elle le jugeait utile et, en tout état de cause, tous les 3 ans (article 3 de la loi n°88-227 du 11 mars 1988 relative à la transparence financière de la vie politique, modifié par l'article 22 de la loi n°2011-412 du 14 avril 2011).

[995] Il est parfois même publié au Journal Officiel.

contrôle qui traduit une idée de transparence chère aux autorités administratives indépendantes. Ainsi, les AAI « *exercent leurs fonctions sous le regard attentif de l'opinion* »[996], aidée par l'éclairage précieux dudit rapport rappelant toutes les décisions, recommandations, propositions et études faites par les AAI dans le cadre de leurs missions.

La rédaction d'un rapport public par les AAI peut avoir différentes fins. Néanmoins, il faut souligner que les autorités indépendantes ont quelque peu détourné le rapport annuel de sa finalité initiale, le contrôle. Ainsi, traditionnellement « *outil de contrôle, le rapport annuel a en effet eu tendance à se muer en outil de communication pour certaines autorités administratives indépendantes* »[997]. Dans tous les cas, il retrace le bilan de l'activité de l'autorité de l'année précédente par la présentation des actions menées, suivie des résultats et perspectives relatifs à ces actions. Il est donc constitutif d'un compte rendu d'activités permettant de visualiser les progrès réalisés grâce aux objectifs assignés. Ainsi, par exemple, un rapport pourrait recenser le nombre de recommandations effectuées par l'autorité ainsi que les suites qui leur ont été données.

Par ailleurs, le rapport peut permettre aux AAI d'adopter des recommandations sur les sujets relevant de sa compétence. Ainsi, le rapport peut faire une analyse approfondie de problèmes soulevés dans les domaines de compétences de l'autorité puis effectuer des recommandations pour résoudre ces difficultés. Ces recommandations peuvent d'ailleurs prendre la forme de suggestions de modifications législatives et règlementaires, le rapport étant en principe adressé à la fois au Parlement et à l'exécutif, en la personne du Président ou du gouvernement.

Le rapport peut également contenir, outre les recommandations formulées pendant l'année, les sanctions que l'autorité a prononcées à l'encontre des entreprises, privées ou publiques, et des administrations appartenant aux secteurs contrôlés ; cette publicité négative pouvant être néfaste pour l'image de ces organismes.

Enfin, le rapport d'activité des AAI permet de dresser un état des lieux de l'organisation et des moyens de l'autorité. En effet, une partie du rapport est toujours consacrée au budget de l'autorité. Les rapports évoquent alors de façon générale l'organisation et le fonctionnement de l'institution qu'ils nomment de différentes façons : « *la vie des services* »[998], le

---

[996] Michel GENTOT, *Les autorités administratives indépendantes*, Paris, Montchrestien, 1991, p. 88.
[997] Sénat, Rapport précité sur le bilan et le contrôle des AAI, n°126, 2015, p. 87.
[998] ACNUSA, rapport d'activité, 2013, p. 88.

« *budget et* [le] *suivi de la performance* »[999], l' « *organisation au service des missions,* [et l'] *évolution des moyens* »[1000], « *les éléments de gestion financière* »[1001], ou encore le « *bilan financier et organisationnel* »[1002]. Or, c'est dans ce cadre que les AAI critiquent le contenu de leur budget et le volume des crédits alloués par l'Etat. En effet, elles précisent de façon objective, d'une part, le montant des crédits pour l'année et, d'autre part, les variations de ces crédits vis-à-vis des années précédentes et à venir. Enfin, elles effectuent une critique du contenu de leur budget au regard de la suffisance des ressources pour couvrir l'ensemble des charges. Ainsi, lorsque les ressources sont insuffisantes, les AAI n'hésitent pas à le souligner dans leur rapport annuel d'activité. La raison de cette publicité est évidente : la transparence a souvent des effets positifs. En effet, permettant la libération des données publiques, elle implique la disponibilité de l'information tant au profit des institutions que des citoyens. Elle peut donc inspirer le changement. En effet, en transmettant au législateur (et/ou au gouvernement) des éléments relatifs à l'insuffisance de leurs ressources, les AAI peuvent espérer une modification positive de leur budget l'année suivante. Telle est la vertu du rapport annuel d'activité des AAI. Dans ce sens, Jean-Paul Delevoye, ancien Médiateur de la République, disait que « *l'indépendance c'est la transparence* »[1003].

Néanmoins, une critique peut être apportée à ces rapports : leur tardiveté. En effet, si certaines autorités ont déjà élaboré et publié au début de l'année 2016 leur rapport d'activité pour l'exercice 2015, d'autres tardent à réaliser ce document et leur rapport le plus récent fait état de l'exercice 2013 ou 2014.

Par ailleurs, une autre critique peut être formulée : l'absence de généralisation des rapports annuels. « *Actuellement, sur 42 autorités administratives indépendantes, 6 ne sont pas soumises à l'obligation légale de déposer un rapport annuel et 10 supplémentaires ne sont pas légalement tenues de l'adresser au Parlement, même si certaines [...] publient spontanément un rapport qu'elles adressent, en tout état de cause, au Parlement* »[1004]. La nouvelle proposition de loi du 7 décembre 2015 propose donc dans son article 22 de systématiser le dépôt, à la fois au Parlement et au gouvernement, d'un rapport annuel selon un modèle commun[1005]. Cet article (dans sa dernière rédaction adoptée par les deux assemblées) prévoit que « *toute autorité administrative indépendante ou*

---

999 ACPR, rapport d'activité, 2012, p. 167.

1000 AERES, rapport d'activité, 2012, p. 61.

1001 AFLD, rapport d'activité, 2012, p. 129.

1002 CNIL, rapport d'activité, 2013, p. 75.

1003 Assemblée nationale, Rapport précité, tome II, 2010, n°2925, p. 125.

1004 Sénat, Rapport précité sur le bilan et le contrôle des AAI, n°126, 2015, p. 87.

1005 *Ibid.*, p. 88.

autorité publique indépendante adresse chaque année, avant le 1er juin, au Gouvernement et au Parlement un rapport d'activité rendant compte de l'exercice de ses missions et de ses moyens. Il comporte un schéma pluriannuel d'optimisation de ses dépenses qui évalue l'impact prévisionnel sur ses effectifs et sur chaque catégorie de dépenses des mesures de mutualisation de ses services avec les services d'autres autorités administratives indépendantes ou autorités publiques indépendantes ou avec ceux d'un ministère. Le rapport d'activité est rendu public ».

2. L'insuffisance des ressources soulignée dans le rapport annuel d'activité

Les AAI ayant parfois des moyens insuffisants pour couvrir l'ensemble de leur mission, elles n'hésitent pas à rendre cela public grâce à leur outil de diffusion, d'information et de publicité qu'est le rapport d'activité. Ainsi, « *les rapports publics d'autorités telles que le CSA ou le Conseil de la concurrence*[1006] *soulignent régulièrement qu'elles ne disposent pas des moyens de remplir leur mission de régulation à l'échelle nécessaire, ni avec la rapidité et l'efficacité requises* »[1007]. Toutefois, ces deux autorités ne sont pas les seules. En effet, il est possible de recenser chaque année des dizaines de critiques et de plaintes relatives au volume insuffisant des budgets des AAI.

Ainsi, concernant l'Autorité de contrôle des nuisances aéroportuaires (ACNUSA), le rapport de 2011 a fait état de crédits du titre 2 insuffisants, ne permettant pas d'atteindre le plafond d'emplois fixé par la loi de finances. Il précisait que « *le plafond d'emploi autorisé n'a pas été atteint car le montant disponible ne permet pas de recruter un agent supplémentaire* »[1008]. Or, ce problème paraît désormais avoir été résolu puisque le rapport de 2013 précisait, parmi les faits marquants de l'année, que « *le ministère chargé de l'Écologie ayant pris l'engagement d'augmenter la masse salariale de l'Autorité en 2014, une assistante au pôle technique « air » a enfin pu être recrutée* »[1009]. Le dernier rapport de 2015 nous souligne désormais aucun problème. Cela nous permet donc de mesurer l'utilité de la publicité et de la transparence du rapport public annuel.

L'Autorité de régulation des communications électroniques et des postes (ARCEP) a également dû poursuivre et accentuer « *sa démarche de rigueur en réduisant encore ses coûts de 5.6% [renégociation de loyer, réduction du parc auto, baisse des frais de communication, …]* ». En effet, « *dans un contexte de tension*

1006 Désormais Autorité de la concurrence.
1007 Conseil d'Etat, Rapport précité, 2001, EDCE n°52, p. 354.
1008 ACNUSA, Rapport d'activité, 2011, p. 94.
1009 ACNUSA, Rapport d'activité, 2013, p. 91.

budgétaire croissant, le budget de fonctionnement de 2012 de l'autorité [a été] diminué de près de 12 % »[1010]. Ainsi, le rapport nous fait comprendre que si l'autorité ne diminue pas ses dépenses et qu'elle n'est pas vertueusement économe, alors ses moyens seront insuffisants. Toutefois, ces coupes budgétaires se font parfois au détriment de frais de déplacement, de formation ou d'impression, et sont donc préjudiciables à la bonne réalisation des missions de l'autorité. Tel est le cas de la Commission d'accès aux documents administratifs (CADA) dont la dotation de fonctionnement a été ramenée à environ 65 000 euros en 2012 et 2013 contre 128 650 euros en 2011[1011]. Ceci lui a certes permis de couvrir ses frais de fonctionnement, mais a laissé moins de 20 000 euros pour le financement des frais de communication, de déplacements et de représentation de la commission. « *C'est dire combien la CADA est limitée pour assumer des formations ou organiser des rencontres* ». Elle souligne d'ailleurs que « *ses marges de manœuvre sont encore plus limitées en 2013* »[1012]. Par ailleurs, la Commission nationale de l'informatique et des libertés (CNIL) est également dans une telle position car si ses dépenses de personnel augmentent de façon croissante du fait de « *l'augmentation soutenue de ses missions traditionnelles [et de] l'accroissement de son périmètre d'intervention par l'entrée en vigueur de nouveaux textes législatifs* », ses dépenses de fonctionnement baissent et « *nécessit[ent] une maîtrise accrue visant à absorber la baisse des dotations* »[1013].

La Commission de régulation de l'énergie (CRE), quant à elle, va beaucoup plus loin. En effet, la Commission procède par étape dans son rapport d'activité. Tout d'abord, elle rappelle les dispositions des directives européennes du 13 juillet 2009[1014] prévoyant que « *l'autorité de régulation nationale […] dispose de ressources humaines et financières suffisantes pour s'acquitter de ses obligations* ». Ensuite, elle évoque le fait que ses missions et son budget

---

1010 ARCEP, Rapport d'activité 2011, p. 28.

1011 Le budget de la CADA avait bénéficié d'une augmentation exceptionnelle pour permettre la refonte du site internet. Elle n'avait toutefois pas consommé l'intégralité de ces crédits supplémentaires puisqu'elle avait seulement consommé 71 320 euros. La dotation de fonctionnement a ensuite à nouveau augmenté en 2014 (78 000 euros) puis en 2015 (106 000 euros).

1012 En effet, pour 2013 « *la dotation s'élève à 65 000 euros seulement. Si les postes de dépenses d'affranchissement postal et de papier baissent grâce à la dématérialisation, d'autres liées à l'entretien et au chauffage par exemple augmentent, de sorte que la CADA ne dispose plus que d'environ 5 000 € pour couvrir les frais d'impression de son rapport, les déplacements et les frais de représentation* ». C'est ainsi que le rapport de la CADA pour 2012 souligne la présence de restrictions budgétaires néfastes, p. 90.

1013 CNIL, Rapport d'activité, 2013, p. 77.

1014 Directives n°2009/72 (article 35) et 2009/73 (article 41) du 13 juillet 2009 relatives aux règles communes pour le marché intérieur de l'électricité et du gaz naturel.

n'ont pas connu la même évolution, les premières augmentant quand le second chutait. Elle précise ainsi que « *les missions et l'activité de la CRE se sont considérablement accrues depuis 2010. […] Or les effectifs et le budget de fonctionnement du régulateur français de l'énergie ont régressé au cours de la même période. Ils sont en outre systématiquement amputés en cours d'année par des mesures de gel budgétaire* ». Enfin, après avoir fait ce constat, la Commission souligne tous les éléments touchés par cette diminution des effectifs et du budget[1015]. Elle démontre alors en quoi les ressources qui lui ont été allouées étaient insuffisantes pour remplir correctement et intégralement toutes ses missions.

Il faut souligner que la CRE est en général la plus virulente et la plus critique envers les pouvoirs publics. Elle a d'ailleurs souligné récemment les insuffisances des chartes de gestion pour assurer le dialogue de gestion et ainsi la suffisance des crédits. Elle estime ainsi que « *les gels supplémentaires tout comme les mesures de régulation lui sont appliqués sans aucun dialogue de gestion et sans explication sur la façon dont les abitrages sont réalisés. L'AAI est considérée comme un service d'administration centrale sans respect de son statut réglementaire* »[1016].

B. L'insuffisance des ressources soulignée par le législateur

Le rapport parlementaire de 2010, relatif aux autorités administratives indépendantes, traite également de l'adéquation des ressources aux missions. La préoccupation du législateur démontre qu'il s'agit d'un réel problème qu'il convient de résoudre. L'intérêt du rapport est d'autant plus grand qu'il retrace des auditions de présidents d'autorités administratives indépendantes faisant état de l'insuffisance de leurs ressources. Plusieurs cas sont évoqués : ceux de l'Agence française de lutte contre le dopage (AFLD), la Commission nationale de l'informatique et des libertés (CNIL), la Commission d'accès aux documents administratifs

---

1015 La CRE a donc estimé que son « *manque d'effectifs […] affecte particulièrement :*
– sa capacité à gérer les appels d'offres en matière d'énergies renouvelables dans les délais requis. La CRE rappelle à cet égard que la directive 2009/72 du 13 juillet 2009 n'impose pas que cette mission soit confiée à l'autorité de régulation de l'énergie. Elle pourrait être confiée a un autre organisme indépendant ;
– sa capacité à siéger dans les groupes européens où s'élaborent, entre régulateurs, les règles relatives à l'intégration des réseaux. La CRE a dû fortement réduire sa participation a ces groupes ;
– sa capacité à prendre en charge toute nouvelle mission non strictement requise par les textes européens ou législatifs. La CRE a ainsi été amenée, pour cette raison, à donner le 10 avril 2013 un avis défavorable à un projet de décret prévoyant qu'elle mènerait une analyse systématique des coûts de l'ensemble des fournisseurs de gaz au tarif réglementé préalablement à ses avis sur les tarifs ». Rapport d'activité, 2013, p. 20.

1016 Sénat, Rapport précité sur le bilan et le contrôle des AAI, n°126, 2015, p. 53.

(CADA), la Commission nationale de déontologie de la sécurité (CNDS)[1017], la Commission de régulation de l'énergie (CRE) et enfin, les cas particuliers de l'Autorité de la concurrence et l'Autorité des marchés financiers (AMF).

Concernant l'AFLD, l'insuffisance des moyens financiers et la lutte continuelle avec le ministère de rattachement pour obtenir un minimum de ressources ont conduit à la démission de l'ancien président de l'autorité, Pierre Bordry. En effet, non seulement l'AFLD ne disposait pas de moyens suffisants pour exercer ses missions[1018], mais elle nécessitait en plus de moyens supplémentaires pour améliorer son dispositif de recherche afin de pouvoir détecter des produits dopants de plus en plus sophistiqués et de moins en moins décelables. Lors de sa démission M. Bordry « *a publiquement indiqué être lassé par les sempiternelles négociations budgétaires houleuses qu'il menait auprès du ministère de la Santé et du secrétariat d'État chargé des sports, pour assurer à l'Agence des moyens financiers compatibles avec les missions qui sont confiées par la loi* ». Par conséquent, « *les rapporteurs [se sont interrogés] sur le fait de savoir si un lien de cause à effet exist[ait] entre les difficultés financières récurrentes de l'AFLD et les conflits tout aussi récurrents avec les ministres de tutelle… Dans tous les cas les problèmes de financement rencontrés par l'AFLD constituent une atteinte à son indépendance* »[1019].

Par ailleurs, la même problématique se pose pour la CNIL, la CADA et le CNDS. L'insuffisance des ressources de ces trois autorités se traduit par l'allongement des délais de traitement des dossiers. En effet, les restrictions budgétaires causent un manque de personnel empêchant l'instruction de tous les dossiers dans un délai raisonnable. Le président de la CNIL soulignait alors que s'il avait davantage de moyens, il « *pourrait réduire les délais de la commission, mais encore […] financer la création de quatre ou cinq antennes interrégionales composées chacune d'une dizaine de personnes, afin de recevoir les plaintes et d'effectuer des contrôles* [car] *il constate que 40 départements n'ont jamais reçu la visite de contrôleurs de la CNIL* »[1020]. Le président de la CADA estimait, quant à lui, « *qu'il n'avait pas les moyens de contrôler les suites apportées à ses recommandations* »[1021]. La Commission n'est donc pas capable de savoir si son action est utile et efficace car elle n'a pas les moyens de contrôler si l'administration suit ses avis.

Enfin, l'autorité de la concurrence et l'AMF représentent un cas à part. En effet, le rapport distingue, d'une part, « *les autorités qui seraient*

[1017] Cette AAI a désormais fusionné au sein du Défenseur des droits.

[1018] En 2010, le financement de l'AFLD a dû être assuré en urgence par fongibilité sur son programme de rattachement du fait de la suppression d'une taxe par le Sénat ; taxe sur laquelle comptait le gouvernement pour financer l'autorité.

[1019] Assemblée nationale, Rapport précité, 2010, n°2925, p. 103.

[1020] *Idem.*

[1021] *Idem.*

systématiquement sous dotées au regard de leurs missions, et pour lesquelles un examen régulier par les commissions permanentes des Assemblées s'avère nécessaire » et, d'autre part, « *les cas particuliers où une autorité connaîtrait un pic d'activité en raison de dossiers lourds à gérer, et pour lesquels il peut être envisagé de la doter de moyens supplémentaires pour une durée limitée* »[1022]. Ainsi, l'AMF et l'Autorité de la concurrence ont connu l'inadéquation de leurs ressources à leur mission de façon ponctuelle, la première en ce qui concerne l'affaire EADS et la seconde relativement au « cartel de l'acier ». Dans ces affaires, les effectifs des deux autorités se sont avérés insuffisants et insusceptibles de faire face aux nombreux « *avocats disposant d'études économiques et d'un budget quasi illimité* »[1023]. La disproportion des moyens était donc patente mais néanmoins exceptionnelle.

Finalement, les AAI paraissent globalement disposer de ressources insuffisantes soit car elles ne peuvent pas réaliser l'ensemble de leurs fonctions indispensables, soit car elles n'ont pas la possibilité d'améliorer leur organisation pour s'adapter aux évolutions des secteurs qu'elles contrôlent. Ainsi, si « *leur création répond à un besoin évident d'efficacité dans certains domaines de l'action publique* »[1024] alors pourquoi ne pas leur donner les moyens de leur efficacité ? Pourquoi les procédures actuelles ne garantissent pas un budget décent aux AAI ? Ces questions se posent lorsque l'on se rend compte de l'impuissance des AAI lors des négociations budgétaires avec le gouvernement ; c'est pourquoi il faudrait réellement « *s'assurer que la discussion budgétaire entre l'AAI, le Gouvernement et le Parlement assure les conditions réelles de l'indépendance* »[1025].

Pour ce faire, la dernière proposition de loi portant statut général des AAI et des API en cours d'examen propose, « *afin de faire ressortir la vérité des coûts des autorités administratives indépendantes, [de] prévoir chaque année la remise au Parlement d'un rapport, en annexe générale au projet de loi de finances (un "jaune"), présentant les principales données financières et budgétaires relatives aux autorités administratives indépendantes* »[1026]. Cette mesure a été reprise à l'article 24 de la proposition de loi du 7 décembre 2015.

1022 *Ibid.*, p. 104.

1023 *Ibid.*, p. 103.

1024 Jean-Marc SAUVE, vice président du Conseil d'Etat, déclaration lors de son audition par le groupe de travail, *in* Assemblée nationale, Rapport précité, 2010, n°2925, p. 47.

1025 Assemblée nationale, Rapport précité, n°2925, 2010, p. 102.

1026 Sénat, rapport précité sur le bilan et le contrôle des AAI, n°126, 2015, p. 86.

Il convient à présent de savoir quelles sont les conditions réelles de l'indépendance et notamment ce que signifie l'insuffisance des moyens des AAI.

Section 2
La signification de l'insuffisance des moyens et les solutions possibles

Le problème de l'insuffisance des moyens des AAI a été largement remarqué, analysé et souligné tant par les AAI elles-mêmes dans leurs rapports d'activité que par le législateur dans les rapports dédiés à ces autorités. En revanche, nul ne sait réellement ce que signifie la notion de suffisance des moyens financiers. Existe-t-il un seuil de la suffisance ? Il est possible de trouver des éléments de réponses en étudiant l'idée de soutenabilité budgétaire et en l'appliquant aux AAI (paragraphe 1). Par ailleurs, une fois cette suffisance définie, il paraît opportun de tenter de trouver des solutions à ce problème ; solutions que l'on rencontre éventuellement dans l'élargissement du financement par le biais de ressources propres (paragraphe 2).

Paragraphe 1. La signification de l'insuffisance des moyens

Il convient de rechercher la signification de l'insuffisance des moyens dans la notion de soutenabilité budgétaire (A). En effet, celle-ci est appliquée aux autorités administratives indépendantes en ce que le contrôleur budgétaire et comptable ministériel, chargé du contrôle budgétaire et de la comptabilité des AAI, utilise cette notion pour caractériser leur budget. Il rend d'ailleurs des avis relativement à la soutenabilité des programmes dans lesquels sont insérées les AAI auxquels sont souvent rattachés des rapports. L'analyse de ces derniers[1027] et notamment des rapports de la Cour des comptes nous fournit donc des

1027 Il est en réalité question d'une analyse par ricochet : les rapports de soutenabilité des CBCM n'étant pas publics mais seulement envoyé au(x) ministère(s) concerné(s) et à la Cour des comptes, notre analyse porte sur les rapports de la Cour des comptes reprenant partiellement lesdits rapports des CBCM.

informations intéressantes sur la soutenabilité des budgets des autorités administratives indépendantes (B).

A. La notion de soutenabilité budgétaire

La notion de soutenabilité budgétaire a tout d'abord été appliquée à l'Etat. Dans ce cadre, elle s'intéresse à la « *capacité d'un Etat de rester solvable, c'est-à-dire de conserver des marges de manœuvres budgétaires suffisantes pour honorer ses engagements* »[1028]. Les finances publiques d'un Etat seront alors soutenables si celui-ci est capable d'assurer le financement de sa dette à long terme sans changer de politique budgétaire. Du fait de l'abstraction notable de cette notion, la Commission européenne a défini la soutenabilité des finances publiques[1029]. Elle reprend alors son interprétation standard estimant « *que les surplus budgétaires de demain doivent permettre de financer l'endettement d'aujourd'hui* »[1030]. Elle a également déterminé des éléments de calcul de la soutenabilité. Celle-ci se mesure ainsi, au niveau étatique, par des calculs précis impliquant *in fine* la détermination de l'écart de financement nommé « tax gap » et s'exprimant en points de PIB. La soutenabilité budgétaire consiste donc en un rapport dette / PIB, la première ne devant pas surpasser le second[1031].

Or, ces définitions mettant en relation soutenabilité et dette publique n'ont pas vocation à s'appliquer aux autorités administratives indépendantes qui ne disposent pas d'un budget en déficit et ne possèdent donc pas de dette. Il convient donc de se tourner vers un autre type de soutenabilité. Ainsi, au niveau d'un ministère ou d'une mission de la loi de finances, la soutenabilité budgétaire est également contrôlée. Elle traduit la capacité dudit ministère à mettre en œuvre les politiques qu'il conduit dans le respect des autorisations budgétaires ouvertes par la loi de finances annuelle et la loi de programmation pluriannuelle. Elle repose donc sur la mise en adéquation de l'activité prévisionnelle des services avec les moyens

---

1028 Conseil d'orientation des finances publiques, Premier rapport, février 2007, La documentation française, p. 11.
Le Conseil d'orientation des finances publiques a été créé par le décret n°2006-515 du 5 mai 2006. Il a par la suite été supprimé et remplacé par le Haut conseil des finances publiques créé par la loi organique n°2012-1403 du 17 décembre 2012 et véritablement mis en place suite au décret n°2013-144 du 18 février 2013.

1029 Commission européenne, direction générale des affaires économique et financière, *Rapport sur la soutenabilité*, septembre 2009.

1030 Conseil d'orientation des finances publiques, Rapport précité, 2007, p. 11.

1031 Cf. annexe n°6, « Les modalités de calcul de la soutenabilité budgétaire d'un Etat », p. 553.

alloués, cela étant renforcé par un suivi de qualité. Ce dernier pourrait alors correspondre aux objectifs formulés dans les PAP, dont la réalisation est contrôlée dans les RAP. Dans tous les cas, la soutenabilité financière semble correspondre à l'adéquation des dépenses[1032] aux capacités d'engagement d'un organisme public. Or, à quoi correspondent les capacités d'engagement d'une AAI, notamment lorsqu'elle est exclusivement financée par le budget de l'Etat ? La réponse n'est pas aisée. Celles-ci semblent correspondre à la capacité d'une autorité de détenir des moyens humain et financier suffisants lui permettant de réaliser tous ses engagements et donc l'ensemble des fonctions et missions qu'elle doit couvrir. Elles sont donc enfermées dans l'autorisation parlementaire du budget annuel et de la programmation pluriannuelle. Elles correspondent certes à la capacité de percevoir des ressources, mais également celle de pouvoir les augmenter au besoin. Or, les AAI étant financées par des crédits inscrits dans la loi de finances, elles ne peuvent pas moduler leur montant à souhait. La possibilité de négociation des AAI avec le gouvernement et/ou le Parlement retrouve dans ce cadre une place importante. Elle est en effet la seule possibilité pour les AAI d'augmenter leurs crédits annuels et d'accroitre leurs capacités d'engagement.

L'idée de soutenabilité appliquée aux contrats de partenariat nous donne aussi des informations intéressantes pour définir la notion. En effet, concernant ces contrats, elle traduit la même idée. Ainsi, « *la soutenabilité financière d'un projet PPP a trait à la capacité financière du projet de générer des recettes suffisantes pour en couvrir les coûts* »[1033]. Ainsi, le rapport recettes – dépenses et l'idée que les recettes doivent permettre de couvrir l'intégralité des charges sont repris dans le cadre de ces contrats. Or, pour estimer la faisabilité du contrat et particulièrement sa soutenabilité financière, une « *évaluation préalable comporte dès lors une analyse économique et financière du montage contractuel le plus efficient et donne lieu à des prévisions de loyer au regard desquelles la personne publique doit être en mesure d'apprécier sa capacité à supporter les conséquences budgétaires du projet en cause* »[1034].

1032 Les dépenses doivent être entendues comme l'ensemble des dépenses qui doivent être engagées pour réaliser l'ensemble des missions.

1033 European PPP expertise centre, *Manuel de bonnes pratiques*, *in* Modeste MARQUES, Philippe GONZAGUES, « La soutenabilité budgétaire dans les contrats de partenariat », *Droit administratif*, n°2, février 2013, p. 15.

1034 Modeste MARQUES, Philippe GONZAGUES, « La soutenabilité budgétaire dans les contrats de partenariat », *Droit administratif*, n°2, février 2013, étude n°4, p. 15.

Finalement, la soutenabilité budgétaire ou financière est une notion difficile à définir et à cerner précisément, d'autant plus qu'existent des conceptions strictes et souples de la soutenabilité. Ainsi, il est impossible de fixer un seuil exact et rigoureux à partir duquel l'insoutenabilité se manifeste[1035]. En effet, étant liée à plusieurs facteurs (purement budgétaires ou, en rapport avec les marchés financiers[1036]) et tenant compte des potentialités de financement passées et futures, l'application de la notion de soutenabilité budgétaire n'est pas figée. Elle est évolutive et a un rapport au temps. La soutenabilité serait donc un résultat qui se recherche sur le long terme[1037]. Néanmoins, nous avons pu constater qu'elle a trait à l'idée de capacité d'une institution à supporter l'ensemble des charges que lui impose sa mission grâce à ses ressources. Si ce rapport dépenses – recettes s'exprime de façon étalée dans le temps pour l'Etat selon les deux équations suivantes : « dette courante = valeur des excédants budgétaires futurs anticipés » et « valeur de la dette = 0 sur un horizon tendant vers l'infini » ; celui-ci est différent en ce qui concerne les AAI. En effet, les autorités indépendantes ne pouvant pas disposer d'un budget en déficit et ne pouvant pas s'endetter, le rapport ressources – charges venant déterminer la soutenabilité financière des AAI doit s'analyser sur une année et doit mettre en évidence soit une égalité entre les deux soit une supériorité des ressources sur les charges, afin que, les missions de l'autorité puissent être réalisées avec succès et dans leur intégralité.

B. La notion de soutenabilité budgétaire appliquée aux AAI

Comme nous l'avons déjà souligné, les autorités administratives indépendantes sont financées par le budget de l'Etat. Ainsi, elles sont présentes dans la loi de finances, généralement au rang de l'action[1038]. Elles disposent souvent dans ce cadre d'un budget opérationnel de programme

---

1035 Ce seuil étant fixé par les pouvoirs publics eux-mêmes, notamment le législateur.

1036 En effet, la soutenabilité financière peut être analysée de façon nette et effective, c'est-à-dire d'un point de vue purement budgétaire, ou bien, de façon brute, c'est-à-dire en tenant compte des chocs sur l'économie et de la capacité de l'Etat à les supporter en absorbant leurs effets néfastes.

1037 Telle est notamment la vision européenne de la soutenabilité.

1038 Nous avons vu que les AAI pouvaient être présentes tant au niveau du programme (HCFP seulement), que de l'action ou de la sous-action. Toutefois, hormis quelques rares exceptions, la plupart des AAI dispose au minimum d'un BOP propre.

(BOP) inséré au sein de programmes et missions gouvernés[1039]. Or, les contrôleurs budgétaires et comptables ministériels (CBCM) sont chargés d'apposer leur visa sur le document de répartition initiale des crédits et emplois (DRICE) et de donner leur avis sur la soutenabilité des programmes et des BOP. Néanmoins, plusieurs dérogations s'appliquent aux AAI. D'une part, les BOP de ces autorités indépendantes ne sont pas soumis à l'exigence d'avis, celui-ci ne conditionnant pas l'attribution de leurs ressources comme c'est le cas pour les autres administrations. D'autre part, dans le cadre de l'étude de la soutenabilité des programmes où sont présentes les AAI comme lors du visa du DRICE englobant l'ensemble des crédits et emplois d'un ministère, le CBCM des services du Premier ministre nous a précisé que « *pour les AAI, il s'agit essentiellement de s'assurer que la programmation est cohérente avec les autorisations parlementaires* »[1040]. En réalité, les CBCM ne contrôlent pas véritablement la soutenabilité des budgets des AAI au sens de « *la capacité à respecter la trajectoire définie dans la loi de finances de l'année et dans la loi de programmation des finances publiques* »[1041] et de la vérification de la qualité et « *la sincérité des prévisions budgétaires, [l'identification des] risques susceptibles d'affecter la dynamique de la dépense et [l'appréciation du] respect des plafonds de crédits affichés dans le budget triennal* »[1042]. Ces précisions issues du décret relatif à la gestion budgétaire et comptable publique du 7 novembre 2012 semblent impliquer que la soutenabilité doit contribuer à la rationalisation des dépenses publiques et la réduction des déficits publics. Néanmoins, l'article 94 du même décret, concernant le caractère soutenable des BOP, fait état de trois points de contrôle pour le CBCM : « *La couverture des dépenses obligatoires et inéluctables ; 2° La cohérence entre le montant des crédits inscrits dans le document de répartition initiale des crédits et emplois [...] et la programmation [...] ; 3° Les conséquences budgétaires de cette programmation sur les années ultérieures* ». Ainsi, si le CBCM ne donne pas d'avis sur la soutenabilité des BOP des AAI, cet article nous fournit des indications sur la signification de cette notion. Un BOP sera alors soutenable lorsque sa programmation sera conforme au montant des crédits et emplois du périmètre ministériel tout en couvrant l'ensemble des dépenses obligatoires et inéluctables. Or, ce dernier élément est très intéressant. Si les dépenses obligatoires sont définies

---

1039 Même lorsqu'elles disposent d'une sous-action, elles possèdent un BOP. Tel est le cas de la CADA et de l'ensemble des AAI se situant au niveau d'une sous action dans le programme 308.

1040 Audition de Marc LITVAN, cf. annexe n°9, « Liste des personnes auditionnées », p. 557.

1041 Cour des comptes, *Le budget de l'Etat en 2013, Résultats et gestion*, Rapport, mai 2014, p. 199.

1042 *Ibid.*, p. 177.

par la loi[1043] et ne concernent pas les AAI, les dépenses inéluctables comprennent notamment la masse salariale et donc les dépenses de personnel, celles-ci constituant la grande majorité des dépenses des AAI. De ce fait, la marge de manœuvre du gouvernement pour limiter le budget des AAI se réduit lorsque celles-ci disposent d'un personnel en place qui doit nécessairement être payé ; c'est pourquoi le PLF fait souvent état de ressources stables ou en augmentation concernant le titre 2 et en diminution pour le titre 3 des AAI. Par conséquent, deux éléments tendent à définir la soutenabilité budgétaire et à enserrer les budgets dans une fourchette de crédits : le budget ne doit pas dépasser les autorisations parlementaires (seuil maximal) mais il doit permettre de couvrir l'ensemble des dépenses et notamment celles qui sont inéluctables (seuil minimal), c'est-à-dire les dépenses de personnel. La soutenabilité correspond à la couverture de l'ensemble des dépenses dans le respect de l'autorisation budgétaire.

Cette soutenabilité des BOP des AAI ne fait pas l'objet d'un contrôle du CBCM, mais quand bien même ce serait le cas, ce contrôle n'aurait pas une influence déterminante sur l'autonomie financière des AAI. En effet, la Cour des comptes (qui confirme la définition de l'insoutenabilité évoquée) a souligné que « *bien que certains programmes ou BOP soient manifestement insoutenables, notamment quand les crédits sont insuffisants pour faire face aux dépenses obligatoires et inéluctables, la programmation budgétaire initiale est toujours visée, parfois avec réserves, il est vrai, et les avis défavorables des services chargés du contrôle budgétaire, très rares, restent sans conséquence* »[1044]. Par ailleurs, le gouvernement lors de l'élaboration du projet de loi de finances semble faire preuve de bienveillance, même si parfois l'insuffisance des ressources est soulignée. Ainsi, « *l'examen de la réalité montre [...] des budgets ménagés et plus confortables pour les régulateurs que pour d'autres institutions publiques, mais cela ne suffit pas car l'indépendance des régulateurs, comme celle des juridictions, doit "se donner à voir"* »[1045].

Au final, la soutenabilité budgétaire au sens du décret de 2012 importe peu puisque les AAI ne sont pas l'objet du contrôle financier *a priori* du CBCM. Néanmoins, elle nous permet de situer plus précisément l'insuffisance des ressources en deçà de ce qui est nécessaire pour couvrir les

---

1043 Etienne DOUAT, Xavier BADIN, Finances publiques, PUF, 3e édition, 2006, p. 439. « *Les dépenses obligatoires relèvent de la compétence du législateur qui en fixe la liste. Si la dépense est prévue par un règlement, elle n'aura pas un caractère obligatoire* ».

1044 Cour des comptes, *Rapport sur les résultats et la gestion budgétaire de l'Etat, exercice 2008*, p. 111.

1045 Marie-Anne FRISON-ROCHE, « Régulateurs indépendants versus LOLF », Revue Lamy de la Concurrence, 2006, n°7, p. 69.

dépenses inéluctables. Toutefois, il faudrait ajouter aux dépenses de personnel, certes des ressources décentes de fonctionnement mais surtout des ressources dites d'indépendance qui permettent à l'autorité de subvenir à ses besoins de régulation impartiale. En effet, pour réaliser correctement leurs missions, les AAI nécessitent des ressources bien au-delà de ce seuil minimal de couverture des dépenses de personnel. Les dépenses inéluctables doivent donc avoir un sens plus large pour les AAI que les simples dépenses de personnels.

Paragraphe 2. L'insuffisance des ressources : un problème pouvant se résoudre par la possibilité de financement par des ressources propres

Le problème de l'insoutenabilité des budgets des autorités administratives indépendantes est notamment dû à l'origine des financements de ces autorités : la loi de finances et donc le budget de l'Etat, ceux-ci étant de plus en plus limités en cette période de crise. Par conséquent, une solution possible serait de compléter ce financement par des ressources propres pour l'ensemble des autorités administratives indépendantes. Ainsi, les AAI combleraient l'insuffisance constatée des crédits étatiques en s'autofinançant. Toutefois, il faut noter que si les AAI régulant des secteurs économiques ont la possibilité d'en tirer des ressources propres (A), les autres, régulant des secteurs plus sociaux tels que la protection des droits et libertés fondamentaux, n'ont pas la possibilité de se financer par de telles ressources (B).

A. Une résolution du problème limitée aux seules AAI économiques

La possibilité d'un financement par des ressources propres n'est pas seulement réservée aux autorités publiques indépendantes dotées de la personnalité morale. En effet, certaines AAI disposent également d'un tel financement. Il s'agit notamment des autorités de régulation économique (1). En revanche, si les secteurs économiques ou hybrides sont favorables aux versements de redevances, ces derniers possèdent certaines limites (2) comme tous les types de financement existants.

1. La possibilité de ressources propres au profit d'autorités de régulation économique

Un financement complémentaire par des ressources propres au profit des autorités administratives indépendantes permettrait d'augmenter le degré de leur autonomie financière. En effet, les crédits alloués par l'Etat étant parfois insuffisants, le versement de redevances pour service rendu ou de droits prélevés sur les opérateurs intervenant dans le secteur régulé peut être un palliatif intéressant pour les AAI. Certaines autorités indépendantes non personnalisées perçoivent déjà de telles ressources. Cependant, elles ne représentent qu'un nombre dérisoire d'AAI et bien souvent qu'une part négligeable du budget total de l'autorité (moins de 1 %), insusceptible de contrebalancer le faible montant des crédits étatiques. *A contrario*, certaines autorités indépendantes perçoivent des ressources propres d'un montant beaucoup plus significatif, mais en l'absence d'affectation, ces ressources finissent souvent dans les caisses de l'Etat.

Concernant les ressources propres négligeables perçues par les AAI, il faut d'abord évoquer les frais irrépétibles que perçoit l'Autorité de contrôle des nuisances aéroportuaires (ACNUSA) dans le cadre des contentieux engagés par les compagnies aériennes. En 2011, ces frais s'élevaient à 3 000 euros, soit 0,6 % du budget total de l'autorité[1046]. Le rapport 2015 ne fait pas état de tels frais. Par ailleurs, il existe d'ores et déjà des redevances qui concernent le contrôle aérien, mais elles ne sont pas attribuées à l'ACNUSA. Ainsi, les redevances pour services terminaux de la circulation aérienne pour la métropole et l'Outre mer, ou encore, la taxe de l'aviation civile sont des ressources propres qui alimentent le budget annexe « Contrôle et exploitations aériens »[1047]. De plus, la taxe d'aéroport, prévue à l'article 1609 *quatervicies* I-A du code général des impôts, qui bénéficie aux personnes publiques ou privées exploitants des aérodromes pourraient également alimenter le budget de l'ACNUSA.

Il est également possible d'évoquer les ressources propres perçues par l'ancienne Autorité d'évaluation de la recherche et de l'enseignement supérieur (AERES, aujourd'hui HCERES) au titre des évaluations des établissements qu'elle effectue et de programmes étrangers. Elle a reçu un tel financement en 2009, 2010, 2011 et 2013 à hauteur de 79 000 euros, 259 450 euros, 20 000 euros et 250 000 euros ; ce qui représente un financement par ressources propres compris entre 0,12 % et 1,66 % du

---

1046 ACNUSA, Rapport d'activité, 2011, p. 94.

1047 Et pour partie à hauteur de moins de 20 %, le budget général de l'Etat.

budget total de l'autorité[1048]. Ce faible pourcentage de ressources propres ne peut donc pas lutter contre un financement étatique insuffisant. Par ailleurs, les derniers rapports du HCERES ne font plus état de telles ressources propres.

A côté de ces ressources propres clairement limitées, d'autres AAI perçoivent un tel financement pour une part substantielle beaucoup plus déterminante. Tel est notamment le cas de l'Autorité de la concurrence qui dispose également de ressources propres importantes en ce qu'elle récupère le montant des sanctions pécuniaires qu'elle a prononcées. Celles-ci sont d'abord recouvrées par les services de la direction générale des finances publiques (DGFIP) puis reversées à l'Autorité de a concurrence pour alimenter son budget grâce au mécanisme des ordres de recettes[1049].

Par ailleurs, d'autres AAI auraient la possibilité d'être financées par des ressources propres selon des proportions plus importantes mais, en réalité, soit elles ne perçoivent ces ressources que de façon indirecte, c'est-à-dire par l'intermédiaire d'une tierce personne, soit elles les perçoivent directement mais pour le compte de l'Etat. Ainsi, l'Autorité de sûreté nucléaire (ASN) est exclusivement financée par des crédits issus de la loi de finances : 79,05 millions d'euros pour 2013 dont 39,78 millions d'euros de masse salariale et 39,25 millions d'euros de crédits de fonctionnement[1050]. Toutefois, une part du budget de l'Institut de radioprotection et de sûreté nucléaire (IRSN) est dédiée à l'action d'appui technique à l'ASN. Or, cette part d'un montant de 84 millions d'euros est financée pour partie par une subvention du budget général de l'Etat (45 millions d'euros) et pour une autre partie par une contribution due par les exploitants nucléaires (39 millions d'euros). Ainsi, il est possible de dire que l'ASN, et notamment son action, perçoit un financement indirect par des ressources propres issues de droits prélevés sur les organismes du secteur contrôlé. Le rapport d'activité de 2010 soulignait d'ailleurs que « *l'ASN a noté avec satisfaction que l'appui que lui apporte l'IRSN se fonderait désormais en partie sur des ressources affectées. Elle y voit un premier pas vers la mise en place d'un dispositif de financement du contrôle de la sûreté nucléaire et de la radioprotection permettant une meilleure adéquation des moyens aux sollicitations* »[1051].

1048 AERES, Rapport d'activité, 2012, p. 62.
1049 Autorité de la concurrence, Rapport d'activité, 2013, p. 35.
1050 ASN, Rapport d'activité, 2013, p. 91.
1051 ASN, Rapport d'activité, 2010, p. 13.

Par ailleurs, l'Autorité de régulation des communications électroniques et des postes (ARCEP) perçoit des recettes constituées de taxes et redevances à hauteur de centaines de millions d'euros. Néanmoins, celles-ci sont perçues pour le compte du budget général. Ainsi, le rapport d'activité de 2015 de l'ARCEP fait état de recettes conséquentes d'un montant de plus de trois milliards d'euros, dont 241 millions au titre des taxes et redevances, et 2,8 milliards d'euros au titre de l'attribution des fréquences de la bande 700 MHz pour 2015, à l'issue d'une procédure d'enchères. Or, le montant des seules taxes et redevances encaissées par l'ARCEP en 2015 d'un montant de 241 millions d'euros représente environ 10 fois le budget total de l'ARCEP (23 millions de dotations étatiques pour 2017). L'ARCEP pourrait donc percevoir des redevances pour service rendu au titre de l'attribution des fréquences à des opérateurs, puis de l'utilisation de ces fréquences. En revanche, étant donné qu'elle ne dispose pas de la personnalité morale, ces ressources sont à l'heure actuelle perçues par l'autorité pour le compte de l'Etat. Il serait donc opportun de les affecter à l'ARCEP dans le but d'alimenter *in fine* son budget.

Enfin, d'autres autorités auraient la possibilité de percevoir des ressources propres importantes du fait du caractère hautement économique de leur secteur d'activité, mais elles n'en bénéficient pas à l'heure actuelle. D'ailleurs, dans ces domaines, des redevances et taxes existent déjà mais elles sont destinées à d'autres organismes. Ainsi, l'autorité de régulation des jeux en ligne (ARJEL) est exclusivement financée par l'Etat et les prélèvements sur les jeux et paris hippiques et sportifs existants bénéficient à l'Etat. En effet, « *la légalisation des paris hippiques et sportifs « en ligne » s'est accompagnée de la création ex nihilo d'un régime fiscal, contrepartie budgétaire à l'introduction d'un régime d'agrément par la nouvelle Autorité de régulation des jeux en ligne (ARJEL)* »[1052]. Les nouvelles taxes afférentes aux jeux en ligne bénéficient donc à l'Etat dans l'optique de financer la mise en place et le fonctionnement de l'ARJEL. Ces ressources sont prévues par l'article 302 bis ZK du code général des impôts précisant que « *le taux des prélèvements […] est fixé à : 5,7 % des sommes engagées au titre des paris sportifs ; 1,8 % des sommes engagées au titre des jeux de cercle en ligne* ». Par ailleurs, d'autres prélèvements sur les sommes misées sur les paris sportifs[1053] et les jeux de loterie[1054] sont

1052 Sénat, Commission des finances, Dossier sur le *projet de loi de finances pour 2011 – articles de la première partie : conditions générale de l'équilibre financier*, Article 11 *quinquies* : évolution du régime fiscal des paris hippiques.
1053 Article 1609 *tricies* du code général des impôts.
1054 Article 1609 *novovicies* du code précité.

affectées au centre national pour le développement du sport (CNDS)[1055]. Ainsi, de nombreuses ressources non étatiques existent et pourraient bénéficier à l'ARJEL, mais à l'heure actuelle, l'Etat exclut ce type de financement au profit de cette autorité ; ce qui paraît dommageable pour l'autonomie financière de l'ARJEL au regard des nombreuses potentialités de financement propre qui existent et qui ne sont pas exploitées à son profit. En effet, à titre d'exemple, le rapport annuel de l'ARJEL de 2015 fait état d'un montant global de prélèvements de 342 millions d'euros que l'ARJEL reverse à différentes personnes publiques[1056]. De ce fait, si seulement 0,5 % de ces prélèvements était affecté à l'ARJEL, cela lui offrirait un complément de budget de 1,7 millions d'euros, ce qui suffirait largement à combler l'insuffisance de ses ressources. De plus, la délivrance d'agrément par l'ARJEL pourrait donner lieu au paiement d'un droit fixe à son bénéfice. Il est donc possible de se rendre compte que des solutions sont envisageables et qu'un complément des crédits étatiques par des ressources propres est largement faisable et représenterait un apport financier considérable pour l'ARJEL.

Une dernière autorité s'est, quant à elle, vu refuser le bénéfice d'une contribution spécifique. Après avoir fait part des difficultés rencontrées pour l'exercice de ses missions du fait d'un budget restreint[1057], la Commission de régulation de l'énergie (CRE) a proposé une modification du code de l'énergie afin « *que certains frais d'études puissent être mis à la charge des opérateurs concernés par l'intermédiaire d'une contribution spécifique* »[1058]. Or, cette proposition, pertinente et nécessaire pour augmenter l'autonomie financière de la CRE, a été rejetée par la direction du budget. Cela est problématique lorsque l'on constate que la CRE dispose de moyens insuffisants, qu'elle a la possibilité de se financer par des taxes et redevances prélevées sur le secteur régulé et que ces mécanismes de financement propre lui sont refusés.

Finalement, il faut constater que toutes les autorités qui disposent d'un financement par le biais de ressources propres, ou qui ont la capacité de bénéficier d'un tel financement, sont des AAI qui interviennent dans un secteur économique, ou du moins hybride. Ainsi, deux possibilités s'offrent

[1055] Cette affection est inscrite à l'article 47 de la loi de finances pour 2014 prévoyant les taxes affectées à des personnes morales selon le mécanisme de l'article 36 de la LOLF (le CNDS est un établissement public administratif).

[1056] ARJEL, Rapport d'activité, 2015, p. 23.

[1057] CRE, Rapport d'activité, 2013, p. 20 : « *Les missions et l'activité de la CRE se sont considérablement accrues depuis 2010. Or ses effectifs et son budget de fonctionnement ont régressé au cours de la même période* ».

[1058] CRE, Rapport d'activité, 2013, p. 20.

à ce type d'autorité : soit elles font financer les frais de contrôle, la délivrance d'agrément ou tout service rendu directement par les opérateurs qui en bénéficient, soit elles se financent par des prélèvements effectués sur les opérations monétaires ayant lieu au sein du secteur qu'elles régulent (paris sportifs, abonnement à un fournisseur d'énergie, etc.). Par conséquent, les ressources propres ne peuvent pas être mises en œuvre au sein de toutes les autorités. Celles-ci doivent forcément intervenir dans un secteur économique où se déroulent des transactions financières, ou bien, nécessitant des contrôles et des évaluations. Dans ce cadre, si quelques autorités supplémentaires pourraient percevoir des ressources propres[1059], tel n'est pas le cas de toutes les autorités et notamment celles qui interviennent dans le domaine de la protection des droits et libertés.

2. Les limites afférentes aux ressources propres

Les ressources propres constituent un facteur favorable à l'autonomie financière en ce qu'elles permettent aux autorités qui en sont titulaires de combler l'insuffisance des ressources étatiques, notamment en période de crise. Toutefois, ces autorités ne disposant pas de la personnalité morale, elles perçoivent certes des ressources propres, « *mais lorsque tel est le cas, les ressources perçues viennent abonder le budget de l'Etat* »[1060]. Par ailleurs, deux éléments peuvent, sans remettre en cause l'aspect positif des ressources propres, les limiter fortement. Le premier est la dépendance de ces ressources aux fluctuations économiques. Le second est la présence d'un éventuel plafonnement de ces ressources par l'Etat.

Ainsi, nous avons pu évoquer qu'un financement par des ressources propres ne peut se réaliser qu'au sein d'un secteur économique où ont lieu des transactions financières et où les contrôles réalisés par les autorités indépendantes peuvent se monnayer. Le lien entre les ressources propres et le secteur économique régulé est donc très resserré. Cela a des conséquences certaines : si le secteur régulé est en plein essor, les ressources propres le seront aussi ; en revanche, si le secteur connaît des difficultés économiques alors celles-ci se répercuteront sur le montant des ressources propres perçues par les AAI. De ce fait, « *la pérennité et la stabilité du financement obtenu grâce à une redevance sur le secteur régulé est évidemment dépendante du niveau d'activité*

[1059] Tel est notamment le cas de la CNIL. Cette autorité hybride effectuant des contrôles et évaluations vis-à-vis de divers organismes, elle pourrait prétendre à la perception de redevances pour frais de contrôle.

[1060] Eric OLIVA, « L'autonomie budgétaire et financière des autorités de régulation économique », *RDP*, 2014, n°2, p.340.

et de la "bonne santé" du secteur objet de la régulation »[1061]. L'exemple de l'Autorité de régulation des activités ferroviaires et routières (ARAFER) est très éloquent[1062]. Béatrice Cosperec, directrice des affaires juridiques au sein de l'autorité, a souligné que « *les ressources de l'Autorité de régulation des activités ferroviaires suivront non seulement l'augmentation du trafic sur les rails de Réseau ferré de France mais surtout l'augmentation du niveau des péages acquittés* »[1063]. En effet, l'ARAFER perçoit un droit fixe sur les redevances perçues par RFF. Or, ces dernières évoluent en fonction du trafic sur les rails, qui lui-même varie selon l'efficience et la productivité des entreprises de transports de marchandises. Les résultats observés pour 2010 et 2011 démontrent notoirement ce lien entre ressources propres et économie, l'ARAFER ayant perçu 10,3 millions d'euros en 2010 et 12,7 millions d'euros en 2011. Cet écart de 2,4 millions d'euros d'une année sur l'autre montre que les ressources propres sont susceptibles de connaître des fluctuations importantes en fonction de l'évolution de l'économie et des marchés financiers. Désormais, l'ARAFER disposant de nouvelles compétences, elle se finance également sur le secteur autoroutier et le transport public routier de voyageurs qui ont également tendance à varier au rythme des fluctuations économiques.

Par ailleurs, indépendamment de cette dépendance des ressources propres vis-à-vis du secteur économique régulé, l'Etat peut décider de plafonner le budget d'une autorité administrative indépendante, ce qui a pour effet de plafonner également le montant de ses ressources propres. Concernant l'exemple de l'ARAFER, la loi de finances pour 2012 a plafonné la taxe alimentant son budget à 11 millions d'euros. Or, le montant de cette taxe, constituée par un droit fixe dû par les entreprises ferroviaires en proportion du montant des redevances d'utilisation du réseau ferré national qu'elles versent à RFF[1064], s'était élevé à 12,2 millions d'euros. Le surplus de 1,2 millions d'euros a donc été reversé au budget de l'Etat. Le même scénario s'était ensuite reproduit pour l'exercice 2013 : le plafonnement de la taxe a été reconduit et fixé à 11,3 millions d'euros, les recettes issues de la taxe se sont élevées à 12,7 millions d'euros et le surplus

---

1061 Béatrice COSPEREC, « L'indépendance de l'autorité de régulation des activités ferroviaires et routières », *RFAP*, 2012, n°143, p. 779.

1062 L'ARAFER est certes une autorité publique indépendante dotée de la personnalité morale mais les limites relatives à ses ressources propres sont les mêmes pour toutes les autorités indépendantes, personnalisées ou non, percevant de telles ressources.

1063 Béatrice COSPEREC, art. cit., p. 779.

1064 Cette taxe a été fixée à 3,7 millièmes du montant des redevances d'utilisation du réseau, en deçà de la limite permise par la loi (5 millièmes), sur proposition du collège de l'ARAFER.

de 1,4 millions d'euros a été reversé au budget général[1065]. Désormais, le plafonnement existe toujours : « *dans le cadre du projet de loi de finances pour 2016, les ressources de l'Autorité ont été plafonnées comme suit : 8,3 M€ pour le secteur ferroviaire, 2,6 M€ pour le secteur autoroutier et 1,1 M€ pour le transport public routier de voyageurs* »[1066]. Or, même si ce plafonnement n'a pas empêché à l'ARAFER de disposer d'importants excédents[1067], cela « *constitue un certain retour en arrière par rapport à l'autonomie de gestion que le Parlement avait souhaité donner à l'Autorité au moment du vote de la loi du 8 décembre 2009* »[1068].

On se rend donc compte que même si les ressources propres sont un élément très favorable à l'autonomie financière[1069], elles peuvent néanmoins être limitées par des facteurs extrinsèques tant économiques qu'étatiques. Nous ne pouvons donc que constater que la volonté du législateur et/ou du gouvernement représente une menace constante pour l'autonomie financière puisque c'est bien elle qui fixe l'étendue de chacune de ses composantes.

B. L'inévitable financement par les pouvoirs publics au profit des AAI « sociales »

Les autorités administratives indépendantes dites sociales ont pour mission de réguler des secteurs, non pas économiques, mais touchant à la protection des droits et libertés fondamentaux. Tel est le cas des autorités appartenant au programme 308 « Protection des droits et libertés » de la mission « Direction de l'action du gouvernement », et notamment les autorités suivantes : le Contrôleur général des lieux de privation de libertés (CGLPL), le Défenseur des droits, la Haute autorité pour la transparence de la vie publique (HATVP), la Commission d'accès aux documents administratifs (CADA), le Comité consultatif national d'éthique pour les

---

1065 Rapport sur les autorités publiques indépendantes, annexe au projet de loi de finances pour 2013.

1066 Rapport sur les autorités publiques indépendantes, annexe au projet de loi de finances pour 2017, p. 57.

1067 L'ARAFER a en effet proposé que ses excédents de ressources soient utilisés pour alimenter son budget pour 2014. « *Dans cet esprit, elle a pris une délibération proposant de fixer à zéro euro le droit fixe pour l'année 2014, représentant une économie d'environ 12,5 millions d'euros pour les entreprises assujetties au titre de l'année 2014 […]. Cette proposition a été retenue par le Gouvernement et traduite dans l'arrêté du 12 juillet 2013 modifiant l'arrêté du 7 octobre 2010* ». Rapport sur les API, annexe au projet de loi de finances pour 2014.

1068 Béatrice COSPEREC, art. cit., p. 779.

1069 Il est d'ailleurs le seul élément de définition retenu par la loi organique n°2004-758 du 29 juillet 2004 relative à l'autonomie financière des collectivités territoriales.

sciences de la vie et de la santé (CCNE), la Commission nationale consultative des droits de l'homme (CNCDH), la Commission nationale de contrôle des techniques de renseignement (CNCTR), la Commission consultative du secret de la défense nationale (CCSDN) et la l'Autorité de régulation de la distribution de la presse (ARDP). En effet, il convient d'écarter le Conseil supérieur de l'audiovisuel (CSA) ainsi que la Commission nationale de l'informatique et des libertés (CNIL) ; le premier car il a été doté de la personnalité morale, notamment dans l'optique de percevoir des ressources propres, et la seconde car ses missions hybrides, intervenant certes en matière de protection des données personnelles mais dans un secteur largement ouvert sur l'économie, pourraient lui permettre de percevoir des recettes issues du secteur régulé.

Les autorités évoquées possèdent donc des missions intervenant dans des secteurs sensibles où des atteintes aux droits et libertés sont fortement probables. En revanche, si l'on peut éventuellement envisager de faire payer les frais de contrôle aux établissements publics pénitentiaires pour financer le CGLPL, il paraît impensable de faire payer la saisine du Défenseur des droits ou de la CADA aux citoyens, d'autant plus lorsque l'on sait que le recours à la CADA est un préalable obligatoire à tout recours contentieux devant le juge administratif dès lors qu'il doit se poser la question de la communicabilité d'un document administratif. Ainsi, les AAI n'intervenant pas dans un secteur économique et n'étant liée à aucune transaction financière sont dans l'incapacité de percevoir des ressources propres issues de leur mission.

La possibilité de recouvrement des sanctions pécuniaires prononcées leur est également fermée car ces autorités n'ont pas de pouvoir de sanction, elles ne peuvent qu'émettre des recommandations et avis.

Par ailleurs, l'octroi de la personnalité morale pour de telles autorités n'aurait aucune incidence. En effet, la Haute autorité pour la diffusion des œuvres et la protection des droits sur internet (HADOPI) est une autorité dite sociale intervenant dans le secteur de la protection des droits et libertés. Or, si elle dispose de la personnalité morale et d'un budget autonome, ces prérogatives ne lui sont pas d'une grande utilité étant donné que son budget est intégralement alimenté par une subvention étatique qui, de surcroît, a pu grandement diminuer jusqu'à l'exercice 2015 avant d'être réhaussée à partir de 2016[1070]. Cela démontre bien que ces AAI sociales sont totalement dépendantes du budget général et de la générosité de l'Etat.

1070 Rapport sur les autorités publiques indépendantes, annexe au projet de loi de finances pour 2016, p. 93.

De même, le Défenseur des droits, sans disposer de la personnalité morale, a été proclamé au niveau constitutionnel[1071]. Or, cette autorité constitutionnelle indépendante demeure financée en intégralité par le budget général du fait de son domaine d'action en matière de protection des droits et libertés fondamentaux. Il convient alors de s'interroger sur l'intérêt de cette constitutionnalisation lorsque l'on constate qu'elle n'apporte aucune autonomie financière supplémentaire. Elle permet, tout au plus, d'éviter la suppression de l'autorité par une simple loi, une modification de la Constitution devant intervenir pour réaliser une telle opération. Il est d'ailleurs possible de souligner que l'ancien Médiateur de la République[1072], disposait d'une autonomie financière beaucoup plus importante que le Défenseur des droits. Il possédait en effet une autonomie de gestion renforcée illustrée par la détention d'un compte de dépôt au Trésor et d'un carnet de chèque libellé à son nom[1073].

Finalement, les autorités administratives indépendantes intervenant dans le domaine de la protection des droits et libertés n'ont pas d'autre option que de recevoir un financement étatique par le biais de crédits inscrits dans la loi de finances. Toutefois, nous avons pu souligner qu'un dispositif favorable leur a été offert : leur réunion au sein du programme 308 leur permettant d'avoir une influence plus importante dans la négociation budgétaire. En revanche, ce mécanisme serait d'autant plus favorable si le responsable de programme était un président d'AAI, selon une présidence tournante auprès de chaque AAI, et non le secrétaire général du gouvernement.

Conclusion du chapitre.

Dès lors que l'on veut créer une autorité indépendante, il faut lui donner les moyens de son indépendance. La suffisance des moyens, sans se soucier de l'origine des ressources, paraît alors être l'élément déterminant et

---

1071 Loi constitutionnelle n°2008-724 du 23 juillet 2008 de modernisation des institutions de la Ve République, créant un titre XI bis composé d'un unique article 71-1 relatif au Défenseur des droits au sein de la Constitution.

1072 Le Médiateur de la République était une autorité administrative indépendante non personnalisée qui a aujourd'hui fusionné au sein du Défenseur des droits aux côtés du Défenseur des enfants, de la Haute autorité de lutte contre les discriminations et pour l'égalité, et la Commission nationale de déontologie de la sécurité. Cette fusion a été décidée par la loi constitutionnelle du 23 juillet 2008 et mise en œuvre par la loi organique n°2011-333 du 29 mars 2011 relative au Défenseur des droits.

1073 Cf. *infra*, p. 430.

décisif de l'autonomie budgétaire des AAI, c'est-à-dire l'aspect antérieur de l'autonomie financière[1074]. En effet, si l'autorité dispose de revenus suffisants, même si ceux-ci proviennent de l'Etat, elle peut remplir ses missions correctement, efficacement et finalement en toute impartialité. *A contrario*, l'autonomie financière « *peut être remise en cause si les moyens ne sont pas suffisants ou s'ils ne peuvent être affectés en fonction de priorités scientifiques* »[1075]. Toutefois, la signification et le seuil de cette suffisance des ressources, c'est-à-dire de la soutenabilité des budgets des AAI, est difficile à déterminer. Elle semble correspondre à une donnée non chiffrée ayant trait à la capacité financière d'une autorité de posséder des recettes adéquates et suffisantes pour en couvrir les coûts. L'idée est donc que l'ensemble des dépenses prévisionnelles des AAI doit pouvoir être financé par ses ressources ; c'est pourquoi une évaluation financière préalable des AAI doit être réalisée afin de mesurer et de justifier précisément ses besoins[1076]. Cela permettrait que par la suite, les demandes budgétaires de l'autorité ne fassent pas l'objet de diminution de la part du gouvernement. En cas d'échec, la suffisance des ressources pourra être obtenue par l'ajout de ressources complémentaires issues du secteur régulé. Néanmoins, comme cette option n'est ouverte qu'aux seuls régulateurs économiques, il conviendra de donner plus d'importance aux AAI dans le cadre de la procédure d'élaboration du PLF.

[1074] L'aspect postérieur étant l'autonomie de gestion financière et comptable.
[1075] Conseil d'Etat, Rapport précité, 2001, EDCE n°52, p. 436.
[1076] Le budget de chaque autorité étant au préalable préparé par le collège ou le secrétaire général de l'AAI, une évaluation préalable existe déjà, mais il serait opportun de la coupler avec un réel audit financier.

Conclusion du titre I.
Une autonomie budgétaire certes adaptée mais généralement limitée

L'autonomie budgétaire permet à l'autorité qui en bénéficie de constituer librement son budget. Elle concerne donc notamment l'octroi des crédits en amont et l'attribution des diverses ressources aux autorités indépendantes. Si l'autonomie budgétaire prise au sens strict suppose la sortie du champ de la LOLF, les AAI sont des autorités certes indépendantes, mais qui ne disposent pas de la personnalité morale, pour la plupart d'entre elles. Elles appartiennent donc à l'Etat et se voient appliquer les mêmes règles que l'ensemble des administrations traditionnelles. Elles sont ainsi assujetties à la LOLF. Par conséquent, les AAI sont financées en majorité par le budget général de l'Etat. De plus, au lieu d'être regroupées, elles sont éparpillées dans la loi de finances au sein de plusieurs missions et programmes, ce qui les rend plus vulnérables. Enfin, l'Etat ne leur verse pas toujours les ressources nécessaires et suffisantes pour accomplir efficacement leurs missions. Or, ces éléments ont pour vocation de limiter largement l'autonomie budgétaire des AAI.

Toutefois, il faut souligner qu'il existe des spécificités dues à la particularité des AAI. En effet, celles-ci devant être indépendantes, l'assujettissement à la LOLF est certes réel mais la pratique est adaptée à ces institutions particulières. Dans ce cadre, la grande majorité des AAI a été doté d'un budget opérationnel de programme (BOP). Or, certaines AAI ont pu souligner que cette mesure « *garanti[t] [leur] indépendance budgétaire* »[1077]. Par ailleurs, les AAI évaluent et préparent elles-mêmes leur budget avant de le soumettre à leur ministère de rattachement. Elles ont également la possibilité de le négocier directement devant la direction du budget, malgré le fait que la LOLF réserve cette compétence seulement aux responsables de programme. Enfin, pour augmenter cette autonomie budgétaire et la rendre quasi-totale, certaines autorités indépendantes ont été autorisées à bénéficier de ressources propres. Il convient néanmoins de préciser que cette faculté n'a été ouverte qu'à un nombre très limité d'autorités (seulement une dizaine sur 42 AAI). De plus, si certaines perçoivent des ressources propres de

---

1077 La Commission nationale de contrôle des interceptions de sécurité (CNCIS), aujourd'hui Commission nationale de contrôle des techniques de renseignement (CNCTR), a ainsi précisé dans son rapport annuel d'activité de 2013 qu' « *afin de garantir son indépendance budgétaire, la Commission est dotée d'un budget opérationnel de programme (BOP) référencé 308AIC* ». CNCIS, Rapport d'activité, 2013, p. 37.

façon très significative, d'autres en bénéficient pour une part minime représentant moins de 1 % de leurs ressources totales.

Malgré tout, il faut impérativement souligner que si le degré d'autonomie budgétaire des AAI est assez limité, l'élément primordial et essentiel réside dans le fait que les AAI bénéficient de ressources suffisantes pour couvrir l'ensemble de leurs dépenses. En effet, finalement, la nature des ressources importe peu du moment que celles-ci sont suffisantes et permettent à l'autorité d'exercer pleinement ses missions. Dans ce sens, Loïc Philip précise, lorsqu'il aborde les éléments de l'autonomie financière, que « *pour [...] qu'un organisme public dispose d'une réelle autonomie financière, il faut non seulement qu'il puisse établir lui-même son budget ou son compte financier, mais surtout qu'il dispose d'un financement suffisant et d'un véritable choix dans la détermination de ses dépenses* »[1078]. Il met donc l'accent sur la suffisance des ressources qui doit être accompagnée d'une autonomie de gestion. Concernant les autorités indépendantes, si l'autonomie budgétaire demeure limité et perfectible, elles semblent disposer d'une autonomie de gestion renforcée.

[1078] Loïc PHILIP, *Finances publiques, Les dépenses publiques, Le droit budgétaire et financier*, Paris, Editions Cujas, 1999, p. 272.

Titre II.
La maîtrise du budget en aval : une autonomie de gestion financière et comptable assurée

Une fois leur budget adopté et les crédits distribués, les autorités indépendantes doivent exécuter leurs missions et réaliser les dépenses afférentes. Or, l'autonomie budgétaire en amont étant limitée, il semblerait qu'elle ait été compensée en aval par une autonomie de gestion renforcée. Cette situation est très favorable à l'épanouissement de l'autonomie financière des AAI. En effet, l'autonomie de gestion paraît être la condition indispensable à l'autonomie financière : la condition *sine qua none*, la condition déterminante, à condition que l'autorité dispose de ressources suffisantes.

L'autonomie de gestion correspond à la liberté dans l'utilisation des ressources confiées à une autorité. Elle intervient dans deux domaines : la gestion budgétaire et à la gestion comptable. La première, d'une part, correspond à l'organisation opérationnelle des crédits de la loi de finances. Ainsi, dans le cadre du programme apparaissent deux nouvelles subdivisions, fonctionnelles ou géographiques, permettant la distribution des crédits et leur utilisation effective : les budgets opérationnels de programme (BOP) eux-mêmes divisés en unités opérationnelles (UO) « *au sein desquelles sont consommés les crédits et, le cas échéant, les autorisations d'emplois* »[1079]. L'autonomie de gestion budgétaire correspondrait alors à l'absence d'obstacles budgétaires à l'utilisation des ressources, c'est-à-dire la possession d'un budget globalisé dénué de dépenses obligatoires et l'inapplication de mécanismes budgétaires attentatoires au libre emploi des crédits tels que la fongibilité asymétrique ou la régulation budgétaire. D'autre part, la gestion comptable correspond au maniement des deniers publics selon les règles de la comptabilité publique. Le fait pour une autorité de disposer d'une autonomie de gestion comptable correspondrait au bénéfice de dérogations à l'application des principes stricts de la comptabilité publique. Ainsi, le fait que le président soit l'ordonnateur des dépenses de l'autorité et l'éventuelle mise en place d'un comptable public propre constituent des éléments de l'autonomie de gestion comptable.

[1079] Article 65 du décret n°2012-1246 du 7 novembre 2012 relatif à la gestion budgétaire et comptable publique.

Finalement, l'autonomie de gestion budgétaire consisterait en conduire librement les dépenses nécessaires à l'exécution des missions grâce à une enveloppe de crédits globalisés. L'autonomie de gestion comptable, quant à elle, correspondrait aux opérations concrètes d'achats, de signature des baux et des contrats de travail, de paiement du personnel, *etc.*

Toutefois, l'autonomie de gestion ne se limite pas à ces deux aspects budgétaire et comptable (chapitre 1), elle implique également un contrôle des opérations financières favorables à l'autonomie, par l'absence de contrôle financier *a priori* des dépenses engagées compensée par des possibilités de contrôles *a posteriori* (chapitre 2).

Si l'ensemble de ces éléments paraît difficile à réunir au sein de chaque autorité administrative indépendante, vraisemblablement « *l'autonomie de gestion financière leur est suffisamment assurée ; le président de l'autorité est l'ordonnateur des dépenses de celles-ci ; le budget dont il dispose est un budget globalisé qu'il utilise en fonction de ses besoins ; dans la plupart des autorités administratives indépendantes, il a même été prévu la suppression du contrôle financier préalable instauré par la loi du 10 août 1922* »[1080].

La proposition de loi du 7 décembre 2015 portant statut général des autorités administratives indépendantes et des autorités publiques indépendantes vient d'ailleurs compiler ces éléments afin qu'ils soient garantis, tant pour les AAI que pour les API.

1080 Conseil d'Etat, *Les autorités administratives indépendantes*, Rapport public 2001, EDCE n°52, p. 353.

Chapitre I.
Une autonomie de gestion assurant la libre utilisation des ressources des autorités indépendantes

L'autonomie de gestion fait partie des éléments incontournables de l'autonomie financière. Elle permet d'assurer aux autorités indépendantes une utilisation libre de leurs ressources. Les deux aspects de l'autonomie de gestion, que sont la gestion comptable et la gestion budgétaire, ont été regroupés au sein du décret du 7 novembre 2012. Ils « *ont certes pour objectif de garantir l'intégrité de la gestion des deniers publics par un comptable public mais également de disposer d'un cadre de gestion permettant un meilleur pilotage de la dépense publique par l'État en phase avec les engagements de la France en matière de trajectoire des finances publiques* »[1081]. Ainsi, les AAI sont autonomes dans le cadre de l'emploi des crédits alloués, que ce soit sur le plan comptable (section 1) ou même sur le plan budgétaire (section 2). En effet, les AAI sont soumises aux règles inscrites dans le décret du 7 novembre 2012 relatif à la gestion budgétaire et comptable publique. Selon l'article 1er dudit décret « *les dispositions du titre Ier du présent décret sont applicables* [à] *1° l'Etat* ». L'article 2 prévoit ensuite que « *les dispositions propres à l'Etat sont fixées au titre II* ». Or, en l'absence de personnalisation, les autorités administratives indépendantes appartiennent à l'Etat et se voient imposer les mêmes règles ; c'est pourquoi les AAI doivent respecter les règles de la comptabilité publique. En revanche, ces autorités disposent, tout de même, d'une autonomie de gestion comptable par une application nuancée et favorable de la comptabilité publique à leur encontre. De plus, les autorités indépendantes disposent d'une autonomie de gestion budgétaire car les mécanismes de régulation budgétaire, et notamment d'annulation de crédits, ou même de fongibilité asymétrique ne trouvent pas à s'appliquer fréquemment au sein des AAI.

1081 Loïc LEVOYER, « Les collectivités territoriales face à la nouvelle comptabilité publique », *JCP A*, n°9, 3 mars 2014, p. 2059.

Section 1.
Une autonomie de gestion comptable par l'application favorable des règles de la comptabilité publique

La comptabilité publique est un ensemble de règles, issues du décret du 7 novembre 2012 relatif à la gestion budgétaire et comptable publique, qui permet l'encadrement de l'exécution des budgets et des opérations financières publiques. Son but est d'assurer la régularité desdites opérations afin d'éviter toute fraude. Or, s' « *il existe dans tous les pays une comptabilité des organismes publics, ensemble de règles plus ou moins spécifiques concernant l'exécution de leurs budgets, la tenue et la présentation de leurs comptes, ainsi que le contrôle de leurs opérations financières* »[1082], il faut toutefois souligner que « *cette définition ne rend pas compte du particularisme français qui désigne par ce terme un système institutionnel original et complexe qui confère un statut particulier aux comptables publics, organise la séparation des ordonnateurs et des comptables, et prévoit le jugement des comptes publics par des juridictions financières* »[1083].

Les autorités indépendantes sont des organismes étatiques qui entrent dans le champ d'application du décret définissant la comptabilité publique. De ce fait, elles appliquent les principes traditionnels de la comptabilité publique que sont notamment la séparation des ordonnateurs et des comptables, ainsi que le respect des différentes phases de la dépense (paragraphe 1). Or, les AAI disposent tout de même d'une autonomie de gestion par les particularités qui vont leur être accordées. En effet, cette dernière est permise par la présence d'un budget globalisé, renforcé par un contenu exempté de dépenses obligatoires. Elle entraîne ensuite une autonomie de recrutement plus ou moins développée en fonction des autorités (paragraphe 2).

Paragraphe 1. L'application aménagée des principes traditionnels de la comptabilité publique

Les autorités indépendantes se voient appliquer les règles de la comptabilité publique de façon aménagée. Dans ce sens, si ces autorités sont soumises au principe de la séparation des ordonnateurs et des comptables, elles bénéficient toutefois d'une prise en compte de leurs spécificités et de la mise en place de règles aménagées (A). Elles doivent

---

1082 André DELION, « Service public et comptabilité publique », *AJDA*, 1997, n°6, p. 69.
1083 *Idem.*

ensuite suivre les différentes phases, administrative et comptable, de la dépense assurées respectivement par l'ordonnateur et le comptable (B).

A. Les aménagements de la séparation des ordonnateurs et des comptables

Le principe de séparation des ordonnateurs et des comptables est très ancien[1084]. Il répond à plusieurs exigences : certes celle de la spécialisation des tâches, mais « *elle permet surtout d'organiser un système de contrôle à double clé de la régularité budgétaire et juridique de l'exécution des opérations financières de l'Etat* »[1085]. Toutefois, il faut souligner deux éléments. Le premier est la présence de règles aménagées au profit des autorités administratives indépendantes, parfois inscrites dans le décret du 7 novembre 2012 (1). Le second est la présence d'exceptions et de particularités mises en place au bénéfice de certaines AAI (2).

1. Une règle de principe aménagée

La comptabilité publique, définie par le décret du 7 novembre 2012 comme « *un système d'organisation de l'information financière permettant : 1° de saisir, de classer, d'enregistrer et de contrôler les données des opérations budgétaires, comptables et de trésorerie afin d'établir des comptes réguliers et sincères* »[1086], respecte des règles et des principes fondamentaux exposés au titre Ier du décret. Or, le premier d'entre eux est la séparation des ordonnateurs et des comptables. En effet, après avoir précisé que « *les opérations relatives à l'exécution du budget relèvent exclusivement des ordonnateurs et des comptables publics* »[1087], l'article 9 du décret prévoit que « *les fonctions d'ordonnateur et de comptable public sont incompatibles* ». Cela implique donc l'existence de deux agents distincts venant exercer des fonctions distinctes, séparées et propres à chacun. Ainsi, l'ordonnateur va décider d'engager des dépenses lorsqu'elles ne découlent pas directement

---

1084 L'article 17 de l'ordonnance de Villèle du 14 septembre 1822 a consacré l'incompatibilité totale des fonctions d'ordonnateur et de comptable.

1085 André DELION, art. cit., p. 69.

1086 Article 53 du décret n°2012-1246 du 7 novembre 2012 relatif à la gestion budgétaire et comptable publique.

1087 Article 8 du décret précité.

des lois et règlements en vigueur[1088], alors que le comptable va les payer et être le seul apte à manier les deniers publics[1089].

D'une part, l'ordonnateur est défini aux articles 10 à 12 du décret de 2012. Il exerce le rôle principal dans l'utilisation des crédits. En effet, les ordonnateurs sont des agents d'autorité ayant la qualité de décideur ou de chef de service. Ils sont donc des gestionnaires publics, des grands décideurs politiques qui « *prescrivent l'exécution des recettes et des dépenses* »[1090]. Pour ce faire, ils réalisent les trois étapes de la phase administrative d'exécution des dépenses que sont l'engagement, la liquidation et l'ordonnancement. Dans ce cadre, l'emploi des crédits n'étant qu'une simple faculté, l'ordonnateur détient une compétence plus large qu'en matière de recettes[1091]. En effet, lors de sa décision d'engager ou non une dépense, il analyse l'opportunité de cette dernière. Il détient ainsi « *le rôle principal [...] dans la décision d'utilisation des crédits ouverts au budget* »[1092]. Il dispose donc d'une marge d'appréciation non négligeable en dehors de toute dépense obligatoire ou inéluctable. Or, si la mise en œuvre effective de la dépense correspond à une mission traditionnelle des ordonnateurs, le décret de 2012 a mis en place une nouvelle fonction relative à la programmation des dépenses. L'article 11 prévoit en effet qu'outre le fait qu' « *ils engagent, liquident et ordonnancent les dépenses [...] ils assurent* [également] *la programmation, la répartition et la mise à disposition des crédits* ». Ainsi, désormais « *les ordonnateurs sont les agents qui ont la responsabilité des quatre premières phases de la dépense : la répartition des crédits, l'engagement, la liquidation et l'ordonnancement* »[1093].

Il existe différentes catégories d'ordonnateurs. « *On distingue ainsi les ordonnateurs principaux [...], auxquels l'autorité budgétaire ouvre directement les crédits, et les ordonnateurs secondaires [...] qui reçoivent des délégations de crédits des ordonnateurs principaux [...]. Ordonnateurs principaux et secondaires peuvent déléguer leur signature à des ordonnateurs délégués (ou en cas d'empêchement, voir leurs fonctions*

1088 Il est notamment question des dépenses de personnel, cf. infra p. 437 s.

1089 Nous n'allons aborder que les dépenses en exécution, les recettes (au sens de financement) ayant été abordées dans le titre Ier relatif à « une faible maîtrise du budget en amont : une autonomie budgétaire restreinte ».

1090 Article 10 du décret précité.

1091 *A contrario*, les ordonnateurs disposent d'une compétence moins étendue en matière d'opérations de recette car celles-ci sont généralement automatique et ne laissent pas de large marge de manœuvre à l'ordonnateur.

1092 Jean-Luc ALBERT, *Finances publiques*, Paris, Dalloz, 8e édition, 2013, p. 107.

1093 François ADAM, Olivier FERRAND, Rémy RIOUX, *Finances publiques*, Paris, Dalloz, 2010, p. 127.

exercées par des ordonnateurs suppléants) »[1094]. Les ordonnateurs principaux sont ceux qui sont placés au sommet de la hiérarchie administrative. Le décret évoque notamment les ministres dans son article 74. Concernant les ordonnateurs secondaires, ils correspondent généralement aux autorités déconcentrées de l'Etat agissant en vertu d'une délégation de pouvoir des ordonnateurs principaux. Il est possible de citer les préfets, les ambassadeurs, les responsables de services à compétence nationale, ou encore les présidents des autorités administratives indépendantes. Les ordonnateurs délégués et suppléants, quant à eux, sont ceux qui exercent ces fonctions en cas d'empêchement ou d'absence des ordonnateurs principaux ou secondaires, sur simple délégation de signature de ces derniers. Enfin, il faut évoquer une nouvelle catégorie d'ordonnateur apparue avec le décret de 2012 : ce sont les ordonnateurs chargés de la phase initiale de répartition des crédits. Ils sont de trois sortes : les responsables de la fonction financière ministérielle qui coordonnent la préparation, la présentation et l'exécution du budget[1095] ; les responsables de programme établissant les PAP[1096] ; et les responsables de BOP qui proposent aux responsables de programme la programmation des crédits et des emplois du BOP[1097].

D'autre part, le comptable est défini aux articles 13 à 22 du décret de 2012. Ainsi, selon l'article 13, « *les comptables publics sont des agents de droit public ayant [...] la charge exclusive de manier les fonds et de tenir les comptes des personnes morales mentionnées à l'article 1er* ». Toutefois, ils exercent un rôle secondaire car ils interviennent après la décision de l'ordonnateur pour la contrôler et l'exécuter. L'ordonnateur dispose donc du pouvoir de décision politique primaire : il décide de la destination des crédits et de leur montant en amont alors que le comptable paraît être un simple exécutant qui réalise des opérations techniques et pratiques à la demande de l'ordonnateur. Dans ce cadre, il dispose de deux rôles : celui de « payeur » et celui de « caissier ». En tant que « payeur », il contrôle la régularité des dépenses engagées par l'ordonnateur, c'est-à-dire la qualité de l'ordonnateur, la disponibilité des crédits ainsi que l'exacte imputation budgétaire. En cas d'irrégularités, il est tenu de refuser d'exécuter les ordres de dépenses, car il est personnellement et pécuniairement responsable des actes et contrôles qui lui incombent. En tant que « caissier » et seule personne apte à manier les fonds publics, il tient

---

1094 Jean-Luc ALBERT, *op. cit.*, p. 107.
1095 Article 69 du décret précité.
1096 Article 70 du décret précité.
1097 Article 71 du décret précité.

les comptes et gère la trésorerie[1098] de la personne publique et réalise effectivement les opérations financières en payant les dépenses par un décaissement.

Depuis la fusion de la Direction générale de la comptabilité publique et de la Direction générale des impôts au sein de la nouvelle Direction générale des finances publiques en 2008, l'organisation traditionnelle des comptables en réseaux[1099] a disparu. Désormais, « *les réseaux de comptables publics relèvent tous de l'Etat et sont utilisés par les autres collectivités publiques ; ils dépendent du ministère des Finances ou du ministère de la Défense ; les autres administrations [...] possèdent parfois leurs propres agents comptables [...] mais ces agents ne forment pas un réseau spécifique et proviennent de l'administration intéressée [...] ou de la DGFiP* »[1100]. L'article 79 du décret de 2012 fait néanmoins état de six catégories de comptables publics : les contrôleurs budgétaires et comptables ministériels (CBCM), les comptables des services déconcentrés de la Direction générale des finances publiques et de la Direction générale des douanes et droits indirects, les comptables des budgets annexes, les comptables des comptes spéciaux, les comptables spéciaux et le comptable centralisateur des comptes de l'Etat. La catégorie de comptable qui est compétente en ce qui concerne les actes des autorités administratives indépendantes est celle des contrôleurs budgétaires et comptables ministériels. Cela est confirmé par divers arrêtés en date du 24 janvier 2013 fixant l'assignation comptable de dépenses et de recettes sur le contrôleur budgétaire et comptable ministériel placé auprès de chaque ministère[1101]. Il existe donc un arrêté pour chaque ministère et les arrêtés relatifs aux ministères contenant des AAI possèdent les dispositions suivantes. L'article 1 prévoit que « *le CBCM est assignataire [...] b) des ordres de payer des autorités administratives indépendantes imputées sur les programmes du ministère [...]* » en

---

1098 Sauf dans le cas où les fonds doivent obligatoirement être déposés au Trésor.

1099 Il existait différents réseaux. Le plus important était celui des comptables du Trésor. Il était notamment accompagné des réseaux suivants : les comptables des budgets annexes ou encore ceux de la Direction générale des douanes et des droits indirects.

1100 Jean-Luc ALBERT, *op. cit.*, p. 108.

1101 A titre d'exemple, les cinq arrêtés du 24 janvier 2013 fixant l'assignation comptable de dépenses et de recettes sur le contrôleur budgétaire et comptable ministériel placé auprès du ministère de l'économie et des finances, du ministère du redressement productif, du ministère du commerce extérieur, du ministère de l'artisanat, du commerce et du tourisme et du ministère de la réforme de l'Etat, de la décentralisation et de la fonction publique ; placé auprès des services du Premier ministre et du ministère des droits des femmes ; placé auprès du ministère de l'écologie, du développement durable et de l'énergie et du ministère de l'égalité des territoires et du logement ; placé auprès du ministère de l'intérieur et du ministère des outre-mer ; et placé auprès du ministère de la justice, possèdent tous ces dispositions dans leurs articles 1 et 3.

cause et l'article 3 précise ensuite que « *le CBCM est assignataire [...] b) des ordres de recouvrer émis par les autorités administratives indépendantes relevant des programmes du ministère [...]* » concerné.

En ce qui concerne les autorités administratives indépendantes, certains aménagements, certes légers mais néanmoins non négligeables, ont été mis en place. Le plus significatif est le fait que l'ordonnateur de chaque autorité administrative indépendante soit son président. L'article 75 du décret de 2012 prévoit en effet que « *le président d'une autorité administrative indépendante a la qualité d'ordonnateur secondaire* ». Cette nouveauté de 2012 montre bien une évolution favorable en faveur de l'autonomie financière des autorités administratives indépendantes. Auparavant, le décret de 1962[1102] ne faisait pas référence aux AAI, celles-ci n'ayant pas encore été officiellement créées et reconnues par le législateur à cette époque. Son article 64 précisait seulement que « *les règlements de comptabilité des ministères ou les textes organisant les services dotés de budgets annexes désignent les agents chargés d'exercer les fonctions d'ordonnateurs secondaires* ». Les présidents d'autorité pouvaient donc éventuellement être ordonnateur mais cette qualification n'était pas généralisée et devait faire l'objet d'un texte spécifique. Désormais, le décret de 2012 évoque directement cet élément, cela valant pour l'ensemble des AAI. La proposition de loi portant statut général des AAI et des API en cours d'examen envisage de donner une valeur législative à ce dispositif en le prévoyant dans son article 19.

La qualité d'ordonnateur offerte aux présidents d'AAI revêt des avantages certains. Le rapport parlementaire de 2006 les énumère d'ailleurs dans un développement relatif à la large autonomie de gestion détenue par les autorités indépendantes[1103]. Par ailleurs, nous l'avons précisé plus haut, l'ordonnateur détient le rôle principal dans l'exécution du budget et le choix de la dépense. Ainsi, le président de l'AAI, en tant qu'ordonnateur, possède une place prépondérante dans le processus d'emploi des fonds publics et notamment ceux de l'autorité. Cette qualité d'ordonnateur lui confère en effet une liberté d'emploi des crédits accrue, dont la seule limite est la régularité de la dépense contrôlée par le comptable[1104], celle-ci pouvant

1102 Décret n°62-1587 du 29 décembre 1962 portant règlement général sur la comptabilité publique.

1103 Assemblée nationale, Sénat, rapport de l'office parlementaire d'évaluation de la législation sur *les autorités administratives indépendantes*, Patrice GELARD, 15 juin 2006, Tome I, n°3166, n°404, p. 90.

1104 A condition que cette qualité soit couplée avec l'idée de budget globalisé lui permettant d'utiliser ses ressources en fonction des besoins de l'autorité dont il a la charge, cf. *infra*, p. 433 s.

parfois s'avérer contraignante en matière de dépenses de personnel notamment[1105]. Cet apport du décret de 2012 doit toutefois se cumuler avec la présence d'un budget globalisé pour être pleinement favorable à l'autonomie de gestion des AAI, et plus largement à leur autonomie financière.

Concernant le comptable public de chaque autorité, l'assouplissement de son rôle se constate de façon pragmatique et non textuelle. Les AAI sont contrôlées par le contrôleur budgétaire et comptable ministériel (CBCM) de leur ministère de rattachement. Ainsi, selon les textes, les AAI n'ont aucun avantage et entretiennent les mêmes relations avec le comptable public que toutes les administrations traditionnelles ; à une exception près : le CBCM sait qu'il contrôle des AAI, c'est-à-dire des organismes administratifs dérogatoires et autonomes nécessitant une certaine autonomie de gestion. Les auditions de responsables financiers au sein de certaines AAI ont d'ailleurs mis en évidence cette pratique relationnelle souple[1106]. Les termes « relation constructive », « souplesse » ou encore « relationnel » évoqués par ces agents mettent en évidence le rapprochement entre l'ordonnateur de l'AAI et le CBCM ainsi que la tolérance de ce dernier vis-à-vis des décisions de prescription des dépenses de l'ordonnateur[1107].

2. La réalisation des phases administrative et comptable selon un contrôle partenarial renouvelé

Au-delà de ces aménagements relatifs aux rôles des ordonnateurs et des comptables en faveur des AAI, un rapprochement s'opère généralement entre ces deux autorités : soit du fait de la dématérialisation des procédures (création de logiciels comptables[1108]), soit du fait de la création des services facturiers[1109]. En effet, l'informatisation de la chaîne d'exécution des opérations financières a causé une profonde transformation de la procédure d'exécution des dépenses du fait de son intégration dans des logiciels

1105 Cf. *infra*, p. 437 s.

1106 Cf. annexe n°9, « Liste des personnes auditionnées », p. 557.

1107 Cette tolérance a toutefois ses limites puisque le comptable demeure responsable des actes et contrôles qui lui incombent sur ses capitaux et biens personnels.

1108 Cf. *infra*, p. 486 s.

1109 Loïc LEVOYER, art. cit., p. 2059. « *En rapprochant les services de l'ordonnateur et du comptable, les services facturiers permettent ainsi des gains de productivité sur la chaîne de la dépense et une réduction des délais de paiement aux créanciers. Leur mise en place suppose une étroite liaison entre l'ordonnateur et le comptable afin d'organiser les travaux nécessaires à la certification du service fait et la fluidité nécessaire des informations* ».

comptables. En revanche, ces derniers maintiennent l'ensemble des phases administrative et comptable de réalisation des dépenses, selon la procédure de droit commun, y compris pour les AAI.

Ainsi, la phase administrative préalable exécutée par l'ordonnateur comporte trois opérations : l'engagement, la liquidation et l'ordonnancement.

Dans un premier temps, l'ordonnateur doit engager la dépense. En effet, l'utilisation des crédits autorisés par la loi de finances n'étant que facultative[1110], l'ordonnateur en tant qu'autorité administrative supérieure doit donc prendre la décision et donner l'ordre d'engager la dépense. L'engagement correspond ainsi à « *l'acte juridique par lequel par lequel une personne morale crée ou constate à son encontre une obligation de laquelle il résultera une charge* »[1111]. Il constitue le fait générateur de la dépense.

Dans un deuxième temps, une fois la dépense engagée, l'ordonnateur doit la liquider. « *La liquidation consiste à vérifier la réalité de la dette et à arrêter le montant de la dépense* »[1112]. Ainsi, deux éléments sont à souligner : d'une part, la certification de la dette selon la règle du service fait[1113] rendant la dette réelle, effective et certaine ; et d'autre part, la détermination et le calcul de son montant.

Dans un dernier temps, l'ordonnateur doit donner l'ordre au comptable de payer la dépense. Cette étape correspond à l'ordonnancement[1114].

Il faut rappeler que toute cette phase administrative est réalisée par l'ordonnateur et donc par le président de chaque autorité administrative indépendante. Par conséquent, nous constatons que celui-ci dispose d'une large initiative et d'un grand pouvoir en matière de dépenses, en dehors des dépenses de personnel davantage contraintes.

Ensuite, la phase comptable vient clôturer l'exécution de la dépense par l'opération de paiement. Elle est réalisée par le comptable public[1115] et comprend deux étapes : le contrôle de la régularité de l'ordre de payer et le

---

1110 Sauf si une dette avérée ou une dépense obligatoire existent.

1111 Article 30 du décret n°2012-1246 du 7 novembre 2012 relatif à la gestion budgétaire et comptable publique.

1112 Article 31 du décret précité.

1113 Cette règle implique l'exécution matérielle, intégrale et conforme aux clauses et préconisations initiales, de la prestation par le créancier.

1114 Article 32 du décret précité.

1115 Rappelons que le comptable public des autorités administratives indépendantes est le contrôleur budgétaire et comptable ministériel (CBCM) de leur ministère de rattachement.

paiement de la dépense. Toutefois, il convient d'apporter des précisions relativement au contrôle effectué par le comptable. Par certains aspects, ce contrôle est purement formel. Il correspond à un contrôle de la régularité de l'acte s'apparentant à un contrôle de légalité externe[1116] comprenant, relativement à l'ordre de payer, la qualité de l'ordonnateur, l'exacte imputation des dépenses au regard de règle de la spécialité des crédits, la disponibilité des crédits, la validité de la dette et le caractère libératoire du paiement[1117]. D'autres vérifications portent également sur la validité de la dette. Elles concernent la justification du service fait, l'exactitude de la liquidation, l'intervention des contrôles préalables, l'existence du visa ou de l'avis préalable du contrôleur budgétaire sur les engagements, la production de pièces justificatives et l'application de règles de prescription et de déchéance[1118]. Or, concernant les AAI, un élément dérogatoire existe : l'absence de contrôle *a priori* sur les dépenses engagées empêchant l'existence du visa du CBCM. Par ailleurs, nous constatons aisément que le comptable n'examine que la forme et ne vérifie en aucun cas l'opportunité de la dépense. L'ordonnateur est donc pleinement libre du choix de sa dépense dans la limite de l'imputation et de la destination des crédits prévue par la loi de finances. Ainsi le président de l'AAI dispose d'un grand pouvoir de décision en ce qui concerne le choix et la mise en œuvre des crédits. D'autre part, au-delà d'être purement formel, ce contrôle n'est pas systématique. En effet, l'article 42 du décret de 2012 prévoit que « *le comptable public peut opérer les contrôles* [précédemment évoqués] *de manière hiérarchisée* » selon l'opération en cause et son appréciation des risques. Il a alors la possibilité d' « *adapte[r] l'intensité, la périodicité et le périmètre de ses contrôles* »[1119]. Le comptable pourrait alors choisir de ne pas contrôler une opération si elle concerne une dépense peu importante et qu'il ne l'estime pas risquée. En revanche, étant personnellement et pécuniairement responsable, il semble qu'il va effectuer un contrôle pour chaque opération. Le caractère hiérarchisé se manifesterait donc davantage dans la modulation de la fréquence et de l'intensité de contrôle. En effet, « *le contrôle systématique et exhaustif devient l'exception, la règle étant une expertise ciblée* »[1120] conduisant à un

---

[1116] En effet, même si le comptable n'effectue qu'un contrôle de la régularité de l'acte, ses vérifications portent bien sur la compétence de l'auteur et sur les éventuels vices de forme et de procédure.

[1117] Article 19-2° du décret précité.

[1118] Article 20 du décret précité.

[1119] Article 42 du décret précité.

[1120] Raymond MUZELLEC, Matthieu CONAN, *Finances publiques*, Sirey, 16e édition, 2013, p. 306.

« *contrôle partenarial* »[1121] et une collaboration entre le comptable et l'ordonnateur. Ce partenariat est d'ailleurs assez présent concernant les AAI. En effet, le comptable fait preuve de confiance et de tolérance envers les AAI du fait de leur statut d'autonomie[1122].

Finalement, il faut souligner que la séparation des ordonnateurs et des comptables n'est pas stricte et que l'ordonnateur paraît davantage décider en opportunité quand le comptable est cantonné à un simple contrôle de régularité formelle. En effet, il a pu être souligné que « *le curseur de la séparation ordonnateur/ comptable n'a jamais été rigide* »[1123] et le décret de 2012 se situe dans le prolongement de ce rapprochement entre les deux services. Par ailleurs, il semblerait que l'une de ces autorités l'emporte sur l'autre. L'ordonnateur correspond effectivement au décideur. Il engage les dépenses et prend donc des décisions politiques. Ainsi, il se prononce en opportunité et dispose d'une compétence discrétionnaire. A côté de lui, le comptable, certes indispensable du fait de sa compétence exclusive de maniement des fonds publics, ne prend aucune décision. Il ne fait que contrôler la régularité des actes de l'ordonnateur. Or, dans ce cadre, il bénéficie d'une compétence liée en ce qu'il n'a pas la possibilité de refuser le paiement d'une dépense constatée régulière en la forme.

En offrant au président de chaque autorité administrative indépendante la qualité d'ordonnateur secondaire, le décret de 2012 leur a procuré un large pouvoir d'initiative et de décision leur permettant d'influer positivement sur leur autonomie de gestion.

B. Les exceptions au principe de séparation des ordonnateurs et des comptables

En principe, toute entorse à la règle de la séparation des ordonnateurs et des comptables entraîne des sanctions. Ainsi, lorsque l'ordonnateur manie lui-même les deniers publics, il peut être considéré comme un comptable de fait et être ainsi poursuivi par les juridictions financières pour sa gestion irrégulière alors nommée gestion de fait. En revanche, des exceptions sont applicables à ce principe. Parfois, le comptable a la possibilité de prendre totalement en charge certaines opérations sans l'intervention de l'ordonnateur. Ainsi, des dépenses sont

---

1121 *Idem.*

1122 Cela a pu ressortir des auditions des responsables financiers au sein des autorités administratives indépendantes.

1123 Loïc LEVOYER, art. cit., p. 2059.

payables provisoirement sans liquidation ou ordonnancement préalable. Elles concernent des opérations non définitives ou des dépenses ayant un caractère urgent. D'autres dépenses sont payables définitivement sans ordonnancement. Tel est notamment le cas du paiement des rémunérations et pensions des agents publics[1124]. Réciproquement, mais dans une bien moindre mesure, il arrive que les ordonnateurs (ou des personnes qu'ils désignent) soient autorisés à manier des fonds publics et ainsi à payer une dépense sans passer par l'intermédiaire du comptable. Cela arrive notamment dans le cadre d'une régie d'avances ou de recettes. Toutefois, ce dispositif ne concerne que des opérations modestes qui se réalisent pour le compte et sous le contrôle des comptables consentant alors des avances de trésorerie. Par ailleurs, d'autres cas particuliers dérogent au principe de séparation des ordonnateurs et des comptables : les fonds spéciaux et les fonds destinés à financer les pouvoirs publics constitutionnels. L'ensemble de ces deniers publics sont mis à disposition une fois la loi de finances votée et ensuite gérés par les organismes destinataires de façon discrétionnaire.

Concernant les AAI, des exceptions au principe de séparation des ordonnateurs et des comptables ont pu être constatées. Tel est notamment le cas de l'Autorité de régulation des jeux en ligne (1) et de l'ancien Médiateur de la République (2), aujourd'hui remplacé par la Défenseur des droits[1125] qui ne fait plus exception au principe.

1. Le cas de l'Autorité de régulation des jeux en ligne

L'ARJEL applique des dérogations au principe de séparation des ordonnateurs et des comptables en ce qu'elle dispose de deux régies d'avances (et de recettes) : l'une créée pour faciliter les dépenses de matériel et de fonctionnement ; l'autre destinée à payer les dépenses des activités de lutte contre les sites illégaux et, notamment, à faciliter un nouveau contrôle mis en place par l'article 21 de la loi du 14 mars 2012 de finances rectificative pour 2012[1126].

1124 Il faut ici souligner que ce type de dépenses est majoritaire au sein des AAI. Cela réduit donc la marge de manœuvre et le libre emploi des dépenses par le président ordonnateur. Cf. *infra*, p. 437 s.

1125 Loi constitutionnelle n°2008-724 du 23 juillet 2008 de modernisation des institutions de la Ve République et loi organique n°2011-333 du 29 mars 2011 relative au Défenseur des droits.

1126 Loi n°2012-354 de finances rectificative pour 2012, JORF n°0064 du 15 mars 2012 page 4690 texte n°1. L'article 21 est venu modifier les articles 42 et 59 de la loi du 12 mai

Ainsi, une première régie d'avances et de recettes a été créée par arrêté conjoint du président de l'autorité et du ministre du budget en date du 7 octobre 2011. Elle « *a été mise en place au sein de la Direction Administrative, Financière et des Ressources Humaines (DAF/RH)* [afin] *de faciliter le paiement des dépenses de matériel et de fonctionnement, ainsi que la prise en charge des frais liés aux déplacements professionnels des collaborateurs de l'ARJEL, qui ont effectué 26 missions en France et 71 à l'étranger en 2012* »[1127].

Par ailleurs, une autre régie d'avances et de recettes a été mise en place par arrêté conjoint du président de l'autorité et du ministre de l'économie et des finances du 12 juillet 2012[1128] et placée auprès de la Direction des enquêtes et du contrôle (DEC). Celle-ci a fait suite à la modification des articles 42 et 59 de la loi du 12 mai 2010[1129] permettant d'introduire un contrôle des sites illégaux et de la fraude directement par les enquêteurs assermentés de l'ARJEL. En effet, ce contrôle était à l'origine réservé aux seuls officiers et agents de police judiciaire et aux agents des douanes, mais il a désormais été ouvert par à la loi de finances rectificative pour 2012 aux « *fonctionnaires et agents habilités à cet effet par le directeur général de l'Autorité de régulation des jeux en ligne* »[1130]. Ces agents de l'ARJEL peuvent dès lors participer anonymement à des sessions de jeux en ligne sur des sites illégaux afin de constater directement les activités illicites et d'en dresser les procès verbaux. Par conséquent, la régie d'avances et de recettes mise en place a pour but de faciliter le financement de cette nouvelle compétence de l'ARJEL en permettant à la fois « *de payer les dépenses engagées dans le cadre des activités de lutte contre les sites illégaux de jeux d'argent, mais également de percevoir les recettes éventuelles issues de ces activités, versées sur un compte de dépôt de fonds au Trésor public* »[1131]. La régie d'avances mise en place permet donc de rendre davantage opérationnelle la lutte contre les sites illégaux. En effet, concrètement, l'approvisionnement des comptes joueurs des agents assermentés de l'ARJEL est largement facilité et accéléré par cette régie d'avances.

2010 afin d'introduire un contrôle des sites de jeux par les agents de l'ARJEL, et non plus seulement les officiers et agents de police judiciaire ainsi que les agents des douanes.

1127 ARJEL, Rapport d'activité, 2012, p. 82.

1128 Arrêté du 12 juillet 2012 portant institution d'une régie de recettes et d'avances auprès de l'Autorité de régulation des jeux en ligne, JORF n°0173 du 27 juillet 2012 texte n°94.

1129 Loi n°2010-476 du 12 mai 2010 relative à l'ouverture é la concurrence et à la régulation du secteur des jeux d'argent et de hasard en ligne.

1130 Article 42-II de la loi du 12 mai 2010 modifié par la loi du 14 mars 2012 de finances rectificative pour 2012

1131 ARJEL, Rapport précité, p. 82.

Finalement, ce mécanisme de la régie d'avances permet une plus grande liberté et donc une plus grande autonomie financière de l'ARJEL en ce qu'elle lui permet de faire face, certes à de menues dépenses, mais de façon rapide et sans se heurter à la procédure traditionnelle, longue et contraignante, de paiement d'une dépense selon les règles imposées par la comptabilité publique. L'accroissement de l'autonomie financière est toutefois à nuancer par plusieurs éléments. Tout d'abord, la régie d'avances est plafonnée. En effet, l'acte la créant fixe toujours un seuil maximal de fonds pouvant être utilisé par le régisseur. Ainsi l'arrêté précité du 12 juillet 2012 prévoit que la régie d'avances peut financer des « *dépenses, inférieures à 2 000 euros par opération, effectuées dans le cadre des activités de lutte contre les sites illégaux de jeux d'argent [...] à distance, par carte bancaire ou virement sur internet* »[1132] et que « *Le montant maximum de l'avance à consentir au régisseur est fixé à 1 000 (mille) euros* »[1133]. Par ailleurs, une durée de mise à disposition des fonds peut être imposée. Néanmoins, tel n'est pas le cas de la régie d'avances de l'ARJEL. Enfin, la mise en place d'une telle régie nécessite l'avis conforme du comptable public. Ainsi, si ce dernier s'oppose à la mise en place de la régie d'avances alors celle-ci ne pourra pas être créée. L'arrêté du 12 juillet 2012 précise effectivement dans son visa : « *Vu l'avis conforme du comptable assignataire en date du 30 mai 2012* ».

2. Le cas du Médiateur de la République

Le Médiateur de la République paraissait bénéficier dans la pratique des mêmes privilèges que les pouvoirs publics constitutionnels, c'est-à-dire de la faculté de gérer ses fonds librement une fois ceux-ci accordés par la loi de finances initiale. En effet, la Cour des comptes évoquait « *un régime financier et comptable exorbitant du droit commun* »[1134] créé par la loi de 3 janvier 1973[1135], qui a institué le Médiateur de la République. Ce dernier ne disposait pas d'un comptable public, or « *un tel système confiait au Médiateur à la fois les attributions d'ordonnateur et de comptable, faisant de ce fait échapper les dépenses aux règles de la comptabilité publique* »[1136]. Il faut préciser que les dépenses du Médiateur étaient intégralement exécutées par ses soins, certes en tant qu' « *ordonnateur principal de l'Etat* » comme le prévoit l'article 15 de la loi du 3 janvier 1973, mais également grâce à sa faculté de les payer directement.

1132 Article 3 de l'arrêté du 12 juillet 2012 portant institution d'une régie de recettes et d'avances auprès de l'Autorité de régulation des jeux en ligne.

1133 Article 4 de l'arrêté précité.

1134 Cour des comptes, *Rapport public annuel 2010*, février 2010, p. 101.

1135 Loi n°73-6 du 3 janvier 1973 instituant un Médiateur de la République.

1136 *Idem.*

Pour ce faire, il « *dispos[ait] même d'un compte bancaire auprès de la paierie générale du Trésor* »[1137], compte pour lequel il possédait son propre carnet de chèque.

Cette situation était prévue par un décret du 9 mars 1973, modifié en 2006, relatif à la gestion des crédits mis à la disposition du Médiateur[1138], notamment son article 1er qui précisait que « *la gestion des crédits nécessaires à l'accomplissement de la mission de médiateur est retracée dans une comptabilité qui comprend :*

En recettes : les fonds attribués par ordonnances du Premier ministre émises à la demande du médiateur dans la limite des crédits inscrits à cet effet ; ces fonds sont versés au compte de dépôt de fonds au Trésor ouvert auprès du receveur général des finances au nom du médiateur ès qualités,

En dépenses : les opérations décidées par le médiateur »[1139].

Cela a par ailleurs été confirmé dans la pratique par un ancien Médiateur de la République, Jean-Paul Delevoye, qui regrettait cette situation et l'absence de responsabilité du Médiateur malgré ses activités apparentées à celle d'un comptable. Il a déclaré qu' « *une ouverture de crédits de Matignon permettait à la médiature d'engager des dépenses sans fournir de justificatif* »[1140]. Or, « *la responsabilité du Médiateur n'était pas engagée, faute de comptable public. [Monsieur Delevoye a] donc indiqué à la Cour des comptes que, tant que cette lacune perdurerait, c'est [lui] qui, à titre personnel, serai[t] responsable de l'engagement des agents de la médiature, car aucun euro d'argent public ne doit être dépensé sans que quelqu'un en prenne la responsabilité* »[1141]. Il semblerait alors que le législateur de 1973 soit allé bien au-delà d'une simple autonomie de gestion comptable, non seulement en donnant au Médiateur la possibilité de décider seul de l'emploi des crédits de l'autorité, de l'engagement jusqu'au paiement, mais en lui offrant, en plus, cette faculté dénuée de toute responsabilité. L'autonomie de gestion telle que concédée au Médiateur était totale. Elle

1137 Marie-Anne FRISON-ROCHE, *Etude dressant un bilan des autorités administratives indépendantes*, *in* Assemblée nationale, Sénat, Rapport précité, 2006, n°3166, n°404, Tome II, p. 127.

1138 Décret n°73-255 du 9 mars 1973 relatif à la gestion des crédits mis à la disposition du Médiateur modifié par un décret n°2006-1702 du 23 décembre 2006 portant suppression de la paierie générale du Trésor et de l'Agence comptable centrale du Trésor et transfert de leurs attributions.

1139 L'article 4 du décret du 23 décembre 2006 a remplacé les mots « *à la paierie générale du Trésor* » par « *auprès du receveur général des finances* ». De ce fait, le Médiateur avait, avant 2006 un compte ouvert à son nom à la paierie générale du Trésor qui a été remplacé après 2006 par un compte ouvert auprès dudit receveur général des finances.

1140 Assemblée nationale, Rapport d'information fait au nom du comité d'évaluation et de contrôle des politiques publiques sur *les autorités administratives indépendantes*, Tome II – Auditions, René DOSIERE, Christian VANNESTE, 28 octobre 2010, n°2925, p. 125.

1141 *Ibid.*, p. 126.

n'était d'ailleurs pas dangereuse puisque soumise *a posteriori* au contrôle de la Cour des comptes[1142]. Néanmoins, l'absence de comptable, longuement décrié, a été comblée en 2008. En effet, suite à des recommandations de l'Inspection des finances, de la Cour des comptes et du Médiateur, notamment Monsieur Delevoye – tous trois attachés à la transparence, aux contrôles et audits, ainsi qu'à la lutte contre l'opacité – le pouvoir exécutif a réformé le régime financier et comptable du Médiateur. Puisque « *l'indépendance c'est la transparence* »[1143], le Médiateur a été doté d'un agent comptable en la personne du « *contrôleur budgétaire et comptable des services du Premier ministre* » par l'article 10 du décret du 31 janvier 2008 relatif à l'organisation et au fonctionnement des services du Médiateur de la République[1144] entré en vigueur depuis le 1er janvier 2009.

Finalement, il faut souligner que la conception de l'indépendance[1145] notamment financière du législateur a évolué. En effet, si le législateur a considéré en 1973 lors de la création du Médiateur de la République que l'indépendance devait forcément inclure un aspect financier qui se manifestait alors par une autonomie de gestion renforcée et même assurée ; *a contrario*, aujourd'hui le législateur définit l'autonomie financière uniquement selon la présence de ressources propres et leur proportion vis-à-vis de la totalité des ressources[1146]. Or, nous estimons que le virage législatif en direction du critère des ressources propres est erroné et que le législateur a pris la mauvaise direction. En effet, l'autonomie financière réelle paraît se situer davantage en aval dans le cadre d'une autonomie de gestion à la fois comptable et budgétaire garantie. Toutefois, cela ne peut se réaliser qu'à condition pour les autorités administratives indépendantes de bénéficier d'un budget globalisé n'incluant pas ou peu de dépenses obligatoires ou inéluctables.

1142 L'article 2 du décret n°73-255 du 9 mars 1973 relatif à la gestion des crédits mis à la disposition du médiateur précise en effet que « *les opérations de recettes et de dépenses sont regroupées dans un compte annuel présenté par le médiateur à la Cour des comptes et auquel sont annexées les pièces justificatives* ».

1143 Assemblée nationale, rapport précité, Tome II – Auditions, 2010, n°2925, p. 125.

1144 Décret n°2008-99 du 31 janvier 2008 relatif à l'organisation et au fonctionnement des services du Médiateur de la République. Nous ne pouvons que constater que l'institution d'un agent comptable aux côtés du Médiateur a été très éphémère puisque le Défenseur des droits, remplaçant le Médiateur, a été créé par la révision constitutionnelle du 23 juillet 2008 et effectivement mis en œuvre par la loi organique du 29 mars 2011.

1145 L'indépendance est ici synonyme d'autonomie.

1146 Telle est la définition retenue par la loi organique n°2004-758 du 29 juillet 2004 prise en application de l'article 72-2 de la Constitution relative à l'autonomie financière des collectivités territoriales.

Paragraphe 2. Les causes et les conséquences de l'autonomie de gestion comptable

L'autonomie de gestion comptable des autorités administratives indépendantes est due à plusieurs facteurs (A). D'une part, la présence d'un budget globalisé au profit des AAI paraît être une règle imposée par les textes. Un fléchage des crédits officieux (défini selon une conception large et susceptible de dérogations) s'applique néanmoins. D'autre part, les AAI ne possèdent pas de dépenses obligatoires, par opposition aux collectivités territoriales, ce qui contribue à sauvegarder leur autonomie de gestion et donc leur autonomie financière.

De plus, une fois l'autonomie de gestion garantie, elle a des conséquences favorables sur la libre gestion des crédits par les autorités administratives indépendantes. Cela se manifeste notamment par la liberté de recrutement des AAI (B).

A. Les causes de l'autonomie de gestion : la présence d'un budget globalisé et l'absence de dépenses obligatoires

Les éléments entraînant l'autonomie de gestion, outre les aménagements et exceptions aux règles comptables, sont de deux ordres. Le premier est la présence d'un budget globalisé utilisable par le président-ordonnateur de l'autorité indépendante comme il l'entend selon les besoins et nécessités de l'AAI. Cette idée, même si elle s'applique effectivement sera toutefois à nuancer du fait du fléchage officieux des crédits qui existe (1). Le second est l'absence de dépenses obligatoires. Dans ce cadre, nous pourrons opposer les AAI aux collectivités territoriales et montrer toute l'importance de l'autonomie de gestion et sa prépondérance vis-à-vis de l'autonomie des recettes et de la présence de ressources propres (2).

1. Un budget globalisé

Les autorités administratives indépendantes dont le président est l'ordonnateur des dépenses paraissent posséder une autonomie de gestion en ce que le président « *dispose d'un budget globalisé, qu'il peut utiliser en fonction des besoins de l'instance qu'il dirige* »[1147]. Ce constat effectué par l'Office

[1147] Assemblée nationale, Sénat, Rapport précité, Tome I, 2006, n°3166, n°404, p. 90.

parlementaire de la législation signifie que le budget des AAI correspond à une enveloppe globale de crédits utilisable librement. En effet, les dépenses n'étant pas prédéterminées en amont, tous les crédits alloués aux AAI peuvent financer toutes leurs dépenses qui sont alors établies en aval par le président de l'autorité, ordonnateur et responsable du budget opérationnel de programme dédié à l'AAI.

Un problème se pose cependant. En effet, si les AAI se voient attribuer un budget global, elles doivent néanmoins exposer et détailler leurs dépenses lors des demandes budgétaires afin de justifier l'attribution des crédits en amont. Le degré d'autonomie de gestion répond alors au degré de répartition précise des crédits décidé lors du vote de la loi de finances. Ainsi, si chaque crédit est affecté à une action précise alors l'autonomie de gestion sera inexistante. En revanche, si les demandes de crédits ne sont pas analysées dans le détail et que les pouvoirs publics indiquent le montant d'une enveloppe globale en précisant seulement une répartition de base par titre, alors l'autonomie de gestion sera préservée[1148].

Le degré de cette autonomie gestion financière a été modifié par la LOLF. En effet, à l'origine, celle-ci avait pour but d'autonomiser les responsables administratifs afin de leur permettre d'atteindre des objectifs déterminés et assignés par les pouvoirs publics tout en choisissant les méthodes de mise en œuvre des moyens, c'est-à-dire en ayant une liberté de gestion totale. Or, « *il existe une tension entre la peur que les objectifs ne soient pas mis en œuvre et pour ce faire une définition étroite des crédits et la responsabilisation des cadres et agents qui suppose qu'on les globalise au mieux afin de créer des marges de manœuvre financières et de redéploiement des personnels* »[1149].

Cette affectation des crédits s'appelle le fléchage des crédits. Il correspond à « *la détermination de la nature de la dépense que le crédit accordé doit financer* »[1150] par l'Etat, de façon autoritaire, et non par l'organisme concerné. Il permet donc de décider au minimum si les crédits sont destinés à financer des dépenses de personnel (titre 2), de fonctionnement ou encore d'investissement (hors titre 2). Ainsi, le fléchage entraîne une limitation de la

---

1148 Dans ce sens, Romain BOURREL estime que les services déconcentrés de l'Etat sont privés d'autonomie de gestion car « *la mise en œuvre des BOP déconcentrés a, en réalité, pour conséquence de recentraliser les décisions puisque les crédits et leur répartition ne sont pas réellement négociés avec les responsables de programme qui décident de leur affectation à un niveau très fin* ». Romain BOURREL, *Emploi public et finances publiques, Contributions à l'étude juridique de la gestion de l'Etat*, LGDJ, 2015, p. 604.

1149 Sylvie TROSA, « La LOLF, la RGPP et l'évaluation des politiques publiques : bilan et perspectives », *RFFP*, 1er février 2013, n°121, p. 243.

1150 Romain BOURREL, *op. cit.*, p. 604.

liberté de gestion des crédits par les organismes destinataires. Cette limitation peut néanmoins être plus ou moins prononcée en fonction du niveau de finesse et de la rigueur de la répartition des crédits et de leur affectation. Il semble que concernant les AAI, le seul fléchage qui existe soit une répartition par titres de dépenses, comme c'est le cas pour certains établissements publics tels que les universités.

Concernant les universités, il semble que quelques dispositifs favorables aient été mis en place par la loi LRU de 2007[1151]. En effet, les articles 17 et 18 de ladite loi précisent que le contrat pluriannuel d'établissement prévoit lui-même le montant global de la dotation de l'Etat pour chaque année. « *Cette dotation est répartie en trois grandes masses : la masse salariale, les crédits de fonctionnement et les crédits d'investissement* »[1152]. Un fléchage des crédits s'opère donc entre les crédits du titre 2 et les crédits hors titre 2. Toutefois, les universités peuvent utiliser le principe de fongibilité asymétrique des crédits afin de contrecarrer ce fléchage. En effet, elles « *peuvent désormais redéployer leurs crédits entre les trois grandes enveloppes définies par l'Etat (personnel, fonctionnement, investissement), sous réserve de ne pas majorer l'enveloppe de dépenses de personnel* »[1153] et de tenir compte des dépenses obligatoires prévues par la loi et le règlement. Les universités possèdent donc une grande autonomie dans l'emploi des crédits grâce à un fléchage souple pouvant être diminué voire anéanti par l'application de la fongibilité des crédits au sein de leur budget. La seule limite applicable à la gestion des universités est donc la présence de crédits de personnel limitatifs assortis d'un plafond d'autorisation d'emplois fixé par la loi de finances.

Concernant les autorités administratives indépendantes, la globalisation de leur budget est identique à celle qui s'applique aux universités. Ainsi, leur budget est globalisé dans la limite d'un fléchage souple indiquant une répartition des crédits entre le titre 2 et les autres titres de dépenses, se résumant souvent aux seules dépenses de fonctionnement (titre 3) pour les AAI. Il faut souligner que les dépenses de personnel ont évolué dans un sens positif au profit des AAI. Marie-Anne FRISON-ROCHE a en effet pu souligner qu'une « *enveloppe budgétaire d'une masse*

1151 Loi n°2007-1199 du 10 août 2007 relative aux libertés et responsabilités des universités.
1152 Vincent BOYER, « L'autonomie financière des universités après la loi relative aux libertés et responsabilités des universités », *AJDA*, 2010, n°6, p. 316.
1153 *Idem.*

salariale globale » a remplacé « *un tableau des emplois budgétaires* »[1154] énumérant de façon exhaustive l'ensemble des postes et agents des autorités. Il en va de même concernant les dépenses de fonctionnement. Cela a d'ailleurs été souligné dans la pratique grâce aux auditions auprès des AAI. En effet, la CADA nous a confirmé que les dépenses de fonctionnement courant (hors titre 2) sont totalement libres. Certes il y a un fléchage des dépenses prévisionnelles en amont en concertation avec la Direction des services administratifs et financiers (DSAF) du Premier ministre, mais celui-ci n'est pas contraint et il peut être modifié en cours d'exercice selon le besoin et toujours en concertation avec la DSAF[1155].

Finalement, afin d'éviter de réduire les libertés d'action et de gestion des hauts fonctionnaires en charge de l'exécution du Budget général et notamment les présidents des AAI, il convient d'éviter la multiplication des programmes, le fléchage des crédits et l'excès de *reporting* ; et ce d'autant plus que « *le fléchage des crédits est à l'antinomie de l'esprit de la LOLF : au lieu de les globaliser, donnant ainsi aux managers des capacités de choix de mise en œuvre moyennant un compte rendu rigoureux sur les résultats, le fléchage attribue des lignes des crédits à des façons de faire étroitement définies* »[1156]. Or, il faut absolument éviter ce travers concernant les AAI car leur autonomie financière est en totale contradiction avec l'idée de fléchage des crédits. Cependant, si l'on constate une augmentation du fléchage en ce qui concerne les services déconcentrés de l'Etat, tel n'est pas le cas des AAI qui disposent d'une enveloppe globale de crédits divisée en deux : les dépenses de personnel et les dépenses de fonctionnement[1157] au sein desquelles l'utilisation des fonds est libre. Il convient néanmoins de nuancer le libre emploi des crédits du titre 2, les dépenses de personnel constituant des dépenses inéluctables et contraintes imposées par la loi et le règlement.

Le seul problème qui demeure donc pour certaines autorités indépendantes est la dispersion de leurs financements au sein de la loi de finances. En effet, il est difficile voire impossible de disposer d'un budget globalisé lorsque les crédits d'une autorité sont éparpillés au sein de plusieurs programmes appartenant à des missions différentes. Tel est le cas

---

1154 Marie-Anne FRISON-ROCHE, Etude précitée, *in* Rapport parlementaire précité, tome II, 2006, n°3166, n°404, p. 83.

1155 Entretien avec Anne Josso, Secrétaire générale de la CADA. Cf. annexe n°9, « Liste des personnes auditionnées », p. 557.

1156 Sylvie TROSA, « La LOLF, la RGPP et l'évaluation des politiques publiques : bilan et perspectives », *RFFP*, 1er février 2013, n°121, p. 243.

1157 Les dépenses d'investissement étant quasi inexistantes.

de l'Autorité de sûreté nucléaire (ASN) qui possède des problèmes d'exécution budgétaire du fait de l'éclatement de son budget[1158]. Dans ce cadre, il faut souligner que l'autonomie de gestion financière nécessite une bonne répartition des crédits en amont. Or, l'ASN se heurte à la logique de la LOLF dans laquelle les moyens budgétaires sont regroupés non pas par organismes mais par politiques publiques.

Par conséquent, pour disposer d'un budget globalisé, les AAI doivent faire face d'une part à la logique de performance qui a parfois tendance à entrainer un fléchage strict des crédits dans le but de remplir des objectifs bien définis, contrecarrant les marges de manœuvre volontairement laissées aux gestionnaires pour accomplir leurs missions, et d'autre part, à l'organisation de la loi de finances en politiques publiques qui ne convient pas toujours aux autorités administratives indépendantes.

2. L'absence de dépenses obligatoires contrebalancée par la présence de dépenses contraintes

L'autonomie de gestion financière est un élément de l'autonomie financière. Or, celle ci est largement permise par une libre affectation des ressources qui « *se mesure* [notamment] *à la part des dépenses obligatoires ou contraintes* »[1159]. Plus cette part sera grande, moins l'autonomie de gestion sera assurée. *A contrario*, en l'absence de dépenses contraintes, l'autonomie de gestion sera totale.

Les dépenses obligatoires se définissent comme des « *dépenses qui, en vertu de la loi, sont obligatoires [...] et qui autorisent l'utilisation de procédures particulières destinées à obtenir leur règlement* »[1160]. Elle est notamment présente pour les collectivités territoriales et certains établissements publics, mais est en revanche absente en ce qui concerne les autorités administratives indépendantes. Or, les dépenses obligatoires ont pour effet de limiter l'autonomie financière[1161] des organismes à qui elles sont imposées car elles ne leur laissent aucune marge de manœuvre. Ils ne possèdent alors qu'une maîtrise relative de leurs dépenses.

1158 Assemblée nationale, Rapport précité, Tome I, 2010, n°2925, pp. 108-109. Sénat, Rapport précité sur le bilan et le contrôle des AAI, n°126, 2015, p. 85.

1159 Conseil économique et social, Rapport sur *l'avenir de l'autonomie financière des collectivités locales*, Jean-Pierre BRUNEL, 2001, éditions des journaux officiels, p. II-18.

1160 Loïc PHILIP, *Dictionnaire encyclopédique de finances publiques*, Paris, Economica, 1991, p. 609.

1161 Dans son volet autonomie de gestion financière en aval.

Concernant les collectivités territoriales, leurs dépenses obligatoires sont définies de manière générale à l'article L. 1612-15 du Code général des collectivités territoriales. Elles concernent le remboursement des dettes contractées par les collectivités[1162] ainsi que les diverses dépenses rendues obligatoires par la loi. Ces dernières sont de plusieurs ordres. Elles sont dues à une intervention ponctuelle du législateur et concernent toujours pour chaque collectivité la rémunération des agents territoriaux. Par ailleurs, elles correspondent également à l'entretien de l'hôtel de ville, des cimetières et des voies communales en ce qui concerne les communes ; à l'entretien de l'hôtel du département, à l'action sociale et la santé, au fonctionnement des collèges et des transports scolaires pour les départements ; et à l'entretien de l'hôtel de région concernant les régions. Etant donné leur caractère obligatoire, ces dépenses doivent être inscrites au budget de la collectivité puis exécutées par l'ordonnateur, c'est pourquoi le législateur a mis en place des procédures particulières pour assurer la réalisation des dépenses obligatoires : l'inscription d'office et l'exécution d'office. Ainsi, si la collectivité n'inscrit pas la dépense au sein de son budget, les crédits nécessaires au paiement de la dépense seront inscrits d'office par arrêté du Préfet après une mise en demeure due à une intervention de la Chambre régionale des comptes. Par ailleurs, en cas de refus d'ordonnancer la dépense obligatoire, le Préfet pourra se substituer à l'ordonnateur défaillant, suite à une mise en demeure infructueuse.

Par conséquent, les collectivités territoriales sont libres d'engager des dépenses uniquement lorsque celles-ci sont facultatives. En revanche, elles sont contraintes de réaliser l'ensemble des dépenses dites obligatoires. Or, ces dépenses représentent une part largement majoritaire de leur budget total. L'autonomie de gestion des collectivités territoriales existe donc seulement pour une part minoritaire ce qui est largement attentatoire à leur autonomie financière. Par conséquent, « *les collectivités territoriales […] bénéficient à la fois d'une grande liberté d'administration et d'une dépendance vis-à-vis de l'Etat unitaire qui les encadre. Cet encadrement est non seulement juridique […] mais surtout financier* [notamment car] *les dépenses découlent de la loi qui fixe la liste des dépenses obligatoires et les dépenses interdites* »[1163].

1162 Pour être exigible, les dettes doivent être certaines (la dette existe et son origine juridique ne fait aucun doute) et liquides (le montant de la dette est calculé et connu).

1163 Etienne DOUAT, « Les aspects financiers », *Droit administratif*, avril 2003, n°4, p. 10.

Dans ce cadre, il est indispensable de souligner que la loi organique de 2004 relative à l'autonomie financière des collectivités territoriales[1164] ne recense pas l'autonomie de gestion financière et la libre affectation des ressources parmi les éléments de définition de l'autonomie financière. En effet, l'accent est uniquement mis sur la présence de ressources propres, et notamment leur part « *ne [pouvant] être inférieure au niveau constaté au titre de l'année 2003* »[1165]. Cette loi met donc uniquement l'accent sur l'autonomie fiscale, voire budgétaire, des collectivités territoriales. Or, il semble que le législateur organique se soit trompé lorsqu'il a donné une telle définition de l'autonomie financière des collectivités territoriales. L'autonomie financière se distingue de l'autonomie fiscale et de l'autonomie budgétaire, qui n'en sont que des composantes. C'est d'ailleurs l'autonomie de gestion qui représente réellement l'élément indispensable de l'autonomie financière. Cependant, ce dernier élément est largement défaillant chez les collectivités territoriales puisqu'elles se voient imposer des dépenses obligatoires, largement majoritaires. Or, quel intérêt peut-il y avoir à bénéficier de ressources propres majoritaires et suffisantes si l'on ne peut pas en disposer librement ? En réalité, l'intérêt est infime car les dépenses obligatoires et l'absence de libre disposition de ses propres ressources ont pour effet d'annihiler toute autonomie financière. La loi organique de 2004 a donc échoué à définir la notion d'autonomie financière car les ressources propres ne représentent qu'une infime partie de la définition de l'autonomie financière, celle-ci étant très largement déterminée par le degré d'autonomie de gestion. En effet, en amont, ce ne sont pas tant les ressources propres qui permettent de posséder une réelle autonomie financière, c'est davantage la suffisance des moyens alloués quelle que soit leur provenance. Finalement, « *si la loi organique a déçu au plan de l'autonomie financière des collectivités territoriales, on doit encore ajouter que c'est toute la construction de la décentralisation financière qui laisse un goût d'inachevé* »[1166].

1164 Loi organique n°2004-758 du 29 juillet 2004 prise en application de l'article 72-2 de la Constitution relative à l'autonomie financière des collectivités territoriales ; R. HERTZOG, « La loi organique relative à l'autonomie financière des collectivités territoriales : précisions et complications », *AJDA*, 2004, n°36, p. 2003 ; M. LASCOMBE, X. VANDENDRIESSCHE, « L'autonomie financière des collectivités territoriales encore en chantier », *RFDA*, 2005, p. 417 ; C. MONDOU, « L'autonomie financière des collectivités territoriales ou une réforme en « trompe l'œil », commentaire de la loi organique du 29 juillet 2004 », *RFDA*, 2005, p. 419 ; L. PHILIP, Chroniques, *RFDC*, n°60, 2004, p. 798.

1165 Article 4 de la loi organique précitée.

1166 Michel LASCOMBE, Xavier VANDENDRIESSCHE, « L'autonomie financière des collectivités territoriales encore en chantier », *RFDA*, 2005, p. 417.

Une dernière question se pose relativement aux dépenses obligatoires et à leur application aux autorités administratives indépendantes : le problème du fléchage des crédits, les AAI se voyant appliquer un tel fléchage de manière assouplie. La question est la suivante : un fléchage des crédits peut-il s'apparenter à des dépenses obligatoires ? *A priori*, ce sont deux notions différentes, le fléchage des crédits n'étant pas censé être contraignant. Celui-ci permet de déterminer la nature de la dépense qu'un crédit doit financer, c'est-à-dire une dépense de personnel, de fonctionnement ou d'investissement. Il correspond alors à la répartition des crédits par titre de la loi de finances. Or, dans l'optique de laisser une marge de manœuvre aux gestionnaires pour atteindre les objectifs fixés, la LOLF précise dans son article 7 que « la *présentation [...] par titre est indicative* ». Elle n'est donc pas obligatoire à l'exception des dépenses de personnel qui sont plafonnées. Ainsi, les crédits sont fongibles et peuvent être réorientés en fonction des besoins. Ils ne correspondent donc en aucun cas à des dépenses obligatoires.

Néanmoins, la majorité des dépenses des AAI sont des dépenses de personnel correspondant à des dépenses dites inéluctables et donc contraintes ; c'est pourquoi Romain Bourrel parle de la « *rigidification des dépenses relatives à l'emploi public* »[1167]. En effet, il est impossible de remettre en cause les dépenses de personnel tant dans leur principe[1168] que dans leur montant[1169]. Les AAI ne peuvent donc modifier ces dépenses qu'à la marge. Elle retrouve toutefois une autonomie de gestion des dépenses de personnel du fait de trois facteurs : l'emploi d'une majorité d'agents contractuels non titulaires[1170], le choix du niveau de qualification des effectifs et la fixation de leur rémunération[1171].

1167 Romain BOURREL, *Emploi public et finances publiques*, LGDJ, 2015, p. 339.

1168 Reconduction systématique de ces dépenses. La variation annuelle des dépenses de personnel est extrêment faible.

1169 Ces montants sont souvent revus à la hausse en raison des pressions syndicales. Elles ne diminuent que très rarement. Les systèmes de rémunération selon les barèmes et indices sont d'ailleurs prévus par voie de règlement et s'imposent aux AAI. Tel est également le cas d'une augmentation législative ou règlementaire des cotisations à la caisse nationale de retraite qui contribuerait à augmenter les rémunérations du personnel des AAI à la hausse.

1170 A titre d'exemple, le bleu relatif à la mission « Direction de l'action du gouvernement » (pour 2015) contenant dix AAI au sein du programme « Protection des droits et libertés » précise que celles-ci sont constituées à 69 % d'agents contractuels.

1171 Plutôt à la hausse en tenant compte du niveau de qualification et de l'expérience. En effet, le but des AAI est d'employer un personnel hautement qualifié, spécialisé et doté d'une grande technicité, et de le rémunérer à la hausse afin de rendre les postes attractifs pour les personnalités compétentes.

B. Les conséquences de l'autonomie de gestion : l'autonomie de recrutement

L'autonomie de recrutement est une nécessité au regard de l'indispensable impartialité et neutralité des AAI. Elle leur permet de disposer d'un personnel propre n'appartenant pas à leur ministère de rattachement.

L'autonomie de gestion financière a pour conséquence principale le libre emploi des crédits. Or, cette libre affectation des ressources se répercute notamment sur le choix du personnel. En effet, les autorités administratives indépendantes disposent d'une autonomie de recrutement notable (1) qui possède toutefois des limites (2).

1. Le principe de l'autonomie de recrutement

Les autorités administratives indépendantes disposent de nombreuses libertés dans le cadre du choix de leur personnel. Cette autonomie de recrutement est le fruit d'une évolution longue et encore inachevée.

A l'origine, les autorités administratives indépendantes étaient dotées d'un personnel essentiellement composé de fonctionnaires choisis, pour une large part, par leur ministère de rattachement. Elles n'avaient donc ni le choix du personnel, ni le choix du mode de recrutement puisqu'elles ne payaient pas les agents mis à disposition gracieusement par les ministères. Aujourd'hui, le système de recrutement des AAI a connu des modifications. Il est globalement autonome et laisse entrevoir un large pouvoir de décision des AAI dans le choix de leur personnel. Les raisons de cette évolution sont triples : tout d'abord, les membres du collège ne disposent pas nécessairement de qualifications dans le domaine d'activité de l'autorité ; ensuite, ils ne consacrent que 10 % à 20 % de leur activité professionnelle à l'autorité indépendante ; enfin, les fonctionnaires des ministères n'avaient par toujours les compétences spécifiques requises par les AAI[1172]. Or, les services des autorités indépendantes nécessitent un « *personnel hautement*

1172 En effet, s'il est facile de trouver des personnels compétents dans l'administration en matière de finances, de comptabilité ou de droit public, cela l'est beaucoup moins lorsque l'on recherche des personnalités qualifiées dans des secteurs spécifiques comme le gaz, l'électricité, les télécommunications, le nucléaire, les banques et assurances, les marchés financiers, etc.

qualifié » doté « *d'une grande expertise technique* »[1173]. Par conséquent, les AAI doivent se doter de services compétents, expérimentés et permanents afin que le collège et les services soient deux entités bien distinctes exerçant leur mission de façon optimale ; le premier étant uniquement consacré à la prise de décision et aux choix stratégiques quand le second remplit une mission spécifique d'expertise. Cette dernière fonction nécessitant un personnel hautement qualifié, il paraît opportun que l'AAI choisisse son personnel elle-même.

Aujourd'hui, les autorités administratives indépendantes disposent donc d'une double autonomie de gestion : elles sélectionnent elles-mêmes les personnes requises et elles ont le choix du mode de recrutement qu'elles veulent utiliser. En effet, même lorsque le personnel de l'autorité se compose de fonctionnaires, l'AAI a la possibilité de les sélectionner. La raison est la suivante. Désormais, les ministères ne mettent plus gratuitement à disposition un agent en particulier. Ce mode de recrutement existe toujours mais il est largement minoritaire[1174]. Les AAI lui préfèrent le détachement, c'est-à-dire une mise à disposition payante de fonctionnaires choisis par l'autorité elle-même. En effet, « *les détachements de fonctionnaires sont désormais le mode accessible pour les Autorités administratives indépendantes qui veulent s'appuyer sur l'Etat, ce qui est normal puisqu'elles agissent en son sein, et présentent des garanties plus sûres d'indépendance en raison de la durée dès le départ convenue et du fait que les Autorités administratives indépendantes peuvent choisir les fonctionnaires qui, à leur incitation, solliciteront un tel détachement* »[1175].

Par ailleurs, aux côtés des fonctionnaires détachés, un autre mode de recrutement existe et est largement privilégié : l'embauche contractuelle. Elle peut être de droit public ou de droit privé, mais c'est la première qui

---

1173 Marie-Anne FRISON-ROCHE, *Etude dressant un bilan des autorités administratives indépendantes*, in Assemblée nationale, Sénat, Rapport précité, Tome II, 2006, n°3166, n°404, p. 79.

1174 Les mises à disposition gracieuses semblent être aujourd'hui quasiment abandonnées pour les AAI (elles représentent moins de 5 % du personnel des AAI). En effet, « *les mises à disposition de fonctionnaires ne sont plus un moyen disponible pour les Autorités administratives indépendantes. Cela peut constituer un passage difficile pour des autorités ayant jusqu'ici fonctionné sur ce mode […] mais l'on peut penser qu'il s'agit d'une face, certes plus douloureuse, du principe d'indépendance des Autorités administratives indépendantes à l'égard du Gouvernement* », *in* Marie-Anne FRISON-ROCHE, *Etude dressant un bilan des autorités administratives indépendantes*, Rapport précité, p. 81.

1175 Marie-Anne FRISON-ROCHE, Etude précitée, *in* Assemblée nationale, Sénat, Rapport précité, Tome II, 2006, n°3166, n°404, p. 81.

comprend aujourd'hui le plus grand nombre d'agents au sein des AAI[1176]. En revanche, si cela est une faculté largement utilisée par les AAI, l'embauche contractuelle est toutefois l'exception. En effet, le principe qui s'applique aux administrations publiques est que les postes doivent être pourvus par des fonctionnaires[1177]. A l'origine, aucune exception n'était possible. Le système était alors régi par l'ordonnance du 4 février 1959[1178]. Par la suite, la loi du 11 juin 1983[1179] est venue apporter des exceptions à ce principe. Ainsi, après avoir énoncé dans son article 1er que « *les emplois permanents à temps complet des administrations services et établissements publics de l'Etat sont occupés par des fonctionnaires* », elle énumère des exceptions applicables à certains emplois particuliers qui peuvent alors être occupés par des agents contractuels[1180]. La loi du 11 janvier 1984[1181] est venue rappeler ces dérogations dans son article 3, celui-ci prévoyant que « *ne sont pas soumis à la règle énoncée à l'article 3 du titre Ier du statut général*[1182] *: [...] 3° Les emplois ou catégories d'emplois de certaines institutions administratives spécialisées de l'Etat dotées, de par la loi, d'un statut particulier garantissant le libre exercice de leur mission* ». Or, les AAI ne bénéficient pas de cette dérogation car à ce jour aucun décret en Conseil d'Etat n'est venu fixer la liste de ces institutions et catégories d'emplois énoncées au 3° dont pourraient faire partie les autorités administratives indépendantes. Elles ne peuvent donc pas embaucher d'agents contractuels dans le cadre évoqué. En revanche, elles ont la

---

1176 A titre d'exemple, « *l'effectif du programme 308 se compose en majorité de contractuels (66 %)* » : Projets annuels de performances, Annexe au projet de loi de finances pour 2017, Direction de l'action du gouvernement, p. 141.

1177 Article 3 de la loi n°83-634 du 13 juillet 1983 portant droits et obligations des fonctionnaires (Titre Ier du statut général de la fonction publique) : « *Sauf dérogation prévue par une disposition législative, les emplois civils permanents de l'Etat, des régions, des départements, des communes et de leurs établissements publics à caractère administratif sont [...] occupés soit par des fonctionnaires régis par le présent titre [...]* ».

1178 Ordonnance n°59-244 du 4 février 1959 relative au statut général des fonctionnaires.

1179 Loi n°83-481 du 11 juin 1983 définissant les conditions dans lesquelles doivent être pourvus les emplois civils permanents de l'Etat et de ses établissements publics et autorisant l'intégration des agents non titulaires occupant de tels emplois

1180 Les seuls contrats autorisés à l'époque étant les CDD. La possibilité de contracter en CDI a en effet été permise seulement en 2005 avec la loi n°2005-843 du 26 juillet 2005 portant diverses mesures de transposition du droit communautaire à la fonction publique, et transposant notamment la directive n°2001/23/CE du 12 mars 2001 relative au maintien des droits des travailleurs en cas de transferts d'entreprises.

1181 Loi n°84-16 du 11 janvier 1984 portant dispositions statutaires relatives à la fonction publique de l'Etat. Celle-ci constitue le titre II du statut général des fonctionnaires de l'Etat et des collectivités territoriales.

1182 C'est-à-dire à la règle prévoyant notamment que les postes de l'Etat sont occupés par des fonctionnaires.

possibilité de le faire au regard de l'article 4 de la loi du 11 janvier 1984. Celui-ci prévoit que « *par dérogation au principe énoncé à l'article 3 du titre Ier du statut général, des agents contractuels peuvent être recrutés dans les cas suivants : 1° Lorsqu'il n'existe pas de corps de fonctionnaires susceptibles d'assurer les fonctions correspondantes ; 2° Pour les emplois du niveau de la catégorie A et, dans les représentations de l'Etat à l'étranger, des autres catégories, lorsque la nature des fonctions ou les besoins des services le justifient* ». Or, les AAI correspondant à des institutions hautement spécialisées, elles sont susceptibles de remplir les conditions du présent article et donc de pouvoir recruter des agents contractuels en CDD. Il faut au contraire souligner que la possibilité d'embaucher en CDI est récente. Elle est due à une loi du 12 mars 2012[1183] qui a supprimé les quatre derniers alinéas de cet article prévoyant l'unique faculté d'engager des agents par des contrats à durée déterminée d'une durée maximale de trois ans renouvelables sans toutefois pouvoir excéder six ans. L'article 36 de la loi de 2012 précise néanmoins que cette suppression (notamment en ce qui concerne l'alinéa 1° de l'article 4) correspond à une expérimentation mise en place pour une durée de quatre ans. Elle est donc susceptible soit d'être prolongée en cas de succès, soit d'être remise en cause en cas d'échec. Dans ce dernier cas, les AAI reviendraient au système antérieur ne leur permettant d'employer que des agents en CDD. Toutefois, à l'heure actuelle, il faut souligner le progrès notable mis en place par cette expérimentation. En effet, le rapport parlementaire de 2010 relatif aux autorités administratives indépendantes regrettait que les AAI ne puissent pas recruter des agents en CDI. Il soulignait que « *la possibilité de recruter des personnels contractuels en CDI constitue un réel avantage, de nature à permettre d'améliorer l'efficacité de la structure* » et de ce fait que « *l'ensemble des AAI devrait pouvoir en bénéficier* »[1184] ; c'est pourquoi il a recommandé de « *permettre aux AAI sans personnalité morale de recruter des CDI pour améliorer la permanence de leurs effectifs* »[1185]. La loi du 12 mars 2012 a donc tenu compte de cette recommandation et a contribué à améliorer l'autonomie de gestion financière des AAI.

Finalement, il convient de noter que cette autonomie du recrutement et ce libre choix du personnel est permise par un dispositif

---

[1183] Loi n°2012-347 du 12 mars 2012 relative à l'accès à l'emploi titulaire et à l'amélioration des conditions d'emploi des agents contractuels dans la fonction publique, à la lutte contre les discriminations et portant diverses dispositions relatives à la fonction publique. C'est l'article 33 qui est venu modifier l'article 4 de la loi du 11 janvier 1984.
[1184] Assemblée nationale, Rapport précité, 2010, n°2925, p. 110.
[1185] *Ibid.*, p. 111.

favorable de la LOLF sur la gestion des ressources humaines. En effet, celle-ci a contribué à remplacer l'ancien tableau des emplois budgétaires par une « *enveloppe budgétaire d'une masse salariale globale* »[1186]. Or, le passage d'un tableau précis et détaillé énumérant l'ensemble des emplois des AAI à la fourniture de moyens globalisés librement utilisables au sein du titre 2 est très favorable à l'autonomie de recrutement. Désormais, les autorités indépendantes ont donc la possibilité de choisir librement leur personnel en faisant des arbitrages et des choix mettant en balance le nombre d'emplois et le degré de qualification des personnels ayant une influence sur les salaires dans la limite du plafond d'emplois autorisé et du montant de l'enveloppe budgétaire.

2. Les limites à l'autonomie de recrutement

Deux limites s'appliquent en effet à l'autonomie de recrutement des AAI. La première correspond au plafond d'emplois imposé par la loi de finances et la seconde est la suffisance de l'enveloppe budgétaire destinée à financer le personnel des AAI, elle aussi plafonnée par la loi de finances. Ce double dispositif a été mis en place par la LOLF. En effet, celle-ci a voulu « *remettre de l'ordre dans le décompte des effectifs, notamment à travers la mise en place de plafonds d'emplois en équivalents temps plein travaillé (ETPT), et de crédits limitatifs en matière de dépenses de personnel, essayant ainsi d'appréhender les emplois étatiques par le biais d'une véritable masse salariale* »[1187].

D'une part, l'ensemble des autorités administratives indépendantes se voient fixer un plafond d'autorisations d'emplois. Cela concerne aussi bien les autorités indépendantes non personnalisées que les autorités publiques indépendantes dotées de la personnalité morale. En effet, si les AAI voient leur plafond d'emplois fixé dans le cadre des ministères, la loi de finances consacre un article à la fixation des autorisations d'emplois des API[1188]. Néanmoins, cela est assez récent. Le premier plafond d'emplois des API a été fixé par la loi de finances pour 2012 suite au rapport parlementaire de 2010 faisant état de l'absence d'informations et de contrôles des effectifs des API. Le rapport précisait que « *pour les autorités publiques indépendantes (API) disposant de la personnalité morale, leurs effectifs ne sont pas inclus dans les plafonds d'autorisation d'emplois votés par le Parlement. Il en résulte*

1186 Marie-Anne FRISON-ROCHE, Etude précitée, *in* Assemblée nationale, Sénat, Rapport précité, Tome II, 2006, n°3166, n°404, p. 83.

1187 Romain BOURREL, *op. cit.*, p. 378.

1188 Article 58 de la loi n°2016-1917 du 29 décembre 2016 de finances pour 2017.

que leurs décomptes en termes d'effectifs ne sont pas contrôlés par les contrôleurs budgétaires et comptables ministériels (CBCM) et qu'aucune certitude n'est donnée sur leur sincérité ni sur leur conformité à la méthodologie communément suivie d'équivalent temps plein travaillé (ETPT) »[1189]. Après l'évocation du problème par les parlementaires, les lois de finances y ont remédié par l'adoption d'un article fixant « *le plafond des autorisations d'emplois des autorités publiques indépendantes dotées de la personnalité morale et des autorités administratives indépendantes dont les effectifs ne sont pas inclus dans un plafond d'autorisation des emplois rémunérés par l'Etat* »[1190]. Celui-ci est exprimé en équivalents temps plein travaillé. Il était fixé en 2012 à 2 277 ETPT pour les huit autorités concernées. Il correspond aujourd'hui à 2 573 emplois pour l'année 2017. Il comprend toutefois les effectifs de la nouvelle autorité publique indépendante qu'est le Conseil supérieur de l'audiovisuel. Ce dernier disposant de 284 ETPT, les huit anciennes autorités disposent d'un plafond de 2 289 ETPT pour 2017, soit une augmentation de 12 ETPT par rapport à 2012.

Ces plafonds d'emplois sont distincts en fonction des autorités concernées. Ils peuvent ainsi varier de 1 ETPT pour la Commission consultative du secret de la défense nationale (CCSDN) à 1 121 ETPT pour l'Autorité de contrôle prudentiel et de résolution (ACPR)[1191]. Ils sont malheureusement parfois insuffisants pour qu'une autorité administrative indépendante remplisse ses missions. Ainsi, le Défenseur des droits a souligné dans son rapport annuel de 2013 que « *parmi les personnels du Défenseur, certains agents ne peuvent pas être comptabilisés sous le plafond d'emplois du titre 2*[1192] *[…]. Sans cet apport qui peut varier d'une année sur l'autre et qui a tendance à nettement se réduire, le plafond d'emplois serait insuffisant pour faire face à l'exercice de ses missions par le Défenseur des droits* »[1193]. Les plafonds d'autorisations d'emplois peuvent donc être néfastes pour l'autonomie de recrutement, et de manière générale l'autonomie financière, des AAI. Ils le sont également lorsqu'ils ne permettent pas de faire face à d'éventuels coups durs constitués par des arrêts de travail malvenus. Tel a été le cas de la CADA dont « *le secrétariat général a connu une année difficile dans la mesure où deux de ces agents ont été longuement arrêtés pour des raisons de santé* ». Dans ce cas particulier, « *si la consommation d'équivalent temps plein annuel travaillé (ETPT) a été proche du plafond de 13 dont dispose la CADA avec une moyenne sur l'année de 12,6, les effectifs présents*

1189 Assemblée nationale, Rapport précité, 2010, n°2925, p. 127.

1190 Article 72 de la loi n°2011-1977 du 28 décembre 2011 de finances pour 2012.

1191 Chiffres présents dans la loi de finances pour 2017.

1192 Ils sont de deux ordres : des agents spécialisés relevant d'organismes dont le règlement interne impose un remboursement par convention et des fonctionnaires mis gracieusement à disposition du Défenseur par les ministères.

1193 Défenseur des droits, Rapport d'activité, 2013, pp. 170-171.

ont été de 11 »[1194]. Or, le plafond étant quasi atteint, il était impossible de recruter ponctuellement de nouveaux agents pour faire face à ce manque de personnel inopportun.

Toutefois, il faut souligner que ces plafonds d'emplois ont globalement augmenté ces dernières années. En effet, « *les AAI employaient 3 126 personnes (ETPT) en 2007 et 3 208 ETPT en 2008 ; elles employaient 3 424 ETPT en 2009 et prévoyaient 3 651 ETPT en 2010. Ces chiffres sont certainement sous-évalués car ils ne comprennent pas l'intégralité des effectifs employés par les AAI mis à disposition à titre gracieux ou contre un remboursement partiel par d'autres administrations* »[1195]. Entre 2007 et 2010, on constate donc « *une augmentation des effectifs de 16,8 % [...], soit une croissance annuelle moyenne de 5,3 % selon les statistiques de la direction du budget* »[1196]. Cette augmentation semble se confirmer encore aujourd'hui puisqu'à titre d'exemple, les ETPT du programme 308 « protection des droits et libertés » vont être porté à 558 pour 2017, contre 529 ETPT pour 2016.

En revanche, malgré une augmentation des effectifs notable ces dernières années, la fixation d'un plafond d'emplois contribue à diminuer l'autonomie de recrutement des AAI, d'autant plus que les pouvoirs publics cherchent à stabiliser la masse salariale des AAI. En effet, ces derniers souhaitent faire de l'augmentation des effectifs et des recrutements supplémentaires une exception, uniquement réalisable après une étude d'impact faisant état de l'accroissement des missions et de la réelle nécessité d'embaucher de nouveaux agents. Cette problématique a notamment touché la CRE qui, malgré un accroissement de ses missions et de son activité depuis 2010, a vu ses effectifs diminuer sensiblement[1197].

D'autre part, les autorités administratives indépendantes disposent de crédits limitatifs pour financer leurs dépenses de personnel (titre 2). En effet, l'article 7 de la LOLF prévoit que « *les crédits ouverts sur le titre des dépenses de personnel de chaque programme constituent le plafond des dépenses de cette nature* ». Or, si le plafond est trop bas et que les crédits sont insuffisants, cela peut heurter l'autonomie de recrutement des AAI. En effet, certaines AAI peuvent ne pas avoir les moyens nécessaires pour employer le personnel adéquat et suffisant. Cela se manifeste parfois par une impossibilité d'atteindre le plafond d'autorisations d'emplois du fait de moyens financiers insuffisants. Tel a notamment été le cas de l'Autorité de contrôle des

---

1194 CADA, Rapport d'activité, 2011, p. 97.

1195 Assemblée nationale, Rapport précité, 2010, n°2925, pp. 48-49.

1196 Assemblée nationale, Rapport précité, 2010, n°2925, p. 126.

1197 CRE, Rapport d'activité, 2013, p. 21.

nuisances aéroportuaires (ACNUSA) pour l'année 2011. Celle-ci a souligné dans son rapport annuel que « *le plafond d'emplois autorisé n'a pas été atteint car le montant disponible ne permet[tait] pas de recruter un agent supplémentaire. Par conséquent, une somme de 67 446 € a été remise à la disposition du programme « contrôle et pilotage des politiques du ministère de l'Écologie, du Développement durable, des Transports et du Logement »* »[1198].

Par ailleurs, les AAI sont fortement incitées à faire des économies en limitant le nombre d'emplois pour diminuer la consommation des crédits annuels. L'ARJEL a pu souligner dans son rapport annuel de 2012 que « *dans la perspective de la réduction des dépenses publiques engagée par le gouvernement sur le triennal 2013-2015, [elle] participera à cet effort en atteignant un effectif réel de 62 agents au 31 décembre 2013, soit une diminution de 3 % par rapport au plafond autorisé en 2012* »[1199]. Ces incitations n'ont rien de contraignant mais les AAI tentent souvent de contribuer à cet effort en réalisant des économies d'échelle. Elles ne manquent d'ailleurs pas de le souligner dans leur rapport.

Enfin, nous avons évoqué l'enveloppe globale de crédits comme un facteur d'autonomisation. En effet, il semble que, dans le respect du montant de l'enveloppe et du plafond d'emplois autorisés, les AAI puissent utiliser leur crédits du titre 2 comme elles le souhaitent en faisant le choix soit de recruter un personnel moindre mais hautement qualifié et davantage rémunéré, soit de recruter un personnel plus abondant mais moins qualifié et donc moins cher. La LOLF a donc choisi de responsabiliser les AAI en leur offrant plus de flexibilité. En revanche, cela n'est pas si simple : cette flexibilité dans la gestion du personnel est en réalité maniée, non pas par les AAI elles-mêmes, mais par le responsable de programme dont elles dépendent. Les AAI ne correspondant pas à un programme mais généralement à une action voire à une sous-action, elles ne peuvent *a priori* pas choisir de réaliser tous les arbitrages nécessaires. Il semble néanmoins que certaines d'entre elles puissent disposer d'une certaine marge de manœuvre leur permettant de mettre en place des politiques de rémunérations particulières qu'elles ont elles-mêmes décidées. Tel est le cas de l'ARJEL. En effet, « *le collège de l'ARJEL a mis en place une politique de rémunération qui intègre, dans le cadre de l'enveloppe budgétaire allouée, le versement aux personnels d'un complément variable adossé sur l'appréciation de la performance des agents telle qu'elle ressort des entretiens annuels d'évaluation* »[1200]. Malgré l'enveloppe budgétaire et le plafond d'emplois, l'ARJEL a donc réussi à choisir et

1198 ACNUSA, Rapport d'activité, 2011, p. 94.

1199 ARJEL, Rapport d'activité, 2012, p. 80.

1200 ARJEL, Rapport d'activité, 2010, p. 64.

imposer son mode de rémunération et notamment un dispositif de primes, afin d'inciter des personnalités qualifiées à la rejoindre.

Les AAI semblent de ce fait disposer d'une autonomie de gestion comptable et financière globalement garantie. Celle-ci se concrétise également en matière d'exécution budgétaire.

Section 2.
Une autonomie d'exécution budgétaire préservée : des mécanismes juridiques certes inadaptés mais globalement inappliqués

La mise en place de la LOLF a entraîné la naissance de mécanismes juridiques inadaptés pour certaines institutions particulières telles que les autorités administratives indépendantes. En effet, les AAI s'accommodent assez mal de ces règles propres à la LOLF, celles-ci étant quelque peu attentatoires à leur autonomie financière. Le principe de l'autonomie des AAI fait donc ici face à des mécanismes de gestion rigoureux s'appliquant à l'ensemble de l'administration et sans prendre en compte les particularités de certains organismes. Par conséquent, les AAI se voient appliquer des procédures contraignantes inappropriées portant atteinte à leur autonomie.

La LOLF a notamment mis en place deux dispositifs : la fongibilité asymétrique des crédits et la régulation budgétaire en cours d'exercice (paragraphe 1). Toutefois, ces principes portant largement atteinte à l'autonomie financière des AAI, il a été prévu que des conventions de gestion soient conclues entre les responsables de programme et les présidents de chaque AAI afin d'éviter leur application aux autorités administratives indépendantes (paragraphe 2). Finalement, il semble que dans la pratique, les autorités administratives indépendantes s'affirment dans le sens de l'autonomie, c'est-à-dire en prenant des décisions qui leur sont propres et qui ne sont pas imposées par les pouvoirs publics, à tel point que les parlementaires se sont demandé si le « syndrome de Becket » ne touchait pas les AAI (paragraphe 3).

Paragraphe 1. Les atteintes à l'autonomie de gestion budgétaire par la fongibilité asymétrique et la régulation budgétaire

Par ses articles 7 et 14 notamment, la LOLF a mis en place des dispositifs visant d'une part à rendre les crédits fongibles et interchangeables afin d'éviter le gaspillage des deniers publics et de permettre des compensations logiques et utiles au sein des programmes et, d'autre part, à annuler des crédits soit afin de prévenir une détérioration de l'équilibre budgétaire, soit lorsqu'ils sont devenus sans objet. Ces deux mécanismes sont la fongibilité asymétrique des crédits (A) ainsi que l'annulation de crédits, pouvant s'entendre plus largement comme une régulation budgétaire (B). Ils visent, tous deux, à modifier les crédits soit dans leur répartition, soit dans leur montant soit dans le temps.

A. La fongibilité asymétrique des crédits

Après avoir évoqué son principe (1), il sera question de voir comment il s'applique aux autorités administratives indépendantes (2).

1. Le principe

La fongibilité des crédits est un dispositif créé par la LOLF (après une expérimentation dans les services préfectoraux à la fin des années 1990) qui autorise le responsable de programme à modifier la répartition des crédits, au sein de son programme, sans toutefois en changer le montant. Elle est permise par l'article 7-II de la LOLF qui prévoit notamment que « *la présentation des crédits par titre est indicative* ». Or, le caractère simplement indicatif et donc nullement contraignant de cette présentation permet de modifier la nature d'une dépense. Il sera ainsi possible de transférer des crédits d'un titre vers un autre si le besoin se fait sentir. Par exemple, des dépenses du titre 2 (personnel) pourront être déplacées vers le titre 3 (fonctionnement) ou encore le titre 5 (investissement). En revanche, s'il est possible de diminuer les dépenses de personnel au profit d'un autre type de dépense, l'inverse n'est pas possible. En effet, selon l'article 7-II de la LOLF, « *les crédits ouverts sur le titre des dépenses de personnel de chaque programme constituent le plafond des dépenses de cette nature* »[1201], c'est-à-dire qu'elles ne peuvent être augmentées ; c'est pourquoi la fongibilité des crédits est dite « asymétrique ». Ce mécanisme implique alors que les crédits ouverts par la

---

[1201] Article 7-II de la loi organique relative aux lois de finances du 1er août 2001.

loi de finances sont interchangeables et peuvent se compenser au sein d'un programme, à l'exception des dépenses de personnel qui ne peuvent qu'être diminuées ou maintenues en l'état. Cette modification de la répartition des crédits au sein du programme appartient au responsable de programme qui seul détient le pouvoir de décider de redistribuer les crédits en fonction des besoins et dans le but de réaliser les objectifs de performance qui lui ont été fixés au préalable en optimisant les coûts. Cette souplesse de gestion permise par la LOLF possède deux finalités. Elle vise d'une part à faire des économies et à permettre que des prévisions de dépenses qui s'avèrent trop élevées puissent être réajustées en cours d'exercice. Elle prétend d'autre part à réaliser plus facilement la logique de performance en fixant des objectifs (de qualité, d'efficacité) sans déterminer les moyens pour y parvenir, ceux-ci pouvant évoluer en cours d'exercice au gré du responsable de programme.

Dans la pratique, il faut souligner que si les responsables envisageaient à l'origine d'utiliser massivement la fongibilité asymétrique, le constat qui s'est imposé quelques années après l'entrée en vigueur de la LOLF correspond à un délaissement de la fongibilité et une absence quasi-totale d'usage de ce mécanisme. En effet, le rapport de 2005 sur la mise en œuvre de la LOLF soulignait que « *les perspectives pour l'exercice 2006 [étaient] plutôt encourageantes, puisque 70% des responsables envisag[eai]ent de faire des mouvements de crédits entre BOP et que plus de la moitié envisage[ait] de mettre en œuvre la fongibilité asymétrique* »[1202]. Un bilan de la mise en œuvre de la fongibilité pour l'année 2006 a d'ailleurs démontré que « *les mouvements de fongibilité asymétrique réalisé en 2006 ont été significatifs et ont permis de couvrir à la fois des besoins apparus sur les autres titres et des dépenses nouvelles* »[1203]. Finalement, la pratique depuis l'entrée en vigueur de la LOLF, c'est-à-dire à plus long terme, nous a démontré que la fongibilité asymétrique n'est pas massivement utilisée. Au contraire, après des débuts considérés comme prometteurs en 2006 malgré leur faiblesse, l'utilisation de la fongibilité a décru pour ne représenter aujourd'hui qu'un mécanisme dérisoire et négligeable. L'évolution de la fongibilité asymétrique entre 2006 et 2009 montre cette diminution.

1202 Alain LAMBERT, Didier MIGAUD, Rapport remis au gouvernement, *La mise en œuvre de la loi organique relative aux lois de finances, Réussir la LOLF, clé d'une gestion publique responsable et efficace*, septembre 2005, p. 23.

1203 Note administrative du ministre du budget en direction des directeurs chargés des affaires financières et du personnel, 31 août 2007, n°2BPSS-07-2336. Celle-ci évoque un montant des mouvements de fongibilité s'élevant à 368 millions d'euros, soit l'équivalent de 0,3 % du total des crédits de titre 2 ouverts en LFI 2006.

L'évolution de la fongibilité asymétrique depuis 2006

(en M€)

	2006	2007	2008	2009
Montant de la fongibilité asymétrique	389	302	100	185
Dont fongibilité asymétrique technique[75]	389	225	60	166
Dont fongibilité asymétrique non technique		77	40	19

Source : direction du budget

Un rapport sur la mise en œuvre de la LOLF a ainsi évoqué que « *le mécanisme a été progressivement marginalisé, au point d'avoir quasiment disparu aujourd'hui* »[1204]. Deux raisons viennent expliquer ce délaissement de la fongibilité des crédits : d'une part, ce mécanisme ne peut intervenir qu'en fin d'exercice et après avis du contrôleur budgétaire, ce qui lui enlève toute sa souplesse et, d'autre part, le contexte budgétaire ayant largement changé entre 2001 et aujourd'hui, du fait de la crise financière mondiale, la masse salariale est calculée au plus juste au moment de la préparation du projet de loi de finances, ce qui réduit toute marge de manœuvre pour les gestionnaires.

2. L'application aux autorités administratives indépendantes

Les AAI n'étant pas toutes réunies au sein d'un programme[1205], la fongibilité peut paraître poser des problèmes vis-à-vis de leur autonomie financière. En effet, grâce à ce mécanisme, un responsable de programme pourrait décider arbitrairement de diminuer les crédits d'une AAI pour renforcer le budget d'une autorité gouvernementale non autonome, ce qui porterait largement atteinte à l'autonomie de gestion financière de l'autorité dite indépendante. Cette possibilité est donc contradictoire avec le statut d'AAI et l'autonomie de gestion financière qui leur est conférée par les textes constitutifs.

Il faut néanmoins souligner que ce principe semble ne pas s'appliquer aux AAI. Deux facteurs expliquent l'absence d'usage de la fongibilité des crédits à destination des AAI. Le premier tient au fait, précédemment évoqué, que la fongibilité a globalement été abandonnée et

1204 Cour des comptes, *La mise en œuvre de la loi organique relative aux lois de finances (LOLF) : un bilan pour de nouvelles perspectives*, novembre 2011, p. 115.

1205 Cf. *supra*, p. 205 s.

délaissée vis-à-vis de toutes les administrations[1206]. Le second, propre aux AAI, est relatif à la conclusion de convention de gestion entre les présidents d'AAI et les responsables de programme venant neutraliser la fongibilité à leur encontre sauf si elle est employée dans un sens positif (c'est-à-dire pour augmenter les crédits de l'AAI au détriment des administrations traditionnelles) ou si c'est l'autorité elle-même qui donne son accord[1207]. Le dispositif de la fongibilité s'est donc appliqué aux autorités indépendantes uniquement de façon positive ou acceptée. Ainsi, pour l'année 2010, l'Agence française de lutte contre le dopage (AFLD) a été financée par fongibilité sur son programme de rattachement du fait de la diminution de sa subvention concomitante à la suppression d'une taxe qui devait alimenter le budget de l'agence[1208]. Par ailleurs, lorsque l'Autorité de contrôle des nuisances aéroportuaires (ACNUSA) a constaté l'insuffisance de ses crédits de personnel de l'exercice 2011 pour recruter un agent supplémentaire, le montant disponible de 67 446 euros étant certes conséquent mais trop faible pour rémunérer un ETPT complet, elle a remis cette somme à la disposition de son programme de rattachement[1209].

Le mécanisme de la fongibilité asymétrique des crédits n'est donc finalement pas si attentatoire à l'autonomie de gestion des autorités administratives indépendantes puisqu'il n'est généralement pas appliqué. Il peut néanmoins devenir positif lorsqu'il s'exerce dans le cadre du budget opérationnel de programme (BOP). En effet, la quasi-totalité des AAI étant titulaires d'un BOP, elles ont la possibilité d'utiliser la fongibilité au sein de ce mini-programme. C'est justement dans cette optique de libre emploi des crédits et d'autonomie accrue que les pouvoirs publics avaient proposé à plusieurs reprises que chaque AAI possède un BOP spécifique. Le rapport parlementaire de 2006 l'évoque en mentionnant la volonté de Jean-François Copé, alors ministre du budget, de faire en sorte que « *les crédits de chaque autorité administrative indépendante f[assent] l'objet, en exécution, d'un budget opérationnel de programme dont le responsable sera[it] le dirigeant de l'autorité* »[1210]. Cette volonté a été reprise dans le rapport de 2010, celui-ci recommandant de « *créer un budget opérationnel de programme (BOP) propre à chaque AAI afin d'assurer son autonomie de gestion* »[1211]. Or, il semble que ce souhait ait été réalisé car la grande majorité des AAI sont désormais titulaires d'un BOP. Elles ont

---

1206 Cf. *supra*, p. 450 s.

1207 Cf. *infra*, p. 458 s.

1208 Assemblée nationale, Rapport précité, 2010, n°2925, p. 102.

1209 ACNUSA, Rapport d'activité, 2011, p. 94.

1210 Assemblée nationale, Sénat, Rapport précité, 2006, n°3166, n°404, p. 102.

1211 Assemblée nationale, Rapport précité, 2010, n°2925, p. 155.

donc la possibilité d'utiliser la fongibilité au sein de leur BOP ou de remettre les crédits supplémentaires à disposition du programme. La pratique de la fongibilité par les AAI est très bénéfique car si elle incite les présidents gestionnaires à dégager des gains de productivité, elle les récompense par la suite en leur permettant d'affecter une partie de ces gains dans l'amélioration du fonctionnement de leur service. Cette fongibilité et cette globalisation des crédits entraînent donc une responsabilisation accrue des AAI préservant leur autonomie financière. Il faut néanmoins préciser que les contraintes procédurales qui s'appliquent à la fongibilité au sein d'un programme sont les mêmes à l'intérieur des BOP. Ainsi, la fongibilité n'est pas fréquemment employée par les présidents d'AAI et le libre emploi de l'enveloppe budgétaire intervient donc globalement dans le cadre du fléchage souple des crédits, répartis entre le personnel (titre 2) et le fonctionnement (titre 3).

B. La régulation budgétaire : les gels et annulations de crédits

La régulation budgétaire est un dispositif qui permet de modifier les crédits ouverts par la loi de finances initiale en cours d'exercice. Elle comprend normalement les transferts et virements de crédits ainsi que les gels et annulation de crédits. Nous n'allons toutefois aborder que les deux derniers mécanismes car ce sont ceux qui touchent le plus les AAI.

1. Le principe

La régulation budgétaire permet « *la modulation conjoncturelle des dépenses* »[1212]. Elle correspond à toute procédure modifiant et adaptant les crédits en cours d'exercice. Elle autorise ainsi les gestionnaires publics, et notamment le gouvernement, à procéder à des modifications relatives à la répartition des crédits, à leur montant ou leur réalisation dans le temps par le biais de décrets d'avance[1213], de rétablissements[1214], de transferts[1215], de virements[1216], de gels[1217] ou d'annulations[1218] de crédits. Nous allons seulement nous intéresser aux deux derniers.

1212 Jean-Luc ALBERT, *Finances publiques*, Paris, Dalloz, 8e édition 2013, p. 290.
1213 Article 13 de la loi organique n°2001-692 du 1er août 2001 relative aux lois de finances.
1214 Article 17-IV de la loi organique précitée.
1215 Article 12-II de la loi organique précitée.
1216 Article 12-I de la loi organique précitée.
1217 Article 14-III de la loi organique précitée.
1218 Article 14-I de la loi organique précitée.

Tout d'abord, le gel de crédits est une technique de régulation budgétaire permettant au gouvernement de mettre en réserve une partie des crédits ouverts par la loi de finances. Elle consiste donc en une suspension d'un taux précis de crédits afin soit de l'utiliser *in fine* en cas de besoin, soit de l'annuler s'il est devenu sans objet ou non indispensable, superflu, dans une optique d'économie des deniers publics.

Ensuite, l'annulation de crédits correspond à la suppression de crédits ouverts par la loi de finances initiale par le gouvernement ou le Parlement en cours d'exercice. Cette procédure a été modifiée par la LOLF. Elle a paradoxalement été à la fois étendue, dans son champ d'application, et complexifiée, dans sa procédure. Ainsi, désormais pourront être annulées non seulement les crédits « *devenu[s] sans objet* » mais également ceux qui ne sont pas indispensables, dans le but de « *prévenir une détérioration de l'équilibre budgétaire* ». Cette notion assez vague de l'article 14-I de la LOLF augmente la compétence du gouvernement en matière d'annulation de crédits en lui laissant une liberté d'appréciation et une marge de manœuvre plus importantes. « *Il en résulte donc une inévitable précarité des crédits dans le temps puisque ceux-ci peuvent être remis en cause en cours d'exécution* »[1219]. Par ailleurs, la procédure a évolué. Désormais, ce n'est plus un arrêté du ministre des finances qui permet d'annuler des crédits mais un décret du Premier ministre pris sur le rapport du ministre chargé des finances.

Si ces deux procédures dépendent largement du gouvernement, la LOLF « *semble associer plus étroitement le Parlement via des procédures d'informations ou d'avis. Ainsi, les commissions des finances et les commissions concernées doivent être informées [...] de tout décret d'annulation et de tout acte ayant pour effet de rendre des crédits indisponibles. Mais que dire d'autre qu'il ne s'agit là que d'une information, la procédure n'offrant pas de moyens nouveaux au Parlement pour peser sur ces décisions* »[1220]. De ce fait, le Parlement ne peut pas s'opposer à une annulation de crédits. Impuissant, il ne pourra que la constater. En revanche, la LOLF plafonnant les annulations réglementaires de crédits, celles-ci ne représentent qu'un maximum de 1,5 % des crédits ouverts par la loi de finances et donc un montant minime[1221]. Il est néanmoins regrettable que ce montant, même négligeable, touche les AAI.

1219 Michel BOUVIER, Marie-Christine ESCLASSAN, Jean-Pierre LASSALE, *Finances publiques*, Paris, LGDJ, 12e édition 2013, p. 367.

1220 Philippe JUEN, « L'autorisation parlementaire dans la loi organique relative aux lois de finances : réforme ou continuité ? (1e partie) », *Les Petites Affiches*, 25 février 2002, n°40, p. 6.

1221 Article 14-I de la loi organique précité.

2. L'application aux autorités administratives indépendantes

Les gels et annulations de crédits sont les mesures de régulation budgétaire qui touchent le plus les AAI. En effet, concernant les gels de crédits, chaque rapport annuel d'activité des AAI fait état de ces gels de crédits en précisant parfois le taux de gel appliqué. Ainsi, certaines AAI indiquent dans leur rapport le montant de la dotation annuelle « *gel de précaution déduit* »[1222]. D'autres font figurer ce montant dans un tableau intégrant ces gels, soit par le biais d'un astérisque comme c'est le cas du Commission consultative du secret de la défense nationale (CCSDN, rapport 2010[1223]) ou de la Haute autorité pour la diffusion des œuvres et la protection des droits sur internet (HADOPI, rapport 2013[1224]), soit par le biais d'une ligne dédiée faisant état du montant précis de gel. En effet, certaines autorités indiquent de façon explicite et détaillée les sommes gelées dans leur rapport. Tel est le cas du Conseil supérieur de l'audiovisuel (CSA) qui dans son rapport de 2013 dresse un tableau recensant précisément le montant des gels et surgels budgétaires.

	TITRE 2				TITRE 3	
	ETPT	Masse salariale AE=CP			AE	CP
		Hors CAS Pensions	CAS Pensions	TOTAL		
PLF 2013	**290**	***20 149 809***	***1 048 734***	**21 198 543**	**10 861 762**	**15 861 762**
Taxation interministérielle		*0*	*0*	*0*	*-52 202*	*-52 202*
LFI 2013	**290**	***20 149 809***	***1 048 734***	**21 198 543**	**10 809 560**	**15 809 560**
gels		*-105 993*	*0*	*-105 993*	*-725 265*	*-1 025 265*
DOTATION initiale BOP 2013	**290**			**21 092 550**	**10 084 295**	**14 784 295**
Surgel global sur les crédits 2013		*0*	*0*	*0*	*-423 157*	*-423 157*
CREDITS DISPONIBLES BOP 2013	**290**			**21 092 550**	**9 661 138**	**14 361 138**

Source : CSA, rapport d'activité, 2013, p. 169.

Le tableau nous montre ainsi que le CSA a donc connu, pour l'année 2013, un gel de 105 993 euros au titre de ses dépenses de personnel et de 725 265 euros en autorisation d'engagement et 1 025 265 euros en crédit de paiement au titre de ses dépenses de fonctionnement. Par ailleurs, l'Autorité de régulation des communications électroniques et des postes

---

1222 ACNUSA, Rapport d'activité, 2011, p. 94.

1223 La mention « **après gel budgétaire et réserve de précaution* » apparaît ainsi sous le tableau des moyens du CCSDN dans son rapport d'activité de 2010, p. 28.

1224 La mention « **Les recettes se composent d'une subvention brute de 9 M€ minorée d'un gel de 6,36 %* » apparaît sous le tableau des ressources de l'Hadopi dans son rapport d'activité de 2013, p. 84.

(ARCEP) a vu sa dotation annuelle de 2013 réduite par la réserve de précaution du Parlement à hauteur de 0,5 % pour le titre 2 et 6 % pour le titre 3 ainsi que par un surgel de 400 000 euros en cours d'exercice pour le titre 3[1225]. Le contrôleur général des lieux de privation de libertés (CGLPL) « *a subi également un gel et surgel de crédits pour un montant de 72 517 € en AE, 87 811 € en CP* » pour l'année 2013[1226]. La Commission de régulation de l'énergie (CRE) préfère quant à elle dénoncer les amputations systématiques de son budget par des mesures de gel budgétaire[1227].

Il faut également souligner que même lorsque les AAI ne font pas état de ces gels de crédits au sein de leur rapport d'activité, elles les subissent pareillement du fait de l'application générale d'un taux de gel à toutes les administrations et institutions financées par le budget général y compris celles censées être titulaires d'une autonomie financière comme les collectivités territoriales[1228].

Concernant les annulations de crédits, elles peuvent parfois être l'issue des gels de crédits pratiqués à l'encontre des AAI. Elles sont notamment visibles au sein du programme 308 puisque celui-ci ne contient que des AAI. Or, il est touché par ces annulations à hauteur de 2 467 780,40 euros concernant les annulations d'autorisations d'engagement non consommées et non reportées, et de 2 723 634,03 euros concernant les annulations de crédits non consommés et non reportés pour 2015 selon la loi de règlement relative à cet exercice[1229], ce qui représente une annulation de 2,7 % des crédits totaux accordés aux AAI du programme 308. En effet, un décret a notamment effectué des annulations de crédits pour 2015 concernant le programme 308 « protection des droits et libertés » de la mission « direction de l'action du gouvernement » : le décret du 19 janvier 2015[1230], qui a annulé 3 604 255 euros de crédits au sein du titre 2. Or, étant donné que ce programme ne contient que des autorités administratives indépendantes, nous ne pouvons que constater que les annulations de crédits touchent les AAI, certes pour un faible pourcentage mais diminuant bel et bien l'autonomie de gestion des AAI.

1225 ARCEP, Rapport d'activité, 2013, p. 20.

1226 CGLPL, Rapport d'activité, 2013, p. 323.

1227 CRE, Rapport d'activité, 2013, p. 19. « *Les effectifs et le budget de fonctionnement du régulateur français de l'énergie […] sont en outre systématiquement amputés en cours d'année par des mesures de gel budgétaire* ».

1228 Cf. *supra,* p. 385 s.

1229 Article 4 de la loi n° 2016-999 du 22 juillet 2016 de règlement du budget et d'approbation des comptes de l'année 2015.

1230 Décret n°2015-39 du 19 janvier 2015 portant annulation de crédits.

Finalement, il faut constater que « *la LOLF se retourne contre les Autorités administratives indépendantes, par leur insertion dans des programmes, c'est-à-dire en les soumettant à un pouvoir de décision budgétaire en cours d'exercice, diminution apparente de leur propre maîtrise, c'est-à-dire de leur apparente autonomie* »[1231]. Néanmoins, la régulation budgétaire ne touchant qu'une faible part du budget des AAI, moins de 5 %, leur autonomie de gestion est assurée pour les 95 % du budget restant dans la limite de la répartition entre les titres 2 et 3 de dépenses.

Paragraphe 2. Le contournement de ces atteintes : la conclusion de conventions de gestion

Afin de limiter l'application de la régulation budgétaire et d'atténuer son effet néfaste sur l'autonomie financière des autorités administratives indépendantes, une solution a été trouvée : la « *contractualisation* »[1232] des relations entre les AAI et leur ministère de rattachement. Des conventions sont désormais conclues par de nombreuses AAI avec leur responsable de programme afin de prévoir des objectifs et des indicateurs de performance en accord avec leur nécessaire autonomie. Ces conventions peuvent correspondre à des contrats d'objectifs, de performance ou des chartes de gestion.

A l'origine, ces conventions avaient été préconisées pour les agences, correspondant généralement à des établissements publics. Elles permettaient, d'une part, de piloter ces agences en leur fixant des lignes directrices en contrepartie de moyens et, d'autre part, de rendre compte *in fine*. Or, la question se posait de savoir si ce dispositif s'accordait avec les autorités administratives indépendantes ne devant en principe pas recevoir d'ordres, d'instructions ou de lignes directrices du gouvernement. « *L'indépendance assurée aux AAI semble par nature incompatible avec une telle démarche de définition d'une stratégie assortie d'objectifs et d'indicateurs de performance, en contrepartie de l'octroi de moyens* »[1233]. Néanmoins, ces conventions ont été recommandées puis utilisées en direction de la catégorie des AAI, non pas pour leur imposer des objectifs, mais pour les associer à la procédure budgétaire et leur permettre de contribuer elles-mêmes à la définition de

---

1231 Marie-Anne FRISON-ROCHE, Etude dressant un bilan des autorités administratives indépendantes, in Assemblée nationale, Sénat, Rapport précité, Tome II, 2006, n°3266, n°404, p. 126.

1232 Assemblée nationale, Rapport précité, 2010, n°2925, p. 152.

1233 *Ibid.*, p. 154.

leurs propres indicateurs et objectifs de performance. En effet, contrairement à ce qui s'applique aux diverses agences, les chartes de gestion permettent d'« *insérer l'ensemble des AAI dans le dispositif de performance [...] avec des objectifs et indicateurs pertinents et représentatifs [définis] d'un commun accord entre l'AAI et le responsable du programme budgétaire de rattachement* »[1234]. Ainsi, ces conventions entraînent un « *dialogue approfondi et systématique* »[1235], une concertation et une entente constructive sauvegardant l'autonomie financière des AAI par l'initiative qu'elle leur offre en matière de définition de leurs propres objectifs, mais également par la prise en compte de leur particularisme et leur indépendance vis-à-vis de l'emploi de certains mécanismes comme la fongibilité ou la régulation des crédits. En effet, dans la pratique et grâce à ces conventions, ces principes budgétaires ne s'appliquent aux AAI que lorsqu'elles l'autorisent. Cela permet donc de respecter l'autonomie de gestion financière des AAI, même si cela demeure une sorte de tolérance, le responsable de programme pouvant, le cas échéant, passer outre, certes dans le mépris de la charte mais dans le respect de la LOLF. Cette protection relative a toutefois été globalement respectée à ce jour.

A titre d'exemple, une charte de gestion a été signée par toutes les AAI du programme 308[1236] afin de renforcer leur autonomie de gestion. Cette charte a été élaborée en concertation avec les responsables de BOP du programme 308, correspondant aux présidents de chaque AAI appartenant audit programme. Elle a ensuite été validée par le Secrétaire général du gouvernement[1237] le 20 avril 2009. Son objet est de « *défini[r] les règles présidant au dialogue de gestion, tant sous l'angle de la prévision et de l'exécution budgétaires que du point de vue de la démarche de performance* »[1238]. Elle permet donc un pilotage

---

1234 *Idem.*

1235 *Idem.*

1236 Le programme 308 « Protection des droits et libertés » est inséré dans la mission « Direction de l'action du gouvernement » et comprend les dix AAI suivantes : la Commission nationale de l'informatique et des libertés (CNIL), le Conseil supérieur de l'audiovisuel (CSA), le Contrôleur général des lieux de privation de liberté (CGLPL), la Commission d'accès aux documents administratifs (CADA), le Comité consultatif national d'éthique (CCNE), la Commission nationale consultative des droits de l'homme (CNCDH), la Commission nationale de contrôle des interceptions de sécurité (CNCIS), la Commission consultative du secret de la défense nationale (CCSDN), le Défenseur des droits et la Haute autorité pour la transparence de la vie publique (HATVP).

1237 Le Secrétaire général du gouvernement est le responsable du programme 308.

1238 Sénat, Rapport général n°101 (2009-2010) fait au nom de la Commission des finances sur le *projet de loi de finances pour* 2010, Tome III, Annexe n°9 *Direction de l'action du gouvernement*, Yves KRATTINGER, 19 novembre 2009, p. 25.

consensuel et accepté par les AAI du fait de leur participation à l'élaboration de la stratégie du programme.

La charte de gestion se décompose en deux parties. La première est consacrée à la préparation du budget et au suivi de la gestion qui seront assurés par la Direction des services administratifs et financiers du Premier ministre (DSAF) et la seconde contient des principes de pilotage par la performance, dirigés par la mission d'organisation des services du Premier ministre (MOSPM). Or, elle met en place une relation très constructive entre les AAI et la DSAF permettant une exécution du budget des AAI souple et négociée. Elle neutralise également les mécanismes de régulation budgétaire en prévoyant que ceux-ci ne pourront être employés que si le président de l'autorité, en tant que responsable de BOP, donne son accord. « *A titre d'illustration, la section 2.2.6 de la charte prévoit que "la direction des services administratifs et financiers tient à jour les tableaux de suivi des crédits et de leur consommation à l'attention du responsable de programme. Elle analyse la situation de l'exécution des crédits et propose les mesures d'ajustement nécessaires à l'optimisation de la gestion des ressources du programme (demande de dégel de la réserve de précaution, fongibilité entre les budgets opérationnels de programme). Les mesures d'ajustement sont mises en œuvre après l'accord des responsables de budget opérationnel de programme concernés"* »[1239]. Malgré la faible portée juridique de ces chartes, les responsables de programme les respectent généralement.

Il a également été institué au sein du programme 308 un comité de pilotage spécifique qui se réalise sous la présidence du responsable de programme. Il réunit l'ensemble des gestionnaires intervenant dans le programme 308[1240], dont les responsables de BOP. Les AAI sont donc toujours impliquées dans les prises de décisions qui les concernent. Les réunions du comité de pilotage, ayant lieu au moins deux fois par an, permettent d'exposer le rapport annuel de performances (RAP) N-1 et les orientations du projet annuel de performance (PAP) N+1 et de réaliser un bilan de l'exécution du budget de l'année N.

Finalement, les conventions de gestion, associées à la mise en place d'un comité de pilotage, permettent d'intégrer les AAI dans le circuit financier (prise de décision, détermination des objectifs, exécution budgétaire) et de maintenir leur autonomie de gestion financière par leur consultation et leur accord requis pour chaque opération. Il faut néanmoins

---

1239 *Ibid.*, p. 44.

1240 Ce comité de pilotage rassemble le directeur des services administratifs et financiers du Premier ministre, chaque responsable de BOP et le chef de la MOSPM. Il est présidé par le responsable du programme en la personne du Secrétaire général du gouvernement.

souligner qu'en pratique, toutes les autorités indépendantes ne sont pas égales devant le dialogue de gestion. Les conventions de gestion sont donc perfectibles. Les AAI qui dépendent du Premier ministre semblent ainsi satisfaites de la « *relation régulière avec la direction des services administratifs et financiers* », de la « *particip[ation] au comité de pilotage du programme* » et de la communication préalable des mesures de régulation « *afin d'en anticiper autant qu'il est possible les conséquences* »[1241]. En revanche, tel n'est pas le cas de toutes les autorités indépendantes. Le rapport sénatorial de 2015 fait état d'une grande diversité des réponses des AAI concernant la question du dialogue de gestion, des modalités d'association des AAI et de l'application des mesures de régulation budgétaire. Dans ce cadre, la Commission de régulation de l'énergie n'a pas manqué de souligner qu'elle « *n'est pas associée à un dialogue de gestion. [...] Les mesures de régulation lui sont* [ainsi] *appliqués sans aucun dialogue de gestion et sans explication sur la façon dont les arbitrages sont réalisés* »[1242].

Paragraphe 3. Le constat et la confirmation de l'autonomie de gestion budgétaire dans la pratique : le « syndrome de Becket » des AAI

Grâce au dialogue de gestion et à la prise en compte du particularisme de la catégorie des autorités administratives indépendantes par les diverses conventions de gestion, l'autonomie de gestion financière leur est globalement assurée. Cela se vérifie d'ailleurs dans la pratique par leur comportement, leur prise de décision et la réalisation de leur mission. En effet, il semble que les AAI exercent leur fonction en toute indépendance et impartialité sans se soucier du souhait de l'Etat et des administrations centrales.

Le rapport parlementaire de 2010 évoque alors un « *syndrome de Becket* »[1243]. Celui-ci tient son nom de la situation qui existait entre Henri II Plantagenêt et Thomas Becket dans l'Angleterre du XIIe siècle. Ce dernier, à l'origine chancelier d'Henri II, était un courtisan dévoué et efficace sachant manier diplomatie et fermeté ; c'est pourquoi le roi avait choisi de le nommer archevêque de Cantorbéry, afin de se débarrasser des privilèges du clergé et de régner en maître tout puissant. Or, loin de vouer à Henri II une reconnaissance, une obéissance et une fidélité sans faille, Becket est devenu un fervent défenseur de la cause de l'Eglise contre les prétentions du roi et

1241 Sénat, Rapport précité sur le bilan et le contrôle des AAI, n°126, 2015, p. 53.
1242 *Idem.*
1243 Assemblée nationale, Rapport précité, 2010, n°2925, p. 50.

donc le plus redoutable adversaire et opposant d'Henri II. Nous ne pouvons que constater que la comparaison des AAI avec Thomas Becket est très flatteuse pour leur autonomie. Ce syndrome de Becket évoqué par le Parlement démontre également le sentiment de ce dernier vis-à-vis de l'indépendance des AAI : selon lui, si les AAI ne possèdent pas tous les éléments d'une autonomie assurée, elles ont elles-mêmes affirmé et démontré leur autonomie dans la pratique par leurs décisions et leurs actes. Au-delà, le rapport estime que les AAI sont indépendantes et se détachent réellement des pouvoirs publics ; à tel point qu'il précise qu'une fois « *les AAI [créées] par le Parlement sur proposition du gouvernement ; ceux-ci, tels des « apprentis sorciers », ne contrôleraient plus leurs créatures* »[1244], ces dernières limitant même, par leur action, les pouvoirs de leurs créateurs. Selon le rapport, les autorités administratives indépendantes sont alors investies d'une mission qu'elles dépassent largement. Ainsi, elles « *outrepassent leur responsabilité* » et « *excèdent les limites de leurs prérogatives* »[1245] par une surrégulation allant jusqu'aux prises de position politique.

Plusieurs exemples, auparavant dénoncés par des associations agissant dans les domaines régulés, les entreprises contrôlées ou les ministères, sont évoqués dans le rapport.

Tout d'abord, l'Autorité des marchés financiers (AMF) semble aller au-delà des compétences qui lui ont été confiées en créant des normes « *au statut juridique incertain* »[1246]. Cela a été dénoncé par l'Association française des entreprises privées (AFEP), le Mouvement des entreprises de France (MEDEF) et l'Association française de gestion financière (AFG). En effet, l'AMF est compétente pour adopter un règlement général homologué par le ministre de l'économie fixant la règlementation des marchés financiers. Cette compétence étant assez vaste, malgré son énumération détaillée à l'article L. 621-7 du code monétaire et financier, l'AMF semble dépasser l'habilitation qui lui a été donnée pour exercer le pouvoir règlementaire. Or, en réalité, c'est la délégation qui est très large et pas l'AMF qui outrepasse ses compétences. L'article L. 621-7 prévoit que le règlement général de l'Autorité des marchés financiers détermine « *notamment* » dix catégories de règles[1247]. Or, l'utilisation de l'adverbe « notamment » implique généralement

---

[1244] *Idem.*

[1245] *Idem.*

[1246] *Idem.* Ce statut juridique incertain évoqué dans le rapport est sans doute dû au fait que l'AMF semble dépasser les contours de son pouvoir règlementaire délimités par l'article L. 621-7 du code monétaire et financier.

[1247] L'article L- 621-7 du code monétaire et financier est très long. Il comprend notamment les catégories de règles suivantes : « *les règles de pratique professionnelle qui s'imposent aux émetteurs*

que la liste qui suit n'est pas exhaustive, mais seulement indicative. L'AMF ne pratique donc pas une surrégulation, elle ne fait que remplir sa mission. Si cette pratique semble aller au-delà de l'article L. 621-7, elle correspond en réalité à une interprétation certes large mais permise par la rédaction extensive de l'article lui-même.

Ensuite, la Commission de régulation de l'énergie (CRE) a également été la cible de critiques, notamment de la part d'EDF. Elle a été accusée d'outrepasser sa mission en voulant appliquer les recommandations de l'Association des régulateurs européens et en proposant des modifications de loi sur les tarifs règlementés. S'il est vrai que la CRE est préalablement consultée sur certains projets de dispositions à caractère réglementaire, elle a la possibilité de formuler des avis et proposer toute mesure favorisant le bon fonctionnement et la transparence, notamment en matière de prix, du marché de détail. Ainsi, elle a bien le pouvoir de proposer des modifications relativement aux tarifs règlementés. Par ailleurs, il lui a été reproché de ne pas tenir compte des éventuelles répercussions économiques et financières de ses décisions sur les opérateurs du secteur. Dans ce sens, « *la CRE a obligé EDF à séparer les locaux d'EDF et ERDF avant la fin des baux, ce qui a entraîné un surcoût de 59 millions d'euros* »[1248]. Or, en réalité, la CRE n'a fait qu'appliquer rigoureusement les nouvelles règles d'ouverture à la concurrence et de séparation des activités de réseaux et de services des opérateurs historiques imposées par le droit européen. Elle est donc restée dans les limites de sa compétence.

Par ailleurs, il a été reproché à l'Autorité de sûreté nucléaire (ASN) de dépasser sa simple compétence de validation de dossiers de construction de réacteurs nucléaires aux fins d'exportation. Ses détracteurs, que sont les industriels du secteur, estiment que l'ASN guide la politique nucléaire de la France en augmentant le seuil de sûreté des réacteurs. En effet, suite aux incidents nucléaires récents, l'ASN a renforcé ses exigences en « *[harmonisant] par le haut la sûreté nucléaire et la radioprotection dans le monde* »[1249] et a exigé que les nouveaux projets répondent à ses exigences. Dans le cas contraire, « *face à des projets d'exportation de réacteurs ne répondant pas à ces objectifs de sûreté, l'ASN n'hésitera pas à dire que de tels réacteurs ne pourraient pas être*

---

lorsqu'ils procèdent à une offre au public [...] Les règles relatives aux offres publiques d'acquisition portant sur des titres financiers admis aux négociations sur un marché réglementé [...] Les règles de bonne conduite et les autres obligations professionnelles [...] Les règles relatives aux recommandations d'investissement destinées au public [...] Les modalités d'exécution des obligations de publicité et d'information ».

1248 Assemblée nationale, Rapport précité, 2010, n°2925, p. 50.

1249 *Ibid.*, p. 51.

construits en France »[1250]. Toutefois, il semble que l'ASN ne fait que remplir les missions qui lui ont été confiées par le législateur lui-même.

Enfin, la Commission nationale de l'informatique et des libertés (CNIL) a quant à elle connu un conflit important avec le ministère de l'intérieur au regard des images recueillies par les caméras de vidéosurveillance[1251]. Le ministère estimait alors que la CNIL avait une conception très large de ses compétences et que ces dispositifs de surveillance n'étaient pas censés en faire partie. Or, estimant que cela portait atteinte à la vie privée, la CNIL et notamment Alex Türk, son ancien président[1252], considérait que cela entrait dans le champ de ses compétences.

Finalement, il semblerait que le Parlement et le gouvernement soient méfiants vis-à-vis des autorités qu'ils ont eux-mêmes créées car ils voient qu'elles leur échappent. Or, en réalité, si celles-ci se soustraient à leur autorité, c'est justement parce qu'ils les ont voulues indépendantes. Cette indépendance était l'essence même de leur création, le substrat de leur existence, leur raison d'être. Elle était la condition de leur efficacité et se réalisait par un professionnalisme accru concrétisé par une organisation technocratique permettant une expertise impartiale et un exercice autonome de leurs missions.

Ce syndrome de Becket qui touche les AAI rappelle d'ailleurs le « *devoir d'ingratitude* »[1253] que les membres du Conseil constitutionnel doivent avoir envers ceux qui les ont nommés. Les autorités administratives indépendantes, ayant compris que ce devoir d'ingratitude les caractérisait aussi, font une interprétation extensive de leur compétence tout en restant néanmoins dans les limites permises par les textes. Elles disposent donc d'une autonomie de gestion assurée non seulement par les textes législatifs et règlementaires mais également par les conventions de gestion qu'elles peuvent conclure avec le responsable du programme auquel elles appartiennent. Cette liberté de gestion se réalise pareillement grâce à l'absence de contrôle financier *a priori* à l'encontre des actes de gestion des AAI.

1250 *Idem.*

1251 La CNIL faisait une interprétation extensive de la notion de « *traitements de données à caractère personnel* » constitutive de sa mission.

1252 Alex Türk a été président de la CNIL de 2004 a 2011. Désormais et depuis septembre 2011, la nouvelle président est Isabelle Falque-Pierrotin, conseiller d'Etat.

1253 Evoqué par Robert Badinter lors d'une interview au journal *Le monde* en 1982. Il a par la suite été nommé président du Conseil constitutionnel en 1986.

Conclusion du chapitre.

Si les autorités indépendantes possèdent une autonomie budgétaire limitée, elles disposent d'une réelle autonomie de gestion budgétaire et comptable. En effet, d'une part, les règles strictes de la comptabilité publique s'assouplissent au contact des AAI permettant une application nuancée et favorable de la séparation des ordonnateurs et des comptables. Ainsi, l'ordonnateur est le président de l'autorité et il entretient une relation partenariale souple avec le comptable public (CBCM) tenant compte du statut d'autonomie des AAI. D'autre part, une autonomie de gestion budgétaire est assurée par la détention d'un BOP propre pour la quasi-totalité des AAI. Ce dernier, abondé par une enveloppe de crédits globalisés, est géré librement par l'ordonnateur grâce à des chartes de gestion – certes d'une portée juridique incertaine mais globalement respectées en pratique – visant à écarter l'application de certaines procédures néfastes pour l'autonomie financière des AAI telles que la fongibilité asymétrique des crédits et la régulation budgétaire, notamment les annulations de crédits. La seule ombre au tableau de l'autonomie de gestion constituée par la rigidité des dépenses de personnel, majoritaires au sein des AAI, est également éclaircie par les particularités de ces autorités indépendantes employant notamment du personnel contractuel. Finalement, cette autonomie de gestion, globalement assurée, est renforcée par un contrôle adapté des opérations financières des autorités indépendantes.

Chapitre II.
Une autonomie de gestion renforcée par un contrôle adapté des opérations financières

L'autonomie de gestion se réalise certes par une libre utilisation des crédits alloués permise par une procédure aménagée tenant compte du particularisme des autorités indépendantes ; néanmoins, pour être complète, cette procédure doit prévoir un contrôle financier adapté aux AAI par les pouvoirs publics. Or, les administrations étatiques ont de tout temps été sujettes à un contrôle financier accru, tant *a priori* qu'*a posteriori*. En effet, il existe trois étapes du contrôle financier. Le premier contrôle, exercé par le responsable gestionnaire, correspond au « *contrôle du service fait* »[1254] par l'ordonnateur. Le deuxième contrôle est celui du contrôleur financier qui exerce alors un « *contrôle approfondi* »[1255] *a priori*. Enfin, le dernier contrôle est « *l'évaluation ex-post* »[1256], c'est-à-dire l'audit et le contrôle exercé *a posteriori* par des organes externes, notamment juridictionnels.

Si la mise en œuvre de la LOLF a entraîné une profonde rénovation de ce contrôle financier, elle l'a toutefois maintenu. Une adaptation et un assouplissement de ce contrôle en faveur des AAI peut donc s'effectuer en deux étapes : d'une part, tout contrôle *a priori* doit être supprimé et, d'autre part, un contrôle *a posteriori* peut être maintenu sinon créé[1257]. C'est en réalisant ces deux éléments que l'on obtient un contrôle favorable à l'autonomie financière des AAI. Or, la présence d'un contrôle adapté des opérations financières des AAI est prévue par la loi. En effet, chaque texte constitutif prévoit que les AAI échappent à l'application de la loi du 10 aout 1922 relative à l'organisation du contrôle des dépenses engagées[1258], c'est-à-dire qu'elles ne sont pas soumises à un contrôle financier *a priori*. De ce fait, le visa des contrôleurs financiers n'est pas nécessaire pour les AAI (section 1). En revanche, pour compenser cet absence de contrôle *a priori* et pour assurer un contrôle de ces institutions, les AAI sont contrôlées *a posteriori* par le Parlement ou les juridictions, financières et administratives (section 2). Toutefois, ce type de contrôle intervenant après la réalisation des

1254 Laurent ARGENTIERI, « L'émergence d'un modèle européen de contrôle financier », Les *Petites Affiches*, 22 novembre 2005, n°232, p. 6.

1255 *Idem.*

1256 *Idem.*

1257 En effet, aucune institution, même indépendante, ne doit échapper aux contrôles *a posteriori* inhérents à toute démocratie.

1258 Loi du 10 août 1922 relative au contrôle des dépenses engagées.

opérations et la prise de décision, n'est pas attentatoire à l'autonomie financière. Par ailleurs, réalisé par des organes impartiaux, les juridictions, ou par des organes démocratiques, le Parlement, ce contrôle *a posteriori* a pour conséquence non pas de limiter mais de renforcer l'autonomie financière des AAI.

Section 1.
La dispense de contrôle financier *a priori* comme facteur d'autonomie financière des autorités indépendantes

L'autonomie financière des autorités indépendantes est assurée par une autonomie de gestion budgétaire et comptable renforcée par une dispense de contrôle financier *a priori*. Ces contrôles, en principe réalisés par les contrôleurs budgétaires, sont en effet prohibés par la loi en direction des AAI. Or, si la dispense de contrôle financier *a priori* est imposée par les textes constitutifs des AAI (paragraphe 1), ces dernières se voient néanmoins appliquer un tel contrôle. Ceux-ci se réalisent de deux manières : la première est l'attribution des ressources aux AAI conjointement par le gouvernement et le Parlement qui dans ce cadre contrôlent le montant et la répartition des crédits des AAI, la seconde est l'utilisation du logiciel Chorus par l'ensemble des AAI, celui-ci intégrant les visas des contrôleurs financiers dans le circuit de la dépense. Toutefois, nous verrons que ce contrôle n'est que purement formel et non réel (paragraphe 2).

Paragraphe 1. Une dispense de contrôle financier *a priori* imposée par les textes et confirmée par la pratique

La dispense de contrôle financier *a priori* permettant de préserver l'autonomie financière des autorités administratives indépendantes est prévue par la loi. En effet, la majorité des textes constitutifs des AAI a prévu que les dispositions de la loi du 10 août 1922 ne leur seraient pas applicables. La récente proposition de loi portant statut général des autorités administratives indépendantes et des autorités publiques indépendantes envisage d'ailleurs de généraliser cette disposition à l'ensemble des autorités[1259]. Cela implique que les AAI ne nécessitent pas le visa du contrôleur financier pour réaliser leurs dépenses et remplir leurs missions (A). Ce principe, né avec les AAI et qui les caractérise depuis toujours, est d'ailleurs effectivement appliqué dans la pratique au moment de la mise à disposition des crédits (B).

A. Une dispense de contrôle financier *a priori* imposée par la loi et les règlements

Les textes constitutifs des autorités indépendantes prévoient généralement la dispense de contrôle financier *a priori* (1). Celle-ci permet une plus grande autonomie financière et a été appliquée également aux collectivités territoriales. En revanche, les établissements publics n'en bénéficient pas et sont toujours soumis à la tutelle de leur ministère (ou collectivité) de rattachement (2).

1. Une dispense de contrôle a priori prévue par les textes constitutifs des autorités indépendantes

Le contrôle financier des administrations existe de longue date. En effet, les contrôleurs financiers ont été « *créés en 1890 pour veiller sur la régularité des engagements de dépenses décidés par les ministres [...]* [puis] *ont vu leur régime défini initialement par la loi du 10 août 1922* »[1260] relative à l'organisation du contrôle des dépenses engagées[1261]. A l'origine, ce contrôle systématique exercé pour chaque dépense pouvait tant porter sur leur régularité que sur leur opportunité, ce qui avait pour effet d'asservir les organismes qui y étaient soumis. Or, cette loi a par la suite été en partie abrogée par un décret de 2005 relatif au contrôle financier au sein des administrations de l'Etat[1262].

1259 Proposition de loi portant statut des autorités administratives indépendantes et des autorités publiques indépendantes déposée au Sénat le 7 décembre 2015, actuellement en troisième lecture au Sénat (séance publique prévue pour le 10 janvier 2017). L'article 19 prévoit en effet que « la loi du 10 août 1922 relative à l'organisation du contrôle des dépenses engagées n'est pas applicable à la gestion des autorités administratives indépendantes et des autorités publiques indépendantes ».

1260 Nicolas GROPER, Christian MICHAUT, « L'intervention du contrôleur financier dans le visa des pièces justificatives des dépenses des établissements publics », *AJDA*, 2010, n°44, p. 2484.

1261 Loi du 10 août 1922 relative à l'organisation du contrôle des dépenses engagées.

1262 Décret n°2005-54 du 27 janvier 2005 relatif au contrôle financier au sein des administrations de l'Etat.

Celui-ci avait pour objet d'alléger le contrôle financier. En effet, il « *a réformé les mécanismes du contrôle du ministre chargé du budget, en réduisant très sensiblement le nombre d'actes des actes soumis au visa ou à l'avis du contrôle financier, sans toutefois mettre en cause la singularité que constitue le contrôle financier central* »[1263]. Désormais, le contrôle financier est régi et harmonisé par le dernier décret de 2012 relatif à la gestion budgétaire et comptable publique[1264] faisant suite à la l'entrée en vigueur de la réforme financière engagée en 2001 avec la LOLF et impliquant une rénovation considérable du dispositif du contrôle financier des institutions administratives. La loi du 10 août 1922 reste toutefois la référence encore mentionnée dans les textes. La proposition de loi du 7 décembre 2015 portant statut général des AAI et des API y fait d'ailleurs encore référence.

Aujourd'hui, ce contrôle financier correspond notamment à un contrôle *a priori*, c'est-à-dire qui s'exerce en amont de l'exécution de la dépense[1265]. Il se réalise donc à plusieurs étapes de la gestion mais toujours avant de procéder effectivement à l'opération de dépenses. Il consiste en un ensemble de vérifications financières, soit d'ordre général et effectuées sur la totalité d'un ministère (visa du document de répartition initiale des crédits et emplois, DRICE), d'un programme ou d'un BOP, soit d'ordre particulier et réalisées spécifiquement avant certaines opérations financières concernant le fonctionnement ou les recrutements. Le contrôle financier se décompose donc en deux : d'une part, la vérification générale du caractère soutenable de la répartition initiale des crédits et emplois ainsi que des documents prévisionnels de gestion élaborés par les responsables de crédits et, d'autre part, la vérification particulière de la soutenabilité des actes de dépense les plus importants pris par les ordonnateurs. L'article 87 du décret de 2012 relatif à la gestion budgétaire et comptable publique prévoit en effet ces deux aspects en précisant que « *ce contrôle porte sur l'exécution des lois de finances et a pour objet d'apprécier le caractère soutenable de la programmation [...] et de la gestion en cours* ». Ce contrôle financier *a priori* s'achève par la délivrance ou le refus d'un visa par les contrôleurs, ceux-ci donnant ou pas leur accord relativement à la gestion et aux opérations de dépenses des administrations

---

L'abrogation d'une loi par un décret a été rendue possible par le passage de l'objet de la loi dans le domaine règlementaire suite à l'entrée en vigueur de la Constitution du 4 octobre 1958.

1263 Cour des comptes, *La mise en œuvre de la loi organique relatifs aux lois de finances (LOLF) : un bilan pour de nouvelles perspectives*, novembre 2011, p. 110.

1264 Décret n°2012-1246 du 7 novembre 2012 relatif à la gestion budgétaire et comptable publique.

1265 Le contrôle *a posteriori* étant exercé notamment par la Cour des comptes. Cf. *infra*, p. 514 s.

étatiques, afin de prévenir tout risque budgétaire. En effet, « *le "visa" donné par les contrôleurs financiers porte sur la régularité et la légalité, accessoirement sur la bonne gestion financière. C'est une autorisation administrative préalable donnée pour chaque opération individuelle d'engagement, de paiement et de recouvrement* »[1266] dépassant un certain seuil.

Il faut souligner que tout contrôle *a priori* s'apparente à une tutelle lourde et contraignante sur un organisme. Or, en ce qui concerne les autorités administratives indépendantes, elle est en totale contradiction avec l'idée d'autonomie, notamment financière ; c'est pourquoi les textes constitutifs de ces autorités prévoient qu'elles ne sont pas soumises aux dispositions de la loi du 10 août 1922[1267]. Tous ne contiennent cependant pas cette dispense. Une quinzaine d'autorités seulement possèdent cette disposition dans leurs textes constitutifs. En revanche, il faut noter que celle-ci s'applique quand même aux autres autorités car elles appartiennent à la catégorie des AAI, et que celle-ci dans son ensemble ne se voit pas imposer de contrôle financier *a priori*. Par ailleurs, il faut souligner que les lois prévoyant cette dispense concernent tant les AAI que les autorités publiques indépendantes dotées de la personnalité morale[1268]. Cette disposition est d'ailleurs présente dans la proposition de loi portant statut des autorités administratives indépendantes et des autorités publiques indépendantes, présentée par Mme Marie-Hélène DES ESGAULX et MM. Jean-Léonce DUPONT et Jacques MEZARD et enregistrée à la présidence du Sénat le 7 décembre 2015[1269]. Son article 19 prévoit en effet, concernant les contrôles, que « *la loi du 10 août 1922 relative à l'organisation du contrôle des dépenses engagées n'est pas applicable à la gestion des autorités administratives indépendantes et des autorités publiques indépendantes* ».

1266 Laurent ARGENTIERI, art. cit., p. 6.

1267 A titre d'exemple, la loi n°2010-476 du 12 mai 2010 relative à l'ouverture à la concurrence et à la régulation du secteur des jeux d'argent et de hasard en ligne régissant l'Autorité de régulation des jeux en ligne (ARJEL) prévoit dans son article 37 que « *la loi du 10 août 1922 relative à l'organisation du contrôle des dépenses engagées n'est pas applicable à leur gestion* ».

1268 Certaines API recevant pour partie des ressources publiques, elles pourraient être contrôlées par l'Etat, c'est pourquoi leurs textes constitutifs prévoient également la dispense de contrôle financier *a priori*.

1269 Proposition de loi n°225 du 7 décembre 2015 portant statut des autorités administratives indépendantes et des autorités publiques indépendantes (dernière version : texte n°209 du 8 décembre 2016).

Le contrôle sur la gestion des ordonnateurs de l'Etat est exercé par le ministre du budget par l'intermédiaire de l'inspection générale des finances publiques et d'autres services d'audit et de contrôle ou des agents habilités à cet effet[1270]. Concernant les AAI, l'article 88 du décret de 2012 vient préciser que « *le contrôle budgétaire des services centraux des ministères et des autorités administratives indépendantes est exercé par le contrôleur budgétaire et comptable ministériel dans les conditions fixées par arrêté du ministre chargé du budget* ». Cela nous amène à deux constats. Le premier est que l'article sépare les services centraux des AAI. Cela implique que le gouvernement estime que les AAI sont bel et bien des organismes certes administratifs et centraux, mais qu'ils se distinguent des services centraux traditionnels des ministères. Le pouvoir exécutif voit donc les AAI comme des autorités spécifiques et autonomes. Le second est que malgré la dispense de contrôle financier *a priori* prévu par la loi, le décret de 2012 prévoit un contrôle budgétaire des autorités administratives indépendantes au même titre que celui qui existe pour toutes les autorités étatiques classiques.

Par conséquent, il convient de s'attacher aux « *conditions fixées par arrêté du ministre chargé du budget* » évoquées par l'article 88 et rappelées par l'article 105 du décret. En effet, des arrêtés en date du 26 décembre 2013[1271] précisent expressément que les autorités administratives indépendantes sont exclues du dispositif de contrôle financier *a priori*. Ainsi, l'arrêté relatif au cadre de la gestion budgétaire et au contrôle budgétaire des services du Premier ministre pris en application du décret de 2012 prévoit dans son article 24 que « *les dispositions des articles 10 à 17 ne s'appliquent pas aux autorités administratives indépendantes lorsqu'elles ne sont pas soumises au contrôle budgétaire* ». Or l'article 17 est celui qui prévoit le contrôle *a priori* des décisions d'engagement et d'affection de crédits par leur « *[soumission] au visa ou à avis préalable du contrôleur budgétaire et comptable ministériel* » si le montant de la dépense dépasse un certain seuil[1272]. *A contrario*, les AAI étant exclues de ce dispositif, leurs dépenses ne sont donc pas soumises au visa ou à l'avis du

---

1270 Article 61 du décret n°2012-1246 du 7 novembre 2012 relatif à la gestion budgétaire et comptable publique.

1271 Notamment, l'arrêté du 26 décembre 2013 relatif au cadre de la gestion budgétaire et au contrôle budgétaire des services du Premier ministre pris en application de l'article 105 du décret n° 2012-1246 du 7 novembre 2012 relatif à la gestion budgétaire et comptable publique, ou encore, celui du même jour relatif au cadre de la gestion budgétaire et au contrôle budgétaire des ministères économiques et financiers pris en application de l'article 105 du décret n° 2012-1246 du 7 novembre 2012 relatif à la gestion budgétaire et comptable publique

1272 250 000 euros pour les dépenses de fonctionnement des services et les dépenses d'intervention et 350 000 euros pour les dépenses d'investissement.

contrôleur budgétaire dont elles dépendent. Par ailleurs, l'arrêté du même jour relatif au cadre de la gestion budgétaire et au contrôle budgétaire des ministères économiques et financiers[1273] pris en application du décret de 2012 prévoit des dispositions similaires dans son article 17. En effet, celui-ci précise que « *les décisions d'engagement de dépense, hors dépenses de personnel, et d'affectation de crédits à des opérations d'investissement prises par les ordonnateurs, à l'exception des autorités administratives indépendantes, sont soumises au visa ou à l'avis préalable du contrôleur budgétaire et comptable ministériel* ». Les AAI sont donc bel et bien dispensées de contrôle financier *a priori* sur leurs dépenses engagées. Elles ne doivent pas attendre de recevoir le visa d'un contrôleur avant de réaliser leurs opérations financières, ce qui témoigne d'une autonomie de gestion financière renforcée. Toutefois, cette dispense ne s'exerce pas en ce qui concerne les dépenses de personnel nécessitant toujours l'accord du contrôleur en raison de la politique générale de rationalisation des emplois publics que connaît la France depuis quelques années.

2. Une comparaison avec les collectivités territoriales et les établissements publics

Les collectivités territoriales et les établissements publics sont deux catégories de personnes publiques disposant d'une autonomie financière. Or, si les premières sont effectivement dispensées du contrôle financier *a priori*, les seconds se voient imposer un contrôle financier préalable à toute prise de décision financière.

Les collectivités territoriales sont depuis 1982 soumises à un simple contrôle *a posteriori*. En effet, la loi du 2 mars 1982[1274] est venue supprimer les tutelles administrative et financière qui s'exerçaient *a priori* sur les actes des collectivités. Ainsi, si le budget des collectivités devait auparavant faire l'objet d'une autorisation préalable du représentant de l'Etat, ce dispositif est désormais supprimé. Celles-ci doivent seulement transmettre leur budget au préfet dans les quinze jours qui suivent le délai limite fixé pour son adoption. Par la suite, si le préfet relève des irrégularités, il pourra saisir la

---

1273 Plusieurs autorités administratives indépendantes dépendent du ministère de l'économie. Tel est le cas de l'Autorité de régulation des communications électroniques et des postes (ARCEP), de l'Autorité de la concurrence, de la Commission nationale de l'aménagement commercial (CNAC), de la Commission de régulation de l'énergie (CRE), du Médiateur national de l'énergie (MNE) et de la Commission de sécurité des consommateurs.

1274 Loi n°82-213 du 2 mars 1982 relative aux droits et libertés des communes, des départements et des régions.

Chambre régionale des comptes compétente. Quatre cas de saisine existent : le vote du budget hors délai, le défaut d'inscription d'une dépense obligatoire, le déficit du compte administratif et l'absence d'équilibre réel du budget. Une fois saisie, la Chambre régionale des comptes exerce un double contrôle budgétaire et juridictionnel des comptes de la collectivité concernée. Elle peut également réaliser un contrôle de gestion *a posteriori* qui prend la forme d'un rapport d'observation examinant la gestion du budget menée par l'ordonnateur et portant sur la régularité des opérations et l'évaluation des résultats obtenus par rapport aux objectifs fixés en amont par l'assemblée délibérante. Par conséquent, les collectivités territoriales semblent bien être dispensées de tout contrôle financier *a priori* en conformité avec les exigences requises par leur autonomie financière.

Cela est confirmé par le décret du 7 novembre 2012 relatif à la gestion budgétaire et comptable publique. Celui-ci prévoit en effet que les collectivités territoriales entrent dans le champ d'application du titre I, c'est-à-dire qu'elles se voient appliquer les principes fondamentaux relatifs à la comptabilité publique. En revanche, les dispositions relatives au contrôle financier et à la gestion budgétaire, présentes dans le titre II, n'ont pas vocation à s'appliquer à elles. L'article 61 relatif au contrôle administratif des ordonnateurs et des comptables, présent dans le titre I et premier à évoquer le contrôle financier, exclut d'ailleurs les collectivités territoriales de son champ d'application en prévoyant que « *le ministre du budget exerce un contrôle sur la gestion des ordonnateurs de l'Etat et des organismes relevant du titre III par l'intermédiaire de l'inspection générale des finances et des autres services d'audit et de contrôle ou agents habilités à cet effet* ». Ce contrôle ne s'applique donc que vis-à-vis de l'Etat et des organismes publics cités au 4°, 5° et 6° de l'article 1 du décret[1275].

Néanmoins, malgré l'abandon de la tutelle financière et administrative en direction des collectivités territoriales, il semblerait que celle-ci persiste de façon exceptionnelle et dérogatoire. Cette persistance de la tutelle se manifeste par l'exigence d'une autorisation préalable en matière d'emprunts des centres communaux d'action sociale et de facturation de l'eau, même si « *on ne voit pas vraiment l'intérêt de l'intervention du Préfet* »[1276]. Il faut donc globalement souligner que les collectivités territoriales échappent

---

1275 Les collectivités territoriales sont quant à elles évoquées au 2° de l'article 1 accompagnées de leurs établissements publics, des établissements publics locaux d'enseignement, des établissements publics locaux d'enseignement et de formation professionnelle agricoles, et des établissements publics d'enseignement maritime et aquacole.

1276 Yves LUCHAIRE, « La persistance de la tutelle dans le droit des collectivités territoriales », *AJDA*, 2009, n°21, p. 1134.

à l'exercice du contrôle financier *a priori* dans le respect de leur autonomie financière. Ainsi, les dépenses des autorités administratives indépendantes échappant au contrôle financier *a priori*, ces autorités possèdent donc une autonomie de gestion plus grande que les collectivités territoriales en raison de l'application d'un double mécanisme favorable : certes la dispense de contrôle financier *a priori*, mais également une enveloppe de crédits globalisée exemptée de toute dépense obligatoire[1277].

A contrario, les établissements publics administratifs comme industriels et commerciaux de l'Etat sont soumis au contrôle financier *a priori* du ministère du budget. En effet, s'ils ne sont pas explicitement mentionnés dans l'article 1 du décret de 2012[1278], ils le sont de façon détournée, soit dans l'hypothèse où le 1° sous-entend l'Etat et ses établissements publics, soit par le biais de la liste établie par arrêté conjoint du ministre chargé de l'économie et du ministre chargé du budget du 4° où ils sont présents en nombre, soit du fait de leur évocation à l'article 236 du décret prévoyant que les arrêtés précédemment adoptés à leur sujet ont vocation à devenir caduques. Ainsi, les établissements publics se voient appliquer les mêmes règles comptables que l'Etat, présentes au titre II du décret et caractérisées par la nécessaire attente du visa ou de l'avis du contrôleur financier avant de réaliser les actes de gestion les plus importants, ou bien les règles spécifiques du titre III qui impliquent également ledit visa. En effet, le visa du contrôleur financier est une « *condition nécessaire à la régularité du paiement* »[1279] même s'il est une « *condition insuffisante* »[1280] devant se coupler aux contrôles effectués par le comptable selon l'article 19 du décret de 2012, c'est-à-dire s'agissant des ordres de payer, le contrôle de la qualité de l'ordonnateur, de l'exacte imputation des dépenses, de la disponibilité des crédits, de la validité de la dette et du caractère libératoire du paiement.

Par conséquent, si l'on devait établir une échelle de l'autonomie de gestion des organismes dotés d'une autonomie financière, il faudrait se résoudre à constater que la catégorie des autorités administratives indépendantes se situe en haut de l'échelle. Elle dispose d'une autonomie de gestion assurée, d'une part, par une dispense de contrôle financier *a priori* et

---

1277 A nuancer toutefois du fait de la présence de dépenses de personnel plus ou moins contraintes. Cf. *supra*, p. 437 s.

1278 Celui-ci évoquant les établissements publics locaux, les établissements publics de santé et d'autres établissements publics au sein de la liste du 4° de l'article 1.

1279 Nicolas GROPER, Christian MICHAUT, art. cit., p. 2484.

1280 *Idem.*

d'autre part, par une maîtrise totale de ses dépenses (dans la limite du fléchage classique personnel – fonctionnement) ; alors que les collectivités territoriales possèdent des dépenses obligatoires largement majoritaires et que les établissements publics voient leurs dépenses contrôlées *a priori*.

B. Une dispense de contrôle financier *a priori* confirmée dans la pratique : la mise à disposition anticipée des crédits

Comme nous l'avons expliqué, le contrôle budgétaire, autrefois « *contrôle préalable systématique de la légalité des engagements de dépenses* »[1281], consiste désormais en une « *maîtrise de l'exécution des dépenses* »[1282] dans le cadre de laquelle les contrôleurs budgétaires et comptables ministériels (CBCM) visent la programmation budgétaire initiale, les documents prévisionnels de gestion et certaines dépenses engagées et donnent leur avis préalable relativement à la soutenabilité des programmes et des budgets opérationnels de programme (BOP). Le contrôle budgétaire, portant sur l'exécution des lois de finances, a donc pour objet d'apprécier le caractère soutenable de la programmation et de la gestion en cours. Ce dernier élément n'est toutefois pas systématique. Il ne concerne que les actes de gestion les plus importants dont le montant dépasse un certain seuil[1283], ce qui concerne essentiellement les dépenses de personnel. Par ailleurs, son application a été écartée à l'encontre des autorités administratives indépendantes.

Nous l'avons vu, le contrôle budgétaire des services centraux des ministères et des autorités administratives indépendantes est exercé par le CBCM, dans les conditions fixées par arrêté du ministre chargé du budget selon l'article 88 du décret 2012 relatif à la gestion budgétaire et comptable publique. Or, ces arrêtés dispensent les AAI du contrôle financier *a priori* hormis en ce qui concerne les dépenses de personnel. Toutefois, au-delà de cette dispense de contrôle sur les dépenses engagées, les autorités administratives indépendantes sont également dispensées de l'avis préalable

1281 Cour des comptes, *Rapport sur les résultats et la gestion budgétaire de l'Etat pour l'année 2008*, p. 110.
1282 *Idem.*
1283 Ces seuils sont compris entre 250 000 euros et 350 000 euros. Les dépenses qui dépassent ces montants sont alors soumises au contrôle financier *a priori*. Les autres dépenses courantes sont libres.

du CBCM relativement à la soutenabilité de leur BOP, ce qui a des conséquences positives sur la mise à disposition de leurs crédits[1284].

Concernant ce dernier point, il faut tout d'abord préciser que chaque responsable de budget opérationnel de programme (BOP) doit constituer un document prévisionnel de gestion faisant état de la répartition des crédits entre chaque titre de dépenses. Or, la quasi-totalité des AAI est titulaire d'un BOP propre, y compris parfois lorsqu'elles ne disposent que d'une sous-action[1285]. Chacune doit alors élaborer de tels documents censés être soumis au contrôle financier *a priori*. En effet, le principe posé par l'article 94 du décret du 7 novembre 2012 est que le CBCM en tant que contrôleur budgétaire doit donner son avis sur le caractère soutenable des BOP, celui-ci conditionnant la mise à disposition des crédits. L'article précise ainsi que « *sauf autorisation expresse du contrôleur budgétaire et comptable ministériel, tant que l'avis du contrôleur budgétaire sur le budget opérationnel de programme n'est pas rendu, le responsable de ce budget ne peut consommer plus de 25 % des montants des autorisations d'engagement et des crédits de paiement prévus par le document de répartition initiale des crédits* ». Les autorités administratives indépendantes titulaires d'un BOP devraient donc attendre l'avis du CBCM avant de pouvoir utiliser la totalité de leurs crédits. Cependant, ces autorités dérogatoires car autonomes échappent à ce contrôle. Elles reçoivent l'ensemble des crédits votés dès le début de l'exercice budgétaire sans attendre l'avis du contrôleur. En d'autres termes, la totalité de leur enveloppe budgétaire leur est versée au 1er janvier de l'année N. Cette faculté très positive pour l'autonomie de gestion a été confirmée par l'ensemble des autorités auditionnées[1286] mais également par le contrôleur budgétaire et comptable ministériel des services du Premier ministre[1287]. Ce dernier a d'ailleurs ajouté que du fait de la dispense législative de contrôle financier des AAI, il n'existe pas d'autorisation expresse du CBCM visant à dispenser ces autorités de l'avis préalable. En effet, celle-ci devient inutile et superflue étant donné le niveau législatif du principe de non soumission des AAI au contrôle budgétaire. Finalement, même si le CBCM estime le budget d'une ou plusieurs AAI insoutenable, son avis importe peu et chacune d'entre elles recevra ses crédits dès le début de l'exercice budgétaire, au 1er janvier.

1284 Sur la procédure classique de mise à disposition des crédits, cf. annexe n°8 « La programmation et la mise à disposition des crédits entre janvier et mars de l'année N », p. 556.

1285 Tel est le cas de la Commission d'accès aux documents administratifs (CADA).

1286 Notamment la CADA et le Défenseur des droits.

1287 Cf. annexe n°9 « Liste des personnes auditionnées », p. 557.

En revanche, il faut se poser la question du contrôle du CBCM sur la soutenabilité des programmes ou à la régularité des documents budgétaires ministériels. En effet, les contrôleurs financiers doivent analyser un document au sein duquel un ou plusieurs éléments ne sont soumis ni à leur étude préalable, ni à leur visa préalable. Cela nous amène à souligner le caractère relatif de la dispense de contrôle financier *a priori* des AAI, car, enserrées dans le dispositif budgétaire classique, elles subissent les mêmes contrôles que les autres administrations. En effet, lorsque le CBCM examine la soutenabilité d'un programme ou d'un document budgétaire ministériel où sont présentes des AAI, il est obligé d'examiner leur budget pour réaliser son étude générale. Toutefois, ce contrôle va être adapté à la particularité des AAI.

Ainsi, les seuls contrôles qui s'exercent sur les AAI correspondent alors à celui portant sur la programmation initiale dans le cadre global du document de répartition initiale des crédits et emplois (DRICE) couvrant un périmètre ministériel et à ceux portant sur la soutenabilité des programmes. Le premier contrôle est prévu par l'article 91 du décret du 7 novembre 2012 et il est censé conditionner la mise en place effective des crédits ouverts par la loi de finances. Il comprend diverses vérifications purement formelles telles que la correspondance entre le total des crédits de chaque programme répartis entre les BOP et les crédits du DRICE englobant lesdits programmes, ou encore, la correspondance entre le total des autorisations d'emplois du ministère réparties entre les programmes et le plafond ministériel d'autorisations d'emplois. Par ailleurs, ce contrôle porte sur la cohérence générale du document et notamment la cohérence des répartitions opérées et celle qui existe entre les emplois alloués par programme et les crédits de personnel correspondants. Enfin, le caractère soutenable de la répartition de la mise en réserve de crédits est également vérifié. Toutefois, il faut souligner que ce contrôle n'est pas contraignant pour les AAI car il est relativement limité. En effet, il s'agit essentiellement de s'assurer que la programmation est cohérente avec les autorisations parlementaires. Par conséquent, ce visa quasi-automatique ne constitue en aucun cas un barrage à l'autonomie financière des AAI. Tel est également le cas du contrôle relatif à la soutenabilité des programmes prévus à l'article 92 du décret de 2012. Celui-ci prévoit seulement que « *le contrôleur budgétaire et comptable ministériel rend, dans les conditions qu'il détermine, un avis sur le caractère soutenable de la programmation pour chacun des programmes* ». Les conditions du contrôle étant déterminées par le CBCM lui-même, elles sont relativement souples et n'affectent pas l'autonomie financière des AAI. Enfin, si ces deux contrôles, et notamment le premier relatif au DRICE, conditionnent la mise à disposition des crédits, les AAI disposent d'un aménagement de cette règle. En effet, les crédits ne sont en principe débloqués qu'après la délivrance du visa du CBCM. Or si les autres administrations attendent ledit visa, les autorités administratives indépendantes voient leurs crédits débloqués dès le 1er janvier, visa du contrôleur ou pas. Néanmoins, elles doivent concrètement attendre l'adoption des décrets de répartition des crédits, ceux-ci déclenchant l'ouverture des crédits dans Chorus[1288]. Or, ces décrets étant publiés au JO le même jour que la loi de finances, ils interviennent avant le début de l'exercice budgétaire. A titre d'exemple, le dernier décret portant répartition des crédits et découverts autorisés par la loi de finances pour 2017 a été adopté le même jour que la loi de finances, le 29 décembre 2016[1289].

Toutefois, il faut constater que certains mécanismes auxquels sont soumises les AAI impliquent un contrôle financier *a priori* et donc une atteinte à l'autonomie de gestion. Après analyse, nous verrons que ceux-ci sont néanmoins soit neutralisés soit très relatifs et donc largement allégés voire négligeables.

Paragraphe 2. Un double contrôle financier *a priori* allégé voire purement formel pour les autorités indépendantes

Les AAI, enserrées dans le régime juridique de la LOLF, se voient appliquer des mécanismes, pouvant être qualifiés de contrôle financier *a priori*, parfois néfastes pour leur autonomie de gestion. Tel est notamment le cas de l'attribution de leurs ressources en amont par le gouvernement lors de l'élaboration de la loi de finances et de l'utilisation du même logiciel comptable que l'ensemble des administrations traditionnelles.

D'un côté, la majorité des AAI est financée par des dotations étatiques inscrites dans la loi de finances. Or, l'attribution des crédits par les pouvoirs publics a parfois des répercussions sur l'autonomie de gestion en

---

1288 Chorus est le logiciel de gestion budgétaire et comptable des services centraux et déconcentrés de l'Etat. Cf. *infra.*, p. 486 s.

1289 Décret n°2016-1937 du 29 décembre 2016 portant répartition des crédits et découverts autorisés par la loi n°2016-1917 du 29 décembre 2016 de finances pour 2017. Tel est le cas chaque année. L'on peut donc constater cela pour l'exercice antérieur de 2016 où le décret de répartition et la loi de finances sont intervenus le même jour : décret n°2015-1801 du 29 décembre 2015 portant répartition des crédits et découverts autorisés par la loi n° 2015-1785 du 29 décembre 2015 de finances pour 2016.

fonction de son degré de précision quant à la destination des crédits. Par conséquent, une première source de contrôle *a priori* est présente dans le cadre du financement des AAI, celui-ci étant exercé tant par le gouvernement que par le Parlement (A).

D'un autre côté, les AAI utilisent depuis toujours un logiciel comptable identique à celui des administrations centrales qui inclut le visa des contrôleurs financiers. Un premier logiciel, dénommé ACCORD, a désormais été abandonné au profit du nouveau logiciel Chorus (B).

A. Une attribution des ressources extrinsèque aux autorités indépendantes : une évaluation financière partenariale et bienveillante

Malgré la négociation de leur financement avec la direction du budget, les autorités administratives indépendantes sont financées par le budget général élaboré par le gouvernement et voté par le Parlement. Ainsi, les ressources de la majorité des AAI, du fait de leur provenance du budget général, ne sont pas déterminées par elles-mêmes, de façon intrinsèque. De plus, le gouvernement et le Parlement ont une influence sur la gestion des AAI *a posteriori* car une attribution des ressources trop précise et prévoyant une affectation déterminée peut avoir pour effet de limiter la gestion en aval. En effet, plusieurs éléments peuvent venir limiter l'autonomie de gestion : un budget trop bien ficelé et précis, des indicateurs et des objectifs de performance trop détaillés et rigoureux. Par conséquent, l'excès de précision semblerait entraîner une rigueur néfaste pour l'autonomie de gestion des AAI (1). Il faut néanmoins constater que, de façon générale, les AAI ne subissent pas une telle pression de la part des pouvoirs publics largement bienveillants à leur égard (2).

1. Une limitation de l'autonomie de gestion causée par une précision excessive du budget général

Les AAI étant financées par le budget général, elles sont soumises à un pouvoir de décision budgétaire extérieur. Or, un budget ne détermine pas seulement le contenu des ressources, il précise également les dépenses. De ce fait, les AAI pourraient voir leurs dépenses déterminées par les pouvoirs publics, parfois de façon très précise. Cela peut être dû à deux mécanismes : l'idée de négociation inégalitaire et celle de prise de décision finale par le gouvernement et le Parlement.

Ainsi, le premier contrôle financier qui s'exerce vis-à-vis des AAI est induit par la nécessaire négociation de leur budget lors de la procédure d'élaboration du PLF. En effet, à l'étape de l'attribution des ressources, et lorsque ces ressources proviennent de l'Etat, les AAI doivent négocier leur budget de façon à obtenir autant de ressources que nécessitent la réalisation de leurs missions et l'accomplissement de leurs compétences. Or, cette négociation budgétaire inégalitaire peut limiter l'autonomie financière des AAI. La raison est simple : l'Etat, par le biais de la direction du budget et du ministère dont elle dépend, a d'une part un droit de regard sur les prévisions de gestion de l'AAI et il peut d'autre part influer sur les montants de crédits alloués à ces autorités. Cette possible diminution des crédits de l'autorité par le pouvoir exécutif nous permet donc de constater que l'autonomie de gestion a un rapport direct avec l'idée d'adéquation des moyens aux missions et de suffisance des crédits votés. En effet, l'autonomie financière est composée de deux éléments, l'autonomie budgétaire et l'autonomie de gestion, intimement liés. L'autonomie budgétaire peut certes exister sans l'autonomie de gestion mais elle serait dans ce cas dépourvue de tout intérêt[1290] ; et l'autonomie de gestion peut exister sans autonomie budgétaire mais à condition de posséder des ressources suffisantes. Or, cette suffisance des moyens et finalement le fait d'empêcher le gouvernement de diminuer trop significativement le budget sont liés à l'autonomie budgétaire. L'autonomie de gestion ne peut donc être totale qu'en présence d'une autonomie budgétaire, la plus minime, consistant en la détention de ressources suffisantes pour remplir les missions confiées à l'autorité. Or, cette autonomie budgétaire minime peut s'obtenir par la possibilité offerte aux AAI de négocier leur budget directement avec la direction du budget lors d'une conférence budgétaire. Cela est aujourd'hui en partie permis par la détention d'un BOP par la majorité des AAI[1291]

Par ailleurs, le deuxième élément pouvant limiter l'autonomie de gestion des AAI est la prise de décision par un pouvoir extrinsèque, celui-ci pouvant choisir de construire un budget très détaillé et précis au détriment de l'autonomie et de la liberté des autorités administratives indépendantes. En effet, l'excès de précision dans la définition des crédits peut avoir pour conséquences de réduire à néant les marges de manœuvre devant être laissées aux AAI. En l'absence de toutes dépenses obligatoires, c'est ici

---

[1290] Nous avons développée cette idée pour les collectivités territoriales. En effet, celles-ci disposent d'une autonomie budgétaire qui se concrétise par une autonomie fiscale, mais elles sont dépourvues d'autonomie de gestion en ce que leur budget se compose à 90 % de dépenses obligatoires ne leur laissant aucune marge de manœuvre quant à leur gestion financière.

[1291] Cf. *supra*. p. 324 s.

l'abus du dispositif de fléchage des crédits qui peut poser problème. Si les dépenses des AAI sont définies de façon trop détaillée et précise, cela aurait pour vocation d'anéantir leur autonomie de gestion, comme cela est le cas des services déconcentrés de l'Etat[1292].

Enfin, l'excès de précision peut aussi se refléter dans les outils de mesure de la performance que sont le contrôle de gestion (venant en appui du dialogue de gestion) et les indicateurs de performance.

Concernant le contrôle de gestion, il consiste en un suivi des programmes par des services de contrôle de gestion appuyés par une comptabilité analytique essentielle au suivi des crédits et à l'appréciation de l'efficience des services. « *Depuis 2006, les modalités de mise en œuvre de la comptabilité d'analyse des coûts ont été progressivement affinées ; les procédures sont formalisées, proposant ainsi dans les documents budgétaires une information lisible, homogène et de plus en plus précise* »[1293]. Or cette précision accrue n'est-elle pas néfaste ? N'enlève-t-elle pas les marges de manœuvre qui appartiennent aux AAI ? En réalité, ce contrôle de gestion intervenant *a posteriori*[1294], il ne peut que permettre une limitation des crédits pour l'année suivante en cas de constat de l'absence d'efficacité des services, mais il n'a pas d'effet sur la gestion en cours. De plus, ce contrôle ne paraît contraignant qu'en cas d'échec du dialogue de gestion, préalable aux dépenses et donc au contrôle de gestion.

Par ailleurs, les indicateurs de performance viennent traduire les priorités des programmes. Ils sont notamment contenus dans les projets annuels de performance (PAP) et ont vocation à se réaliser au cours de l'exercice budgétaire. Ils sont normalement édictés par les responsables de programmes en liaison avec les gestionnaires subordonnés, c'est-à-dire notamment les responsables de BOP, par le biais du dialogue de gestion. L'absence de dialogue pourrait donc entraîner une préparation des indicateurs de performance sans consulter les responsables de BOP et sans prendre en compte leurs prérogatives. Par conséquent, des objectifs trop ambitieux, précis et inatteignables pourraient être fixés de façon descendante par les autorités supérieures. Le résultat serait alors que les AAI soient considérées comme inefficaces, cela entraînant éventuellement une diminution de leurs moyens pour l'année suivante en guise de sanction.

1292 Romain BOURREL, *op. cit.*, pp. 603-605.

1293 Cour des comptes, *Rapport sur les résultats et la gestion budgétaire de l'Etat pour l'année 2008*, p. 114.

1294 Cette comptabilité analytique a en effet vocation à s'inscrire dans les rapports annuels de performance (RAP) lors de la clôture de l'exercice.

Il faut toutefois souligner que ces dérives et l'excès de précision tant envers les dépenses que les indicateurs et objectifs de performance sont limités dans la pratique par un dialogue de gestion renforcé au bénéfice des AAI.

2. Le dialogue de gestion et la bienveillance des pouvoirs publics vis-à-vis des autorités indépendantes

Les limites et dérives évoquées quant au degré de précision des documents pouvant venir brider l'autonomie de gestion des autorités administratives indépendantes sont dans la pratique largement anéanties par la présence d'un dialogue de gestion bienveillant.

Le dialogue de gestion peut se définir comme « *l'ensemble des processus d'échanges entre deux niveaux hiérarchiques ou managériaux relatifs aux volumes de moyens et aux objectifs assignés* »[1295]. Il vise donc à mettre en place une concertation et une entente sur la déclinaison des objectifs, des moyens, des crédits et des modalités de gestion et de pilotage entre chaque niveau hiérarchique, la chaîne de responsabilité se déployant du responsable de programme jusqu'au responsable d'unité opérationnelle, en passant par le responsable de BOP. « *Le dialogue de gestion constitue le dispositif certainement le plus fondamental et le plus original du système car il est en rupture totale avec la logique strictement hiérarchique, verticale, utilisée jusqu'en 2005* »[1296]. Il permet donc de prendre en compte les demandes et les propositions des responsables de BOP situés en bas de la chaîne de responsabilité.

« *Le dialogue de gestion qui est indispensable afin d'assurer l'autonomie de gestion* »[1297] se formalise généralement à travers des chartes de gestion conclues entre les responsables de programme et les responsables de BOP[1298], correspondant aux présidents d'autorités indépendantes. Elles visent à prévoir les étapes et le contenu du dialogue de gestion permettant de fixer en commun les objectifs et les moyens pour les atteindre. Ainsi, la marge de manœuvre offerte par ces chartes de gestion concernant tant la gestion des crédits et emplois que l'élaboration du budget et notamment

---

1295 Cour des comptes, *La mise en œuvre de la loi organique relative aux lois de finances (LOLF) : un bilan pour de nouvelles perspectives*, Rapport, novembre 2011, p. 101.

1296 Michel BOUVIER, Marie-Christine ESCLASSAN, Jean-Pierre LASSALE, *op. cit.*, p. 423.

1297 Romain BOURREL, *op. cit.*, p. 599..

1298 Parfois même ces chartes de gestion sont des conventions tripartites conclues avec le plus haut niveau hiérarchique que constitue le ministère. Ainsi, la troisième partie au contrat peut être soit le ministre dirigeant le ministère de rattachement de l'AAI, soit le ministère du budget *via* la direction du budget.

l'utilisation des crédits mis à disposition, correspond à l'autonomie de gestion souhaitée et souhaitable pour les autorités administratives indépendantes. En effet, « *l'autonomie de gestion dont il est ici question doit être entendue comme une marge de liberté suffisante confiée aux gestionnaires en ce qui concerne l'utilisation des crédits et des emplois qui sont accordés aux BOP* »[1299], cette liberté étant permise par le dialogue de gestion formalisé et matérialisé au sein des chartes de gestion.

De plus, le dialogue de gestion est d'autant plus important que de nombreuses autorités administratives indépendantes sont souvent constitutives « *de petites structures, dont l'efficacité serait handicapée par une trop forte mobilisation autour de ces tâches de gestion. C'est ainsi que des Autorités administratives indépendantes peuvent conclure des conventions de gestion avec leur ministère de rattachement* »[1300]. Celles-ci envisagent alors la mutualisation des services de gestion par des administrations centrales et bien évidemment les règles de concertation et de souplesse dont doivent bénéficier les AAI. Tel est le cas de la gestion opérée par la Direction des services administratifs et financiers (DSAF) au bénéfice de la CADA. Cette structure minimaliste est en effet très satisfaite de la délégation de l'ensemble des opérations de gestion à la DSAF car sans cela elle serait obligée d'employer un gestionnaire qui couvrirait un ETPT. Or, la CADA nécessite chaque agent pour mener à bien ses missions directes que constituent les études relatives à la communicabilité des documents administratifs. La CADA est d'ailleurs d'autant plus satisfaite de cette collaboration qu'il existe une relation très constructive et souple entre la DSAF et le secrétariat général de la CADA, cela étant prévu par la charte de gestion qui existe pour chaque AAI du programme 308[1301].

Par conséquent, dans la pratique et grâce au dialogue de gestion évoqué, les autorités administratives indépendantes disposeront d'une autonomie de gestion assurée. Celle-ci se manifeste à plusieurs niveaux de l'exécution budgétaire.

Tout d'abord, légèrement avant l'exécution budgétaire, au stade de l'élaboration du budget, la décision relative au montant des crédits qui seront octroyés à une autorité indépendante vient d'en bas, c'est-à-dire de l'autorité elle-même. En effet, les crédits des services ministériels sont

---

1299 Romain BOURREL, *op. cit.*, p. 599.

1300 Marie-Anne FRISON-ROCHE, Etude précitée, *in* Assemblée nationale, Sénat, Rapport précité, Tome II, 2006, n°3166, n°404, p. 127.

1301 Ces informations sont issues de l'audition de la Secrétaire générale de la CADA. Cf. annexe n° 9, « Liste des personnes auditionnées », p. 557.

proposés par ces services eux-mêmes, notamment lorsqu'ils sont constitutifs d'un BOP[1302]. Dans ce cadre, les lois relatives aux AAI prévoient en général une procédure d'élaboration du budget de l'autorité en interne sous la direction du secrétaire général[1303].

Ensuite, il n'existe pas de fléchage des crédits en direction des AAI. Nous l'avons vu, celles-ci bénéficient d'une enveloppe globalisée de crédits dont l'utilisation est libre, à l'exception d'un fléchage titre 2, personnel, et hors titre 2, fonctionnement (les AAI n'ayant pas d'autres types de dépenses ou pour un montant négligeable)[1304].

Enfin, concernant les indicateurs de performance des AAI, il n'existe pas d'objectifs rigides et contraignants arbitrairement et discrétionnairement décidés par les niveaux hiérarchiques les plus élevés. En effet, les indicateurs et objectifs sont relativement souples et définis en relation avec les AAI elles-mêmes. Cela vient du fait que « *les réalités et difficultés concrètes de gestion sont abordées* »[1305] au sein du dialogue de gestion. Par conséquent, il faut souligner que si ce dialogue existe réellement, il tient compte des particularités de chaque organisme mais également des remarques propres à chacun et du contexte dans lequel on se trouve, cela permettant le respect du degré de liberté dû à chaque institution. Dans ce cadre, il faut souligner que si « *la qualité du dialogue reste hétérogène selon les administrations* », sa densité variant « *du simple échange de courriels [...] à l'organisation de rencontres annuelles [...] voire à la tenue de très nombreuses réunions* »[1306], les autorités administratives indépendantes sont relativement bien traitées. Les pouvoirs publics en la personne des supérieurs hiérarchiques se montrent en général très bienveillants à l'égard des autorités administratives indépendantes, ce qui a été confirmé par chaque audition réalisée, mais également par le bilan exhaustif réalisé par Marie-Anne Frison-Roche en annexe du rapport parlementaire de 2006. Celle-ci évoque en effet la distance qui existe entre le fait et le droit en précisant que « *dans une analyse strictement juridique, on peut exprimer un souci pour les Autorités administratives dont l'indépendance est menacée par une direction du budget bras armé d'un Gouvernement désireux de remettre la main sur les Autorités administratives indépendantes, et qui sont toujours à la merci de mesures de rétorsion. De fait, on n'en*

1302 Cf. *supra*, p. 320 s.

1303 C'est ce budget interne à l'AAI qui sera transmis à la direction du budget lors du lancement de la procédure d'élaboration du PLF.

1304 Cf. *supra*, p. 433 s.

1305 C'est ce que soulignait un responsable de BOP lors d'une enquête menée par la Cour des comptes dans le cadre de l'élaboration de son rapport précité relatif à la mise en œuvre de la LOLF de 2011.

1306 Cour des comptes, *Rapport précité sur la mise en œuvre de la LOLF*, 2011, p. 102.

trouve guère d'exemple et il est souvent souligné qu'au contraire, les Autorités administratives indépendantes sont traitées plus généreusement dans le budget de l'Etat que des administrations traditionnelles aux missions équivalentes »[1307]. Il faut néanmoins souligner que les AAI ne sont pas toutes sur un pied d'égalité face au dialogue de gestion, les plus favorisées étant celles adossées aux services du Premier ministre. Parmi les autres, certaines se plaignent du manque d'association au dialogue de gestion et de l'absence d'explications relativement aux arbitrages réalisés. La CRE considère notamment qu'elle est traitée « *comme un service d'administration centrale sans respect de son statut règlementaire* »[1308].

B. L'utilisation du progiciel de gestion intégré Chorus par les autorités indépendantes

La gestion des autorités administratives indépendantes se réalise dans la pratique grâce au système de gestion informatisée nommé « Chorus ». Chorus est un progiciel de gestion intégré (PGI) utilisé par les services centraux et déconcentrés de l'Etat ainsi que par les autorités administratives indépendantes. Un PGI est un logiciel intégrant l'ensemble des fonctions de « l'entreprise » dans un système informatique centralisé garantissant l'unicité de l'information, la disponibilité de toutes les données à partir de chaque module, et l'actualisation en temps réel des informations modifiées dans tous les modules. Chorus est donc un logiciel de gestion qui permet d'assurer une exécution uniformisée de la loi de finances et d'intégrer tous les circuits de la dépense. Le déploiement de Chorus, définitivement en place depuis le 1er janvier 2011, s'est réalisé en plusieurs étapes depuis 2008 et a causé un énorme scandale du fait de son coût exorbitant[1309]. Chorus succède à ACCORD[1310] qui avait été créé pour rendre possible l'application de la LOLF. Il a vocation à mettre en œuvre toutes les exigences et dispositions de la LOLF en améliorant le pilotage de la gestion publique, sa traçabilité et son adaptabilité[1311]. Si l'utilisation stricte de Chorus

---

[1307] Marie-Anne FRISON-ROCHE, *Etude dressant un bilan des autorités administratives indépendantes*, *in* Assemblée nationale, Sénat, Rapport précité, Tome II, 2006, p. 129.

[1308] Sénat, Rapport fait au nom de la commission d'enquête sur *le bilan et le contrôle de la création, de l'organisation, de l'activité et de la gestion des autorités administratives indépendantes*, Mme Marie-Hélène DES ESGAULX, M. Jacques MEZARD, 28 octobre 2015, n°126, p. 53.

[1309] Cette mise en place de Chorus a commencé en 2008 alors que le logiciel précédent, Accord, venait à peine d'être définitivement mis en place (depuis 2 ans).

[1310] ACCORD : Application Coordonnée de Comptabilisation, d'Ordonnancement et de Règlement de la Dépense de l'Etat.

[1311] Cf. annexe n°7, « La mise en place du logiciel Chorus : contexte et objectifs », p. 554.

par les AAI paraît limiter l'autonomie de gestion dans son principe (1), quelques aménagements ont toutefois été prévus afin de prendre en compte la particularité des AAI dans le circuit de la dépense (2) et notamment la dispense de contrôle financier *a priori* dont elles bénéficient.

1. Une utilisation stricte de Chorus néfaste pour l'autonomie de gestion des autorités indépendantes

A l'origine, le développement de l'informatique et de logiciels comptables dans les services administratifs était une évolution vertueuse car il tendait à corriger les défauts de la comptabilité publique que sont la lourdeur et la complexité des procédures dues à un important formalisme. Le regroupement d'un tel formalisme à l'intérieur d'un logiciel unique et complet avait donc pour effet de faciliter l'exécution des dépenses en réunissant tout le chemin de la dépense au sein d'une même interface et donc en réduisant les délais.

Chorus est un logiciel qui a été conçu pour l'Etat et ses services en vue de mettre en place de façon effective les exigences de la LOLF. Il a « [*abouti*] *à la mise en place d'un circuit de la dépense rénové intégrant les nouveaux acteurs de la LOLF* »[1312] que sont les responsables de programme, de BOP et d'UO. Ces dizaines de milliers de gestionnaires sont alors raccordés à Chorus et ont la possibilité de suivre, en direct, le flux d'informations et les signatures électroniques concernant l'ensemble des phases d'exécution de la dépense depuis la mise en place des crédits jusqu'au paiement de la dépense.

Les autorités indépendantes faisant partie des services de l'Etat malgré leur caractère dérogatoire, elles utilisent également ce logiciel pour réaliser leurs opérations de gestion. Or, un problème a rapidement été décelé : « *les procédures informatiques, conçues pour l'ensemble des organes de l'Etat, avaient prévu le visa du contrôle financier et mécaniquement refusaient de poursuivre le processus si la case n'était pas cochée, ce qui a conduit à restaurer un semblant de contrôle financier pour éviter tout blocage des dépenses afin que la souplesse requise ne soit pas techniquement mise dans le programme informatique* »[1313].

De nombreuses manipulations ont été insérées dans Chorus. Le premier élément est la finalisation de la programmation. En effet, les crédits font l'objet d'une programmation dans le système d'information financière

[1312] Raymond MUZELLEC, Matthieu CONAN, *Finances publiques*, Paris, Sirey, 16e édition, 2013, p. 307.

[1313] Marie-Anne FRISON-ROCHE, *Etude dressant un bilan des autorités administratives indépendantes*, *in* Assemblée nationale, Sénat, Rapport précité, Tome II, 2006, n°3166, n°404, p. 128.

Chorus. Cette programmation est double : elle contient la programmation agrégée et la programmation détaillée, totalement distinctes et imperméables entre elles. La programmation agrégée d'une part, appartient aux trois niveaux de responsabilité les plus hauts relevant du ministère, du programme et du BOP. Elle est validée par le responsable de la fonction financière ministérielle puis devient accessible à la direction du budget et à son réseau de contrôleurs. La programmation détaillée d'autre part, appartient aux niveaux les plus opérationnels que sont le BOP et l'UO. Elle n'est accessible qu'au sein du ministère concerné, duquel dépend le BOP[1314]. Le deuxième élément est la validation de la programmation et la transmission des documents de gestion au contrôleur financier pour avis ou visa préalable. Enfin, le dernier élément, intervenant à la suite de l'adoption de la loi de finances et des décrets de répartition, est la mise à disposition des crédits dans Chorus et la saisie de la réserve de précaution par les contrôleurs financiers[1315]. Par la suite, chaque dépense, en tenant compte des seuils précédemment évoqués[1316], est également contrôlée et visée *a priori* par le contrôleur budgétaire. Ces contrôles propres à l'ensemble des dépenses publiques étatiques ont été intégrés au logiciel afin qu'il soit le plus complet possible et qu'il comprenne tout le circuit de la dépense publique, visas inclus. Néanmoins, cette intégration des contrôles financiers *a priori* dans le logiciel ne permet pas de prendre en compte les spécificités des organismes dotés d'autonomie financière et dispensés de contrôle financier *a priori* comme les autorités administratives indépendantes. Par conséquent, un contrôle s'exerce bien sur leur dépense avant qu'elles ne soient effectuées, la procédure informatique se bloquant en l'absence de visa.

Deux limites à l'autonomie de gestion des autorités administratives indépendantes sont donc issues de l'utilisation du logiciel Chorus. La première est celle de la mise à disposition des crédits. En effet, celle-ci intervient dans Chorus juste après l'adoption de la loi de finances et des décrets de répartition. « *Après le vote de la LFI, les crédits (AE/CP) sont ouverts selon la distinction T2/HT2*[1317] *et déversés dans le système d'information financière de l'État Chorus par interface avec Farandole*[1318]. *Une fois la mise en réserve réalisée par le*

1314 Ministère de l'économie et des finances, *Allocations et mise à disposition des ressources, Macro processus n°2*, Fascicule descriptif, mars 2014, p. 12.

1315 Cf. annexe n°8, « La programmation et la mise à disposition des crédits entre janvier et mars de l'année N », p. 556.

1316 Cf. *supra*, p. 469 s.

1317 Titre 2 (personnel) / Hors titre 2 (autres titres de dépenses : fonctionnement, titre 3 ; investissement, titre 5 ; *etc.*)

1318 Farandole est le logiciel spécifique du ministère du budget servant à l'élaboration des lois de finances et la production de l'ensemble des documents afférents.

contrôleur budgétaire et comptable ministériel, les RPROG mettent les ressources disponibles à disposition des RBOP qui les mettent à leur tour à disposition des RUO »[1319]. Toutefois, que se passerait-il si les décrets de répartition n'étaient pas pris le même jour que la loi de finances et qu'ils intervenaient après le 1er janvier ? Techniquement, les AAI ne pourraient pas disposer librement de leurs crédits dès le début de l'exercice budgétaire, ceux-ci étant bloqués dans Chorus. Cette limite n'est toutefois que théorique car dans les faits, les décrets de répartition interviennent en fin d'année N-1. La seconde limite correspond au contrôle financier *a priori* des dépenses courantes, de fonctionnement et de personnel, directement intégré dans Chorus et donc obligatoire pour passer à l'étape suivante. Les AAI reçoivent donc un visa du contrôleur financier afin que le processus ne se bloque pas. Leurs dépenses sont donc contrôlées *a priori* par opposition aux exigences de la loi.

Finalement, il faut constater que le progiciel de gestion intégré Chorus utilisé par les autorités administratives indépendantes porte atteinte à leur liberté de gestion car il va à l'encontre de la dispense de contrôle financier *a priori* dont elles bénéficient de par la loi. Or, il serait très coûteux et complexe de modifier le logiciel afin qu'il tienne compte des spécificités des AAI et de leur dispense de contrôle budgétaire. Si le logiciel ne s'adapte pas aux AAI, il faut donc que les AAI s'adaptent au logiciel.

2. Les aménagements bénéfiques prévus pour les AAI

Les modifications du logiciel en lui-même n'étant pas envisageables, ce sont les actes des usagers du logiciel, et notamment des contrôleurs financiers, qui ont été aménagés pour pouvoir tenir compte de l'autonomie de gestion des AAI. En effet, Chorus a eu pour effet d'automatiser les tâches et donc de standardiser l'ensemble du processus d'exécution de la dépense publique sans tenir compte du type d'administration réalisant ladite dépense. Cela a donc entraîné une limitation en apparence de l'autonomie de gestion des AAI. En revanche, au niveau de la mise à disposition des crédits comme du contrôle des dépenses engagées, des aménagements ont été prévus (ou sont tout simplement permis par Chorus) pour sauvegarder le libre emploi des crédits des autorités administratives indépendantes dans le cadre de leur autonomie financière.

Concernant la mise à disposition des crédits, nous avons vu que les crédits étaient ouverts sur Chorus après le vote de la loi de finances et

1319 Ministère de l'économie et des finances, Fascicule précité, p. 12.

l'adoption des décrets de répartition, ce qui rend en principe disponible l'enveloppe budgétaire des AAI dès le 1er janvier. Or, cela était sans tenir compte du visa préalable relatif au document de répartition initiale des crédits et emplois (DRICE) et de l'avis préalable touchant les programmes et les BOP, pouvant bloquer l'utilisation des crédits. En revanche, pour chacun de ces contrôles préalables, c'est le contrôleur financier qui décide de la suite à donner. Ainsi, « *le DRICE, de même que son visa, ne sont pas retracés dans Chorus. Toutefois, […] Dans l'attente du visa du DRICE, le contrôleur budgétaire peut bloquer les crédits au niveau du programme pour les rendre indisponibles* »[1320]. Tel est également le cas de l'avis préalable relatif au BOP. Nous avons vu qu'il existe une limite posée par l'article 94 du décret du 7 novembre 2012 relative au blocage de la mise à disposition des crédits à hauteur de 25 % en cas d'absence de l'avis relatif à la soutenabilité du BOP. Or, celle-ci ne se réalise dans Chorus que si le contrôleur budgétaire procède lui-même à un blocage des dépenses pour matérialiser cette limitation. Par conséquent, les AAI ne sont pas touchées par cette limite : le contrôleur ne donne pas d'avis puisque les AAI en sont dispensées, mais il ne bloque pas leurs crédits dans Chorus. La seule complication possible serait donc l'hypothèse de blocage des crédits d'un programme entier, contenant une ou plusieurs AAI, du fait de l'absence de visa du DRICE. Il faut ici souligner le caractère positif de la réunion des AAI au sein d'un programme, cela empêchant ce type de blocage puisque l'ensemble des institutions du programme sont dispensées de contrôle financier *a priori*. Ainsi, cela ne peut pas concerner le programme 308 de la mission « Direction de l'action du gouvernement » puisqu'il ne contient que des AAI dispensées du contrôle. Cependant, les vérifications du contrôleur budgétaire ne portant que sur la régularité formelle et sur la cohérence générale du DRICE, le visa est généralement accordé et les crédits mis à disposition.

Concernant le contrôle des dépenses engagées, nous avons vu que le logiciel Chorus, comme son prédécesseur ACCORD, réintègre les contrôles budgétaires *a priori* dans tout le circuit de la dépense publique. En effet, la « *logique de standardisation des tâches et des processus* »[1321] a entraîné une uniformisation des procédures incluant les autorités administratives indépendantes parmi les administrations centrales traditionnelles. Ainsi, en principe, les dépenses des AAI doivent se voir appliquer un visa du contrôleur financier, alors qu'elles en sont dispensées par la loi. Toutefois, la

1320 Ministère de l'économie et des finances, Fascicule précité, p. 24.

1321 Michel BOUVIER, Marie-Christine ESCLASSAN, Jean-Pierre LASSALE, *Finances publiques*, Paris, LGDJ, 12e édition, 2013, p. 391.

pratique voulant être conforme au texte, le contrôle financier *a priori* intégré au logiciel Chorus ne s'applique pas aux AAI. Deux raisons viennent expliquer ce phénomène. La première, d'ordre général, est que les derniers décrets régissant les contrôles financiers des administrations de l'Etat[1322] sont venus largement limiter le contrôle des dépenses engagées tel qu'il était prévu par la loi du 10 août 1922. En effet, s'il était autrefois systématique et très contraignant, le contrôle financier est désormais devenu obsolète et réservé aux dépenses les plus importantes ou les plus sensibles, seules à faire l'objet d'un visa. Ainsi, les récents décrets et la mise en place du logiciel Chorus ont permis la « *substitution d'un contrôle dit hiérarchisé et partenarial au contrôle a priori exhaustif traditionnel* »[1323]. Par conséquent, les dépenses des AAI (comme celles des autres administrations) ne sont pas réellement contrôlées, sauf si elles dépassent un certain seuil ou constituent des dépenses délicates. Finalement, ce n'est que lorsque le contrôleur budgétaire voudra s'opposer à une dépense présentant un risque budgétaire qu'il pourra prendre la décision de bloquer le circuit de la dépense sur Chorus. La seconde raison expliquant l'inexécution des contrôles est spécifiquement relative aux AAI. Elle correspond au fait que les contrôleurs budgétaires ont reçu l'ordre de porter leur visa sur les dépenses des AAI de façon automatique sans les contrôler afin de respecter la dispense législative de contrôle *a priori*. Cependant, ce mécanisme demeure contraire à l'esprit de la loi et nous ne pouvons que constater que la recommandation n°16 du rapport parlementaire de 2006 n'a pas été suivie d'effet. Elle préconisait que « *les prochaines versions du logiciel comptable de l'Etat, dénommé ACCORD, soient plus conformes à la dispense du contrôle financier dont bénéficient la plupart des AAI, en excluant les dépenses de ces autorités de l'obligation systématique de visa* »[1324]. Le nouveau logiciel Chorus n'a pas exclu les dépenses des AAI du dispositif classique, l'obligation de visa persiste donc. En revanche, il a été allégé pour l'ensemble des administrations, notamment en ce qui concerne les contrôles budgétaires. Quant aux autorités administratives indépendantes, l'ordre donné aux contrôleurs de viser leurs dépenses sans les contrôler est un « *procédé, uniquement conventionnel* »[1325] prévu par les chartes de gestion conclues par les AAI. Il a toutefois été confirmé de façon indirecte par le décret du 7

1322 Décret n°2005-54 du 27 janvier 2005 relatif au contrôle financier au sein des administrations de l'Etat, confirmé par le décret n°2012-1246 du 7 novembre 2012 relatif à la gestion budgétaire et comptable publique.

1323 Michel BOUVIER, Marie-Christine ESCLASSAN, Jean-Pierre LASSALE, *Op. cit.*, p. 391.

1324 *Idem.*

1325 Eric OLIVA, « L'autonomie budgétaire et financière des autorités de régulation économique », *RDP*, 1er mars 2014, n°2, p. 340.

novembre 2012. En effet, les articles 88 et 132 évoquent les AAI de façon spécifique et précisent que les conditions de leur application seront précisées par arrêté. Or, nous avons vu que ces arrêtés prévoient des procédures spécifiques en direction des AAI les dispensant du contrôle.

Finalement, il y a des règles juridiques et ce que l'on en fait. Ainsi, la pratique peut parfois s'éloigner des textes pour s'adapter aux spécificités de certaines autorités. Il serait néanmoins préférable de trouver une solution plus appropriée à ce problème de l'autonomie, une solution écrite et expresse de valeur législative voire décrétale. L'utilisation d'un autre logiciel comptable pour la catégorie des autorités administratives indépendantes pourrait également constituer un dénouement intéressant, à condition que celui-ci intègre les particularités qui appartiennent à ces institutions et qu'il soit raccordé à Chorus pour faciliter les échanges.

Enfin, un dernier projet informatique aurait pu porter atteinte à l'autonomie de gestion des AAI, mais il a été abandonné avant d'arriver à son terme. Il est ici question de l'opérateur national de paye (ONP). En 2007, par un décret du 15 mai[1326], un service interministériel à compétence nationale nommé « operateur national de paye » a été créé afin de mettre en place le système informatique de gestion des payes de l'Etat du même nom. Par la suite, son organisation a été établie par un arrêté du 8 juillet 2009[1327]. Elle avait vocation à s'appliquer jusqu'au 31 décembre 2015, moment où l'ONP devait être mis en place et fonctionner effectivement. L'ONP devant centraliser toutes les payes de l'Etat, il était censé inclure les autorités administratives indépendantes puisque celles-ci appartiennent à l'Etat. Or, un opérateur national implique une normalisation et une harmonisation. Toutes les administrations devaient entrer dans le même cadre. Ainsi, il était possible de s'interroger sur la compatibilité d'un tel dispositif avec l'indépendance des AAI et notamment leur autonomie financière[1328]. L'ONP devait entraîner une mutualisation des moyens permettant des économies d'échelle aux niveaux des titres 2 (personnel) mais également 3

1326 Décret n°2007-903 du 15 mai 2007 portant création d'un service à compétence nationale à caractère interministériel dénommé « opérateur national de paye ».

1327 Arrêté du 8 juillet 2009 portant organisation du service à compétence nationale dénommé « opérateur national de paye », NOR: BCFP0915829A, JORF n°0166 du 21 juillet 2009 texte n°18.

1328 Alain PATON de la direction des affaires financières du Défenseur des droits manifestait ses doutes et inquiétudes vis-à-vis de la mise en place de ce dispositif du fait de ses effets néfastes sur l'idée d'indépendance des AAI. Cf. annexe n°9, « Liste des personnes auditionnées », p. 557.

(fonctionnement). En effet, il n'avait pas seulement vocation à s'appliquer aux traitements des agents publics. Certes, il devait opérer une standardisation des payes ayant pour conséquence que l'ensemble des contrats dépendent de lui et donc qu'il reçoive éventuellement une délégation pour signer les contrats à la place des AAI, mais il avait également pour objectif de mettre en place un centre de services partagés effectuant pour le compte des administrations étatiques les contrats, marchés et engagements divers. Or, les autorités administratives indépendantes se situant dans le cadre de cette normalisation au même titre que les ministères, il existait un risque certain pour leur autonomie de gestion. Ce danger a néanmoins été écarté par l'abandon de l'ONP en début d'année 2014[1329]. En effet, les retards repoussant la mise en place de l'ONP à 2017 et causant des surcoûts exorbitants ont poussé le gouvernement à renoncer à ce projet[1330]. De ce fait, le risque de diminution significative de l'autonomie de gestion des AAI par la mise en place d'un système central uniformisé de gestion a disparu, laissant les AAI dans leur système actuel, rattachées à un logiciel Chorus où les contrôleurs budgétaires font preuve d'indulgence et de mansuétude sans toutefois aller jusqu'à la complaisance.

Section 2.
Le contrôle *a posteriori* comme facteur de renforcement de l'autonomie financière

Si un contrôle *a priori* anéantit toute autonomie, les contrôles pratiqués *a posteriori* ne sont pas contraires à l'idée d'autonomie, ils en sont seulement la conséquence. En effet, « *l'obligation de rendre compte est la contrepartie nécessaire à l'indépendance* »[1331]. L'autonomie, notamment financière,

1329 L'abandon de l'ONP a été annoncé par le gouvernement le lundi 10 février 2014 après l'annonce par le cabinet du ministère du budget le mardi 4 février aux 500 personnes mobilisées à temps plein sur le dossier.

1330 En effet, 290 millions d'euros avaient déjà été dépensés pour construire ce projet qui nécessitait encore (selon une estimation du ministère du budget) 600 millions d'euros pour arriver à son terme.

1331 Assemblée nationale, Rapport fait au nom du comité d'évaluation et de contrôle des politiques publiques sur *les autorités administratives indépendantes*, René DOSIERE, Christian VANNESTE, 28 octobre 2010, n°2925, p. 145.

ne doit pas être synonyme d'irresponsabilité[1332]. Or, une institution autonome n'ayant pas de compte à rendre *a priori* doit compenser ce manque par une reddition des comptes accrue *a posteriori* afin que les risques de dérives dans les dépenses soient anéantis. De ce fait, le contrôle *a posteriori* ne diminue pas l'autonomie, il la confirme, notamment vis-à-vis du pouvoir central et donc du gouvernement.

Le contrôle *a posteriori* des finances des AAI paraît ainsi conforme à la logique d'autonomie. En effet, il « *révèle la recherche d'un compromis entre l'autonomie financière des autorités et la transparence des finances publiques* »[1333]. Ainsi, sans constituer un véritable frein à la liberté de gestion des AAI, il permet la protection des droits et libertés et donc de répondre à toutes les exigences de l'Etat de droit. Par conséquent, « *il s'agit d'une forme de contrôle-vérification qui, si elle peut parfois apparaître en contradiction avec les nécessités d'une gestion dynamique, se trouve en revanche conforme aux exigences d'une société démocratique* »[1334].

Néanmoins, ces contrôles *a posteriori* entraînent logiquement des relations de dépendance entre l'organe contrôlé, l'AAI, et les organes de contrôle. Le choix des contrôleurs est donc important. Si un contrôle par le gouvernement est totalement exclu en raison de l'interdiction de toute tutelle administrative sur les AAI, d'autres organes sont susceptibles d'examiner les comptes des AAI. Ainsi, un contrôle par les parties prenantes[1335] pourrait être envisagé. Toutefois, il n'est pas satisfaisant en raison des inexactitudes qu'il engendre, les parties prenantes n'étant pas assez diversifiées et formant donc une catégorie peu pertinente. Par ailleurs, une reddition des comptes « *en direct* » a pu être proposée[1336]. Celle-ci

---

1332 Conseil d'Etat, Rapport sur les autorités administratives indépendantes, 2001, p. 369. « *Indépendance ne saurait signifier irresponsabilité : tous les pays qui ont recouru aux autorités administratives indépendantes ont été confrontés à la nécessité de mettre en place des procédures par lesquelles les organismes administratifs dégagés de la tutelle ministérielle peuvent rendre compte de leur action aux pouvoirs politiques – législatif, mais aussi exécutif. Cette surveillance n'entrave en rien l'indépendance fonctionnelle qui est reconnue aux autorités administratives indépendantes : elle est au contraire la condition de leur développement et la meilleure garantie de leur bon fonctionnement* ». Le rapport parlementaire de 2010 a également repris cette idée en précisant qu' « *Indépendance ne signifie pas irresponsabilité* ». Assemblée nationale, Rapport précité, 2010, n°2925, p. 111.

1333 Eric OLIVA, « L'autonomie budgétaire et financière des autorités de régulation économique », *RDP*, 1er mars 2014, n°2, p. 340.

1334 Michel BOUVIER, Marie-Christine ESCLASSAN, Jean-Pierre LASSALE, *Finances publiques*, Paris, LGDJ, 12e édition, 2013, p. 815.

1335 Par exemple, les entreprises du secteur régulé, les usagers, les administrations agissant dans le même domaine d'activité, *etc.*

1336 Marie-Anne FRISON-ROCHE, *Etude dressant un bilan des autorités administratives indépendantes*, *in* Assemblée nationale, Sénat, Rapport précité, Tome II, 2006, n°3166, n°404, p. 144.

implique une fusion de l'usage et du contrôle grâce à un fonctionnement transparent et vertueux. Néanmoins, ce type de contrôle paraît quelque peu utopique et insuffisant. Finalement, les deux types de contrôle retenus ont été ceux exercés *a posteriori* par des organismes de contrôle démocratiques ou indépendants, que sont le Parlement et les juges. En effet, une « dépendance » des AAI vis-à-vis de tels organismes n'est pas préjudiciable, elle a seulement pour effet de les empêcher de dépasser certaines limites et donc d'être conforme aux attentes des citoyens et de l'Etat de droit. Toutefois, « *l'idée d'une immunité juridictionnelle [avait été] défendue par certains commentateurs de l'arrêt* Retail *dans lequel le Conseil d'Etat [avait admis] la compétence de principe du juge administratif pour examiner la légalité des décisions prises par le médiateur. Prônée afin de garantir l'indépendance et l'originalité de ces instances, la thèse de l'immunité juridictionnelle fut cependant fermement combattue au nom de l'Etat de droit et désormais, un consensus existe sur le principe d'un contrôle juridictionnel* »[1337]. Un double contrôle *a posteriori* s'exerce alors : l'un, quelque peu délaissé, par le Parlement (paragraphe 1), l'autre par les diverses juridictions compétentes (paragraphe 2). Ce dernier contrôle paraît être d'autant plus indispensable qu'il est le seul réel contrôle assuré sur la gestion des AAI.

Paragraphe 1. Le « contrôle démocratique »[1338] du Parlement

En principe, les autorités administratives indépendantes sont détachées du gouvernement. Elles se situent à l'extérieur de la hiérarchie administrative dominée par les ministres et le Premier ministre afin de ne pas être soumises à la tutelle administrative qui s'exerce traditionnellement au sein du pouvoir exécutif. Elles ne reçoivent donc ni ordre, ni instruction du gouvernement et ne sont pas assujetties aux divers contrôles qu'il exerce sur les administrations classiques. Toutefois, « *l'indépendance ne signifie pas le droit à un superbe isolement* »[1339]. Par conséquent, les AAI doivent se confronter aux autres institutions de la République afin d'être pleinement légitimes et efficaces. Or, le seul organe politique susceptible de les contrôler est le Parlement. En effet, étant compétent pour créer, modifier et supprimer les AAI, il semble être l'organe le plus légitime à exercer ce contrôle. Celui-ci se

1337 Nicole DECOOPMAN, « Le contrôle juridictionnel des autorités administratives indépendantes », *in Le droit administratif en mutation*, Centre universitaire de recherches administratives et politiques d'Amiens, PUF, 1993, p. 212.
1338 Hervé DE CHARRETTE, *Le contrôle démocratique des autorités administratives indépendantes à caractère économique*, Paris, Economica, 2002.
1339 *Ibid.*, p. 146.

fonde sur l'article 15 de la Déclaration des droits de l'homme et du citoyen de 1789 qui prévoit que « *la société a le droit de demander compte à tout agent public de son administration* ».

Toutefois, le Parlement a largement manqué à sa mission de contrôle des AAI. En effet, largement surchargés et peut être désintéressés par ces institutions, les parlementaires ont pu considérer que ce contrôle n'était pas une priorité. Or, « *soumises au contrôle régulier des pouvoirs publics et de l'opinion, les autorités administratives indépendantes ne peuvent qu'acquérir une plus grande légitimité, condition indispensable à l'efficacité de leur action et à l'indépendance qui est attendue d'elles* »[1340], c'est pourquoi le Parlement contribue désormais à renforcer son contrôle sur les AAI (A). En effet, « *il faut certes préserver la liberté de gestion des AAI ; mais en contrepartie le Parlement doit avoir les moyens d'évaluer le rapport coût efficacité de leurs interventions* »[1341]. Or, ces moyens ont parfois pu sembler insuffisants et insatisfaisants. Ils nécessitent donc une amélioration (B).

A. Un intérêt modéré mais grandissant du Parlement envers l'autonomie financière des autorités indépendantes

Le volume budgétaire des AAI ainsi que leurs effectifs étant très faibles par rapport au volume du budget général, nous aurions pu comprendre le désintérêt du Parlement envers ces organismes. Néanmoins, les parlementaires eux-mêmes soulignent qu' « *ils n'en revêtent pas moins un aspect symbolique incontestable* »[1342]. Par conséquent, après un désintérêt prolongé envers ces autorités, le Parlement se préoccupe désormais de ces « *objets juridiques non identifiés* »[1343] au statut diversifié, aux compétences techniques et spécialisées, et aux financements épars ; ceux-ci ayant parfois tendance à lui échapper. Ainsi, les parlementaires étudient et approfondissent ces autorités indépendantes, notamment depuis 2006, par le biais de l'élaboration de rapports spécifiques (1) mais également par une reddition des comptes renforcée qui demeure toutefois difficile (2).

1340 Conseil d'Etat, *Les autorités administratives indépendantes*, Rapport public annuel 2001, EDCE n°52, p. 373.

1341 Assemblée nationale, Rapport précité, 2010, n°2925, p. 126.

1342 *Ibid.*, p. 125.

1343 Assemblée nationale, Sénat, Rapport précité, 2006, n°3166, n°444. En effet, le titre de ce rapport du Parlement, premier d'une longue lignée, démontrait bien la méconnaissance qu'il avait de ces organismes. Il avait ainsi intitulé cette étude : « rapport sur les autorités administratives indépendantes, évaluation d'un objet juridique non identifié ».

1. La présence de nombreux rapports parlementaires relatifs aux AAI

L'intérêt des députés et sénateurs envers les autorités administratives indépendantes ne s'est manifesté qu'à partir du premier véritable rapport parlementaire dédié aux AAI en 2006. Cette curiosité soudaine envers ces organismes méconnus ne vient d'ailleurs pas du Parlement lui-même, elle lui a été inspirée par le Conseil d'Etat. Ce dernier avait alors précisé dans son rapport de 2001[1344] qu' « *il convient d'examiner les conditions d'une évaluation périodique notamment par les offices parlementaires d'évaluation de la législation et des politiques publiques de l'activité des autorités administratives indépendantes les plus importantes. [...] Pour remplir pleinement son office et tenir compte de l'insertion de chaque autorité dans un contexte plus large dont elle n'est qu'un des maillons, une telle évaluation devrait se déployer dans trois directions au moins* »[1345] : la mesure de la performance, une vision d'ensemble du secteur d'activité et une évaluation des AAI en parallèle avec celles des services centraux compétents pour éviter tout risque de doublon.

Ainsi, depuis 2006, et impulsée par le rapport du Conseil d'Etat de 2001, le Parlement a réalisé quatre rapports relatifs aux AAI :

- Le rapport de l'office parlementaire d'évaluation de la législation, commun à l'Assemblée nationale et au Sénat, relatif aux autorités administratives indépendantes du 15 juin 2006, dirigé par Patrice Gélard ;
- Le rapport du comité d'évaluation et de contrôle des politiques publiques de l'Assemblée nationale relatif aux autorités administratives indépendantes du 28 octobre 2010, dirigé par René Dosière et Christian Vanneste ;
- Le rapport de la commission des lois constitutionnelles, de législation, du suffrage universel, du règlement et d'administration générale du Sénat relatif aux autorités administratives indépendantes du 11 juin 2014, dirigé par Patrice Gélard et réalisant un bilan des

---

1344 Le Conseil d'Etat a évoqué le contrôle parlementaire pour la première fois en 2001. En effet, dans son premier rapport sur les AAI de 1983-1984, il précisait concernant l'appréciation des résultats que « *la connaissance et l'évaluation des résultats qu'obtiennent les autorités administratives indépendantes sont grandement facilitées par les rapports périodiques qu'elles sont tenues d'élaborer et qui font, en général chaque année, un bilan très complet de leurs activités* » (p. 24). Il ajoutait d'ailleurs qu' « *il [était] exclu de rendre ces autorités responsables devant le gouvernement ou le Parlement* » (p. 37). Ainsi, aucun contrôle du Parlement n'était abordé, ni par le biais de rapport, ni par le biais d'une reddition des comptes. CE, *Rapport sur les autorités administratives indépendantes*, Etudes et documents n°35, 1983-1984.

1345 CE, Rapport précité, EDCE n°52, p. 373.

évolutions qui ont eu lieu entre 2006 et 2014 suivi d'une interrogation relative à un éventuel statut général des autorités indépendantes.

- Le rapport de la commission d'enquête du Sénat sur le bilan et le contrôle de la création, de l'organisation, de l'activité et de la gestion des autorités administratives indépendantes du 28 octobre 2015, dirigé par Marie-Hélène Des Esgaulx et Jacques Mézard ; précédant la proposition de loi du 7 décembre 2015 portant statut général des AAI et des API.

Le contenu de ces rapports est sensiblement le même. Les thèmes étudiés et les idées développées concernent tout d'abord la définition des autorités administratives indépendantes, ensuite leur nécessaire rationalisation et enfin leur indépendance. L'autonomie tient donc une large place dans ces rapports puisque qu'une partie lui est toujours consacrée. Néanmoins, l'étude va bien au-delà de la simple analyse de l'autonomie, notamment financière. En effet, « *les critères d'évaluation des AAI sont multiples : réactivité (délais) ; qualité (taux de recours devant les tribunaux, taux de révision par les tribunaux, indice de satisfaction des usagers) ; notoriété ; taux de suivi de recommandations et propositions ; productivité (nombre annuel de dossiers par agent) ; coûts (coût d'une décision, coût d'une médiation…)…* »[1346].

Par ailleurs, pour réaliser ces études, les commissions en charge des rapports ont interrogé tant les autorités administratives indépendantes que les parties prenantes[1347]. Il faut entendre par ces dernières les citoyens, qu'ils soient usagers ou simples publics, les partenaires, les administrations traditionnelles, notamment celles qui interviennent dans le même secteur d'activité, et les entreprises ou organismes régulés. Les rapporteurs leur envoient un questionnaire commun et leurs réponses, souvent semblables et récurrentes, leur servent à réaliser des constats et à présenter des pistes de réformes. Or, le rapport de 2010 évoque « *des constats plutôt encourageants* [décrivant] *une indépendance reconnue, une expertise saluée et une proximité réelle* »[1348]. Ainsi, du point de vue des parties prenantes, l'autonomie des AAI est assurée. En revanche, celles-ci ne parlent pas d'une autonomie financière mais bien d'une autonomie de décision.

Concernant l'autonomie financière, il semble que les rapports aient évolué sur ce point. En effet, à l'origine, dans le rapport de 2006, le

1346 Assemblée nationale, Rapport précité, 2010, n°2925, p. 112.

1347 Une série de questionnaires a en effet été envoyée à chaque AAI et aux parties prenantes pour l'élaboration du rapport parlementaire de 2010.

1348 Assemblée nationale, Rapport précité, 2010, n°2925, p. 114.

Parlement dissociait l'indépendance des AAI du contrôle démocratique. Ainsi la troisième partie du rapport était intitulée « *le renforcement des garanties d'indépendance et du contrôle démocratique* » et les trois sous-parties manifestaient le cloisonnement entre autonomie financière, autonomie organique et contrôle démocratique. Par la suite, le rapport de 2010 s'est ravisé en intitulant sa seconde partie : « *l'indépendance des AAI ne peut plus s'entendre sans un rapprochement avec le Parlement* ». Il a alors décloisonné l'autonomie, notamment financière, et le contrôle du Parlement en précisant dans le titre de la seconde sous-partie que « *l'obligation de rendre compte au Parlement est la contrepartie nécessaire de l'indépendance* ». Par ailleurs, le rapport de 2014, lorsqu'il évoque « *un contrôle parlementaire conforté et renforcé* », parle également de l'adéquation des moyens aux missions, problématique qui entre dans le champ de l'autonomie financière, notamment budgétaire. Enfin, le rapport de 2015 met en évidence de nouvelles préoccupations : la lutte contre les déficits excessifs et donc l'effort budgétaire partagé entre les différentes administrations publiques. Ainsi, l'autonomie financière est abordée différemment, d'une part à travers le thème de l'indépendance et d'autre part, via l'aspect contrôle parlementaire qui traite alors du suivi budgétaire et de la reddition des comptes des AAI. Par conséquent, en dix ans, nous sommes passés d'une séparation et une différenciation entre autonomie financière et contrôle démocratique, à un rapprochement des deux : le second étant tout à la fois la conséquence et l'origine de la première.

Enfin, il est également intéressant d'analyser le contenu que les rapports parlementaires donnent à l'autonomie financière. Si l'on recoupe l'ensemble des rapports, l'autonomie financière se compose de trois éléments. En amont, deux éléments sont présents : l'adéquation des moyens aux missions prime sur le type de recettes perçues pouvant correspondre soit à des taxes affectées et donc des ressources propres, soit à des crédits budgétaires, auquel cas la question de l'architecture budgétaire et du positionnement des AAI dans les lois de finances se pose. Le rapport de 2015 s'interroge néanmoins à nouveau sur la compatibilité d'un financement des AAI par des crédits du budget général avec l'indépendance. En aval, le dernier élément correspond à l'autonomie de gestion qui s'avère essentielle et est redondante dans l'ensemble des rapports ; c'est pourquoi le rapport de 2015 aborde tant le dialogue de gestion que la rationalisation des dépenses ou encore la reddition des comptes.

Cet intérêt pour la catégorie des autorités administratives indépendantes s'est d'ailleurs concrétisé par le dépôt de plusieurs propositions de loi. Le 25 septembre 2014, deux propositions de loi concernant ces autorités ont été déposées à la présidence du Sénat[1349]. La première est une proposition de loi organique visant dans un premier temps à affirmer la compétence législative en matière de fixation des « *règles relatives à la composition, aux attributions, à l'organisation et au fonctionnement des autorités administratives indépendantes et des autorités publiques indépendantes* », dans un deuxième temps à intégrer dans l'article 34 de la LOLF la fixation des plafonds d'emplois pour les API, dans un troisième temps, à déterminer les incompatibilités des membres du collège avec certains mandats et, dans un dernier temps, à tenir compte de la modification de l'AERES, aujourd'hui devenu le Haut conseil d'évaluation de la recherche et de l'enseignement supérieur (HCERES). Par ailleurs, une seconde proposition de loi aspire à créer un statut général des autorités administratives indépendantes et des autorités publiques indépendantes. Toutefois, du fait de l'hétérogénéité de la catégorie juridique, et de la volonté de la proposition de tenir compte des AAI et des API, les apports ne sont pas colossaux mais néanmoins significatifs. Ainsi, concernant le chapitre sur les dispositions financières, les trois éléments évoqués sont ceux qui permettent d'apporter aux AAI un degré d'autonomie financière tout à fait convenable. Ainsi, l'article 13 de cette proposition évoque tout d'abord la suffisance des crédits par la possession de « *crédits nécessaires à l'accomplissement de leurs missions* ». Il prévoit ensuite la dispense de contrôle financier *a priori* et le contrôle *a posteriori* de la Cour des comptes en précisant que « *la loi du 10 août 1922 relative à l'organisation du contrôle des dépenses engagées n'est pas applicable à leur gestion* » et qu' « *elles présentent leurs comptes au contrôle de la Cour des comptes* ». Enfin, cet article hisse au niveau législatif la disposition du décret de 2012 visant à prévoir que « *le président de l'autorité ou la personne exerçant la fonction d'autorité administrative indépendante est ordonnateur des recettes et des dépenses* ».

Ces deux propositions de loi ayant été abandonnées, des sénateurs ont déposés deux nouvelles propositions le 7 décembre 2015. La proposition de loi organique a une double vocation : affirmer la compétence législative en matière de création, organisation, fonctionnemment et gestion des AAI et des API, et déterminer les diverses incompatibilités qui pèsent sur les membres du collège. La seconde proposition de loi portant statut général des autorités administratives indépendantes et des autorités

[1349] Proposition de loi organique n°811 relative aux autorités administratives indépendantes et aux autorités publiques indépendantes, présentée par MM. Patrice GELARD et Jean-Pierre SUEUR, enregistrée à la présidence du Sénat le 25 septembre 2014, et, proposition de loi n°812 portant statut des autorités administratives indépendantes et des autorités publiques indépendantes, présentée par MM. Patrice GELARD et Jean-Pierre SUEUR, enregistrée à la présidence du Sénat le 25 septembre 2014.

publiques indépendantes, a vocation à poser les bases d'un statut commun de ces autorités « *devenues un réel problème institutionnel* » du fait d'une part, de leur fonctionnement « *sans corpus juridique et déontologique commun et sans parfois avoir été même qualifiées comme telles au niveau législatif* », et d'autre part de leur « *prolifération [...] contribu[ant] de plus en plus fortement à l'illisibilité et au dysfonctionnement du système institutionnel, alors même que la volonté de simplification administrative doit constituer une ardente obligation* »[1350]. Ainsi, plusieurs apports sont présents dans cette proposition, notamment au niveau financier. La proposition initiale possédait notamment un article 15 aux dispositions très symboliques pour les autorités. Il prévoyait que les AAI et les API « *disposent des moyens humains et techniques nécessaires à l'accomplissement de leurs missions ainsi que les crédits correspondants, dans les conditions fixées par la loi de finances* ». Or, cet article novateur inscrivant la nécessaire suffisance des moyens des autorités indépendantes dans la loi a été supprimé par les différentes lectures des assemblées et notamment celles de l'Assemblée nationale. L'autre apport important, malheureusement anéanti par l'Assemblée, etait la qualité d'ordonnateur offerte tant au président d'une AAI non personnalisée, qu'au président d'une API dotée de la personnalité morale. Or, l'article 19 contenant cette disposition, a été partiellement tronqué pour ne conserver la qualité d'ordonnateur qu'au profit des présidents d'API... Finalement, la seule disposition financière demeurée intacte est celle concernant la dispense de contrôle financier *a priori*, par l'inapplicabilité de la loi du 10 août 1922, relative à l'organisation du contrôle des dépenses engagées, à la gestion des autorités administratives indépendantes et des autorités publiques indépendantes (article 19).

L'autonomie financière des autorités indépendantes apparaît également dans la proposition de loi aux articles 22, 23 et 24 grâce à deux nouveautés : la systématisation du rapport annuel des AAI transmis à la fois au gouvernement et au Parlement, précédant éventuellement une audition du président de l'autorité où il pourra défendre son budget ou souligner l'insuffisance de ses ressources ; et la réalisation par le gouvernement d'un rapport sur la gestion des AAI et des API (un jaune budgétaire), transmis en annexe de la loi de finances permettant d'avoir une visibilité accrue des budgets des autorités indépendantes.

L'on ne peut donc que constater l'intérêt manifesté par le Parlement – et notamment le Sénat – à l'attention des autorités indépendantes, cela pouvant contribuer au renforcement de leur autonomie financière.

[1350] Extrait de l'exposé des motifs précédant la proposition de loi n°225 du 7 décembre 2015 portant statut général des autorités administratives indépendantes et des autorités publiques indépendantes.

Par ailleurs, il convient de voir que le Parlement a longuement délaissé la reddition des comptes des AAI et qu'il tend désormais à renforcer son contrôle financier *a posteriori* en s'appuyant sur une nouvelle comptabilité d'analyse des coûts mise en place par la LOLF pour l'Etat.

2. Une reddition des comptes annuelle autrefois négligée et désormais renforcée

La reddition des comptes est l'exécution de l'obligation de rendre compte, c'est-à-dire d'informer, de prouver et de justifier sa gestion. Elle a donc un double objectif de transparence et *in fine* d'appréciation de la performance. En effet, le rapport parlementaire de 2010 évoquait comme recommandation : un « *contrôle des AAI par une plus grande transparence de leur gestion, une évaluation de leur activité et une reddition des comptes au Parlement* »[1351]. Cela faisait suite à de nombreuses critiques de la doctrine qui soulignaient les lacunes du contrôle démocratique du Parlement. En effet, la doctrine « *relève une sorte d'inertie plus ou moins consentie, tant de la part du Gouvernement, soucieux peut-être d'éviter de donner le sentiment de vouloir porter atteinte à l'indépendance d'une institution voulue comme telle par le Parlement, que de la part de ce dernier, peu habitué à des tâches de contrôle régulier d'institutions spécifiques* »[1352]. De plus, la reddition des comptes possède un fondement constitutionnel : elle se base sur l'idée, formulée dans la Déclaration des droits de l'homme et du citoyen[1353], que l'Etat et ses administrations doivent rendre des comptes à ceux pour qui ils ont exercé leurs missions : les citoyens et plus généralement la société, au nom de l'intérêt général. L'idée de reddition des comptes a donc été à nouveau soulignée dans le rapport sénatorial de 2015[1354], précédant la proposition de loi portant statut général des AAI et des API du 7 décembre 2015 tendant également à la renforcer[1355].

Cette reddition des comptes s'appuie sur un ensemble de documents comptables que sont la comptabilité générale, la comptabilité budgétaire, la comptabilité d'analyse des coûts et, le cas échéant, la comptabilité analytique énoncée à l'article 153 du décret du 7 novembre 2012.

1351 Assemblée nationale, Rapport précité, 2010, n°2925, p. 9.

1352 Marcel POCHARD, « Autorités administratives indépendantes et contrôle démocratique », *Cahiers de la fonction publique*, novembre 2001, p. 5.

1353 Article 15 de la Déclaration des droits de l'homme et du citoyen.

1354 Sénat, Rapport précité sur le bilan et le contrôle des AAI, n°126, 2015, pp. 87-88.

1355 Proposition de loi portant statut général des autorités administratives indépendantes et des autorités publiques indépendantes déposée au Sénat le 7 décembre 2015, articles 22 et 23.

Tout d'abord, la comptabilité budgétaire correspond à une comptabilité des recettes et des dépenses réalisée par les ordonnateurs. Ainsi, elle décrit la mise en place des crédits et retrace leur utilisation, de leur engagement jusqu'à leur paiement ou encaissement, afin de mettre en évidence le solde de l'exécution budgétaire[1356].

Ensuite, la comptabilité générale est tenue par le comptable public grâce aux documents fournis par les ordonnateurs dans le cadre de la réalisation des opérations de gestion. Elle recense donc les opérations effectivement réalisées et achevées[1357].

Enfin, la comptabilité d'analyse des coûts (CAC)[1358] est le principal support de la reddition des comptes des AAI (comme des autres administrations étatiques) devant le Parlement. Selon l'article 165 du décret du 7 novembre 2012, elle incombe aux ordonnateurs et a pour objet d'informer le Parlement de l'ensemble des moyens alloués, directement ou indirectement, à la réalisation de chacune des actions des programmes ainsi que de permettre le rapprochement entre ces moyens et les résultats obtenus, dans l'optique de réaliser par la suite les PAP et les RAP. Elle se fonde sur les données des comptabilités budgétaire et générale afin de de mesurer les économies et objectifs réalisés. La CAC se présente donc comme une analyse *a posteriori* dans laquelle les ministères décrivent leurs coûts en les rapportant aux objectifs initialement fixés. Elle permet donc de mesurer l'écart qui existe entre la comptabilité générale, c'est-à-dire les droits constatés, et les prévisions budgétaires initiales. Les autorités administratives indépendantes contribuent comme toutes les administrations à la réalisation de cette CAC. En effet, « *ces AAI figurent dans les documents budgétaires (projets et rapports annuels de performance) et font l'objet du même traitement que les autres services de l'État : description des actions, présentation des crédits et justification au premier euro, plafond d'autorisation d'emplois, dispositif d'évaluation de la performance (objectifs et indicateurs), comptabilité d'analyse des coûts* »[1359]. L'analyse des coûts consiste donc à apporter une information au Parlement sur les ressources mobilisées par un programme pour atteindre ses objectifs initialement fixés. Elle contribue donc à une meilleure lisibilité de l'information financière relative au budget général au sein duquel sont présentes les AAI. Or, en confrontant la consommation effective des recettes et les résultats attendus, elle contribue certes à l'objectif de transparence de l'information financière du

1356 Article 154 du décret du 7 novembre 2012.

1357 Article 162 du décret du 7 novembre 2012.

1358 Prévue à l'article 27 de la LOLF.

1359 Assemblée nationale, Rapport précité, 2010, n°2925, p. 147.

Parlement mais également à la logique de performance de la gestion publique.

En revanche, si la CAC permet une confrontation coûts – objectifs et une visibilité des dépenses complètes concourant à la mise en œuvre des politiques publiques[1360], elle ne permet pas de connaître leur coût complet[1361]. Or, cette notion de coût complet est très importante pour la catégorie des AAI, le budget global et réel de ces autorités étant très difficile à cerner. Par conséquent, une comptabilité beaucoup plus intéressante à appliquer aux autorités administratives indépendantes dans le cadre de la reddition des comptes au Parlement serait la comptabilité analytique. Néanmoins, celle-ci n'est pas mentionnée à l'article 27 de la LOLF et n'est pas rendue obligatoire par l'article 153 du décret relatif à la gestion budgétaire et comptable publique, celui-ci indiquant que « *la comptabilité de l'Etat comprend [...], le cas échéant, une comptabilité analytique* ». L'article 166 du même décret prévoit ensuite que certains services de l'Etat ou certaines opérations pourront être soumis à la tenue d'une comptabilité analytique, selon les conditions fixées par arrêté du ministre du budget[1362]. Or, pour mettre effectivement en place une comptabilité analytique, il convient de la faire entrer dans le cadre du logiciel de gestion Chorus. Dans ce cadre, « *des études de faisabilité*[1363] *engagées par l'AIFE*[1364] *avec des ministères volontaires, à la fin de l'année 2012, ont permis de vérifier, in concreto, la possibilité de tenir dans Chorus une pluralité de comptabilités analytiques répondant à des besoins divers conformément aux dispositions du décret GBCP* »[1365]. Il serait donc possible d'enrichir la version actuelle de Chorus de fonctionnalités additionnelles intégrant ce nouvel outil de reddition des comptes qu'est la comptabilité analytique[1366]. Néanmoins, un obstacle demeure : l'absence de définition du cadre

---

1360 Par une double ventilation interne et externe des dépenses, c'est-à-dire entre les actions d'un même programme et entre programmes d'une même mission ou de missions différentes.

1361 En effet, les notions de dépenses complètes et de coûts complets sont à distinguer, les premières ne tenant pas compte de l'ensemble des charges indirectes.

1362 Le ministre du budget ainsi que le ministre intéressé arrêtent conjointement la liste des services de l'Etat ou des opérations qui seront soumis à la tenue d'une comptabilité analytique.

1363 Ces études de faisabilité correspondent à des « proof of concept » (POC) c'est-à-dire une réalisation limitée, courte ou incomplète, d'une certaine méthode ou idée afin de tester et valider son fonctionnement et donc démontrer sa faisabilité.

1364 Agence pour l'informatique financière de l'Etat.

1365 Danièle LAJOUMARD, « Chorus : résultats et perspectives », *Gestion & finances publiques*, mai – juin 2014, n°5/6, p. 35.

1366 Pour un coût estimé à 1,1 milliard d'euros.

conceptuel et du champ d'application de la comptabilité analytique par arrêté du ministre chargé du budget. Les autorités administratives indépendantes n'ont donc pas, à l'heure actuelle l'obligation de réaliser une telle comptabilité analytique. Par ailleurs, il n'existe pas encore de support à cette comptabilité, l'évolution de Chorus vers son intégration n'étant pas achevée. Il serait toutefois opportun et bénéfique d'inscrire les AAI sur la future liste des services de l'Etat devant élaborer une comptabilité analytique. En effet, cela aurait pour conséquence d'une part d'augmenter la transparence financière de ces institutions et d'autre part d'améliorer la reddition des comptes au Parlement.

La raison de la nécessaire mise en place d'une comptabilité analytique par les AAI est la suivante : elle permet de visualiser le coût complet et réel du service par le biais des unités d'œuvres qu'elle comprend. L'unité d'œuvre est une unité de mesure permettant d'imputer à un service des charges indirectes afin de déterminer le coût complet du service analysé. De ce fait, elle permettrait au Parlement d'apprécier le budget global de chaque AAI, celui-ci étant difficilement perceptible du fait de plusieurs facteurs : la dispersion des crédits dans la loi de finances et surtout la mise à disposition gracieuse de personnels et locaux par d'autres administrations publiques. En effet, la LOLF aurait dû entrainer un système de remboursement des agents ou bureaux mis à disposition, mais cela ne s'est pas produit et de nombreuses AAI bénéficient de tels avantages constitutifs de charges indirectes qui ne sont pas comptabilisés dans l'évaluation de leur coût global. Ainsi, « *plusieurs AAI disposent de bureaux dans des immeubles affectés à d'autres administrations publiques, sans que soit connue leur quote-part du loyer ou du loyer budgétaire. On peut citer également des AAI qui disposent de moyens de fonctionnement supportés par d'autres administrations publiques : achats, fournitures, véhicules…* »[1367]. Par conséquent, afin d'assurer la transparence des budgets des AAI, le comité d'évaluation et de contrôle des politiques publiques a suggéré que soit mis en place une comptabilité analytique. En effet, les rapporteurs ont estimé que les AAI devaient « *présenter […] un budget global incluant tous les coûts, y compris ceux supportés par le budget d'autres organismes publics, le cas échéant en pratiquant une comptabilité analytique – en particulier pour les immeubles et les personnels mis gracieusement à disposition, sur une base forfaitaire en fonction du grade et de l'emploi* »[1368].

Néanmoins, la comptabilité analytique n'ayant toujours pas vu le jour, le Parlement doit se contenter d'outils d'information financière

---

1367 Assemblée nationale, Rapport précité, 2010, n°2925, p. 134.

1368 *Idem.*

sommaires et approximatifs, parfois non communiqués, que sont les rapports annuels d'activité des autorités administratives indépendantes. Cela est d'autant plus dommageable que les « *autorités administratives indépendantes souhait[ent] rendre compte régulièrement de leur activité au Parlement* [car] *[…] l'exercice d'une reddition de comptes annuelle permettrait aux AAI de mieux asseoir leur légitimité* »[1369].

En conséquence, le rapport sénatorial de 2015 souhaite « *systématiser le dépôt d'un rapport annuel […] selon un modèle commun avec des rubriques obligatoires, pouvant donner lieu à une séance annuelle de contrôle en séance publique, introduite par un rapport préalablement confié à un membre des commissions permanentes compétentes* »[1370]. La proposition de loi du 7 décembre 2015 reprend globalement ces idées dans ses articles 22 et 23, sans toutefois prévoir de rubriques obligatoires au rapport, et à l'exception de l'audition qu'elle n'aborde pas.

B. Des outils de contrôle démocratique parfois insatisfaisants

En l'absence d'une comptabilité analytique, le Parlement doit se satisfaire des outils de reddition des comptes caractérisés par les rapports annuels d'activité des AAI. Or, ces rapports sont loin de constituer une information financière complète et détaillée (1). En revanche, ils correspondent aux seuls outils élaborés par les AAI elles-mêmes dont il dispose pour évaluer la performance de ces services (2), les autres étant issus des pouvoirs publics et notamment du gouvernement.

1. Les rapports annuels d'activité des AAI : un outil d'information financière insuffisant

Si les rapports annuels d'activité sont de véritables mines d'informations au sujet des AAI, cela ne se confirme pas au niveau financier. En effet, le rapport annuel d'activité est le support idéal du contrôle démocratique du Parlement mais pas de la reddition des comptes. En effet, ils donnent des indications exhaustives relatives à l'activité de l'autorité, à la performance (au sens de qualité du service et efficacité de la gestion), au contexte économique et social et, de manière beaucoup plus réduite, aux moyens budgétaires et humains. Cette dernière partie représente ainsi une à deux pages sur des rapports qui font en moyenne quatre-vingts pages sans les annexes. Par conséquent, s'il est évident que « *le rapport et les*

[1369] Assemblée nationale, Sénat, Rapport précité, 2006, n°3166, n°404, p. 118.
[1370] Sénat, Rapport précité sur le bilan et le contrôle des AAI, n°126, 2015, p. 88.

publications des autorités sont une façon pour elles de rendre compte de leur activité aux pouvoirs publics »[1371], il est également notoire que ce rapport d'activité possède des lacunes certaines ; l'une d'entre elles étant que ces rapports ont changé de finalité et sont désormais utilisés par les autorités indépendantes comme des « *outils de communication* » et non plus des « *outils de contrôle* »[1372]. Ensuite, il faut évoquer le fait que l'AAI n'a pas l'obligation de transmettre son rapport au Parlement ou aux commissions parlementaires compétentes. « *Actuellement, sur 42 autorités administratives indépendantes, 6 ne sont pas soumises à l'obligation légale de déposer un rapport annuel et 10 supplémentaires ne sont pas légalement tenues de l'adresser au Parlement* »[1373]. Par ailleurs, le contenu des rapports d'activité est très hétérogène et ne prévoit pas de critiques ou de propositions d'amélioration de leur organisation, de leur fonctionnement ou relatives à la suffisance de leurs moyens humains et financiers.

Par conséquent, plusieurs propositions d'amélioration ont été faites récemment par le rapport du Sénat de 2014 réalisant un bilan des autorités administratives indépendantes depuis 2006. Celles-ci pourraient permettre aux rapports publics de devenir le support non seulement du contrôle démocratique mais également de la reddition des comptes et de la mesure de la performance. Ainsi, pour que ces rapports soient l'outil privilégié de contrôle du Parlement, plusieurs règles doivent encadrer leur élaboration et leur diffusion.

Concernant leur élaboration, il conviendrait que les rapports contiennent des « *rubriques obligatoires* »[1374] faisant certes état de son activité par la présentation de sa mission, et notamment les règles et doctrine qu'elle suit et la façon dont elle met en œuvre ses prérogatives, mais également l'utilisation qu'elle fait des crédits qui lui sont alloués et éventuellement les règles de déontologie qu'elle respecte[1375]. Il convient de mettre l'accent sur

---

1371 Conseil d'Etat, rapport précité, 2001, EDCE n°52, p. 372.

1372 Sénat, Rapport précité sur le bilan et le contrôle des AAI, n°126, 2015, p. 87.

1373 *Idem.*

1374 Sénat, Rapport d'information fait au nom de la commission des lois constitutionnelles, de législation, du suffrage universel, du règlement et d'administration générale sur *les autorités administratives indépendantes*, Patrice GELARD, 11 juin 2014, n°616, p. 23.

1375 Le rapport parlementaire de 2006 avait déjà fait ces propositions dans sa recommandation n°28 qui demandait que les rapports contiennent les mentions suivantes :

« - *[…] un bilan de l'utilisation par l'autorité de ses crédits et de la mise en œuvre de ses prérogatives ;*

- *[…] les règles de déontologie appliquées par les membres du collège et les cadres des services ;*

- *[…] les règles et la doctrine suivies par l'autorité dans l'exercice de ses missions* ».

l'importance de l'exposé et de l'analyse de son budget par l'AAI elle-même. En effet, pour réaliser une reddition des comptes utile et efficace, l'autorité devrait consacrer au moins une quinzaine de pages à son budget en développant les points suivants. Tout d'abord, la partie budgétaire du rapport doit commencer par la présentation des crédits accordés à l'autorité, en spécifiant le montant dédié au fonctionnement et celui dédié au personnel. Cette présentation devrait également contenir une comparaison des demandes budgétaires effectuées par l'autorité avec les crédits finalement accordés par la loi de finances, ainsi que des spécifications sur le déroulement des négociations budgétaires, c'est-à-dire sur l'efficacité du dialogue de gestion, avec les administrations centrales et notamment la direction du budget et le responsable du programme dont elles dépendent ; ces dernières pouvant expliquer l'écart qui existe entre les demandes budgétaires et les crédits effectivement alloués. Ensuite, l'autorité indépendante devrait détailler l'utilisation de ses crédits, sans toutefois reproduire les comptabilités budgétaires ou d'analyse des coûts déjà réalisées. Par ailleurs, un développement relatif à la suffisance de ses crédits serait souhaitable. Il permettrait de comparer les objectifs initiaux de l'autorité avec les résultats qu'elle a pu obtenir grâce aux crédits dont elle a disposé. En effet, des précisions relatives au manque de personnel ou de ressources pour réaliser les missions, ou au contraire un budget confortable, donneraient des éléments d'analyse pertinents au Parlement dans le cadre de la reddition des comptes. Un manque de personnel pourrait ainsi expliquer la lenteur pour traiter des dossiers et donc le non-respect des objectifs de performance fixés par les PAP. Enfin, les rapports d'activité devraient énoncer des propositions ou recommandations en vue de modifier la Constitution du budget. A l'heure actuelle, les rapports annuels d'activité des AAI sont bien loin d'un tel schéma. En effet, ils se contentent de livrer le montant de la dotation qui leur a été versée ainsi que la part dédiée au personnel et celle consacrée au fonctionnement. Ils précisent ensuite le plafond d'autorisations d'emplois accordé par la loi de finances, puis ils donnent parfois des indications sur la suffisance de leurs moyens résumées au sein d'une phrase. Le contenu financier des rapports est donc largement insuffisant (deux à trois pages uniquement) et très hétérogène. Une harmonisation serait alors souhaitable car elle permettrait une plus grande lisibilité et des comparaisons entre les diverses autorités.

Assemblée nationale, Sénat, Rapport précité, 2006, n°3166, n°404, p. 122. Ces rubriques ont été reprises par le plus récent rapport sénatorial de 2015 sur le bilan et le contrôle des AAI, 28 octobre 2015, n°126, p. 87.

Concernant la diffusion des rapports annuels d'activité, la proposition est inchangée depuis 2006 : les rapports doivent être annuels et « *il est indispensable que toutes* [les AAI] *l'adressent au Parlement* »[1376]. En effet, si ces rapports sont toujours transmis au Président de la République et au Premier ministre, ils le sont beaucoup moins fréquemment au Parlement par manque d'obligation légale l'imposant. Or, si le contrôle de ces autorités appartient au Parlement, il convient de lui communiquer leur rapport de façon systématique et prioritaire. Le rapport devrait également être déposé devant les commissions des finances de chaque assemblée ainsi que les commissions permanentes compétentes afin d'être sûr que ces rapports soient non seulement lus mais aussi compris. En effet, la spécialisation des AAI dans des missions très techniques peut entraîner une grande complexité nécessitant un savoir-faire et une compétence qui appartiennent certainement aux commissions parlementaires et plus aléatoirement au Parlement au sens large. La transmission aux commissions compétentes est donc plus pertinente car elle permet de surmonter la technicité dont peuvent faire preuve les AAI. Dans ce cadre, si aucune obligation générale de communication du rapport annuel d'activité n'a été faite aux AAI, il faut souligner que, « *depuis 2006, une telle obligation a été prévue ponctuellement pour certaines AAI, parallèlement à une transmission de ce rapport au Gouvernement ou au Président de la République. Pour d'autres AAI [...], la transmission d'un rapport auprès du Parlement ne relève encore que de l'usage* »[1377].

Cependant, la communication des rapports annuels d'activité au Parlement serait d'autant plus utile si elle se réalisait avant le vote de la loi de règlement. Or, la tardiveté des rapports reproduite annuellement empêche leur prise en compte dans le cadre du contrôle parlementaire.

En conséquence, la dernière proposition de loi du 7 décembre 2015, en cours de discussion, envisage dans son article 22, de généraliser le dépôt du rapport par les AAI, de le rendre annuel, formel (avec des rubriques obligatoires communes aux AAI) et communicable au Parlement et aux commissions parlementaires compétentes.

Néanmoins, le contenu encore insuffisant des rapports annuels d'activité des autorités administratives indépendantes en matière budgétaire est compensé par la tenue de plus en plus fréquente d'auditions de président d'AAI. En effet, « *les organes parlementaires ont parallèlement développé le nombre d'auditions des représentants des AAI* »[1378]. Ainsi, le rapport de 2014 recense 117

1376 Assemblée nationale, Sénat, Rapport précité, 2006, n°3166, n°404, p. 121.

1377 Sénat, Rapport précité, 2014, n°616, p. 23.

1378 *Idem.*

auditions réalisées depuis 2008 par la commission des lois du Sénat. Elle propose d'ailleurs que celles-ci soient réalisées en alternance à l'Assemblée nationale et au Sénat afin de permettre l'audition de l'ensemble des AAI d'une part, sans distinction de leur importance, et de ne pas surcharger les commissions parlementaires d'autre part.

Le dernier rapport sénatorial 2015 entend confirmer ce système d'audition par la tenue de séances publiques annuelles de contrôle[1379]. La proposition de loi du 7 décembre 2015 n'a pas repris ce système d'audition, mais elle en a construit les bases en imposant la réalisation de rapports annuels (article 22) et la possibilité pour les AAI de rendre compte de leur activité devant les commissions parlementaires compéttentes (article 23).

Finalement, les rapports annuels d'activité sont des outils de reddition des comptes largement perfectibles dont l'insuffisance est compensée par la tenue régulière d'auditions de présidents d'autorités administratives indépendantes.

2. Les projets et rapports annuels de performance : un outil permettant un contrôle de l'adéquation entre les objectifs et la réalité des dépenses des AAI

La logique de performance fait partie des mutations récentes qui ont été apportées à l'ensemble des systèmes financiers des pays européens. La France a donc suivi le mouvement en adoptant la loi organique relative aux lois de finances en 2001 traduisant « *l'efficacité des politiques publiques, la transformation des responsabilités des ministres et des gestionnaires, la transparence et le renforcement du contrôle démocratique ou encore la diffusion d'une culture « managériale » au sein de l'administration* »[1380]. Cette culture se diffuse notamment par le biais des documents budgétaires annexés à la loi de finances initiale et à la loi de règlement que sont respectivement les projets et rapports annuels de performance (PAP et RAP). Un contrôle a également été introduit à la fin de l'exercice budgétaire, afin de vérifier la concrétisation des objectifs initialement fixés, par l'élaboration de la loi de règlement des comptes et rapports de gestion[1381]. Ainsi « *l'objectif premier des contrôles financiers est depuis*

1379 *Ibid.*, p. 88.

1380 Laurent ARGENTIERI, « L'émergence d'un modèle européen de contrôle financier », *Les Petites Affiches*, 22 novembre 2005, n°232, p. 6.

1381 Que nous appellerons par la suite « loi de règlement ».

lors l'évaluation de la performance»[1382] par le contrôle de l'adéquation entre les objectifs attendus, les prévisions budgétaires et la réalité des dépenses.

En principe, l'élaboration du projet de loi de finances implique la réalisation de nombreux documents annexes donnant des précisions sur la répartition des crédits. L'article 51 de la LOLF évoque les PAP de chaque programme élaborés par l'administration centrale en fonction de données transmises par les services opérationnels et présentant notamment les actions, leurs coûts associés, les objectifs poursuivis et les résultats obtenus et attendus pour les années à venir mesurés au moyen d'indicateurs. Le but de ce document s'apprécie d'autant plus en fin d'exercice lorsqu'il est question de comparer les objectifs espérés (PAP) avec les résultats obtenus (RAP). En effet, en fin d'exercice budgétaire intervient la loi de règlement. Celle-ci constitue un contrôle parlementaire *a posteriori* de l'exécution du budget se basant sur une comparaison des PAP et des RAP permettant de mesurer les écarts entre les prévisions et les réalisations budgétaires annuelles. L'ensemble des annexes de la loi de règlement, et notamment les RAP[1383], permettent ainsi au Parlement d'être informé des résultats en termes d'efficacité et de performance et donc d'examiner et de contrôler l'ensemble de l'action et de la gestion financière de l'Etat.

Pour l'établissement de la loi de règlement, le Parlement se base donc sur les PAP et les RAP, ceux-ci utilisant notamment les données transmises par les services opérationnels et les différents documents comptables, et notamment la comptabilité d'analyse des coûts, celle-ci retraçant respectivement les données issues de la comptabilité budgétaire et de la comptabilité générale.

Les autorités administratives indépendantes font également partie de la mise en place de « *nouveaux modes d'exercice du pouvoir* » et de « *nouvelles formes de management public* »[1384], les objectifs affichés de transparence, d'impartialité et d'efficacité traduisant la nouvelle logique de performance de l'action publique. En revanche, « *l'indépendance assurée aux AAI semble par nature incompatible avec une démarche de définition d'une stratégie assortie d'objectifs et*

1382 *Idem.*
1383 L'article 54 de la LOLF précise que « *sont joints au projet de loi de règlement [...] les rapports annuels de performance faisant connaître, par programme, en mettant en évidence les écarts avec les prévisions des lois de finances de l'année considérée, ainsi qu'avec les réalisations constatées dans la dernière loi de règlement : a) les objectifs, les résultats attendus et obtenus, les indicateurs et les coûts associés [...]* ».
1384 Assemblée nationale, Rapport précité, 2010, n°2925, p. 62.

d'indicateurs de performance, en contrepartie de l'octroi de moyens »[1385]. Par conséquent, certaines règles devront être respectées afin de ne pas porter atteinte à l'autonomie financière des AAI[1386].

D'une part, il faut que les objectifs et indicateurs de performance soient définis en concertation avec l'autorité concernée afin qu'ils soient les plus pertinents et représentatifs possibles. En effet, le rapport parlementaire de 2010 souligne « *que ce dispositif de performance devrait être élaboré d'un commun accord entre le (ou les) responsable(s) de programme concerné(s) et le président de chaque AAI, car aucun objectif ou indicateur ne saurait leur être imposé unilatéralement* »[1387]. Cette prise en compte des AAI dans la détermination des objectifs de performance qui les concernent peut notamment être prévue dans les chartes de gestion ou, le cas échéant, dans des contrats de performance spécifiquement conclus dans cette optique. Il semblerait effectivement que cette association des AAI se réalise à travers le dialogue de gestion, néanmoins inégal selon le ministère de rattachement[1388].

D'autre part, il convient d'imposer aux AAI (ainsi qu'aux autorités publiques indépendantes dotées de la personnalité morale) de rédiger un rapport public annuel répondant de façon détaillée à cette logique de performance en présentant les indicateurs, objectifs et résultats qui sont les leurs afin de permettre un dialogue régulier entre l'AAI, le gouvernement et le Parlement. Ce dialogue pourrait notamment intégrer une négociation avec la direction du budget lors de l'élaboration du PLF et donc des PAP.

Ces deux éléments auraient ainsi pour conséquence de rendre compatible la logique de performance avec l'autonomie financière des autorités administratives indépendantes en intégrant ces dernières dans la préparation des PAP et donc dans la définition de leurs propres indicateurs et objectifs de performance.

Il faut néanmoins souligner que la performance et la logique de résultats ne sont pas entendues dans un sens strict à l'égard des AAI. En effet, les indicateurs et objectifs fixés, du fait de leur souplesse et surtout de la faiblesse de leur contenu, n'ont pas vocation à affaiblir l'autonomie financière. Ainsi, « *les auditions des présidents d'AAI menées par le Groupe de travail ont montré que les objectifs et indicateurs relatifs aux autorités contenus dans les projets et rapports annuels de performances, annexés aux projets de loi de finances, ne couvraient*

1385 *Ibid.*, p. 154.

1386 *Idem.*

1387 *Ibid.*, p. 151.

1388 Le Défenseur des droits rattaché aux services du Premier ministre est en effet satisfait de ce dialogue de gestion alors que le CRE s'en plaint et estime qu'elle n'est pas considérée en tenant compte de son statut particulier d'AAI.
Sénat, rapport précité sur le bilan et le contrôle des AAI, n°126, 2015, p. 53.

qu'un champ réduit de l'activité des AAI. Ainsi la plupart des autorités intervenant dans les domaines des libertés publiques ou de la régulation économique (concurrence) ne sont couvertes que par un seul indicateur budgétaire mesurant leurs délais de prise de décision »[1389]. Si la raison invoquée fait état d'une volonté de la direction du budget de réduire l'ensemble des indicateurs du budget général de l'Etat afin de les rendre davantage intelligibles et efficients, cela peut également venir d'une incapacité de rédiger des indicateurs cohérents et utilisables par ces autorités, ou encore, d'une bienveillance régulièrement soulignée à l'égard des AAI. Dans tous les cas, cette insuffisance du dispositif de performance permet de sauvegarder davantage l'autonomie financière des AAI.

Cependant, dans une optique de respect des dispositions de la LOLF, et de nécessaire contrôle démocratique, le Parlement devra se baser sur le contenu des rapports annuels d'activité cumulé à l'ensemble des documents budgétaires et comptables.

Finalement, il semblerait que les AAI soient davantage soumises à un contrôle *a posteriori* du Parlement justifié par leur indépendance vis-à-vis du gouvernement. Ainsi, la tutelle administrative étant interdite, c'est le Parlement qui dispose des pouvoirs de créer, modifier, contrôler et supprimer les AAI. Par conséquent, si ces autorités ont acquis une certaine indépendance vis-à-vis du gouvernement, c'est au prix d'une dépendance accrue vis-à-vis du Parlement.

Deux remarques contradictoires s'imposent néanmoins. La première est qu'au regard de la composition du Parlement, cette dépendance n'est pas néfaste pour les AAI, le Parlement étant une institution démocratique. Les présidents des autorités indépendantes sont d'ailleurs loin d'être opposés à un tel contrôle qu'ils demandent et réclament au contraire. Ainsi, le président de l'ACNUSA précisait : « *je ne revendique aucune indépendance vis-à-vis du Parlement et je protesterais même si elle m'était imposée car c'est la loi et donc le Parlement qui crée les AAI. J'ai demandé à plusieurs reprises ce contrôle* »[1390]. La seconde remarque, plus inquiétante, est que dans le régime parlementaire rationalisé dans lequel nous nous trouvons, le gouvernement élabore la grande majorité des projets de loi et le fait majoritaire, systématique depuis 2002, implique que le Parlement reflète largement la volonté du gouvernement. Cela se concrétise en pratique dans le cadre de la procédure de vote de la loi de finances où le Parlement dispose de l'unique pouvoir d'approuver ou de rejeter le budget élaboré par le gouvernement.

1389 Assemblée nationale, Rapport précité, 2010, n°2925, p. 151.

1390 Sénat, Rapport précité sur le bilan et le contrôle des AAI, 2015, n°126, p. 86.

Paragraphe 2. Le contrôle juridictionnel financier sur les autorités indépendantes

Les juridictions exercent des contrôles *a posteriori* vis-à-vis des comptes des autorités administratives indépendantes. Or, les vérifications qu'elles réalisent, d'un point de vue juridictionnel ou non juridictionnel, semblent constituer le seul contrôle réel de la gestion financière des AAI. Celui-ci vient ainsi pallier l'absence de contrôle *a priori* du gouvernement et les insuffisances du contrôle démocratique du Parlement. En effet, « *à l'abri des pressions du gouvernement, et en l'absence d'un véritable contrôle du Parlement, les autorités de régulation françaises jouissent d'une grande autonomie, et même, d'une quasi-irresponsabilité politique. Dans ce contexte, le contrôle juridictionnel apparaît comme le seul facteur de limitation juridique des pouvoirs étendus des autorités de régulation* »[1391]. Il s'exerce d'une part à travers les juridictions financières (A) et d'autre part à travers les juridictions administratives (B). En revanche, plusieurs interrogations se posent. Les juges sont-ils en mesure de contrôler ces autorités indépendantes sans porter atteinte à leur autonomie ? Comment faire respecter la légalité sans s'immiscer dans les fonctions du régulateur ? Et finalement, est-ce que juger une autorité de régulation, n'est pas aussi réguler ? Si la doctrine a pu se demander si le contrôle des AAI par le juge était pertinent et si l'indépendance des AAI ne constituait pas un espace d'évaluation inattaquable[1392], c'est bien que ce contrôle *a posteriori* réalisé par les juridictions peut poser des problèmes. Malgré tout, « *la raison juridictionnelle l'a finalement emporté sur le doute cartésien* »[1393].

A. Les contrôles exercés par les juridictions financières

Les contrôles financiers des organismes publics sont exercés par deux juridictions distinctes et spécialisées : la Cour de discipline budgétaire et financière (CDBF) et la Cour des comptes. La répartition du contrôle entre les juridictions est déterminée par le principe de séparation des ordonnateurs et des comptables, les premiers dépendant de la CDBF et les

---

1391 Denis LEMIIEUX, Caroline ROUVE, « La déférence du juge envers les autorités de régulation économique en droit français et canadien », *in Indépendances*, Mélanges en l'honneur de Jean-Louis AUTIN, sous la direction de Michel CLAPIE, Sébastien DENAJA, Pascale IDOUX, Montpellier, Presses de la faculté de Montpellier, 2011, p. 596.

1392 Ces questions ont été respectivement posées par les Professeurs Jean-Louis AUTIN et Silvia NICCOLAI.

1393 Jean-Louis AUTIN, « Le contrôle des autorités administratives indépendantes par le Conseil d'Etat est-il pertinent ? », *RDP,* 1991, n°6, p. 1533.

seconds de la Cour des comptes[1394]. Toutefois, si la CDBF est compétente pour réprimer les infractions aux règles du droit de la comptabilité publique commises par les gestionnaires publics, un projet de loi de 2009[1395] avait proposé sa suppression du fait de sa compétence limitée[1396] et son activité réduite[1397]. Ce projet faisait alors de la Cour des comptes l'unique juridiction en matière de surveillance et de sanction de la discipline budgétaire et financière. Toutefois, le projet a été abandonné au profit d'un simple regroupement des Chambres régionales des comptes. Une loi du 13 décembre 2011[1398] a en effet fixé à vingt le nombre maximal de Chambres en métropole et outre-mer. Néanmoins, « *selon la Cour des comptes, avec le renforcement des pouvoirs des gestionnaires publics, notamment à la faveur de la LOLF, l'allègement des contrôles a priori et l'importance des montants des opérations en jeu, dans un contexte de forte tension budgétaire, ce régime devra être refondu* »[1399].

Il faut néanmoins souligner que dans le cadre de leur mission de contrôle financier *a posteriori* des organismes publics, les juridictions financières exercent certes un contrôle juridictionnel des autorités administratives indépendantes, mais celui-ci n'est que résiduel (1) en comparaison avec les contrôles non juridictionnels que réalise la Cour des comptes (2).

1. Un contrôle juridictionnel résiduel et limité des juridictions financières

La Cour de discipline budgétaire et financière et la Cour des comptes[1400] sont les deux juridictions financières qui se partagent le contrôle des opérations financières de l'Etat et des divers organismes publics[1401]. La

---

1394 Jean-Luc ALBERT, *op. cit.*, p. 445.

1395 Projet de loi n°2001 portant réforme des juridictions financières présenté au nom de François FILLON par Henri De RAINCOURT, 28 octobre 2009.

1396 La Cour est en effet incompétente pour juger les ministres ordonnateurs principaux et les élus locaux.

1397 Elle possède une moyenne d'arrêts rendus annuellement inférieure à trois.

1398 Article 46 de la loi n°2011-1862 du 13 décembre 2011 relative à la répartition des contentieux et à l'allègement de certaines procédures juridictionnelles.

1399 Sénat, Avis n°154 présenté au nom de la commission des lois constitutionnelles de la législation du suffrage universel du règlement et de l'administration générale, sur le *projet de loi de finances pour 2013 adopté par l'Assemblée nationale, Tome IV Cour des comptes et autres juridictions financières,* André REICHARDT, 22 novembre 2012, p. 25.

1400 Au niveau local, ce sont les Chambres régionales des comptes qui assurent le contentieux de la gestion financière et des comptes publics locaux.

1401 L'Etat et les organismes publics ne sont pas les seuls à être soumis au contrôle juridictionnel des juridictions financières. En effet, les entreprises publiques, les organismes

première, semblant être une juridiction en sursis, s'occupe de sanctionner les irrégularités de gestion commises par les ordonnateurs alors que la seconde juge les comptes des comptables publics. Dans ce cadre, les autorités administratives indépendantes sont sujettes au contrôle des deux juridictions. En effet, les présidents des AAI, en tant qu'ordonnateurs secondaires, sont soumis à la CDBF et les contrôleurs budgétaires et comptables ministériels réalisant les opérations comptables des AAI relèvent de la Cour des comptes.

D'un côté, la Cour de discipline budgétaire et financière étant compétente pour contrôler la gestion des ordonnateurs – à l'exception des ministres, correspondant aux ordonnateurs principaux et relevant de la Cour des comptes, et de la majorité des élus locaux[1402] – les présidents des AAI en tant qu'ordonnateurs secondaires et gestionnaires de ces autorités sont soumis à son contrôle. Ainsi, leurs fautes de gestion pourront être sanctionnées par la CDBF. Toutefois, depuis la création des AAI, le contrôle de la Cour a changé. Aujourd'hui exposées aux articles L. 313-1 à L. 313-14 du Code des juridictions financières, les infractions sanctionnées par la Cour étaient limitées, à l'origine (entre 1948 et 1995), aux six premiers cas recensés dans le Code, excluant alors la faute de gestion. De plus, s'agissant des AAI, seuls cinq cas d'infractions pouvaient être relevés, le premier concernant les dépenses engagées sans respecter les règles applicables en matière de contrôle financier portant sur l'engagement des dépenses ne leur étant pas applicable en raison de leur dispense de contrôle financier *a priori*. En 1995, une loi[1403] est ensuite venue introduire la faute de gestion parmi les infractions sanctionnables. Cette faute est celle commise par des gestionnaires qui, dans l'exercice de leur fonction, causent un préjudice grave à l'organisme au sein duquel ils exercent des responsabilités. Néanmoins, la faute de gestion paraît être une notion difficile à déterminer. Elle « *peut s'entendre de tout acte ou omission contraire aux intérêts d'un organisme indépendamment de leur caractère régulier ou non* »[1404]. Néanmoins, il ne s'agit pas pour la Cour d'analyser l'opportunité des décisions de gestion prises par les ordonnateurs. La faute de gestion doit donc être appréciée au regard des

---

de sécurité sociale, les organismes privés bénéficiaires de concours financiers publics et les organismes faisant appel à la générosité publique sont eux aussi soumis au même contrôle.

1402 La CDBF détient toutefois une compétence limitée en matière d'élus locaux. L'article L. 312-2 du Code des juridictions financières prévoit en effet quelques cas où certains élus locaux sont justiciables de la CDBF.

1403 Loi n°95-1251 du 28 novembre 1995 relative à l'action de l'Etat dans les plans de redressement du Crédit lyonnais et du Comptoir des entrepreneurs.

1404 Stéphanie DAMAREY, *Finances publiques*, Paris, Gualino, 2010, p. 367.

dispositions et règles applicables. Cela a d'ailleurs été confirmé par une décision de la CDBF « Altus finance »[1405] indiquant que la « *faute de gestion ne saurait être sanctionnée que si elle se matérialise par une violation des règles* »[1406]. Par ailleurs, il semble que l' « *insuffisance prudentielle* »[1407], c'est-à-dire un défaut de prudence[1408], peut également constituer une faute de gestion, à condition que celle-ci soit mentionnée et réprimée par les textes. Par conséquent, les présidents des autorités administratives indépendantes sont exposées au paiement d'une amende en cas de faute de gestion. Néanmoins, la sanction des AAI par la CDBF serait une malchance certaine. En effet, créée en 1948, la CDBF n'a rendu que 170 décisions jusqu'en 2010, c'est-à-dire en 62 ans, elle a donc des capacités très limitées et une utilité réduite. Le Sénat souligne d'ailleurs qu' « *avec une moyenne d'arrêts rendus annuellement inférieure à trois, un champ de compétence limité et la quasi-impossibilité de mettre en jeu la responsabilité des élus locaux, et l'impossibilité totale de mettre en jeu la responsabilité les membres du Gouvernement, la Cour n'a jamais pu jouer un rôle important, malgré plusieurs réformes* »[1409].

D'un autre côté, la Cour des comptes est compétente pour surveiller la régularité des opérations des comptables publics. Elle réalise donc un contrôle vis-à-vis des comptes qui s'applique également aux autorités administratives indépendantes. En effet, les contrôleurs budgétaires et comptables ministériels exerçant le rôle de comptable auprès des AAI voient leurs actes contrôlés par la Cour. Ainsi, après transmission de leurs comptes dans les délais imposés par les textes et spécifiques à chaque organisme contrôlé, la Cour des comptes vérifie leur sincérité et leur régularité selon les règles comptables et budgétaires du décret du 7 novembre 2012. Si elle relève une irrégularité, elle prononce une décision de débet. Au contraire, si les comptes sont réguliers, elle prononce une décision dite de décharge. Il faut néanmoins relativiser le contrôle juridictionnel de la Cour des comptes. En effet, nous avons pu souligner

[1405] CDBF, 24 février 2006, *Altus finance*, ; Chron. N. GROPER et C. MICHAUT, *AJDA*, 2006, p. 1249.
[1406] Stéphanie DAMAREY, *op. cit.*, p. 368.
[1407] *Idem.*
[1408] Divers cas ont pu être considérés comme des insuffisances prudentielles. Tel est le cas de la signature d'un contrat portant renonciation sans contrepartie (CDBF, 4 décembre 2002, *Caisse centrale de la mutualité agricole et SCI mutualité Astorg*, Rec., p. 559) ou de la méconnaissance du devoir de prudence dans l'instruction et le suivi des dossiers faisant partie des règles de bonne conduite de la profession bancaire (CDBF, 19 avril 2000, *Banque du crédit chimique*, Rec., p. 741).
[1409] Sénat, Avis précité, 22 novembre 2012, p. 25

que les règles budgétaires et comptables se sont assouplies avec le dernier décret de 2012. De ce fait, le contrôle de la Cour devient moins utile et moins fréquent, et ce d'autant plus en ce qui concerne les AAI qui bénéficient de règles encore plus souples et d'une tolérance affichée de la part des pouvoirs publics comme du comptable ministériel qui en a la charge. Néanmoins, si « *le "contrôle hiérarchisé de la dépense" et le "contrôle partenarial" modifient en profondeur le rôle du comptable public* »[1410], ils ne le rendent pas irresponsable.

Par conséquent, il faut constater qu'à la suite des évolutions de la gestion publique, « *le contrôle juridictionnel n'occupe plus qu'une place limitée* », ce qui « *[tend] à donner à la mission de contrôle administratif la première place* »[1411]. Ce contrôle administratif *a posteriori* de la Cour des comptes a d'ailleurs d'autant plus d'importance que la Cour a la possibilité de saisir les juridictions compétentes si elle constate des irrégularités au cours de son contrôle.

2. La prédominance du contrôle non juridictionnel de la Cour des comptes

Dernièrement, la LOLF a considérablement élargi les compétences non juridictionnelles de la Cour des comptes[1412] en renforçant d'une part l'assistance que la Cour doit au Parlement dans le contrôle de l'exécution des lois de finances et d'autre part en y ajoutant une nouvelle mission consistant à certifier annuellement les comptes de l'Etat. Par ailleurs, l'article 47-2 de la Constitution, créé par la loi constitutionnelle de 2008[1413], est venu préciser les quatre missions de la Cour des comptes. A la première place, on trouve l'assistance du Parlement dans le contrôle de l'action du gouvernement. Ensuite, la Cour doit assister les pouvoirs publics (Parlement et gouvernement) dans le contrôle de l'exécution des lois de finances, de l'application des lois de financement de la sécurité sociale et de l'évaluation des politiques publiques. La Cour des comptes doit par ailleurs informer les citoyens par la publication de rapports dans le cadre des missions précédemment évoquées. Elle assure également la certification de la

---

1410 Michel LASCOMBE, Xavier VANDENDRIESSCHE, « Enfin une responsabilité financière des gestionnaires publics ! », *Revue Lamy des collectivités territoriales*, 2009, n°52, p. 62.

1411 Michel BOUVIER, Marie-Christine ESCLASSAN, Jean-Pierre LASSALE, *op. cit.*, p. 462.

1412 Article 58 de la loi organique n°2001-692 du 1er août 2001 relative aux lois de finances.

1413 Loi constitutionnelle n°2008-724 du 23 juillet 2008 de modernisation des institutions de la Ve République.

régularité, la sincérité et la fidélité des comptes de l'Etat. Enfin, en dehors de ces missions définies par la Constitution, la Cour est chargée d'une mission essentielle de contrôle de gestion de l'ensemble des budgets soumis à son contrôle. Dans ce cadre, elle peut porter une appréciation sur la gestion des ordonnateurs, ce qui lui est interdit lorsqu'elle exerce un contrôle juridictionnel[1414]. Elle peut également contrôler les comptes et la gestion des autorités administratives indépendantes, puisque leurs crédits sont inclus dans la loi de finances et donc dans les comptes de l'Etat.

Concernant le rôle d'assistance de la Cour, l'article 58 de la LOLF en précise le régime. Ainsi, la première précision donnée est l'obligation faite à la Cour de répondre aux demandes d'assistance formulées par le Président et le rapporteur général de la commission des finances de chaque assemblée. La Cour ne pourra donc pas refuser son aide au Parlement. Ce dernier pourra alors lui demander de réaliser toutes les enquêtes qu'il nécessite relativement à la gestion des services ou organismes qu'elle contrôle. Par la suite, la Cour réalisera trois types de rapports : un premier, assez général, sur la situation des finances publiques faisant état des résultats de l'exécution de l'exercice antérieur ; un deuxième également relatif aux résultats et à la gestion budgétaire de l'exercice précédent mais réalisant une analyse détaillée de l'exécution des crédits par mission et par programme ; et un dernier relatif aux mouvements de crédits opérés par la voie administrative. C'est également dans ce cadre que la Cour réalisera une certification des comptes de l'Etat. Or, cette procédure générale permettant d'aider le Parlement dans la mesure de la performance et l'élaboration de la loi de règlement inclut également un contrôle des AAI[1415]. Cela ne paraît toutefois pas néfaste pour leur autonomie. En effet, les AAI doivent rendre des comptes et être contrôlées pour être légitimes. Or, dans ce cadre, « *la*

1414 Le contrôle des ordonnateurs étant réservé à la Cour de discipline budgétaire et financière, cf. *supra*, p. 515 s. Sur le plan juridictionnel, la Cour des comptes se limite à l'examen des comptes relevant des comptables.

1415 Par exemple, les notes d'exécution budgétaire annexées au rapport sur les résultats et la gestion de l'Etat pour l'exercice 2010 recommandent, en ce qui concerne la missions « direction de l'action du gouvernement, de « *profiter de la mise en place du Défenseur des droits pour supprimer les centres de services partagés spécifiques aux autorités administratives indépendantes et les intégrer au centre de services partagés de la direction des services administratifs et financiers du Premier ministre* ».

Le rapport sur le budget de l'Etat pour l'exercice de 2013 (résultats et gestion) reproche quant à lui à la mission « direction de l'action du gouvernement » de fixer « *invariablement chaque année les mêmes objectifs chiffrés* ». Il la classe donc parmi les « *missions décevantes en matière d'ambition des objectifs cibles pour les indicateurs* » de performance. En effet, nous avons déjà pu évoquer le fait que les objectifs de performance des AAI sont très limités et très peu variés.

première institution à laquelle on pense est naturellement la Cour des comptes »[1416], du fait de son indépendance et son impartialité. Celle-ci contrôle donc à l'occasion de sa mission d'assistance au Parlement les résultats et la gestion des AAI lorsqu'elle contrôle d'une façon plus large les résultats d'une mission ou d'un programme. Ainsi, le rapport indiqué à l'article 58-4° relatif aux résultats de l'exécution de l'exercice antérieur détaillés par mission et par programme étudie également l'exécution des crédits des AAI, et ce d'autant plus qu'elles doivent toutes transmettre leurs comptes à la Cour pour contrôle. Néanmoins, le contrôle de la Cour des comptes vis-à-vis des AAI dans le cadre de l'assistance due au Parlement n'est pas totalement efficace car la Cour a du mal à passer d'un contrôle de la régularité de l'usage des moyens budgétaires à un contrôle de l'efficacité de cet usage. Or, les AAI nécessitent une reddition des comptes entraînant une confrontation de l'usage des moyens par rapport aux finalités de l'exercice de leurs pouvoirs et donc aux objectifs fixés, c'est-à-dire une évaluation de leur performance. Cependant, la Cour n'est pas préparée à un tel contrôle et a du mal à se transformer en un « *évaluateur d'efficacité* »[1417] mesurant les résultats d'une AAI en comparant l'utilisation de ses moyens aux objectifs attendus et aux résultats obtenus.

Concernant le rôle de contrôle de gestion de la Cour, celui-ci « *a pris aujourd'hui une dimension très importante tant sur le plan quantitatif que qualitatif* »[1418]. En effet, aujourd'hui la Cour va jusqu'à contrôler des organismes privés bénéficiant de fonds publics voire même l'emploi de certains deniers privés lorsqu'elle examine la gestion des organismes faisant appel aux dons et donc à la générosité publique. Ainsi, ce contrôle « *revêt une importance stratégique dans la surveillance des opérations sur fonds publics* »[1419]. Le contrôle de gestion permet la vérification du bon emploi des crédits par un triple examen : celui de la régularité des actes de gestion des ordonnateurs, celui de la réalisation effective d'économies et enfin celui de l'évaluation des résultats par rapport aux objectifs fixés[1420]. Toutefois, il ne vise pas à assister le Parlement mais plutôt à réaliser des études ciblées sur des thèmes

---

1416 Marie-Anne FRISON-ROCHE, *Etude dressant un bilan sur les autorités administratives indépendantes*, *in* Assemblée nationale, Sénat, Rapport précité, Tome II, 2006, n°3166, n°404, p. 140.

1417 *Ibid.*, p. 141.

1418 Michel BOUVIER, Marie-Christine ESCLASSAN, Jean-Pierre LASSALE, *op. cit.*, p. 469.

1419 *Idem.*

1420 L'ensemble des missions non juridictionnelles de la Cour des comptes est définie aux articles L. 111-3 à L. 111-8 du Code des juridictions financières

sélectionnés par la Cour des comptes selon un choix propre ou une demande pouvant être formulée par une commission parlementaire ou encore le Défenseur des droits. En effet, ce dernier, comme son prédécesseur le Médiateur de la République, peut demander au premier président de la Cour des comptes (ainsi qu'au vice-président du Conseil d'État) de faire procéder à toutes études[1421]. Les résultats de ce contrôle de gestion se formalisent ensuite par divers moyens : des lettres adressées aux autorités compétentes, des référés du Premier président de la Cour adressés aux ministres, des rapports particuliers ou thématiques, et enfin des insertions de ces résultats au sein du rapport public annuel de la Cour. Il faut alors souligner que les autorités administratives indépendantes font régulièrement l'objet de rapports particuliers leur étant consacrés ou de notes insérées dans les rapports publics annuels. Ainsi, les premières autorités indépendantes à avoir été analysées par la Cour des comptes, à la fin des années 1990, sont l'Autorité de régulation des télécommunications (ART)[1422], la Commission des opérations de bourse (COB)[1423] et le Conseil supérieur de l'audiovisuel (CSA)[1424]. Par la suite, le rapport public annuel de 2009 de la Cour des comptes a fait une analyse de l'Agence française de lutte contre le dopage (AFLD) dans le cadre d'une rubrique nommée « *la politique de lutte contre le dopage sportif* »[1425]. Il a également examiné l'ensemble des autorités de régulation financière que sont l'AMF, l'Autorité de contrôle des assurances et des mutuelles (ACAM) et la Commission bancaire dans une étude nommée « *les autorités de contrôle et de régulation du secteur financier* »[1426]. Ensuite, le Médiateur de la République a fait l'objet d'une étude de son activité entre 2004 et 2009 dans le rapport public annuel de la Cour de 2010[1427]. Cette étude faisait suite à un « *contrôle portant sur la gestion des services du Médiateur de la République pour les exercices 1995 à 2002 [où] la Cour des comptes*

1421 L'article 12 de la loi n°73-6 du 3 janvier 1973 relative au Médiateur de la République prévoyait cette possibilité pour le Médiateur de la république. Il a été remplacé par l'article 19 de la loi organique n° 2011-333 du 29 mars 2011 relative au Défenseur des droits.

1422 L'ART a été remplacée par l'Autorité de régulation des communications électroniques et des postes (ARCEP) par la loi n°2005-516 sur le secteur postal du 21 mai 2005 qui a étendu ses compétences.

1423 La COB a désormais fusionnée avec la Conseil des marchés financiers et le Conseil de discipline de la gestion financière au sein de l'Autorité des marchés financiers (AMF) créé par la loi n°2003-706 de sécurité financière du 1er août 2003.

1424 Le CSA a vu son activité des années 1994 à 1999 analysée par la Cour et exposée dans un rapport.

1425 Cour des comptes, *Rapport public annuel*, 2009, p. 53.

1426 Cour des comptes, Rapport précité, 2009, p. 387.

1427 Cour des comptes, *Rapport public annuel*, 2010, p. 101.

avait dressé en 2004 un constat sévère »[1428] établissant « *un statut budgétaire et financier insatisfaisant […] une gestion du personnel méconnaissant les grands principes de la fonction publique* [et] […] *une récente implantation immobilière dispendieuse* »[1429]. En 2011, les autorités de régulation financière ont fait l'objet d'un nouveau bilan dans le rapport public annuel de 2011[1430]. Cette étude succédait à celle réalisée en 2009 et au changement d'institutions analysées à la suite de la fusion des autorités de régulation bancaire au sein de l'Autorité de contrôle prudentiel (ACP, désormais ACPR). D'ailleurs, il faut souligner que l'ACP a fait l'objet d'un rapport d'information spécifique en octobre 2011 suite à sa création un an plus tôt[1431]. Il avait pour objet d'être communiqué à la Commission des finances de l'Assemblée nationale. En 2012, la Haute autorité de santé (HAS) a également fait l'objet d'une étude dans le cadre d'un rapport dédié à la sécurité sociale[1432]. Enfin, la Commission de régulation de l'énergie a été évoquée dans un rapport public thématique relatif à la politique de développement des énergies renouvelables de juillet 2013[1433]. D'autres rapports ou études ont également été élaborés aux sujets de « *la CRE (2009), l'ARCEP (2009), le CSA (2006), le Médiateur national de l'énergie (2008), le Défenseur des enfants (2008), la CNDS (2007) et la CNEC, prédécesseur de la CNAC (2009)* »[1434].

Il faut donc constater que les autorités administratives indépendantes font régulièrement l'objet de rubriques dans les rapports publics annuels et plus rarement de rapports publics thématiques de la part de la Cour des comptes. Certaines autorités n'ont néanmoins jamais été étudiées. Tel est le cas de l'Autorité de sûreté nucléaire, de l'Autorité de la concurrence, du Haut conseil de l'évaluation de la recherche et de l'enseignement supérieur ou encore du Haut conseil du commissariat aux comptes.

Finalement, il faut souligner que « *les juridictions financières se trouvent confrontées à une évolution générale de leurs missions en liaison avec le mouvement de rationalisation de la gestion financière publique dans lequel le contrôle de la gestion et de l'efficacité tend`à occuper une place de premier plan. Dans ce cadre, leurs activités de*

1428 *Idem.*

1429 *Idem.*

1430 Cour des comptes, *Rapport public annuel*, 2011, p. 69.

1431 Cour des comptes, *Les modalités de mise en place de l'Autorité de contrôle prudentiel*, octobre 2011.

1432 Cour des comptes, Rapports sur la sécurité sociale 2012, septembre 2012, p. 372. La rubrique dédiée à la HAS concernait « *la certification des établissements de santé par la HAS* ».

1433 Cour des comptes, *La politique de développement des énergies renouvelables*, juillet 2013.

1434 Assemblée nationale, Rapport précité, 2010, n°2925, p. 159.

contrôle non juridictionnel connaissent une progression importante »[1435] qui touche largement les autorités administratives indépendantes. De plus, s'il avait pu être déploré que les observations et préconisations de la Cour n'étaient pas toujours suivies d'effet, il existe de nombreux exemples qui démontrent aujourd'hui le contraire, et ce d'autant plus que la Cour des comptes publie désormais les résultats des effets de ses interventions. La Cour jouit donc d'une autorité certaine et les autorités administratives indépendantes tendent à suivre de plus en plus ses préconisations qui sont de surcroît rendues publiques[1436].

B. Le contrôle exercé par le juge administratif

En principe, le juge administratif contrôle les actes non financiers des autorités administratives indépendantes, c'est-à-dire notamment leurs sanctions. Il exerce donc un contrôle d'ordre général des AAI. Néanmoins, il faut souligner que le Conseil d'Etat est également le juge de cassation de la Cour des comptes et de la Cour de discipline budgétaire et financière (CDBF), il a donc la possibilité de contrôler les actes financiers des AAI, et notamment les sanctions prononcées par lesdites Cours vis-à-vis des gestionnaires ou des comptables. Ainsi, les arrêts de la CDBF comme ceux de la Cour des comptes sont sans appel, mais ils peuvent faire l'objet d'un recours en cassation devant le Conseil d'Etat. Ce recours peut être effectué à l'initiative du comptable ou de l'ordonnateur en cause, pouvant donc être le CBCM chargé de l'AAI ou son président, mais également du ministre des finances ou d'un autre ministre intéressé, ou encore du procureur général près la Cour de comptes[1437], selon les moyens d'incompétence, vice de forme ou violation de la loi. Ce recours non suspensif doit être formé dans les deux mois qui suivent l'arrêt ou l'ordonnance de la Cour des comptes ou de la CDBF. Une fois saisi, le Conseil d'Etat dispose de quatre possibilités : soit il rejette le pourvoi, soit il casse l'arrêt avec renvoi devant la Cour qui doit à nouveau statuer selon une formation particulière[1438], soit il casse sans renvoi lorsque la cassation seule permet de résoudre l'affaire, soit enfin il

1435 Michel BOUVIER, Marie-Christine ESCLASSAN, Jean-Pierre LASSALE, *op. cit.*, p. 489.

1436 L'article 47 de la Constitution prévoit que la Cour des comptes « *contribue à l'information des citoyens* » par ses rapports publics.

1437 Cette dernière possibilité est récente. Elle a été mise en place par un décret n°2007-543 du 12 avril 2007 modifiant le code des juridictions financières.

1438 En ce qui concerne la Cour des comptes, l'affaire sera renvoyée devant les chambres réunies de la Cour.

casse l'arrêt et règle l'affaire au fond. Cette dernière faculté est toutefois exceptionnelle. En effet, le Conseil d'Etat ne juge quasiment jamais sur le fond : il ne se prononce pas directement sur le compte ou la gestion. Il préfère se contenter d'apprécier si la Cour a fait un bon usage et une application correcte des règles de droit pour ensuite renvoyer l'affaire à la Cour compétente qui devra alors se conformer à l'arrêt du Conseil. Les raisons de ce choix du Conseil sont évidentes : certes il existe une section des finances au sein du Conseil d'Etat, mais il n'est pas un juge financier et est donc quelque peu démuni face à la technicité financière de la Cour de comptes et de la CDBF.

Traditionnellement, les pourvois en cassation étaient rares mais ils se sont développés depuis une quinzaine d'années sous l'effet du développement des exigences du procès équitable résultant de la Convention européenne des droits de l'homme et de l'interprétation faite par le Conseil d'Etat de ce principe d'impartialité. Dans ce sens, le Conseil a permis des apports majeurs en matière de contrôles juridictionnels financiers. Le premier principe qu'il a imposé est qu'une juridiction financière ne peut pas juger une affaire qu'elle a précédemment dénoncée dans des observations publiques[1439]. Cela est rendu difficile par le rôle non juridictionnel largement prépondérant de la Cour des comptes et de ce fait la masse considérable d'affaires sur lesquelles elle a porté des observations préalables publiques. Or, par ce principe, le Conseil oblige les juridictions financières à se déclarer incompétente et à saisir le Conseil d'Etat afin que celui-ci « *donne à cette transmission les suites qui conviennent et, le cas échéant, se prononce lui-même* »[1440]. Il faut néanmoins souligner que le Conseil d'Etat est mal armé pour statuer sur des comptes et des opérations financières, comme l'est de manière générale le juge administratif pour statuer sur l'ensemble des opérations et actes qui concernent les autorités administratives indépendantes.

Concernant ce contrôle général du juge administratif sur les AAI, il a connu une évolution non linéaire. Ainsi, après une dizaine d'années pour

---

1439 Conseil d'Etat, ass., 23 février 2000, *Sté Labor Métal*, n°195715, Rec. p. 83, concl. SEBAN, RFDA, mars-avril 2000, n°16, p. 435 ; Chron. M. GUYOMAR et p. COLLIN, AJDA, 2000, n°5, p. 404 ; Note G. ORSONI, RFFP, juin 2000, n°70, p. 207.

1440 Conseil d'Etat, 17 octobre 2003, *Dugoin c/ Département de l'Essonne,* Rec. p. 409 ; Chron. F. DONNAT et D. CAAS, *AJDA*, 2003, n°38, p. 2031 ; Note A. COUTANT, *JCP G*, 2004, II, 10011 ; Conseil d'Etat, 4 février 2005, *Ministère public près la Cour de discipline budgétaire et financière*, Rec. p. 31, concl. GUYOMAR, *AJDA*, 2005, n°19, p. 1070 ; Comm. M. LOMBARD, *Droit administratif*, avril 2005, n°4, p. 23 ; Note J-L PISSALOUX, *Revue du Trésor*, août-septembre 2005, n°8-9, p. 471.

mettre en place un véritable contrôle juridictionnel des autorités administratives indépendantes, plusieurs facteurs[1441] sont venus expliquer l' « *approfondissement des contrôles* », et la « *juridictionnalisation de l'activité de ces autorités* »[1442]. Finalement, la pratique d'un contrôle restreint qui s'expliquait par la technicité des missions des AAI et leur pouvoir discrétionnaire ne tenait qu'une place limitée parmi les contrôles juridictionnels. Néanmoins, deux types de décisions des AAI sont à distinguer : les sanctions et injonctions où l'application de l'article 6-1 de la Convention européenne des droits de l'homme justifie un contrôle approfondi et les décisions davantage politiques et discrétionnaires où un contrôle allégé doit s'exercer pour assurer l'indépendance. C'est dans ce second cadre que le Professeur Jean-Louis Autin a souligné que « *la restriction de l'analyse contentieuse à la jurisprudence du Conseil d'Etat ne saurait étonner* »[1443]. Selon lui, le Conseil d'Etat exerce un contrôle libéral et bienveillant envers les AAI en défendant leurs compétences, en soutenant leurs actions et leur doctrine et en n'exprimant que très rarement une sévérité à l'égard de leurs décisions. Par conséquent, la portée de ses arrêts est limitée et son contrôle perd de sa pertinence. Cela se justifie également par l'idée que le juge est « *mal armé face à des considérations hautement techniques ou extra-juridiques dans des secteurs très particuliers en perpétuelle évolution* »[1444]. En effet, l' « incompétence » du juge administratif justifie une certaine « *déférence* » vis-à-vis des AAI, c'est-à-dire un certain « *respect vis-à-vis de l'appréciation substantielle portée par l'autorité* »[1445]. Le juge administratif pratique donc une autolimitation de son contrôle. En effet, « *le statut dont bénéficie les autorités administratives indépendantes n'emporte aucune conséquence véritable sur les méthodes de qualification employées par le juge, ni sur la manière dont il appréhende les missions de ces autorités ou sur les pouvoirs dont il dispose* »[1446]. Les textes législatifs et règlementaires sont donc silencieux mais il faut constater que le juge exerce lui-même un contrôle bienveillant et respectueux.

Conclusion du chapitre.

L'autonomie de gestion financière et comptable est renforcée par un contrôle adapté des opérations financières. En effet, les autorités

1441 L'octroi de pouvoirs coercitifs et les pressions conjuguées du Conseil constitutionnel et de la Convention européenne des droits de l'homme.

1442 Nicole DECOOPMAN, art. cit., p. 220.

1443 Jean-Louis AUTIN, art. cit., p. 1533.

1444 Denis LEMIEUX, Caroline ROUVE, art. cit, p. 579.

1445 *Idem.*

1446 Martin COLLET, *Le contrôle juridictionnel des actes des autorités administratives indépendantes*, LGDJ, 2003, p. 231.

indépendantes sont dispensées du contrôle financier *a priori* afin de sauvegarder leur autonomie financière.

La notion de contrôle financier englobe en réalité deux types de contrôle : le contrôle financier interne et le contrôle financier externe. « *Si le premier est synonyme de contrôle financier, le second recouvre le contrôle externe, en anglais « audit ». C'est ainsi que, compris de la sorte, la principale différence entre contrôle financier et contrôle externe est que le contrôle financier inclut à la fois le contrôle a priori et le contrôle a posteriori, tandis que le contrôle externe ne concerne que les contrôles a posteriori* »[1447]. L'idée concernant les AAI est de les faire bénéficier d'un contrôle externe exclusif, celui-ci se composant d'une part, d'un contrôle juridictionnel *a posteriori* exercé notamment par la Cour des comptes en matière financière et de manière générale par le Conseil d'Etat et, d'autre part, d'un contrôle démocratique exercé par le Parlement.

1447 Laurent ARGENTIERI, « L'émergence d'un modèle européen de contrôle financier », *Petites affiches*, 22 novembre 2005, n°232, p. 6.

Conclusion du titre II. Une autonomie de gestion globalement assurée malgré quelques limites

L'autonomie de gestion des AAI et des API est une condition indispensable de leur autonomie financière. En effet, l'autonomie des dépenses est celle qui manifeste le mieux l'autonomie de décision et d'action des AAI, à condition que les ressources de l'autorité soient suffisantes et en adéquation avec ses missions. Or, cette autonomie de gestion est globalement assurée au profit des autorités indépendantes.

D'une part, elles bénéficient d'une autonomie de gestion comptable grâce à une séparation des ordonnateurs et des comptables adaptée permettant au président de l'autorité d'être ordonnateur secondaire et d'entretenir une relation partenariale et coopérative avec le contrôleur budgétaire et comptable ministériel.

D'autre part, elles disposent d'une autonomie de gestion budgétaire notamment permise par la détention d'un BOP. Or, la liberté et la responsabilité induites par les BOP a été complétée par la conclusion de chartes de gestion favorisant le dialogue de gestion, ainsi qu'une limitation des dispositifs de fongibilité asymétrique et de régulation budgétaire, même si ces instruments, inégaux dans leurs effets, doivent encore être améliorés.

Finalement les seules limites apportées à l'autonomie de gestion sont, d'un côté, des limites posées en amont telles que l'attribution des ressources par un pouvoir de décision budgétaire extérieur dont l'AAI dépend forcément, et un montant de crédits parfois limité et inadéquat vis-à-vis des missions à réaliser et des besoins réels et, d'un autre côté, une certaine rigidité des dépenses de personnel, toutefois atténuée au sein des autorités indépendantes.

Conclusion de la partie II.
Une autonomie budgétaire limitée compensée par une autonomie de gestion renforcée

L'autonomie financière se composant d'une autonomie budgétaire en amont et d'une autonomie de gestion financière et comptable en aval est présente au sein des autorités indépendantes selon un degré intermédiaire. En effet, ces dernières disposent certes d'une autonomie de gestion renforcée, mais leur autonomie budgétaire est très limitée. Nous avons néanmoins démontré que l'autonomie budgétaire n'est pas un critère essentiel de l'autonomie financière. Il est seulement un moyen d'atteindre le réel déterminant de l'autonomie financière qui est la suffisance des ressources.

Les autorités indépendantes soulignent parfois que ce critère de l'adéquation des moyens aux missions est perfectible. En effet, « *certes, le droit délivre les régulateurs indépendants du contrôle budgétaire, mais il demeure que c'est l'Etat, et plus concrètement le gouvernement, qui conçoit et attribue les budgets aux autorités administratives, ce qui peut présenter un risque pour les régulateurs, soit que l'Etat les rende mendiants par l'attribution de budgets insuffisants, soit qu'il sanctionne indirectement une décision déplaisante du régulateur en diminuant son budget* »[1448]. Ainsi, pour disposer de ressources décentes, les AAI nécessitent un renforcement de leur autonomie budgétaire par le biais de la prise en compte de leurs particularités dans la procédure d'élaboration et d'adoption de la loi de finances. La participation de ces autorités aux conférences budgétaires ou la présentation des demandes de crédits en commission et en séance devant les parlementaires, couplée à un renforcement des pouvoirs du Parlement, sont autant de dispositifs qui permettraient d'augmenter l'autonomie budgétaire des AAI.

Toutefois, à défaut de posséder une autonomie budgétaire totale et des ressources largement suffisantes, l'autonomie de gestion financière et comptable des AAI a été renforcée, notamment par trois dispositifs : l'adaptation des règles de la comptabilité publique, la détention d'un BOP par chaque autorité et la dispense de contrôle financier *a priori*.

Finalement, grâce à ces dispositifs favorables, les AAI ne se positionnent pas en dernière place sur l'échelle de l'autonomie financière.

1448 Marie-Anne FRISON-ROCHE, « Régulateurs indépendants versus LOLF », Revue Lamy de la Concurrence, 2006, n°7, p. 69.

En effet, elles sont certes moins autonomes que les pouvoirs publics constitutionnels[1449], les autorités de contrôle européennes (disposant d'une section budgétaire propre au sein du budget de l'UE) et les juridictions nationales[1450], mais elles le sont sans doute plus que les établissements publics. Ces derniers disposent certes d'un budget autonome mais celui-ci est alimenté, pour la majorité, par des subventions étatiques. Par ailleurs, ils ne bénéficient pas d'une réelle autonomie de gestion du fait de la tutelle qui pèse sur eux. Concernant les collectivités territoriales, elles sont bien évidemment davantage autonomes que les AAI du fait de leur budget autonome alimenté par une majorité de ressources propres[1451], mais elles le sont toutefois moins que les autorités publiques indépendantes. En effet, celles-ci sont également dotées d'un budget propre alimenté pour la plupart par des ressources propres (parfois totales) et elles disposent de surcroît d'une autonomie de gestion financière et comptable assurée, contrairement aux collectivités territoriales et à leurs dépenses obligatoires.

1449 Mission « Pouvoirs publics ».

1450 Mission « Conseil et contrôle de l'Etat » pour les juridictions administratives et financières.

1451 La « part déterminante » des ressources propres des collectivités territoriales correspond, au minimum, au niveau de ressources constaté en 2003 selon la loi organique n°2004-758 du 29 juillet 2004 relative à l'autonomie financière des collectivités territoriales, c'est-à-dire concrètement à 60, 8 % pour les communes ; 58,6 % pour les départements et 41,7 % pour les régions. Les ressources propres sont donc globalement majoritaires, sauf pour les régions.

CONCLUSION GÉNÉRALE

« *Ce qu'on ne peut pas mesurer n'existe pas* »[1452] !

L'autonomie financière des autorités indépendantes n'est certes pas totale, mais elle a l'avantage d'être mesurable. Par conséquent, elle existe et s'apprécie selon des critères et indices variés, quantitatifs comme qualitatifs. Il faut toutefois noter que si l'autonomie des AAI existe, elle « *est la plus essentielle et la plus fragile de ses qualités* »[1453]. Il convient donc de la protéger et de l'assurer au moyen d'une protection juridique concrète et effective. Celle-ci doit tenir compte des divers aspects de l'autonomie financière que sont l'autonomie budgétaire, en tant que liberté dans la définition des budgets et notamment l'attribution des ressources, et l'autonomie de gestion comptable et financière, caractérisée par le libre emploi des crédits et donc la maîtrise de la dépense. Or, le second est plus important que le premier. Ainsi, « *Pour [...] qu'un organisme public dispose d'une réelle autonomie financière, il faut non seulement qu'il puisse établir lui-même son budget ou son compte financier, mais surtout qu'il dispose d'un financement suffisant et d'un véritable choix dans la détermination de ses dépenses* »[1454].

Par ailleurs, il faut souligner qu' « *aucune autorité, AAI ou API, ne saurait disposer d'une indépendance financière absolue* »[1455], c'est pourquoi « *les AAI présentent une problématique particulière dans la mesure où leur indépendance ne doit pas les exonérer de toute contrainte budgétaire* »[1456].

L'autonomie financière mesurée au sein des autorités indépendantes est perfectible. Celle-ci, déterminée grâce aux particularismes dont bénéficient les AAI et qui les détachent ou les éloignent du système financier de droit commun régis par la LOLF, est donc nuancée. En revanche, il convient de se demander pourquoi il serait nécessaire de renforcer l'autonomie financière de ces institutions. En réalité, elles jouent un rôle non négligeable dans la réalisation de certaines missions en principe étatique mais où l'Etat, engagé dans les secteurs concernés et donc partial, n'est plus légitime. De ce fait, si ces institutions appartiennent à l'Etat, ce

1452 Niels BOHR, théoricien de physique quantique, prix Nobel de 1922.
1453 Marie-Anne FRISON-ROCHE, « Régulateurs indépendants versus LOLF », *Revue Lamy de la concurrence*, 2006, n°7, p. 69.
1454 Loïc PHILIP, *Finances publiques*, Editions Cujas, 2000, p. 272.
1455 Assemblée nationale, Sénat, Rapport précité, 2006, n°3166, n°404, p. 92.
1456 Assemblée nationale, Rapport précité, 2010, n°2925, p. 146.

dernier a cherché à les rendre indépendantes et autonomes afin de leur assurer la confiance des citoyens que celui-ci avait perdue.

Cependant, lorsque la catégorie des autorités indépendantes a été construite, elle s'est empreinte de désordre et de confusions. Ainsi, la notion d'autonomie financière qui en est ressortie était protéiforme ; c'est pourquoi Jean-Claude Maitrot estime « *qu'il n'y a pas une autonomie financière mais des autonomies financières* »[1457]. Cela se manifeste clairement dans la catégorie des autorités indépendantes, comprenant des AAI non personnalisées et des API dotées de la personnalité morale.

Ainsi, les premières, moins autonomes, possèdent les caractéristiques suivantes de l'autonomie financière. En ce qui concerne l'autonomie budgétaire, elles sont généralement financées par des crédits du budget général, mais sont titulaires d'un BOP leur permettant de participer aux conférences budgétaires afin de négocier leurs crédits avec la direction du budget. Elles disposent beaucoup plus rarement de ressources propres. Si tel est le cas, il s'agira notamment de redevances pour service rendu. En ce qui concerne l'autonomie de gestion, les règles de la comptabilité publique sont parfois écartées ou du moins appliquées souplement et elles ne sont pas soumises aux contrôles financiers *a priori*. Les secondes disposent quant à elles d'une autonomie financière plus grande. Leur autonomie budgétaire est alors assurée par la détention d'un budget autonome généralement alimenté par des ressources propres, et leur autonomie de gestion est garantie par leur exclusion du champ d'application du décret de 2012 relatif à la gestion budgétaire et comptable publique ainsi que l'absence de contrôle financier *a priori*.

Par ailleurs, il faut souligner que chaque autorité est différente : certaines API sont alors moins autonomes que des AAI non personnalisées[1458]. En effet, certaines autorités ont un statut très particulier, voire unique. Tel est le cas de l'Autorité de contrôle prudentiel et de résolution qui, même sans personnalité morale, est une des AAI les plus autonomes financièrement du fait de son rattachement à la Banque de France (par un budget annexe). Tel est également le cas du Haut conseil des finances publiques, AAI non personnalisée, qui dispose d'un programme propre au sein de la mission « Conseil et contrôle de l'Etat » et donc d'une

---

[1457] Jean-Claude MAITROT, *Recherches sur la notion d'autonomie financière en droit public*, Thèse dactyl., Paris I, 1972, p. 140.

[1458] Notamment l'HADOPI (API financée par une subvention étatique en constante diminution) par rapport à l'Autorité de contrôle prudentiel (AAI totalement autonome et financée par des ressources propres).

autonomie budgétaire comparable à celle des juridictions administratives et financières.

Il faut donc en conclure que l'autonomie financière des AAI est aussi diversifiée que la catégorie juridique elle-même. Ainsi, le degré d'autonomie financière de ces organismes s'étend d'un niveau relativement bas (notamment du fait d'une autonomie budgétaire inexistante) au niveau le plus élevé (celui d'une autonomie financière quasi-totale). Ainsi, l'autorité la plus autonome dispose de la personnalité morale[1459], d'un budget autonome alimenté par des ressources propres intégrales et d'une autonomie de gestion comptable et financière assurée. L'on pourrait presque affirmer qu'elles sont passées de l'autonomie financière à l'indépendance financière. Quant aux autres autorités, si leur degré d'autonomie de gestion est relativement similaire et élevé, leur autonomie budgétaire varie du niveau zéro (budget non consolidé et éclaté, absence de BOP, soumission totale à un pouvoir de décision budgétaire extérieur), à un niveau très élevé grâce à la détention d'un programme dans la nomenclature budgétaire (soit au profit d'une AAI, le Haut conseil des finances publiques, soit au profit d'un ensemble d'AAI, le programme 308 regroupant dix autorités assurant la protection des droits et libertés), en passant par la possession d'une action et d'un BOP pour la très grande majorité des AAI. Ainsi, ce défaut d'autonomie budgétaire doit être compensé par l'assurance de ressources suffisantes au profit des AAI afin qu'elles réalisent leur mission dans leur intégralité et en toute impartialité[1460].

Or, l'avenir de l'autonomie financière ne paraît pas incertain et défavorable. En effet, l'intérêt des parlementaires envers la catégorie des autorités indépendantes, manifesté depuis dix ans à travers la réalisation de rapports, semble impliquer un renforcement futur de leur autonomie financière et une prise en compte accrue de leurs spécificités. Le récent dépôt de deux propositions de loi[1461] visant notamment à rationaliser et

---

1459 Ou est rattachée à une autre personne morale que l'Etat, comme c'est le cas de l'ACPR.

1460 La hiérarchie ou l'échelle de l'autonomie financière des autorités indépendantes a été matérialisée au sein d'un schéma récapitulatif et conclusif présent à la fin de la conclusion générale, p. 531.

1461 Proposition de loi organique n°226 relative aux autorités administratives indépendantes et aux autorités publiques indépendantes (dernière version de la proposition déposée en troisième lecture au Sénat le 8 décembre 2016, n°206) ; proposition de loi n°225 portant statut des autorités administratives indépendantes et des autorités publiques indépendantes (dernière version de la proposition déposée en troisième lecture au Sénat le 8 décembre 2016, n°209), déposées par Mme Marie-Hélène DES ESGAULX, MM. Jean-

harmoniser la catégorie juridique en créant un statut général, en est la preuve.

Dans ce cadre, les parlementaires entendent restreindre la catégorie juridique pour porter le nombre d'autorités à 26, au lieu de 41 actuellement, afin de faciliter leur unification par la création d'un statut commun. L'on peut néanmoins reprocher au Parlement de ne pas être en osmose totale. En effet, si le Sénat souhaite réellement faire évoluer la catégorie juridique des autorités indépendantes en favorisant son indépendance et ses spécificités, l'Assemblée nationale au contraire empêche l'expression de cette identité propre. Or, ces désaccords tendent malheureusement vers deux écueils : soit l'avortement des propositions de loi et des diverses initiatives relatives aux autorités indépendantes[1462], soit l'adoption des textes au prix de sacrifices sur le statut des autorités indépendantes, par l'abandon de mesures substantielles pour recueillir l'assentiment de l'Assemblée nationale, qui dans tous les cas aura le dernier mot.

La dernière proposition de loi portant statut général des AAI et des API du 7 décembre 2015 étant toujours en cours d'examen à la veille de l'année 2017, nous pouvons déjà constater les concessions faites jusqu'à présent par le Sénat dans un but fédérateur, sans toutefois connaître l'issue finale de ce texte. Or, chaque renonciation du Sénat contribuant à limiter l'autonomie financière des autorités indépendantes, et notamment celles des AAI, il faut espérer que l'Assemblée nationale ne dénaturera pas davantage la proposition de loi initiale ; l'avenir nous le dira...

Léonce DUPONT et Jacques MEZARD, et enregistrées à la présidence du Sénat le 7 décembre 2015.

1462 Deux propositions de loi (organique et ordinaire) sur les autorités indépendantes ont été déposées à la présidence du Sénat le 25 septembre 2014, mais aucune n'a abouti. Il faut également souligner que les propositions de loi de 2015 en sont à leur troisième lecture au Sénat depuis le 8 décembre 2016 (le vote en séance publique doit avoir lieu le 10 janvier 2017), et aucun accord ne semble acquis.

SCHÉMA CONCLUSIF : LA HIÉRARCHIE DE L'AUTONOMIE FINANCIÈRE DES AUTORITÉS INDÉPENDANTES

Le schéma qui suit fait état de la hiérarchie de l'autonomie financière des autorités indépendantes, allant des autorités les plus autonomes – en haut de la pyramide – jusqu'aux autorités les moins autonomes – en bas de la pyramide.

Dans cette hiérarchie, deux types d'autorités indépendantes apparaissent : celles qui ne sont pas personnalisées (en blanc), et celles qui sont dotées de la personnalité morale (en noir). La pyramide laisse ainsi transparaître l'idée que l'absence de personnalité morale n'empêche pas l'épanouissement de l'autonomie financière.

Concernant, l'autonomie de gestion (non détaillée dans la légende qui suit), il faut savoir qu'elle reste constante pour chaque autorité :

- Pour les API dotées de la personnalité morale, l'autonomie de gestion est favorisée par la possession d'un budget propre et donc la définition autonome de leur budget ; l'exclusion du champ d'application du décret du 7 novembre 2012 et donc une comptabilité propre ; et l'absence de contrôle financier *a priori*.

- Pour les AI non personnalisées, l'autonomie de gestion est favorisée par l'application d'une comptabilité allégée ; l'absence de contrôle financier *a priori* ; et la gestion d'une enveloppe de crédits globalisées.

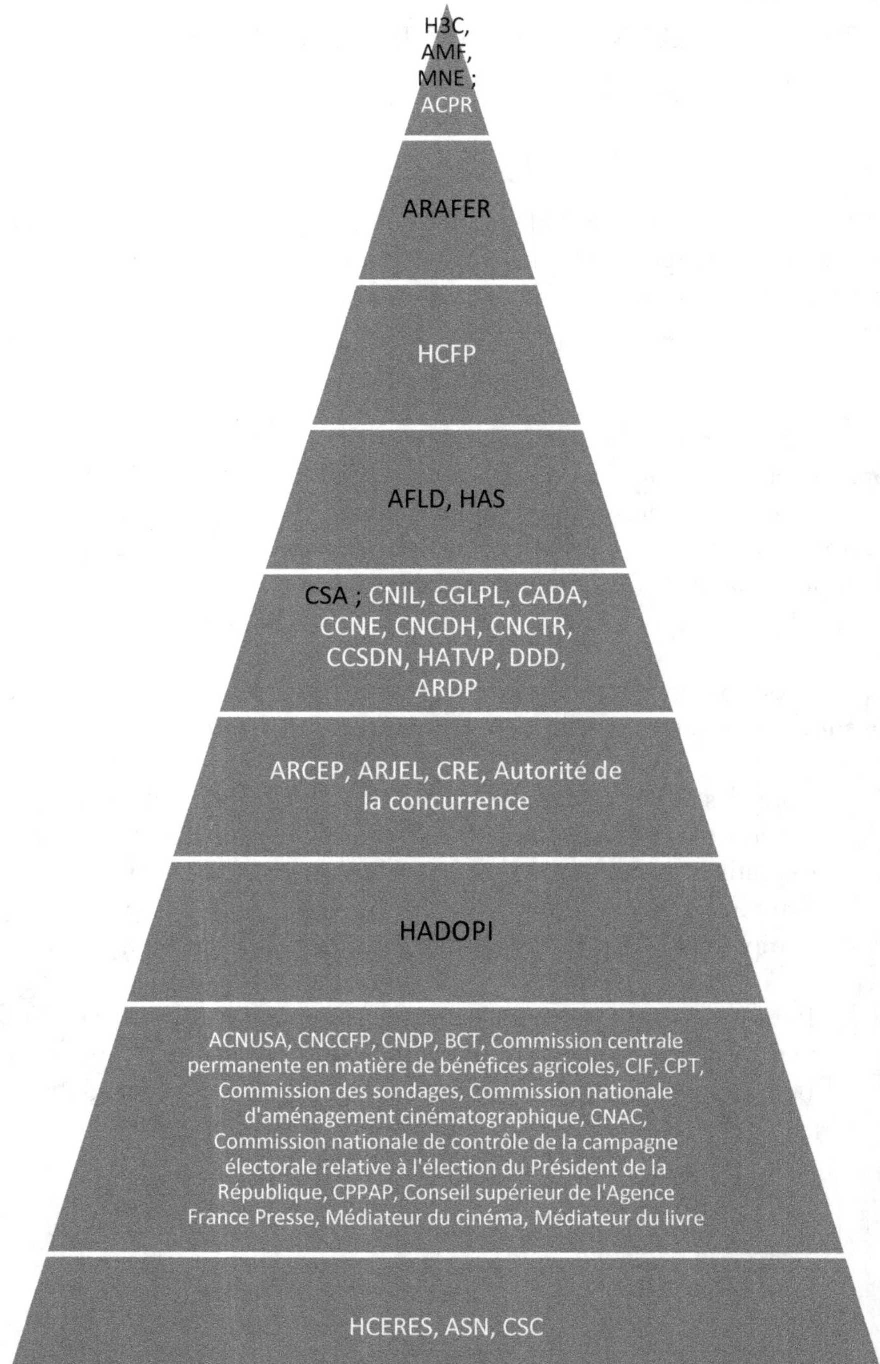
H3C,
AMF,
MNE ;
ACPR
ARAFER
HCFP
AFLD, HAS
CSA ; CNIL, CGLPL, CADA, CCNE, CNCDH, CNCTR, CCSDN, HATVP, DDD, ARDP
ARCEP, ARJEL, CRE, Autorité de la concurrence
HADOPI
ACNUSA, CNCCFP, CNDP, BCT, Commission centrale permanente en matière de bénéfices agricoles, CIF, CPT, Commission des sondages, Commission nationale d'aménagement cinématographique, CNAC, Commission nationale de contrôle de la campagne électorale relative à l'élection du Président de la République, CPPAP, Conseil supérieur de l'Agence France Presse, Médiateur du cinéma, Médiateur du livre
HCERES, ASN, CSC

Légende :

H3C, AMF, MNE : API disposant d'un budget autonome financé par des ressources propres intégrales (dont des taxes affectées). ACPR : AI non personnalisée rattachée à une personne publique autre que l'Etat, en l'occurrence la Banque de France, auprès de laquelle elle dispose d'un budget annexe financé par des ressources propres intégrales (dont des taxes affectées).
ARAFER : API disposant d'un budget autonome financé intégralement par des taxes affectées plafonnées.
HCFP : AI non personnalisée dotée d'un programme propre, en l'occurrence le programme 340 au sein de la mission « Conseil et contrôle de l'Etat ».
AFLD, HAS : API disposant d'un budget autonome financé par des subventions étatiques/publiques majoritaires et par des ressources propres minoritaires (moins de 10%).
Réunion de onze AI (10 AAI + + 1 API) au sein d'un programme dédié, en l'occurrence le programme 308 au sein de la mission « Direction de l'action du gouvernement » (depuis la loi de finances pour 2009) où chacune des autorités dispose d'un BOP.
ARCEP, ARJEL, CRE, Autorité de la concurrence : AAI disposant d'une action propre dans le budget général et d'un BOP associé.
HADOPI : API dont le budget autonome est exclusivement financé par une subvention étatique (inscrite dans une sous-action) dont le montant a été diminué de moitié entre 2010 et 2015 (dans l'optique d'une suppression), avant d'être augmenté à nouveau en 2016 et 2017 (après abandon du projet de suppression).
AI disposant d'une action ou, plus souvent, d'une sous action (au sein d'un programme réunissant AI et administrations traditionnelles) et éventuellement d'un BOP associé. Le BOP est une solution intermédiaire très intéressante pour l'autonomie financière pour plusieurs raisons : 1. Le responsable de BOP correspond au Président de l'autorité. 2. Le responsable de BOP élabore son projet de budget opérationnel de programme ainsi que les indicateurs de performance afférents. 3. Le responsable de BOP dispose d'une enveloppe de moyens globalisés lui offrant une souplesse de gestion. 4. Cette souplesse de gestion se concrétise grâce au dialogue de gestion, matérialisé par les conventions de gestion conclues avec le responsable de programme.
HCERES, ASN, CSC : Budget non consolidé et éclaté au sein de plusieurs programmes voire plusieurs missions.

ANNEXES

Annexe n°1 : Liste des autorités indépendantes étudiées.

Annexe n°2 : Les étapes de l'élaboration du projet de loi de finances.

Annexe n°3 : Les fonctions des acteurs de l'élaboration du projet de loi de finances.

Annexe n°4 : Les rôles des acteurs de l'élaboration du projet de loi de finances.

Annexe n°5 : Les ressources et les dépenses des autorités indépendantes.

Annexe n°6 : Les modalités de calcul de la soutenabilité budgétaire d'un Etat.

Annexe n°7 : La mise en place du logiciel Chorus : contexte et objectifs.

Annexe n°8 : La programmation et la mise à disposition des crédits entre janvier et mars de l'année N

Annexe n°9 : Liste des personnes auditionnées.

Annexe n°1 :
Liste des autorités indépendantes étudiées

Il faut remarquer que depuis le dépôt au Sénat de la proposition de loi portant statut général des AAI et des API le 7 décembre 2015, cette liste n'a pas été mise à jour.

Cela paraît logique, car le législateur envisage de redéfinir les contours de la catégorie afin de la rationaliser en fixant une liste législative d'organismes qui seront les seuls à être qualifiés d'autorités administratives indépendantes ou d'autorités publiques indépendantes. La loi aura ainsi pour effet de déqualifier les autres organismes autrefois inclus officieusement dans la catégorie des autorités indépendantes notamment du fait de rapports, élaborés par le juge ou le législateur.

Apparaissent en gras les vingt-six autorités figurant dans l'annexe à la proposition de loi (dernière version actuellement au Sénat depuis le 8 décembre 2016 dans le cadre de la troisième lecture du texte).

Tableau récapitulatif des 41 autorités indépendantes recensées par *Légifrance*. Dernière mise à jour le 23 novembre 2015.

Dénomination	**Source**
AUTORITÉS QUALIFIÉES D'AAI OU D'API PAR LE LÉGISLATEUR	
Agence française de lutte contre le dopage (AFLD)	Qualifiée d'API par l'art. L. 232-5 du code du sport, issu de l'art. 2 de la loi n° 2006-405 du 5 avril 2006
Autorité de contrôle des nuisances sonores aéroportuaires (ACNUSA)	Qualifiée d'AAI par l'art. L. 6361-1 du code des transports, issu de l'art. 1er de la loi n° 99-588 du 12 juillet 1999
Autorité de contrôle prudentiel et de résolution (ACPR)	Qualifiée d'AAI par l'art. L. 612-1 du code monétaire et financier, issu de l'ordonnance n° 2010-76 du 21 janvier 2010
Autorité de régulation de la distribution de la presse (ARDP)	Qualifiée d'AAI par l'art. 17 de la loi n° 47-585 du 2 avril 1947, issu de l'art. 3 de la loi n° 2015-433 du 17 avril 2015

Autorité de la concurrence	Qualifiée d'AAI par l'art. L. 461-1 du code de commerce, issu de la loi n° 2008-776 du 4 août 2008
Autorité de régulation des activités ferroviaires et routières (ARAFER)	Qualifiée d'API par l'art. L. 2131-1 du code des transports, issu de la loi n° 2009-1503 du 8 décembre 2009
Autorité de régulation des jeux en ligne (ARJEL)	Qualifiée d'AAI par l'art. 34 de la loi n° 2010-476 du 12 mai 2010
Autorité de sûreté nucléaire (ASN)	Qualifiée d'AAI par l'art. L. 592-1 du code de l'environnement, issu de l'art. 4 de la loi n° 2006-686 du 13 juin 2006
Autorité des marchés financiers (AMF)	Qualifiée d'API par l'art. L. 621-1 du code monétaire et financier, issu de l'art. 2 de la loi n° 2003-706 du 1er août 2003
Comité d'indemnisation des victimes des essais nucléaires (CIVEN)	Qualifié d'AAI par l'article 4 de la loi n° 2010-2 du 5 janvier 2010, issu de l'art. 53 de la loi n° 2013-1168 du 18 décembre 2013
Commission consultative du secret de la défense nationale (CCSDN)	Qualifiée d'AAI par l'article L. 2312-1 du code de la défense, issu de l'art. 1er de la loi n°98-567 du 8 juillet 1998
Commission d'accès aux documents administratifs (CADA)	Qualifiée d'AAI par l'art. 20 de la loi n° 78-753 du 17 juillet 1978, issu de l'art. 10 de l'ordonnance n° 2005-650 du 6 juin 2005
Commission nationale de contrôle des techniques de renseignement (CNCTR)	Qualifiée d'AAI par l'art. L. 831-1 du code de la sécurité intérieure, issu de l'art. 2 de la loi n° 2015-912 du 24 juillet 2015
Commission nationale de l'informatique et des libertés (CNIL)	Qualifiée d'AAI par l'art. 11 de la loi n° 78-17 du 6 janvier 1978
Commission nationale des comptes de	Qualifiée d'AAI par l'art. L. 52-14 du code

campagne et des financements politiques (CNCCFP)	électoral, issu de l'art. 7 de l'ordonnance n° 2003-1165 du 8 décembre 2003
Commission nationale du débat public (CNDP)	Qualifiée d'AAI par l'art. L. 121-1 du code de l'environnement, issu de l'art. 134 de la loi n° 2002-276 du 27 février 2002
Conseil supérieur de l'audiovisuel (CSA)	Qualifié d'API par l'art. 3-1 de la loi n° 86-1067 du 30 septembre 1986, issu de la loi n° 2013-1028 du 15 novembre 2013
Défenseur des droits (DDD)	Qualifié d'« autorité constitutionnelle indépendante » par l'art. 2 de la loi organique n° 2011-333 du 29 mars 2011
Haute Autorité de santé (HAS)	Qualifiée d'API par l'art. L. 161-37 du code de la sécurité sociale, issu de la loi n° 2004-810 du 13 août 2004
Haute Autorité pour la diffusion des oeuvres et la protection des droits sur Internet (HADOPI)	Qualifiée d'API par l'art. L. 331-12 du code de la propriété intellectuelle, issu de la loi n° 2009-669 du 12 juin 2009
Haute Autorité pour la transparence de la vie publique (HATVP)	Qualifiée d'AAI par l'art. 19 de la loi n° 2013-907 du 11 octobre 2013
Haut Conseil de l'évaluation de la recherche et de l'enseignement supérieur (HCERES)	Qualifiée d'AAI par l'art. L. 114-3-1 du code de la recherche, issu de l'art. 9 de la loi de programme n° 2006-450 du 18 avril 2006
Haut Conseil du commissariat aux comptes (H3C)	Qualifié d'API par l'art. L. 821-1 du code de commerce, issu de l'art. 8 de l'ordonnance n° 2005-1126 du 8 septembre 2005
AUTORITÉS QUALIFIÉES D'INDÉPENDANTES PAR LE LÉGISLATEUR	

Comité consultatif national d'éthique pour les sciences de la vie et de la santé (CCNE)	Qualifié d'« autorité indépendante » par l'art. L. 1412-2 du code de la santé publique, issu de la loi n° 2004-800 du 6 août 2004
Commission nationale consultative des droits de l'homme (CNCDH)	Considéré par l'art. 1er de la loi n° 2007-292 du 5 mars 2007 comme exerçant « sa mission en toute indépendance »
Contrôleur général des lieux de privation de liberté (CGLPL)	Qualifié d'« autorité indépendante » par l'art. 1er de la loi n° 2007-1545 du 30 octobre 2007
AUTORITÉS QUALIFIÉES D'AAI PAR LE JUGE	
Autorité de régulation des communications électroniques et des postes (ARCEP)	Art. L. 130 du code des postes et communications électroniques, issu de la loi n° 2005-516 du 20 mai 2005. L'Autorité de régulation des télécommunications (ART) avait été qualifiée d'AAI par la décision du Conseil constitutionnel n° 96-378 DC du 23 juillet 1996.
Commission de régulation de l'énergie (CRE)	Art. L. 131-1 du code de l'énergie - qualifiée explicitement d'AAI par la décision du Conseil d'État du 3 mai 2011, *SA Voltalis*, n° 331858
AUTORITÉS CONSIDÉRÉES COMME DES AAI PAR L'ÉTUDE DU CONSEIL D'ÉTAT DE 2001 ET LES RAPPORTS PARLEMENTAIRES	
Bureau central de tarification (BCT)	Art. L. 243-4 du code des assurances - qualifié d'AAI par Jacques Arrighi de Casanova dans ses conclusions sur CE, 19/01/98, *SNC Grand Littoral*, n° 182447
Commission centrale permanente compétente en matière de bénéfices agricoles	Art. 1652 du code général des impôts
Commission de la sécurité des consommateurs (CSC)	Art. L. 534-4 du code de la consommation

Commission des infractions fiscales (CIF)	Art. L. 228 du livre des procédures fiscales
Commission des participations et des transferts (CPT)	Art. 3 de la loi n° 86-912 du 6 août 1986
Commission des sondages	Art. 5 de la loi n° 77-808 du 19 juillet 1977 - qualifiée d'AAI par G. Bachelier dans ses conclusions sur CE, 23/02/01, *COB*, n° 204425
Commission nationale d'aménagement cinématographique	Art. L. 212-6-5 du code du cinéma et de l'image animée
Commission nationale d'aménagement commercial (CNAC)	Art. L. 751-5 du code de commerce
Commission nationale de contrôle de la campagne électorale relative à l'élection du Président de la République	Art. 13 du décret n° 2001-213 du 8 mars 2001
Commission paritaire des publications et agences de presse (CPPAP)	Art. 1er de l'ordonnance n° 45-2646 du 2 novembre 1945
Conseil supérieur de l'Agence France-Presse	Art. 3 de la loi n° 57-32 du 10 janvier 1957
Médiateur du cinéma	Art. L. 213-1 du code du cinéma et de l'image animée - qualifiée d'AAI par G. Bachelier dans ses conclusions sur CE, 23/02/01, *COB*, n° 204425
Médiateur national de l'énergie	Art. L. 122-1 du code de l'énergie

Annexe n° 2 :
Les étapes du processus d'élaboration du projet de loi de finances

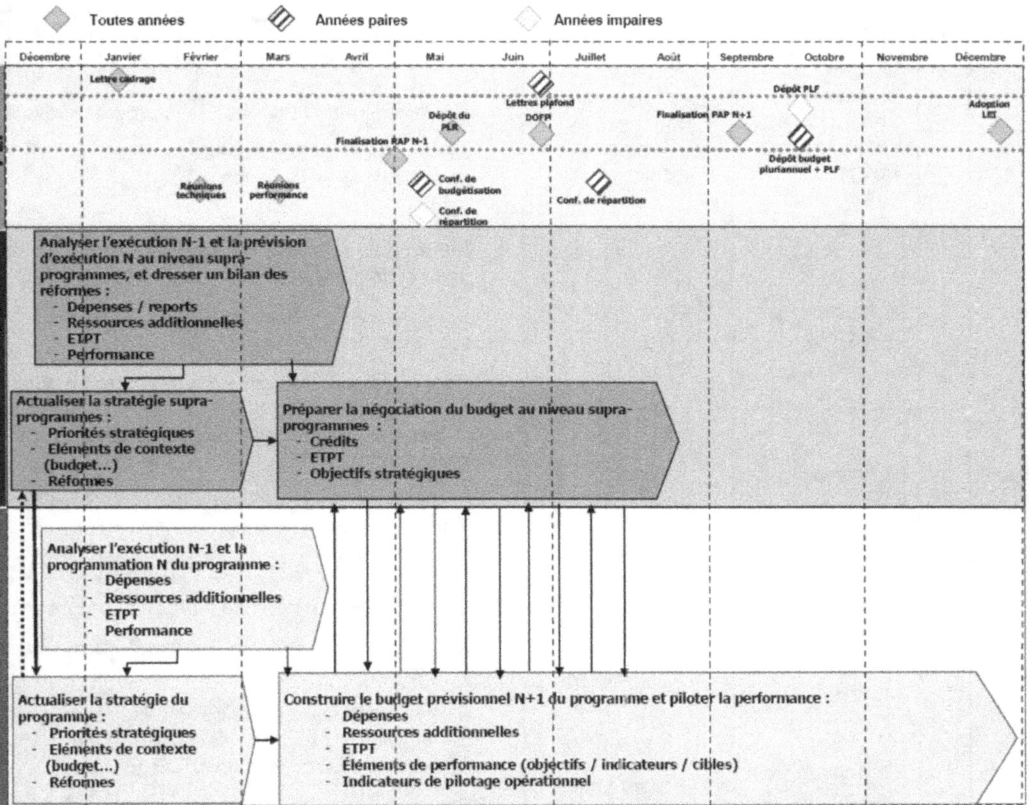

Source : site performance-publique.budget.gouv.fr

Annexe n° 3 :
Les fonctions des différents acteurs de l'élaboration du projet de loi de finances

N°	Fonctions	Maille	Définition
1	Fonction de préparation et d'analyse "budget et performance"	Supra-programme Programme BOP UO / Service	– Gestionnaire du budget et de la programmation – Responsable de l'analyse de l'exécution budgétaire et de la performance
2	Pilote du processus budgétaire	Supra-programme	– Responsable de l'organisation, de l'animation et de la cohérence des processus budgétaires – Animateur du dialogue de gestion au niveau supra-programme – Gestionnaire du budget et de la programmation
3	Responsable de BOP	BOP	– Même rôles que le responsable de programme au niveau du BOP – Rôle dans le dialogue de gestion : intermédiaire entre le responsable de programme et le responsable d'UO
4	Responsable de programme	Programme	– Responsable du projet de budget du programme – Responsable du projet de performance du programme – Responsable de la déclinaison de la stratégie et de l'attribution des objectifs de performance et de l'allocation des moyens aux BOP – Responsable de l'analyse de l'exécution budgétaire et de la performance du programme – Animateur du dialogue de gestion pour le programme – Tutelle technique des opérateurs – Tutelle budgétaire des opérateurs
6	Responsable d'UO / service	UO / Service	– Responsable du projet de budget de l'UO – Responsable du projet de performance de l'UO – Contrôleur de la soutenabilité budgétaire de l'UO – Responsable de l'exécution des dépenses

Annexe n° 4 :
Les rôles des différents acteurs de l'élaboration du projet de loi de finances

Rôles	Maille	Définition
Animateur du dialogue de gestion	Supra-programme Programme BOP	Il impulse et coordonne l'ensemble des échanges existant entre un niveau administratif et les niveaux qui lui sont subordonnés, relatifs aux volumes de moyens mis à disposition des entités subordonnées et aux objectifs qui leur sont assignés.
Auditeur	Ministère BOP UO	Il évalue la bonne mise en œuvre des processus et procédures associées au contrôle interne.
Chargé de la production des restitutions budgétaires et comptables	Supra-programme Programme BOP UO / Service	Il produit et/ou consolide les restitutions permettant de piloter le budget (tableaux de bord budgétaires, comparaison programmation / exécution en engagements juridiques et en paiements, mouvements de crédit, analyse des coûts...) et de suivre les comptabilités.
Contrôleur externe de la soutenabilité budgétaire	Ministère BOP UO	Au niveau central, le rôle de contrôleur budgétaire externe est exercé par le contrôleur budgétaire et comptable ministériel. Au niveau déconcentré, ce rôle est tenu par le trésorier-payeur général en région, assisté par un contrôleur financier en région, à qui il délègue sa signature. Les CBCM visent le document annuel de programmation budgétaire initiale (PBI) produit par les ministères. Leur visa, fondé sur l'analyse des prévisions de dépenses et d'emplois et leur compatibilité, dans la durée, avec les objectifs de maîtrise des dépenses publiques, porte plus particulièrement sur : – l'exactitude des projets de répartition des emplois de chaque ministère et de répartition des crédits de chaque programme entre les services de l'État ainsi que sur la cohérence des emplois alloués et des crédits de personnels correspondants pour chaque programme ; – les conditions de présentation des documents prévisionnels de gestion et de suivi de

N°	Rôles	Maille	Définition
			l'exécution budgétaire établis par les gestionnaires. Le CBCM s'assure de la constitution, en tant que de besoin, d'une réserve de crédits destinée à assurer en exécution le respect du plafond global des dépenses (article 51 de la LOLF). Ce visa permet la mise en place auprès des gestionnaires des crédits ouverts à chaque programme. L'article 15-3 du décret de 2005 institue par ailleurs deux nouvelles compétences du contrôleur financier qui réalise : – un contrôle *a posteriori* sur les actes de dépense payée, dispensés de contrôle préalable ; – des évaluations des circuits et des procédures générant les actes de dépense et le plan prévisionnel des effectifs. La sélection des contrôles de l'article 15-3 s'opère en fonction d'indices établissant ou laissant présumer des anomalies dans le traitement des opérations de dépense (programmation en fonction des risques budgétaires). Ces indices sont issus du contrôle a priori, de l'examen de l'exécution budgétaire et comptable, des observations de la Cour des comptes, des ministères ou de la direction du Budget. Le contrôleur externe de la soutenabilité budgétaire participe à la maîtrise de l'exécution de la loi de finances en crédits (AE et CP) et en effectifs par l'identification et la prévention des risques financiers majeurs en fonction de la nature de la dépense et de son montant. Le contrôle budgétaire (externe) est centré sur l'appréciation de la soutenabilité budgétaire de la dépense à travers notamment leur visa sur les programmations budgétaires, et un contrôle des actes d'engagement limité aux dépenses significatives et excluant les contrôles de régularité juridique (sauf actes de personnel à enjeu).
15	Décideur de la stratégie RH	Ministère Programme BOP	Il décide de la stratégie RH, propose des orientations stratégiques pluriannuelles en ce sens. Il prépare les arbitrages sur les ressources et réformes à mettre en œuvre en N+1. Il valide les scénarios de gestion RH.
24	Gestionnaire des référentiels	Supra-programme Programme BOP UO / Service	En charge de la création, mise à jour et archivage des référentiels budgétaires et garant de leur intégrité et de leur cohérence : nomenclature budgétaire (programme/action/sous-action…), organisation budgétaire (programme/BOP/UO), tiers, activités…

N°	Rôles	Maille	Définition
25	Gestionnaire du budget et de la programmation	Supra-programme Programme BOP UO / Service	Fonction de support au responsable de l'analyse du projet de budget et au responsable de l'exécution budgétaire et de la performance : participe à l'élaboration de la programmation, à son suivi et à son actualisation.
28	Pilote de la masse salariale et des emplois	Ministère Programme BOP	Il est responsable, à son niveau d'intervention, des activités de suivi de l'exécution et de la prévision des dépenses de personnel en ETPT et en crédits de Titre 2 ; en liaison avec le responsable du pilotage des crédits. Il élabore la valorisation budgétaire sur la base du scénario de gestion RH défini. Il participe activement à l'allocation des moyens humains (crédits et ETP) à son niveau de l'organisation, conjointement avec l'arbitre et responsable de l'attribution des objectifs de performance et de l'allocation des moyens, en tenant compte des contraintes RH. Au niveau ministériel, il détermine, répartit et gère le plafond d'emplois ministériel entre les programmes. Au niveau du programme, il constitue une réserve pour aléas de gestion afin de garantir le financement des mesures catégorielles interministérielles non connues en début d'exercice et de prendre en compte les risques de dépassement de crédits identifiés lors de l'exécution budgétaire précédente. *Note :* comme pour la plupart des rôles des processus budgétaires et comptables, ces activités peuvent correspondre à un rôle spécifique ou être regroupées avec d'autres rôles de façon à intégrer les aspects titre 2 et hors titre 2 pour un pilotage global du budget.
29	Pilote de processus	Supra-programme Programme BOP UO /Service	Il intervient en supervision du processus. Il s'assure de l'efficience du processus en termes de qualité, de délais et de productivité. Il peut être amené pour cela à contrôler ou à lancer des audits sur l'ensemble du processus. Il engage, le cas échéant, des actions correctives pour traiter les anomalies.
31	Producteur d'études et de prévisions	Supra-programme Programme BOP	Il fournit des données et des analyses permettant de fonder des simulations, prévisions de nature macro-économique, micro-économique, et d'aide à la décision budgétaire (directions de la prévision, des études…).
36	Responsable de l'organisation, de l'animation et de la cohérence des processus budgétaires	Supra-programme Programme BOP	Il impulse et coordonne l'ensemble des activités concourant à l'élaboration, au suivi et à l'exécution du budget à un échelon donné.

N°	Rôles	Maille	Définition
37	Responsable de la cohérence territoriale de l'État (Préfet)	BOP	Il coordonne l'action des programmes de l'État, hors les domaines de la défense, de la justice et des affaires étrangères, au niveau départemental/ régional/zonal/interrégional (budget et performance des BOP).
38	Responsable de la déclinaison de la stratégie et de l'attribution des objectifs de performance et de l'allocation des moyens	Programme BOP	Il négocie, décide et décline la stratégie supra-programme : fixe les objectifs (performance) et les orientations à respecter, répartit les crédits et les emplois alloués au programme/BOP et décide des modalités de leur mise à disposition.
39	Responsable de la mise en œuvre de la stratégie RH	Ministère Programme BOP	Il coordonne et met en œuvre la stratégie RH validée par le décideur de la stratégie RH. Il valide et consolide la programmation, à échéance N+1 et pluriannuelle, en adéquation avec les scénarios de gestion RH définis. Il vérifie que les plans de recrutements présentés par les responsables de programme permettront, compte tenu des prévisions de départs, de réaliser le schéma d'emplois arrêté pour le ministère. Il vérifie que le coût des mesures catégorielles mises en œuvre (statutaires et indemnitaires) peut être financé par l'enveloppe de « retour catégoriel » associée au schéma d'emplois, compte tenu des effets extension année pleine des mesures de l'année précédente et des mesures décidées à un niveau interministériel.
40	Responsable de la stratégie et des arbitrages supra-programme	Ministère	Il décide de la stratégie (hors stratégie RH), arbitre au niveau supra-programme et rend compte au parlement de la performance (au niveau supra programmes). Il alloue aux responsables de programme les ETPT nécessaires à la politique dont ils ont la charge en prenant soin de respecter le plafond d'emplois ministériel et d'assurer la stricte cohérence entre les moyens effectifs en crédits du programme arrêtés par la loi de finances. Il prend en gestion les mesures nécessaires au respect du double plafond en emplois et en crédits de titre 2 en procédant le cas échéant à des réallocations de moyens.
41	Responsable de l'analyse de l'exécution budgétaire et de la performance	Programme BOP UO / Service	Rôle, dans le cadre du développement du contrôle de gestion, de conseil financier et de support aux prises de décision des responsables budgétaires et politiques, en vue d'améliorer le rapport entre moyens engagés (y compris RH) et soit l'activité développée, soit les résultats obtenus. Il analyse l'activité (réalisation du plan d'action prévu dans la programmation), les éléments budgétaires (suivi des

N°	Rôles	Maille	Définition
			crédits consommés et de leur destination) et la performance (atteinte des objectifs).
45	Responsable du projet de budget	Programme BOP UO / Service	Il construit et actualise le projet de budget (prévoir le montant, la destination et le cadencement des dépenses sur des périodes glissantes -pluriannuel, annuel et infra-annuel) à un échelon donné de l'organisation. Il s'assure de la soutenabilité du budget.
46	Responsable du projet de performance	Programme BOP UO / Service	Il construit et actualise le projet de performance (programmation des activités, objectifs, indicateurs, cible) dans le cadre des contraintes budgétaires, à un échelon donné de l'organisation.
51	Tutelle budgétaire opérateurs	Supra-programme Programme	Il contrôle et supervise l'ensemble des éléments de prévision et d'exécution budgétaires émanant de l'entité opérateur.
52	Tutelle technique opérateurs	Supra-programme Programme	Il contrôle et supervise l'ensemble des éléments métiers émanant de l'entité opérateur.

Annexe n° 5 :
Les ressources et les dépenses de la catégorie des autorités indépendantes

1) Les ressources :

Les autorités indépendantes non personnalisés perçoivent leurs ressources sous plusieurs formes :

- Les crédits issus du budget général[1463], largement majoritaire ;
- Les redevances pour services rendus, négligeables ;

Les autorités publiques indépendantes dotées de la personnalité morale peuvent percevoir les mêmes types de ressources que les autorités non personnalisées :

- Les crédits budgétaires : ils sont versés aux API sous la forme d'une subvention étatique ;
- Les redevances pour services rendus ;

En revanche, certains financements sont réservés aux autorités personnalisées :

- Les ressources fiscales, appelés taxes affectées ;
- Les dons et legs[1464] ;

2) Les dépenses :

- Dépenses de personnel : elles constituent les dépenses majoritaires des AAI.
- Dépenses de fonctionnement : constitutives des dépenses secondaires des AAI.
- Dépenses d'investissement : elles étaient autrefois minimes. Elles ont aujourd'hui été maintenues à un niveau très faible chez les API et totalement supprimées concernant les AAI.

1463 Les AAI sont présentes aux niveaux des sous-actions, des actions et d'un programme.

1464 Ceux-ci représentent une possibilité de financement des autorités personnalisées qui n'est toutefois jamais utilisée. D'ailleurs, son utilisation paraît problématique en raison de la définition des dons et legs, impliquant une conduite en accord avec la volonté des donateurs, en totale contradiction avec l'autonomie des autorités indépendantes.

Annexe n°6 :
Les modalités de calcul de la soutenabilité budgétaire d'un Etat

adré 1 : définir formellement la soutenabilité des finances publiques

ɔutenabilité peut être définie comme la capacité d'un État à respecter sa contrainte budgétaire inter-temporelle à un horizon i, c'est-à-dire à financer sa dette actuelle ainsi que l'ensemble de ses dépenses futures avec ses recettes futures, *tout en tenant une politique inchangée*, c'est-à-dire sans recourir à des hausses d'impôts ou à des économies en dépense.

ote respectivement D_t et SP_t la dette publique et le solde primaire (solde public hors charges d'intérêts) à la date t, expri- en pourcentage du PIB. On part de la relation comptable d'accumulation de la dette $D_{t+1} = D_t \times (1 + r_{t+1}) - SP_{t+1}$ où r_t espond à l'écart entre le taux d'intérêt R_t [a] et le taux de croissance de l'activité g_t et est défini par la relation $1 + r_t = \frac{1 + R_t}{1 + g_t}$.

nontre alors que la contrainte budgétaire inter-temporelle à horizon infini exprimée à $t = 0$ peut s'écrire

$$D_0 - \sum_{t=1}^{\infty} \frac{SP_t}{(1 + r)^t} \leq 0$$

l'hypothèse que r_t est constant dans le temps (égal à r) et positif (hypothèse d'efficience dynamique[b]).

art de soutenabilité (*S2*) correspond à l'amélioration pérenne du solde primaire nécessaire pour respecter, à politique cons- e, cette contrainte budgétaire inter-temporelle. À l'instant $t = 0$, il est égal à :

$$S2_{t=0} = \underbrace{r \times D_0 - SP_0}_{\text{écart du solde primaire initial au solde primaire stabilisant}} - \underbrace{r \times \sum_{t=1}^{\infty} \frac{\Delta SP_t}{(1+r)^t}}_{\text{coût actualisé du vieillissement (variations futures du solde primaire)}}$$

ΔSP_t correspond à l'écart entre le solde primaire à l'instant $t = 0$ et à un instant t quelconque.

art de soutenabilité est calculé à une date donnée $t = 0$ (par la suite 2010 ou 2014), avec un horizon temporel infini. Il peut décomposé comme la somme de deux termes : l'écart au solde primaire stabilisant le ratio d'endettement au point de départ effet des variations futures du solde primaire à politique constante, à horizon infini. Ce second effet reflète le coût actualisé du issement tel que défini au paragraphe 2.3. Dans le cas particulier où le solde primaire est constant sur toute la période $_t = 0$ pour tout t strictement positif), l'écart de soutenabilité correspond uniquement à l'écart du solde primaire initial[c] au e primaire stabilisant le ratio d'endettement : $r \times D_0 - SP_0$. L'écart de soutenabilité est donc d'autant plus important que le d'endettement initial et le taux d'intérêt sont élevés ou que la croissance future de l'économie est faible.

Source : Direction générale du Trésor, « La soutenabilité des finances publiques après la crise : quelle contribution de la réforme des retraites ? », lettre, n°91, juillet 2011.

ı fait ici l'hypothèse conventionnelle, également utilisée dans les estimations harmonisées de soutenabilité des finances publiques des ats de l'Union européenne, que le taux d'intérêt réel est constant et égal à 3 %.
la revient à faire l'hypothèse que le stock de capital de l'économie est inférieur à celui qui maximise la consommation par tête à long me dans le cadre du modèle de Diamond (1965), "National Debt in a Neoclassical Growth Model", *American Economic Review*, 55, pp. 25-1158).
ı raisonne généralement sur le solde primaire structurel, non sur le solde primaire effectif, le solde conjoncturel étant supposé se résor- à un horizon relativement court (cf. §2.2).

Annexe n°7 :
La mise en place du logiciel Chorus : contexte et objectifs

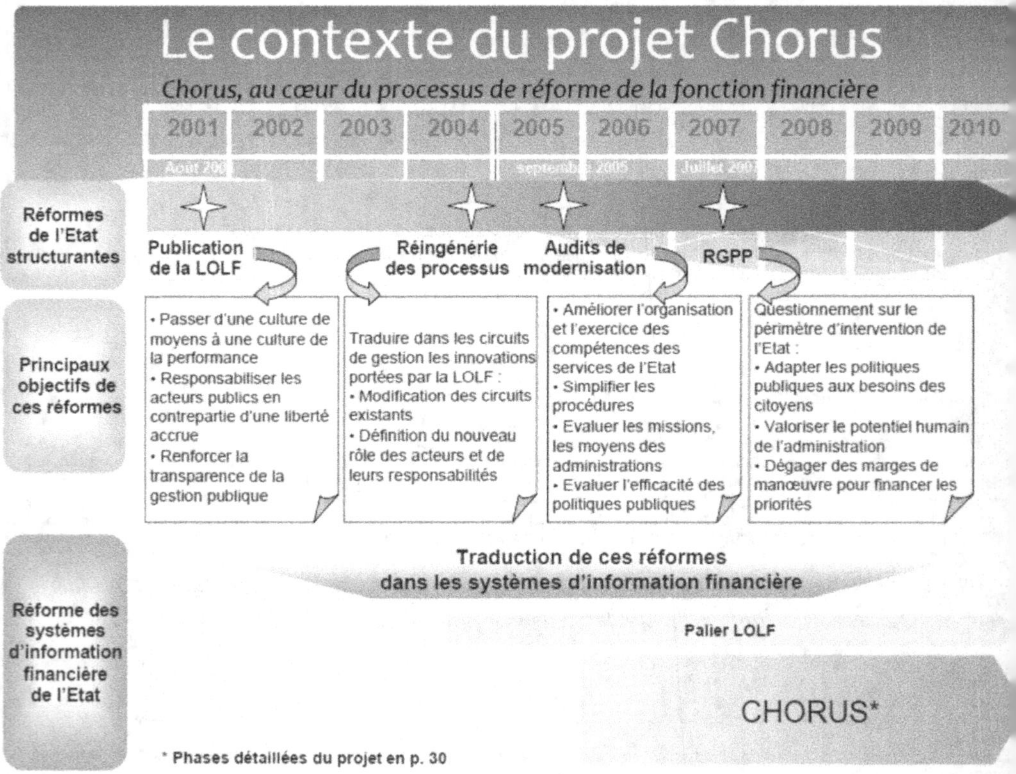

Source : Le programme Chorus et l'intégration du document électronique dans la comptabilité nationale, présentation Edificas, mai 2011, Nicolas BOTTON.

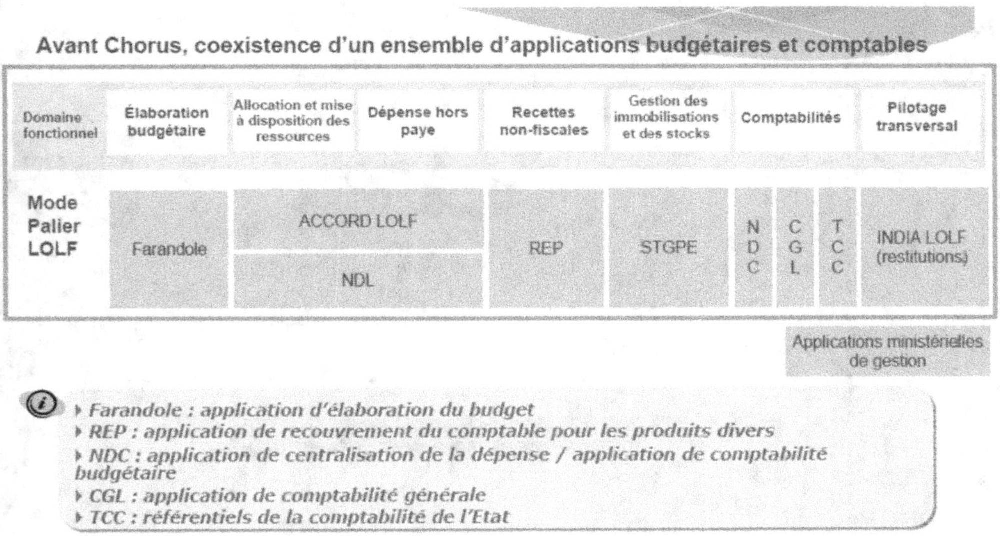

Source : Le programme Chorus et l'intégration du document électronique dans la comptabilité nationale, présentation Edificas, mai 2011, Nicolas BOTTON.

Annexe n°8 :
La programmation et la mise à disposition des crédits entre janvier et mars de l'année N

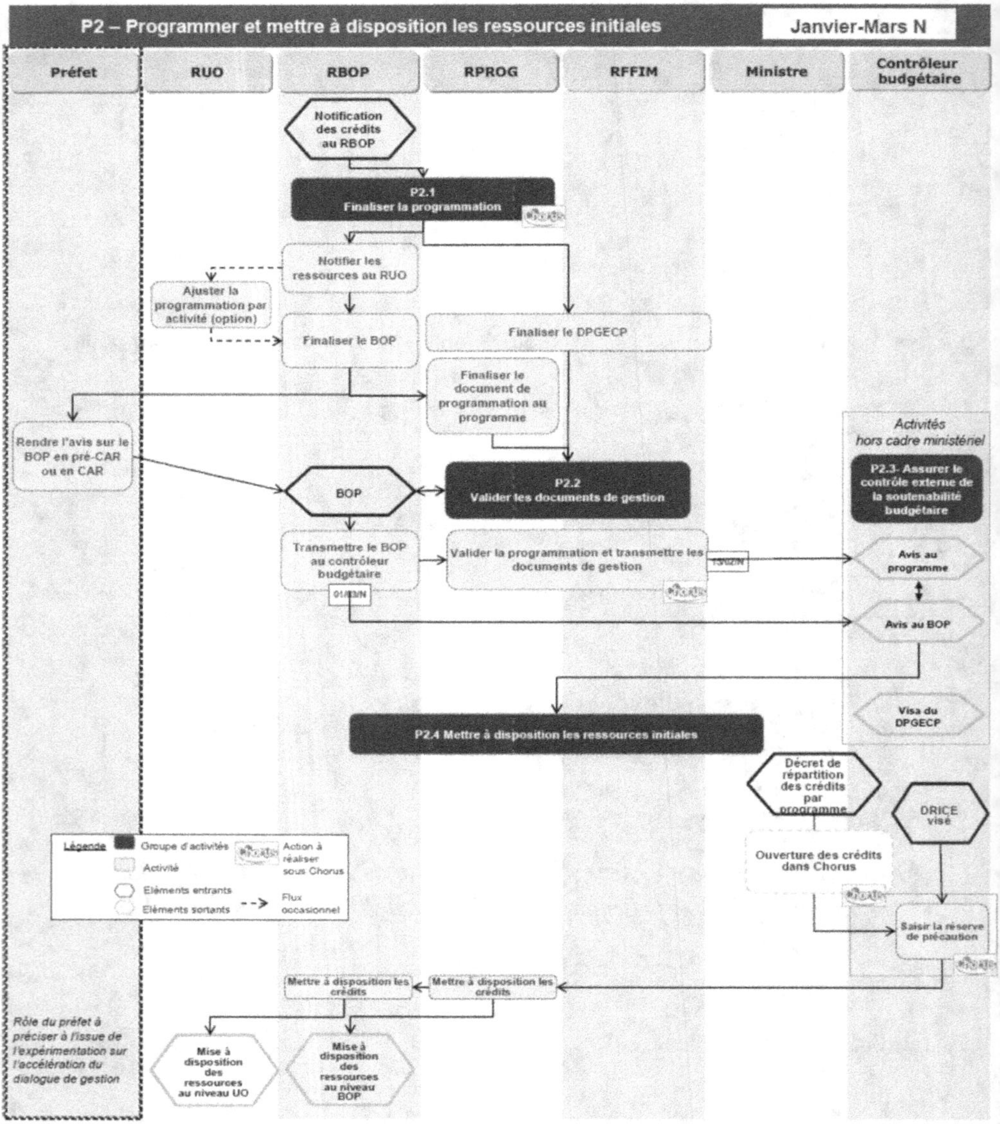

Source : Ministère de l'économie et des finances, *Fascicule descriptif : allocations et mise à disposition des ressources, Macro Processus n°2*, mars 2014, p. 25

Ce schéma retrace la procédure de programmation et de mise à disposition des crédits en intégrant les étapes devant être enregistrées dans le logiciel CHORUS.

Annexe n°9 :
Liste des personnes auditionnées

Je tiens à remercier les différentes personnes qui m'ont accordé un peu de leur temps pour répondre à mes interrogations, dissiper mes doutes et me donner des précisions utiles et pratiques qui ont alimenté et enrichi ma réflexion. Ils m'ont permis de trouver des réponses là où les textes manquaient de clarté.

J'exprime ainsi ma reconnaissance à :

- Jérôme BENEZECH, Services du Premier ministre, Chef du bureau des affaires générales, Direction des services administratifs et financiers.

- Armand CARRÉE, Autorité de contrôle prudentiel et de résolution, Chef du service de gestion financière, Direction des affaires financières.

- Anne JOSSO, Commission d'accès aux documents administratifs, Secrétaire général.

- David LITVAN, Services du Premier ministre, Contrôleur budgétaire et comptable ministériel.

- Alain PATON, Défenseur des droits, Conseiller du directeur général des services, Direction des affaires administratives et financières.

Bibliographie

Ouvrages généraux :

Droit administratif

René CHAPUS, *Droit administratif général, Tome 1*, Paris, Montchrestien, 15e édition, 2001, 1427 p.

René CHAPUS, *Droit administratif général, Tome 2*, Paris, Montchrestien, 15e édition, 2001, 797 p.

André De LAUBADERE, Jean-Claude VENEZIA, Yves GAUDEMET, *Droit administratif*, Paris, LGDJ, 17e édition, 2002, 459 p.

Georges DUPUIS, Marie-José GUEDON, Patrice CHRETIEN, *Droit administratif*, Paris, Sirey, 12e édition, 2011, 727 p.

Charles EISENMANN, *Cours de droit administratif 1*, Paris, LGDJ, 1982, réédition 2014, 786 p.

Charles EISENMANN, *Cours de droit administratif 2*, Paris, LGDJ, 1983, réédition 2014, 908 p.

Yves GAUDEMET, *Droit administratif*, Paris, LGDJ, 20e édition 2012, 624 p.

Maurice HAURIOU, *Précis de droit administratif et de droit public*, Paris, Dalloz, 12e édition, 1933, réédition 2002, 1150 p.

Jean-François LACHAUME, Hélène PAULIAT, Stéphane BRACONNIER et *al.*, *Droit administratif : Les grandes décisions de la jurisprudence*, Paris, PUF, 16e édition, 2014, 962 p.

Marceau LONG, Prosper WEIL, Guy BRAIBANT, Pierre DELVOLVE, Bruno GENEVOIS et *al.*, *Les grands arrêts de la jurisprudence administrative*, Paris, Sirey, 20e édition, 2015, 996 p.

Jean RIVERO, Marcel WALINE, *Droit administratif*, Paris, Dalloz, 21e édition, 2006, 645 p.

Didier TRUCHET, *Droit administratif*, Paris, PUF, 6e édition 2015, 461 p.

Georges VEDEL, Pierre DELVOLVE, *Droit administratif*, Paris, PUF, 12e édition, 1992, 802 p.

Jean WALINE, *Droit administratif*, Paris, Dalloz, 26e édition, 2016, 787 p.

Droit constitutionnel et parlementaire

Philippe ARDANT, Bertrand MATHIEU, *Droit constitutionnel et institutions politiques*, Paris, LGDJ, 28e édition, 2016, 603 p.

Pierre AVRIL, Jean GICQUEL, *Droit parlementaire*, Paris, Montchrestien, 5e édition, 2014, 398 p.

Raymond CARRE DE MALBERG, *Contribution à la théorie générale de l'Etat*, Paris, Dalloz, 1920-1922, réédition 2003, 1525 p.

Roland DEBBASCH, *Droit constitutionnel*, Paris, LexisNexis, 10e édition 2016, 302 p.

Pierre ESPLUGAS, Christophe EUZET, Stéphane MOUTON, *Droit constitutionnel*, Paris, Ellipses, 6e édition, 2012, 396 p.

Louis FAVOREU, Patrick GAIA, Richard GHEVONTIAN et *al.*, *Droit constitutionnel*, Paris, Dalloz, 19e édition, 2016, 1101 p.

Jean GICQUEL, Jean-Eric GICQUEL, *Droit constitutionnel et institutions politiques*, Paris, LGDJ, 30e édition, 2016, 914 p.

Francis HAMON, Michel TROPER, *Droit constitutionnel*, Paris, LGDJ, 37e édition, 2016, 878 p.

Maurice HAURIOU, présentation par Jacky HUMMEL, *Précis de droit constitutionnel*, Paris, CNRS, 2e édition, 2015, 759 p.

Michel LASCOMBE, Gilles TOULEMONDE, *Le droit constitutionnel de la Ve République*, Paris, L'Harmattan, 13e édition, 2015, 500 p.

Eric OLIVA, Sandrine GUIMMARA, *Droit constitutionnel*, Paris, Sirey, 8e édition, 2014, 383 p.

Georges VEDEL, réédition présentée par Guy Carcassonne et Olivier Duhamel, *Manuel élémentaire de droit constitutionnel,* Paris, Dalloz, 1949, réédition 2005, 616 p.

Finances publiques et Droit fiscal

François ADAM, Olivier FERRAND, Rémy RIOUX, *Finances publiques*, Presses de Sciences Po et Dalloz, 3e édition, 2010, 653 p.

Farhana AKHOUNE, *La réforme de la gestion budgétaire et comptable publique, Commentaire du décret du 7 novembre 2012*, Paris, LGDJ, 2013, 253 p.

Jean-Luc ALBERT, *Finances publiques*, Paris, Dalloz, 9e édition, 2015, 863 p.

Edgard ALLIX, *Traité élémentaire de science des finances et de législation financière française*, Paris, Rousseau, 1931, 1172 p.

Paul AMSELEK, *Le budget de l'Etat sous la Ve République*, Paris, LGDJ, 1966, 657 p.

Aurélien BAUDU, *Droit des finances publiques*, Paris, Dalloz, 2015, 841 p.

Michel BOUVIER, Marie-Christine ESCLASSAN, Jean-Pierre LASSALE, *Finances publiques*, Paris, LGDJ, 15e édition, 2016, 946 p.

Valérie BURCKEL, Catherine de CREMIERS, *Histoire de la comptabilité publique*, Paris, Economica, 1997, 112 p.

Jean-Pierre CAMBY, *La réforme du budget de l'Etat, La loi organique relative aux lois de finances*, Paris, LGDJ, 3e édition, 2011, 422 p.

Damien CATTEAU, *Droit budgétaire et comptabilité publique, LOLF et GBCP*, Vanves, Hachette, 3e édition, 2016, 166 p.

Martin COLLET, *Droit fiscal*, Paris, PUF, 5e édition, 2015, 427 p.

Martin COLLET, *Finances publiques*, Issy-les-Moulineaux, LGDJ-Lextenso, 2016, 530 p.

Stéphanie DAMAREY, *Finances publiques*, Issy-les-Moulineaux, Gualino-Lextenso, 4e édition, 2016, 218 p.

Stéphanie DAMAREY, *Exécution et contrôle des finances publiques*, Paris, Gualino éditeur, 2007, 492 p.

Etienne DOUAT, Xavier BADIN, *Finances publiques*, Paris, PUF, 3e édition, 2006, 485 p.

Vincent DUSSART, *Finances publiques*, Paris, Larcier, CNRS éditions, 13e édition, 2012, 324 p.

Maurice DUVERGER, *Finances publiques*, Paris, PUF, 7e édition, 1971, 674 p.

Jacques GROSCLAUDE, Philippe MARCHESSOU, *Droit fiscal général*, Paris, Dalloz, 10e édition, 2015, 659 p.

Gaston JEZE, *Cours de science des finances et de législation financière française [1]. Dépenses publiques, théorie générale du crédit public*, Paris, M. GIARD, 6e édition, 1922, 207 p.

Gaston JEZE, *Cours de science des finances et de législation financière française [2]. Théorie générale du budget,* Paris, M. GIARD, 6e édition, 1922, 286 p.

Gaston JEZE, *Cours de finances publiques 1930-1931, Théorie générale sur les phénomènes financiers, les dépenses publiques, le crédit public, les taxes, l'impôt*, Paris, M. GIARD, 1931, 528 p.

Julien LAFERRIERE, Marcel WALINE, *Traité élémentaire de science et de législation financières*, Paris, LGDJ, 1952, 581 p.

Pierre LALUMIERE, *Les finances publiques,* Paris, Armand Colin, 8e édition, 1986, 543 p.

Jean LAMARQUE, Olivier NEGRIN, Ludovic AYRAULT, *Droit fiscal général*, Paris, LexisNexis, 4e édition, 2016, 1541 p.

Michel LASCOMBE, Xavier VANDENDRIESSCHE, *Finances publiques*, Paris, Dalloz, 8e édition, 2013, 244 p.

Jacques Magnet, *Eléments de comptabilité publique*, Paris, LGDJ, 5e édition, 2001, 186 p.

Jean-Bernard MATTRET, *La comptabilité publique*, Bruxelles, Bruylant, 2016, 406 p.

Raymond MUZELLEC, Matthieu CONAN, *Finances publiques*, Paris, Sirey, 16e édition, 2013, 731 p.

Eric OLIVA, *Finances publiques*, Paris, Sirey, 3e édition, 2015, 658 p.

Jean-François PICARD, *Finances publiques*, Paris, Litec, 2e édition, 2009, 436 p.

Loic PHILIP, *Finances publiques, les dépenses publiques, le droit budgétaire et financier*, Paris, Cujas, 1999, 404 p.

Loic PHILIP, Luc SAIDJ, *Dictionnaire encyclopédique de finances publiques*, Paris, Economica, 1991, 1647 p.

Léon SAY et *al.*, *Dictionnaire de finances*, Paris, Berger Levrault, 1889-1894, 2 volumes, 1562 p. et 1571 p.

OUVRAGES SPÉCIAUX :

Paul AMSELEK et *al.*, *Etudes de droit public*, Paris, Cujas, 1964, 504 p.

Suzanne BASTID, *La personnalité morale et ses limites : études de droit comparé et de droit international public*, Paris, LGDJ, 1960, 286 p.

Philippe BEZES et Alexandre SINE (sous la direction de), *Gouverner (par) les finances publiques*, Paris, Les presses de SciencesPo, 2011, 523 p.

Xavier BIOY (sous la direction de), *La personnalité juridique, traditions et évolutions*, Journées des 24 et 25 novembre 2011, Toulouse, Presses de l'Université de Toulouse 1 Capitole, 2013, 334 p.

Michel CLAPIE, Sébastien DENAJA, Pascale IDOUX et *al.*, *Indépendances, Etudes offertes au Professeur Jean-Louis Autin*, Mélanges, Montpellier, Presses de la faculté de Montpellier, 2011, 1695 p.

Claude-Albert COLLIARD, Gérard TIMSIT (sous la direction de), *Les autorités administratives indépendantes*, Paris, PUF, 1988, 319 p.

Jean-François COUZINET (sous la direction de), *Les agences de l'Union européenne, Recherche sur les organismes communautaires décentralisées*, Journées d'étude Guy Isaac, 8 juin 2001, Toulouse, Presses de l'Université des sciences sociales de Toulouse, 2002, 306 p.

Nicole DECOOPMAN (sous la direction de), *Le désordre des autorités administratives indépendantes. L'exemple du secteur économique et financier*, Paris, PUF, 2002, 212 p.

Anne DUBET, Marie-Laure LEGAY (sous la direction de), *La comptabilité publique en Europe 1500-1850*, Rennes, Presses universitaires de Rennes, 2011, 262 p.

Michel GENTOT, *Les autorités administratives indépendantes*, Paris, Montchrestien, 2e édition, 1994, 158 p.

Marie-José GUEDON, *Les autorités administratives indépendantes*, Paris, LGDJ, 1991, 142 p.

Marlene JOUAN, Sandra LAUGIER, *Comment penser l'autonomie ? Entre compétences et dépendances*, Paris, PUF, 2009, 461 p.

Jean-Jacques LAFFONT, Jean TIROLE, *Théorie des incitations et règlementation,* Paris, Economica, 2012, 926 p.

Charles MACCIO, *De l'individu à la personne, Qui sommes-nous ?*, Chronique sociale, 2005, 222 p.

Jean-Claude MARTINEZ (sous la direction de), *L'autonomie financière territoriale, Un paradigme planétaire revisité*, Paris, L'Harmattan, 2014, 686 p.

Léon MICHOUD, *La théorie de la personnalité morale et son application au droit français*, Paris, LGDJ, 2e édition, 1924, 2 volumes, 513 p. et 527 p.

Ministères de l'économie et du budget, *La comptabilité publique, Continuité et modernité,* Colloque tenu à Bercy les 25 et 26 novembre 1993, Paris, éditions du comité pour l'histoire économique et financière – ministère de l'économie et des finances, 1995, 558 p.

Daniel MOCKLE, *La gouvernance, le droit et l'Etat : la question du droit dans la gouvernance publique*, Bruxelles, Bruylant, 2007, 299 p.

Joël MOLINIER (sous la direction de), *Les agences de l'Union européenne,* 3èmes journées Guy Isaac, 11 et 12 mars 2010, Bruxelles, Bruylant, 2011, 264 p.

Alain PARIENTE (sous la direction de), *La séparation des pouvoirs : théorie contestée et pratique renouvelée*, Paris, Dalloz, 2007, 153 p.

Henry ROUSSILLON et *al.*, *Etudes en l'honneur du Professeur Jean-Arnaud MAZERES*, Mélanges, Paris, Litec, 2009, 888 p.

Raymond SALEILLES, *De la personnalité juridique, histoire et théories, vingt-cinq leçons d'introduction à un cours de droit civil comparé sur les personnes juridiques,* Paris, La mémoire du droit, 1910, réédition 2003, 678 p.

Charles VILLERS, *Philosophie de Kant, ou principes fondamentaux de la philosophie transcendantale*, Utrecht, N. Van Der Monde, 2e édition, 1830, 441 p.

THÈSES :

Jean-Bernard AUBY, *La notion de personne publique en droit administratif*, Thèse dactyl., Bordeaux, 1979, 428 p.

Aurélien BAUDU, *Contribution à l'étude des pouvoirs budgétaires de Parlement en France*, Paris, Dalloz, 2010, 681 p.

Jean-Hubert BLANCHET, *Contribution à la théorie générale des autorités administratives indépendantes*, Thèse dactyl., Paris, 1997, 414 p.

Jean-François BOUDET, *La Caisse des dépôts et consignation*, Paris, L'Harmattan, 2006, 647 p.

Romain BOURREL, *Emploi public et finances publiques : contribution à l'étude juridique de la gestion de l'Etat*, LGDJ, 2015, 832 p.

Laurence CALANDRI, *Recherche sur la notion de régulation en droit administratif français*, Paris, LGDJ, 2009, 733 p.

Christina CHALANOULI, *Kant et Dworkin : de l'autonomie individuelle à l'autonomie privée et publique*, Paris, L'Harmattan, 2010, 359 p.

Martin COLLET, *Le contrôle juridictionnel des actes des autorités administratives indépendantes*, Paris, LGDJ, 2003, 397 p.

Amélie COMOE, *L'autonomie financière des communes en Côte d'Ivoire*, Thèse dactyl., Caen, 1987, 391 p.

Thomas CORTES, *La personnalité morale comme technique de droit public*, Thèse dactyl., Paris 2, 2012, 652 p.

Jean-Claude DEBRAY, *L'autonomie financière des services publics*, Paris, Au commerce des idées, 1930, 190 p.

Bertrand DELCROS, *L'unité de la personnalité juridique de l'Etat : étude sur les services non personnalisés de l'Etat*, Paris, LGDJ, 1976, 322 p.

Hubert DELZANGLES, *L'indépendance des autorités de régulation sectorielles*, Thèse dactyl., Bordeaux IV, 2008, 903 p.

Marie-Laure DUSSART, Constitution *et économie,* Thèse dactyl., Aix-Marseille, 2013, 447 p.

Vincent DUSSART, *L'autonomie financière des pouvoirs publics constitutionnels*, Paris, CNRS droit, 2000, 334 p.

Jean-Marc GROS, *La doctrine française et les autorités administratives indépendantes*, Thèse dactyl., Montpellier I, 1995, 986 p.

Philippe ICARD, *Les autorités administratives indépendantes*, Thèse dactyl., Dijon, 1991, 805 p.

Nicolas KOULOURIS, *Les autorités administratives indépendantes et les « independent regulatory agences » : étude comparée sur leur insertion et leur nature juridique*, Thèse dactyl., Paris II, 1992.

Florian LINDITCH, *Recherche sur la personnalité morale en droit administratif*, Paris LGDJ, 1997, 334 p.

Jean-Claude MAITROT, *Recherche sur la notion d'autonomie financière en droit public*, Thèse dactyl., Paris I, 1972, 311 p.

Jean-Claude ODERZO, *Les autorités administratives indépendantes et la Constitution*, Thèse dactyl., Aix Marseille 3, 2002, 554 p.

Hélène PAERELS, *Le dépassement de personnalité morale : contribution à l'étude des atteintes à l'autonomie des personnes morales en droit privé et droit fiscal français*, Thèse dactyl., Lille, 2010, 424 p.

Serge PASSERON, *L'autonomie de gestion des établissements publics nationaux*, Paris, LGDJ, 1968, 315 p.

Thomas PERROUD, *La fonction contentieuse des autorités de régulation en France et aux Etats-Unis*, Paris, Dalloz, 2013, 1293 p.

Aymerix POTTEAU, *Recherches sur l'autonomie financière de l'Union européenne*, Paris, Dalloz, 2004, 722 p.

Serge REGOURD, *L'acte de tutelle en droit administratif français*, Paris, LGDJ, 1982, 539 p.

Babaly SALL, *Contribution à l'étude des autorités administratives indépendantes*, Thèse dactyl., Poitiers, 1990, 431 p.

Jean-Marie SERREAU, *Autonomie financière des collectivités territoriales et impôts locaux directs : l'exemple des communes des Alpes-Maritimes*, Thèse dactyl., Lille, 2011, 924 p.

Laurence TARTOUR, *L'autonomie financière des collectivités territoriales en droit français*, Paris, LGDJ, 2012, 413 p.

Tao WEI, *L'autonomie financière locale en Chine*, Thèse dactyl., Paris, 2012, 419 p.

Articles et Contributions :

Thierry ABLARD, Bertrand DELCROS, « Quel pouvoir règlementaire pour le CSA ? », *Légipresse,* 1994, n°112, p. 43.

Anonyme, « Principe d'impartialité et auto-saisine des organes investis d'un pouvoir de sanction », *Les petites affiches,* 2000, n°211, p. 3.

Laurent ARGENTIERI, « L'émergence d'un modèle européen de contrôle financier », *Les Petites affiches*, 2005, n°232, p. 6.

Michel AUBERT, Emmanuelle BROUSSY, Francis DONNAT, « Autorités administratives indépendantes et principes démocratiques », *AJDA*, 2010, n°17, p. 938.

Jean-Bernard AUBY, « La bataille de San Romano, réflexions sur les évolutions récentes du droit administratif », *AJDA*, 2001, n°11, p. 912.

Jean-Louis AUTIN, « Le devenir des autorités administratives indépendantes », *RFDA*, 2010, n°5, p. 875.

Jean-Louis AUTIN, « Entre l'acte normatif et l'acte non normatif : l'exemple des AAI », *in Les états intermédiaires en droit administratif*, journées d'étude du 15 juin 2007 organisé sous la direction de Jean-Marie PONTIER, Aix en Provence, Presses universitaires d'Aix-Marseille, 2008, p. 75.

Jean-Louis AUTIN, « La rationalisation du système des AAI », *Regards sur l'actualité, La documentation française*, avril 2007, n°330, p. 27.

Jean-Louis AUTIN, « Les autorités de régulation sont-elles des autorités administratives indépendantes ? », in *Environnements : les mots du droit et les incertitudes de la modernité, Mélanges en l'honneur du Professeur J-Ph COLSON*, Grenoble, Presses universitaires de Grenoble, 2004, p. 439.

Jean-Louis AUTIN, « Vers un modèle européen d'autorité administrative indépendante », *in Le service public en recherche. Quelle modernisation ?*, sous la direction de Catherine GREMION et Robert FRAISSE, Paris, La documentation française, 1996, p. 363.

Jean-Louis AUTIN, « Le pouvoir répressif d'une AAI devant le juge administratif : note sous CE, 14 juin 1991 Association radio solidarité », *RFDA*, 1992, n°6, p. 1016.

Jean-Louis AUTIN, « Le contrôle des autorités administratives indépendantes par le Conseil d'Etat est-il pertinent ? », *RDP*, 1991, n°6, p. 1533.

Jean-Louis AUTIN, « Les autorités administratives indépendantes et la Constitution », *Revue administrative*, 1988, n°244, p. 333.

Jean-Louis AUTIN, « Du juge administratif aux autorités administratives indépendantes : un autre mode de régulation », *RDP*, 1988 n°5, p. 1213.

Sonia BENHADJYAHIA, « La nature juridictionnelle des autorités de régulation », *Revue de la recherche juridique. Droit prospectif*, 2004, n°4, p. 2505.

Valérie Laure BENABOU, « Glose de la loi HADOPI ou opération nécessaire de débroussaillage (après la censure du conseil constitutionnel du 10 juin 2009) », *Revue Lamy droit de l'immatériel (ex Lamy droit de l'informatique)*, 2009, n°52, p. 63.

Gilles BERTIN, « Peut-on parler d'une politique autonome des dépenses publiques ? », *Revue de Sciences financières*, 1964, p. 25.

Aurélie BINET-GROSCLAUDE, « La décision du conseil constitutionnel du 10 juin 2009 relative à la loi favorisant la diffusion et la protection de la création sur internet : un coup d'arrêt au pouvoir de sanction des AAI ? », *Droit pénal*, 2009, n°11, p. 11.

Marc BLANQUET, « Agences de l'Union et gouvernance européenne », *in Les agences de l'Union européenne, Recherche sur les organismes communautaires décentralisés,* Journée Guy Isaac, 8 juin 2001, sous la direction de Jean-François COUZINET, Toulouse, Presses de l'Université des sciences sociales de Toulouse, 2002, p. 73

Olivier BLIN, « Les structures des agences de l'Union européenne », *in Les agences de l'Union européenne, Recherche sur les organismes communautaires décentralisés,* Journée Guy Isaac, 8 juin 2001, sous la direction de Jean-François COUZINET, Toulouse, Presses de l'Université des sciences sociales de Toulouse, 2002, p. 91.

Sophie BOISSARD, « Autorités administratives indépendantes », *AJDA*, 2001, n°4 p. 387.

Jean-Claude BONICHOT, « L'application de l'article 6 paragraphe 1 de la Convention européenne pour la sauvegarde des droits de l'homme et des libertés fondamentales (CEDH) aux autorités de régulation, la position du Conseil d'Etat », *Les petites affiches*, 2000, n°94, p. 3.

Michel BOUVIER, « Le Conseil constitutionnel et l'autonomie fiscale des collectivités territoriales : du quiproquo à la clarification », *Nouveaux cahiers du Conseil constitutionnel*, octobre 2011, n°33, p. 55.

Michel BOUVIER, « L'autonomie financière locale : illusion ou refondation ? », *Pouvoirs locaux*, décembre 2010, n°87, p. 44.

Laurence BOY, « Réflexion sur le "droit de la régulation" (à propos de Marie-Anne FRISON-ROCHE) », *Recueil Dalloz Sirey*, 2001, n°37, p. 3031.

Vincent BOYER, « L'autonomie financière des universités après la loi relative aux libertés et responsabilités des universités », *AJDA,* 2010, n°6, p. 316.

Christine BRECHON-MOULENE, « La place du juge administratif dans le contentieux économique public », *AJDA*, 2000, n°9, p. 679.

Jean-François BRISSON, « La réception en droit national des autorités de régulation », *in Autorités de régulation et droit européen*, Journée d'étude du 20 février 2004, Bordeaux IV, *JCP E*, 2004, n°2, p. 16.

Pierre BRUNET, « De l'omission des critères généraux d'identification de la subvention par les juges internes », *Revue des contrats*, 1er octobre 2008, n°4, p. 1297.

Erwin BUYSSENS, Roland GENSON, « La transformation d'Europol en agence de l'Union : regards sur un nouveau cadre juridique », *Revue du marché commun et de l'Union européenne*, 2009, n°525, p. 83.

Laurence CALANDRI, « Le pouvoir de recommandation de la commission des clauses abusives », *Les petites affiches*, 2006, n°185, p. 4.

Francis CASORLA, « La justice séparée », *Les petites affiches*, 2007, n°139, p. 4.

Paul CASSIA, « Les AAI sont-elles soumises aux dispositions de la loi du 12 avril 2000 ? », *Droit administratif*, 2003, n°1, p. 14.

Florence CHALTIEL, « La loi Hadopi devant le conseil constitutionnel (A propos de CC, 10 juin 2009) », *Les petites affiches*, 2009, n°125, p. 7.

Florence CHALTIEL, « Une nouvelle autorité administrative indépendante : le contrôleur général des lieux de privation de liberté (à propos de la loi du 30 octobre 2007) », *Les petites affiches*, 2007, n°224, p. 3.

Marie-Pierre CHANLAIR, « Répartition des compétences entre le juge administratif et le juge financier, à propos de la reconnaissance de l'utilité publique des dépenses », *AJDA*, 2001, n°11, p. 933.

Clément CHAUVET, « La personnalité contentieuse des autorités administratives indépendantes », *RDP,* 2007, n°2, p. 379.

Jacques CHEVALLIER, « Le statut des autorités administratives indépendantes : harmonisation ou diversification ? », *RFDA,* 2010, n°5, p. 896.

Jacques CHEVALLIER, « Régulation et polycentrisme dans l'administration française », *Revue administrative*, 1998, n°301, p. 43.

Jacques CHEVALLIER, « De la C.N.C.L au Conseil supérieur de l'audiovisuel », *AJDA*, 1989, n°2, p. 59.

Jacques CHEVALLIER, « COB, CNIL, CNCL et Cie : la "philosophie" des autorités administratives indépendantes », *Regards sur l'actualité,* 1988, n°146, p. 13.

Jacques CHEVALLIER, « Réflexion sur l'institution des autorités administratives indépendantes », *JCP*, 1986, I, p. 3254.

Edoardo CHITI, « Existe-t-il un modèle d'agence de l'Union européenne ? », *in Les agences de l'Union européenne,* 3èmes journées Guy Isaac, 11 et 12 mars 2010, sous la direction de Joël MOLINIER, Bruxelles, Bruylant, 2011, p. 52.

Marielle COHEN-BRANCHE, « La problématique de la répartition du contentieux entre les deux ordres au travers de l'exemple de l'Autorité des marchés financiers », *RFDA* 2010, n°5, p. 912.

Patrick COLLAS, « Le "dépeçage" de l'administration, un nouveau pas : la tentative d'autonomiser la banque de France », *Revue de la recherche juridique. Droit prospectif*, 1994, n°2, p. 557.

Martin COLLET, « Le décret du 7 novembre 2012 relatif à la gestion budgétaire et comptable publique : «dépenser mieux» ou «dépenser moins» ? », *RFDA*, 2013, n°2, p. 433.

Martin COLLET, « Autorité de régulation économique : l'émergence d'une catégorie nouvelle », *RJEP*, 2008, n°651, p. 11.

Martin COLLET, « La création des autorités administratives indépendantes : symptôme ou remède d'un État en crise ? », *Regards sur l'actualité, La documentation française*, avril 2007, n°330, p. 5.

Béatrice COSPEREC, « L'indépendance de l'Autorité de régulation des activités ferroviaires et routières », *RFAP*, 2012, n°143, p. 779.

Delphine COSTA, « Les autorités administratives indépendantes et le principe d'impartialité », *AJDA*, 2002, n°24, p. 1492.

Nicole DECOOPMAN, « Le contrôle juridictionnel des autorités administratives indépendantes », *in Le droit administratif en mutation*, Paris, PUF, 1993, p. 211.

Michel DEGOFFE, « Les autorités publiques indépendantes », *AJDA*, 2008, n°12, p. 622.

Benoît DELAUNAY, « Autorités de régulation et responsabilité de la puissance publique », *RDP*, 2014, n°2, p. 276.

André DELION, « De l'Etat tuteur à l'Etat actionnaire », *RFAP*, 2007, n°124, p. 537.

André DELION, « Service public et comptabilité publique », *AJDA*, 1997, n°6, p. 69.

André DELION, « Les autorités administratives indépendantes », *Bulletin mensuel COB* 1994, n°284, p. 26.

Pierre DELVOLVE, « Le pouvoir de sanction et le contrôle du juge », *Les petites affiches* 2001, n°185, p. 18.

Eric DESFOUGERES, « Bilan critique des tentations d'adaptation de l'administration aux réalités contemporaines », *Revue de la recherche juridique. Droit prospectif*, 2000, n°2, p. 577.

Etienne DOUAT, « Les aspects financiers », *Droit administratif*, Avril 2003, n°4, p. 10.

Etienne DOUAT, Errabih ABDESSAMAD, « Portée du principe d'indépendance de la Banque centrale européenne », *JCP G*, Novembre 2003, n°45, p. 1938.

Alain DOYELLE, « Le contrôle de la régularité et du caractère exécutoire des actes des collectivités territoriales », *AJDA*, 1994, n°3, p. 200.

Muriel DREIFUSS, « Contributions récentes du contentieux des sanctions des autorités de régulation au contentieux administratifs général », *JCP A (administration et collectivités territoriales)* 2006, n°38, p. 1154.

Vincent DUSSART, « L'autonomie financière des agences européennes », *in Les agences de l'Union européenne, Recherche sur les organismes communautaires décentralisés,* Journée Guy Isaac, 8 juin 2001, sous la direction de Jean-François COUZINET, Toulouse, Presses de l'Université des sciences sociales de Toulouse, 2002, p. 102.

Jean-Philippe FELDMAN, « Les autorités administratives indépendantes sont-elles légitimes ? Sur les AAI en général et le Conseil supérieur de l'audiovisuel en particulier », *Recueil Dalloz Sirey,* 2010, n°43, p. 2852.

Claudio FRANCHINI, « La réforme de l'administration publique », *RFAP* 1993, n°67, p. 427.

Claudio FRANCHINI, « Les autorités administratives indépendantes en Italie », *Revue européenne de droit public,* 1989, n°2, p. 351.

Marie-Anne FRISON-ROCHE, « Autorités administratives incomprises (AAI) », *JCP G Semaine juridique (éditions générales),* 2010, n°28, p. 2206.

Marie-Anne FRISON-ROCHE, « Régulateurs indépendants versus LOLF », *Revue Lamy de la concurrence*, 2006, n°7, p. 69.

Marie-Anne FRISON-ROCHE, Jean MARIMBERT, « Les régulations économiques légitimité et efficacité », *Les Petites Affiches,* 2003, n°17, numéro spécial.

Hervé de GAUDEMAR, « Un droit domanial spécial des personnes publiques spécifiques », *JCP A*, 10 juillet 2006, n°28, p. 1159.

Yves GAUDEMET, « Limite ou métamorphose de l'Etat en France : les autorités administratives indépendantes », *Revue marocaine d'administration locale et de développement,* 1999, n°27, p. 9.

Dominique GELY, « Le défenseur du peuple espagnol en modèle », *AJDA,* 2008, n°27, p. 1481.

Bernard GENY, « La règle de la non affectation des recettes aux dépenses publiques dans le budget de l'Etat », *Revue de science et de législation financière,* 1932, n°2, p. 208.

Fabien GIRARD DE BARROS, « Harmonisation européenne : "la question qui tue" », *Lettre juridique Lexbase,* 2005, n°172, p. 28.

Chiara GIOVANNUCI-ORLANDI, « L'indépendance et l'impartialité des juges non professionnels et arbitres en Italie », *Revue juridique des barreaux* 1999, n°55, p. 99.

Jean-Pierre GRIDEL, « La personne morale en droit français », *Revue internationale de droit comparé*, avril-juin 1990, n°2, p. 495.

Nathalie GRIESBECK, « Vers un contrôle des autorités administratives indépendantes par le juge administratif. Remarques sous un arrêt du Conseil d'Etat, note sous CE, 20 mai 1985 », *Recueil Dalloz Sirey,* 1986, n°6, p. 12.

Nicolas GROPER, Christian MICHAUT, « L'intervention du contrôleur financier dans le visa des pièces justificatives des dépenses des établissements publics », *AJDA*, 2010, n°44, p. 2484.

Christophe GUETTIER, « Les agences administratives en France », in dossier « Les agences », *Les cahiers de la fonction publique et de l'administration*, 2006, n°259, p. 4.

Cédric GUILLERMINET, « L'autonomie budgétaire : une ombre au tableau de l'indépendance des AAI », *in* Mélanges Jean-Louis AUTIN, *Indépendances*, Montpellier, Presses de la faculté de Montpellier, 2012, p. 368.

Arnaud HAQUET, « Le pouvoir règlementaire des autorités administratives indépendantes. Réflexions sur son objet et sa légitimité », *RDP*, 2008, n°2, p. 393.

Maurice HAURIOU, « La théorie de l'institution et de la fondation », *Cahiers de la nouvelle journée*, 1925, n°4, p. 1.

Robert HERTZOG, « L'autonomie en droit : trop de sens, trop peu de signification ? », *in Mélanges Paul AMSELEK*, dirigés par Gérard COHEN-JONATHAN, Bruxelles, Bruylant, 2005, p. 445.

Robert HERTZOG, « Linéament d'une théorie des subventions », *RFFP*, 1988, n°23, p. 30.

Merryl HERVIEU, « Le défenseur des droits : le mirage de la constitutionnalisation des AAI », *Les Petites Affiches*, 2010, n°133, p. 12.

Didier ISRAËL, « L'indépendance de l'Autorité de contrôle prudentiel et de résolution », *RFAP*, 2012, n°143, p. 759.

Delphine IWEINS, « La transformation progressive du Défenseur des droits », Gazette du Palais, 2016, n°43, p. 7.

Martine JODEAU-GRYMBERG, Claire BONNAT, Bernard PECHEUR, « Les autorités administratives indépendantes », *Cahiers de la fonction publique*, 2000, n°190, p. 3.

Philippe JUEN, « L'autorisation parlementaire dans la loi organique relative aux lois de finances : réforme ou continuité ? (1e partie) », *Les Petites Affiches*, 25 février 2002, n°40, p. 6.

Daniel LABETOULLE, « La responsabilités des AAI dotées de la personnalité morale : coup d'arrêt à l'idée de "garantie de l'Etat". A propos de l'avis n°371558 du Conseil d'Etat du 8 septembre 2005 », *Revue juridique de l'économie publique*, 2006, n°635, p. 359.

Daniel LABETOUILLE, « le contrôle des autorités administratives indépendantes : le rôle du juge administratif », *in Le contrôle démocratique des autorités administratives indépendantes à caractère économique*, Henri de CHARETTE, Paris, Economica, 2002, p. 15.

Danièle LAJOUMARD, « Chorus : résultats et perspectives », *Gestion & finances publiques*, mai – juin 2014, n°5/6, p. 35.

Alexandre LALLET, Jean-Philippe THIELLAY, « La commission d'accès aux documents administratifs à trente ans », *AJDA*, 2008, n°26, p. 1415.

Jean-Christophe LAPOUBLE, « Une nouvelle autorité administrative indépendante : le conseil de prévention et de lutte contre le dopage », *Droit administratif*, 2000, n°4, p. 8.

Michel LASCOMBE, « Le gouvernement et la révision constitutionnelle : un oublié très présent », *JCP G*, 30 juillet 2008, n°31, p. 1173.

Michel LASCOMBE, Xavier VANDENDRIESSCHE, « La faute de gestion, base légale du contrôle opéré par la Cour de discipline budgétaire et financière sur les dirigeants des entreprises du secteur public », *Revue juridique de l'économie publique*, Août 2008, n°656, p. 12.

Michel LASCOMBE, Xavier VANDENDRIESSCHE, « Enfin une responsabilité financière des gestionnaires publics ! », *Revue Lamy collectivités territoriales*, 2009, n°52, p. 62.

Michel LASCOMBE, « La nouvelle gouvernance financière », *AJDA*, 2013, n°4, p. 228.

Bruno LASSERRE, « La transformation du conseil de la concurrence en autorité de la concurrence, clé de voûte d'une régulation de la concurrence moderne, juste et efficace », *Journal des sociétés* 2009, n°61, p. 19.

Bruno LE ROUX, « Sécurité et déontologie, la création d'une autorité administrative indépendante », *Cahiers de la sécurité intérieure,* 2001, n°44, p. 143.

Loïc LEVOYER, « Les collectivités territoriales face à la nouvelle comptabilité publique », *JCP A*, 3 mars 2014, n°9, p. 2059.

Florian LINDITCH, « La personnalité morale de droit public aujourd'hui, libre propos », in *La personnalité juridique, traditions et évolutions*, sous la direction de Xavier BIOY, Journées des 24 et 25 novembre 2011, Toulouse, Presses de l'Université de Toulouse 1 Capitole, 2013, p. 44.

Didier LINOTTE, « L'autorité des marchés financiers précurseur d'une évolution ? », *AJDA*, 2003, n°38, p. 2001.

Didier LINOTTE, Guillaume SIMONIN, « L'autorité des marchés financiers, prototype de la réforme de l'Etat ? », *AJDA*, 2004, n°3, p. 143.

Martine LOMBARD, « Brèves remarques sur la personnalité morale des institutions de régulation », *Revue juridique de l'économie publique* (ex *R J entreprise publique et cahier J électricité gaz*) 2005, n°619, p. 127.

Nino LONGOBARDI, « Les autorités administratives indépendantes, laboratoire d'un nouveau droit administratif, suite et fin », *Les Petites Affiches,* 1999, n°173, p. 10.

Nino LONGOBARDI, « Les autorités administratives indépendantes, laboratoire d'un nouveau droit administratif, deuxième partie », *Les Petites Affiches,* 1999, n° 172, p. 6.

Nino LONGOBARDI, « Les autorités administratives indépendantes, laboratoire d'un nouveau droit administratif, première partie », *Les Petites Affiches,* 1999, n°171, p. 4.

Antoine LOUVARIS, « Impartialité des organes de régulation (à propos de la commission bancaire) », *Recueil Dalloz Sirey,* 2001, n°32, p. 2665.

Yves LUCHAIRE, « La persistance de la tutelle dans le droit des collectivités territoriales », *AJDA*, 2009, n°21, p. 1134.

Gérard MARCOU, « La notion de régulation », *AJDA*, 2006, n°7, p. 347.

Modeste MARQUES, Philippe GONZAGUES, « La soutenabilité budgétaire dans les contrats de partenariat », *Droit administratif*, n°2, février 2013, étude n°4, p. 15.

Sébastien MARTIN, « Les autorités publiques indépendantes : réflexions autour d'une nouvelle personne publique », *RDP*, 2013, n°1, p. 53.

Brigitte MASQUET, « Les autorités administratives indépendantes : dossier », *Regard sur l'actualité, La documentation française,* 2007, n°330, p. 3.

Alberto MASSERA, « La crise du système ministériel et le développement des établissements publics et des autorités administratives indépendantes », *RFAP,* 1993, n°67, p. 341.

Jean MASSOT, « La répartition du contentieux entre les deux ordres », *RFDA,* 2010, n°5, p. 907.

Jean-Pierre MATTOUT, André PRÜM, « Création de l'autorité de contrôle prudentiel », *Droit et Patrimoine,* 2010, n°195, p. 100.

Jean-Christophe MENARD, « Le défenseur des droits : "monstre bureaucratique", "gadget constitutionnel" ou garantie effective des libertés ? », *Les Petites Affiches*, 2008, n°214, p. 4.

Anne MEYER-HEINE, « L'indépendance du conseil supérieur de l'audiovisuel : le débat est relancé », *Légipresse*, 2002, n°192, p. 81.

Laure MILANO, « Qu'est-ce qu'une juridiction ? La question a-t-elle encore une utilité ? », *RFDA*, 2014, p. 1119.

Eric MILLARD, « Hauriou et la théorie de l'institution », *Droit et Société,* 1995, n°30/31, p. 381.

Joël MOLINIER, « L'élaboration d'un cadre commun aux agences de l'Union », *in Les agences de l'Union européenne,* 3e journée Guy Isaac, 11 et 12 mars 2010, Bruxelles, Bruylant, 2011, p. 230.

Sophie MONNIER, « Les comités de protection des personnes : l'émergence d'une nouvelle catégorie de personnes publiques spécialisées ? », *RDP,* 2005, n°6, p. 1519.

Pierre de MONTALIVER, « Constitution et autorités de régulation », *RDP*, 2014, n°2, p. 316.

Frank MORDACQ, « Quelle réforme des contrôles financiers publics ? », *RFFP*, 2001, numéro spécial Maroc, p. 151.

Nicolas MORELLI, « Commissaires aux comptes : trois avis du H3C sur l'indépendance », *Les Petites Affiches,* 2007, n°140, p.8.

Julien MOUCHETTE, « L' « autonomie budgétaire » du Défenseur des droits », *RFDC*, septembre 2014, n°99, p. 557.

Gérard NOTTE, « Les autorités administratives indépendantes », *JCP E*, 2006, n°25, p. 1127.

Gérard NOTTE, « Les autorités administratives indépendantes », *JCP E*, 2006, n°26, p. 1147.

Nicolas OCHOA, « La Cour des comptes, autorités administrative indépendante. Pour une lecture administrative du droit de la comptabilité publique », *RFDA*, 2015, p. 831.

Eric OLIVA, « L'autonomie budgétaire et financière des autorités de régulation », *RDP*, mars-avril 2014, n°2, p. 340.

Eric OLIVA, « Les principes de libre administration et d'autonomie financière », *RFFP* septembre 2012, n°119, p. 49.

Vanina PAOLI-GAGIN, « Les commissions de valeurs mobilières (CVM) sont-elles vraiment indépendantes ? », *Bulletin Joly bourse et produits financiers* 1997, n°5, p.713.

Alain PARIENTE, « La réforme des juridictions financières : quelles perspectives ? », *Revue Lamy des collectivités territoriales*, 2009, n°47, p. 11.

Alain PARIENTE, « La démarche de performance issue de la LOLF : quelles perspectives ? », *RDP*, 2006, n°1, p. 37.

Alain PARIENTE, « Le droit d'amendement parlementaire en matière financière. La réforme de la loi organique du 1er août 2001 est-elle en péril ? », *JCP G*, 2003, n°31, p. 1449.

Jean-Marc PASTOR, « Les subventions publiques ont désormais une définition légale », *AJDA*, 2014, n°27, p. 1517.

Jean-Marc PASTOR, « Vers une définition des subventions publiques », *AJDA*, 2013, n°39, p. 2232.

Caroline PICHERAL, « L'indépendance et l'impartialité des juridictions spécialisées », *RFDA*, 2012, n°4, p. 636.

Christophe PIERUCCI, « Pour une réforme efficace de la responsabilité des gestionnaires en droit public financier », *RFDA*, 2008, n°1, p. 165.

Evelyne PISIER, « Vous avez dit indépendantes ? Réflexions sur les autorités administratives indépendantes, in droit administratif, bilan critique », *Pouvoirs,* 1988, n°46, p. 13.

Marcel POCHARD, « Autorités administratives indépendantes et contrôle démocratique », *Cahiers de la fonction publique*, novembre 2001, p. 5.

Jean-Marie PONTIER, « La France, modèle atypique d'Etat », *Politeia*, 2007, n°12, p. 193.

Jean-Marie PONTIER, « La personnalité publique, notion anisotrope », *RFDA*, 2007, n°5, p. 979.

Michel PRADA, « Les nouveaux acteurs de la régulation : démembrement ou renouvellement de l'Etat », *Les Petites Affiches*, 2000, n°223, p. 12.

Vincent RAUDE, « Les agences communautaires », *Revue du trésor*, 2006, n°1, p. 7.

Sébastien RENAUD, « Les autorités de régulation et le démembrement du pouvoir central », *Revue de la recherche juridique. Droit prospectif,* 2001, n°16, p. 2203.

Stéphane RODRIGUEZ, « Les circonstances communautaires de l'émergence des autorités de régulation nationales », *in Autorités de régulation en droit européen,* Journée d'étude du 20 février 2004, Bordeaux IV, *JCP E*, 2004, n°2, p. 4.

Nicolas RONTCHEVSKY, « La commission des opérations de bourse (COB) à l'épreuve de l'exigence d'impartialité », *Bulletin Joly bourse et produits financiers,* 1999, n°2, p. 129.

Luc ROUBAN, « Réformer ou recomposer l'Etat ? : les enjeux sociopolitiques d'une mutation annoncée », *RFAP,* 2003, n°105-106, p. 153.

Aude ROUYERE, « La constitutionnalisation des autorités administratives indépendantes : quelle signification ? », *RFDA,* 2010, n°5, p. 887.

Aude ROUYERE, « La personnalité publique partielle », *in La personnalité juridique*, Colloque de l'AFDA des 14 et 15 juin 2007, Paris, LexisNexis, 2007, p. 91.

Paul SABOURIN, « Les autorités administratives indépendantes, une catégorie nouvelle », *AJDA,* 1983, n°4, p. 275.

Louis SCHWEITZER, « Qu'est ce qu'une haute autorité indépendante ? », *in* Colloque de rentrée du Collège de France, *De l'autorité*, 18 et 19 octobre 2007.

Pierre STORRER, « La cour de cassation condamne la participation du rapporteur au délibéré du conseil de la concurrence », *La lettre des juristes d'affaires (LJA),* 1999, n°474, p. 1.

Catherine TEITGEN-COLLY, « Les instance de régulation et la Constitution », *RDP,* 1990, n°1, p. 153.

Catherine TEITGEN-COLLY, « Les autorités administratives indépendantes : histoire d'une institution », *in Congrès sur les autorités administratives indépendantes*, sous la direction de Gérard TIMSIT, 11 et 12 juin 1987, Paris, PUF, 1988, p. 45.

André TERRAZZONI, « Une réforme en trompe l'œil », *AJDA,* 1987, n°3, p. 203.

Sylvie THOMASSET-PIERRE, « Création de l'Autorité des marchés financiers. Commentaire de la loi du 1er août 2003 et du décret du 21 novembre 2003 », *Recueil Dalloz*, 2003, p. 2951.

Seydou TRAORE, « Les autorités administratives indépendantes dotées de la personnalité morale : vers une réintégration institutionnelle de la catégorie juridique », *Droit administratif*, 2004, n°8-9, p. 16.

Seydou TRAORE, « La commission consultative du secret de la défense nationale : une autorité administrative indépendante sui generis ? », *Revue administrative* 1999, n°311, p. 508.

Sylvie TROSA, « La LOLF, la RGPP et l'évaluation des politiques publiques : bilan et perspectives », *RFFP*, 1er février 2013, n°121, p. 243.

Didier TRUCHET, « avons-nous encore besoin du droit administratif ? », *in Mélanges en l'honneur du professeur J-F LACHAUME*, Paris, LGDJ, 2007, p. 1039.

J. WOICIECHOWSKI, « L'indépendance et la responsabilité de l'institution de contrôle : qui contrôle les contrôleurs ? » *in L'indépendance des cours des comptes en Europe*, *RFAP*, 1999, n°90, p. 271.

Jean-Claude ZARKA, « Le "défenseur des droits" », *La lettre omnidroit*, 2010, n°105, p. 2.

Pierre ZEMOR, « Le débat public, indépendance surveillée ? », *AJDA*, 2003, n°10, p. 465.

FASCICULES ET JURISCLASSEURS :

Fascicules descriptifs des ministères

Ministère du budget des comptes publics et de la fonction publique, *Elaboration ministérielle d'un budget, Macro processus n°1*, Fascicule descriptif à macro-maille, mars 2009.

Ministère de l'économie et des finances, *Allocations et mise à disposition des ressources, Macro processus n°2*, Fascicule descriptif, mars 2014.

Jurisclasseurs :

Jean-Louis AUTIN, « Fasc. 300 : Interventions des autorités administratives indépendantes », *JCl. Libertés*, 1er mai 2009.

Jean-Louis AUTIN, « Fasc. 75 : Autorités administratives indépendantes », *JCl. Administratif*, 20 juillet 2010.

Charles-André DUBREUIL, « Fasc. 265 : Règlementation des marchés financiers », *Jcl. Administratif*, 29 mars 2010.

Joël MOLINIER, « Fasc. 198 : Budget – principes budgétaires », *JCl. Europe Traité*, 15 mai 2010.

RAPPORTS ET ETUDES :

Rapports parlementaires

Assemblée nationale, Rapport fait au nom de la Commission des affaires culturelles et de l'éducation sur *le projet de loi relatif à l'indépendance de l'audiovisuel public*, M. Marcel ROGEMONT, 17 juillet 2013, n°1275.

Assemblée nationale, Rapport fait au nom de la Commission de finances, de l'économie générale et du contrôle budgétaire, sur *le projet de loi de finances pour 2013, annexe n°40 relations avec les collectivités territoriales, avances aux collectivités territoriales*, M. Christian ECKERT, 10 octobre 2012, n°251.

Assemblée nationale, Rapport d'information fait par la Commission des finances, de l'économie générale et du contrôle budgétaire sur *la mise en application de la loi n°2010-476 du 12 mai 2010 relative à l'ouverture à la concurrence et à la régulation du secteur des jeux d'argent et de hasard en ligne*, Mme Aurélie FILLIPETTI, M. Jean-François LAMOUR, 25 mai 2011, n°3463.

Assemblée nationale, Rapport fait au nom du Comité d'évaluation et de contrôle des politiques publiques sur *les autorités administratives indépendantes*, MM. René DOSIERE, Christian VANNESTE, 28 octobre 2010, n°2925.

Assemblée nationale, Rapport d'information fait par la Commission des finances, de l'économie générale et du plan sur *la mise en œuvre de la loi organique n°2001-692 du 1er août 2001 relative aux lois de finances*, MM. Michel BOUVARD, Jean-Pierre BRARD, Thierry CARCENAC et Charles de COURSON, 16 juillet 2008, n°1058.

Assemblée nationale, Rapport d'information déposé par la délégation de l'assemblée nationale pour l'union européenne sur *les agences européennes : le hasard… et la nécessité* (COM [2005] 59 final / E 2910, COM [2005] 190 final / E 2903 et COM [2005] 280 final / E 2918), M. Christian PHILIP, 3 mai 2006, n°3069.

Assemblée nationale, Rapport fait au nom de la commission des lois constitutionnelles, de la législation et de l'administration générale de la république sur *le projet de loi organique, modifié par le sénat (n° 1638), pris en application de l'article 72-2 de la Constitution relatif à l'autonomie financière des collectivités territoriales*, M. Guy GEOFFROY, 16 juin 2004, n°1674.

Assemblée nationale, Rapport fait au nom de la commission des lois constitutionnelles, de la législation et de l'administration générale de la République sur *le projet de loi organique (N° 1155) pris en application de l'article 72-2 de la Constitution relatif à l'autonomie financière des collectivités territoriales*, M. Guy GEOFFROY, 14 avril 2004, n°1541.

Assemblée nationale, Sénat, Rapport au gouvernement, *La mise en œuvre de la loi organique relative aux lois de finances*, MM. Alain LAMBERT, Didier MIGAUD, octobre 2008.

Assemblée nationale, Sénat, Rapport fait au nom de l'Office parlementaire de la législation sur *les autorités administratives indépendantes, évaluation d'un objet juridique non identifié*, M. Patrice GELARD, 15 juin 2006, n°3166, n°404.

Assemblée nationale, Sénat, Rapport au gouvernement, *La mise en œuvre de la loi organique relative aux lois de finances, Réussi la LOLF, Clé d'une gestion publique responsable et efficace*, MM. Alain LAMBERT, Didier MIGAUD, septembre 2005.

Sénat, Rapport fait au nom de la commission d'enquête sur *le bilan et le contrôle de la création, de l'organisation, de l'activité et de la gestion des autorités administratives indépendantes*, Mme Marie-Hélène DES ESGAULX, M. Jacques MEZARD, 28 octobre 2015, n°126.

Sénat, Rapport fait au nom de la commission des finances sur *le projet de loi de programmation des finances publiques pour les années 2014 à 2019*, M. Albéric de MONTGOLFIER, 29 octobre 2014, n°55.

Sénat, Rapport fait au nom de la commission des lois constitutionnelles, de législation, du suffrage universel, du Règlement et d'administration générale sur *les autorités administratives indépendantes*, M. Patrice GELARD, 11 juin 2014, n°616.

Sénat, Rapport fait au nom de la Commission des finances, sur *le projet de loi de finances pour 2014,* M. François MARC, 21 novembre 2013, n°156.

Sénat, Rapport fait au nom de la Commission des affaires économiques relatif au *projet de loi relatif à l'économie sociale et solidaire*, M. Marc DAUNIS, 16 octobre 2013, n°84.

Sénat, Rapport d'information fait au nom de la commission des affaires européennes et de la commission des finances sur *l'évaluation de l'activité des agences européennes, Où vont les agences européennes ?*, M. Denis BADRÉ, 7 octobre 2009, n°17.

Sénat, Rapport général fait au nom de la Commission des finances sur *le projet de loi de finances pour 2010 adopté par l'Assemblée nationale*, M. Philippe MARINI, 19 novembre 2008, n°101.

Sénat, Rapport d'information fait au nom de la commission des finances, du contrôle budgétaire et des comptes économiques de la Nation *sur les prélèvements obligatoires et leur évolution*, M. Philippe MARINI, 25 octobre 2006, n°41.

Sénat, Rapport fait au nom de la commission des lois constitutionnelles, de législation, du suffrage universel, du Règlement et d'administration générale sur *le projet de loi organique, adopté par l'assemblée nationale, pris en application de l'article 72-2 de la Constitution relatif à l'autonomie financière des collectivités territoriales*, M. Daniel HOEFFEL, 26 mai 2004, n°324.

Sénat, Rapport d'information fait au nom de la Commission des finances du contrôle budgétaire et des comptes économiques de la nation sur *la mise en œuvre de la loi organique du 1er août 2001 relative aux lois de finances*, MM. Jean ARTHUIS, Philippe MARINI, 5 mai 2004, n°292.

Sénat, Rapport fait au nom de la Commission des finances sur *le projet de loi de sécurité financière*, M. Philippe MARINI, 12 mars 2003, n°206.

Rapport du Conseil d'analyse économique

Conseil d'analyse économique, *Performance, incitations et gestion publique*, MM. Dominique BUREAU, Michel MOUGEOT, Paris, La documentation française, 2007

Rapport du Conseil économique et social

Conseil économique et social, *L'avenir de l'autonomie financière des collectivités territoriales*, M. Jean-Pierre BRUNEL, séance des 12 et 13 juin 2001, JO 2001-10.

Rapports du Conseil d'Etat

Conseil d'Etat, *Les agences, Une nouvelle gestion publique*, Rapport public 2012, EDCE n°63.

Conseil d'Etat, *Les établissements publics*, Rapport d'étude, 15 octobre 2009.

Conseil d'Etat, *L'administration française et l'Union européenne, Quelles influences ? Quelles stratégies ?*, Rapport public 2007, EDCE n°58.

Conseil d'Etat, *Réflexions sur les autorités administratives indépendantes*, Rapport public 2001, EDCE n°52.

Conseil d'Etat, *Etude sur les autorités administratives indépendantes*, Rapport public 1983-1984, EDCE n°35.

Rapport du Conseil d'orientation des finances publiques

Conseil d'orientation des finances publiques, *Premier rapport*, Paris, La documentation française, février 2007.

Rapport du Conseil des prélèvements obligatoires

Conseil des prélèvements obligatoires, *La fiscalité affectée, Constats, enjeux et réformes*, juillet 2013.

Justine COUTARD, *Rapport particulier n°4, Les effets des taxes affectées sur les finances publiques*, Mai 2013.

Christophe WITCHITZ, *Rapport particulier n°3, Analyse économique de la fiscalité affectée et examen de son impact sur les assujettis*, Avril 2013.

Mohammed Adnène TROJETTE, *Rapport particulier n°2, L'ampleur du recours aux taxes affectées*, Mars 2013.

Maxime BOUTRON, *Rapport particulier n°1, Contours juridiques et historiques de la notion de taxe affectée*, Février 2013.

Rapports de la Cour des comptes

- **Rapports publics annuels**

Cour des comptes, *Rapport public annuel 2014*, février 2014.

Cour des comptes, *Rapport public annuel 2013*, février 2013.

Cour des comptes, *Rapport public annuel 2012*, février 2012.

Cour des comptes, *Rapport public annuel 2011*, février 2011.

Cour des comptes, *Rapport public annuel 2010*, février 2010.

Cour des comptes, *Rapport public annuel 2009*, février 2009.

- **Rapports thématiques**

Cour des comptes, *Les Défenseur des droits : missions et gestion*, septembre 2014.

Cour des comptes, *La politique de développement des énergies renouvelables*, juillet 2013.

Cour des comptes, *Rapports sur la sécurité sociale 2012*, septembre 2012.

Cours des comptes, *La mise en œuvre de la loi organique relative aux lois de finances (LOLF) : un bilan pour de nouvelles perspectives*, novembre 2011.

Cour des comptes, *Les modalités de mise en place de l'Autorité de contrôle prudentiel*, octobre 2011.

- **Rapports sur les résultats et la gestion de l'Etat**

Cour des comptes, *Le budget de l'Etat en 2013, Résultats et gestion*, mai 2014.

Cour des comptes, *Résultats et gestion budgétaire de l'Etat, exercice 2012*, mai 2013.

Cour des comptes, *Rapport sur les résultats et la gestion budgétaire de l'Etat, exercice 2011 (article 58-4°de la loi organique du 1er août 2001 relative aux lois de finances)*, mai 2012.

Cour des comptes, *Résultats et gestion budgétaire de l'Etat, exercice 2010*, mai 2011.

Cour des comptes, *Résultats et gestion budgétaire de l'Etat, exercice 2009*, mai 2010.

Cour des comptes, *Rapport sur les résultats et la gestion budgétaire de l'Etat pour l'année 2008*, mai 2009.

Cour des comptes, *Rapport sur les résultats et la gestion budgétaire de l'Etat pour l'année 2007*, mai 2008.

Rapports de l'Organisation de coopération et de développement économique (OCDE)

OCDE, *Les autres visages de la gouvernance publique, agences, autorités administratives et établissements publics*, Paris, 2002.

Rapports annuels des autorités administratives indépendantes

Autorité de contrôle des nuisances aéroportuaires, ACNUSA, *Rapport annuel d'activité*, 2011, 2013, 2015.

Autorité de contrôle prudentiel et de résolution, ACPR, *Rapport annuel d'activité*, 2010, 2012, 2015.

Agence de l'évaluation de la recherche et de l'enseignement supérieur, AERES, *Rapport annuel d'activité*, 2010, 2012, 2014.

Agence française de lutte contre le dopage, AFLD, *Rapport annuel d'activité*, 2012, 2015.

Autorité de régulation des activités ferroviaires et routières, ARAFER, *Rapport annuel d'activité*, 2011, 2012, 2013, 2014, 2015.

Autorité de régulation des communications électroniques et des postes, ARCEP, *Rapport annuel d'activité*, 2011, 2013, 2015.

Autorité de régulation des jeux en ligne, ARJEL, *Rapport annuel d'activité*, 2010, 2012, 2015-2016.

Autorité de sûreté nucléaire, ASN, *Rapport annuel d'activité, La sûreté nucléaire et la radioprotection en France*, 2010, 2011, 2012, 2013, 2014, 2015.

Autorité de la concurrence, *Rapport annuel d'activité*, 2010, 2011, 2012, 2013, 2014, 2015.

Bureau central de tarification, BCT, *Rapport annuel d'activité*, 2010, 2011, 2012, 2013, 2014, 2015.

Commission d'accès aux documents administratifs, CADA, *Rapport annuel d'activité*, 2011, 2012, 2013, 2014, 2015.

Commission nationale des comptes de campagne et des financements politiques, CNCCFP, *Rapport annuel d'activité*, 2011, 2012-2013, 2014, 2015.

Commission nationale consultative des droits de l'homme, CNCDH, *Rapport annuel d'activité*, 2011, 2012, 2013, 2014, 2015.

Commission consultative du secret de la défense nationale, CCSDN, *Rapport annuel d'activité*, 2010-2012, 2013-2015.

Commission nationale de contrôle des interceptions de sécurité, CNCIS, *Rapport annuel d'activité*, 2009, 2013-2014.

Commission nationale de contrôle des techniques de renseignement, CNCTR, *Rapport annuel d'activité*, 2015-2016.

Commission nationale du débat public, CNDP, *Rapport annuel d'activité*, 2002-2009, 2010-2011, 2013, 2014, 2015.

Commission nationale informatique et libertés, CNIL, *Rapport annuel d'activité*, 2011, 2012, 2013, 2014, 2015.

Commission de la sécurité des consommateurs, CSC, *Rapport annuel d'activité*, 2010, 2012.

Commission des sondages, *Rapport annuel d'activité*, 2012.

Commission paritaire des publications et agence de presse, *Rapport annuel d'activité*, 2013.

Contrôleur général des lieux de privation de libertés, CGLPL, *Rapport annuel d'activité*, 2011, 2013, 2015.

Commission de régulation de l'énergie, CRE, *Rapport annuel d'activité*, 2011, 2012, 2013, 2014, 2015.

Conseil supérieur de l'audiovisuel, CSA, *Rapport annuel d'activité*, 2011, 2012, 2013, 2014, 2015.

Défenseur des droits, DDD, *Rapport annuel d'activité*, 2011, 2012, 2013, 2014, 2015.

Haut conseil du commissariat aux comptes, H3C, *Rapport annuel d'activité*, 2012, 2011, 2012, 2013, 2014, 2015.

Haut conseil de l'évaluation de la recherche et de l'enseignement supérieur, HCERES, *Rapport annuel d'activité*, 2015.

Haut conseil pour la diffusion des œuvres et la protection des droits sur internet, HADOPI, *Rapport annuel d'activité*, 2010-2011, 2011-2012, 2012-2013, 2013-2014, 2014-2015.

Haute autorité de santé, HAS, *Rapport annuel d'activité*, 2013, 2015.

Médiateur de l'énergie, *Rapport annuel d'activité*, 2008, 2009, 2010, 2011, 2012, 2013, 2014, 2015.

Médiateur du cinéma, *Rapport annuel d'activité*, 2008, 2009, 2010, 2011, 2012, 2013, 2014, 2015.

<u>JURISPRUDENCES ET NOTES :</u>

Jurisprudences du Conseil d'Etat

CE, 18 décembre 1852, *Bergerat*, Rec. p. 814, concl. L'HOPITAL.

CE, 31 juillet 1912, *Société des granites porphyroïdes des Vosges*, Rec. p. 909, concl. BLUM, GAJA, p. 149.

CE, Sect., 7 février 1936, *Jamart*, Rec. p. 172., *S.* 1937, n°3, p. 113, note J. RIVERO.

CE, Sect., 28 juin 1946, *Morand*, Rec. p. 183.

CE, Sect., 5 février 1954, *Association El Hamidia*, Rec. p. 77.

CE, Sect., 20 avril 1956, *Epoux Bertin et ministre de l'agriculture c/ consorts Grimouard*, Rec. pp. 167-168, GAJA p. 471.

CE, Sect., 6 décembre 1968, M*inistre des armées c/ Ruffin*, Rec. p. 626.

CE, 7 mai 1971, *Institut des Etudes de Développement Economique et Social*, Rec. p. 349.

CE, Ass., 10 juillet 1981, *Retail*, Rec. p. 303, concl. FRANC, *RDP*, 1981, n°5, p.1441 ; Note S. RIALS, *Revue administrative*, 1981, n°203, p. 493 ; Note J-M AUBY, *RDP*, 1981, n°6, p. 1687.

CE, Ass., 28 février 1992, *SA Rothmans International France et SA Philip Morris*, Rec. p. 81, concl. LAROQUE, *Gazette du Palais*, 20-22 décembre 1992, n°355-357, p. 6 ; Chron. C. MAUGÜE et R. SCHWARTZ, *AJDA*, 1992, n°5, p. 329 ; Etude L. DUBOUIS, *RFDA*, mai-juin 1992, n°8, p. 425 ; Note P. SABOURIN, *CJEG*, décembre 1992, n°483, p. 525.

CE, Ass., 3 mars 1993, *Comité central d'entreprise de la société d'exploitation industrielle des tabacs et allumettes S.E.I.T.A.*, Rec. p. 41, concl. SCHWARTZ,

CJEG, mai 1993, n°488, p. 271 ; Chron. C. MAUGÜE et R. SCHWARTZ, *AJDA*, 1993, n°7, p. 526 ; Note B. MALIGNER, *Quot. Jur.*, 7 octobre 1993, n°80, p. 4.

CE, 5 novembre 1993, *Commission des opérations de bourse*, Rec., cité pp. 934, 944, 955 ; Obs. M-C ROUAULT, *JCP G*, 1993, IV, 2764.

CE, 25 septembre 1995, *Association C.I.V.I.C.*, Rec., cité pp. 694 et 1000.

CE, Ass., 23 février 2000, *Sté Labor Métal*, Rec. p. 83, concl. SEBAN, *RFDA*, mars-avril 2000, n°16, p. 435 ; Chron. M. GUYOMAR et P. COLLIN, *AJDA*, 2000, n°5, p. 404 ; Note G. ORSONI, *RFFP*, juin 2000, n°70, p. 207.

CE, 22 mars 2000, *Syndicat national autonome personnel Banque de France c/ Banque de France*, Rec. p.125 ; Chron. M. GUYOMAR et P. COLLIN, *AJDA*, 2000, n°5, p. 410 ; Chron. C. BOITEAU, *JCP G*, Chron. 2000, 1251, p. 1547.

CE, 3 juillet 2000, *Société civile des auteurs réalisateurs producteurs et autres*, Rec. p. 289 ; Obs. S. BRACONNIER, *JCP G*, Chron. 2000, 1274, p. 2123.

CE, Ass., 23 février 2001, *Commission des opérations de bourse*, Rec. p. 80.

CE, Sect., 17 octobre 2003, *Dugoin c/ Département de l'Essonne*, Rec. p. 409 ; Chron. F. DONNAT et D. CASAS, *AJDA*, 2003, n°38, p. 2031 ; Note A. COUTANT, *JCP G*, 2004, II, 10011.

CE, 4 février 2005, *Procureur général près la Cour des comptes, ministère public près la Cour de discipline budgétaire et financière*, Rec. p. 31, concl. M. GUYOMAR, *AJDA*, 2005, n°19, p. 1070 ; Comm. M. LOMBARD, *Droit administratif*, avril 2005, n°4, p. 23 ; Note J-L PISSALOUX, *Revue du Trésor*, août-septembre 2005, n°8-9, p. 471.

CE, 23 février 2005, *Association pour la transparence et la moralité des marchés publics*, concl. CASAS, *RFDA*, 2005, p. 433 ; Note J.-D. DREYFUS, *AJDA*, 2005, p. 668.

CE, 26 mars 2008, *Région de la Réunion*, Rec. p. 114, concl. SENERS, *Droit fiscal*, 2008, n°18, comm. 308 ; Note J-D Dreyfus, *AJDA*, 2008, n°28, p. 1152 ; Note L. ERSTEIN, *JCP A*, 2008, p. 2115.

Avis :

CE, assemblée générale, avis n°371.558, 8 septembre 2005, *in* Conseil d'Etat, *Sécurité juridique et complexité du droit*, Rapport public 2006, p. 211.

Jurisprudences du Conseil constitutionnel

CC, n°63-21 DC, 12 mars 1963, *Loi portant réforme de l'enregistrement, du timbre et de la fiscalité immobilière* ; L. HAMON, *Dalloz*, 1964, p. 489.

CC, n°76-54 DC, 2 juin 1976, *Résolution tendant à modifier et à compléter certains articles du règlement du Sénat.*

CC, n°80-119 DC, 22 juillet 1980, *Loi portant validation d'actes administratifs ;* G. CARCASSONNE, *AJDA*, 1980, p. 602 ; L. FAVOREU, L. PHILIP, « Validation d'actes administratifs », Les *grandes décisions du Conseil constitutionnel*, Paris, Dalloz, 2009, p. 324.

CC, n°84-173 DC, 26 juillet 1984, *Loi relative à l'exploitation des services de radio-télévision mis à la disposition du public sur un réseau câblé* ; L. FAVOREU, *RDP*, 1986, p. 395.

CC, n°86-224 DC, 23 janvier 1987, *Loi transférant à la juridiction judiciaire le contentieux des décisions du Conseil de la concurrence*, considérant n°15. J. CHEVALIER, *AJDA*, 1987, p. 345 ; D. TRUCHET, « Mauvaises et bonnes raisons de mettre fin au dualisme juridictionnel », *Justice – Revue générale de droit processuel*, 1996, n°3, p. 53 ; L. FAVOREU, L. PHILIP, « Compétences du juge administratif », *Les grandes décisions du Conseil constitutionnel*, Paris, Dalloz, 2009, p. 537.

CC, n°88-248 DC, 17 janvier 1989, *Loi modifiant la loi n° 86-1067 du 30 septembre 1986 relative à la liberté de communication* (CSA) ; P. AVRIL, J. GICQUEL, *Pouvoirs*, 1989, n°50, pp. 193 et 197 ; L. FAVOREU, *RDP*, 1989, p. 429 ; L. FAVOREU, L. PHILIP, *Les grandes décisions du Conseil constitutionnel*, Paris, Dalloz, 2009, p. 554.

CC, n°89-260 DC, 28 juillet 1989, *Loi relative à la sécurité et à la transparence du marché financier* (COB) ; P. AVRIL, J. GICQUEL, *Pouvoirs*, 1990, n°52, p. 189 ; B. GENEVOIS, « Le conseil constitutionnel, la séparation des pouvoirs et la séparation des autorités administratives indépendantes », *RFDA*, 1989, n°4, p. 671.

CC, n°91-298 DC, 24 juillet 1991, *Loi portant diverses dispositions d'ordre économique et financier* ; L. PHILIP, *RFDC*, 1991, p. 722 ; P. AVRIL, J. GICQUEL, *Pouvoirs*, 1992, n°60, p. 204 ; D. ROUSSEAU, *RDP*, 1992, p. 50.

CC, n°91-291 DC, 6 mai 1991, *Loi instituant une dotation de solidarité urbaine et un fonds de solidarité des communes de la région d'Ile-de-France, réformant la dotation globale de fonctionnement des communes et des départements et modifiant le code des communes* ; L. PHILIP, RFDC, 1991, p. 497 ; D. ROUSSEAU, RDP, 1992, p. 50 ; X. PRETOT, « Libre administration des collectivités territoriales et solidarité nationale », *Revue de droit sanitaire et social*, 1991, n°4, p. 639 ; R. HERTZOG, « A propos de la péréquation dans les finances locales », *RFAP*, 1992, n°34, p. 57.

CC, n°93-320 DC, 21 juin 1993, *Loi de finances rectificative pour 1993* ; P. AVRIL, J. GICQUEL, *Pouvoirs*, 1993, n°67, p. 168 ; L. PHILIP, *RFDC*, 1993, p. 576 ; B. MATHIEU, *LPA*, 5 janvier 1994, p. 16.

CC, n°95-369 DC, 28 décembre 1995, *Loi de finances pour 1996* ; B. MATHIEU, *LPA*, 13 mars 1996, n°32, p. 4 ; L. PHILIP, *RFDC*, 1996, p. 119 ; X. PRETOT, *RFFP*, 1996, n°55, p. 191.

CC, n°98-405 DC, 29 décembre 1998, *Loi de finances pour 1999* ; B. PLAGNET, « La loi de finances pour 1999 », *RFFP*, 1999, p. 171 ; L. PHILIP, *RFDC*, 1999, p. 129.

CC, n°2001-448 DC, 25 juillet 2001, *Loi organique relative aux lois de finances* ; J.-E. SCHOETTL, « La nouvelle Constitution financière de la France », *LPA*, 13 septembre 2001, n°183, p. 3 ; J-P CAMBY, « Le Conseil constitutionnel et la réforme de la procédure budgétaire », *LPA*, 10 octobre 2001, n°202, p. 5 ; P. JAN, « Le conseil constitutionnel et la nouvelle loi organique du 1er août 2001 relative aux lois de finances », *AJDA*, 2002, n°1, p. 59 ; E. OLIVA, *RFDC*, 2002, n°49, p. 152 ; L. PHILIP, L. FAVOREU, « Loi organique relative aux lois de finances (LOLF), *Les grandes décisions du conseil constitutionnel*, Paris, Dalloz, 2009, p. 704.

CC, n°2003-489 DC, 29 décembre 2003, *Loi de finances pour 2004* ; J-E SCHOETTL, « La loi de finances pour 2004 devant le Conseil constitutionnel (1e partie) », *LPA*, 24 février 2004, n°39, p. 3 ; L. PHILIP, « Les décisions du Conseil constitutionnel relatives aux lois de finances », *Droit fiscal*, 2004, n°17, p. 782 ;

CC, n°2004-500 DC, 29 juillet 2004, *Loi organique relative à l'autonomie financière des collectivités territoriales* ; R. HERTZOG, « La loi organique relative à l'autonomie financière des collectivités territoriales : précisions et implications », *AJDA*, 2004, n°36, p. 2003 ; C. PILONE, « L'autonomie financière des collectivités territoriales et le juge constitutionnel », *Revue du Trésor*, 2005, n°10, p. 513 ; L. PHILIP, *RFDC*, 2004, n°60, p. 798.

CC, n°2005-530 DC, 29 décembre 2005, *Loi de finances pour 2006* ; L. PHILIP, « Le contrôle de constitutionnalité des lois de finances en 2005 », *Droit fiscal*, 2006, n°8, p. 466 ; P. DURAND, « La complexité à la lanterne ! », *Revue administrative*, 2006, n°350, p. 152.

CC, n°2006-544 DC, 14 décembre 2006, *Loi de financement de la sécurité sociale pour 2007*, considérant n°12 et 13. S. MARASCO, « Le Conseil constitutionnel confirme le renforcement de son contrôle sur la procédure législative », *Le courrier juridique des finances et de l'industrie*, 2007, n°42, p. 134 ; F. AUBERT, « La loi de financement de la sécurité sociale après la censure du Conseil constitutionnel », *AJDA*, 2006, n°44, p. 2426.

CC, n°2009-599 DC, 29 décembre 2009, *Loi de finances pour 2010* ; Y. ZOUBEIDI-DEFERT, « La loi de finances pour 2010 : le Conseil constitutionnel valide la révision de la fiscalité locale et censure notamment « la taxe carbone » », *LPA*, 5 février 2010, n°26, p. 6 ; W. MASTOR, « La contribution carbone à la lumière de la décision du Conseil constitutionnel du 29 décembre 2009 : chronique d'une mort – et d'une renaissance ? – annoncée, *AJDA*, 2010, n°5, p. 277 ; J-L PISSALOUX, « Taxe professionnelle « taxe carbone » : le Conseil constitutionnel a tranché !, *Gestion et finances publiques*, mai 2010, n°5, p. 332.

CC, n°2010-12 QPC, 2 juillet 2010, *Commune de Dunkerque* ; M. VERPEAUX, « Question prioritaire de constitutionnalité et libre administration des collectivités territoriales », *AJDA*, 2010, n°28, p. 1594 ; J.-M. PONTIER, « Refus de fusion de communes par un préfet : première QPC sur le droit des collectivités territoriales », *JCP A*, 2010, n°36, p. 24.

CC, n°2010-20/21 QPC, 6 août 2010, *M. Jean C. et autres* ; B. MATHIEU, « De la disparition d'un principe constitutionnel : l'indépendance des professeurs d'universités », *JCP G*, 2010, n°36, p. 1602.

CC, n°2011-626 DC, 29 mars 2011, *loi organique relative au défenseur des droits* ; B. DELAUNAY, « Les autorités constitutionnelles indépendantes, autorités administratives », *AJDA*, 2011, n°15, p. 817 ; M. TOUZEIL-DIVINA, « A la recherche du principe perdu : l'indépendance des enseignants-chercheurs », *LPA*, 2011, n°89, p. 46.

CC, n°2011-142/145 QPC, 30 juin 2011, *Département de la Seine-Saint-Denis* ; B. FLEURY, « Compensations financières des charges transférées : le Conseil constitutionnel maintient sa jurisprudence », *JCP A*, 2011, n°28, p. 5 ; P-Y GAHDOUN, « La révolte des départements devant le Conseil constitutionnel », *Gazette du Palais*, 2011, n°219-223, p. 9 ; C. LAGRAVE, « Décentralisation sociale et récusation des juges constitutionnels : une réserve attendue du Conseil constitutionnel », *RFDC*, 2012, n°89, p. 149.

CC, n°2011-146 QPC, 8 juillet 2011, *Département des Landes* ; S. BRACONIER, « La liberté de gestion des services publics à l'épreuve de la QPC », *AJDA*, 2011, n°32, p. 1809 ; O. CARTON, « Le principe de libre administration des collectivités territoriales et la QPC : enjeux financiers, perspectives nouvelles ? », *Lamy collectivités territoriales,* 2011, n°72, p. 9 ; M. VERPEAUX, « Quand le Conseil constitutionnel veille au respect de la libre administration des collectivités territoriales », *AJDA*, 2011, n°36, p. 2067.

CC, n°2011-642 DC, 15 décembre 2011, *Loi de financement de la sécurité sociale pour 2012.*

CC, n°2013-355 QPC, 22 novembre 2013, *Communauté de communes du Val de Sèvre.*

CC, n°2013-685 DC, 29 décembre 2013, *Loi de finances pour 2014* ; O. FOUQUET, « Abus de droit : la sécurité juridique rédactionnelle : à propos de la censure des articles 96 et 100 de la loi de finances pour 2014 », *Droit fiscal*, 9 janvier 2014, n°1-2, pp. 8-9 ; D. PALMA, J-L VASSEUR, « Censure par le Conseil constitutionnel des dispositions de la loi de finances 2014 validant rétroactivement les contrats d'emprunts toxiques pour omission pour erreur de TEG », *JCP A*, 3 février 2014, n°5, p. 25.

CC, n°2014-386 QPC, 28 mars 2014, *Collectivité de Saint-Barthélemy.*

CC, n°2014-391 QPC, 25 avril 2014, *Commune de Thonon-les-Bains.*

Jurisprudences du Tribunal des conflits

TC, 12 janvier 1987, *Ville d'Eaubonne c/ GOBTP*, Rec. p. 640, concl. MASSOT, *D.*, 1987, p. 205.

TC, 16 juin 1997, *Epoux Muet, Société la Fontaine de Mars c/ Banque de France*, Rec. p. 532, concl. ARRIGHI, *RFDA*, 1997, p. 823 ; Chron. J. PETIT, *JCP*, 1998, I. 125.

TC, 14 février 2000, *Groupement d'intérêt public Habitat et interventions sociales pour mal-logés et sans-abris c/ Verdier*, Rec. p. 748 ; GAJA, p. 771.

Jurisprudences de la Cours de discipline budgétaire et financière

CDBF, 24 février 2006, *Altus finance* ; Chron. N. GROPER et C. MICHAUT, *AJDA*, 2006, p. 1249.

Jurisprudences de la Cour de justice de l'Union européenne

CJCE, 13 juin 1958, *Meroni c/ Haute autorité* (aff. 9/56), Rec. IV-11.

CJCE, 20 mars 1985, *République italienne c/ Commission* (aff. 41/83), Rec. p. 873, concl. DARMON.

CJCE, 19 mars 1991, *France c/ Commission* (affaire C-202-88) ; Obs. BAZEX, *Gazette du Palais*, 1991, n°3, p. 271 ; Obs. MATTERA, *RMUE*, 1991, n°3, p. 245.

INDEX ALPHABÉTIQUE

D

E

F

G

T

TABLE DES MATIÈRES

Questions juridiques aux éditions L'Harmattan

Dernières parutions

CONCILIATION ET MÉDIATION DEVANT LA JURIDICTION ADMINISTRATIVE
Actes du colloque du Conseil d'État du 17 juin 2015
Sous la direction de Jacques Biancarelli et Béatrice Blohorn-Brenneur
Voici près de 25 ans que le Conseil d'État, confronté à une judiciarisation croissante de la société, réfléchit aux modes alternatifs de règlement des différends afin de les pacifier et de rendre les justiciables davantage confiants en la justice administrative. Après avoir rappelé le contexte juridique et les enjeux d'une telle impulsion, un bilan comparatif des pratiques du juge administratif et du juge judiciaire a permis de mesurer combien il est nécessaire et urgent de compléter la boîte à outils dont dispose le premier. Voici une réflexion, les références et les outils nécessaires à la juridiction administrative.
(Coédition GEMME, 24.00 euros, 246 p.)
ISBN : 978-2-343-07270-8, ISBN EBOOK : 978-2-336-39774-0

L'ERREUR JUDICIAIRE
Apprendre à douter pour lutter contre les erreurs judiciaires
Sous la direction de Xavier Pin
L'erreur judiciaire hante autant qu'elle jalonne l'histoire de notre justice pénale. Nous avons tous en mémoire de retentissants procès ayant vu des individus accusés ou condamnés, avant d'être disculpés, graciés ou réhabilités. Le législateur y est sensible au point de réformer régulièrement la procédure pénale pour tenter d'éviter, de corriger ou de réparer, autant que possible, de telles erreurs. Une loi du 20 juin 2014 réforme les procédures de révision et de réexamen des condamnations pénales définitives : elle est l'occasion d'essayer de comprendre ces fiascos judiciaires.
(Coll. Droit privé et sciences criminelles, 15.00 euros, 126 p.)
ISBN : 978-2-343-07284-5, ISBN EBOOK : 978-2-336-39807-5

LE DROIT CONSTITUTIONNEL DE LA Ve RÉPUBLIQUE
(Treizième édition)
Lascombe Michel, Toulemonde Gilles
Cet ouvrage s'adresse aux étudiants en droit, aux élèves des instituts d'études politiques et aux candidats aux concours administratifs. Il couvre l'essentiel du programme de droit constitutionnel, c'est-à-dire aussi bien les constitutions françaises depuis 1789 que l'actuel texte constitutionnel. Cette nouvelle édition tient compte des derniers développements induits par les changements politiques, des dernières réformes des règlements des assemblées et de la jurisprudence la plus récente.
(Coll. Logiques Juridiques, 42.00 euros, 506 p.)
ISBN : 978-2-343-07916-5, ISBN EBOOK : 978-2-336-39877-8

LA PROXIMITÉ EN DROIT INTERNATIONAL PRIVÉ DE LA FAMILLE
Bouyahia Sabrine Maya - Préface de Lotfi Chedly et Marie Goré
Parmi les méthodes proposées pour trancher les litiges présentant un élément d'extranéité, figure celle reposant sur le principe de proximité. L'étude porte sur deux systèmes de droit international privé de la famille différents (droit français et droit tunisien) pour mettre en exergue d'une

part l'adaptation de cette méthode aux spécificités de chaque ordre étatique et d'autre part son adéquation avec tous les différents systèmes de droit.
(Coll. Logiques Juridiques, 54.00 euros, 618 p.)
ISBN : 978-2-343-05464-3, ISBN EBOOK : 978-2-336-39866-2

QUARTIER-FEMMES ÉCROU 10970
Boh-Petit Dominique
Cellule 24 : une femme dit toute sa souffrance d'être enfermée. Elle a tué. Son histoire est à la rubrique des faits divers. La Cour d'assises la jugera. Bien des années plus tard, elle est libérée. La vie doit reprendre. Ce récit est parfaitement conforme à la réalité. Tout a existé et existe encore.
(Coll. La justice au quotidien, 15.00 euros, 130 p.)
ISBN : 978-2-343-07436-8, ISBN EBOOK : 978-2-336-39812-9

GABELOUS ET CONTREBANDIERS
Histoire des fermiers généraux de Dijon (1760-1780)
Evrard Sébastien - Préface de Marc Fradet
En exhumant un registre du personnel de la direction des fermes de Dijon, l'auteur retrace, entre 1760 et 1780, la vie méconnue de centaines d'agents au service du doit et de l'impôt. Ces derniers servaient un système protecteur (la retraite fait son apparition dès 1768), parfois très rémunérateur, mais qui s'avère aussi, sous certains aspects, une machine à broyer les hommes : le régime des sanctions que met en place la Ferme est d'une efficacité redoutable. En définitive, la Ferme présente un aspect mitigé.
(Coll. Mémoires des Douanes, 28.50 euros, 278 p.)
ISBN : 978-2-343-06683-7, ISBN EBOOK : 978-2-336-39845-7

DICTIONNAIRE OHADA
(3e édition)
Bitsamana Hilarion Alain
Ce dictionnaire spécial du droit des affaires OHADA propose une définition claire et précise, avec tous les compléments nécessaires, des principaux termes utilisés tous les jours se rapportant à l'OHADA. Un ouvrage de référence permettant de décoder l'OHADA, accessible à toute personne s'intéressant au monde des affaires en Afrique comme à l'étranger.
(39.00 euros, 398 p.)
ISBN : 978-2-343-07656-0, ISBN EBOOK : 978-2-336-39786-3

LA DÉJUDICIARISATION ET LES PROCÉDURES NON CONTENTIEUSES EN AFRIQUE
Amboulou Hygin Didace
La déjudiciarisation comprend l'ensemble des mécanismes de gestion des différends en rationalisant les moyens matériels et humains de la justice, afin de pallier les déficiences du système judiciaire et de limiter les surcharges des juridictions. Les institutions de nombreux pays sont analysées et les déjudiciarisations en droit public et en droit privé sont abordées.
(Coll. Études africaines, 17.50 euros, 156 p.)
ISBN : 978-2-343-06928-9, ISBN EBOOK : 978-2-336-39805-1

COMMENT RENFORCER L'INDÉPENDANCE DE LA MAGISTRATURE AU SÉNÉGAL ?
Ngom Babacar
Préface de Amadou Mahtar Mbow
L'ouvrage présente dans une première partie les garanties légales d'indépendance de la justice, notamment la règle de la séparation des pouvoirs, le principe de la soumission des juges à l'autorité de la loi et celui de l'inamovibilité du magistrat du siège. Après une analyse critique de ces dispositions, l'auteur formule des propositions de renforcement de l'indépendance de la magistrature.
(13.50 euros, 124 p.)
ISBN : 978-2-343-05158-1, ISBN EBOOK : 978-2-336-39837-2

LE DROIT PÉNAL DES AFFAIRES AU CAMEROUN
Djila Kouayi Kemajou Rose
Préface de Victor-Emmanuel Bokalli
Dans le domaine des affaires, la liberté d'entreprendre et d'investir comporte de nombreux risques, au rang desquels le risque pénal. La délinquance en col blanc n'étant plus réservée aux grandes sociétés commerciales, les moyens de lutte et de sécurisation des investisseurs nécessitent un droit pénal des affaires dont l'objectif est la recherche d'une éthique dans ce domaine.
(Coll. Études africaines, 35.50 euros, 350 p.)
ISBN : 978-2-343-07840-3, ISBN EBOOK : 978-2-336-39777-1

50 ANS DE MARIAGE
Réflexions d'un notaire sur l'évolution du couple ces cinquante dernières années
Dauptain Pierre
De la pilule contraceptive jusqu'au mariage pour tous, l'auteur nous propose une réflexion sur les lois qui ont accompagné l'évolution du couple au cours des cinquante dernières années. Il analyse cette évolution pour aborder les problématiques juridiques et morales qui font tant débat de nos jours. Il s'appuie sur des travaux de juristes ou de sociologues, des articles de presse, mais aussi sur les chansons et les films qui ont marqué ces années et qui témoignent de façon si éclairante des changements de mentalités.
(Éditions Pepper, 16.50 euros, 148 p.)
ISBN : 978-2-343-07677-5, ISBN EBOOK : 978-2-336-39690-3

MÉTHODOLOGIE ET ASPECTS FORMELS DE LA RECHERCHE
Petit manuel à l'usage des juristes
Marain Gaëtan
L'ouvrage propose un véritable apprentissage du formalisme qui doit permettre aux étudiants et aux professionnels confrontés à la rédaction d'une thèse ou d'un mémoire juridique d'aborder ce travail avec sérénité. L'auteur donne une méthode de recherche pour définir le sujet, trouver et compulser les références utiles, échafauder un plan. Il aborde également les thèmes des citations d'auteur, notes de bas de page, mise en page. Il traite enfin du travail de relecture et de l'épreuve de soutenance.
(19.00 euros, 178 p.)
ISBN : 978-2-343-07638-6, ISBN EBOOK : 978-2-336-39556-2

RISQUES, ACCIDENTS ET CATASTROPHES
Liber amicorum
En l'honneur de Madame le professeur Marie-France Steinlé-Feuerbach
Sous la direction Hervé Arbousset, Caroline Lacroix et Benoît Steinmetz
L'étude et l'analyse des risques sont au cœur des réflexions du Professeur Steinlé-Feuerbach. Ses nombreux écrits de doctrine sur la thématique des accidents et des catastrophes ont amené à ce que ses collègues et amis lui dédient cet ouvrage. Ces mélanges donnent une vue d'ensemble d'une matière devenue une véritable discipline transcendant le clivage droit public-droit privé.
(Coll. Sciences criminelles, 34.00 euros, 334 p.)
ISBN : 978-2-343-07169-5, ISBN EBOOK : 978-2-336-39677-4

ÉTAT, COLLECTIVITÉS TERRITORIALES ET DROITS SOCIAUX
Étude du droit comparé
Sous la direction d'Olivier Lecucq
Comment, selon leur organisation territoriale respective, La France, l'Espagne et l'Italie œuvrent à la satisfaction des droits sociaux. Quels sont les rôles de l'État en ce domaine ? Quelles sont les actions qui en découlent et comment se coordonnent-elles ? Quelles en sont les implications en termes d'égalité des citoyens et des territoires ? L'ouvrage tente de répondre à ces questions en interpellant la réalisation de l'État social dans un contexte de crise, de réduction des déficits et de maîtrise des dépenses.
(Coll. Bibliothèques de droit, 22.50 euros, 221 p.)
ISBN : 978-2-343-07585-3, ISBN EBOOK : 978-2-336-39683-5

LE PRINCIPE DE PRÉCAUTION

Au carrefour de la philosophie, du droit et des sciences

Calderaro Norbert

La notion de principe de précaution, qui donne lieu à beaucoup de controverses, nécessite de la part d'un juriste une analyse objective pour écarter ce qu'elle n'est pas et définir son contenu véritable. Après un aperçu des sources philosophiques, l'auteur réalise une synthèse du principe de précaution en droit international, européen, en droit comparé et en droit interne. Il intègre notamment les tout derniers développements de la jurisprudence du Conseil d'État.

(18.50 euros, 180 p.)

ISBN : 978-2-343-05457-5, ISBN EBOOK : 978-2-336-39452-7

LES COLLECTIVITÉS TERRITORIALES ET LA SPÉCULATION

Goasdoué Mélissa - Avant-propos de Michel Verpeaux

Préface de Julien Martin

L'ancien dispositif empêchant la conclusion d'opérations financières spéculatives par les collectivités locales ayant échoué, un nouveau dispositif fonctionnant au cas par cas a été mis en place. Après une étude des imperfections de la notion de spéculation puis des liens unissant ces imperfections à l'échec du précédent dispositif dans la protection des collectivités contre les risques spéculatifs, le présent ouvrage s'attache à démontrer comment et dans quelle mesure cette protection est désormais rendue possible.

(Coll. Droit des collectivités territoriales, série Travaux, 15.00 euros, 140 p.)

ISBN : 978-2-343-07619-5, ISBN EBOOK : 978-2-336-39520-3

LE DROIT DE LA GUERRE

Traité sur l'emploi de la force armée en droit international (3 volumes)

Cumin David

Aussi ancien que la guerre et que le droit international dont il constitue le cœur historique, le droit de la guerre existe. Croisant droit et polémologie, portant sur les conflits armés internationaux et internes, ce traité expose, explique et reconstruit l'ensemble du droit international contemporain relatif à l'emploi de la force armée - auteurs et acteurs de la belligérance, ses buts, moyens, théâtres, régimes - et propose une analyse critique de la responsabilité réparatrice et punitive.

Volume 1 (Coll. Droit comparé, 46.00 euros, 458 p.)

ISBN : 978-2-343-06498-7, ISBN EBOOK : 978-2-336-39588-3

Volume 2 (Coll. Droit comparé, 60.00 euros, 760 p.)

ISBN : 978-2-343-07707-9, ISBN EBOOK : 978-2-336-39589-0

Volume 3 (Coll. Droit comparé, 48.00 euros, 468 p.)

ISBN : 978-2-343-07708-6, ISBN EBOOK : 978-2-336-39590-6

LA RESPONSABILITÉ DE PROTÉGER

Nouvelle approche du droit international

Gandou D'Isseret Crépin Gyscard

Le droit d'ingérence humanitaire se comprend comme une éthique de détresse, une obligation de protéger les personnes en danger de mort. La responsabilité de protéger traduit en acte la nécessité impérative de prendre soin de l'homme, ou de la collectivité humaine en général, quand les conditions de son existence connaissent une détérioration significative ou quand elles sont sur le point de le devenir.

(Coll. Harmattan Congo, 16.50 euros, 152 p.)

ISBN : 978-2-343-06724-7, ISBN EBOOK : 978-2-336-39575-3

L'HARMATTAN ITALIA
Via Degli Artisti 15; 10124 Torino
harmattan.italia@gmail.com

L'HARMATTAN HONGRIE
Könyvesbolt ; Kossuth L. u. 14-16
1053 Budapest

L'HARMATTAN KINSHASA
185, avenue Nyangwe
Commune de Lingwala
Kinshasa, R.D. Congo
(00243) 998697603 ou (00243) 999229662

L'HARMATTAN CONGO
67, av. E. P. Lumumba
Bât. – Congo Pharmacie (Bib. Nat.)
BP2874 Brazzaville
harmattan.congo@yahoo.fr

L'HARMATTAN GUINÉE
Almamya Rue KA 028, en face
du restaurant Le Cèdre
OKB agency BP 3470 Conakry
(00224) 657 20 85 08 / 664 28 91 96
harmattanguinee@yahoo.fr

L'HARMATTAN MALI
Rue 73, Porte 536, Niamakoro,
Cité Unicef, Bamako
Tél. 00 (223) 20205724 / +(223) 76378082
poudiougopaul@yahoo.fr
pp.harmattan@gmail.com

L'HARMATTAN CAMEROUN
TSINGA/FECAFOOT
BP 11486 Yaoundé
699198028/675441949
harmattancam@yahoo.com

L'HARMATTAN CÔTE D'IVOIRE
Résidence Karl / cité des arts
Abidjan-Cocody 03 BP 1588 Abidjan 03
(00225) 05 77 87 31
etien_nda@yahoo.fr

L'HARMATTAN BURKINA
Penou Achille Some
Ouagadougou
(+226) 70 26 88 27

L'HARMATTAN SÉNÉGAL
10 VDN en face Mermoz, après le pont de Fann
BP 45034 Dakar Fann
33 825 98 58 / 33 860 9858
senharmattan@gmail.com / senlibraire@gmail.com
www.harmattansenegal.com

Achevé d'imprimer par Corlet Numérique - 14110 Condé-sur-Noireau
N° d'Imprimeur : 136660 - Dépôt légal : mars 2017 - *Imprimé en France*

www.ingramcontent.com/pod-product-compliance
Lightning Source LLC
LaVergne TN
LVHW011219061026
849535LV00001BA/96